# 石鼓年鉴

## 2018

衡阳市石鼓区人民政府　主办
衡阳市石鼓区史志办公室　编

方志出版社
Publishing House of Local Records

图书在版编目（CIP）数据

石鼓年鉴. 2018/石鼓区史志办公室编. —北京：方志出版社，2018. 12

ISBN 978-7-5144-3524-5

Ⅰ. ①石…　Ⅱ. ①石…　Ⅲ. ①区（城市）—衡阳—2018—年鉴　Ⅳ. ①Z526. 44

中国版本图书馆 CIP 数据核字（2019）第 013634 号

石鼓年鉴（2018）

编　　者：石鼓区史志办公室
责任编辑：顾洁
出 版 人：冀祥德
出 版 者：方志出版社
地址　北京市朝阳区潘家园东里 9 号（国家方志馆 4 层）
邮编　100021
网址　http：//www. fzph. org
发　　行：方志出版社发行中心
电话（010）67110500
经　　销：各地新华书店
印　　刷：衡阳顺地印务有限公司
开　　本：889×1194　1/16
印　　张：19. 5
字　　数：551 千字
版　　次：2018 年 12 月第 1 版　2018 年 12 月第 1 次印刷
印　　数：0001～1000 册
ISBN 978-7-5144-3524-5　定价：200. 00 元

# 《石鼓年鉴》编纂委员会

| | | |
|---|---|---|
| 荣誉主任 | 唐浩然 | 中共石鼓区委书记 |
| 主　　任 | 刘　浪 | 中共石鼓区委副书记、政府区长 |
| 副 主 任 | 郑建芳 | 中共石鼓区委常委、区委办主任 |
| | 曾梦龙 | 中共石鼓区委常委、常务副区长 |
| | 冯春娥 | 石鼓区人大常委会副主任 |
| | 李在定 | 政协石鼓区委员会副主席 |
| 委　　员 | 李亚晖 | 石鼓区政府党组成员，区政府办党组书记、主任 |
| | 曾广彪 | 中共石鼓区纪委副书记、区监委副主任 |
| | 王益波 | 中共石鼓区委办公室常务副主任 |
| | 何一流 | 中共石鼓区委组织部常务副部长 |
| | 苏文波 | 中共石鼓区委宣传部常务副部长 |
| | 徐崇斌 | 中共石鼓区委政法委员会常务副书记 |
| | 肖建军 | 石鼓区发展改革和科学技术局党组书记、局长 |
| | 曾恕安 | 石鼓区商务局党组书记、局长 |
| | 成志辉 | 石鼓区财政局党组书记、局长 |
| | 华喜容 | 石鼓区农林局党组书记、局长 |
| | 蒋夏林 | 石鼓区住房和城乡建设局党组书记、局长 |
| | 谢　炜 | 石鼓区教育文化体育局党委书记、局长 |
| | 李阳武 | 石鼓区人事劳动和社会保障局党组书记、局长 |
| | 肖　军 | 石鼓区民政局党组书记、局长 |
| | 刘名辉 | 石鼓区统计局局长 |
| | 周　英 | 石鼓区档案局局长 |

| | |
|---|---|
| 周朝晖 | 石鼓区保密局局长 |
| 刘　珺 | 石鼓区史志办公室主任 |
| 蔡秋云 | 石鼓区角山镇党委副书记、镇长 |
| 阳光辉 | 石鼓区黄沙湾街道党工委副书记、办事处主任 |
| 戈　锋 | 石鼓区合江街道党工委副书记、办事处主任 |
| 邹　波 | 石鼓区五一街道党工委副书记、办事处主任 |
| 陈　沧 | 石鼓区人民街道党工委副书记、办事处主任 |
| 万倩雯 | 石鼓区青山街道党工委副书记、办事处主任 |
| 钱　波 | 石鼓区潇湘街道党工委副书记、办事处主任 |
| 刘　勋 | 石鼓区金源街道党工委副书记、办事处主任 |

# 《石鼓年鉴》编辑部



# 《石鼓年鉴（2018）》撰稿人

（按姓氏笔画顺序排列）

| | | | | | | | |
|---|---|---|---|---|---|---|---|
| 王余娟 | 王妍欣 | 王若愚 | 王素纯 | 王　斌 | 仇　虬 | 左　丹 | 冯菁辰 |
| 宁小平 | 吕　宾 | 朱文明 | 朱　勇 | 朱福华 | 朱　璐 | 任中衡 | 向海波 |
| 全昌艳 | 刘少文 | 刘名辉 | 刘　芳 | 刘俊雄 | 刘　敏 | 刘　鹏 | 许　佳 |
| 许　鸿 | 李文恋 | 李而为 | 李秋莲 | 李　超 | 李燕妮 | 杨玉兰 | 杨帆芳 |
| 杨德细 | 肖　灿 | 肖岳如 | 吴　琼 | 吴慕君 | 旷燕芝 | 邱俏梅 | 邱鹏飞 |
| 何雅欣 | 佘红梅 | 邹汉文 | 沈建辉 | 宋　亮 | 张　丹 | 陈志勇 | 陈春香 |
| 陈荣利 | 陈　琳 | 欧坤华 | 罗予琦 | 罗双双 | 周朝晖 | 周翼莉 | 周　鑫 |
| 赵　刚 | 赵　笑 | 胡小平 | 胡雪峰 | 胡　越 | 柳　健 | 段志坚 | 祝丽玉 |
| 姚　艳 | 贺水郴 | 贺　莉 | 贺海军 | 秦扬川 | 袁子晴 | 耿　丹 | 聂小平 |
| 夏子棋 | 夏群力 | 钱甜甜 | 凌康棋 | 郭　佳 | 唐　驰 | 唐春花 | 黄明高 |
| 黄　辉 | 曹思明 | 梁海华 | 梁　超 | 彭云雨 | 彭双强 | 彭传忠 | 彭素云 |
| 蒋　华 | 傅俊钢 | 曾雅莉 | 谢涵宇 | 廖荣斌 | 谭　玉 | 黎笃会 | 燕彦伶 |
| 戴金枝 | 戴　娜 | | | | | | |

# 编辑说明

一、《石鼓年鉴（2018）》以马克思列宁主义、毛泽东思想、邓小平理论、“三个代表”重要思想、科学发展观、习近平新时代中国特色社会主义思想为指导，坚持辩证唯物主义和历史唯物主义的立场、观点和方法。全面、系统、真实地记载2017年石鼓区自然、政治、经济、文化、社会等方面的情况，重点记载全区经济建设和改革开放的新情况。《石鼓年鉴（2018）》是由衡阳市石鼓区人民政府主办，衡阳市石鼓区史志办公室编辑的石鼓区综合性年鉴。

二、《石鼓年鉴（2018）》采用分类法编辑。全书共24个类目，依次是特载、大事记、石鼓概貌、中共石鼓区委员会、石鼓区人民代表大会、石鼓区人民政府、政协石鼓区委员会、民主党派·工商联、社会团体、法治、军事、经济管理与监督、财政·税务·金融、工业、农业和农村经济、商贸服务业、交通运输业、国土·建设·环保、科技·教育·文化·体育、社会事业、乡街概貌、人物、统计资料、附录。

三、《石鼓年鉴（2018）》所载稿件由区直机关各部门、各乡、街道和坐落单位撰写，并经单位领导审批。全区国民经济和社会发展的数据以统计公报为准，其他数据由各部门提供。

四、《石鼓年鉴（2018）》刊载的区、区直机关、乡街及驻区单位领导人名录（不含非领导职务人员），原则收录到2017年12月31日止，范围为行政正、副职和党内正、副职，以及纪委书记（纪检组长）、工会主席。

五、《石鼓年鉴（2018）》类目下设分目、条目，以条目为主体。类目、分目用不同字号、字体区别，条目标题用黑体字加【】表示。

衡阳市石鼓区史志办公室

2018年12月

# 2017年·石鼓数字

区域总面积112平方千米
年末总人数22.3万人

地区生产总值159.10亿元
第一产业增加值4.72亿元
第二产业增加值28.52亿元
第三产业增加值125.86亿元

全年财政总收入23.84亿元
全年民生支出10.31亿元
全年文化支出642万元

全年社会消费品零售总额121.11亿元

全年实现农林牧渔业总产值4.7亿元
全年粮食产量2.28万吨

全年旅游总收入40.47亿元
全年入境游客2571人次
接待国内游客413.95万人次

全区森林覆盖率28.14%

城镇建成区绿化覆盖率40.69%

各级各类学校35所
在校学生18049人
各类幼儿园（含民办）47所
在园幼儿6807人
公共图书馆1个
街道文化站8个
农家书屋26个

全区医疗卫生机构185所
执业（助理）医师1816人
护理人员3069人
医疗机构拥有床位3673张

全区固定资产投资155.87亿元
房地产开发投资15.77亿元
商品房销售面积74.99万平方米

城镇居民人均可支配收入33751元
农村居民人均可支配收入19143元

# 石鼓区行

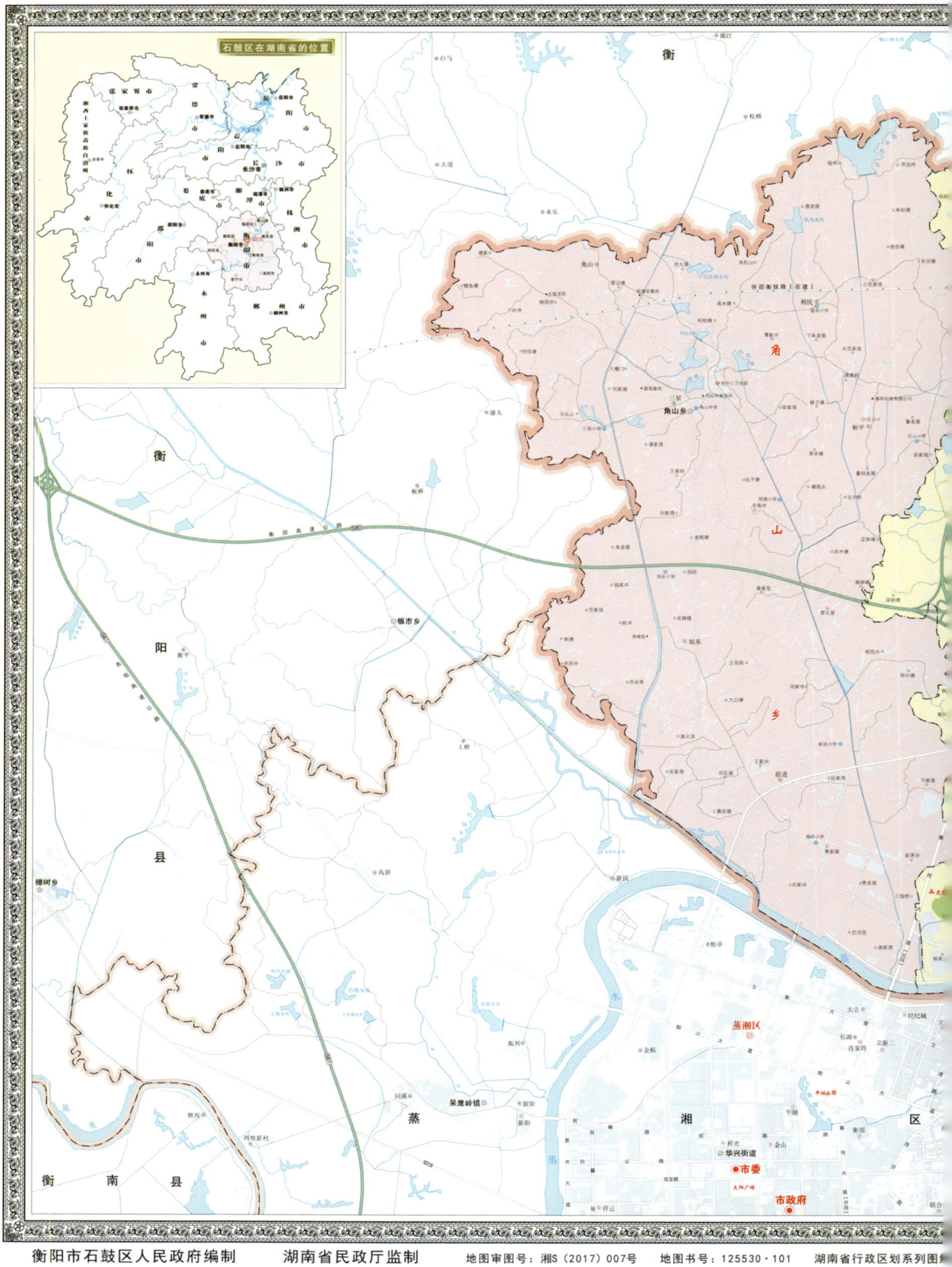


衡阳市石鼓区人民政府编制　湖南省民政厅监制　地图审图号：湘S（2017）007号　地图书号：125530·101　湖南省行政区划系列图

# 政区划图

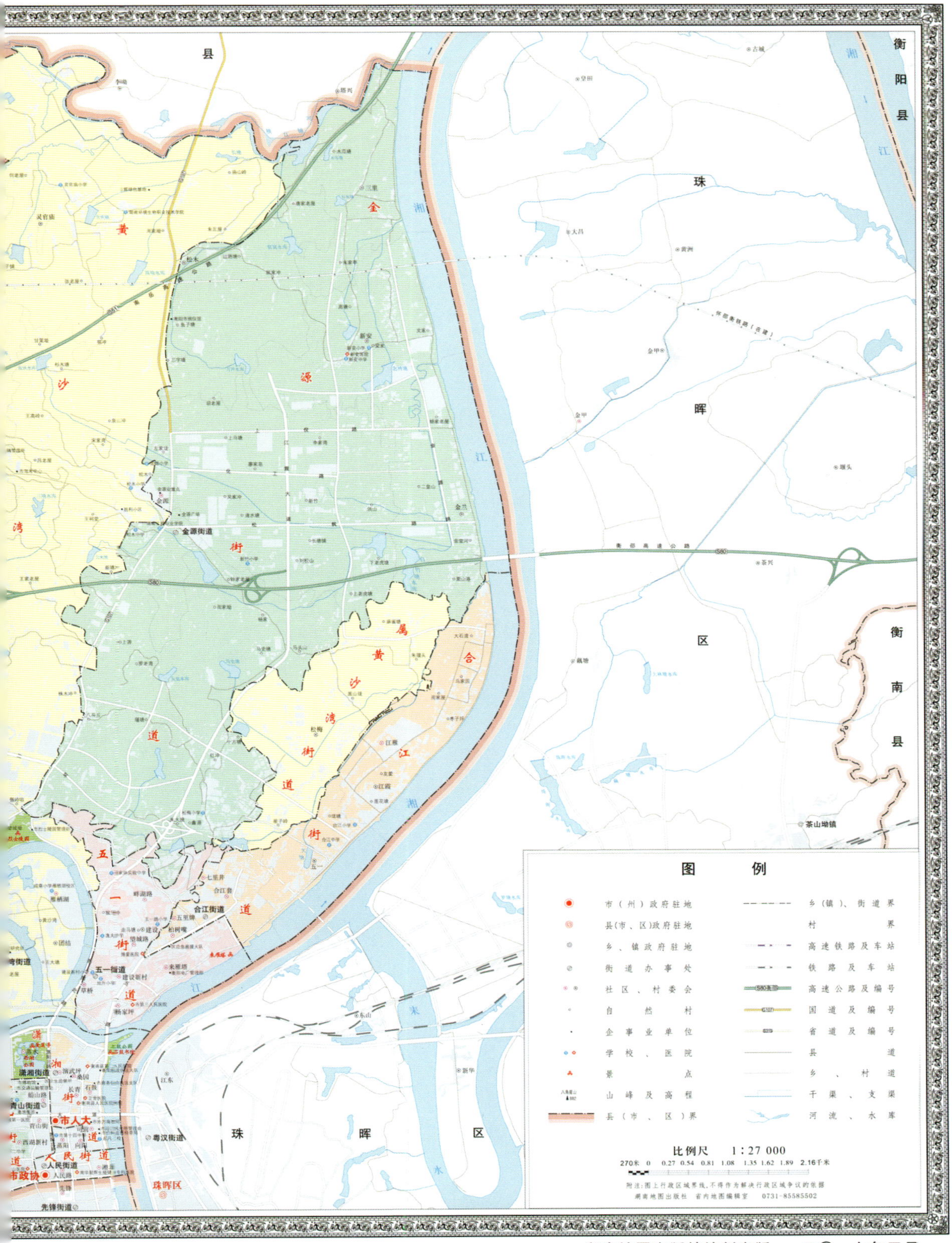


湖南地图出版社编制出版 二〇一七年三月

# 打造湘南地区最具活力的商贸文化新区

石鼓区机关大院

石鼓书院

雁栖湖风景

西湖公园—爱莲阁

正在建设中的来雁新城

上图：2017年5月23日，中国当代著名作家、文化部原部长王蒙（右二）视察石鼓书院

中图：2017年1月11日，湖南省委副书记乌兰（中）走访合江街道

下图：2017年6月7日，湖南省委常委、省委政法委书记、省公安厅厅长黄兰春（右二）到石鼓区调研

上图：2017年4月20日，湖南省委组织部部长王少峰（左二）调研石鼓区基层党建工作

中图：2017年8月22日，湖南省妇联主席姜欣（前排左二）调研石鼓区妇联工作

下图：2017年5月12日，中共衡阳市委书记、市人大常委会主任周农（前排右一）视察潇湘街道社区和老同兴农贸市场

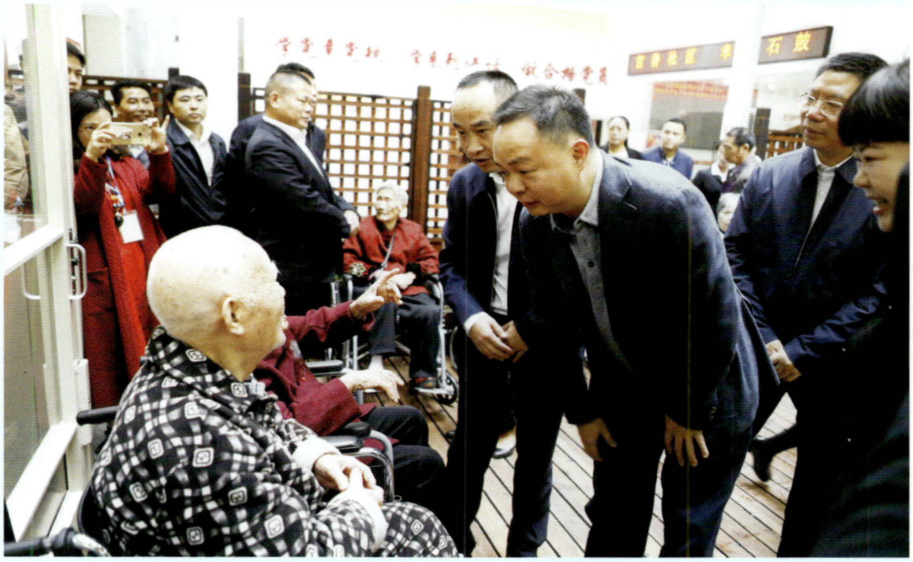

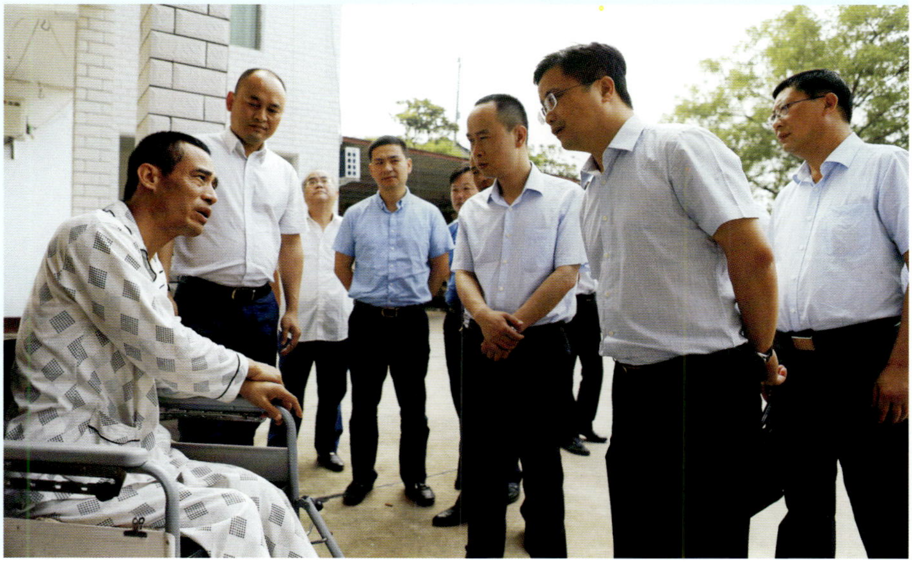

上图：2017年1月26日，中共衡阳市委副书记、市长周海兵（右二）到天雁调研

中图：2017年10月20日，中共衡阳市委副书记、市长郑建新（中）走访潇湘街道敬老院

下图：2017年5月31日，中共衡阳市委常委张贺文（右二）调研角山乡和平村脱贫攻坚工作

上图：2017年1月12日，衡阳市副市长廖健（右二）视察帝景山庄电梯安全

中图：2017年4月12日，衡阳市副市长、市公安局局长胡志文（后排右三）到石鼓区调研

下图：2017年2月3日，衡阳市副市长、中共石鼓区委书记杨龙金（前排左二）调研社区“两化两体系”建设

| | |
|---|---|
| ① | ② |
| ③ | ④ |
| ⑤ | ⑥ |

① 2017年3月16日，村社区两委换届推进会

② 2017年3月31日，全区干部大会宣布唐浩然任中共石鼓区委书记

③ 2017年4月4日，区直机关党的工作暨“机关党旗红，建设‘三个石鼓’在行动”主题实践活动动员会

④ 2017年4月21日，区委巡察办成立暨巡察工作动员部署会

⑤ 2017年6月28日，石鼓区举办“讲文明树新风”文明礼议知识竞赛总决赛

⑥ 2017年7月18日，石鼓区召开“民企联村”精准扶贫行动工作推进会

| | |
|---|---|
| ① | ② |
| ③ | ④ |
| ⑤ | ⑥ |

① 2017年7月18日，石鼓区提拔、交流科级领导干部任前集中廉政谈话暨廉政知识考试

② 2017年7月20日，石鼓区创建全国文明城市工作推进会

③ 2017年8月27日，石鼓区纪委派驻纪检组组长竞争上岗考试在演武坪小学举行

④ 2017年9月14日，“喜迎十九大　志愿石鼓行”活动

⑤ 2017年10月30日，石鼓区传达学习党的十九大精神大会

⑥ 2017年11月2日，石鼓区全面建成小康社会工作推进会

| | |
|---|---|
| | ① |
| | ② |
| ③ | ④ |

① 2017年11月13日，石鼓区2017年新闻舆论工作培训暨外宣工作表彰会

② 2017年12月14日，中共石鼓区委全面深化改革领导小组第九次会议

③ 2017年12月21日，石鼓区深化监察体制改革试点工作小组第三次会议

④ 石鼓区行政许可标准化工作暨业务培训会

1

2

3

4

5

6

① 2017年3月21日，石鼓区人大常委会组织全体机关干部和乡街大人负责人、联络员召开全区人大系统“三学三争”动员会暨党风廉政建设工作会

② 2017年4月19日上午，石鼓区第四届人民代表大会二次会议第二次全体会议在区会议中心隆重开幕

③ 2017年6月5日，石鼓区首个人大代表扶贫工作基地在衡阳市君玲传统食品科技发展有限责任公司成立并挂牌

④ 2017年6月7日上午，石鼓区召开“人大代表为民履职脱贫攻坚‘五个一’行动”动员会

⑤ 2017年6月8日，石鼓区2016年“环保世纪行”工作总结表彰暨2017年启动大会

⑥ 2017年6月15日至16日，石鼓区人大常委会党组书记、主任高鸿升带领由市、区人大代表组成的调研组，对石鼓区基层医疗卫生服务工作进行为期两个半天的调研

1

2

3

4

5

① 石鼓区人大常委会"6·25为民服务日"活动启动仪式

② 2017年7月31日，石鼓区第四届人大常委会第五次会议

③ 2017年8月9日，石鼓区召开2017年"三湘农民健康行"暨"民族团结进步行动"工作会

④⑤ 2017年10月1日，石鼓区驻区省、市人大代表专题调研乡村旅游工作

## 2017年政府工作总的安排

2017年，我们将全力打造湘南地区最具活力的商贸文化新区，力争今年实现全面建成小康社会目标。

### 全区经济社会发展主要预期目标

地区生产总值 增长9%

财政总收入 增长8%

城镇居民人均可支配收入 增长9%

固定资产投资 增长15%

社会消费品零售总额 增长12%

全面完成省市下达的节能减排等约束性指标任务

在实际工作中争取更好结果

## 展望2017

### 一、以更强的决心推进项目建设，培育经济增长新优势

继续推行分板块责任制，落实“五个一”工作机制，全力打好“项目推进年”攻坚战。

开工新建一批、续建推进一批、竣工交付一批。

- 年内新建、续建项目105个，完成年度投资120亿元以上。
- 建成虎形山度假酒店、希尔顿酒店，虎形山、杨岭安置房一期等9个安置房项目交付使用。
- 新开工、新竣工投资5000万以上产业项目各5个以上。
- 策划包装投资5000万以上可实施的项目10个以上，其中深度开发项目不少于5个。

### 二、以更足的干劲推进产业发展，加快结构转型新升级

- 充分发挥省级现代服务业示范集聚区平台“金字招牌”的最大效益。
- 打造全市近郊旅游休闲新高地，力争把角山建成全省具有影响力的乡村旅游特色小镇。
- 提质建设石鼓书院，打捆创建5A级景区，抓好青草桥风情休闲街等重点景区建设。
- 推行城管执法、环卫市场化城乡全覆盖。
- 加快推进乡村旅游环线、横江湿地公园建设和农村房屋“穿衣戴帽”工程。

## 三、以更实的举措推进统筹协调，展现城市发展新魅力

1. 全面完成社区“两化两体系”“三清三建”。
2. 全面建成社区视频监控系统。
3. 全面完成13个农贸市场标准化提质改造。
4. 全面提速二环路、凤凰路、椿香路等路网建设。
5. 全面推行中心城区烟花爆竹禁放限售。
6. 基本完成中心城区主次干道两厢提质改造。

## 四、以更高的水平推进共建共享，回应人民群众新期盼

- 坚持财政收入用于改善民生的主导向，确保民生支出占财政总支出70%以上。
- 新增城镇就业3700人以上，新增农村劳动力转移就业1500人以上，确保城镇登记失业率控制在4.5%以内。
- 确保建成4600套、60万平方米安置房。
- 积极创建全省平安校园建设先进县市区。
- 完成前进小学二期、松木明德小学、华耀城一小建设。
- 推进区级公立医院综合改革，力争家庭医生签约服务率达30%以上，重点人群覆盖率达60%以上。
- 每个乡街建成2个以上村（社区）养老服务中心，建好松木敬老院，建成2个乡街养老服务中心。

## 五、以更严的要求推进底线工作，适应社会治理新形势

- 扎实推进湘江保护和治理第二个“三年行动计划”。
- 深入开展“落实企业安全生产主体责任年”活动。
- 加强信访接待中心建设，积极探索“互联网+信访”工作模式，让“数据多跑腿、群众少跑路”。
- 继续推行“1+8”政法工作新模式，完善村（社区）综治信访维稳中心建设，完善社会治安防控体系。

## 谈政府自身建设

要牢固树立政治意识、大局意识、核心意识、看齐意识，把全面建成小康社会使命扛在肩上，把万家忧乐放在心头。要坚持为民执政、依法行政、从严治政、廉政从政，政府要自觉过“紧日子”，把更多财力用于推动发展、改善民生，让群众过上舒心体面的“好日子”。

展望新的征程，我们任重道远；肩负新的使命，我们志当奋发。让我们紧密团结在以习近平同志为核心的党中央周围，在市委、市政府和区委的正确领导下，在区人大、区政协的监督支持下，紧紧依靠和团结全区人民，不忘初心，继续前行，奋力谱写富民强区新篇章！

1

2

3

4

5

6

① 2017年1月20日，石鼓区人民政府首届法律专家库增补专家颁聘及年度优秀专家表彰会，3名法律专家获政府颁发“聘任书”

② 2017年5月3日，石鼓区政府2017年第一次全会暨廉政工作会议

③ 2017年5月27日，“一带一路”峰会期间信访维稳工作总结讲评暨信访“积案清零百日攻坚”行动推进会议

④ 2017年7月11日，衡阳市电政办副主任陈列忠到石鼓区督查政府网站和信息公开工作

⑤ 2017年7月14日，石鼓区启动《石鼓年鉴》2017年卷编纂工作

⑥ 2017年7月31日，石鼓区新任命的19名政府部门“一把手”与中共石鼓区委副书记、区长刘浪合影

1

2

3

4

5

6

① 2017年8月14日，石鼓区交通秩序整治组创建全国文明城市工作会议

② 2017年8月17日，石鼓区召开“互联网+监督”平台区级业务培训会

③ 2017年8月18日，石鼓区落实信访工作责任制专项会议

④ 2017年9月27日，衡阳市“12345”热线办主任金长河一行到石鼓区调研“12345”热线办理工作

⑤ 2017年9月30日，石鼓区召开国庆、中秋假日旅游协调会

⑥ 2017年11月6日，中共石鼓区委副书记、区长刘浪获评衡阳市十佳改革创新人物

| | |
|---|---|
| ① | |
| ② | ③ |
| ④ | ⑤ |

① 2017年3月22日，石鼓区政协组织开展优化非公经济发展法治环境调研座谈

② 2017年6月，区政协主席王仲晓带队赴珠晖区、蒸湘区调研乡村旅游工作

③ 石鼓区领导看望参加政协石鼓区四届二次会议的政协委员

④ 2017年 8月3日，石鼓区召开政协四届四次常委会，围绕“加快发展乡村旅游”主题开展协商议政

⑤ 2017年9月11日，政协石鼓区第四届委员会第五次常委会议召开

| | |
|---|---|
| ① | |
| ② | ③ |
| ④ | ⑤ |

① 2017年4月6日，石鼓区青山街道船山路社区政协委员工作室正式揭牌并投入运行，是石鼓区首家社区政协委员工作室

②③ 2017年4月19日，政协石鼓区第四届委员会第二次会议第二次全体会议召开

④ 2017年4月22日,合江街道人大代表、政协委员积极为石鼓区“两会”建言献策

⑤ 国、省、市三级政协委员深入石鼓区调研社区建设与管理

2017年1月20日，区工商联联合万居市场开展“献爱心、送温暖”活动

2017年2月6日，区工商联（总商会）新春团拜会暨第四届第三次执委会

2017年3月3日，石鼓区纪念“三八”国际劳动妇女节107周年“好家风、好家训、廉洁文化进家庭暨巾帼文明示范岗、巾帼建功标兵、文明家庭、三八红旗手”表彰大会暨文艺汇演在角山乡香樟苑举行，千人共享“家庭”美、千人共庆“巾帼”俏

2017年4月26日，石鼓区迎“五一”劳模座谈会

2017年5月3日，团区委纪念“五四”运动98周年暨“一学一做”教育实践活动推进会

① 2017年8月18日，石鼓区非公经济人士开展爱心助学活动
②③ 2017年9月20日，石鼓区工会第二次代表大会
④ 2017年10月10日，石鼓区残联志愿助残服务活动
⑤ 2017年12月26日，石鼓区残联第五次代表大会
⑥ 2017年12月29日，石鼓区党外知识分子联谊会成立大会

①

②

③

④

⑤

⑥

2017年2月17日，石鼓区政法联席会议

2017年2月22日，石鼓区公安工作会

2017年3月31日，衡阳市综治工作现场会在石鼓区召开，“平安石鼓”建设经验得到了与会人员的肯定

2017年4月13日，全区政法工作会议

2017年6月6日，石鼓区禁毒暨反恐工作会议

①
②
③

① 2017年8月29日，在全市禁毒重点工作衡山现场推进会上，石鼓区作为唯一一个城区作典型推介

② 2017年9月1日，石鼓区法学会成立

③ 2017年9月13日，十九大安保维稳动员会

① 2017年12月4日，国家宪法日区人民法院法官集体宣誓

② 2017年12月13日，湖南省人民检察院检察官文联主席陈海波到石鼓区人民检察院进行专题讲座，从人文方面谈政法干警品格修养

③ 2017年12月29日，石鼓区禁毒协会成立大会

石鼓公安分局情报研判中心

石鼓公安分局新闻舆情中心

中共石鼓区委副书记、区长刘浪带队到区人民检察院调研

在全市公安机关警务机制改革现场推进会上，与会代表实地考察学习了石鼓公安分局“一中心四功能区”、潇湘派出所、青山街道牛角巷社区三级一体警务机制改革模式，“石鼓经验”得到推广

| | |
|---|---|
| ① | ② |
| ③ | ④ |
| ⑤ | |

① 2017年1月20日，区领导春节慰问部队官兵

②③ 2017年3月8—13日，中共石鼓区委常委、武装部部长尹腾芳调研乡街民兵整组和兵役登记工作

④ 2017年4月17日，石鼓区直机关民兵应急分队成立

⑤ 2017年4月，石鼓区人武部党委扩大会议

①

②

③

① 2017年5月12日，在人民路小学开展应急疏散演练

②③ 2017年9月5日，中共石鼓区委副书记、区长刘浪调研消防工作

④ 2017年6月13日，市人防办党组书记、主任刘检元带领市办调研组到石鼓区调研人防宣传教育工作和人防宣传基地建设

⑤ 2017年11月1日，在合江中学开展应急疏散演练

⑥⑦ 2017年9月29日上午，石鼓区开展高层建筑暨城市综合体灭火救援实战演练

⑧

⑨

⑩

⑧⑨⑩ 2017年11月9日下午，由石鼓区委区政府主办、石鼓消防大队承办的2017“关注消防·平安你我”119消防安全宣传月启动仪式在石鼓广场隆重举行，区级领导亲自进行消防体验

1

2

3

① 2017年1月1日，石鼓区启动第三次农业普查入户调查

② 2017年1月24日，中共石鼓区委副书记、区长刘浪带队调研春节前安全生产工作

③ 2017年2月24日，中共石鼓区委副书记、区长刘浪调研审计工作

2017年2月23日，中共石鼓区委2017年经济工作会议

2017年3月27日，人大代表讲纳税

①

②

③

①②③ 2017年4月12日，石鼓区财税部门联合举办2017年纳税服务日活动

④

⑤

⑥

④ 2017年4月28日，石鼓区召开全区财税工作会议

⑤ 2017年5月4日，市、区国税领导走访王一集团，问计于企

⑥ 2017年6月7日，中共石鼓区委书记唐浩然带队调研财税工作

| | |
|---|---|
| ① | |
| ② | ③ |
| | ④ |

① 2017年6月16日，石鼓区“安全生产月”宣传咨询日活动在莲湖广场举行

②③ 2017年6月21日，中共石鼓区委副书记、区长刘浪专题调研区食药分局、工商分局

④ 2017年9月5日，来雁新城项目指挥部审计进点会议

2017年7月13日，中共石鼓区委书记唐浩然调研中油金鸿界牌瓷厂项目

湖南天雁机械有限责任公司

湖南恒缘新材料科技股份有限公司

湖南中航紧固系统有限公司

中民筑友科技（衡阳）有限公司

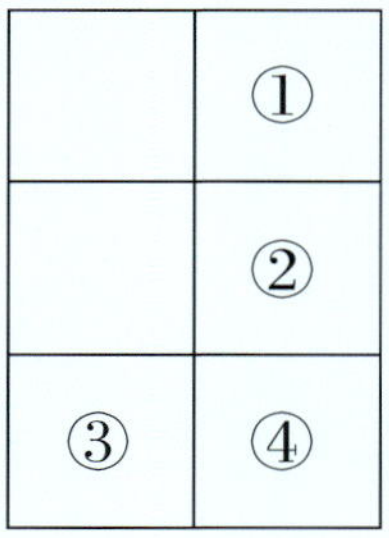

① 2017年2月4日，中共石鼓区委副书记、区长刘浪调研角山乡农业产业基地

② 石鼓区农村土地承包经营权确权颁证首发仪式

③④ 莲藕种植助力产业脱贫

①

② ③

④

⑤

① 农业产业化发展改变乡村面貌

② 三星村农业示范园油菜基地

③ 生态牛养殖

④ 潇湘玫瑰园吸引众多市民前来赏花游玩

⑤ 华桂农业

① 衡阳盛泰物流有限公司

② 华耀城五金建材市场

③ 五一大市场

①

② ③

④

① 虎形山度假酒店

② 大富豪名家具

③ 共创家世界家居购物广场

④ 国美电器

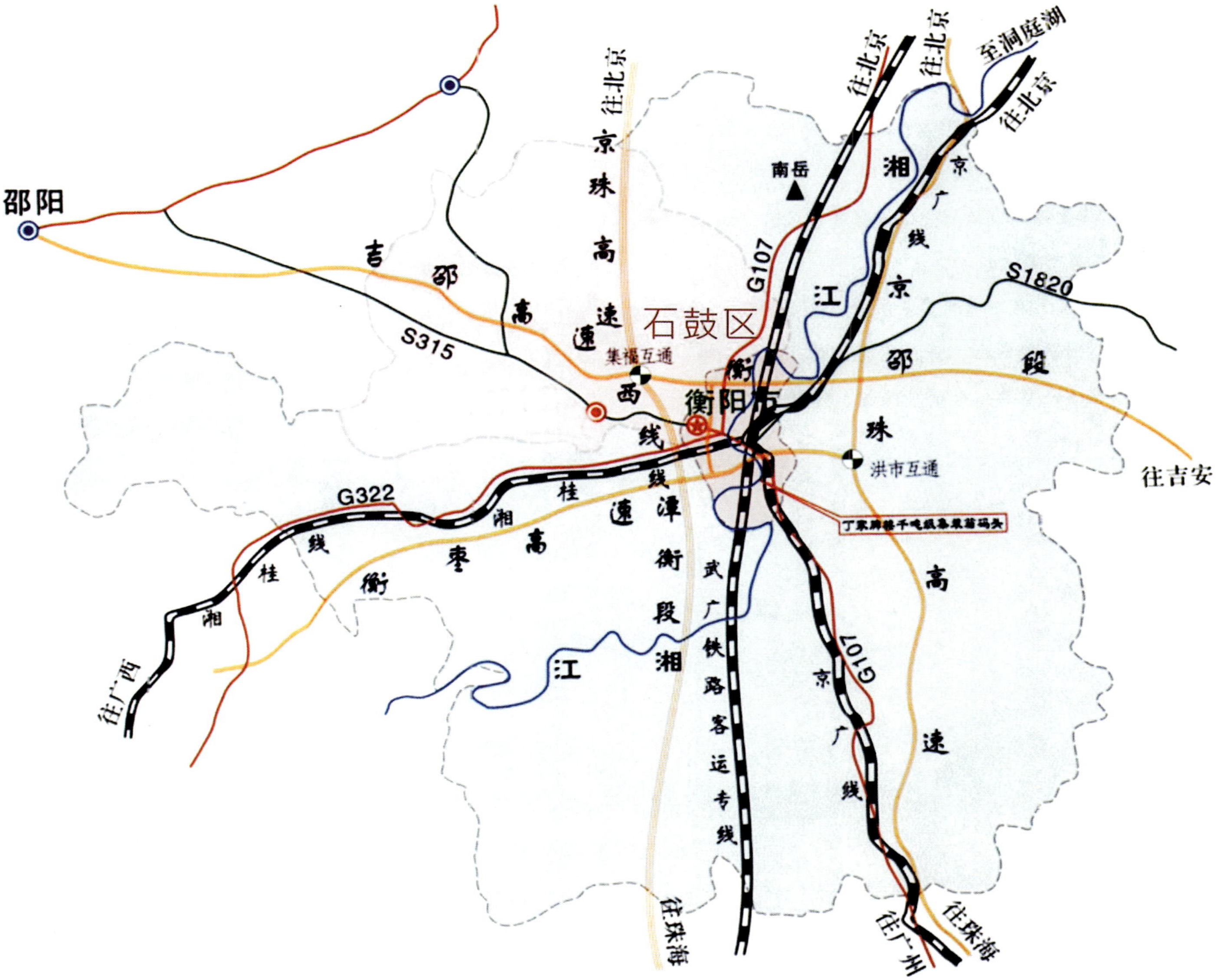
邵阳
石鼓区
衡阳市
南岳
集福互通
洪市互通
往北京
往北京
往北京
往北京
至洞庭湖
京珠高速
吉邵高速
衡西线
湘江
京广线
京珠高速
衡邵段
湘桂线
衡枣高速
潭衡西线
衡湘段
武广铁路客运专线
湘江
京广线
G107
G107
G322
S315
S1820
往吉安
往广西
往珠海
往广州
往珠海

石鼓区交通枢纽图

① 北二环

② 衡阳市最大高速公路收费站石鼓收费站互通正式建成

③ 蔡伦大道石鼓段

④ 乡村旅游公路

⑤ 长丰大道延伸线跨蒸水大桥建成通车，为连接高新、石鼓两区再添重要通道

1

2

3

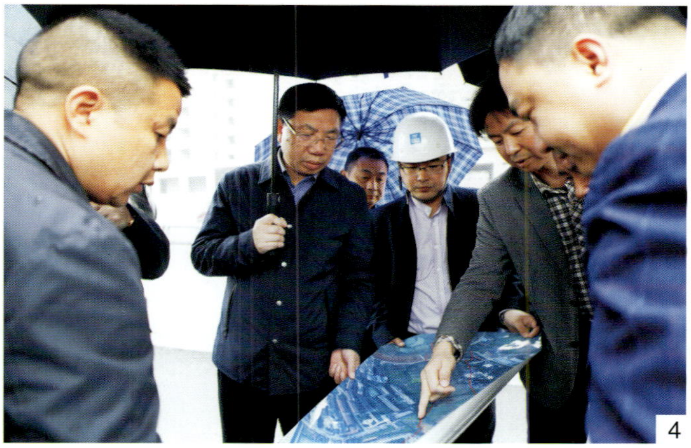
4

| | |
|---|---|
| ① | ② |
| ③ | ④ |

① 2017年2月8日，中共石鼓区委副书记、区长刘浪调研国土工作

② 2017年2月10日，中共石鼓区委常委、常务副区长曾梦龙深入车间一线、环保监测点专题调研全区环保工作

③ 2017年3月8日，中共石鼓区委副书记、区长刘浪带队到衡阳雅士林房地产有限公司调研

④ 2017年3月9日，中共石鼓区委副书记、区长刘浪调研内环北路东段项目

1

2

3

4

5

① 2017年3月16日，中共石鼓区委副书记、区长刘浪带队调研规划工作

② 2017年3月16日，石鼓区环境保护和安全生产工作会

③ 2017年4月27日，石鼓区配合中央环境保护督察协调联络工作组工作会议

④ 2017年5月3日，石鼓区召开专项调度会督促油烟、噪音整治

⑤ 2017年6月8日，中共石鼓区委书记唐浩然调研基础设施板块

1

2

3

① 2017年5月13日，石鼓区配合中央环保督察工作讲评暨下半年环保工作推进会

② 2017年9月7日，石鼓区农村不动产权籍调查试点工作动员会

③ 2017年9月26日，在石鼓区重点项目集中开工仪式上，角山旅游环线(杉旭路段)、松木明德小学(二期)、角山前进小学3个新建项目同时启动

1

2

3

① 2017年9月29日，石鼓区2017年第一批公共租赁住房分配进行抽签

② 2017年11月8日，区领导调研雁栖湖项目

③ 2017年12月8日，石鼓区总河长调度会召开

1

2

3

① 区城管执法局开展法制宣传

② 区城管执法局聘请常年法律顾问

③ 中共石鼓区委书记唐浩然，中共石鼓区委副书记、区长刘浪察看防汛情况

1

2

3

① 雅士林欣城

② 华瑞园

③ 来雁新城投资公司

①

②

③

④

⑤

① 2017年1月23日，由石鼓区委宣传部和区文艺馆共同举办的石鼓区“三下乡”暨春节送福文化活动

② 2017年3月29日，石鼓区教育文化体育工作会议召开

③ 2017年3月29日，来自湖南各地及广东、广西、北京的百余文人雅士奔赴衡阳石鼓书院，举行“春天奔涌而至·石鼓书院雅集”吟诵同题新诗旧词活动

④ 2017年4月，人民路小学刘奕呈的《超级光洁霸》获2017年湖南省第38届青少年科技创新比赛金奖

⑤ 2017年5月13日，方国平中国画作品展

①

②

石鼓区"幸福花开 十九大精神润衡州"
专题文艺演出
③

欢乐潇湘
幸福衡州
水调歌头
KTV
④

"爱心传递 共享书香"助力脱贫攻坚 向旭东村捐
石鼓区图书馆文化志愿者服务"六进"活动
⑤

① 2017年8月24日，中共石鼓区委副书记、区长刘浪专题调研全区教育文化体育工作

② “欢乐潇湘·幸福石鼓”暨“喜迎十九大·共建新石鼓”群众文艺汇演

③ 石鼓区“幸福花开·十九大精神润衡州”专题文艺演出

④ “欢乐潇湘·幸福衡阳”超级爸妈巡演石鼓站——群舞《心声》

⑤ 石鼓区图书馆文化志愿者服务“六进”活动

⑥ 石鼓区第三十三个教师节表彰大会暨文艺汇演

⑦ 合江小学少年传承美德之小小百家讲坛开讲

⑧ 衡阳市非遗戏曲进校园活动在石鼓区演武坪小学拉开序幕

⑨ 五一路小学献礼十九大文艺演出

⑩ 石鼓区各学校开展庆“六一”活动，图为小朋友们把亲手绘制的草帽挂在校园展示

⑥

⑦

⑧

⑩

⑨

①

②

③

①②③石鼓区领导与小朋友欢度“六一”

④

⑤

⑥

④ 衡阳市田家炳实验中学

⑤ 衡阳市逸夫中学

⑥ 衡阳市雁栖湖成龙成章学校

1

2

① 2017年2月26日，石鼓区“春风行动”招聘会

② 2017年3月17日，中共石鼓区委副书记、区长刘浪调研疾控和妇幼工作

③ 2017年4月13日，石鼓区召开2017年卫生计生与健康大会

④ 2017年6月3日，2017年石鼓区事业单位公开招聘考试举行

⑤ 2017年10月11日，湖南省计生协会业务指导处督导石鼓区计生基层群众自治示范区创建工作

3

4

5

| | |
|---|---|
| ① | ② |
| ③ | ④ |
| ⑤ | |

① 2017年11月24日，石鼓区召开学校传染病防控工作专题研究会

② 2017年12月20日，湖南省民政厅副厅长杨薇调研石鼓区社区养老工作

③ 石鼓区举办2017年脱贫攻坚困难群体就业援助专场招聘会

④ 石鼓区启动2017年被征地农民参保缴费工作

⑤ 石鼓区自主择业工作信息平台初步建成

2017年4月11日，中共石鼓区委书记唐浩然到五一街道调研来雁新城项目

2017年5月12日，中共石鼓区委书记唐浩然，中共石鼓区委副书记、区长刘浪察看潇湘街道安环站台账资料

2017年5月26日，中共石鼓区委副书记、区长刘浪调研角山乡利民村、和平村扶贫攻坚工作

2017年5月27日，中共石鼓区委书记唐浩然调研潇湘街道，视察司前社区阅览室

2017年5月31日，湖南省公安厅“三实”考评小组深入人民街道湘北社区实地考评“三实”工作及流动人口信息登记工作

①

① 2017年6月5日，湖南省人大教科文卫委员会副主任委员郭光文和湖南省地震局一行到人民街道人民路社区调研社区防灾减震工作

② 2017年7月7日，原黄沙湾街道暨松木片区合并大会（黄沙湾街道干部大会）

③ 2017年7月19日，中共石鼓区委书记唐浩然带领省、市党代表进潇湘街道长青社区开展“三联一帮”活动

④ 2017年7月28日，来雁新城项目合江街道现场调度会

②

④

⑤ 2017年8月1日，中共石鼓区委副
己、区长刘浪带领省、市党代表第88小
采入合江街道合江套社区开展“三联一
活动

⑥ 2017年8月1C日，由松木片区与
黄沙湾街道合并成立的黄沙湾街道揭牌

⑦ 2017年12月28日，演武坪社区居
事

⑧ 西湖二村社区开展“民族团结一
”演讲比赛活动

⑨ 黄沙湾街道雁栖湖社区学雷锋志
务活动

⑩ 建设新村社区民警入户走访

⑥

⑦

⑧

⑨

⑩

①

② ③

① 角山乡三星村活动中心

② 角山乡三星村农业示范园

③ 畔湖路社区

中共石鼓区委书记唐浩然带队到人民街道调研

牛角巷社区治安巡防队进行巡逻

人民街道聘请社区政风行风监督员

| | |
|---|---|
| ① | |
| ② | ③ |
| | ④ |

① 衡阳市人大领导到金源街道调研

② 潇湘街道演武坪社区的雪亮工程

③ 石鼓区“角山牛 犇天下”美食年货节

④ 人民街道湘北社区警务室

# 目　　录

## 特　　载



## 大 事 记



## 石鼓概貌



## 中共石鼓区委员会

## 石鼓区人民代表大会



## 石鼓区人民政府

## 政协石鼓区委员会



## 民主党派·工商联

## 社会团体

## 法　　治



## 军　　事

## 经济管理与监督

## 财政·税务·金融



## 工　业



## 农业和农村经济

## 商贸服务业



## 交通运输业



## 国土·建设·环保

## 科技·教育·文化·体育



## 社会事业

## 乡街概况

## 人　物



## 统计资料

## 附　　录

# 特　　载

## 区委常委会工作报告

——在区委四届五次全体会议上（摘要）

中共石鼓区委书记　唐浩然

（2017年12月18日）

一年来，区委常委会在统筹推进各项工作的同时，重点做好了以下九个方面的工作。

### 一、全面迎接和学习宣传贯彻党的十九大

区委常委会按照中央、省委、市委要求，坚持以迎接和学习宣传贯彻党的十九大为主线，精心组织、周密部署、扎实推进。深入开展“喜迎十九大”系列主题活动，切实抓好十九大安保维稳工作，为大会胜利召开，营造了良好氛围。十九大胜利闭幕后，区委常委会第一时间召开了区委常委会和全区领导干部大会进行学习传达，制定了学习宣传贯彻方案，精心组织各类宣传宣讲活动，在全区上下迅速兴起了学习宣传贯彻党的十九大精神热潮。同时，区委常委会结合石鼓实际，制定了关于深入学习贯彻党的十九大精神、加快建设“湘南地区最具活力的商贸文化中心”的意见，提交本次全会审议。

区委常委会认为，加快建设“湘南地区最具活力的商贸文化中心”，必须坚持以习近平新时代中国特色社会主义思想为行动指南和根本遵循。区委常委会坚持第一时间传达学习、贯彻落实习近平总书记的系列重要讲话指示精神，特别是十九大胜利闭幕后，区委常委会坚持带学、领学、促学，切实用习近平新时代中国特色社会主义思想武装头脑、引领方向、指导实践，不断增强“四个意识”，始终在政治立场、政治方向、政治原则、政治道路上，同以习近平同志为核心的党中央保持高度一致，坚决维护党中央权威和集中统一领导。

### 二、着力推动经济持续平稳健康发展

区委常委会认为，必须牢固树立和贯彻落实新发展理念，坚持稳中求进工作总基调，坚持质量第一、效益优先，推动经济社会持续健康发展。

着力加强经济运行调度。先后召开全区性会议3次，研判经济运行情况，牢牢把握经济工作主动权。重新调整了区委班子成员分工管线和区级领导联点方案，四大家班子成员带头深入乡街、项目和企业实地调研、现场办公，形成高质量调研报告27篇，有力地促进了科学决策，有效地解决了一批实际问题。通过综合施策、多方发力，全区经济发展继续保持良好态势。1—9月，GDP实现117.61亿元，增长7.5%，增速四城区第二；1—10月，规模以上工业增加值增速4.4%，四城区第一；固定资产投资额完成128.69亿元，增长9.8%，增速四城区第一；社会消费品零售总额实现97.67亿元，增长10.6%；1—

11月，财政收入实现21.92亿元，为年度目标的93.24%，增长6.65%，税占比达97%，收入总量、质量和进度均居全市第一。

着力抓好项目建设。扎实开展“项目建设推进年”活动，全面推行板块负责制，举办了项目前期工作专题培训班，派出三个考察组赴株洲、常德等地，考察学习项目建设经验，提升了党员干部抓项目建设的能力水平。截至11月底，全年共实施项目105个，开复工99个，开复工率94.29%，完成投资90亿元，占年度计划81.9%。市重点考核项目30个，开复工率100%，完成投资50.7亿元，超过考核任务12个百分点。华耀城、香樟苑、中亿汽贸城、崇盛国际中心等10个项目已部分建成并投入使用，效益发挥超过预期。雁栖湖公园、横江湿地公园等重点项目进入实质性阶段。策划包装项目32个，纳入市重点招商引资项目13个。成功签约项目5个，引进资金达30.3亿元，夯实了发展基础。

着力推进产业转型升级。立足商贸业的传统优势和湖南省首批现代服务业示范集聚区的平台优势，大力发展现代服务业、文化旅游业、乡村旅游业。前三季度，三次产业结构调整为3.5∶16.9∶79.6，三产占比较去年同期提高2.3个百分点，现代服务业示范集聚区营业收入突破90亿元。大力实施全域旅游战略，出台旅游业发展扶持奖励办法，奖励资金高达600万元；重点推介“角山生态农业体验小镇”项目，成功举办第二届梦幻灯光玫瑰节。大力发展高新技术企业和开放型经济，1—11月，高新技术企业增至14家，占规模工业的41%；实际利用外资4892万美元，增长9.5%，完成进出口总额3750万元。

## 三、积极稳妥推进全面深化改革

区委常委会认为，全面深化改革已进入施工高峰期，必须坚持全面发力、多点突破、纵深推进，着力增强改革的系统性、整体性、协同性。

切实抓好“三去一降一补”工作。全面规范政府举债行为，区本级政府债务余额处于绿色安全区。大力开展非法集资专项整治行动，发现并移送问题线索39条，化解各类风险点236个，守住了不发生系统性、区域性金融风险底线。积极落实“营改增”，以及各项减税降费政策，进一步减轻了企业负担。

深入推进农业供给侧结构性改革。坚持把增加绿色优质农产品供给放在突出位置，继续推进农药、化肥零增长行动，与蔬菜企业签订蔬菜安全生产责任状，加强了农产品质量保障。深化农村综合改革，全面完成农村土地承包经营权确权登记，耕地流转率达51%。积极促进产业融合发展，打造省级龙头企业1家、市级龙头企业8家，新增家庭农场7个、合作社5个，新型农业经营主体队伍不断壮大。

着力推进重点领域改革。区委深改组5次研究部署全面深化改革工作，明确了2017年9大类24项重点改革任务。率先开展警务机制改革，新增摄像头180多个，建成人民路、牛角巷、长青三个社区的视频监控系统，得到省委政法委黄关春书记的高度评价。创新推动行政执法三项制度改革试点工作，将全区重大行政执法决定，归口到区法制办审核，得到省、市领导高度肯定，并被确定为全国重大行政执法审核试点单位。深入开展监察体制改革，统筹推进社会体制、生态文明、党的建设等重点领域改革，改革红利进一步释放。因改革成效显著，区长刘浪获评全市“十佳改革创新人物”。

## 四、持续加强社会主义民主政治建设

区委常委会认为，团结带领全区人民共同奋斗，必须坚持党的领导、人民当家作主、依法治国有机统一，充分发挥社会主义政治制度的优越性。

大力支持区人大及其常委会依法行使职权。区人大认真履职，严格贯彻落实《预算法》，建立了预算审查听取人大代表和社会各界人士的意见机制，加强了预算审查监督和决算审查批准，切实强化了计划财政监督。出台了《人大常委会规范性文件备案审查办法》《关于统一委派人大代表担任执法监督员的实施意见》等相关制度。深入开展了“三学三争”“脱贫攻坚‘五个一’”“6·25为民服务日”等主题活动。对区公安分局、检察院、法院、司法局等4个单位依法办案情况，进行了执法监督。围绕医疗卫生服务、公租房建设管理等方面工作，进行了专题调研。

累计办理人大代表建议144件，切实强化了工作实效，进一步提高了人大工作科学化水平。

大力支持区政协充分发挥协商民主重要作用。区政协牢牢把握团结民主主题，认真履行政治协商、民主监督和参政议政职能，对“推进军民融合产业发展”“加强学前教育保障能力”等工作，进行了专题协商；对区安监局、城管局等单位工作情况，开展了民主评议；围绕“加快发展乡村旅游”主题，开展了全区首次专题协商议政，并向区政府提交了《关于加快发展乡村旅游的建议案》。创新民主监督员委派方式，向区公安分局等10个单位，派驻了民主监督小组。围绕“优化非公经济发展法治环境”“村级服务平台建设”等问题，深入开展调研，形成了一系列高质量调研报告，累计收集、整理提案79件、群众意见100多条，为区委、区政府提供了决策参考。

坚持巩固和发展最广泛的爱国统一战线。认真贯彻落实中央关于统一战线的重大决策部署，定期就重大决策向各民主党派、工商联和无党派人士通报情况、听取意见。出台了《进一步做好统一战线工作的意见》《加强新的社会阶层人士统战工作的实施意见》《党政领导与非公有制经济代表人士交朋友》等6个文件。明确了区直部门统战工作职责和乡街专职统战委员，增设了区台办和党外知识分子办公室，建立了党外干部选拔任用“六个共同”工作机制。成立了民进石鼓工委、民革石鼓工委，全面完成特约人员聘请工作。大力支持工会、共青团、妇联等群团组织依法依章程、独立自主开展工作，进一步形成大统战格局。

扎实推进依法治区，把党的领导贯彻落实到法治石鼓建设的全过程和各方面。在全市率先实现党政机关法律顾问制度，率先成立第一家法治审核室，并出台了《重大行政执法决定法治审核暂行办法》。深入推进司法体制改革，全面落实法官、检察官员额制，完成23名员额法官等级确认工作，员额法官工资按照新标准落实到位。大力开展“七五普法”，全区干部群众的法治意识不断增强。

## 五、切实加强宣传思想文化工作

区委常委会认为，必须坚持精神文明与物质文明协调发展，为建设“湘南地区最具活力的商贸文化中心”提供理论支撑、舆论支持和道德滋养。

牢牢把握意识形态工作领导权。严格落实党委意识形态工作责任制，出台了《意识形态工作责任制实施细则》，建立健全了意识形态情况分析研判、舆情信息监控、新闻宣传应急机制。坚持党对新闻舆论工作的领导，加强对宣传文化阵地的建设和管理，加强对社会思潮的辨析和引导。持续强化网络宣传安全，加大网络舆情监控和引导力度，最大限度地激发网络空间正能量。通过各种措施，不断巩固全区人民团结奋斗的共同思想基础。

大力弘扬社会主义核心价值观。以创建全国文明城市为总揽，全面实施“未成年思想道德建设工程”，大力开展“讲文明、树新风”“核心价值观原创广场舞”“核心价值观书法比赛”等精神文明创建活动。深化爱国主义和革命传统教育，精心组织建党96周年、建军90周年等系列主题活动。广泛开展义务植树、关爱留守儿童、点亮“微心愿”等志愿服务活动。成功创建了一批省、市、区级文明单位、文明村镇、文明校园、文明家庭，营造了文明和谐的社会风尚，为加快石鼓发展提供源源不断的精神动力。

积极发展文化产业和文化事业。以“石鼓书院大讲坛”为平台，组织开展系列国学讲座，坚定了全区上下的文化自信。积极推进公共文化服务体系建设，“三馆一站”全部免费开放。加大文艺精品创作力度，选送歌曲《大雁飞翔》获省“五个一工程”奖。大力开展“幸福花开·十九大精神润衡州”“欢乐潇湘·幸福石鼓”“文化科技卫生三下乡”“广场旬旬演·社区周周乐”等广受群众欢迎的文体活动，进一步丰富了人民群众的精神文化生活。

## 六、大力推进生态文明建设

区委常委会认为，良好的生态环境是最普惠的民生福祉，必须牢固树立绿水青山就是金山银山的理念，不断满足人民日益增长的优美生态环境需要。

着力加强生态文明体制机制建设。成立了区生态环境保护委员会，出台了《环境保护工作责任规定》《重大环境问题责任追究办法》等相关制度，并将节能减排指标任务纳入年度工作目标，构建起“党政同责、一岗双责”的大生态环保格局。率先在城区设立乡街安全环保工作站，配齐了编制和人员。建设项目环境影响评价和“三同时”制度执行率达100%。

着力解决环境突出问题。以配合中央环保督察为契机，深入开展突出环境问题专项整治，累计开展执法行动600多次，关停及查封污染企业400多家，中央环保督察组转交的30.2件交办件，全部办理到位，一批群众反映强烈的环境问题，得到圆满解决。继续推进湘江保护和治理“一号重点工程”“河长制”稳步实施，雁栖湖综合水体治理成效明显。着力抓好大气污染防治、土壤污染防治和农村环境整治，农村公共领域环境卫生市场化实现“全覆盖”。全面完成省市下达的节能减排指标任务，截至11月，全区空气优良天数比例达83.2%，提升幅度位列城区第一。

## 七、加强和保障改善民生工作

区委常委会认为，必须牢固树立以人民为中心的发展思想，坚持在发展中保障和改善民生，让全区人民有更多的获得感。

坚持把打赢脱贫攻坚战作为重大政治任务和第一民生工程。区委常委会先后6次专题研究部署脱贫攻坚工作，出台了《乡街党政正职脱贫攻坚工作问责规定》，组建了12支驻村扶贫工作队，安排了611名股级以上党员干部与全区贫困户开展结对帮扶，进一步构建了严密的责任体系。加大财政投入，整合各类资金909万元投入扶贫，其中，区本级财政专项扶贫资金达290万元。狠抓精准识别和突出问题整改，严格落实脱贫攻坚“三走访、三签字”制度，突出抓好产业扶贫、金融扶贫、健康扶贫、兜底扶贫等十大扶贫举措的落地落细，做到了扶真贫、真扶贫。

坚持公共财政支出向民生事业倾斜，集中力量办好民生实事。1—11月，民生支出8.45亿元，占财政支出的比重达70.45%，9件重点民生实事全面完成。积极促进居民就业增收，新增创业主体1103户、农村劳动力转移就业1388人，城镇登记失业率为3.93%，零就业家庭实现动态清零。大力发展教育事业，基本完成21所中小学校维改项目42个，加快推进松木明德学校等化解大班额项目，新增学位近4000个；严格落实义务教育各项政策，教育资源更加公平。全面加强社会保障，新建城乡养老服务设施15个，基本社会养老保险、基本医疗保险参保率分别达98.4%、100%，社会救助、社会福利不断完善，城乡低保、五保等困难群体应保尽保。

## 八、着力维护社会和谐稳定

区委常委会认为，必须把维护社会安全稳定作为硬任务，切实肩负起“促一方发展、保一方平安”的重大政治责任。

全力以赴抗洪救灾。面对2017年的特大洪灾，区委常委会始终把人民群众生命安全放在首位，科学研判、精准调度，严格落实防汛责任，广大党员干部冲锋在前、勇挑重担，全区上下众志成城、齐心协力，实现了未垮一库一堤、未出现一例伤亡人员的目标，夺取了抗洪抢险的全面胜利。

严格落实信访工作责任。区委常委会先后3次专题研究信访工作，召开了10多次信访维稳专项工作会。扎实推进信访问题源头治理，严格落实区级领导轮流坐班接访制度，累计走访群众1800余人次，接待来访群众3890人次，妥善处理涉军涉改、征地拆迁等突出信访问题514起。深入开展“信访积案清零百日攻坚”行动，成功化解信访积案26个。特别在“一带一路”峰会、党的十九大召开期间，实现进京赴省非访“零登记”。

牢牢守住安全生产底线。率先出台责任清单，率先部署重大隐患治理“一单四制”，深入开展安全生产“大排查大整治大管控”行动，加大烟花爆竹、危险化学品等重点行业的隐患排查和整改力度，安全生产形势持续平稳。截至12月中旬，安全生产事故发生数同比下降66.7%；经济损失同比下降45.4%，并继续保持“零”死亡目标，在年度省、市考核中，总体情况较好。

着力维护社会安全稳定。大力开展打击“盗抢骗”、打击“黄赌假”、打击毒品犯罪、整治交通秩序等四大严打整治行动，从严打击四类外流犯罪，保持“打黑除恶”的高压态势，刑事发案率、涉黑涉恶发案率双双下降，综治民调总体得分83.95分，位居全市第四、城区第二。

## 九、坚定不移推动全面从严治党向纵深发展

区委常委会认为，全面从严治党永远在路上，必须坚持党要管党、全面从严治党，以党的政治建设为统领，思想建党和制度治党同时发力，推动全面从严治党向纵深发展。

我们坚持把党的思想政治建设摆在首位。区委常委带头落实领导干部讲党课制度、带头参加双重组织生活，进一步促进了党内组织生活的高标准、常态化。出台《党内重大工作请示报告制度》，明确向区委报告的责任主体、具体事项、时间节点等相关要求，进一步严肃党的政治纪律、组织纪律。深入推进“两学一做”学习教育常态化制度化，各级各部门进一步提高政治站位，坚决维护中央权威，始终同以习近平同志为核心的党中央保持高度一致，确保中央政令畅通、决策落地生根。

我们严格落实管党治党责任。坚持把党的建设和经济社会发展工作大局同部署、同落实、同检查、同考核，逐级建立责任清单，层层压实工作责任。强化“敢于担当、重视基层、群众公认”的用人导向，把一批工作推动力强、干部群众认可度高的同志安排到领导岗位上来，2017年，调整干部4批次154人，其中，提拔重用干部37人、交流任职117人，乡街和项目一线干部占81.2%，所有人事调整在公示期间均未接到不良反映。大力加强干部教育培训力度，与浙江大学联合举办了党政领导干部综合能力提升培训班，进一步强化了干部队伍素质。严格落实《关于从严监督管理党员干部的十项措施》，从干部家访、健康体检等十个方面落细落实治吏措施，不断推进监督管理向八小时之外延伸。

着力加强基层组织建设。圆满完成村（社区）“两委”换届选举工作，先出新一届村（社区）“两委”干部326名，大专及以上学历171名，平均年龄43.7岁，整体素质明显提升，队伍结构明显优化。推行党支部“五化”建设，集中整顿松梅村相关问题，立案审查7人，收缴违纪款34.5万元。推行党性教育“三员”做法，实施交叉巡察制度，切实扭转基层干部作风。全面推进基层组织阵地建设，“两化两体系”达标社区达28个，新建村级综合服务平台7个，“两新”党组织覆盖率进一步提高。强化村、社区运转经费保障，村干部、社区工作者待遇全面提升。全区基层党建工作亮点频出、特色鲜明，《加强基层党建的石鼓实践》调研报告获《湖南工作》重点推介。

深入推进反腐败斗争和党风廉政建设。建立廉政文化建设联席会议制度，成立“区廉政警示教育基地”，先后开展廉政文化建设“六进六创”、全区十佳“廉内助”评选活动，切实筑牢党员干部思想防火墙。大力开展“纠四风、治陋习”“雁过拔毛”式腐败问题专项整治，发现问题线索37起，给予党政纪处分13人。率先成立区委巡察办，针对巡察发现的普遍性问题，开展了“三整治一培训”活动。全面推进派驻纪检组改革，派出纪检组6个，覆盖全区45个区直部门。扎实开展“互联网+监督”工作，率先完成平台建设和数据录入，已公开相关资金项目表。强化案件查办，全区纪检监察组织立案84件，结案68件，给予党政纪处分65人，立案数、党政纪处分人数均是上年的2.5倍；其中，涉及乡科级干部10人，移送司法6人，案件移送实现“零突破”；从严查处了曾宏辉受贿案、梁吉位拉票助选案等一系列重案要案。

区委常委会高度重视国防动员和后备力量建设。加大财政保障，完成民兵射击训练场和民兵训练用房两个项目。修订完善了区、乡街两级非战争军事行动战备方案，制定了本级国防动员、防卫要点等24套战备方案计划，成立区直单位民兵应急分队，组织开展了为期10天的集训，有效地提高了民兵应急作战和应对突发事件的能力。全面推进双拥优抚工作，发放各类优抚资金761.58万元，接收退役士兵116人，城镇退役士兵安置遗留问题全部“清零”。

区委常委会在统揽全局、协调各方过程中，坚持把讲政治作为加强领导班子自身建设最根本的和第一位的要求，带头增强“四个意识”，始终做到“三个坚决”，切实当好“六个表率”，坚决维护党中央权威和集中统一领导。常委会班子成员带头深入基层调查研究，带头坚持民主集中制，带头扑下身子真抓实干，班子的整体功能不断增强；带头廉洁自律，拒收红包礼金，社会各界反映良好。常委会全体同志以诚相待、精诚团结，区几大家班子协调配合、团结和谐，形成了干事创业的浓厚氛围。

在总结工作的同时，区委常委会深入分析了面临的挑战和存在的不足。主要是：经济总量不大、发展质量不高的问题还比较突出；改善民生的任务还比较重，群众反映的一些突出问题还没有得到彻底解决；“四风”问题还未根除，部分干部不作为、慢作为的情况还一定程度上存在，等等。

区委常委会审议通过了《中共石鼓区委关于深入学习贯彻党的十九大精神、加快建设“湘南地区最具活力的商贸文化中心”的意见》，在这里，就深入学习贯彻习近平新时代中国特色社会主义思想和党的十九大精神，再提三点意见。

## 一、坚决把政治建设摆在首位，自觉维护以习近平同志为核心的党中央权威和集中统一领导

把党的政治建设摆在首位，是党的十九大的重大理论创新。学习贯彻十九大精神，要抓住政治建设这个根本性建设，把着力点聚焦到习近平总书记是全党拥护、人民爱戴、当之无愧的党的领袖上，聚焦到习近平新时代中国特色社会主义思想是党必须长期坚持的指导思想上，坚持党对一切工作的领导，把党中央集中统一领导这个党的领导的最高原则，时刻牢记于心、切实落实于行。

*第一，深刻理解政治建设的统领地位，旗帜鲜明讲政治。*旗帜鲜明讲政治，是中国共产党作为马克思主义政党的根本要求。十九大报告进一步把党的政治建设，提高到一个新的高度来认识和阐述，特别强调要把党的政治建设摆在首位。党的十八大以来，以习近平同志为核心的党中央，坚持从政治上考量全局工作，着眼于从政治上建设党，持之以恒推进全面从严治党，在强化党的领导、严肃党内政治生活、强化党内监督、加强党内教育、整顿作风和反腐败斗争等方面，采取了一系列重大举措。这些举措力度空前，取得了显著成效，清除了重大政治隐患，巩固了党的集中统一领导，党的面貌、党的形象，发生了历史性变化。实践证明，抓住了党的政治建设，就抓住了党的建设的根和魂。全区各级党组织和广大党员干部，要毫不动摇地把政治建设作为统领、摆在首位，树牢政治理想、把握政治方向、站稳政治立场、提高政治能力，团结带领全区人民为现代化建设共同奋斗。

*第二，准确把握政治建设的核心要义，突出抓好“四个必须”和“两个根本”。*坚持党的领导，是当代中国最重大的政治原则。十九大报告明确指出：“保证全党服从中央，坚持党中央权威和集中统一领导，是党的政治建设的首要任务。”全区各级党组织和党员干部，无论处在哪个领域、哪个层级、哪个单位，都要围绕这个首要任务，准确把握政治建设的核心要义，坚持好、落实好习近平总书记强调的“四个必须”和“两个根本”。“四个必须”就是：必须牢固树立“四个意识”，坚决维护党中央权威，坚决服从党中央集中统一领导，确保思想一致、行动一致、步调一致；必须坚持党的领导，坚持和完善民主集中制，坚持党领导各项工作的体制机制，确保党总揽全局、协调各方；必须坚持党的理论和路线方针政策不动摇，不折不扣贯彻执行党中央决策部署；必须对党忠诚，做到心中有党、心中有民、心中有责、心中有戒，增强政治定力、纪律定力、道德定力、抵腐定力。“两个根本”就是：把党建设好，这是“主心骨”；把道路坚持好，这是“方向标”。

*第三，全面贯彻政治建设的实践要求，炼就过硬的政治能力和政治定力。*习近平总书记强调，要坚持以马克思主义政治观对照自己、改造自己、提高自己。这就要求大家自觉加强党性锻炼，经常进行党性分析，把对党忠诚、为党分忧、为党尽职、为民造福，作为根本政治担当。全体党员都要坚定“四个自信”，坚决执行党的政治路线，严格遵守政治纪律和

政治规矩，严格执行新形势下党内政治生活若干准则，共同营造风清气正的政治生态。领导干部作为“关键少数”，更要保持忠诚干净担当的政治本色，做政治上的明白人。要永葆对党忠诚的政治品格，忠诚于共产主义理想和中国特色社会主义信念，忠诚于党的宗旨，忠诚于党的组织，坚决反对“七个有之”，不拿党性原则作交易。要守住个人干净的从政底线，牢记人情里面有原则、交往之中有政治、亲情里面有底线，加强严格自律，保持清正廉洁，做到“当官不发财，发财不当官”。要强化敢于负责的担当精神，脚踏实地、真抓实干，不回避疑难杂症、不惧怕矛盾困难，以盯住干、马上办、改到位的劲头推进工作。特别要注重加强政治能力的训练和培养，在敢抓敢管、攻坚克难中加强政治历练、积累政治经验，使自己的政治能力与担当的领导职责相匹配，确保党的事业始终沿着正确的政治方向胜利前进。

## 二、结合实际深入学习贯彻党的十九大精神，奋力开创石鼓发展新局面

贯彻落实党的十九大精神，要紧密联系思想和工作实际，切实把自己摆进去、把本单位本部门摆进去、把正在做的事情摆进去，创造性开展工作。要围绕加快石鼓发展，突出抓好以下六个方面的工作：

第一，要以现代服务业为方向，大力推进产业转型升级。要按照十九大关于“建设现代化经济体系”的精神要求，始终坚持打造“湘南地区最具活力的商贸文化中心”战略目标，牢固树立五大发展理念，坚持把现代服务业作为产业发展的主攻方向，注重发展“占地少、效益好、无污染、低能耗”的新业态，实现区域经济的健康、协调、可持续发展。要发挥省级现代服务业示范集聚区平台优势，积极出台份量重、吸引力强的招商政策、扶持政策，包装一批、引进一批高端商贸、电子商务、文化会展、现代金融等服务业业态。要大力支持华耀城、来雁新城、崇盛国际中心、中亿汽贸城以商招商、做强做大，努力形成一批在湘南地区最具影响力的商贸物流中心、金融商务服务中心、新生活体验中心、汽贸汽配中心。要大力发展楼宇经济、总部经济，利用城市综合体的写字楼，吸引更多的国内外企业，来石鼓区设立区域总部、研发中心、营销中心。要牢固树立“全域旅游”理念，将旅游业作为刺激居民消费、拉动经济增长的重要力量，深度挖掘优秀文化资源，加快建设草桥风情街，大力推进雁栖湖公园、横江湿地公园和美丽乡村建设，促进一、二、三产融合发展。要以“互联网+商贸”为方向，以新零售业为重点，推动传统商贸业向现代商贸业转型。

第二，要以供给侧结构性改革为主线，纵深推进全面深化改革。全面深化改革，是新时代坚持和发展中国特色社会主义的基本方略的重要内容，推进供给侧结构性改革，是习近平总书记对湖南提出的“三个着力”要求的第一条。要着力深化经济体制改革，加快推进现代服务业示范集聚区综合改革，将培育现代服务业与改造传统商贸业相结合，适应消费市场的新趋势，拓展商贸流通的新模式。要加快财税管理体制改革，完善公共预算体系，构建事权与财权相匹配的财政体制，提升财政资金使用的效率。要落实好“三去一降一补”重点任务，继续关停并转落后产能，坚决纠正靠土地财政、房地产来经营城市的做法，进一步规范政府举债行为。要进一步深化“放管服”改革，统筹抓好人才发展体制机制改革、群团组织改革等一系列重点改革任务，着力增强改革的系统性、整体性、协同性。

第三，要以现代农业化为抓手，着力促进乡村振兴。要按照十九大报告要求，坚持农业农村优先发展，全面实施乡村振兴战略，着力构建现代农业产业体系、生产体系、经营体系。要以增加农民收入、保障有效供给为主要目标，立足城郊优势，大力扶持和发展都市农业、规模农业、休闲农业和品牌农业。要积极争取2018年全市乡村旅游文化节的举办权，进一步打响乡村旅游品牌。要进一步支持香樟苑、云飞农业、三星蔬菜、君玲食品等龙头企业做强做大，打造更多地理标志产品。要加大农村改革力度，在土地“三权”分置、“五权”抵押贷款、新型农业经营主体、农村电商发展等方面，进行深入研究，加快和规范农村土地流转，支持发展农民合作社、家庭农场、农业企业，构建层次多样、功能互补的新型农业经营

体系。

*第四，要以防范化解重大风险为先导，全力维护社会大局和谐稳定。*12月6日，省委书记杜家毫传达了习近平总书记重要批示精神，对防范化解重大风险问题提出了明确要求。全区一定要坚持稳定压到一切的思想，以对历史、对人民高度负责的态度，切实做到守土有责、守土负责、守土尽责。要切实担负起政府债务风险的主体责任，把规范地方政府举债行为、防范和化解债务风险工作抓紧抓好。要组织开展农民工工资支付专项检查，对区域内企业和在建项目工资支付情况，进行全面摸底排查，严厉查处、依法打击恶意欠薪行为，妥善应对农民工讨薪上访问题，防止矛盾激化。要强化问题导向、底线思维，对社会稳定、安全生产、生态环境、金融债务等各类风险早识别、早预警、早发现、早处置，防患于未然。要积极开展打黑除恶等专项行动，坚决打击非法集资、“盗抢骗”“黄赌毒”“医闹”等行为。要切实加强涉改企业、涉军群体、房地产领域等方面的矛盾摸排和化解，依法妥善处置有关群体性事件，切实提高社会治理法治化、智能化、专业化水平。

*第五，要以满足人民日益增长的美好生活需要为导向，不断巩固和改善民生水平。*要立足中国社会主要矛盾的新变化，认真践行以人民为中心的发展思想，努力提高人民群众的获得感、幸福感。要加快发展社会事业，进一步优化中小学、幼儿园布局，大力推进标准化学校建设，尽快完成化解“大班额”项目建设，全面促进教育城乡一体化。要加快发展卫生健康事业，完善医疗卫生服务网络，提高服务水平，大力开展群众文化活动、全民健身活动。要办好民生实事，进一步加大民生投入，重点解决群众最需要、最紧迫、最现实的问题。要着力完善公共服务体系，全面提升社会保障水平，扎实搞好与人民群众息息相关的“微建设”“微服务”，不断满足人民日益增长的美好生活需要。要着力抓好脱贫攻坚这个重大政治任务和首要民生工程，全面巩固脱贫成果。

*第六，要以污染防治为重点，统筹抓好生态文明建设。*将“美丽”写入强国目标，是十九大作出的重大战略部署。要坚持“绿水青山就是金山银山”的理念，以系统思维抓生态文明建设，着力构建山水林田湖草生命共同体，营造天蓝、地绿、水净的美好家园。现阶段生态文明建设的重点工作，是加大污染防治力度，要牢固树立打攻坚战、持久战的思想，采取有力有效措施，解决一批人民群众反映强烈的突出环境问题。要坚持全民共治、源头防治，坚决打赢蓝天保卫战；全面落实河长制，推动湘江保护和治理“一号重点工程”向纵深发展；强化土壤污染管控和修复，加强农业源污染防治，深入开展农村人居环境整治行动，推动生态文明建设取得更大成果。

## 三、着力抓好各项任务的落实，把党建设得更加坚强有力

全区各级党组织要结合贯彻党的十九大精神，准确把握新时代党的建设总要求，坚持和完善党的领导，不断提高党的建设质量，为各项事业发展提供坚强保证。

*第一，持续加大思想建党的力度。*要以十九大精神为指引，着力加强思想建设，切实筑牢信仰之基。要学好用好《习近平谈治国理政》。《习近平谈治国理政》生动记录了以习近平同志为核心的党中央团结带领全党全国各族人民在新时代坚持和发展中国特色社会主义的伟大实践，集中反映了习近平新时代中国特色社会主义思想的发展脉络和主要内容。中央下发了《关于认真组织学习〈习近平谈治国理政〉第二卷的通知》。全区各级党组织和广大党员干部，要把《习近平谈治国理政》第二卷和先期出版的第一卷，作为深入学习领会习近平新时代中国特色社会主义思想和党的十九大精神的权威读本，系统学习、深入学习，学深悟透、学懂弄通。要谋划开展好“不忘初心、牢记使命”主题教育。要按照中央、省委、市委、区委的统一部署，结合推进“两学一做”学习教育常态化制度化，谋划开展“不忘初心、牢记使命”主题教育，持之以恒抓好经常性学习教育，大力弘扬“红船精神”，引导党员干部进一步深入学习领会党的十九大精神和习近平新时代中国特色社会主义思想，更加自觉地用党的创新理论武装头脑，为实现新时代党的历史使命不懈奋斗。

第二，切实加大制度执行的力度。坚持思想建党与制度治党紧密结合，不断增强全面从严治党的制度化、规范化水平。要贯彻落实好中央八项规定精神。认真抓好中央政治局关于《贯彻落实中央八项规定实施细则》的贯彻落实，结合石鼓区实际抓紧制定出台具体实施方案，驰而不息反“四风”，不断巩固和扩大作风建设成果。要贯彻执行好《中国共产党党务公开条例（试行）》。认真抓好党务公开条例的学习培训和宣传解读，全面准确掌握条例的主要内容和工作要求。加强对党务公开工作的组织领导，坚持发扬民主，保障党员民主权利，落实党员知情权、参与权、选举权、监督权，更好调动全党积极性、主动性、创造性，及时回应党员和群众关切，以公开促落实、促监督、促改进。要进一步加强党委工作制度建设。认真贯彻落实《关于加强和维护党中央集中统一领导的若干规定》和《中国共产党地方委员会工作条例》要求，不断健全完善党委工作制度、会议制度和议事决策规则，严格执行民主集中制，全面落实和执行请示报告制度，强化组织观念、程序观念，不能搞特殊、搞例外，该请示的必须请示，该报告的必须报告，不能我行我素、自行其是。

第三，不断加大健全和完善监督体系的力度。全面落实新时代从严治党新要求，加强对权力运行的制约和监督。要着力深化政治巡察。要把巡察利剑牢牢抓在手里，扛牢压实管党治党的主体责任。要紧跟中央、省委、市委巡视工作步伐，始终突出巡视巡察的政治性质，大力惩治群众身边的“微腐败”，形成发现问题、纠正偏差的长效机制。要积极稳妥推进监察体制改革。按照中央、省委和市委要求，坚持思想统一、步调一致，各负其责、通力协作，认真落实好《石鼓区深化国家监察体制改革试点工作实施细则》，确保如期完成监察委员会组建工作，建立党统一领导的反腐败工作机构，构建集中统一、权威高效的监察体系，实现对所有行使公权力的公职人员监察全覆盖。要强化日常监督管理。落实好《关于从严监督管理党员干部的十项措施》，聚焦党员干部“生活圈”，把监督延伸到“八小时之外”，切实构建全方位、全天候、全覆盖的立体监督体系，约束党员干部“不越红线”“不踩底线”，做到抓早抓小、防微杜渐。

离年底只剩下10多天了，正是冲刺全年目标任务的紧要关头。各级各部门要结合贯彻十九大精神，统筹抓好各项工作任务，突出抓好当前工作。一要抓好经济工作。坚持领导亲自抓，坚定信心、科学研判，精准发力、狠抓落实，确保年度目标任务圆满完成。二要抓好迎检考核工作。进一步增强争先创优意识，对照检查考评细则，做好各项工作的收尾，力争在年终考核中取得好成绩。三要抓好区人大、政协“两会”筹备工作。提高政治站位，精心做好会议筹备组织工作，确保各项选举任务顺利完成，区“两会”圆满成功。四要抓好民生稳定工作。年节临近，要更多关心群众生活，组织开展好“送温暖”等帮扶慰问活动；要全力抓好信访维稳、安全生产、社会综治等工作，确保社会大局的和谐稳定。五要谋划好2018年工作。全面对标对表党的十九大精神和省委、市委、区委的部署要求，科学谋划、合理安排2018年工作，为2018年工作开好局、起好步打好基础。

# 区政府工作报告

## ——在衡阳市石鼓区第四届人民代表大会第二次会议上（摘要）

石鼓区人民政府区长　刘　浪

2017年4月19日

## 一、2016年工作回顾

过去的一年，在市委、市政府和区委的坚强领导下，在区人大、区政协的监督支持下，区政府团结带领全区人民，主动适应经济发展新常态，坚持稳中求进工作总基调，统筹推进稳增长、促改革、调结构、惠民生、防风险等各项工作，真抓实干，攻坚克难，开拓创新，圆满完成经济社会发展主要目标任务，实现了“十三五”良好开局。

（一）稳增长促发展，经济实力显著提升。2016年，全区地区生产总值达141.65亿元，增长9%，增速排名全市第一。实现财政总收入22.13亿元，增长11.8%，增速排名全市第一、总量排名全市第二。完成固定资产投资141.94亿元，增长22.5%，增速排名全市第一。完成社会消费品零售总额109.28亿元，增长12%，增速排名全市第二。城乡居民人均可支配收入分别达30908元、17466元，分别增长9.8%、9.9%，增速分别排名全市第二、第一。全面小康总体实现程度达90%，获评全省全面小康达标县市区。

（二）抓投资激活力，内生动能明显增强。坚持把项目建设作为总抓手，以项目推动发展，获评全市项目建设活动先进单位。重点项目推进有力。累计实施重点项目82个，开复工率100%，完成投资103.98亿元。市重点考核项目32个，开复工率100%，完成投资54亿元，为考核任务的120%。华耀城等38个项目超额完成年度投资计划，广本4S店搬迁重建等26个项目建成投产运营。招商引资成果丰硕。大力整合招商资源，成功签约希尔顿酒店、进口商品直销中心等9个项目。积极争取国、省、市政策及资金支持，成功融资3.8亿元，内联引资20.14亿元，外资到位4467万美元。项目包装成效明显。坚持滚动开发项目，加快棚户区改造等民生项目进展。包装商贸物流、旅游文化、现代服务等重大项目60个，总投资447亿元，其中，深度开发项目18个，超额完成年度计划。

（三）调结构推转型，产业升级取得实效。三次产业结构调整为3.2∶19.4∶77.4，第三产业对GDP的贡献率达92.4%，税占比达94.62%，排名全市第一。现代服务业加速壮大。总部经济、楼宇经济、电商经济等现代服务业蓬勃发展，成功编制省级现代服务业示范集聚区整体规划和产业布局规划。中建衡阳中心、CC城市中心等城市综合体形成消费新热点，崇盛国际中心、珠江帝景酒店加快建设，华耀城、东耀物流园等物流枢纽项目建设取得突破性进展。现代农业特色彰显。坚持以城市为依托，以市场为导向，以产业为基础，以科技为支撑，以效益为中心，加快现代农业建设。成功举办全牛盛宴暨年货节、首届青少年农耕文化节，香樟苑、潇湘和创、云飞农业等企业不断壮大，市民的“菜篮子”“果盘子”“花钵子”和休闲地正加速形成。新型工业平稳推进。完成规模工业增加值45.39亿元，增长3.7%。新增“四上”企业99家，新增数量排名全市第一，天雁机械在全国细分行业处于领先地位。

（四）重统筹优布局，城乡面貌焕然一新。以创建全国文明城市为总揽，持续提升城市文明度、舒适度、满意度，城市管理工作综合排名城区第一。城市建设扎实推进。长丰大道北延、107国道城市化改造竣工通车，明翰路两厢提质改造全面完成，二环路、怀邵衡铁路等项目顺利推进，东西联动、南北互通、内外畅通的路网框架加速形成。完成28个社区“两化两体系”建设，全市社区“三清三建”、农贸市场标准化提质改造现场会在石鼓区召开。建设新村社区荣获全国科普示范社区。城市管理力度加大。全面开展占道经营、流动摊点等整治，扎实推进清理“牛皮癣”，加强市容市貌、交通秩序等常态化管理。全面落实烟花爆竹限放，开展烟花爆竹“打非”清剿行动，关闭经营门店和取缔非法经营点61个。严格控违拆违，拆除违法建筑7.57万平方米，控违拆违考核排名城区前列。美丽乡村建设加快。率先在全市推行农村公共区域环卫市场化运作，农村环境综合整治工作获评全市先进。衡角公路拓宽提质改造全面完成。横江湿地公园及周边新农村建设扎实推进。完成荒山造林100公顷、通道绿化40.6公里、村庄绿化16个。角山村、旭东村被列入全国乡村旅游扶贫重点村，三星村被评为省级文明村，利民村被评为省级美丽乡村建设示范村。

（五）惠民生增和谐，社会事业全面进步。在财政收支压力加大的情况下，全年民生支出7.56亿元，增长23.13%，占财政总支出的比重达72.02%。民生实事全面落实。10项重点民生实事项目全部完成，新增养老服务床位、重性精神病患者救治救助工程等7项任务超额完成，位列全市第一。城镇零就业家庭保持动态清零，新增城镇就业4561人，新增农村劳动力转移就业1728人。新增社会治安视频监控摄像头100个。农村人口饮水不安全问题得到有效解决。和平村、利民村实现“贫困村”摘帽，现行标准下农村建档立卡贫困人口全部实现脱贫。社会保障不断健全。58.45万平方米安置房主体工程竣工，分配公共租赁住房2268户。企业退休人员养老金实现“十二连调”。基本社会保险覆盖率达99.2%，低保、五保等困难群体实现应保尽保，社会救助、社会福利体系不断完善。社会大局和谐稳定。扎实开展安全生产“六大攻坚战”，撤销大石渡、柴埠门渡口，获评全省安全生产合格县市区、全市安全生产先进单位。信访工作制度改革稳步推进，化解信访积案28个，房地产领域矛盾纠纷化解有力。应急管理和食品药品安全监管全面加强。严厉打击非法集资，守住了不发生区域性、系统性金融风险的底线。“平安石鼓”深入开展，社区矫正规范化管理全面推行，“平安夜”维稳安保工作安全可控，石鼓区是城区中唯一一个获评全省社会治安综合治理先进单位、全市禁毒工作先进县市区、全市缉毒执法先进单位。各项事业协调发展。湘江保护和治理第二个“三年行动计划”持续推进，合江套重点区域及湘江流域综合整治成效明显。完成五一路小学、前进小学一期化解“大班额”项目建设，全面消除60人以上的超大班额。完成校舍维修项目29个。群众文化体育活动丰富多彩，率先在全市举办合唱比赛，组队参加省市合唱比赛均获冠军。华程医院顺利建成，卫生服务能力明显提升，石鼓区是城区中唯一一个获评全市卫生重点工作优秀单位。计划生育工作稳步推进，石鼓区是全市唯一一个获评全省计划生育工作优秀单位。国防后备力量建设不断加强，军政军民团结进一步巩固，在促进稳定中发挥了重要作用。与此同时，统计、人防、民族、宗教、老龄、档案、残联和红十字会等工作均取得新成效。

（六）转作风抓落实，政府效能不断提升。民主法治持续加强。自觉接受人大法律监督和工作监督、政协民主监督和社会各界监督，充分吸纳各民主党派、工商联和无党派人士意见建议，承办建议提案128件，沟通率、办复率、满意或基本满意率均达100%，石鼓区是县市区唯一一个获评“全市政府系统人大代表建议、政协提案办理工作先进单位”。“六五”“七五”普法有序衔接。建成区公共法律服务中心，法律援助工作获省市好评，人民调解工作获全国先进。社区参与式法律需求工作在司法部作典型发言。重点改革持续深化。建制村合并、公车改革、全面二孩、“营改增”、农村土地承包经营权确权登记颁证等改革事项全部落地，财政预算改革、国库集中支付改革、国地税合作、国有资产管理深入推进，商事制度改革受到国家工商总局表彰。先后两次在全市深化改革领导小组会议上作典型经验介绍。干部作风持续好转。扎实开展“两学一做”学习教育，深入学习贯彻《准则》《条例》，严格落实中央“八项规定”精神，认真开展“四个专项”检查和重点工程财务检查，查处“四风”和“雁过拔毛”式腐败问题24起。持续加大行政监察和审计监督力度，严控“三公”经费支出，政府执行力、公信力不断提升。

全区经济社会发展中还存在不少困难和问题，主要表现在：一是争资跑项成效不明显。受政策和环境影响，引进大项目、好项目难度较大；项目储备数量不多，支撑发展的战略性新兴产业项目少，辐射能力不强，尤其是省级现代服务业示范集聚区平台优势利用不够、发挥不足。二是农业优势有待挖掘。现代都市农业尚未形成规模，农业品牌尚未彰显，发展空间有待进一步挖掘。三是全面小康仍有短板。文化产业增加值占GDP比重、高新技术产业增加值占GDP比重等指标与全面小康目标还有一定差距。四是干部作风建设还需加强。部分党员干部思想不够解放、担当精神不足，慵懒散漫、推诿扯皮现象时有发生。

## 二、2017年工作安排

2017年政府工作的指导思想是：高举中国特色社会主义伟大旗帜，全面贯彻落实党的十八大和十八届三中、四中、五中、六中全会精神，深入学习贯彻习近平总书记系列重要讲话精神，按照“四个全面”战略布局，贯彻五大发展理念，紧扣发展第一要务，统筹推进经济、政治、文化、社会和生态文明建设，全力打造湘南地区最具活力的商贸文化新区，力争2017年实现全面建成小康社会目标，以优异成绩迎接党的十九大胜利召开！

2017年全区经济社会发展主要预期目标是：地区生产总值增长9%，财政总收入增长8%，固定资产投资增长15%，社会消费品零售总额增长12%，城镇居民人均可支配收入增长9%，全面完成省市下达的节能减排等约束性指标任务，在实际工作中争取更好结果。

为实现上述目标，要重点抓好以下五个方面的工作：

### （一）以更强的决心推进项目建设，培育经济增长新优势

要注重项目包装引进。要加大包装力度。摸准中央、省、市政策支持方向和投资重点，结合“十三五”规划编制，紧紧围绕现代服务业、城市建设、乡村旅游等重点领域，力争策划包装投资5000万元以上可实施的项目不少于10个，其中深度开发项目5个以上。要加大招商力度。深入珠三角、长三角等地，宣传和推介石鼓，着力引进投资规模大、技术含量高、带动能力强、符合环保要求的龙头型企业、基地型项目，力争2017年新开工、新竣工投资5000万元以上产业项目各5个以上。要定期跟踪项目进展，积极跟进长沙洋购、深圳京武等投资签约项目，切实推进电商产业园、文化创意园、创客基地中心、医养基地等项目落户。要以商招商，发挥平台作用，帮扶华耀城、中亿汽贸城等项目招商引资。要加大争资力度。进一步完善激励机制，充分调动全区上下积极性，向上争取财政资金和金融信贷支持，力争更多项目纳入中央、省、市计划笼子。

要加快项目建设进度。年内新建、续建项目105个，完成年度投资120亿元以上。要开工新建一批。力争惜香路、衡岳大道、小云山安置房、虎形山棚户区改造、北师大基础教育衡阳实验学校等26个项目年内尽快开工。要续建推进一批。加快推进来雁新城、华耀城等26个项目，跟踪对接北三环、怀邵衡铁路等4个基础设施项目，主动服务和协调中亿汽贸城、崇盛国际中心、金泰雁栖新城等8个服务业项目，精准服务香樟苑、云飞农业等5个农业项目。要竣工交付一批。建成虎形山度假酒店、希尔顿酒店，确保凤凰路西延、望城路西延等道路建成通车，移动、联通等5个通信设施改造项目竣工，虎形山、杨岭安置房一期等9个安置房项目交付使用。

要优化项目建设环境。继续推行分板块责任制，落实“五个一”工作机制，全力打好“项目推进年”攻坚战。充分发挥财政资金的杠杆作用，多渠道、低成本、高效益融资，特别要注重利用社会资本和民间资本，大力推广PPP模式，保障资金需求。深入开展重点项目建设环境集中整治行动，严格执行“六个一律免职”规定，依法严厉打击强揽工程、强买强卖、强行阻工等违法行为，为重点项目保驾护航。严格执行《石鼓区项目建设考核奖惩办法》，对优秀单

位和个人通报表彰，对未完成目标任务的单位通报批评，严肃追责，营造谋项目、抓项目、促项目的浓厚氛围。

（二）以更足的干劲推进产业发展，加快结构转型新升级

要做大做强现代服务业。充分利用省级现代服务业示范集聚区平台，加强政策研究，争取政策支持，制定奖励政策，发挥“金字招牌”的最大效益。大力发展总部经济、金融服务、文化创意等服务业业态，加速推进CC城市中心、华源商务中心等城市综合体建设。加强划行规市，支持、鼓励五一大市场、湘江北路家具商场逐步搬迁至华耀城。加快发展以华耀城为中心的商贸物流、以火车北站为中心的仓储物流、以电子商务平台为载体的电商配送物流，推进乡村配送中心和农村电子商务网络建设，促进电商、快递进社区进农村。提质改造传统商贸业，加快建材、五金、家居、汽贸等专业市场转型发展，支持建立网络虚拟店，形成线上线下融合发展新格局。加强对中亿汽贸城的支持，利用公车拍卖扩大影响，积极引进布局“4S”二店，形成集聚效应。提质建设石鼓书院，打捆创建AAAAA级景区，抓好青草桥风情休闲街等重点景区建设。支持自住型和改善型住房消费，促进房地产市场平稳健康发展。

要做优做特现代都市农业。遵循乡村发展规律，坚持“生产发展、生活宽裕、乡风文明、村容整洁、管理民主”发展理念，努力建设“布局美、产业美、环境美、生活美、风尚美”的美丽宜居家园，打造全市近郊旅游休闲新高地，力争把角山建成全省具有影响力的乡村旅游特色小镇。做好乡村旅游顶层设计，科学编制发展规划，做到不冲突、能落地、可实施。突出培育特色产业，淘汰传统产业，发展美丽经济，做到人无我有、人有我优。实施新农村建设提质升级行动，推行城管执法、环卫市场化城乡全覆盖。全面推进“十百千万”现代农业发展工程，贯彻落实“土地集约、项目集聚、资金集中”理念，壮大香樟苑、潇湘和创、翠园农庄等农业企业。加快推进乡村旅游环线、横江湿地公园建设和农村房屋“穿衣戴帽”工程，进一步完善基础设施。扎实做好第三次全国农业普查工作。抓好农村产权制度改革，重点推进农村土地“三权分置”，开展农村集体经营性资产股份合作制改革试点，完成农村土地承包经营权确权登记颁证工作。规范村民建房，严控违法建房，鼓励村民到农村集中居住点建房，推进“空心房”拆除和危房改造。坚决破除陈规陋习，引导和培育文明乡风，努力构建和谐乡村。

要做细做精新型工业。依托松木经济技术开发区，推动石鼓科技创业园转变发展方式，走融合发展之路。支持天雁机械发展壮大，重点支持其汽油涡轮增压技术创新。支持中油金鸿、鸿业变压器、君玲食品等成长性好的企业稳步发展。

（三）以更实的举措推进统筹协调，展现城市发展新魅力

要高水平建设。优化城区功能布局，加快蒸水以北片区规划步伐，完善管网、路网、电网等配套设施建设。全面提速二环路、凤凰路、惜香路等路网建设，不断提升城市承载能力。继续加快和平北路、人民路、常胜路、司前街等老商业街区改造步伐，基本完成中心城区主次干道两厢提质改造。加快立体停车场、环卫园林城管停车保养场建设，确保年内投入使用。推进蒸水北堤风光带建设。全面完成社区“两化两体系”“三清三建”，做好社区后续长效管理。全面完成13个农贸市场标准化提质改造，在蒸水以北启动一批农贸市场建设，坚决取缔非法市场和临时过渡市场，为群众营造舒适整洁的购物环境。

要高效率管理。深化城市管理体制机制改革，重心下移，强化保障，部门要放权，街道要担当，加快形成“大城管”格局。深入推进网格化管理，进一步设计好网格、划分好单元、整合好资源、配备好力量，做到力量往网格里摆，重心往网格里移，事情往网格里兜。加强城市管理信息化建设，整合利用辖区内视频监控资源，建立区级数字城市管理指挥平台，探索形成非现场执法等新型执法处理模式。用铁的意志、铁的手腕、铁的措施、铁的纪律推进控违拆违，对所有违法建筑、违法用地、非法土地流转等实行“清零”行动。深入开展占道经营、乱停乱放和流动摊担等专项治理，抓好电动车登记上牌管理，维护交

通管理秩序。全面推行中心城区烟花爆竹禁放限售工作，城区一律禁止燃放烟花爆竹和焚烧垃圾。严格渣土运输管理，城区所有建筑工地一律实行围挡作业。

要高标准提质。深入开展全国文明城市创建，大力推进社会主义核心价值观教育，持续开展“全民广场舞”“全民读书月”“国学讲座”等群众喜闻乐见的文化活动，广泛开展志愿服务，全面提升市民素质。推广人民路社区、牛角巷社区试点经验，全面建成社区视频监控系统，打造社区、街道、平安石鼓三级监控网络。推动老工业地区与中心城区互补互助，加快城郊结合村与城区融合发展。统筹推进棚户区改造和危房改造，启动团结村四、五组和五一船厂的征拆与建设。推进角山撤乡建镇，加快角山小城镇改造。

（四）以更高的水平推进共建共享，回应人民群众新期盼

要织牢民生保障网。坚持财政收入用于改善民生的主导向，确保民生支出占财政总支出70%以上。全面完成基本养老服务示范点建设、农村危房改造等重点民生实事，办好社区信息网格化、微型消防站等一批自选民生实事。加大就业援助力度，扶持困难人员、残疾人就业，新增城镇就业3700人以上，新增农村劳动力转移就业1500人以上，确保城镇登记失业率控制在4.5%以内。抓好安置房建设，因地制宜提高货币化安置比例，确保建成4600套、60万平方米安置房。继续巩固精准扶贫成果，确保脱贫不返贫。全面启动新机关事业单位养老保险系统征缴，落实全区统一的城乡居民医保政策，适当提高城乡居民基本养老金和大病保险筹资标准。完善各项社会救助制度，提高城乡低保、农村五保供养和大病救助水平。

要办好公平优质教育。大力实施义务教育标准化学校建设，努力创建全省平安校园建设先进县市区。继续实施化解“大班额”项目，完成前进小学二期、松木明德小学、华耀城一小建设。积极发展学前教育、职业教育，扶持普惠性民办幼儿园发展。加强教师队伍建设，做好教师招聘和职称改革工作。突出校园足球特色教育，完善校园足球联赛制度，打造素质教育品牌。

要推进健康石鼓建设。树立以人民为中心、以健康为中心理念，构建大卫生服务和保障体系。深化医药卫生体制改革，推进区级公立医院综合改革，力争家庭医生签约服务率达30%以上，重点人群覆盖率达60%以上。采取政府推动与市场化运作相结合模式，加快发展居家养老、社会养老，每个乡街建成2个以上村（社区）养老服务中心，建好松木敬老院，建成2个乡街养老服务中心。全方位推进市中医正骨医院异地重建。依法继续实施“全面二孩”政策，提高出生人口素质，促进人口均衡发展。继续抓好传染病防控工作，确保不出现重大疫情。

要大力发展各项事业。依托石鼓书院，大力发展文化创意、传媒等文化产业，力争文化产业占GDP比重达7%。强化非物质文化遗产传承保护，做好窗子塘杨梅桥、十方塘大护国寺等修缮工作。加大食品药品和农产品监管力度，确保人民群众舌尖上的安全。加强图书馆、文化馆和社区文化广场建设。进一步深化商事制度改革，加强市场监管执法，维护消费者合法权益。健全农村留守儿童、妇女、老人关爱体系，发展慈善总会、红十字会等事业。大力支持国防和军队建设，继续做好人防、档案、民族、宗教和“双拥”等工作。

（五）以更严的要求推进底线工作，适应社会治理新形势

要强化环境保护。树立“宁愿发展慢一点，也绝不能牺牲环境”的意识，以改善环境质量为核心，认真贯彻《石鼓区环境保护工作责任规定》和《石鼓区重大环境问题（事件）责任追究办法》，着力构建齐抓共管的大环保工作格局。积极开展环保知识“进机关、进学校、进社区、进村组、进家庭、进企业”活动，切实增强公民环保意识。扎实推进湘江保护和治理第二个“三年行动计划”，抓好蒸水河流域水体综合治理，坚决取缔关停非法砂场、页岩砖厂，全面实行“河长制”，努力改善湘江、蒸水石鼓段水环境质量。打好水、气、土污染治理攻坚战，支持和配合做好雁栖湖、西湖公园、青少年宫、莲湖广场黑臭水体治理。继续推进农村环境综合整治，加强畜禽养殖

场污染防治，巩固畜禽养殖场退出成果。加大联合执法力度，严厉打击企业直排、偷排、恶意超排等环境违法行为。深入开展督察迎检“雷霆行动”，全面排查环境安全隐患，逐项抓好整改落实，确保顺利通过中央环保督察。

要强化安全生产。严格落实“党政同责、一岗双责、齐抓共管、失职追责”，继续推行“三级五覆盖”和“五落实五到位”责任体系。深入开展“落实企业安全生产主体责任年”活动，督促企业建立健全安全生产规章制度和操作规程，倒逼企业落实主体责任。深入车间、工地、码头、道路、学校、村组等一线开展地毯式安全隐患排查行动，以“零容忍”态度整治隐患，实行整改销账制度，做到不流形式、不走过场、不留后患。加强危险化学品、道路交通、建筑施工、消防安全等重点领域监管，坚决遏制较大及以上安全生产事故发生。

要强化信访维稳。严格落实信访积案包案化解制度，切实解决征地拆迁、医患纠纷、涉法涉诉、企业改制等信访突出问题，有效化解社会矛盾。加强信访接待中心建设，落实领导值班接访、职能部门联合接访，引导来访群众依法逐级反映诉求。推进信访工作法治化改革，规范信访秩序，依法打击缠访、闹访等非正常上访行为。积极探索“互联网+信访”工作模式，及时倾听群众呼声，引导群众多上网、少走访，让“数据多跑腿、群众少跑路”。

要强化公共安全。继续推行“1+8”政法工作新模式，完善村（社区）综治信访维稳中心建设，筑牢基层基础。加大人防、物防、技防投入，完善社会治安防控体系。始终保持高压态势，严厉打击“两抢一盗”、网络诈骗、吸毒贩毒、涉黑涉恶等违法犯罪行为，提高群众的安全感和满意度。规范各类融资行为，确保不发生区域性、系统性金融风险。

## 三、全面加强政府自身建设

面对艰巨复杂的改革发展稳定任务，只有持续加强政府自身建设，不断提高执政能力和服务水平。要牢固树立政治意识、大局意识、核心意识、看齐意识，把全面建成小康社会使命扛在肩上，把万家忧乐放在心头，建设人民满意的法治政府、创新政府、廉洁政府和服务型政府。

要坚持为民执政。始终坚持以人民为中心的发展思想，持之以恒为群众办实事、解难事，对群众反映强烈的突出问题，有条件的要抓紧解决，把好事办好；一时难以解决的，努力创造条件逐步加以解决。坚持深入实际、深入基层、深入群众，做到知民情、听民意、解民忧、暖民心。下大力气整治有令不行、有禁不止、推诿扯皮、敷衍塞责、消极怠政、为官不为等问题，树立定了就干、干就干成、干就干好的施政新风。建立干事创业容错纠错机制，为敢于担当的干部担当，为敢于负责的干部负责，确保政府工作高标准、高效率、高质量完成。要更加重视和关心基层，鼓励和支持乡街创新发展，充分调动村、社区干部的工作积极性。

要坚持依法行政。牢固树立法治观念，坚持“法无授权不可为、法定职责必须为”。健全重大事项决策规则和程序，更加自觉地接受人大法律监督和工作监督，更加主动地接受政协民主监督和社会各界监督，充分听取和吸纳各民主党派、工商联、无党派人士及各人民团体意见。完善政府法律专家库和法律人才库建设，实行重大行政决策合法性审查和规范性文件备案审查。不断完善政府合同管理，加强政府合同审查，保障政府和企业的合法权益。依法保障村（居）民选举权和被选举权，全面完成村（社区）换届选举工作，对拉票、贿选，甚至利用宗族和黑恶势力干扰选举、假借选举从事非法活动等行为，必须严厉打击，严肃处理，确保换届选举圆满成功。

要坚持从严治政。加强政务公开和政府信息公开，把权力关进制度的“笼子”。坚决向中介服务、政务服务等领域违法违规行为“开刀”，对扰乱发展环境的人和事，发现一起、查处一起。加强惠农资金管理，建立健全村级财务公开制度，确保权力在阳光下运行。坚决执行中央八项规定和省委、市委、区委相关规定，厉行节约，确保“三公”经费只减不增。政府要自觉过“紧日子”，把更多财力用于推动发展、改善民生，让群众过上舒心体面的“好日子”。

要坚持廉洁从政。严格落实全面从严治党政治责任，认真履行“一岗双责”。坚持把纪律和规矩挺在前面，抓早抓小，动辄则咎。加强理想信念教育，巩固党的群众路线教育实践活动、“三严三实”专题教育和“两学一做”学习教育成果，营造崇廉尚廉氛围。强化政府采购、工程招投标、项目资金管理等领域的监管，推进“互联网+监督”工作，规范权力运行。深入开展“树新风、治陋习”“雁过拔毛”式腐败和违规参股非法砂场、页岩砖厂等损害群众利益突出问题专项整治，强化政风行风建设，努力营造政府清廉、部门清正、干部清白的干事创业环境。

**《政府工作报告》相关名词解释**

1.“四上”企业（P3）：即规模以上工业企业、资质等级建筑业企业、限额以上批零住餐企业、规模以上服务业企业四类规模以上企业的统称。

2. 社区“两化两体系”（P3）：即场所标准化、服务规范化，组织管理体系、服务体系建设。

3. 社区“三清三建”（P3）：即清违建、清垃圾、清管线，建路、建园、建绿。

4. 安全生产“六大攻坚战”（P5）：即煤矿整合关闭、消防安全、烟花爆竹整顿退出、危险化学品入园、燃气管道安全整治、道路交通安全等六大攻坚战。

5.“五个一”工作机制（P9）：即每个重点项目实行一个项目、一名领导、一套班子、一个政策、一包到底。

6. 项目推进年（P9）：即根据市委市政府部署，决定2017年为全市“项目推进年”，全市年度计划完成投资900亿元以上。其中，石鼓区年度计划完成投资120亿元以上。

7. 六个一律免职（P10）：即在重点项目建设中，有以下六种情形之一的，予以免职：不配合征地拆迁，漫天要价，或者煽动群众无理闹事的；参与、包庇、怂恿强揽工程、强装强卸、强买强卖的；幕后操纵、策划阻工事件或充当阻工、闹事人员保护伞的；接到阻工报告，不及时赶到现场或处置不力，造成严重后果的；贪污、挪用、截留征地拆迁补偿安置费用和相关工程建设资金的；擅自提高征地拆迁补偿标准的。

8.“十百千万”现代农业发展工程（P11）：即“十三五”期间，衡阳市将着力培育10家领军型龙头企业、100个特色产业园、1000个示范性家庭农场、10000名农村致富带头人。

9. 雷霆行动（P16）：即市委市政府决定从3月1日开始，开展突出环境问题专项整治“雷霆行动”，分动员部署、全面排查、集中整改、督查总结等四个阶段。

10. 三级五覆盖（P16）：即区、乡（街道）、村（社区）三级做到“党政同责”，“一岗双责”，“管行业必须管安全、管业务必须管安全、管生产经营必须管安全”，政府主要负责人担任安委会主任，定期报送安全生产情况全覆盖。

11. 五落实五到位（P16）：五落实即落实党政同责、一岗双责、安全生产组织领导机构、安全管理力量、安全生产报告制度；五到位即安全责任到位、安全投入到位、安全培训到位、安全管理到位、应急救援到位。

12. 落实企业安全生产主体责任年（P16）：即省安委会决定自2017年起在全省开展“落实企业安全生产主体责任年”活动，实现“一年全面推进、两年强化落实、三年巩固提升”的目标。

13.“1+8”政法工作新模式（P16）：即以区委政法委为中心，密切联系公、检、法、司等8个政法职能部门，定期组织集中学习，研判形势，形成合力。

# 区人大常委会工作报告

## ——在衡阳市石鼓区第四届人民代表大会第二次会议上（摘要）

石鼓区人大常委会主任　高鸿升

（2017年4月20日）

### 2016年工作回顾

2016年，在中共石鼓区委的正确领导下，区人大常委会紧紧围绕全区工作大局，立足服务中心，突出工作重点，依法行使职权，全年共召开常委会会议9次，开展执法检查和视察调研21次，听取“一府两院”专项工作报告19项，作出决议、决定29项，任免国家机关工作人员31人次，为推进经济社会发展和民主法治建设作出了积极贡献。

### 一、围绕中心，服务大局，着力促进科学发展

常委会始终坚持党的领导，自觉与区委同频共振、同心同向，全力服从和服务于石鼓发展大局，着力推进区域经济社会健康快速发展。

（一）适时决定重大事项，实现科学决策。常委会始终在贯彻落实区委决策部署上聚焦发力，在大事要事上积极作为。先后听取和审议2015年国民经济和社会发展计划执行、财政预算执行、财政决算、审计工作情况报告以及2016年计划、预算情况报告，及时批准了相关报告，督促区政府顺应经济发展新常态，突显石鼓优势，补齐发展短板，努力提升经济增长质量和效益。先后依法对农村综合公共服务中心建设、虎形山棚户区改造项目由政府购买服务纳入本级财政预算等涉及全区大局及群众切身利益的重大事项进行了审议，及时作出了决议决定，为全区经济社会发展提供了坚强保障。

（二）切实加强工作监督，促进效能提升。常委会围绕群众关注的热点难点问题，切实加强对“一府两院”的工作监督。2016年，常委会创新工作监督方式，由班子成员牵头，组织部分人大代表，首次对区政府办、区旅游外侨民宗局、区教文体局、区法制办、区园林局等5个政府工作部门履行《政府工作报告》职责情况进行评议，有力推动了工作落实。12月，召开区四届人大常委会第二次会议暨专项工作评议会，专项评议5个政府工作部门履责情况，并进行现场询问和满意度测评，被测评单位满意率均达90%以上，收到了既依法监督，又促进工作的良好效果。

（三）完善人事任免程序，做到依法依规。常委会始终坚持党管干部和人大依法任免干部相统一，认真贯彻党委意图，严格依法办事，对所有拟任人员严格执行任前了解、法律考试、表态发言、会议审议、投票表决、颁发任命书、向宪法宣誓等程序，确保了党委意图与人民意愿的高度统一。首次组织人大代表对区人民法院拟任审判员开展听取庭审活动，从形象仪表、庭审驾驭能力、语言表达能力、法律法规准确把握能力等方面，进行综合考察，严格把关。

（四）积极参与中心工作，推动工作落实。常委会班子成员积极参与全区中心工作，以抓项目建设方式推动区委重大决策落地见效。全力推进演武坪水厂提质改造、雅士林欣城综合开发、明翰路两厢提质改造等重点项目建设，为促进区域经济增长发挥了积极作用。坚持每周一下午，带领机关干部深入基层，帮助指导联点村（社区）开展“三清三建”“两化两体系”、基层党建、文明创建、精准扶贫、民生实事等工作，切实为基层排忧解难，为群众办成了一批实事、好事。2016年12月，石鼓社区居家养老服务中心正式建成营业，成为目前全市面积最大、服务功能最全、服务理念最新的居家式养老服务中心，受到社

会各界群众广泛好评。

## 二、关注民生，维护民利，着力增进人民福祉

“民惟邦本、本固邦宁”。常委会始终把关注民生、保障民生、改善民生作为依法履职的出发点和落脚点，诚心实意为民办实事，尽心竭力为民解难事。

（一）扎实开展“四行”活动。常委会牵头组织相关职能部门，围绕城乡环境整治、村卫生室建设以及促进团结、共同发展等主题，扎实开展“环保世纪行”“三湘农产品质量安全行”“三湘农民健康行”“民族团结进步行动”等专项活动，切实加大宣传力度，推动职能部门解决具体问题。5月份，承办了衡阳市2016年度“三湘农民健康行”暨“农民健康教育周”活动启动仪式，发放宣传手册30000余份，义诊2000余人，基础体验1500余份，深受村民欢迎。6月份，在常委会的指导下，人民路小学邀请结对帮扶单位新疆鄯善县台台尔小学师生代表来校联谊，并在莲湖广场举办了一场高质量、高水平的文艺晚会，增进了民族友谊，融洽了民族感情。

（二）积极推动民生问题解决。常委会聚焦群众最关心、最直接、最现实的利益问题，开展视察调研，强化监督措施，督促解决了一批突出的民生问题。常委会组织部分人大代表，对农业专项资金管理使用情况，开展为期2个月的专项检查，督促区政府加大专项资金监管和统筹力度，切实提高资金使用效率；对《基本农田保护条例》执行情况，开展专题调研，督促区政府建立完善国土资源动态巡查网络，对项目未批先建、擅自改变规划和土地用途等违法用地行为，保持严厉打击的高压态势；对水利设施和水资源建设情况，开展专题调研，督促区政府加大河流和池塘的整治与清淤力度，配齐专业技术人才，建好水利惠民工程。

（三）认真受理群众来信来访。“民有所呼，我有所应”。常委会十分重视信访工作，坚持拓宽信访渠道，依法受理群众来信来访，督促有关部门及时化解社会矛盾，促进社会和谐稳定。2016年，共接待群众来访30余批次80余人次，重要来信26件（次），全部按要求及时转办、认真督办。特别是对重要涉法涉诉及群众高度关注的信访件，常委会班子成员专门牵头带队督办，做到了件件有落实、有回音、有实效。

## 三、尊法守法，弘扬法治，着力推进依法治区

人大是法律的缔造者，也是法律的守护者。常委会认真落实依法治国基本方略，带头遵法守法用法，大力弘扬法治精神，加快推进法治石鼓建设。

（一）强化法治宣传教育。一方面，抓关键节点。大力开展“国家宪法日”活动，采取多种形式对公民进行宪法宣传教育，切实增强人民群众的宪法意识。督促法院、检察院、司法局等有关部门，深入基层开展法治宣传教育，营造尊法、信法、守法、护法的良好氛围。另一方面，抓关键少数。严格坚持“凡任必考”的原则，先后组织20名提请任命人员参加法律考试，考试成绩在人大常委会上现场通报；严格落实宪法宣誓制度，先后组织41名人大及其常委会选举或决定任命的国家工作人员，向宪法庄严宣誓，激励大家做宪法的忠实信仰者、自觉践行者和坚定捍卫者。

（二）强化执法监督检查。为强化依法办学意识，推动全区民办教育健康快速发展，常委会组织开展《民办教育促进法》执法检查，督促区政府及有关职能部门进一步加强领导，提高对民办教育的认识；进一步加大宣传力度，形成依法办学的良好氛围；进一步完善制度，不断规范民办教育办学秩序；进一步加强业务指导，促进民办学校抓管理、重教育、保质量。组织对《义务教育法》执法检查审议意见落实情况开展“回头看”，对存在问题的整改逐一督促、逐一落实、逐一销号。督促区政府进一步加大义务教育投入，不断改善中小学教师各种待遇，全面整改民办学校突出的安全隐患问题，促进了城乡义务教育均衡发展。

（三）强化司法工作监督。组织人大代表到区人民法院现场听审有重大影响或有代表性的案件，促进司法公正。听取和审议了区人民检察院关于新《刑事

诉讼法》贯彻实施情况报告，督促区人民检察院进一步转变执法理念、加强沟通协调、规范办案行为，维护公民合法权益。组织人大代表参加了以“加强侦查监督、维护司法公正”为主题的“检察开放日”活动，与干警面对面交流，进一步加深了解，促进执法、司法工作不断规范开展。坚持“有件必备、有备必审、有错必纠”，共依法受理规范性文件备案审查18件，有力维护了法制统一。

## 四、不忘初心，为民履职，着力发挥代表作用

常委会高度重视代表工作，尊重代表主体地位，注重健全工作机制，激发代表履职热情，密切联系人民群众，增强了人大工作活力。

（一）深入开展“为民服务”主题活动。以“三联三帮三评”为主要内容，扎实开展“心系群众、为民履职”主题实践活动，积极动员和组织人大代表开展形式多样、力所能及的爱民助民活动。在主题实践活动中，青山街道人大工委组织人大代表视察调研来雁新城土地污染防治情况，督促来雁公司加大重金属污染治理力度；人民街道人大工委组织人大代表视察调研街道社区卫生服务中心，帮助解决房屋产权等实际问题；五一街道人大工委邀请代表与群众共聚一堂，面对面听取群众意见和诉求；金源、合江等街道人大工委开展了走访慰问、医疗义诊等“爱心”活动，让人民群众共享发展成果，切实增强“获得感”。

（二）认真督办代表建议和意见。采取专项检查与随机抽查、电话督查与现场督查相结合的方式，督促代表建议办理工作落到实处、取得实效。常委会对代表提出关于加快推进和扶持角山乡村旅游、落实村干部养老保险、增加老城区体育健身场地和设施、成立社区老年托养服务中心、农贸市场扩容规范管理等5个建议，由班子成员采取“一对一”的形式进行重点督办，加大了办理力度，提高了办理质量。2016年，常委会共收到代表建议、批评和意见111件，其中区三届人大六次会议收集的48件建议已全部办理完毕，代表建议办理的沟通率、办复率、满意率均为100%；区四届人大一次会议收集并经整理归类的63件建议，已提出了初步办理意见。

（三）切实加强代表培训和履职管理。新一届市、区人大代表选举产生后，常委会均及时组织代表开展初任培训，重点学习《代表法》《选举法》《组织法》，强化代表责任意识，提升代表履职能力。为督促乡街人大加强代表履职管理，常委会首次出台《乡街人大工作目标管理考核办法》，将代表工作作为乡街人大工作重中之重，考核分值占总分50%，充分彰显了代表主体地位。在常委会的指导下，各乡街人大工委组织代表开展了学习培训、视察调研、履职交流、驻站接访等活动36次，为代表依法履职提供了有力保障。

## 五、从严从实，转变作风，着力加强自身建设

常委会始终坚持以严的标准、实的作风，狠抓思想建设和阵地建设，努力建设为民、务实、清廉的人大机关。

（一）扎实开展“两学一做”学习教育。常委会班子成员身体力行、率先垂范，认真学习党章党规和习近平总书记系列重要讲话精神，带头深入联点村（社区）上专题党课，带头开展“四讲四有”专题学习讨论。机关支部组织全体党员干部积极参与，深入开展专题研讨，认真进行“两案”反思，切实做到学习教育不走过场、不讲价钱，“两学一做”不省一个程序、不漏一名党员。通过学习教育，人大机关党员干部进一步坚定了理想信念，牢固树立政治意识、大局意识、核心意识、看齐意识，在思想上、政治上、行动上始终与习近平同志为核心的党中央保持高度一致。

（二）圆满完成区乡两级人大换届选举。常委会始终坚持党的领导，严格贯彻省委、市委、区委决策部署，尽心尽力、尽职尽责，依法选举产生市、区、乡三级人大代表247名，依法选举产生新一届区人大、区政府领导班子和法检两长，圆满完成了换届选举各项任务，确保了换届选举平稳顺利、合法合规、风清气正。在换届选举之年，常委会认真贯彻中发〔2015〕18号、湘发〔2015〕26号、衡发〔2016〕12号文件精神，切实提高基层一线代表、妇女代表

和非中共党员代表的比例；常委会组成人员增加至26名，新成立了第四届人民代表大会财政经济委员会、法制委员会以及常委会研究室、信访室等4个委室，进一步加强了人大机构和队伍建设。

（三）全面加强理论研究和新闻宣传。紧紧围绕人大中心工作，深入开展理论研究，认真撰写新闻稿件，及时全面反映人大新动态、新面貌。2016年，共在省级以上刊物网站上稿18篇，在市级主流媒体上稿7篇，其中《加强街道人大工作的探索与思考》被省人大《人民之友》杂志宣传推介，被评为“年度佳作”；《石鼓区：精心组织正式代表候选人与选民见面会》被《人民之友》网站宣传推介，被评为“年度优稿”。人大理论研究和新闻宣传工作，无论是数量还是质量较以往都有明显提高。

## 2017年工作任务

2017年常委会工作的总体要求是：紧密团结在以习近平同志为核心的党中央周围，全面贯彻党的十八大、十八届三中、四中、五中、六中全会和习近平总书记系列重要讲话精神，认真贯彻区第四次党代会精神，始终坚持党的领导、人民当家作主、依法治国有机统一，以开展“三学三争”主题实践活动为抓手，依法履职，强化监督，开拓创新，精准发力，为建设“三个石鼓”、打造湘南地区最具活力的商贸文化新区而努力奋斗，以优异的成绩迎接党的十九大胜利召开。重点要做好以下五个方面的工作：

### 一、坚持抓学习、讲政治，确保人大工作正确方向

政治方向是人大工作的生命。一要始终坚持党的领导。坚持把党的领导贯彻到到人大依法履职的全过程、各方面，始终与区委保持思想同心、政治同向、行动同步。要长期坚持、全面贯彻、不断发展人民代表大会制度，始终坚持党的领导、人民当家作主、依法治国的有机统一。二要扎实开展“三学三争”主题实践活动。要组织人大系统干部和代表学系列讲话，争当坚定信念的表率；学党章党规，争当遵规守纪的表率；学宪法法律，争当为民履职的表率。通过开展活动，推进“两学一做”学习教育常态化制度化。三要狠抓政治理论和业务知识学习。年内将通过举办学系列讲话学习体会或论文评比、演讲比赛、党章党规和法律法规知识竞赛、人大联组争先创优、人大代表履职岗位竞赛等形式，重点学习掌握习近平总书记系列讲话中关于人大工作的新提法、新要求和人大法律法规，进一步坚定理想信念，提升工作能力。

### 二、坚持抓大事、谋全局，加快“三个石鼓”建设

常委会将坚持围绕中心，服务大局，抓大事、谋大事、议大事，全力保障和加快推进“三个石鼓”建设。一要依法行使重大事项决定权。2017年，常委会将进一步规范重大事项决策机制和程序，对涉及全区经济社会发展和民主法治建设的重大事项，及时、主动作出相关决议决定，促进和保障全区重大决策、重点工作有序推进。二要依法做好人事任免工作。严格执行拟任职人员任前法律考试、任前考察、任前公示、任前发言、颁发任命书、向宪法宣誓等制度，进一步规范人事任免程序。2017年，常委会将组织“一府两院”部分选举任命人员，向区人大常委会报告履职情况，并接受常委会组成人员的满意度测评。三要积极服务全区中心工作。建立人大及其常委会各委室与区直单位工作联系制度，跟踪督促区直部门解决热点难点问题。适时组织人大代表对涉及经济社会发展的重大项目、重点工作进行集中视察调研，为石鼓发展建言献策。

### 三、坚持抓监督、重实效，促进依法行政公正司法

常委会将坚持准确定位、精准发力、依法监督，切实做到言必求信、事必求果、行必立威。一要听取和审议工作报告。除了按惯例听取和审议计划、预决算、审计工作报告之外，将专题听取和审议基层医疗卫生服务、政府购买服务、农村公共区域综合整治市场化运作等专项工作报告。根据法律法规要求，将首次听取和审议环境状况和环境保护目标完成情况的报告，督促政府提升环保意识，强化环保措施，解决突

出问题。二要开展执法检查和专项活动。积极配合市人大开展《中华人民共和国著作权法》《湖南省农村扶贫开发条例》《湖南省实施〈城乡规划法〉办法》等法律法规的执法检查。对石鼓区贯彻实施《中华人民共和国水法》的情况，开展执法检查。继续开展“环保世纪行”“三湘农产品质量安全行”“三湘农民健康行”“民族团结进步行动”等“四行”活动，真心实意维护民生民利，致力提升民生福祉。三要加强司法监督。建立全区法官、检察官执法信息档案，建立区人大司法监督与检察院法律监督相衔接的工作制度，向“两院”和有行政执法职能的政府工作部门派驻执法监督员，促进司法公正、依法行政；进一步健全规范性文件备案审查制度，认真抓好规范性文件备案审查工作。

## 四、坚持抓管理、优服务，充分激发代表履职活力

常委会将牢固树立代表主体地位，密切联系各级人大代表，创新机制，优化服务，为代表履职提供有力支撑。一要密切代表与群众的联系。完善和落实常委会联系乡街人大、组成人员联系人大代表、人大代表联系群众制度，着重加强代表联系群众工作站建设，改善工作站的硬件和软件设施，完善相关工作制度，实现代表联系群众工作的经常化、制度化、规范化。二要丰富代表履职活动。根据代表的工作性质、专业特长和岗位实际，有计划地邀请人大代表列席常委会会议和参加执法检查、工作评议、建议督办、专题调研等活动。重点抓好“6·25”为民服务日活动，组织人大代表深入基层、深入群众，为基层群众办实事、解难事。三要加强代表培训与履职管理。举办代表履职培训班，年内对所有区乡人大代表轮训一次以上，进一步提升代表履职能力。修订完善《代表履职管理办法》，建立区人大代表履职档案，建立代表履职登记与考核制度。年底，将评选年度代表履职先进个人，强化代表履职意识，激发代表履职热情。四要提高代表建议办理质量。进一步完善代表建议跟踪督办、专题询问、限期办结、满意度测评等工作机制，不断提高代表建议办理的面商率、解决率和代表满意率。年终，将听取“一府两院”代表建议办理工作情况报告，评选一批年度优秀代表建议及承办先进单位。

## 五、坚持抓党建、守规矩，树立人大机关良好形象

常委会将始终坚持党要管党、从严治党，充分发挥党组领导核心作用，不断加强自身建设，树立人大机关干净干事、勤政廉政的良好形象。一要打造有正气的人大机关。要将全面从严治党要求落到实处，严格执行党风廉洁建设有关规定，以案为鉴，警钟长鸣，坚决防止“四风”反弹。要着力加强机关干部世界观、人生观、价值观教育，鼓励人大机关干部带头践行社会主义核心价值观，带头弘扬新风正气，带头践行“两学一做”，使人大机关成为一个充满阳光、充满正气、充满正能量的国家权力机关。二要打造有活力的人大机关。贯彻落实中发〔2015〕18号、湘发〔2015〕26号、衡发〔2016〕12号文件精神，进一步加强人大机构建设。完善乡街人大工作目标管理考核办法，配强配优人大常委会代表服务中心，建立人大各委室和乡街人大工委负责人向常委会报告履职情况制度，提升人大工作整体水平。进一步强化服务意识，积极开展形式多样、丰富多彩的主题活动，满腔热情地服务基层、服务代表、服务群众，增强人大机关的生机与活力。三要打造有作为的人大机关。严格对照省、市人大和区委的规定和要求，修订完善常委会机关内部各项规章制度，制定系列考核奖励办法，坚持以制度规范工作、管理机关，坚持立规矩划出红线、守住底线，解决好不作为、慢作为、乱作为的问题。充分利用人大机关网站、微信公众号等宣传平台，配合市人大办好“代表履职日记”专栏，全方位、多角度地宣传人大工作和代表履职动态，及时报道先进典型经验，提升石鼓人大工作的影响力和美誉度。

# 区政协常委会工作报告

## ——在中国人民政治协商会议衡阳市石鼓区第四届委员会第二次会议上（摘要）

王仲晓

（2017年4月18日）

### 2016年工作回顾

过去一年，区政协认真贯彻落实中共十八大和十八届三中、四中、五中、六中全会及习近平总书记系列重要讲话精神，在中共石鼓区委的坚强领导下，牢牢把握团结和民主两大主题，紧紧围绕事关改革发展稳定全局的重要问题，认真履行政治协商、民主监督、参政议政三大职能，充分发挥协调关系、汇聚力量、建言献策、服务大局的作用，为建设“三个石鼓”作出了积极贡献，树立了“有为政协”的良好形象。

### 一、商大事、议难事，献好了参政良策

一年来，区政协综合运用协商建言、专题调研、服务中心等履职形式，为推动全区科学发展谋助力之策，做给力之事。

一是政治协商求“真”。区政协三届五次、四届一次会议期间，委员们围绕区政府工作报告、其他工作报告及区委、区政府的一些重要工作部署，进行深入的协商讨论，提出了许多切实可行的意见建议。创新大会发言方式，改“履职发言”为“谏政发言”，16位委员围绕全区经济、政治、文化、社会、生态等方面，作了大会现场或书面发言。全会结束后，这些发言被转化成提案或社情民意，所提的建议得到了采纳，问题得到了解决，达到委员、群众满意的良好效果。

二是专题调研求“精”。区政协紧扣区委的工作部署和区政府的工作重点，组织开展一系列的调研活动，提出了具有前瞻性和可操作性的意见建议。通过现场视察、召开座谈会、问卷调查、听取汇报等方式，先后组织区政协委员就精准扶贫、教育托管、餐饮具消毒等课题，深入开展了专题调研，形成高质量的调研报告3篇，分别被省、市政协评为优秀调研报告，提出的意见建议得到了区委、区政府的高度重视，为党政科学决策提供了重要参考。

三是服务中心求“实”。按照区委、区政府的统一安排，区政协领导班子成员都牵头负责或参与了重点项目，在项目征地拆迁、招商引资、出谋划策等方面发挥了积极作用。大家深入一线常调度，热心服务抓协调，积极解决项目建设中存在的问题，促进了项目早开工、快建设，做到了日常工作与重点项目工作两不误，有力推动了项目建设。

### 二、勇担当、敢作为，用好了监督利器

一年来，区政协把民主监督作为履行职能的一柄“利器”，以“真批评”和“真建议”推动问题“真解决”、工作“真进步”。

一是提案办理注重实效。按照“提案求精、立案求准、办案求实”的要求，切实抓好提案交办、追踪反馈、督促检查、办理考核等关键环节，不断推动提案工作创新发展。区政协三届五次会议期间及会后共收到提案103件，经审查立案85件，办复85件，办复率100%。委员意见反馈满意率100%，很满意61件，占72%，提案办理效果明显好于往年。一大批事关民生的提案办理后产生了较大影响，凝聚了党心民心，密切了干群关系，促进了社会和谐。

二是民主评议注重长效。围绕事关科学发展的关键问题和人民群众关注的热点问题，本着“监督就是

支持”的基本思想，努力做好民主监督这篇文章。2017年在2015年对区民政局民主评议的基础上，组织实施民主评议“回头看”，实实在在地检验了区民政局民主评议整改情况，进一步巩固民主评议效果，有力地促进了区民政局服务管理进一步规范、行政效能进一步提升、群众满意度进一步提高。

三是反映民意注重成效。健全社情民意信息收集、整理、催办、反馈等机制，制定了《政协衡阳市石鼓区委员会关于报送社情民意信息、理论文章及调研报告工作评比办法（试行）》，充分调动了区政协各级组织和广大政协委员反映社情民意信息的积极性和自觉性。一年来，上报市政协社情民意信息49篇，其中被市政协采用16篇，在市城区政协社情民意报送量化评比中排名第一，扩大了石鼓区政协的影响。

## 三、凝人心、增共识，聚好了发展合力

一年来，区政协牢牢把握团结和民主两大主题，在紧密团结的基础上发扬民主，在发扬民主的过程中巩固团结，为构建和谐石鼓凝聚了智慧和力量。

一是交流联谊彰显特点。区政协进一步加强与各民主党派、工商联和有关人民团体的团结合作，支持他们通过区政协会议、网站发表意见，提出建议，更好地发挥作用。加强与社会各界人士的联系交流，做好理顺情绪、协调关系工作。在省政协首次云协商活动中，区政协被推荐为全市唯一县市区政协远程协商分会场，实现省、市、区三级政协之间上下联动。全年，共接待省、市、县兄弟政协来石鼓区学习考察调研6批次，达到了取长补短、互通有无、交流经验的目的。

二是驻点帮扶突出重点。“天地之大，黎元为先。”一年来，积极开展扶贫助学工作，资助贫困大学生60名。组织界别委员送文化、送科技、送医药、送法律到基层，帮助群众解决生产生活中的困难和问题。着力开展社区驻点工作，积极争取资金20余万元，支助蒸阳社区、司前街社区、江霞管理处等单位文明创建工作。积极响应省、市政协的号召，广泛动员区政协委员积极参与“三个一”扶贫行动。全区共有171名委员与228户贫困家庭进行了结对帮扶，充分彰显了人民政协的民生情怀。

三是文史宣传显现亮点。注重发挥文史资料存史、资政、团结、育人的独特作用，2016年共收集、整理和编辑《衡阳市行政区划变迁录》《石鼓政协志》等资料近13万字。加强政协宣传工作，充分利用政协网站和信息平台，发布工作动态，传递政协声音，彰显政协力量，扩大政协影响。全年在省、市媒体发表理论文章10余篇，其中《做好政协工作要突出四敢四真》被评为省政协优秀论文，2人次被评为省湘声报宣传工作先进个人和市政协门户网站信息采编工作先进个人。

## 四、激活力、添助力，抓好了自身建设

区政协坚持把加强自身建设作为适应新形势、开创新局面的根本举措，为有效履行职能奠定了坚实基础。

一是抓班子强核心。2016年11月，区政协班子换届后，及时进行了班子成员分工，建立了领导分工负责制、目标责任制、联系界别委员制，优化配置内部机构组织人员，强化专委会工作职能，建立完善了区政协各委室对口联系政府部门、民主党派的工作机制，形成了领导班子率先垂范、常委会积极作为、各委室各司其责、各界别委员热情参与的良好工作格局。

二是抓队伍固根本。充分调动政协委员参政议政、履行职能的积极性，制定出台了《政协衡阳市石鼓区委员会委员履职评价办法（试行）》，对区政协委员当年度的履职情况进行考评，作为委员评价、表彰、进退的依据。区政协四届一次会议召开前，组织152名新委员集中进行了培训，内容包括人民政协理论知识、社情民意和提案撰写等，涵盖面广、针对性强，为增强委员履职意识、提高履职能力打下了坚实基础。

三是抓作风增效能。以“两学一做”学习教育为契机，围绕建设“学习型、廉洁型、和谐型、文化型”政协机关的目标，不断增强机关干部的大局意识、责任意识和服务意识，进一步完善了机关各项管理制度和工作制度，不断推动履行职能的制度化、规

范化、程序化进程，提高了机关在政务、会务、事务等方面的服务保障水平。

在看到成绩的同时，区政协也清醒地认识到，区政协的工作与形势发展的要求相比，与区委、区政府和人民群众的期望相比，还存在不少的差距，主要是政治协商的规范化程度还不高，健全协商民主制度仍需进一步探索；民主监督缺乏刚性约束力，增强民主监督实效仍需加大力度；委员主体作用还没有完全发挥，强化委员履职意识仍需付出更大努力等等。真诚希望各位委员对常委会工作提出意见和建议，常委会将高度重视，认真研究，切实加以改进。

## 2017 年主要工作

2017 年，是实施“十三五”规划的重要一年，是进一步推动我区科学发展的关键之年。区政协工作的指导思想是：深入学习贯彻中共十八大和十八届三中、四中、五中、六中全会及习近平总书记系列重要讲话精神，以中国特色社会主义理论体系为指导，按照“五位一体”总体布局和“四个全面”战略布局，全面贯彻五大发展理念，认真落实中共石鼓区委的各项决策部署，坚决维护核心、主动服务中心、积极反映民心、广泛凝聚人心，为加快建设“三个石鼓”，努力打造湘南地区最具活力的商贸文化新区作出新的贡献。

### 一、把握科学发展主旋律，以科学务实的态度筑牢政协意识

面对新常态新任务，各位委员要筑牢政协意识，争做艰苦创业的开拓者、无私奉献的建设者和敢做善成的先行者。

一要用学习凝聚共识，确保思想上同心同德。习近平总书记指出：“好学才能上进”。要重点学习中共十八届六中全会精神，全国政协十二届五次会议精神，即将召开的中共十九大会议精神，省委、市委政协工作会议精神，区第四次党代会精神，准确把握新时期政协履职的特点和要求，明确政协工作的前进方向。要切实增强“四个意识”，切实把思想和行动高度统一到全面贯彻落实区委的决策部署上来，坚决做到与党委同向、与政府同力、与人民同心、与时代同步。

二要用责任成就事业，确保目标上同心同向。作为全区发展的一支重要生力军，每一名政协委员都要视事业为生命，充分发挥人民政协作为协商民主重要渠道和专门协商机构的作用，紧紧围绕全区经济社会发展的重大问题和涉及群众利益的实际问题，在深入调研的基础上广泛开展专题协商、对口协商、界别协商、提案办理协商等履职活动，努力“找到全社会意愿和要求的最大公约数”。要切实把协商民主贯穿政协履职的全过程，积极探索网络议政、远程协商等新形式，使协商更加广泛多层地展开，更为灵活经常地进行。

三要用使命激励斗志，确保行动上同心同行。要建立健全“党委出题、政协调研、政府采纳、部门落实”的调研工作机制，切实把调研成果转化成专题协商、提案、社情民意、委员建言等。调研成果报送后，要加强与区委、区政府及有关职能部门的沟通联系，重点围绕领导批示、部门办理、吸收采纳等关键环节，采取开展民主评议、组织委员视察、进行“回头看”等监督形式抓好跟踪问效，使政协的调查研究、建言献策在助推全区经济社会发展中发挥更大的作用。

### 二、把握议政建言主渠道，以奋发务实的作为彰显政协力量

充分发挥政协自身优势，积极延伸履职“产业链”，提高建言“含金量”，充分彰显政协力量。

一要突出建设性，围绕“三个石鼓”建言立论。要自觉围绕区委、区政府的中心工作建言献策、献计出力。2017 年将重点围绕乡村旅游、农村综合服务平台建设、优化非公经济发展法治环境、农贸市场标准化改造等重大课题，深入实际开展调研和视察，集合众智建言献策，真正做到“区委想什么、政协就议什么，政府干什么、政协就帮什么，群众盼什么、政协就反映什么”，为建设“三个石鼓”建睿智之言、献务实之策、谋创新之举、聚万众之力。

二要增强针对性，围绕提案落实完善举措。要进

一步强化“人民政协为人民”的履职理念，充分发挥提案反映民意、维护稳定的作用，力求部署、程序、实施相统一，领导、单位、委员全参与，推进提案数量保持稳定，质量稳步提高。通过扩大提案线索征集范围，规范提案日常督办，创新推行“一案双交”“一案双督”“一案双评”等有效形式，进一步完善提案工作考核机制，实现提案工作“提”有水平、“立”有依据、“督”有力度、“办”有实效。

三要体现责任性，围绕中心任务出力实干。立足打造一线政协，建立全体委员共同参与的责任落实机制，围绕招商引资、重点项目建设，主动牵线搭桥，积极提供服务，以实际行动把发展的气氛造得更浓、劲头鼓得更足，切实做到协调服务做后盾、全力以赴破难题，积极为实体经济创造良好的发展环境。积极响应省、市政协号召，发动全区政协委员积极参与“三个一”扶贫行动。充分调动政协委员的积极性，组织开展一系列的慈善救助、走访慰问、爱心捐赠等活动。

## 三、把握和谐稳定主基调，以创新务实的追求丰富政协实践

坚持务实进取，突出政协特色，合心合力惠民生、尽心尽力保稳定，推动履职活动内容更加丰富、形式更加多样、效果更加显著。

一要以人为本，积极反映社情民意。把听取民声、获取民意作为委员履职的重要内容，完善反映社情民意信息工作征集、点评、通报、考核等制度，畅通“社情民意直通车”，发挥好信息在参谋决策上的“耳目”“喉舌”作用。要顺应民众网络问政的新趋势，畅通和拓宽各界群众利益诉求表达渠道，探索建立委员与群众网络交流的平台，鼓励委员利用微博、微信等新媒体，倾听百姓声音，反映群众呼声，让群众感到政协时刻都在自己身边。

二要拓宽渠道，认真开展民主监督。中共十八届六中全会提出，“监督是权力正确运行的根本保证”。2017年，区政协将向区政府10个部门统一委派民主监督小组，对区安监局工作开展民主评议。继续强化民主监督的组织协调、知情反馈、沟通联系等环节，规范监督程序，完善监督方式，提高监督实效，使民主监督工作常态化、规范化、制度化，不断扩大政协民主监督的社会影响。

三要加强联谊，扩大对外交往领域。牢牢把握团结和民主两大主题，充分利用政协联系广泛、渠道畅通的优势，采取走出去、请进来的方式，通过参观考察活动，提升石鼓知名度。进一步加强与省、市政协委员的联系，促进石鼓区委员企业与外地企业的沟通交流，为招商引资、招才引智服务。全面加强与外来创业者的交往，开展多层面政情通报活动，团结人和之气，激励干事之志，成就突破之势，不断增强人民政协的感召力和向心力。

## 四、把握自身建设主方向，以敬业务实的成效展现政协风采

准确把握政协自身建设的特点和规律，以敬业务实的成效、争创一流的业绩，全面展现政协履职新风采。

一要夯实基础，进一步发挥委员主体作用。政协委员当树民众期待之形象，当存利民报国之情怀，当显恪尽职责之担当，切实发挥在政协工作中的主体作用，本职工作中的带头作用，界别群众中的代表作用。要建立健全委员履职考评体系，实现委员联系联络的网格化、情况通报的常态化、考核管理的精细化。2017年，将坚持高标准，创建2个委员工作室，抓好建设、管理和服务工作，使之真正成为政协搭设的党委政府联系人民群众的连心桥。

二要搭建载体，进一步发挥专委会基础作用。各专委会要明确目标任务，厘清工作思路，突出履职重点，确保活动成效。要进一步完善专委会对口联系部门、界别、民主党派、委员等制度。要密切与委员的联系，在感情上贴近委员、思想上理解委员、工作上支持委员。要加强与界别及界别群众的联系，指导各界别积极开展履职活动，认真倾听百姓心声，及时解决群众诉求。要加强与党政对口部门的联系，做到经常沟通情况、听取意见、增进共识、合力工作。

三要健全制度，进一步发挥机关保障作用。要强化服务意识，热情主动地为委员服务、为履职服务、

为基层服务，努力把政协机关打造成“政协委员之家”。要进一步改进大会发言、委员建言、文史资料、理论研究和新闻宣传等日常性工作，不断提升工作质量和水平。要坚决落实区政协党组全面从严治党的主体责任，坚定不移地推进党风廉洁建设和反腐败斗争。要进一步建立健全政协履职的各项规章制度，使机关的各项工作协调统一、规范有序、精干高效。

# 大 事 记

## 1月

1日，石鼓区举行第三次农业普查入户登记暨巡视启动仪式，标志着农业普查进入实质性阶段。

2日，石鼓区召开市“两会”期间信访维稳工作调度会。

3日，区委常委、常务副区长曾梦龙率消防、安监、住建、发改、城建投、教文体等单位负责人深入宾馆、码头、学校、建筑工地明察暗访安全生产工作。

4日，石鼓区作为全市公车改革样板区接受省、市公车改革办督查。

8日，石鼓区青山街道牛角巷社区、黄沙湾街道雁栖湖社区、潇湘街道石鼓社区获评“湖南省科普示范社区”称号，数量居全市首位。

10日，石鼓区残联获全省教就工作甲等优秀单位。

是日，人民街道、青山街道被市卫计委授予“衡阳市流动人口基本公共卫生计生服务均等化示范街道”称号。

11日，省委副书记乌兰莅衡，深入石鼓区看望慰问困难党员。

是日，市委组织部、市民政局、市财政局联合督查小组对石鼓区社区“两化两体系”建设工作情况进行专项督查，并对已完成社区办公服务用房标准化建设的五里牌、合江套、来雁塔、桑园、蒸水、西湖二村、船山路、青山街8个社区进行综合验收。

12日，副市长廖健一行深入石鼓区视察电梯安全管理工作。

是日，区委副书记、区长刘浪调研全区重点项目建设，指出，将着力补齐发展短板，做大做强做优商贸服务业，在交通便利、区位优势明显的区政府周边发展高端品质酒店，将更多的人流、物流、资金流引入石鼓区，提升石鼓区在全市的发展辐射力。

是日，潇湘街道演武坪社区被省民宗委授予“全省民族团结进步创建活动示范单位”称号。

15日，角山乡2017“角山牛、犇天下”全牛盛宴暨生态美食年货节在角山乡旭东村香樟苑生态农场启幕，千余游客参加。

16日，区委副书记、区长刘浪主持召开春节前后重要工作安排部署会，对全区的安全生产、信访维稳、走访慰问、年度考核、来年工作谋划和廉洁建设工作均作出指示，要求要尽好责、把好关、扫好尾，向全区人民交上一份满意答卷。

是日，石鼓区工商分局被国家工商总局授予“企业登记工作成绩突出窗口单位”称号。

是日，区委副书记、区长刘浪率两办、安监、发科、商务、城管、交警、消防等相关职能部门负责人就春节期间安全生产工作进行大检查大督查。

17日，市委常委、衡阳警备区司令员贺小坤走访慰问石鼓区困难群众。

是日，省总工会副主席周乐红、市总工会主席李慧星等一行人走访慰问区环卫局省级劳模李春桂。

是日，区委副书记、区长刘浪到石鼓检察院，就全区检察工作进行现场办公，对检察院请求解决的经费保障、警示教育基地、停车场用地等问题，现场一一答复。

是日，区委常委、常务副区长曾梦龙先后来到进步村贫困兜底对象杨春节和团结村特困供养对象杨又生家中进行慰问，并代表区委区政府送上节日慰问金和米油、棉被。

18日，市委常委、市委秘书

长张贺文带领市相关部门工作人员深入天雁公司走访慰问。

是日，区人民法院黄山平等6人被湖南省高级人民法院授予“荣誉天平奖章”。

是日，区委副书记、区长刘浪带队检查后宰门农贸市场H7N9禽流感防控工作。

是日，区委副书记、区长刘浪深入角山乡、人民街道走访慰问困难群众、党员、老干部和非公企业代表。

19日，市委常委、市纪委书记包昌林率队深入石鼓区走访慰问困难企业——市精萘厂职工，给他们送上新春祝福。

20日，石鼓区法律专家库又添新成员，3名优秀法律专家获政府颁发“聘任书”。

是日，区委副书记、区长刘浪率四大家领导走访慰问驻区部队广大官兵，为他们送上新春祝福和诚挚慰问。

23日，区委副书记、区长刘浪主持召开区政府党组民主生活会。

是日，石鼓区召开区政府2017年第1次常务会议，专题研究安全生产工作，区委副书记、区长刘浪要求，要牢固树立安全第一的思想，全面强化安全监管，严格落实“一票否决”制，认真细致抓好当前的安全生产工作。

24日，衡阳市委常委、警备区司令员贺小坤，市人民政府副市长、石鼓区委书记杨龙金分别带领慰问组深入石鼓区走访慰问困难低保户、计生户、残疾人和敬老院、养老服务中心的老人们，向他们送去党和政府的温暖关怀，并致以新春的美好祝福。石鼓区委副书记、区长刘浪，区委常委、人武部部长尹腾芳参加慰问。

25日，石鼓区主要领导慰问全区公安、交警、消防、城管、环卫等一线执勤人员，市人民政府副市长、石鼓区委书记杨龙金代表区委、区政府对他们的工作特别是在平安夜圣诞节安保维稳、文明城市创建、突击应急等方面的辛勤付出给予了充分肯定，并送去慰问金和新春的祝福。

## 2月

3日，春节后上班第一天，石鼓区800名干部在区机关大院举行新年升国旗仪式。

4日，区委副书记、区长刘浪调研角山乡，为全区都市农业的发展把脉问诊、出计定策，要求要以产业发展带动农业发展，打造衡阳市近郊旅游新高地。

6日，石鼓区召开2017年区委经济工作务虚会，区四大家领导、主要经济管理部门以及各乡街道（片区）主要负责人，围绕建设“三个石鼓”和打造湘南地区最具活力的商贸文化中心战略目标，建言献策。

是日，石鼓区工商联（总商会）举行新春团拜会暨第四届第三次执委会。区委常委、统战部部长朱鸿波致辞，区人大常委会副主任（兼）、工商联主席冯春娥作2016年执委会工作报告。全区近百名工商联会员和企业代表与区四大家主要领导齐聚一堂，以表演节目和团拜的方式共贺新春。

7日，区委常委班子召开2016年度民主生活会。

是日，中共石鼓区第四届纪委第二次全会召开。区委副书记肖立建宣读《关于表彰2016年度石鼓区党风廉政建设优秀单位和专项工作优秀单位的通报》和《关于表彰2016年度石鼓区纪检监察“精品案件”及“办案能手”的通报》，区委常委、纪委书记龚建民作工作报告，各乡街（片区）党（工）委书记向杨龙金递交了2017年度党风廉政建设和反腐败工作任务责任书。

是日，区科协被评为“2016年湖南省全国科普日优秀组织单位”。

8日，区委副书记、区长刘浪调研环保石鼓分局、国土石鼓分局和衡阳农村商业银行股份有限公司（简称“衡阳农商银行”），要求，要当好石鼓人，讲好石鼓话，做好石鼓事。

10日，区委副书记、区长刘浪到区商务局专题调研，要求集中精力，突出重点，全力以赴，做大做强现代服务业。

14日，副市长廖健率市直部门相关负责人，深入华耀城项目现场调研，专题调度华耀城项目及配套建设。区领导刘浪、郑建芳参加。

15日，市人民政府副市长、区委书记杨龙金主持召开2016年石鼓区市管班子和市管领导干部年度考核测评大会。

是日，区委副书记、区长刘浪深入人民街道调度社区监控视频摄像头试点项目。

16日，石鼓区教师普通话水平抽测成绩在144个抽测地区中独占鳌头，合格率及优秀率均位列全省第一。

是日，区委副书记、区长刘浪专题调研城市建管工作，强调要实行网格化管理，理顺体制，重心下沉，强化保障，促进城市管理工作再上新台阶。

15~16日，区人大常委会组成考核小组通过听取汇报、查阅资料、现场察看等方式，从自身建设、代表工作、履职工作及特色工作等方面对乡街人大工作机构2016年度目标管理考核工作开展检查，区人大副主任陈国春、彭爱民参加。

17日，区委政法委组织公、检、法、司、信访局、610办、维稳办、综治办召开“1+8”政法工作联席会议，会议由区委政法委书记赵伟主持，专题研究2016年度全区社会治安综合治理工作考核评估情况，开启了以区委政法委为中心，密切联系公、检、法、司等8个政法职能部门，每月组织集中学习、研判形势、会商工作、协调各家、形成合力，助推政法工作推陈出新的“1+8”工作模式。

19日，石鼓区召开控违拆违工作调度会，开展控违拆违“清零行动。”

21日，市人民政府副市长、区委书记杨龙金，区委副书记、区长刘浪会见了来访的中城建三局集团党委书记李岩一行，双方就合作推进虎形山棚户区改造二期项目进行磋商。

是日，石鼓区获“2016年度全市就业和社会保障工作先进单位”称号。

是日，区民政局获“2016年度民政重点工作综合评估优秀单位”称号。

23日，石鼓区召开区委经济工作会议。会上总结2016年经济工作成绩，分析当前经济形势，安排部署2017年经济工作。

是日，区环卫局业务考核成绩排名全市四城区第一，获“2016年度城市管理工作先进单位”称号。

24日，石鼓区召开2017年信访工作会议。

是日，石鼓区政府获评全市唯一“市政府系统人大代表建议、政协提案办理工作先进单位”称号。

27日，石鼓区召开村（社区）“两委”换届选举工作动员大会。

28日，区人武部综合楼正式动工兴建。

## 3月

1日，区委常委、常务副区长曾梦龙会见来访的中国核工业第五建设有限公司总经理助理兼建筑事业部总经理王春龙一行，双方就合作建设迪趣欢乐谷项目进行深入洽谈。

2日，角山乡三星村入围2016届“省级文明村镇”行列，获“省级文明村镇”称号。

是日，石鼓区被市委、市政府评为2016年度“项目建设年”活动先进单位。

是日，省统计局贸外处处长唐根深、副处长曾晓林一行深入石鼓区华耀城项目调研商贸业发展情况。

3日，石鼓区纪念“三八”国际劳动妇女节107周年“好家风、好家训、廉洁文化进家庭暨巾帼文明示范岗、巾帼建功标兵、文明家庭、三八红旗手”表彰大会暨文艺汇演在角山乡旭东村香樟苑举行。市妇联副主席聂玉萍，区领导肖立建、高鸿升、王仲晓、叶强、龚建民、曾梦龙等参加。

是日，石鼓区“3·5”学雷锋志愿服务活动启动仪式暨保护母亲河主题活动，在演武坪社区曾国藩文化广场正式启动，来自华程医院、正骨医院、爱尔眼科、金鹰报、衡阳农商行、荷池路小学等8家单位80余名志愿者参加，并在“保护母亲河”横幅上签字承诺。

是日，区检察院职务犯罪预防工作全市考核第一。

7日，省司法厅社区矫正局副局长符益华一行到石鼓区督查社区矫正和安置帮教工作。

是日，石鼓区城管执法局被市城管局授予“2016年度依法行政先进单位”称号。

8日，区委副书记、区长刘浪

率区政府办、财政、商务、城管、地税、国土、规划、城建投等部门负责人，深入雅士林欣城项目现场办公。

9日，区委副书记、区长刘浪调研二环北路东段项目建设。

是日，区委常委、常务副区长曾梦龙，副区长吴颖率领区旅游外侨民宗局、角山乡等单位负责人参加衡阳市旅游小镇项目与央企及知名旅游投资机构招商对接会。

10日，石鼓区组织广大干部、群众开展义务植树活动，共栽种樟树、红心桃等3000余株，绿化村道2.4千米，绿化面积4余公顷。

是日，石鼓区召开区政府2017年第2次常务会议，拟出台《石鼓区湘江保护和治理第二个“三年行动计划”（2016—2018年）实施方案》和《2017年石鼓区大气污染防治专项行动方案》。石鼓区将成立角山乡杨岭社区居委会，金源街道金兰村、新安村、三里村3个村改为社区居委会。

是日，由市文体广新局、区委宣传部、市文联联合主办，市花鸟画家协会、区教文体局、区文化馆、区美术馆承办的“梅麟奇缘”纪念彭玉麟诞辰200周年暨第五届衡阳市花鸟画展在区美术馆开展。

13日，衡阳市人大常委会联工委主任郁晓初一行对石鼓区人大代表联系群众工作站运行情况开展专题调研，区人大常委会党组副书记、副主任陈国春参加调研并主持座谈会。

是日，石鼓区召开社区视频监控试点工作调度会，人民街道人民路社区、青山街道牛角巷社区，作为全区高清视频监控系统“先行先试”建设单位，提前完工，标志两个试点社区率先在全区乃至全市实现了社区高清视频监控“全覆盖”。

14日，全市重点项目观摩交流暨调研推进会在石鼓区召开，市重点办主任曾广庆率四城区重点办主任及市重点办班子成员深入石鼓区观摩调研重点项目。

16日，石鼓区召开村（社区）“两委”换届选举工作推进会。会议由区委副书记、区长刘浪主持，区委副书记肖立建就石鼓区村（社区）“两委”换届选举下步工作作具体安排。

是日，石鼓区召开环境保护和安全生产工作会议，会议贯彻落实上级精神，分析当前全区面临的新形势和新要求，安排部署下段工作。

是日，石鼓区召开新闻信息工作座谈会，专题听取区四大家办公室和新闻信息等相关部门的意见建议。区委常委、宣传部部长周文源要求，要精准定位，办好新闻网、党政门户网、手机报、“和谐石鼓”微信公众号等媒体，打造“微媒矩阵”，全方位、多角度宣传好石鼓经验，传播好石鼓声音。

是日，区委副书记、区长刘浪调研区规划分局，要求，规划工作要融入到区委区政府的发展大局，做到准确定位，依法履职，主动服务，形成合力。

是日，石鼓区召开军队退役人员座谈会，区委副书记、区长刘浪与军队退役人员面对面沟通交流，听取诉求。

17日，区委副书记、区长刘浪调研疾控、妇幼工作，要求，要大力推进健康石鼓建设，确保健康政策融入全局、健康服务贯彻全程、健康福祉惠及全民。

20日，衡阳市副市长、石鼓区委书记杨龙金，石鼓区委副书记、区长刘浪一行专程赶赴衡阳市三甲医院——南华大学附一医院，就医院周边环境整治进行现场办公。

是日，在首届湖南省中小学教师信息技术与学科整合在线集体备课大赛中，石鼓区荷池路小学四年级数学组和英语组的公开课获省一等奖。

23日，石鼓区委经济工作会议召开，贯彻落实中央、省委、市委经济工作会议精神，总结2016年经济工作，分析经济形势，部署2017年经济工作。区委副书记、区长刘浪主持会议。衡阳市政府副市长、区委书记杨龙金强调，要认准形势、抓住关键，加快建设“三个石鼓”，全力打造湘南地区最具活力的商贸文化中心，促进经济平稳健康发展和社会大局和谐稳定。区委副书记肖立建宣读《关于2016年度全区综合治理、人口计生、安全生产工作考核情况的通报》。各乡、街道（片区）党（工）委书记向杨龙金递交了责任状。

是日，湖南省委党建研究学会副会长郭树人一行莅临人民街道蒸阳社区调研督导社区党建工作。通过听取讲解、查看资料、现场询问、听取汇报等方式了解社区基层党建工作开展的情况后，郭树人对蒸阳社区基层党建工作给予充分肯定。

24日，石鼓区召开政府公文写作暨建议提案办理专题培训会，会议由区政府办主任李亚晖主持，区委常委、常务副区长曾梦龙作重要讲话。

是日，区委副书记、区长刘浪率领相关职能部门负责人前往角山乡旭东村，就乡村旅游发展工作进行调研。

27日，市委副书记、市长周海兵视察石鼓区监控试点工作，先后视察人民街道人民路社区和青山街道牛角巷社区，详细了解两个试点社区工作的技术操作、便民服务和后期维护管理情况。

是日，石鼓区举行第26届税收宣传月活动启动仪式暨企业所得税政策业务培训。

29日，市人大常委会副主任伍清明带领调研组一行深入石鼓区，检查指导城区规划年度计划与实施情况。区委副书记、区长刘浪，区人大常委会主任高鸿升，副主任刘卫国，副区长王砺参加。

是日，区商务局获2016年度全市商务和粮食工作先进单位、内贸流通工作先进单位、招商引资工作先进单位。

是日，市委常委、衡阳警备区司令员贺小坤到石鼓区督查村（社区）“两委”换届选举工作。

31日，石鼓区召开全区干部大会，宣布区委书记职务调整的决定：杨龙金不再担任中共石鼓区委书记职务，唐浩然任中共石鼓区委书记。

是日，全市综治工作现场会议在石鼓区召开。会议贯彻落实中央、省委、市委政法工作会议精神，总结推介各县市区先进经验，安排部署推进社会治安综合治理打防控管各项工作。石鼓区的“平安石鼓”建设经验得到与会人员肯定。

是日，省委、省政府召开全省全面建成小康社会推进工作电视电话会议。石鼓区被评为全省全面小康“达标县市区”，总体实现程度为90%，提升幅度在全省27个一类县市区中排名第六。

## 4月

1日，石鼓区获2016年度全市禁毒工作先进县市区、全市缉毒执法先进单位，是全市唯一获评的城区；在市禁毒委年度绩效考核中排名城区第一；禁毒工作满意度调查位列全省第70位，排名全市第一。

2日，清明节假期首日，区委书记唐浩然到角山乡利民村、松木片区青石村，现场视察清明节期间森林防火工作。

5日，石鼓区人民路小学被评“全省毒品预防教育示范学校”，是全市唯一一所获奖学校；教师谢海燕获“禁毒教育优秀教师”称号，学生邓茜丹宣传画作品获一等奖。

6日，石鼓区委书记唐浩然到角山乡调研，通过看现场、察项目、谈规划、话发展。区领导龚建民、朱鸿波等参加。

是日，石鼓区青山街道船山路社区政协委员工作室正式揭牌并投入运行，该工作室系区首家以社区命名的政协委员工作室。

是日，省人大常委会《人民之友》杂志社主编田必耀一行深入石鼓区人大机关、黄沙湾街道调研基层人大工作，并为区人大获得年度佳作和年度优稿颁发了获奖证书和奖金。

是日，区委副书记、区长刘浪主持召开区政府2017年第3次政府常务会议，研究安全生产、政府工作报告等工作。

7日，石鼓区组织全体处级领导干部举办“两项法规”培训班，学习《领导干部报告个人事项规定》和《领导干部个人事项报告查核结果处理办法》（简称两项法规）。

10日，区委书记唐浩然深入合江街道调研，唐浩然一行先后察看江霞安置房、友爱安置房、源湘路、滨江大道、二环北路、柏树嘴社区等现场，认真听取街道工作汇报，详细了解街道领导班子运行、基层党建工作、干部队伍建设和抓项目谋发展等方面的情况。他强调，要加快项目建设，巩固基层基础，一手抓项目建设，一手抓从严治党，让人民群众生活得更有幸福感、获得感、自豪感。

11日，石鼓区PPP项目包装招商工作会议召开，会议明确，成立由区委书记挂帅，区委副书记、区长牵头，区委常委、常务副区长具体抓，财政局、发改局等部门分别牵头，城建投、重点办等部门参与的工作专班，明确角山乡小城镇建设、角山旅游环线、北师大附中、正骨医院、棚户区改造等项目为石鼓区2017年PPP项目策划实施的重点任务。

是日，石鼓区委书记唐浩然深入五一街道视察调研，视察了畔湖路社区两化两体系、来雁塔社区建设、来雁塔、蒸水北堤项目征拆、建设新村社区“三清三建”等现场，听取了街道工作汇报，对街道党政班子、工作成绩、发展潜力给予了充分肯定，并以要抓好经济发展、城市管理、民生实事、底线工作、党的建设“五抓”为街道工作“把脉把方向”。他强调，要结合来雁新城战略定位，大力发展城市经济，培育商贸、信息咨询、电子商务等经济业态，打造新的经济增长点。

是日，区委副书记、区长刘浪专题调研北师大基础教育衡阳实验学校建设，实地察看项目选址，详细了解项目计划、征地拆迁和工作进展等方面情况，解决项目推进过程中存在的困难和问题。

12日，石鼓区召开2017年党务工作会议，会议总结2016年党务工作，安排部署2017年工作。

是日，副市长、市公安局局长胡志文一行深入石鼓区调研公安工作。

是日，省民政厅验收组一行莅临石鼓区对第二次全国地名普查工作成果进行验收。

14日，湖南省人感染H7N9流感防控督导组在省农委党组成员、省畜牧水产局局长袁延文的带领下深入石鼓区督查调研人感染H7N9流感防控工作。

17日，市委组织部到石鼓区宣布市委干部任免决定：谢海蓉任中共石鼓区委委员、常委、副书记；肖立建不再担任中共石鼓区委副书记、常委、委员职务，另有任用。

是日，石鼓区区直机关民兵应急分队成立大会在区政府336会议室隆重举行，标志着石鼓区在全市率先成立区直机关民兵应急分队。

是日，国家地名普查监理和质量评定工作组研究员张清华、湖南省地名办唐艳红一行深入石鼓区检查指导地名普查工作。

18—19日，政协石鼓区第四届委员会第二次会议在区机关会议中心举行。会议听取并同意王仲晓代表区政协第四届委员会常务委员会所作的工作报告。会上，苏文波等19名政协委员分别代表乡街政协联络工委或界别作了（现场或书面）谏政发言。会议期间，与会人员列席石鼓区第四届人民代表大会第二次会议，听取并讨论区长刘浪所作的《政府工作报告》及其他报告。会议审议通过《区政协常委会工作报告决议（草案）》《政治决议（草案）》。

20日，省委常委、组织部部长王少峰深入石鼓区潇湘街道石鼓社区视察基层党建工作。王少峰对石鼓区党建工作特别是社区党员志愿服务工作给予高度肯定，表示要在原有的服务基础上进一步完善社区服务功能，要继续将“党建+服务”工作结合社区工作实际进一步做优社区服务品牌。当天，王少峰还视察了石鼓书院。市委副书记邓群策，市委常委、市委组织部部长陈竞，石鼓区领导唐浩然、刘浪、谢海蓉、王砺参加调研。

18—20日，区第四届人民代表大会第二次会议在区会议中心举行。区领导唐浩然、高鸿升、刘浪、谢海蓉、王仲晓、龚建民、陈国春、冯春娥、宁华梁、彭爱民、刘卫国出席。高鸿升主持会议。会议听取和审查区人民政府、人大常委会、法院、检察院工作报告，审查和批准区2016年国民经济和社会发展计划执行情况及2017年计划草案的报告，审查和批准区2016年财政预算执行情况和2017年财政预算草案的报告。

21日，石鼓区人武部召开党委第一书记任职大会。会上，市委常委、衡阳警备区司令员贺小坤宣读衡阳警备区党委关于任命石鼓区委书记唐浩然为区人武部党委第一书记的任职批复。

是日，石鼓区委巡察工作领导小组办公室揭牌仪式在区政务中心举行，衡阳市委巡察办主任龙祝元、区委书记唐浩然揭牌。

23—25日，区委书记唐浩然带领招商小分队参加“港洽周”专题招商活动。小分队先后拜访了华南城、顺丰控股、中国农产品交易公司、御宝轩管理公司等公司。

25日，市委常委、衡阳警备区司令员贺小坤到石鼓区，就脱贫攻坚和环境保护工作进行再检查、再发动、再加力。

是日，石鼓区召开全区突出环境问题整治推进大会，就迎接中央环保督察工作进行再安排、再部署、再落实。

26日，石鼓区召开脱贫攻坚工作推进会，对脱贫攻坚工作进行再动员、再部署、再落实，动员全区上下深入开展脱贫攻坚突出问题大排查、大诊断、大整改。

是日，石鼓区召开迎“五一”劳模座谈会，区委副书记、区长刘浪要求，要充分认识劳模精神的重要意义，充分发挥劳模典型的重要作用，充分加强新形势下的劳模工作，形成劳模光荣、学习劳模、争当劳模的良好风尚。

是日，由石鼓区委、区政府主办，区委宣传部承办的“好声音讲坛——讲话精神进基层”百姓微宣讲比赛举行，来自全区各党组织推荐的8位优秀选手用生动的语言和互动化的宣讲，为现场的观众形象地阐释习近平总书记系列重要讲话和党的十八届六中全会，省、市、区十一次党代会精神。经过激烈角逐，来自区教文体系统的杨丽君获得一等奖。

27日下午，经省国土资源厅和衡阳市政府推荐，湖南经视采访组来石鼓区采访控违拆违工作。

26—27日，区委书记唐浩然带领招商小分队先后拜访广东省衡阳商会、衡阳驻广办，走访广东万银控股集团有限公司、广东省华创动漫园等企业和园区。

27日，石鼓区召开2017年第一次城管委会议，区委副书记、区长刘浪主持会议并要求，城市管理要做到常态化、长效化、精细化、规范化和标准化。

28日，中国民主促进会衡阳市石鼓区工作委员会成立大会召开，标志着民进石鼓区工委宣告成立。

是日，石鼓区召开全区财税工作会议，会议分析当前财税收入形势，全面安排部署了2017年的工作。

是日，区委书记唐浩然召集相关部门负责人到崇盛国际、雁栖湖、合江套等地督察环保突出问题整治情况。

是日，石鼓区委副书记、区长刘浪主持召开区政府2017年第4次常务会议，研究突出环境问题整治、推进“河长制”、禁毒、消防安全等工作。

30日，区委副书记、区长刘浪深入角山乡利民村调研扶贫工作，强调要结合利民村莲藕资源，一村一品，做到精准扶贫。

## 5月

1日，区委副书记、区长刘浪调研角山乡村旅游环线。

2日，石鼓区对中央环保督察组交办的“关于环城北路多家烧烤店油烟扰民”信访举报件进行专题调度。

3日，石鼓区召开2017年区政府第一次全体会议暨廉政工作会议，此次会议是新一届区政府召开的第一次全体会议。会上，各乡街和部门递交了2017年责任状，区委副书记、区长刘浪交办2017年人大建议和政协提案办理任务，副区长谢宏宣读2016年政府系统办理人大建议、政协提案工作先进单位表彰决定，区人大常委会副主任陈国春、区政协副主席李长刚分别作讲话，区政府办通报《政府工作报告》落实和责任分解情况。会议由区委常委、常务副区长曾梦龙主持。

是日，共青团石鼓区委员会纪念“五四”运动98周年暨“一学一做”教育实践活动推进会召开，会议总结回顾了2016年共青团组织工作，安排部署了2017年工作，表彰了一批先进。

是日晚，石鼓区委书记唐浩然主持召开区委2017年第9次常委会，专题研究环保工作。要求，要切实落实责任，加强排查整改，强化督查督办。

4日，区委书记唐浩然召集相关部门负责人专题调度雁栖湖及周边突出环境问题整治，并接受湖南电视台采访。

5日，石鼓区委书记唐浩然到华耀城现场办公，就企业发展过程中亟待解决的问题排忧解难，唐浩然一行先后视察了M6五金建材市场、5号小商品交易广场及华耀碧桂园·十里江湾等项目，听取了衡阳华耀城总经理周楚政对项目建设及运营情况介绍，并就项目推进中的征地拆迁、老旧市场搬迁等问题进行了座谈。区委常委、区委办主任郑建芳参加。

是日，为切实做好配合中央第六环境保护督察组来衡督察工作，石鼓区配合中央环保督察协调联络工作组召开专题调度工作会议，区委常委、常务副区长曾梦龙主持会议并讲话。8日，石鼓区召开配合中央环保督察工作推进会，传达部署省、市有关精神，对突出环境问题整改工作进行再强调、再部署、再落实。

是日，区委副书记、区长刘浪连夜深入杨家坪码头，暗访督察砂场整治工作进展情况。

9日，区委书记唐浩然陪同衡阳市委书记周农督察石鼓区环保工作。

10日，召开石鼓区全民国防教育工作会议。

是日，石鼓区人民路小学5·2班刘奕呈在第38届湖南省青少年科技创新大赛中获全省小学组金奖。

是日，石鼓区面向社会发布2017年事业单位公开招聘计划，本次招聘事业单位35个，共招聘事业单位工作人员50人。

11日，省民政厅调研组到石鼓区调研医疗救助和特困供养工作。

12日，市委书记、市人大常委会主任周农考察调度全市重点项目建设情况，并深入石鼓区调研。他强调，要牢牢牵住项目建设这个“牛鼻子”，聚焦重大产业项目、重大基础设施项目，加强项目管理，保障要素供给，大力推进重点项目建设。

13日，区委副书记、区长刘浪深入中亿汽贸城进行现场调研。

14日，区委副书记、区长刘浪调研崇盛国际中心项目建设，强调要以重点项目建设为支撑，加快现代服务业发展，全力打造湘南地区最具活力的商贸文化中心。

16日，市委常委、市委统战部部长罗东海深入石鼓区调研统战工作，强调统战工作要提升站位讲政治，要注重创新抓落实，要服务中心树品牌，要履职尽责有作为。

是日，市委常委、衡阳警备区司令员贺小坤到石鼓区检查涉军维稳工作。

17日，区委副书记、区长刘浪再次调研角山乡旅游扶贫工作，要求，要发挥旅游产业的带动作用，扩大旅游扶贫的参与度，带动乡村壮大集体经济，帮助村民脱贫致富。

是日，石鼓区派驻驻村帮扶工作队动员部署会召开。区委副书记谢海蓉出席会议并讲话，区委常委、区委办主任郑建芳主持会议，区委常委、组织部部长叶强安排部署驻村帮扶工作队有关工作。为进一步推进全区脱贫攻坚工作，确保圆满完成脱贫攻坚突出问题集中整改各项任务，区委向全区建档立卡贫困人口数100人以上的村派驻12支驻村帮扶工作队，实现单位结对帮扶贫困村和干部结对帮扶贫困户“两个全覆盖”。

是日，区委书记唐浩然率区发改、财政、审计、商务、住建、重点办等部门负责人，调研区城建投工作。他强调，要加快项目建设，发挥平台作用，壮大自身实力，增强廉洁意识，为全区的城市建设、经济发展做出更大的贡献。区委常委、区委办主任郑建芳，副区长吴颖参加调研。

是日，区委副书记谢海蓉深入合江街道五一村调研脱贫攻坚突出问题集中整改工作开展情况，并在五一村村部召开调研座谈会。会议听取了五一村、合江街道及区重点办、区科协、区总工会等联点单位脱贫攻坚突出问题集中整改工作情况汇报，并对各单位反映的问题进行研究部署。

18日，市政府副市长廖健视察石鼓区农贸市场，对全市的农贸市场改造定标把向。要求在设计和管理上方便群众、合理布局、有利交易，深度完善设计工作，全力做好招投标工作，要实现所有权、经营权和管理权分离。

是日，石鼓区全面启动“签订安全生产承诺书，关注安监微信公众号”活动。

20日，由区政府主办，区委宣传部、区教文体局承办，市非物质文化遗产保护协会、区工商联、区文化馆、君玲食品、连卡福（衡阳）商业广场协办的“我爱非遗系列活动暨第八届君玲粽子文化节”活动启动。此次活动除君玲千斤粽品尝外，还展示衡阳非物质文化遗产的保护项目，举行520情侣吃吊粽互动游戏、君玲粽子FK赛、旗袍秀等系列活动。

22日，市委常委、衡阳警备区司令员贺小坤深入石鼓区角山乡利民村检查指导扶贫攻坚工作。

是日，区委副书记、区长刘浪会见浙江颐和养老产业投资有限公司应明焕一行，双方围绕房地产开发、城市综合体建设、养老服务业等话题，进行了深入友好交谈。

24日，省卫计委流动人口处副处长喻锁铃一行深入石鼓区调研指导卫生计生均等化服务工作。

25日，石鼓区委召开2017年第一次全面深化改革领导小组会议。

是日，区委书记唐浩然，区委副书记、区长刘浪赴石鼓区法院、检察院、公安分局调研政法综治工作，强调，要坚持党的领导，服务发展大局，维护社会稳定，加强廉政建设，为全区经济社会发展创造良好环境。

27日，石鼓区召开“一带一路”峰会期间信访维稳工作总结表彰会。

是日，区委副书记、区长刘浪主持召开会议，专题调度全区经济运行情况。

是日，石鼓区召开全区环保整治后续工作调度会，会议强调，环保工作要常抓不懈，环保整治要巩固，环保责任要压实，促进环保工作规范化、常态化、长效化管理。

26—27日，区委书记唐浩然一行深入青山街道、潇湘街道调研，为街道经济把脉、把方向。

31日，市委常委、市委秘书长张贺文率队深入石鼓区角山乡和平村，调研脱贫攻坚工作。

是日，省公安厅“三实”工作考评小组深入人民街道湘北社区考评“三实”及流动人口信息登记工作。

## 6月

2日，区委书记唐浩然深入松木片区调研指导脱贫攻坚工作，他强调，要提升工作标杆，建立健全扶贫长效机制，整合优势资源，形成强大合力，全力抓好脱贫攻坚各项工作。区委常委、区委办主任郑建芳，副区长汪衡湘参加调研。

3日，2017年石鼓区事业单位公开招聘考试举行，45个岗位招聘50人，1354人报考，区委副书记、区长刘浪到现场巡查。

5日，石鼓区首个人大代表扶贫工作基地在衡阳市君玲传统食品科技发展有限责任公司成立并挂牌。

是日下午，省人大教科文卫委员会副主任委员郭光文率省人大教科委和省地震局一行在人民街道相关工作人员陪同下来到人民路社区，对社区防灾减灾工作情况进行检查指导。

6日，石鼓区委巡察工作领导小组会议召开。

是日，石鼓区召开2017年全区禁毒暨反恐工作会议，贯彻落实中央、省、市禁毒和反恐工作会议精神，总结上年工作，表彰先进，安排部署下阶段工作。

7日，省委常委、省委政法委书记、省公安厅厅长黄关春率队深入石鼓区视察政法工作情况。黄关春对石鼓区在全市率先试行社区视频监控、“四化一制”工作、“1+8”联席会议机制予以充分肯定和高度评价。

是日下午，区委书记唐浩然，区委副书记、区长刘浪一行深入市地税局直属局、市烟草局、区国税局、区地税局专题调研财税工作，强调，要紧盯目标，广开财源，严格管理，优化服务，打造一支政治上坚定、业务上精通、经济上清廉，作风让群众满意的财税干部队伍，为全区财税工作提供坚实保障。是日，区政府副区长吴颖带领由同方股份有限公司、中船重工、海通证券、文山州潇湘商会等组成的赴衡考察特色小镇建设情况调研组及区直相关部门来到角山乡进行调研。

是日，全区“人大代表为民履职脱贫攻坚‘五个一’行动”动员会召开，动员132名人大代表和5名人大工作者采取企业家代表联村、领导干部代表包户、专业技术人员代表解难、农民代表结对、人大工作者帮困的方式，为脱贫攻坚出实招、献实力。

8日，石鼓区举行2016年“环保世纪行”工作总结表彰暨2017年启动大会，会议总结2016年石鼓区“环保世纪行”工作，表彰一批先进个人和单位，区水利局、环卫局做典型发言。区人大常委会主任高鸿升出席会议并讲话。

9日，区委副书记、区长刘浪调研区住建局，强调，要明确工作重点，创新工作方式，强化队伍建设，做到清清白白做人、干干净净做事。

13日，衡阳市第七届市级龙头企业名单公布，石鼓区共8家上榜。

是日，石鼓区召开配合中央环保督查工作讲评暨下半年环保工作推进大会。

是日，石鼓区人大举行人大系统“三学三争”党章党规知识竞赛。

14日，副市长周玉梅带领市直相关部门负责人到石鼓区调研城建城管工作，为石鼓区城建发展与管理“把脉开方”。

15日，省党史联络组湘南片组一行在组长苏建民的带领下，到石鼓区调研指导党史及党史联络工作。

16日，石鼓区“安全生产月”宣传咨询日活动举行，市民体验应急救急现场。

19日，石鼓区政府副区长汪衡湘召集区民政局、区旅游外侨民宗局、区消防大队、衡阳天主教会等相关部门到天主教仁爱之家老年公寓召开现场调度会，研究仁爱之家老年公寓消防整改和相关手续办理工作。

20日，石鼓区委书记唐浩然深入角山乡和平村调研村“两委”换届工作，听取基层意见和建议，现场指导工作存在的困难和问题，并结合当前实际提出了具体要求。区领导郑建芳、叶强、龚建民、汪衡湘参加调研。

21日，市审计局局长傅萍、副局长李康杏等一行到石鼓区调研审计工作，对石鼓区在固定资产投资审计、与区纪委监察等部门整合力量开展工作方面大胆探索给予赞许。

是日，区委书记唐浩然深入华耀城板块重点项目现场开展专题调研。区委副书记、区长刘浪到区食药分局、工商分局专题调研。

22日，副市长、市公安局局长胡志文一行深入石鼓区青山街道牛角巷社区视察视频监控系统建设和运行情况。

23日上午，石鼓区人大常委会在石鼓广场举行“6·25为民服务日”集中宣传及服务选民志愿活动启动仪式，10余支服务队伍分别搭设医疗服务、政策咨询、法律援助、人大代表接待等群众服务点，为市民群众答疑解惑、排忧解难。当天共发放宣传资料1000余份，政策解读300余人次，免费义诊700余人次，展示宣传版报10余块。市人大常委会原副主任苏营，区领导刘浪、谢海蓉、高鸿升、龚建明、陈国春、冯春娥、宁华梁、彭爱民、刘卫国参加。

是日，是日下午，区四届人大常委会召开第四次会议，区人大常委会主任高鸿升主持会议。会议同意接受杨龙金辞去市十五届人大代表职务，补选唐浩然为市十五届人大代表，听取和审议《关于统一委派人大代表担任执法监督员的实施意见》，首次听取和审议区人民政府关于2016年环境状况和环境保护目标完成情况的报告，会议还进行相关人事任免。

22—24日，区委书记唐浩然带队到北京对接中铁十九局、中交隧道局等央企，与中油金鸿、中瑞麟投资等在京知名企业进行了座谈。

27日，市委副书记郑建新带领市直相关职能部门负责人深入石鼓区视察城市排渍工作。

28日，市委副书记郑建新赴青山街道亲切慰问老党员和生活困难党员。

是日，石鼓区“讲文明、树新风”文明礼仪知识竞赛总决赛在区机关会议中心举行，来自各乡、街道、教育、卫计系统、区直部门共12支代表队通过比拼，最终，人民街道代表队摘得桂冠。

是日，小学朗诵节目《爱与梦想》在全市教育系统“创建全国文明城市经典阅读之《雁城读者》全民朗读总决赛中，获特等奖。

29日，区委书记唐浩然给全区518名党员干部上党课，告诫党员干部牢记自己的第一身份是共产党员，第一责任是为党工作，时时处处都要树标杆、做表率。

是日，是日下午，区委常委、常务副区长曾梦龙召集分管部门120余名党员干部，以“党员干部的担当”为主题讲党课，并与分管部门班子成员集中谈心谈话。

是日，区委书记唐浩然，区委副书记、区长刘浪分别到松木片区和角山乡走访慰问困难党员和老党员。

## 7月

1日晚，石鼓区委副书记、区长刘浪深入社区街道巡视防汛抗灾工作。

是日，人民路小学合唱节目在全市举办“童心向党，献礼七一”暨2017年全市中小学生建制班合唱比赛中，摘得桂冠；

2日，市委副书记、代市长郑建新深入石鼓区检查城区重点地段防汛工作，强调，进一步加强灾害隐患排查排除，及时应对处置，确保责任、措施落实到位，确保安全度汛。

是日，是日上午，区委副书记、区长刘浪主持召开全区防汛工作会商会议，区政府副区长汪衡湘参加。当晚，区委书记唐浩然主持召开防汛工作调度会。

3日，市委书记、市人大常委会主任周农到石鼓区检查指导防汛抗灾工作。

3—4日，史上最高洪峰过境衡阳，作为防汛抗灾工作主战场，石鼓区展开了一场干部群众与凶猛洪水的激烈较量。4日凌晨，最大洪峰已顺利过境衡阳城区，在全区党政军民的严防死守下，石鼓区平安度汛，没有发生一例人员伤亡、没有出现一处堤坝垮塌事故。

5日，市委常委、市委秘书长张贺文深入石鼓区调研花卉苗木基地的选点工作，初步规划花卉苗木基地面积20公顷。

是日，石鼓区召开党员干部警示教育大会。

是日，石鼓区召开主要经济指标调度会。区委副书记、区长刘浪强调，要密切配合，精准发力，不折不扣完成各项经济指标任务，确保继续保持全市领先地位。

6日，市公安局党委委员、副局长李衡率禁毒支队一行到石鼓区调度社区戒毒康复工作。

是日，石鼓区小学田径代表队勇夺衡阳市中小学生田径运动会小学组团体总分第一名，并获得15个单项第一名。

7日，来雁新城投资项目洽谈会召开，石鼓区将引进中青旅（北京）资源投资有限公司，与来雁新城投资公司进行深度合作。

10日，市委常委、常务副市长廖健率队调研石鼓区来雁新城建设工作，强调，全市各相关部门一定要主动服务项目建设，更加优化征迁评审程序，更加强力推进拆迁安置，更加保证民生福祉。

是日，区委副书记、区长刘浪主持召开扶贫攻坚工作推进会，总结上半年全区脱贫攻坚工作，安排部署下一阶段重点工作。

是日，区委副书记、区长刘浪带领相关部门负责人，深入市中医正骨医院易地搬迁选址地进行调研。

11日，市委常委、市委组织部部长陈竞率财政、发改、人社、水利、园林等市直相关部门深入石鼓区松木村，就美丽乡村建设进行调研。

是日，区委书记唐浩然到黄沙湾街道走访结对帮扶贫困户，现场研究帮助贫困户脱贫的具体对策。

是日，石鼓区勇夺全市人大系统“学党章党规，争当遵规守纪的表率”知识竞赛冠军。

是日，市统计局副局长谢明菊率服务业科一行督查石鼓区服务业统计工作。

是日，市电子政务办副主任陈列忠一行到石鼓区督查政府网站和信息公开工作。

是日，市审计局总审计师、党组成员李焕勇一行到石鼓区检查审计项目质量。

12日，市委副书记、代市长郑建新到石鼓区来雁新城项目现场办公，指出，来雁新城的推进发展，必须贯彻落实省委、省政府关于合江套老工业基地搬迁改造的相关部署，立足衡阳文化底蕴和山水格局，打造一座集文化、旅游、休闲、商贸、科技五位一体功能布局完善的生态新城。

是日，市重点办副主任王锋蓉到石鼓区开展全市重点工程进度数据采集和环境测评工作。

是日，区委书记唐浩然的调研文章《困局、破局、赢局——加强基层党建的石鼓区实践》，在《湖南工作》2017 年第 5 期“调查研究”专栏发表。

13 日，区委副书记、区长刘浪主持召开区政府 2017 年第 5 次常务会议，研究安全生产、环境保护、信访工作、重点民生实事、旅游扶贫、全民健身、禁养区养殖场关停或搬迁和规范水库养鱼等工作。

14 日，石鼓区召开区委常委会议，专题研究部署迎接全国文明城市创建测评工作。

是日，石鼓区启动《石鼓年鉴》编纂工作。

15 日，“欢乐潇湘·幸福衡阳‘超级爸妈’”全城公益巡回演出在石鼓广场启幕。此次活动由区文明办、共青团石鼓区委主办，市备战青年志愿者协会、市益德社工服务中心、湖南淳一文化传播有限公司承办，衡阳市工人文化宫以及衡阳电视台公共频道协办。此次活动也是欢乐潇湘·幸福衡阳“超级爸妈”全城公益巡回演出的第一站。

17 日，湖南红网新媒体集团副总编辑杨国炜、市网信办主任王永华一行到石鼓区指导网宣和新媒体建设工作。

是日，市人大常委会副主任伍清明到石鼓区检查指导工作。

18 日，石鼓区举行提拔、交流科级领导干部任前集中廉政谈话会，区委书记唐浩然强调，全体党员干部要牢记心中有党、有民、有责、有戒的使命，更加严格要求自己，勇于担当，积极作为，用实际行动践行“忠诚、干净、担当”。

是日，区委书记唐浩然深入人民街道蒸阳社区调研廉政警示教育馆建设工作，强调，要高起点建设，高规划布局，充分利用好廉政文化阵地作用，传播知廉、崇廉、尚廉、践廉的社会新风气。区委常委、纪委书记龚建民陪同调研。

是日，石鼓区“民企联村”精准扶贫推进会召开，会上，香樟苑生态农业发展科技有限公司与旭东村，君玲传统食品科技发展有限公司与和平村现场签约，达成帮扶协议。区委统战部、区工商业联合会、区慈善会联合主办“精准扶贫，爱心助学”活动，引导非公有制经济人士关爱贫困学子，资助因经济困难难以入学的建档立卡贫困户子女，实现精准扶贫爱心助学。

是日，石鼓区成章小学雁栖湖校园男子足球代表队，在 2017 年“玛丽莱杯”全国青少年 U12 精英赛中获得第六名。

是日，区委副书记、区长刘浪深入角山乡专题调研。强调要以打造全市近郊旅游休闲新高地为目标，带班子，争位置，不出乱子，推动全乡经济社会又快又好发展。

19 日，区委书记唐浩然带领省、市党代表第 87 小组的 4 名党代表到潇湘街道长青社区开展“三联一帮”活动，与社区党员群众代表座谈交流，结对帮扶困难群众。

是日，石鼓区召开农业板块重点项目建设推进会，区人大常委会主任高鸿升，区委常委、区委办主任郑建芳，区人大常委会副主任彭爱民，区政府副区长汪衡湘等参加，推进会邀请区国土、规划、发改、金融等部门负责人，农商行班子成员和各分行行长，专题为农业企业用地难、融资难把脉问诊、答疑释惑。

20 日，石鼓区召开创建全国文明城市工作推进会。

是日，石鼓区举行“深入学习贯彻习近平总书记治国理政新理念新思想新战略”宣讲报告会，宣讲人是省委党校副校长吴传毅。

7 月 21 日，石鼓区启动公共租赁住房保障政策集中宣传周活动，引来众多市民参观咨询。

是日，区委副书记、区长刘浪组织召开专题会议调度农贸市场提质改造工作。

是日，衡阳市道德模范巡讲石鼓专场举行。受邀前来宣讲的四位道德模范为刘玲琍、邹玉翔、魏文彦、李伟娥。

24 日，副市长彭玉明一行到石鼓区调研城建城管工作。

25 日，市安监局深入黄沙湾街道验收复查安全生产示范街道创建工作。

26 日，省民政厅福慈处授权

长沙民政学院教授李敏一行到石鼓区调研老年人服务体系建设情况。

是日，2017年“欢乐潇湘·幸福石鼓”暨“喜迎十九大·共建新石鼓”群众文艺汇演在区机关会议中心开演。黄沙湾街道选送的舞蹈《摆摆摆合拢宴》、五一街道选送的舞蹈《雨打芭蕉》获一等奖。此次活动由区委、区政府主办，区委宣传部、区教文体局承办。

是日，市委组织部一行调研指导松木村美丽乡村创建工作。

27日，市文物局一行对石鼓区各文物保护单位、不可移动文物点进行安全巡查。

28日，市委组织部副部长、市老干局局长蒋云新带领市创建办督导组一行到石鼓区对全国文明城市创建工作进行检查督导。

是日，市妇联副主席聂玉萍一行到石鼓区，调研基层妇联改革、妇女儿童阵地建设、居家养老服务、巾帼志愿者队伍等工作开展情况。

是日，区委副书记谢海蓉一行到合江街道对来雁新城项目进行现场调度，组织召开座谈会，区指挥部、街道党政领导及来雁公司代表参加会议。

31日上午，石鼓区第四届人大常委会第五次会议召开。会议决定接受10名代表因工作异动辞去区第四届人民代表大会代表职务的请求。决定任命2名区人大常委会工委主任、4名街道人大工作委员会主任、19名区政府组成部门负责人，任命1名区人民检察院副检察长、检察委员会委员。

是日，石鼓区委、区人大、区政府、区政协四大家领导走访慰问驻区部队官兵，他们先后来到衡阳市警备区、区人武部、空军修理所衡阳站、后勤保障旅修理二营、石鼓消防大队、75708部队63分队、武警雁北中队等地，与官兵们喜迎建军节、共叙鱼水情。

## 8月

1日，市人大常委会检查组到石鼓区开展《湖南省农村扶贫开发条例》执法检查。

是日，区委副书记、区长刘浪带领省、市党代表第88小组深入合江街道合江套社区开展“三联一帮”活动，实地了解社区各项工作进展情况，与社区党员群众代表座谈交流，走访慰问社区困难群众。

3日，石鼓区政协四届四次常委会召开，此次会议是区政协首个专题议政常委会，会议围绕“加快发展乡村旅游”主题开展协商议政，通过并交办《关于加快发展石鼓区乡村旅游的建议案》。

是日，石鼓区委副书记、区长刘浪主持召开区长办公会，研究财政专项资金使用计划、区政府领导班子成员分工调整等事项。

4日，石鼓区召开上半年经济形势分析暨重点项目建设调度会。

7日，区委副书记、区长刘浪赴深圳华耀城集团总部参观考察，强调，在经济下行压力增大的情况下，政府要主动作为，提供有力的政策支持，大力扶持企业发展；企业也要坚定信心，按原规划继续加快项目建设，确保衡阳华耀城、万豪酒店项目在2017年下半年正式开业。

是日，区委常委、常务副区长曾梦龙率队到角山乡指导干部驻点工作。

7日，由区委、区政府主办，区委宣传部、区教文化局承办的石鼓区2017年社会主义核心价值观原创广场舞大赛暨“全民健身日”启动仪式在莲湖广场进行。

8日，石鼓区委书记唐浩然率区直相关部门负责人到华耀城现场办公。

是日，区委副书记、区长刘浪召开专题会议，听取城市管理相关工作情况汇报。同日，刘浪专题调度杨岭安置房建设情况。

9日，石鼓区召开“优化执法环境，助推文明创建”会商会。与会人员就当前城市管理执法遇到的困难问题进行认真讨论，并提出具体意见和建议。

是日，石鼓区召开2017年“三湘农民健康行”暨“民族团结进步行动”动员会。

10日，石鼓区原松木乡与黄沙湾街道合并而成的新黄沙湾街道，当天在新迁办事处举行揭牌仪式。

11日，区委副书记、区长刘浪带队专题调研来雁新城片区内中小学布局及规划建设。

12日，省委常委、组织部部

长王少峰到石鼓区调研基层党建工作，指出，社区党组织建设要坚持功能优先、务实管用，把党建融入服务，用真情实意去服务群众，在强化服务中凝聚人心。

14日，衡阳警备区政委王信民一行到石鼓区调研人民武装及征兵工作。

是日，区政府副区长、区公安分局局长朱建社主持召开2017年交通秩序整治组创建全国文明城市工作会议，专题研究相关工作。

是日，区委全面深化改革领导小组召开第八次会议，专题研究区纪委驻派机构改革和干事创业容错纠错减责免责的实施办法等工作。会议审议并原则通过了《区纪委派驻机构改革工作推进方案》《石鼓区进一步加快推进"互联网+监督"工作实施方案》和《石鼓区关于干事创业容错纠错减责免责的实施办法（试行）》。

是日，石鼓区针对在社区内随意张贴小广告、制造"牛皮癣"影响城市形象的肖某开出首张行政拘留罚单，也属全市首例。

15日，市委书记周农到石鼓区调研文明创建及志愿服务工作，强调，要将文明城市创建当作最大民生工程，使文明城市创建工作真正成为惠及百姓的民心工程。同时，要不断提升市民文明素质，形成良好的文明风尚。要高度重视志愿服务工作，把它作为创建文明城市的重要载体、重要组织内容来抓，进一步彰显特色，打造文明创建新品牌。

16日，市委副书记、市长郑建新深入石鼓区视察社区"三清三建"工作，强调，"三清三建"是让居民群众广泛受益，改善城市形象面貌的一项民生实事工程，要广纳民意，集中民智，持续发力，让石鼓区"三清三建"工作继续领跑全市。

是日，石鼓区实现跨省异地就医住院医疗费用直接结算。

是日，市民政局一行深入石鼓区督查创建全国文明城市社区工作。

是日，省纪委第六纪检监察室主任鄢利民深入石鼓区检查指导执纪审查安全工作。

是日，区委巡察组分别在区水利局、区住建局召开了巡察工作及反馈意见会，这是石鼓区进行的首轮巡察反馈。

17日，市委组织部副部长、市老干局局长、市创建办副主任蒋云新一行到石鼓区督查和指导文明创建工作。

是日，石鼓区召开"互联网+监督"平台区级业务培训会，传达中央、省、市有关会议精神，通报石鼓区"互联网+监督"平台建设工作情况，区委组织部、区财政局、区农林局、区电子政务办分别就"互联网+监督"平台系统结构、数据填报、信息采集、运维管理等工作进行介绍和演示，93位来自石鼓区各单位的民生项目工作人员参加培训。

是日，区委中心组（扩大）举行理论专题学习会，省委宣讲团成员、省委讲师团副主任、教授邓清柯和省卫计委基层指导处副处长李志芳应邀作辅导讲座，区委书记唐浩然主持学习会。

15—18日，省移民开发局内审组对石鼓区2015—2016年移民资金开展内审工作。

18日，石鼓区第一个冠名资助项目，由诺盾科技有限公司总经理肖竣文冠名的"竣文慈善助学"活动正式启动。

是日，区委统战部、区工商联、区慈善会联合举办"精准扶贫爱心助学"助学金捐赠仪式，23位非公经济人士共捐赠12.45万元，为石鼓区61名建档立卡的贫困学生每人发放1000～7000元不等的助学金，其中3名大学生获企业家"一对一"资助至大学毕业。

20日，区委副书记、区长刘浪带领区政府办、区城市办、区财政局、区住建局、区城管执法局深入五一街道草桥、望城路、畔湖路社区，合江街道江雁社区，黄沙湾街道辖神渡社区现场察看第二批"三清三建"社区，并检查烟花爆竹零售点和重点危房。

21日，区委常委、政法委书记赵伟，区人大常委会副主任（兼）冯春娥，副区长吴颖，区人武部政委屈会荣等区级领导，带案下访到所联点的五一街道办事处，召开信访工作专题会议。

22日，省妇联党组书记、主席姜欣一行到石鼓区，专题调研石鼓区妇女就业创业和基层妇联改革工作。

是日，市委书记周农深入石鼓区实地调研，了解石鼓区经济社会发展和当前重点工作推进情况。

是日，石鼓区人力资源服务中心获全省人力资源服务业发展先进单位。

23日，石鼓区委书记唐浩然，区委副书记、区长刘浪一行慰问坚守在一线的公安、交警、环卫、城管、园林等工作人员，并送去解暑降温的慰问品。

是日，为加强全区专业市场文明创建工作，区委副书记谢海蓉一行对华源市场、中湘五金机电市场、万居市场等专业市场进行专项督查。区委常委、宣传部部长周文源，区政府副区长王砺参加督查。

24日，市人大副主任邹致和一行到石鼓区开展调研工作。

是日，石鼓区廉政警示教育基地揭牌。

是日，石鼓区重点工作部署推进会召开。

25日，区四届人大常委会召开第六次会议，区人大常委会主任高鸿升主持会议。会议听取和审议区人民政府关于2016年财政预算执行情况和其他财政收支情况的审计工作报告、区人民政府关于2016年财政决算的报告，审议通过《石鼓区人民代表大会常务委员会规范性文件备案审查办法》《石鼓区人民代表大会常务委员会规范性文件备案审查工作程序规定》，会议还进行相关人事任免。

24—25日，石鼓区疾控中心顺利通过湖南省县级疾控机构等级达标现场评审。

27日，石鼓区纪委派驻纪检组组长竞争上岗考试在演武坪小学举行，选拔6名派驻组长。

28日，副区长、区公安分局局长朱建社带领区政府办、区委组织部、区公安分局一行赴黄沙湾街道专题调度松梅村换届选举相关工作。

是日，区委常委、常务副区长曾梦龙，副区长汪衡湘带领区政府办、区农林局、区民政局等部门赴角山乡和平村及利民村调研村级集体经济。

29日，市委副秘书长邹锟一行来石鼓区，专题督查全市党办工作会议精神贯彻落实和“深入基层、调研献策”活动推进情况。

是日，石鼓区作为唯一一个城区，在全市禁毒重点工作衡山现场推进会上作社区戒毒社区康复典型推介。

30日，石鼓区组织召开由防范和处置非法集资工作领导小组以及各乡、街道分管金融打非工作副职参加的全区防范和处置非法集资工作会议。

是日，石鼓区召开计划生育和健康扶贫工作调度会。

是日，区委书记唐浩然，区委副书记、区长刘浪一行深入松木经济开发区，就区科技创业园移交等事宜进行专题调研。

31日，市旅游外侨民宗局深入石鼓区检查调研民族团结示范社区创建工作。

是日，石鼓区举行区委中心组理论专题学习会，邀请市社科联主席王柏新对新修改的《中国共产党巡视工作条例》进行深入解读，区委书记唐浩然主持会议并讲话。

## 9月

1日，石鼓区召开法学会成立暨第一次会员代表大会，审议通过了《石鼓区法学会章程》和《石鼓区法学会选举办法》，选举产生了石鼓区法学会第一届理事会理事及会长、常务副会长、副会长、秘书长、常务理事。区委常委、政法委书记赵伟当选区法学会会长。

是日，石鼓区召开反邪教协会成立暨第一次会员代表大会，审议通过了《石鼓区反邪教协会章程》和《石鼓区反邪教协会选举办法》。选举产生了石鼓区反邪教协会第一届理事会理事及会长、副会长、秘书长、常务理事。原区政协副主席胡余良当选区反邪教协会会长，罗友迪当选副会长，邓昌军当选秘书长。

是日，区委副书记、区长刘浪带领区政府办、区农林局、区旅游外侨民宗局深入角山乡，调研山水莲花基地建设。

2日，石鼓区召开雁栖湖项目整体开发调度会，分析当前存在的问题，部署下阶段的各项工作。

4日，市人民政府副市长龚学余深入石鼓区调研教育工作。

5日，区委书记唐浩然带队清

查黄沙湾街道全国文明城市创建工作。区委副书记、区长刘浪带队深入城区调研消防工作。

是日，石鼓区人大常委会举办《中华人民共和国水法》培训班。区人大机关及区水利局全体干部，各乡街人大负责人，部分人大代表共50余人参加培训。区领导高鸿升、陈国春、冯春娥、宁华梁、彭爱民、刘卫国、汪衡湘等参加培训。

6日，区委副书记、区长刘浪专题调研石鼓区两所新扩建学校的周边环境。

7日，市统计局副局长谢明菊一行走访石鼓区知名民营企业——衡阳西湖置业股份有限公司。

是日，石鼓区召开农村不动产权籍调查试点工作动员会，副区长汪衡湘、王砺，市国土资源局工会主席蒋远翔出席会议并作动员讲话。

是日，石鼓区纪委派驻机构全覆盖工作会议召开，会议向6个派驻纪检组集中授牌，标志着石鼓区纪委派驻机构正式成立，在全市率先实现区级派驻机构全覆盖。

8日，石鼓区举行第33个教师节表彰大会，表彰56名优秀教师，慰问8名退休教师，讴歌全区千余教师默默耕耘、无私奉献的崇高师德。

11日，省民政厅福慈处处长李鄂辉带队到石鼓区检查指导养老院服务质量建设工作。

是日，石鼓区召开文明城市创建工作调度会，对当前全区文明创建工作进行再安排、再部署。

12日，石鼓区召开区委四届四次全体（扩大）会议，研究党风廉政建设和党建工作。

是日，省地税局所得税处处长宁平一行到石鼓区调研指导工作。

是日，区委书记唐浩然主持召开2017年第17次（四届26次）常委会议，专题研究党的十九大安保维稳工作。

13日，区委书记唐浩然，区委副书记、区长刘浪一行深入湖南环境生物职业技术学院，就学院周边环境综合整治工作进行现场办公。

是日，省统计局副巡视员黎雁南专题调研石鼓区华耀城项目建设。

是日，石鼓区人民路小学跳水运动员张萌宸、刘星廷获2017年省青少年常规跳水赛金牌。

14日由区委主办，区委组织部、团区委承办的“喜迎十九大·志愿石鼓行”大型全民志愿服务活动在石鼓广场举行。区委书记唐浩然，区委常委、组织部部长叶强，区委常委、宣传部部长周文源出席活动，来自全区各乡街、部门的志愿者代表共计300多人参加。

是日，副市长杨龙金带领衡阳电视台、衡阳日报的记者来石鼓区角山乡三星村督查乡风文明创建工作，要求角山乡加大宣传力度，营造更好的宣传氛围，全力推进农户房前屋后的“三清五改”，争取以最佳状态迎接全国文明城市测评。

是日，区委副书记、区长刘浪带领区政府办、区城市办、区城管局深入附一医院、市二中、市青少年宫等文明创建测评点督查指导工作。

15日，市委常委、衡阳警备区司令员贺小坤深入石鼓区督导检查文明城市创建迎检工作。

20日，石鼓区召开推行行政执法3项制度改革试点工作培训会，深入贯彻落实中央、省、市有关会议精神，安排部署行政执法三项制度改革试点工作。

是日，石鼓区工会第二次代表大会开幕，124名工会代表参加会议，聆听报告，参加新一届班子成员的投票选举和各项决议的表决。

21日，区委副书记、区长刘浪获“全省十佳法治建设责任推进者”候选人。

22日上午，受区长刘浪的委托，常务副区长曾梦龙代表石鼓区人民政府在衡阳市中级人民法院第一审判庭出庭应诉张某诉石鼓区人民政府及来雁新城投资公司一案。这是新行政诉讼法实施以来，石鼓区首例行政首长出庭应诉案件。

23日，石鼓区代表队在省排舞大赛中获一等奖。

25日，区委副书记、区长刘浪率领区政府办、区民政局、黄沙湾街道等相关单位负责人专题调度区中心敬老院建设。

26日，石鼓区奥运年华艺术

合唱团获全省离退休干部“喜迎十九大·颂歌献给党”合唱比赛二等奖、最佳指挥奖。

是日，在石鼓区重点项目集中开工仪式上，角山旅游环线（杉旭路段）、松木明德小学（二期）、角山前进小学等3个新建项目同时启动。

是日，“2017欢乐潇湘·群舞飞扬”湖南省第七届全民广场舞大赛总决赛在宁乡举行，来自全省14个市州的15支“城市舞王”参与角逐。石鼓区文化馆广场舞队代表衡阳参赛，原创节目民族舞《水灵灵》夺得本次大赛季军。

27日，由衡阳市文体广电新闻出版局主办，衡阳市群众艺术馆、石鼓区教文体局承办的“喜迎十九大·文脉颂中华”衡阳市非遗戏曲进校园活动启动仪式在石鼓区演武坪小学举行。

是日，市“12345”热线办主任金长河一行到石鼓区调研“12345”热线办理工作。

是日，石鼓区安全生产、消防安全暨迎省级卫生城市复审工作会议召开。

28日，区委常委、区委组织部部长叶强率调研组专题调研石鼓区城市基层党建工作。

29日，石鼓区第一批公共租赁住房分配抽签仪式举行，364户符合条件的住房困难家庭分配到公共租赁住房。

30日，石鼓区召开2017年国庆中秋假日旅游协调会，副区长吴颖出席会议并讲话。

## 10月

10日，区委书记唐浩然，区委副书记、区长刘浪专题调度雁栖湖公园规划建设工作。

是日，市政协党组书记、主席廖炎秋带领省、市党代表第三组深入石鼓区人民街道湘北社区开展“三联一帮”活动。

是日，省计生协业务指导处处长刘琼林、副处长杨冰玲到石鼓区督导计生基层群众自治示范区创建工作。

11日，区委副书记、区长刘浪深入五一街道实地调研重点项目建设情况。

12日，区委书记唐浩然主持区委中心组（扩大）集中学习。市委讲师团副主任洪明星，市台办主任李瑞荣应邀分别做《砥砺奋进的五年》《台海形势》主题报告。区委副书记、区长刘浪参加。

是日，区委副书记、区长刘浪主持召开区政府2017年第7次常务会议，研究食品安全监管、社会治安视频监控点建设、中共十九大禁毒安保维稳等工作。

13日，石鼓区人大常委会组织驻区省、市人大代表专题调研乡村旅游工作，为石鼓区乡村旅游发展把脉献计。衡阳市人大常委会副主任邹致和，市人大常委会原副主任苏营及联工委负责人，区人大常委会党组书记、主任高鸿升，区委副书记、区长刘浪，区人大常委会党组副书记、副主任陈国春，区人大常委会党组成员、副主任彭爱民，驻区省、市代表50余人参加此次调研。

16日，区委副书记、区长刘浪深入角山乡，走访慰问困难党员，督查指导安保维稳工作。

是日，由石鼓区委组织部（老干局）主办，石鼓区老年书协协办的“翰墨飘香 喜迎十九大”现场书画展在龙泉书画院举行。

17日，全国“扶贫日”，区委书记唐浩然深入乡街走访慰问困难群众和党员。

18日，中共十九大开幕。当天上午9时，全区党员干部在区机关会议中心集中收听收看开幕式直播。

19日，市人大常委会副主任邹致和率调研组到石鼓区调研区乡人大工作和建设情况。

20日，市委副书记、市长郑建新专题调研石鼓区经济社会发展工作时强调，要突出抓好项目建设，积极优化项目施工环境；要精细化推进城市建管，把石鼓的城市建设管理工作打造成为全市的样板；要大力推广PPP模式；要积极采用“拿来主义”；要持续保障和改善民生；要继续抓实底线工作。

是日，市政协副主席肖吉顺率市政协委员一行调研石鼓区乡村旅游。

是日，石鼓区在区政协会议室召开行政许可标准化工作暨业务培训会。区委常委、常务副区长曾梦龙出席会议并讲话。

23日，石鼓区召开区内省、

市党代表和部分区党代表集中学习讨论党的十九大报告座谈会。

是日，市卫计委副主任刘景友率检查组一行对石鼓区计划生育工作进行年终考核。

24日，省直机关工委副书记周松柏一行到石鼓区调研机关党建工作，先后到区财政局、区委宣传部实地查看支部党建工作成果，详细了解各党支部概况、党员数量、支部五化建设以及活动开展等各项工作情况。区委书记唐浩然，区委常委、区委办主任郑建芳参加调研。

25日，副市长杨龙金深入石鼓区福利院和百岁老人及高龄困难老人家中慰问。

是日，区委副书记、区长刘浪就草桥社区办公用房建设现场办公。

26日上午，区四届人大常委会召开第七次会议，区人大常委会主任高鸿升主持会议。会议表决通过1项决议案，听取和审议2个专项报告。会议表决通过了《关于角山乡撤乡设镇的决议》，同意区人民政府按法定程序向有关部门申报角山乡撤乡设镇事宜；听取和审议区人民政府关于政府购买服务项目执行情况及阶段性项目资金使用情况的报告和区四届人大常委会代表资格审查委员会关于区四届人民代表大会代表异动、补选情况的报告。区人大副主任陈国春、冯春娥、宁华梁、彭爱民、刘卫国及17名委员出席会议，副区长聂文化，区人民法院院长谷敏、区人民检察院检察长宋顺武等列席会议。

27日，石鼓区委副书记、区长刘浪，衡阳市禁毒办常务副主任、市公安局禁毒支队支队长张爱国一行，到潇湘街道长青社区指导社区戒毒社区康复工作。

29日，石鼓区召开区委常委（扩大）会议，传达学习党的十九大精神，安排部署学习贯彻党的十九大精神工作。

是日，石鼓区政府副区长王砺组织区城市办、城管执法局、住建局、环卫局、园林局对石鼓区的“三清三建”、两厢提质改造、旱厕改造、防盗网拆除示范点建设等工作进行现场督查、调度和指导。

30日，石鼓区组织全区副科实职以上干部召开传达学习党的十九大精神大会。

31日，石鼓区举办全区党的十九大精神理论宣讲骨干培训班，区委常委、宣传部部长周文源参加会议并讲话。区纪委、区委组织部、区委宣传部以及各乡、街道以及各单位各部门抽调的理论骨干参加培训。

是日，衡阳市“慈善进社区”启动仪式在黄沙湾街道雁栖湖社区举行。启动仪式上，副市长杨龙金为全市首个社区慈善工作站——雁栖湖社区慈善工作站授牌。

## 11月

1日，石鼓区组织全区民兵开展为期10天的军事训练。

2日，石鼓区召开县市区交叉巡察工作动员会。

3日，石鼓区牛角巷社区获评全国“书香社区”称号。

是日，石鼓区都司街小学被评为2017年度湖南省“平安学校”。

是日，石鼓区2017年度新闻舆论工作培训暨外宣工作表彰会圆满落幕。培训邀请市网信办、衡阳日报社等专家和资深媒体人授课，重点讲解新媒体下的新闻采写、编辑技巧，新闻报道的挖掘和推送，新闻策划传播，网络舆情引导和网络评论技巧等内容。来自各乡街、部门、驻区单位的130余名从事并热爱新闻舆情工作的同志参加培训。

是日，石鼓区委副书记、区长刘浪带队到区民政局调研指导工作。

6日，区委副书记、区长刘浪被评为衡阳市“十佳改革创新人物”，并参加颁奖大会。

7日，区委常委、常务副区长曾梦龙带领区政府办、区财政局、区审计局先后到区城建投在胡壁塘、大王庙、朝阳等的7个安置点现场，对安置房水、电、气、雨污、道路及绿化等附属工程建设情况进行调度。

是日，区委副书记、区长刘浪一行深入区环卫局专题调研指导全区环卫工作。

8日，区委副书记、区长刘浪主持召开区政府2017年第8次常务会议，研究商事制度改革、农村留守儿童、困境儿童关爱保护等工作。

是日，石鼓区人大常委会召开向司法机关统一委派执法监督员动员大会。本次共委派30名人大代表，分别对区公安分局、区人民法院、区人民检察院、区司法局四个单位的依法办案情况进行执法监督。区委副书记谢海蓉，区人大常委会主任高鸿升，副主任陈国春、宁华梁，副区长、公安分局局长朱建社、人民法院院长谷敏、人民检察院检察长宋顺武出席会议。

9日，石鼓区召开区委2017年第21次常委会，审议并通过了《关于认真学习宣传贯彻党的十九大精神的通知》和《关于党的十九大精神学习宣传方案》，按照省委、市委要求，着重把“十九大的重大意义”“十九大的主题”“习近平新时代中国特色社会主义思想的历史地位和丰富内涵”等18个宣传重点，从理论学习、新闻宣传、文艺活动、社会宣传4个方面入手，推动党的十九大精神家喻户晓、全面覆盖。

是日，石鼓区在石鼓广场举行“119消防宣传月”活动启动仪式，区委书记唐浩然和市民群众一同参加火灾VR体验。在消防官兵的指导下，他还和市民群众一同体验了烟道逃生和现场火灾扑救。当天现场共有各社区消防大使，区消防安全重点单位代表，消防志愿者代表及社会各界群众等1000余人参加活动。

10日，党的十九大代表甘军华受邀来到石鼓区，给区委中心组（扩大）的党员干部们送来“原汁原味”的十九大精神。区委书记唐浩然主持学习会。

13日，区委书记唐浩然带队对辖区内湘江、蒸水进行巡查，推动河长制工作落到实处。

是日，石鼓区政府副区长王砺组织区城市办、住建局、两厢提质改造项目指挥部成员及人民、青山、潇湘街道的分管领导召开两厢提质改造和防盗网拆除示范点建设工作推进会。

14日，市委宣传部主办的“幸福花开·十九大精神润衡州”系列活动走进石鼓社区。省委十九大精神宣讲团成员、省纪委副书记李宗文，市委常委、宣传部部长刘丽华，市纪委、市委宣传部相关领导，区领导唐浩然、周文源、龚建民现场观看演出。

15日，石鼓区举办首届“廉内助”表彰大会，区委书记唐浩然强调，全区各级党员干部以及家属，要以“十佳‘廉内助’”为榜样，坚守清廉，抵制腐败，弘扬正气，汇聚正能量，共同营造风清气正的政治生态和社会环境。

是日，省高院法警总队政委曾亚杰带领星级警队创建检查组对区法院警队创建工作进行检查。

16日，区政府副区长聂文化主持召开市对区绩效考核工作调度会。

是日，区委副书记、区长刘浪率相关部门深入黄沙湾街道宣讲十九大精神并调研指导工作。

是日，由市农委执法队牵头，由农业执法队配合，对石鼓区8家企业开展农产品质量安全执法专项行动。

17日，邯郸市邯山区区委书记乔向华带队到石鼓区考察重点项目建设等工作。

是日，石鼓区召开2017年年度工作调度会，区委副书记、区长刘浪强调，必须要坚持问题导向、目标导向，切实推进各项工作，确保全面或超额完成全年目标任务，力争年度各项考核取得优异成绩。

19日，石鼓区召开区委常委会议，专题研究部署全区监察体制改革试点和区两会筹备有关工作。

22日，市人大常委会副主任段志刚率国、省、市三级人大代表，深入石鼓区视察农业产业项目发展情况。

23日，石鼓区检察院拍摄的《最后一公里》获省法治微电影二等奖。

是日，石鼓区人社局创办的辣妹子家政，获湖南省第二届家政服务职业技能大赛团体三等奖、个人第三名、第五名和第九名的好成绩，选手张辉获“湖南省巾帼建功标兵”荣誉称号。

24日，石鼓区召开学校传染病防控工作专题研究会。

27日，市委宣讲团的十九大精神宣讲报告会在石鼓区举行，市委宣讲团成员，市社科联党组书记、主席王柏新作宣讲报告。

28日，由衡阳市委宣传部主办的“幸福花开·十九大精神润衡州”系列活动走进黄沙湾街道雁栖湖社区。演出由7个风格各异的节目组成，从不同角度推动党的十九大精神走进基层。

是日，27日、28日，区政府副区长谢宏就区属学校2017年维修改造项目完成情况和2018年维修改造申报计划项目深入学校现场调研。

29日，市委常委、衡阳警备区司令员贺小坤一行到石鼓区，专项督导石鼓区贯彻落实全市经济形势分析暨重点项目建设调度会议精神情况。

30日上午，区政府副区长、区公安分局局长朱建社在黄沙湾街道进步村会议室主持召开传达学习党的十九大精神会议。

是月，石鼓区工商联组织部分民营企业家赴云南昆明市、保山市、腾冲市学习交流滇商文化精神，与腾冲市工商联签订友好工商联协议，缔结友好商会。

## 12月

2日至3日，区政府副区长王砺带队现场督查2017年两厢提质改造情况。

4日，市政协副主席汪维率领国、省、市三级政协委员深入石鼓区，调研社区建设与管理情况。

是日，石鼓区经济形势分析暨重点项目建设调度会召开。

5日上午，区委常委、常务副区长曾梦龙深入角山乡，以《抢抓乡村振兴战略新机遇，加快打造全市近郊休闲旅游新高地》为主题，为120余名乡村两级干部宣讲党的十九大精神。

是日，石鼓区“幸福花开·十九大精神润衡州”专题文艺演出暨“12·5”国际志愿者日主题实践活动启动仪式在莲湖广场举行。

6日，石鼓区召开中共十九大安保维稳工作总结讲评会。

7日，湖南利万物企业管理咨询有限公司成功注册石鼓区第一张电子营业执照。

8日，石鼓区召开河长制工作推进会。

是日，石鼓区召开2018年政府工作务虚会，区委副书记、区长刘浪主持会议，副区长曾梦龙、朱建社、聂文化、吴颖、汪衡湘、王砺参加。

10日，区委副书记、区长刘浪调研石鼓区主次干道两厢提质改造工作。

11日，区委书记唐浩然，区委副书记、区长刘浪深入联点的乡（街道）走访贫困户，指导脱贫攻坚工作。

是日，石鼓区第二届校园足球联赛在演武坪小学开幕。

12日，市委副书记、市长郑建新一行到石鼓区湖南天雁机械有限责任公司调研，鼓励企业要做好长远发展规划，深挖发展潜力；要加大技术创新和研发力度，不断开拓新的市场空间；要大力引进一流的科研人才，提高人才队伍素质；要迅速改善厂容环境面貌，提升企业整体形象。要求各相关职能部门要主动深入企业调研，上门服务，为企业创新发展提供便利条件。

是日，副市长杨龙金到石鼓区征求市、县人大代表和政协委员对衡阳市《政府工作报告》的意见和建议。

13日，市委书记、市人大常委会主任周农深入石鼓区考察西湖公园黑臭水体治理情况。

是日，华耀城党支部和华耀城新时代讲习所成立，标志着湖南首个“新时代讲习所”成立，区委书记唐浩然表示，要按照让老百姓听得懂、能领会的要求，结合群众最关心最现实的利益问题出发，宣传讲解好党和国家的政策、城市发展举措等。

是日，省人民检察院文联主席陈海波深入石鼓区人民检察院进行专题讲座，从人文方面谈政法干警品格修养。

13日，区委副书记、区长刘浪组织召开专题会议，调度农贸市场提质改造工作。

是日，区委副书记、区长刘浪主持召开区人民政府2017年第9次常务会议，研究退耕还林还湿、病死畜禽无害化处理机制建设、城管体制改革等工作。

14日，市委书记、市人大主任周农深入石鼓区专题调研来雁新城项目，强调，要全力以赴推进重点项目建设，在注重质量的前提下加快进度，确保各重大项目按照时间节点有序实施、早日完工。

是日，石鼓区委书记、区委全面深化改革领导小组组长唐浩然主持召开区委全面深化改革领导小组第九次会议，传达学习贯彻十九届中央全面深化改革领导小组第一次会议和省委全面深化改革领导小组第三十次会议精神，研究审议城管执法体制改革方案。

15日，由市委宣传部主办，区委区政府承办的“船山故里·国学飘香——石鼓书院大讲坛·国学讲座”第119讲在市广电中心演播大厅举行。留日学者、专栏作家、南华大学副教授刘洁受邀以“中华文化之美”为题，深刻阐述中华文化的丰富内涵与独特魅力。区委书记唐浩然致辞，区委副书记、区长刘浪参加学习。

是日，石鼓区在全市率先实施城市管理执法体制改革，推进城市管理走向城市治理的又一个“重头戏”。

是日，省残联教就部部长阳庆云、市残联副理事长张桂生一行深入石鼓区视察残疾人扶贫示范基地。

是日，省公安厅领导一行深入石鼓区潇湘街道长青社区调研。

18日，石鼓区召开脱贫攻坚集中整改和第三方评估调度会，专题研究和安排部署问题整改工作。

是日，区委副书记、区长刘浪主持召开区长办公会，专题研究2018年《政府工作报告（征求意见稿）》。

是日，石鼓区召开圣诞节期间安全保卫工作部署会。

17—18日，石鼓区与雁峰区联合举办市、区生产和工作一线党代表培训班。全区67名市、区生产和工作一线党代表参训。

20日，省民政厅党组成员、副厅长杨薇到石鼓区调研养老服务工作。

是日，市委常委、政法委书记邓柯带队察看圣诞节安保核心区域，详细了解圣诞节安全保卫工作部署情况，确保平安夜和圣诞节期间社会大局安全稳定。。

是日，市委常委、组织部部长陈竞深入石鼓区调研指导美丽乡村建设工作，指出，要科学编制建设规划，合理利用现有地形地貌条件，形成特色鲜明的比较优势；要通过当地党员干部带头，广泛发动当地群众，让他们成为美丽乡村建设的主体；要加大招商引资，吸引民间资本，实现筑巢引凤，产业兴村。

是日，石鼓区农村土地承包经营权确权颁证首发仪式在角山乡三星村举行。

是日，石鼓区召开迎省河长制考核验收工作调度会。

23日，石鼓区安全生产、计划生育、综合治理3项工作均获评全省优秀（先进），成为衡阳市唯一的“大满贯”得主。

25日，在省残联副理事长谭奇元的带领下，来自全省各市（州）残联系统的200余人到石鼓区香樟苑残疾人示范基地进行参观考察。

26日，石鼓区残疾人联合会召开第五次代表大会。

是日，石鼓区三个代表队分别获得省文化厅举办的社会主义核心价值观广场舞网络大赛金奖、铜奖及优秀奖。

27日，石鼓区香樟苑获“湖南省五星级乡村旅游区（点）”称号。

是日，石鼓区召开脱贫攻坚迎国检调度会，专题研究和安排部署迎接脱贫攻坚国检工作以及省检问题整改工作。

29日，区第四届人大常委会举行第八次会议，区人大常委会主任高鸿升主持会议。会议听取和审议区四届人大三次会议相关议题及相关工作报告，会议决定2018年1月9日至12日召开区四届人大三次会议。会上，5名市人大代表向区人大常委会述职并接受满意度测评。区人大常委会副主任陈国春、冯春娥主持会议相关议程，副主任刘卫国出席会议，区委常委、常务副区长曾梦龙，副区长汪衡湘，区人民法院院长谷敏、区人民检察院检察长宋顺武列席会议。

是日，石鼓区禁毒协会成立大会在区政府336会议室召开。

是日，区委议军会暨乡街党（工）委书记党管武装工作述职大会召开。

是日，衡阳市2017年度基础教育校校结对帮扶工作现场会在石鼓区人民路小学召开。

# 石 鼓 概 貌

## 自然地理

【位置与面积】　石鼓区因境内“石鼓书院”而得名。位于北纬26°54′00″~27°01′13″，东经112°31′40″~112°38′59″，地处衡阳市城区西北部，东临湘江与珠晖区隔江相望，南以解放路为界与雁峰区毗邻，西沿蒸湘北路蒸水桥并沿蒸水河而上先后与蒸湘区和衡阳县接壤，北依107国道前行与衡阳县樟木乡和集兵镇相邻。辖区面积112平方千米（含市松木经济开发区）。　（胡雪峰）

【气候特征】　石鼓区境域地处湘中“衡阳盆地”和湘、蒸二水的中下游谷地，东、南为平原，西、北边缘穿插岗地，海拔均在50米以下，属河谷平原西高东低的地势。全境属中亚热带季风湿润气候，具有气候温和、四季分明、春温多变、寒潮频繁、雨季明显、夏秋多旱、冬寒期短、在夏暑期长的特点。年均气温17.8℃，日照时数为1663.5小时，无霜雪期293天，年均降水量1333.8毫米。

（胡雪峰）

【自然资源】　石鼓区物资源丰富。由于地处南北要冲，湘、蒸、耒三水汇聚，交通十分便利。除丰富的水资源外，地下矿产有岩盐、钠长石、芒硝等10余种，储量丰富，松木经济开发区已成为全省重要的化工产业基地。境内以丘岗山地为主，属丘陵地形，土壤主要为紫色页岩风化黏土、第四纪红壤粘土，粘性较重，酸性较强，沿河主要以河潮泥为主，属砂性土。石鼓区土地总面积112平方千米，耕地2524.44公顷，旱地653.33公顷，林地2133.33公顷，森林覆盖率43.5%。境内有野羊、野猪、白鹭、山鸡、鸟雀等生物资源。全区城镇建成区绿化覆盖率40.4%，2016年度活立木总蓄积量61696立方米，增长4.2%。全年空气质量达标率90.6%（三项监测指标），地表水质量达标率97.5%，城镇污水处理率达到84%，单位GDP能耗下降到0.804吨标准煤/万元。（胡雪峰）

【行政区划】　2017年，石鼓区辖角山1个乡以及黄沙湾、合江、五一、人民、青山、潇湘、金源7个街道（金源街道由石鼓区和市松木经济开发区共同管理）；16个村委会，34个社区居民委员会。区委、区政府驻石鼓区石鼓路66号，邮政编码421001。

（胡雪峰）

## 国民经济和社会发展

【概况】　2017年，石鼓区实现地区生产总值159.10亿元，同比增长9.0%。分产业看，第一产业实现增加值4.72亿元，同比增长3.7%；第二产业实现增加值28.52亿元，同比增长5.1%；第三产业实现增加值125.86亿元，同比增长10.1%。三次产业结构为3.0∶17.9∶79.1，较上年第一产业增加值占比下降0.2个百分点，第二产业增加值占比下降1.5个百分点，第三产业增加值占比上升1.7个百分点。按常住人口计算，人均GDP达到5.81万元，城镇居民人均可支配收入实现3.38万元，同比增长9.2%，农村居民人均可支配收入实现1.91万元，同比增长9.6%。

（胡雪峰）

**【农业】** 2017年，全区实现农林牧渔业总产值4.7亿元，同比增长3.8%。全年粮食总产量2.28万吨，同比下降0.9%，其中夏粮产量0.7万吨；秋粮产量1.58万吨。种植商品蔬菜面积完成966.67公顷；病虫草鼠害综合防治146.67公顷；测土配方施肥完成140公顷；争取农业产业化专项资金860万元；全年出栏肉猪8760头，同比下降10.4%；出栏牛203头，与上年基本持平；出笼家禽92万羽，与上年基本持平；禽蛋产量2660万吨，同比增长21.5%；水产品产量2520万吨，同比增长2.3%。全年新增现代农业园区面积173.33公顷，同比增长15.0%。年末全区新增农业企业4家，共有各类农业企业27家，其中市级以上龙头农业加工企业8家，建成农产品基地12个，建成蔬菜基地480公顷，建成无公害种植面积33.33公顷，建成标准化生猪养殖场11个，全年新增农民专业合作社4个，有农民专业合作社48个，农民专业合作社成员2177人。（胡雪峰）

**【工业和建筑业】** 2017年，全区规模以上工业总产值12.96亿元，比上年增长8.3%，高出年初政府工作报告0.8个百分点。分注册类型看，股份制企业产值12.59亿元，增长9.0%，集体企业和其他企业产值分别为0.25亿元、0.12亿元，负增长10.4%，11.5%；分轻重工业看，重工业产值11.69亿元，轻工业产值1.27亿元，分别比上年增长9.1%和1.6%；分企业规模看，中大型企业实现产值7.70亿元，占比全部工业总产值比重59.4%。规模以上工业中，燃气生产和供应业、汽车制造业、电气机械和器材制造业和非金属矿物制品业4大支柱行业共实现工业总产值10.32亿元，同比增长23.1%，占全区规模以上工业总产值比重79.6%，较上年提高8.7个百分点。全区共有建筑劳务分包公司4家，建筑装饰公司1家，具有建筑业资质等级企业14家，其中，一级资质2家、二级资质6家、三级资质6家，完成建筑业总产值30.83亿元，同比增长9.9%；签订的合同额43.44亿元，同比增长5.6%；完成房屋建筑施工面积287.07万平方米，同比增长1.8%；完成竣工产值25.81亿元，同比增长37.9%，竣工率为83.7%；完成房屋建筑竣工面积161.95万平方米，同比增长49.9%；建筑业企业在外省完成建筑业产值4.09亿元，同比增长15.2%。（胡雪峰）

**【固定资产投资】** 2017年，全区完成社会固定资产投资155.87亿元，同比增长9.8%，较全市平均水平落后4.8个百分点。全年投资增速逐步放缓，自4月，全区投资增速均在个位数运行，其中8月份曾降到历史低位5.9%。重点项目主体地位稳固，全年完成5000万以上重点项目投资105.77亿元，占全社会固定资产投资比重67.9%。民间投资日渐活跃，5000万以下投资项目均以民间投资为主，侧重在第三产业投资，全年完成投资额34.33亿元，同比增长62.7%，投资项目个数达144个。房产市场逐步回调。全年完成房地产开发投资15.77亿元，同比下降31.6%。全区房屋新开工面积76.35万平方米，同比增长22.5%；房屋施工面积333.45万平方米，同比增长25.0%；商品房销售面积74.99万平方米，同比增长4.3%，其中住宅销售面积74.45万平方米，同比增长5.7%。

（胡雪峰）

**【内外贸易】** 全年实现社会消费品零售总额121.11亿元，比上年增长10.8%。其中，批发业零售额平台增速完成31.6%，零售业零售额增速完成15.5%，住宿业营业额增速完成3.2%，餐饮业营业额增速完成-8.7%。基本生活类商品增势较好。限额以上批发和零售业粮油、食品类，服装、烟酒类、鞋帽、针纺织品类商品零售额分别同比增长19.4%、30.4%和15.8%。家电类、汽车类消费需求日益增长，全年完成家用电器和音像器材类零售额26.94亿元，同比增长14.3%，汽车类消费零售额48.26亿元，同比增长21.2%。全年实现进出口总额6915万元，同比下降28.1%，位列四城区第一。其中出口6590万元，进口325万元，贸易顺差6265万元。全年实际利用外商直接投资4905万元，同比增长9.8%，实际利用内资到位资金22.4万元，同比增长11.7%。

（胡雪峰）

**【交通和旅游】** 2017年，全区实现旅游总收入40.47亿元，同比增长31.4%；全年接待入境游客2571人次，接待国内游客413.95万人次；年末全区共有AAAA级景区1家，星级饭店2家，评选省级四星级乡村旅游服务点2个，三星级乡村旅游服务点2个；成立旅游质量监督管理所进一步规范旅游市场；编写《角山特色小镇PPP咨询服务建议书》制定乡村旅游规划；举办首届香樟树苑全牛盛宴暨美食年货节、第二届梦幻灯光玫瑰节等活动推动乡村旅游；出台《石鼓区旅游业发展扶持奖励办法》并设立600万元“以奖代补”扶持旅游。（胡雪峰）

**【教育文化】** 2017年，全区新建中小学、幼儿园2所，改扩建4所，新增学位399个。全区拥有各级各类学校35所，在校学生1.81万人，毕业生3106人，专任教师0.14万人。高等教育毛入学率100%，拥有幼儿园（含民办）47所，在园幼儿6807人。初中缀学率控制在0%，城乡义务教育秋季“一费制”全面率达100%，政策范围内农村义务教育阶段学生杂费免除率达100%。全年共接收外来务工人员子女2635名，占全区中小学生人数的15%。全区共有非物质文化遗产项目省市级5个，区级4个，文化馆1个，非遗展示中心1个，公共图书馆1个，街道文化站8个，示范性街道综合文化站4个，示范性社区学习中心8个，农家书屋26个。年末全区文化产业增加值占GDP比重达到7.5%，较上年提高1个百分点；财政文化支出642万元，同比增长7.7%，人均文化支出26.41元/人。

（胡雪峰）

**【节能、环境保护和安全生产】** 2017年，全区万元GDP能耗为0.7378吨标准煤/万元（2010年不变价），降幅8.3%。全区环境质量指数实现程度为98.2%，其中，城镇污水处理率完成86.6%，优良以上空气质量达标率完成79.3%，地表水III类或优于III类水质达标率完成94.4%。全区发生各类生产安全事故2起（均为生产经营性道路交通事故），死亡0人，受伤2人，直接经济损失5.3万元；未发生工矿商贸生产安全事故，亿元GDP死亡率为0。全区全年共开展社会调查71例，累计接收社区矫正289人，解矫216人，办理法律援助案件168件，调解组织共排查各类矛盾纠纷612件，调解率达100%；调处成功603件，调处成功率100%。

（胡雪峰）

**【卫生和公共服务】** 2017年，全区共有卫生医疗机构185所，医疗机构床位数3673张，执业（助理）医师1816人，护理人员3069人；共建居民健康档案规范档案化人数19万份，建档率86.0%；活产数3915人，住院分娩率100%，孕产妇系统管理率95.8%，孕产妇死亡率0，5岁以下儿童死亡率4.38‰，7岁以下儿童系统管理率95.0%；流动人口电子健康建档率92.0%，办理生育服务证及生育证2124个，被评为“全省计划生育工作优秀单位”及“全省计划生育基层群众自治示范县市区”。（胡雪峰）

**【人口、人民生活和社会保障】** 2017年，全区年末常住人口22.3万人，出生人口2668人，死亡人口1086人，符合政策生育率97.9%，人口出生率12.0‰，人口自然增长率7.1‰，出生人口男女性别比为107.14，城镇化率为93.55%。全年新增城镇就业人员3640人，其中失业人员再就业2269人（含就业困难人员就业661人），农村劳动力转移就业1388人，就业扶贫开发63人。城镇登记失业率4.5%，城镇零就业家庭实现动态就业援助达100%。发放小额担保贷款545万元；职业培训1460人。累计建立创业孵化载体达22家，其中市级示范基地3家，县区级创业孵化基地14个，市级创业促就业示范基地5个。全区参加企业职工基本养老保险人数达1.3万人，参加城乡居民养老保险人数达3.14万人，基本养老金社会化发放率达100%。全年发放城乡居民最低生活保障金4503.6万元，居民得到政府最低生活保障14.33万人(次)，其中城市居民最低生活保障9.98万人次，农村居民最低生活保障4.35万人次。全区建档立卡贫困户已脱贫1369户、3758人，稳定脱贫470户、1370人。

(胡雪峰)

# 区、区直机关、乡街及驻区单位领导人名录

(截至2017年12月31日)

## 中共石鼓区委员会

书记 唐浩然

副书记 刘浪 谢海蓉

常委 郑建芳 尹腾芳 赵伟 叶强 周文源 龚建民 曾梦龙 朱鸿波

## 石鼓区人大常委会

党组书记 主任 高鸿升

党组副书记 副主任 陈国春

副主任 冯春娥(兼)

党组成员 副主任 宁华梁 彭爱民 刘卫国

党组成员 阳平剑

## 石鼓区人民政府

区长 刘浪

党组副书记 副区长 曾梦龙(常务)

副区长 民盟市委主委 谢宏

党组成员 副区长 朱建社 聂文化 吴颖 汪衡湘 王砺

党组成员 李亚晖 曾广彪

## 政协石鼓区委员会

党组书记 主席 王仲晓

党组副书记 副主席 李长刚

党组成员 副主席 李在定

副主席 刘振湘(兼) 卢行(兼)

秘书长 曾鸿

## 区人民武装部

部长 尹腾芳

政治委员 屈会荣

副部长 李先交

政治工作科科长 赵刚

保障科科长 贺训锋

## 中共石鼓区纪律检查委员会

书记 龚建民

副书记 曾广彪 李友良

常委 唐贞 姚礼来 贺程杰 蒋贝

## 中共石鼓区委序列

### 区委办

主任 郑建芳

常务副主任 王益波

副主任 颜国清

督查室主任 钟捷

档案局局长 周英

档案局副局长 林莹

深改办副主任(正科) 邓群芳

保密局局长 周朝晖

政策研究室主任 唐金辉

史志办主任 刘珺

机要局副局长 刘丽娜

总值班室主任 李超

### 区纪委工作部门

审理室主任 蒋贝

信访室主任 周颖飞

办公室主任 彭海雁

第一纪检监察室主任 屈方利

第二纪检监察室主任 李贵

区纪委驻区委办纪检组组长 刘建国

区纪委驻区人大机关纪检组组长 廖朝辉

区纪委驻区政府办纪检组组长 杨黎

区纪委驻区政协机关纪检组组长 王艳玲

区纪委驻区政法委员会纪检组组长　雷　鹏

区纪委驻区财政局纪检组组长　邹庆良

**区委巡察办**

主　　任　王小果

副 主 任　刘芯君

**区委组织部**

部　　长　叶　强

常务副部长　何一流

副 部 长　李妍莛(兼)

　　　　　李阳武(兼)

副 部 长　邹育容

区党员干部现代远程教育管理中心主任　周宏亮

**区委非公有制经济组织和社会组织工作委员会**

书　　记　邹育容

副 书 记　李　滔

办公室主任　陈素娇

**区委老干部局**

局　　长　李妍莛

副 局 长　陈翻番

**区委宣传部**

部　　长　周文源

常务副部长　苏文波

文明办兼网管办主任　罗　虎

新闻办主任　罗飞虎

**区委统战部**

部　　长　朱鸿波

部务会成员　王一澍

台办主任　华连玉

**区委政法委**

书　　记　赵　伟

常务副书记　徐崇斌

副 书 记　罗友迪

副书记综治办主任　梁　璞

维稳办主任　吴瑞景

综治办副主任　陈振华

**区编办**

主　　任　彭清海

副 主 任　王宁波

事业单位法人登记管理办公室主任　王小青

**区直工委**

书　　记　肖云根

**区机关事务管理中心**

主　　任　蒋传汉

副 主 任　刘旭云

**区工商联**

主　　席　冯春娥

区委非公有制经济组织党工委副书记　李　萍

**区科协**

主　　席　旷春桃

副 主 席　周铁军

**区总工会**

主　　席　宁华梁

副 主 席　邓　琳

**团区委**

书　　记　李　谦

副 书 记　唐　驰

**区妇联**

主　　席　张传翠

副 主 席　吴慕君

**区残联**

理 事 长　屈光明

副理事长　万素英

**区红十字会**

会　　长　陈炜炜

副 会 长　夏子棋

## 区人大各委室

**办公室**

主　　任　阳平剑

副 主 任　刘　昕

**财政经济委员会**

主任委员　李会能

**法制委员会**

主任委员　胡志英

**内务司法工委**

主　　任　范云龙

副 主 任　陆英俊

**教科文卫工委**

主　　任　曾利荣

**选举任免联络工委**

主　　任　杨　蓉

副 主 任　赵小年

**城建环保与农业农村工委**

主　　任　李　科

**常委会预算工委**

主　　任　李会能

**常委会法制工委**

主　　任　胡志英

**研究室**

主　　任　朱福华

## 石鼓区人民政府序列

**区政府办**

党组书记 主任　李亚晖

党组成员 副主任　何祚刚

党组成员 副主任　刘志鹰　张隆军　尹　磊　邹　俊（挂职两年）

党组成员 副主任 禁毒办主任　邹　敏

禁毒办副主任　曾祥海

金融办主任　谷琼峰

**区发展改革和科学技术局**

党组书记 局长　肖建军

党组副书记 副局长　蒋宗辰

党组成员 副局长　冯祁梅　唐胜利

**区教育文化体育局**

党委书记 局长　谢　炜

党委委员 副局长 政府教育督导室主任　魏宏志

党委委员　张东亚

党委委员 副局长　肖　锋

党委委员 副局长　张超群

文化产业发展办公室主任　谢宏伟

全民健身中心主任　李朝晖

**区监察局**

局　　长　曾广彪

副 局 长　蒋益霞

**区民政局**

党组书记 局长　肖　军

党组成员 副局长　刘雪梅

党组成员 副局长　朱　剑

老年人服务中心主任　刘建涛

婚姻登记管理服务中心主任　訾慧艳

民间组织管理服务中心主任　胡　成

城乡社会救助服务中心主任　吴　清

社会组织党工委副书记　唐召宇

**区司法局**

党组书记 局长　刘名才

党组成员 副局长　张亚平　胡庭权

党组成员　肖　飞

政工室主任　刘智玲

社区矫正服务中心主任　王志嘉

**区财政局**

党组书记 局长　成志辉

党组成员 副局长　张晓玲　钟　鸣　张　云

乡镇财政管理服务中心主任　胡振华

国有资产管理中心主任　胡小平

非税收入征收中心主任　张露雯

**区人力资源和社会保障局**

党组书记 局长　李阳武

党组副书记 副局长　张　品

副 局 长　卢　行

党组成员 就业服务中心主任　匡安平

公务员办公室主任　王　元

城乡居民养老保险管理服务中心主任　王　谦

社会保险管理中心主任　彭朝晖

医疗保险基金管理中心主任　李桂珍

人力资源服务中心主任　李文海

劳动保障监察大队大队长　胡晓芳
劳动保障监察大队书记　刘妍彤

### 区住房和城乡建设局

党组书记 局长　蒋夏林
党组成员 副局长　周涛　范李娜
副局长　王双吉
党组成员　尹迎春

### 区农林局

党组书记 局长 扶贫开发办主任　华喜容
副局长　蒋建华　郎晓文　王素纯
党组成员 区委农办副主任　王金平
综合执法大队队长　肖家潜
林业站站长　邹睿
扶贫开发办专职副主任　董晓萍
能源办主任　肖天桂

### 区水利局

党组书记 局长　刘礼美
副局长　刘平福
党组成员　刘磊
防汛办主任　蒋向平

### 区农开办

党组书记 主任　沈建辉
党组成员 副主任　彭江武

党组成员 纪检组长　张文辉

### 区移民安置办

党组书记 主任　刘运国
党组成员 副主任　唐小红
党组成员 纪检组长　唐亚莉
副主任　李玲

### 区商务局

党组书记 局长　曾恕安
党组成员 副局长　罗惠之
副局长　王莉
投资事务促进中心主任　颜明

### 区卫生和计划生育局

党委书记 局长　洪云辉
党委副书记 副局长 计生协会常务副会长　刘国华
副局长　肖泳文　雷萍
市中医正骨医院院长　杨文峰
爱国卫生服务中心主任　曹亚辉
疾病预防控制中心主任　谢红辉

### 区审计局

党组书记 局长　颜福元
党组成员 副局长　阳冰　曾艺平　黄曦

党组成员　陈荣利
领导干部经济责任审计中心主任　谢佳强

### 区统计局

局长　刘名辉
党组书记 副局长　谭华
党组成员 副局长　闵衡清

### 区安监局

党组书记 局长　朱永忠
党组成员 副局长　李志刚
安全生产执法大队大队长 办公室主任　高敏

### 区城市管理行政综合执法局

党组书记 局长　陈柏春
党组成员 副局长　郑小兵
党组成员　余苗
执法大队队长　李培明

### 区旅游外侨民宗局

局长　罗轶达
党组书记　刘勇
党组成员 副局长　戴静
副局长　邓忠慧

### 区法制办

主任　孙宁

### 区人防办

主任　廖明明

副　主　任　唐柏生

**区信访局**

局　　　长　刘志鹰

副　局　长　汤　峰　文旭军

**区重点办**

党组书记
主　　任　任晓军

党组成员
副　主　任　余小军　曹　姣

党组成员　陆瑜萍

**区电子政务管理办公室**

党组书记
主　　任　梁惠清

党组成员
副　主　任　孙　健　刘芳核

**区政务服务中心**

党组书记
主　　任　旷仁秋

党组成员
副　主　任　颜志荣　尹祝亚

党组成员　刘柳江

**区园林局**

党组书记
局　　长　郭金国

党组成员
副　局　长　陈万里　盘尚东

党组成员
纪检组长　唐小红

**区环卫局**

党委书记
局　　长　张小平

党委成员
副　局　长　王立新

党委成员
纪委书记　屈湘辉

**区城市建设投资管理办公室**

党组书记
主　　任　欧阳浩男

副　主　任　周灿阳　唐伟哲

**科技创业园**

主　　　任　蒋宗辰

副　主　任　祝　杰　刘子朝

## 区政协各办委

**办公室**

主　　　任　曾　鸿

**提案和委员联络工作委员会**

主　　　任　雷玉保

**财政经济委员会**

主　　　任　李建宁

副　主　任　蒋桂荣

**人口资源环境和法制委员会**

主　　　任　曹美丽

**教科文卫体委员会**

主　　　任　伍世梅

**文史学习委员会**

主　　　任　伍世梅

**研究室**

主　　　任　周　伟

## 乡·街道

**角山乡**

党委书记　石海燕

党委副书记
乡　　长　蔡秋云

党委副书记　伍洪波

党委委员
人大主席　曾朝霞

党委委员
武装部部长　徐海斌

党委委员
纪委书记　贺仕栋

党委委员　曾庆森　全宏东

党委委员
（挂职）　肖文淑　丁衡生
　　　　　周运钧

副　乡　长　李　丹

人大副主席　肖志刚

**黄沙湾街道**

党工委书记　文　鸣

党工委
副书记
办事处主任　阳光辉

党工委
副书记　肖兰艳

党工委委员
人大联工委
主　　任　廖红波

党工委委员
政协联络
工委主任　周卓霖

党工委委员
纪工委书记　欧阳建华

党工委委员
武装部部长　肖志龙

党工委委员　罗湘勇

办事处
副主任　肖大庆

**合江街道**

党工委书记　王容易

党工委
副书记
办事处主任　戈　锋

党工委
副书记　李　玲

党工委委员
人大联络
工委主任
武装部部长　郭　伟

党工委委员
政协联络
工委主任　许志飞

党工委委员 纪工委书记 李元平

党工委委员 谢筱军

办事处副主任 李毅 袁自强

### 五一街道

党工委书记 戴胜

党工委副书记 办事处主任 邹波

党工委委员 人大联络工委主任 尹勍

党工委委员 政协联络工委主任 武装部长 王朝顺

党工委副书记 周慧

党工委委员 纪工委书记 余波

党工委委员 刘启生 胡文东

办事处副主任 屈中林

### 人民街道

党工委书记 王志勇

党工委副书记 办事处主任 陈沧

人大联络工委主任 杨震

政协联络工委主任 伍红卫

党工委委员 武装部部长 谷敏寰

党工委委员 纪工委书记 贺鹏

办事处副主任 李小红

### 青山街道

党工委书记 王磊

党工委副书记 办事处主任 万倩雯

党工委副书记 何拥军

党工委委员 人大联络工委主任 武装部长 苏醒世

政协联络工委主任 谢海德

党工委委员 纪工委书记 唐俊

党工委委员 邓文林

办事处副主任 李文明

### 潇湘街道

党工委书记 朱华兰

党工委副书记 办事处主任 钱波

人大联络工委主任 彭召醒

政协联络工委主任 武装部部长 陈克锋

党工委副书记 肖韬

党工委委员 纪工委书记 邹太平

党工委委员 陈红智

办事处副主任 全昌艳

### 金源街道

党工委书记 陈宏华

党工委副书记 办事处主任 刘勋

党工委副书记（挂职） 黎和平

人大联工委主任 尹向前

政协联工委主任 麻安富

党工委委员 办事处副主任 工会主席 梁春林

党工委委员 办事处副主任 廖科任

党工委委员（挂职） 杨震

办事处副主任 朱其周

办事处副主任 武装部部长 蒋必伟

办事处副主任 尹立

## 公检法

### 石鼓公安分局

党委书记 局长 朱建社

党委副书记 政委 刘国良

党委委员 副局长 王德智

党委委员 副局长 王平安

党委委员 纪委书记 刘常彪

党委委员 副局长 陈向阳

党委委员 政工室主任 高宇

警令办主任 段卫东

纪委副书记 监察室主任 王敏

法制大队大队长 刘一民

法制大队教导员 范健

国保大队大队长 谢茂芳

国保大队教导员 李江南

治安大队大队长 彭国清

治安大队教导员 杨萍

刑侦大队大队长 袁伟

刑侦大队教导员 颜利成

经侦大队大队长　肖志刚
经侦大队教导员　于乾贵
禁毒大队大队长　王建华
禁毒大队教导员　胡　靳
人口与出入境大队大队长　刘衡锋
人口与出入境大队教导员　全　静
网安大队负责人　肖　文
巡逻警察大队大队长　侯迎光
巡逻警察大队教导员　肖启健
青山派出所所长　陈凯辉
青山派出所教导员　周向锋
人民路派出所教导员　刘　强
潇湘派出所所长　滕树生
潇湘派出所教导员　王　勇
五一派出所所长　周青海
五一派出所教导员　罗　智
合江派出所所长　王海兵
合江派出所教导员　胡振华
黄沙湾派出所所长　何阳文
黄沙湾派出所教导员　刘长征
松木派出所所长　韦文革
角山派出所所长　肖远平
金源派出所负责人　文国生

**区交警大队**

大队长　陈　磊
教导员　王光满
副大队长　谢和德　刘介芹　李锦云　周洪彬
一中队中队长　谢　军
二中队指导员　陈祠荣　刘春剑
三中队中队长　杨承彪
三中队指导员　凌受平
事故中队中队长　卜　江

**区人民法院**

党组书记院长　谷　敏
党组副书记副院长审判委员会委员　段琼璋
党组成员审判委员会委员　黄山平
党组成员副院长审判委员会委员　凌立新
党组成员政工科科长　王　勇
审委会专职委员　廖义峰　秦　林
法警大队大队长　周建国
法警大队教导员　杨　剑
执行局局长　廖建明
执行局教导员　董晓军
立案信访局局长　王　禹

**区人民检察院**

党组书记检察长　宋顺武
党组副书记副检察长检察委员会委员　陈　喆
党组成员检察委员会委员　唐雪莉
党组成员副检察长检察委员会委员　刘振兴　陈灿云
党组成员政工科长检察委员会委员　肖衡生
检察委员会专职委员　吴　红
反贪局局长　赵　奇
反渎局局长　刘奇平
反渎局教导员　陈粤强

**驻区单位**

**市国土资源局石鼓分局**

党支部书记局长　欧云清
党支部成员副局长　钟登仁　王智勇　阳　波
党支部成员执法大队大队长　阳胜利

**区国税局**

党组书记局长　曹麒麟
党组成员副局长　周财源　刘小平　任晶晶
党组成员纪检组长　朱剑锋
西湖税务分局局长　唐云笔

**区地税局**

党组书记 局长　欧阳志刚
党组成员 副局长　何龙　薛素华　伍劼
党组成员 纪检组长　罗小明
工会主席　罗伟南

**市工商行政管理局石鼓分局**

党委书记 局长　罗剑波
党委副书记 副局长　肖文章
党委成员 副局长　文翔
党委成员 纪委书记　李细根
党委成员 副局长　罗卫民

**市环境保护局石鼓分局**

支部书记 局长　胡敏
支部副书记 副局长　张春晖
支部委员 副局长　贺兴宝
支部委员 工会主席　刘亚林
支部委员 纪检组长　黄海鹰
支部委员 副局长　刘芳

**区消防大队**

教导员　邹江波
大队长　彭政

**市公安局综合执法警察支队石鼓大队**

大队长　刘平安
教导员　杨凯明
副大队长　王少衡

**市食品药品监督管理局石鼓分局**

党组书记 局长　罗春武
党组成员 副局长 机关支部书记　刘志华
党组成员 副局长 工会主席　胡剑

**市城乡规划局石鼓分局**

党支部书记 局长　蒋春阳
党支部成员 副局长　邹三洋　胡电林

**市质监局石鼓分局**

局长　戴国辉
副局长　陈立武

**市公路局石鼓分局**

局长 党组书记　吴国才
副局长 党组副书记　丁正兴
纪检组长 工会主席　易菁

# 中共石鼓区委员会

## 综 述

【概况】 2017年,石鼓区委辖基层党委16个,党组31个,党(总)支部397个,其中非公党组织46个。共有党员7458人,新发展党员74人。区委领导班子坚持以习近平新时代中国特色社会主义思想为指导,认真贯彻落实党的十九大精神,坚决执行中央、省委、市委各项决策部署,紧紧围绕“打造湘南地区最具活力的商贸文化中心”战略目标,扎实有效推进各项工作,圆满完成年度目标任务,推动全区经济社会实现持续健康发展。主要经济指标总体保持稳步均衡增长态势。全年实现GDP159.10亿元,增长9%,增速全市第一;财政收入23.84亿元,增长7.8%,总量和增速均居全市第一,税占比达97%,收入质量名列全省前茅;规模以上工业增加值增速6.5%,排名四城区第一;固定资产投资额完成155.87亿元,增长9.8%,增速四城区第一;社会消费品零售总额实现121.11亿元,增长10.8%。其中,安全生产、计划生育、综合治理三项工作,全部获评全省优秀(先进)。

【经济发展】 2017年,全区牢固树立和贯彻落实新发展理念,坚持质量第一、效益优先,克服了经济下行的巨大压力,全面完成了保增长、促发展的目标任务。产业结构持续优化。深入实施植优补短战略,狠抓产业转型升级,三次产业结构调整为3.0∶17.9∶79.1,第三产业增加值上升1.7个百分点。现代服务业优势逐渐凸显,房地产、汽车、休闲娱乐等行业消费进一步拓展,商贸、物流、餐饮、中介服务等行业日趋活跃,华耀城入驻商户1100多家,中亿汽贸城入驻汽贸汽配企业500多家,现代服务业示范集聚区营业收入突破100亿元大关。现代农业不断壮大,山水莲花成为近郊规模最大的莲花基地,香樟苑、乐富蔬菜成功创建省级农业特色产业园。新型工业平稳发展,规模以上工业企业达38家,总产值达44.43亿元,天雁公司转型升级迈出新步伐。项目建设成效明显。实施项目105个,同比增加23个,完成年度计划投资111.2亿元。市对区考核重点项目30个,开复工率100%,完成投资62.4亿元,超出考核任务数38.6个百分点。来雁新城征地拆迁工作取得新突破,华耀城、中亿汽贸城、崇盛国际中心等10个项目已部分竣工投产,雁栖湖公园项目建设扎实推进。强化招商引资,策划引资项目32个,深度开发项目10个,纳入市重点招商引资项目13个;成功签约项目5个,签约资金达30.3亿元。

【城乡环境】 2017年,全区大力实施城乡融合发展战略,不断提升城市建管水平,扎实推进美丽乡村建设,城乡一体化取得新进展。城建城管有力推进。以创建全国文明城市为总揽,全面提升城区品质。完成中心城区雨污分流以及中山北路等5条城市主次干道的提质改造工程。长丰大道延伸线、二环西路建成通车,惜香路、凤凰路西延加快实施,交通路网日趋完善。扎实推进农贸市场改造,完成29个社区“三清三建”工作。新增休闲广场2个、小游园8个,新增城市绿地超过1.2万平米,城镇建成区绿化覆盖率达40.69%。青山街道牛角巷社区获评全国“书香社区”。全面下放城管执法权,实现了乡街城市管理责权利的高度统一。大力整治占道经营、马路市场、乱停乱放等各类城市乱象。强力控违拆违，拆除违法建筑5.18万平米。中心城区“雪亮工程”全面完成，新增社会治安视频监控摄像头180个。殡葬改革连续3年排名全市第一。美丽乡村建设加快。农村公共区域环境卫生市场化运作实现全覆盖，农村环境综合整治成效明显。乡村旅游环线加快推进，6.9千米路基初步成形。累计通道绿化提质32千米，森林覆盖率达28.14%。“五美乡村”创建步伐加快，横江湿地公园建设有序推进，角山乡纳入省美丽乡村建设整乡推进序列，旭东村获评全省“两型社会”示范村、三星村获评全国文明村、香樟苑获评全省五星级乡村旅游点。生态保护全面加强。配合中央环保督察工作取得了阶段性成效，关停及查封污染企业102家，中央环保督察组交办的30.2件信访件全部办结，一批群众反映强烈的环境问题得到圆满解决。雁栖湖及周边环境综合治理成效明显，“河长制”稳步实施，湘江流域保护和治理第二个“三年行动计划”强力推进。全面完成省市下达的节能减排指标任务，全年空气优良天数比例达83%，提升幅度城区第一。

【民生福祉】 2017年，全区始终把保障和改善民生作为工作的出发点和落脚点，全年民生支出10.31亿元，占财政支出比重达72.14%，较上年增加2.75亿元，增长36.38%。民生工程扎实推进。8项重点民生实事全部完成，率先在全市完成第一批旱厕改造11座、公共厕所改造4座，完成垃圾中转站提质改造6座。新增城镇就业3640人，新增农村劳动力转移就业1388人，城镇登记失业率3.94%，城镇就业家庭保持动态清零，长青社区获评省级双创示范社区。完成棚户区改造1297户、农村危房改造15户，分配公租房364套，发放租赁住房补贴546万元。新建城乡各类养老设施15个，新增养老床位316个，青山街道“时间银行”互助养老模式被央视报道。企业退休人员养老金实现“十三连调”，农村低保标准和扶贫标准实现“两线合一”，基本社会养老保险参保率达98.4%，基本医疗保险参保率超过100%。脱贫攻坚深入开展。出台了《乡街党政正职脱贫攻坚工作问责规定》，组建了12支驻村扶贫工作队，安排了611名股级以上党员干部与贫困户开展结对帮扶。整合各类资金909万元投入扶贫，其中区本级财政专项扶贫资金达290万元。狠抓精准识别和突出问题整改，严格落实“三走访、三签字”制度，强化产业扶贫、金融扶贫、健康扶贫举措。做好“中国社会扶贫网”宣传推广，全面完成社会保障兜底对象认定，为全区2645名贫困户购买了扶贫特惠保。建档立卡贫困群众实现脱贫1369户、3758人，稳定脱贫470户、1370人。社会事业全面发展。坚持优先发展教育事业，华耀城一小、前进小学等3个“大班额”化解，以及36个校园维修改造项目基本完成，新增学位3600个，率先在全市完成中小学校安全饮水工程。群众文化活动日益丰富，“广场旬旬演·社区周周乐”“幸福花开·十九大精神润衡州”等群众性文化活动全面开展，牛角巷社区荣获全国“书香社区”，原创歌曲《大雁飞翔》荣获省“五个一工程”奖。医药卫生体制改革和人口计生工作深入实施，基本药物零差率销售全面落实，居民电子健康档案建档率达86%，家庭医生签约率达30.1%；中医正骨医院易地重建有序推进，区疾控中心建成并投入使用；青山街道、合江街道分别获评全省流动人口卫生计生服务示范街道、全省卫生计生依法办事示范窗口。

【深化改革】 2017年，全区坚定不移地推进全面深化改革，紧盯重点环节，打通堵点难点，打造特点亮点，全区9大类，24项重点改革任务，全部按时间节点推进。切实抓好“三去一降一补”工作。全面规范政府举债行为，区本级政府债务余额处于绿色安全区。大力开展非法集资专项整治行动，发现并移送问题线索39条，化解各类风险点236个，守住了不发生系统性、区域性金融风险底线。落实“营改增”，以及各项减税降费政策，进一步减轻了企业负担。深入推进农业供给侧结构性改革。坚持把增加绿色优质农产品供给放在突出位置，继续推进农药、化肥零增长行动，与蔬菜企业签订蔬菜安全生产责任状，加强了农产品质量保障。深化农村综合改革，基本完成农村土地承包经营权确权登记，耕地流转率达51%。积极促进产业融合发展，打造省级龙头企业1家、市级龙头企业8家，新增家庭农场7个、合作社5个，新型农业经营主体不断壮大。着力抓好重点领域改革。率先开展警务机制改革，建成人民路、牛角巷、长青3个社区的视频监控系统，得到省委政法委书记黄关春的高度评价。创新推动行政执法3项制度改革试点工作，将全区重大行政执法决定，归口到区法制办审核，得到省市领导高度肯定，并被确定为全国重大行政执法审核改革试点单位。深入开展监察体制改革，统筹推进社会体制、生态文明、党的建设等重点领域改革。

**【安全维稳】** 2017年，全区始终把安全稳定作为第一保障，切实肩负起“促一方发展、保一方平安”的重大政治责任。全力以赴抗洪救灾。面对特大洪灾，我们始终把人民群众生命安全放在首位，科学研判、精准调度，严格落实防汛责任，实现了未垮一库一堤、未出现一例伤亡人员的目标，五一街道获评全市抗洪救灾先进集体。落实信访工作责任。推进信访问题源头治理，落实区级领导轮流坐班接访制度，累计走访群众1800余人次，接待来访群众3890人次，妥善处理涉军涉改、征地拆迁等突出信访问题514起。深入开展“信访积案清零百日攻坚”行动，成功化解信访积案28个。全国“两会”“一带一路”峰会、党的十九大召开期间，实现进京赴省非访“零登记”。牢牢守住安全生产底线。深入开展安全生产“大排查大整治大管控”行动，加大烟花爆竹、危险化学品等重点行业的隐患排查和整改力度。率先在全市出台监管责任清单、组建乡街安环站、推行重大隐患治理“一单四制”，安全生产形势持续平稳，事故发生起数同比下降66.7%，经济损失同比下降45.4%，并实现“零”死亡目标。切实强化社会综合治理。大力开展打击“盗抢骗”、打击“黄赌假”、打击毒品犯罪、整治交通秩序等严打整治行动，从严打击四类外流犯罪，保持“打黑除恶”高压态势，刑事发案率、涉黑涉恶发案率双双下降。禁毒工作在全省作经验推介，人民路小学获评全省禁毒教育示范基地。全区综治民调得分83.95分，位居全市前列。

## 重大会议

**【区委经济工作务虚会】** 2017年2月6日召开。区四大家领导、主要经济管理部门以及各乡街道(片区)主要负责人围绕建设“三个石鼓”和打造湘南地区最具活力的商贸文化中心战略目标，敞开心扉，畅所欲言，建言献策，为科学谋划2017年全区工作提出“真知灼见”。衡阳市政府副市长、区委书记杨龙金主持会议并要求，2017年要聚焦发展，强化基层，确保稳定。会议分析了2016年度石鼓区经济发展形势，提出了做好2017年经济工作建议，22个单位主要负责人及20名区级分管领导，就经济发展、项目建设、社会民生等方面的议题，提出了切实可行的解决办法和措施。会议强调，要聚焦发展，强化基层，确保稳定。要切实抓好产业发展、城乡统筹、重点项目建设，成立高规格“植优补短”领导小组、“现代服务业示范集聚区”领导小组，重新调整招商引资政策，对项目存在的问题和矛盾要加大调处力度。要加速推进乡村旅游发展及旅游环线建设，出台专门措施培植财源税源，政府要尽快研究全区“三资”的整合问题。要严格抓好村(社区)“两委”班子换届，确保不出问题，切实抓紧村级“综合服务平台”、社区“两化两体系”建设，打造全市样板。要不断提升基层干部待遇，按要求考核评估，将待遇与工作绩效挂钩。要稳定人心、稳定社会、稳定经济发展，各单位、分管领导要对今年工作进行安排部署，为全年工作目标实现起好步、开好局，实现“开门红”。会议明确，2017年全区的工作目标是要全面建成小康社会，主要经济指标预期目标为：地区生产总值增长9%，财政总收入增长8%，固定资产投资增长15%，社会消费品零售总额增长12%，城乡居民可支配收入增长9%，规模工业增加值保持全市中等以上水平。要全力以赴抓好项目建设、产业发展、城乡统筹、民生改善等各项工作，解放思想，优化环境，压实责任，强化调度，奖罚分明，全面落实各项保障措施。（贺海军）

【2017年党务工作会议】 2017年4月12日，石鼓区召开2017年党务工作会议，会议总结2016年党务工作，安排部署2017年工作。区委书记唐浩然要求，要深化思想认识，把党务看紧看重；要突出重点关键，把工作抓细抓实；要强化自身建设，把队伍建强建好，以新的作为新的成绩，向党的十九大献礼。会议肯定了2016年全区党务部门和党务工作者取得的成绩。会议认为，做好党务工作，是根本所在，是发展所需，是民心所向。做好新形势下的党务工作，办公室工作要突出“三务”，即推进政务，管好事务，提升服务；组织工作要突出“三好”，即搞好教育，选好干部，打好基础；宣传工作要突出“三抓”，即抓意识形态，抓新闻宣传，抓文明创建；统战工作要突出“三责”，即要落实党委主体之责，落实政治引领之责，落实促进稳定之责。会议强调，党组织是各级的领导核心，党务工作的成效，决定着一级党组织的工作水平。要建设绝对忠诚的队伍，建设善于战斗的队伍，建设形象良好的队伍。区委副书记、区长刘浪主持会议并要求，要传达会议精神，强化责任落实，统筹当前工作。区委副书记肖立建宣读2016年度星级文明单位、2016年度党建工作先进单位、优秀党务工作者，乡（街道）党建工作“创新创特”评选先进单位表彰决定。全区在职副县级以上领导，区直机关和乡街（片区）党政一把手及分管组织、宣传、统战、办公室工作的副职和办公室主任，各村、管理处、社区党组织负责人，区人武部、公安分局、检察院、法院及区坐落单位和区属企事业单位党组织负责人、分管副职及政工科（室）科长（主任），各非公经济组织和社会组织党支部书记，全区组织、宣传、统战、办公室系统人员共300余人参加会议。

（李文恋　贺海军）

## 区委常委会议

【区委2017年第1次（四届10次）常委会议】 2017年2月6日，市政府副市长、区委书记杨龙金主持召开。会议决定事项：

一、关于党建工作“创新创特”有关事项。会议听取了区委组织部对各乡街党建工作“创新创特”优秀案例评选工作的情况汇报，常委会进行了现场评分，按25%比例计入总分。会议决定，待考核结果出来后，根据区委2016年第18次常委会议精神予以表彰。

二、关于纪检监察工作有关事项。会议传达学习了市十一届纪委二次全会精神，审议并原则同意《区四届纪委二次全会方案》《区四届纪委二次全会工作报告》《2016年度全区落实党风廉政建设责任制检查考核情况》《2016年度全区党风廉政建设优秀单位和专项工作优秀单位名单》和《2016年度纪检监察“精品案件”及“办案能手”名单》，同意于2月7日召开区四届纪委二次全会。会议就有关具体事项议定如下意见：1. 关于设立区委巡察机构的问题。同意成立中共石鼓区委巡察工作领导小组，由区委常委、区纪委书记任组长，区委常委、区委组织部部长任副组长，其他相关单位负责人为成员。同意设立区委巡察工作领导小组办公室，为区委工作部门，正科级机构；同意设立3个巡察组，巡察办和巡察组的人员编制，暂定5人，可在区机关调剂使用，也可以通过增加区纪委编制来调剂。同意把区城建投现在的办公室调剂给巡察办和巡察组作为办公用房。同意将区委巡察工作机构列为财政一级预算单位，参照区纪委人平工作经费予以保障，办案经费另行考虑。同意建立巡察工作人员管理保障机制，将全区后备干部纳入巡察办人才库管理，后备干部拟提拔重用前原则上要到区委巡察组参加1～2次巡察工作；全区各单位要积极支持配合巡察组抽调人员开展工作。2. 关于加强纪检监察干部队伍建设的问题。同意发文由分管党风政风监督的区纪委常委兼任区监察局副局长。关于区纪委常委明确正科级长级领导职务或享受正科级待遇事项，由区纪委牵头，会同区委组织部、区编办分别向市纪委、市委组织部、市编办请示汇报，严格按照批复意见执行。关于区纪委现有的内设机构负责人，要严格按照《党政领导干部选拔任用工作条例》有关规定和要求，予以选拔使用。同意区纪委牵头督促落实《关于加强乡街纪检组织建设的实施办法》（石纪发〔2012〕7号）文件精神，制定派驻监督实施方案，确保迅速完成派驻监督全覆盖。3. 关于加强执纪办案经费保障的问题。同意安排预算时予以倾斜，对监督执纪经费财政足额保障到位；同意将日常监督经费和执纪审查（办案）经费单独列入项目经费预算，复杂或重要案件可视情况追加经费。

（李　超）

**【区委 2017 年第 2 次（四届 11 次）常委会议】** 2017 年 2 月 20 日，市政府副市长、区委书记杨龙金主持召开。会议决定事项：

一、关于区委 2017 年经济工作会议有关事项。会议听取了区委办关于区委 2017 年经济工作会议筹备情况汇报，审议并原则同意《区委 2017 年经济工作报告》《2017 年石鼓区“项目推进年”活动实施方案》，并要求按照会议意见进一步修改完善；审议并原则同意《2016 年度全区综合治理、人口计生、安全生产工作考核情况的通报》，并明确以区委办、区政府办文件印发，在区委 2017 年经济工作会议上进行表彰。会议决定，2 月 23 日上午召开区委 2017 年经济工作会议。

二、关于安全生产工作有关事项。会议听取了区安监局关于全区安全生产情况汇报，审议并原则同意《石鼓区安全生产监督管理职责规定》。同意调整石鼓区安全生产委员会成员，区长为区安委会主任，常务副区长为区安委会常务副主任，各分管副区长为区安委会副主任，区各有关部门主要负责人为成员。

三、关于全区统战工作有关事项。审议并原则同意《关于进一步做好统一战线工作的意见》。会议明确，一是同意成立区对台办，为正科级事业单位；成立党外知识分子工作办公室、综合办公室、干部组，为区委统战部内设机构，其中，党外知识分子工作办公室为副科级事业单位。机构设置工作，由区编办向市编办请示汇报，按照批复意见执行。二是同意配备非公有制经济组织综合党工委（设区工商联）专职副书记一名。三是同意财政预算增加统战工作特费 5 万元/年，明确每个乡街（片区）统战工作经费不少于 1 万元/年，每个村（社区）不少于 2000 元/年。四是同意区政府工作部门配备 2 名党外正职干部，请区委组织部研究方案。五是同意建立三级宗教工作网络，由区委统战部牵头，区旅游民宗局负责主抓，乡街（片区）明确分管领导，配备宗教工作专干，村（社区）明确宗教工作联络员。

四、会议传达学习了全省政法工作会议精神，要求尽快组织召开全区政法工作会议，传达学习上级会议精神。会议要求，全区各级各部门要立足当前，落实责任，切实抓好“两会”期间的信访维稳工作，坚决杜绝非法进京上访事件发生，特别是群体性上访事件发生，确保全区社会大局稳定。（李　超）

**【区委 2017 年第 3 次（四届 12 次）常委会议】** 2017 年 3 月 30 日，市政府副市长、区委书记杨龙金主持召开。会议主要研究干部议题。

**【区委 2017 年第 4 次（四届 13 次）常委会议】** 2017 年 4 月 7 日，区委书记唐浩然主持召开。会议决定事项：

一、关于区党务工作会议筹备有关事项。审议并原则同意《石鼓区 2017 年党务工作会议方案》《区委办公室 2017 年工作要点》《区委组织部 2017 年工作要点》《区委宣传部 2017 年工作要点》《区委统战部 2017 年工作要点》《全区继续开展“深入基层、调研献策”活动方案》《关于表彰乡（街道）党建工作“创新创特”评选先进单位的通报》《关于表彰 2016 年度党建工作先进单位、优秀党务工作者的通报》《2017 年石鼓区创建全国文明城市工作计划》《2016 年度市级、区级文明单位推荐名单》和《石鼓区外宣工作考核奖励办法》，并要求按照会议意见进一步修改完善。会议明确，同意成立区委网络安全和信息化领导小组，成员名单参照市里规格组成。区党务工作会议筹备由区委办牵头负责，各相关部门协同参与，共同做好会务工作。会议及考核奖励经费由区财政按需予以保障。

二、关于信访综治民调工作有关事项。会议传达学习了市委政法工作会议精神，审议并原则同意《区委 2017 年政法工作会议方案》《石鼓区 2017 年政法工作要点》《关于 2016 年度全区信访工作优胜单位和优秀个人的通报》和

《2016年全区辖区签状单位考评情况》，并要求按照会议意见进一步修改完善。会议明确，同意成立区法学会，为区委政法委管理的事业单位，设定编制1名，区财政安排5万元专项工作经费。区委政法委及区法学会人员力量由区编委尽快研究并配备到位。区委政法工作会议及考核奖励经费由区财政按需予以保障。

三、关于区"两会"筹备有关事项。原则同意上述会议的日程、经费等方面的安排方案，审议并原则同意《区政府工作报告》，并要求按照会议意见进一步修改完善。会议强调，一是区人大和区政协要周密部署、统筹安排，严谨细致地抓好"两会"前后各项工作，确保不出差错。二是区委办负责统筹协调"两会"各项筹备工作。区接待处负责会议的后勤保障工作；区老干局负责离退休老同志参会的后勤保障工作；区卫计局负责会议的医疗服务工作。三是区委政法委负责会议的安全保卫工作。由区委政法委牵头，区公安分局、区维稳办、区信访局等相关部门和乡街（片区）参与，共同做好会议的安全保卫及信访维稳工作。四是区纪委负责会议的会风会纪监督工作。由区纪委牵头，从区直部门和乡街（片区）抽调人员，成立会风会纪监督组，分别进驻各代表团，全过程、全方位监督各代表团会风会纪。会议明确，参加区"两会"的非国家公职人员代表和委员可发放会议补助，补助标准严格按照上级有关规定执行。

四、关于2017年部门预算编制工作有关事项。会议听取了2016年区本级预算执行情况和2017年部门预算编制工作情况汇报，审议并原则同意《石鼓区2016年区本级预算执行情况与2017年区本级预算（草案）》，按程序提请区人大常委会审议。

五、关于区委巡察机构建设有关事项。会议听取了区委巡察机构及相关工作情况汇报。会议明确，一是成立区委巡察工作领导小组，成员名单参照市里规格组成。二是配齐配强班子。巡察办正、副主任人选，由区委副书记牵头，组织区纪委、区委组织部等部门迅速研究并形成方案，提交区委审议。三是组建巡察队伍。建立巡察组正、副组长和工作人员人才库，巡察组正、副组长实行一事一授权，工作人员从区直部门抽调。四是开展业务培训。邀请市委巡察办领导、专家对区巡察办、巡察组全体人员进行业务培训。五是建章立制。巡察机构要建立健全巡察制度，依法依规开展巡察。六是启动巡察工作。4月20日左右，召开全区巡察工作动员大会。

六、关于补选市区人大代表工作有关事项。会议同意提名唐浩然为区四届人大代表候选人，同意推荐唐浩然为市十五届人大代表候选人，并按有关组织和法律程序进行办理。

七、关于卫生计生工作有关事项。会议传达学习了全市卫生计生会议精神，审议并原则同意《2017年全区卫生计生暨"健康石鼓"建设会议方案》，并要求按照会议意见进一步修改完善。

八、关于区事业单位招聘有关事项。会议听取了区事业单位招聘工作情况汇报，审议并原则同意《2017年石鼓区公开招聘事业单位工作人员方案》，并要求按照会议意见进一步修改完善。会议明确，同意成立区事业单位招聘工作领导小组，区委专职副书记任组长，分管组织、人事的区委常委任副组长，成员由区纪委、区委组织部、区编办、区财政局和区人社局等部门负责人组成。招聘工作所需经费由区财政按需予以保障。会议强调，区招聘工作领导小组要精心组织好本次招聘工作，确保招聘工作顺利进行。区纪委要全程参与监督，确保招聘工作公开、公平、公正。（李　超）

**【区委2017年第5次（四届14次）常委会议】** 2017年4月13日，区委书记唐浩然主持召开区委常委会议，研究关于干部工作有关事项。会议审议并同意王小果任区委巡察工作领导小组办公室主任，刘芯君任区委巡察工作领导小组办公室副主任；同意蒋益霞等66人按期转正；同意免去廖文区妇幼保健计划生育服务中心主任职务。（李　超）

**【区委2017年第6次（四届15次）常委会议】** 2017年4月18日，区委书记唐浩然主持召开区委常委会议。会议研究关于角山乡和平村换届选举案件通报问题。

会议听取了关于查处角山乡和平村“两委”换届选举中梁某某拉票助选案件的情况报告，审议并原则同意专案组提出的对涉案人员及相关干部处理意见，并以区委名义在全区进行通报。会议认为，区委对村(社区)“两委”换届纪律进行多次强调、再三要求。但是角山乡和平村梁某某等人仍然顶风违纪，在村“两委”换届选举中搞拉票助选等非组织活动，严重违反了“八个严禁”“九个不”等换届纪律要求，且情节严重，性质恶劣，影响较坏。全区各级党组织要以案为戒，深刻吸取教训，切实抓牢抓实换届选举工作。会议强调，一是迅速以区委名义起草案情通报，在全区进行通报。各联点乡街、村(社区)领导要组织村(社区)“两委”成员和广大党员传达贯彻学习。二是以区委名义起草案情报告，报市委、市纪委、市委组织部和市民政局。三是由专案组起草通稿由区委宣传部在区内宣传。区委宣传部要加强正面引导和舆情监测。四是专案组信访维稳小组要密切关注涉案人员及其家属的思想动态，做好群众工作，确保社会稳定。五是适当推迟和平村换届选举工作，待该事件稳定后，再有序推进。

(李　超)

**【区委 2017 年第 7 次(四届 16 次)常委会议】** 2017 年 4 月 21 日，区委书记唐浩然主持召开区委常委会议。会议决定事项：

一、关于脱贫攻坚工作有关事项。会议听取了区脱贫攻坚工作情况汇报，原原本本学习了习近平总书记在中共中央政治局第三十九次集体学习关于脱贫攻坚形势和更好实施精准扶贫重要讲话精神，许达哲、乌兰同志在全省领导干部会议上的讲话精神，市委周农书记在全市脱贫攻坚暨抓党建促扶贫工作现场会、全市脱贫攻坚工作再动员会的讲话精神，以及《衡阳市脱贫攻坚突出问题集中整改方案》和《衡阳市脱贫攻坚工作问责办法(试行)》。会议指出，脱贫攻坚工作是一项重大政治任务，是当前的大事要事，刻不容缓、迫在眉睫。全区各级各部门要高度重视，把脱贫攻坚工作作为重大政治任务来抓，切实增强责任感、使命感和紧迫感，不辱使命、勇于担当、真抓实干，切实打赢脱贫攻坚战。会议明确，一是调整区扶贫开发领导小组，成员名单参照市里规格组成。二是成立区脱贫攻坚督查巡查组，由区委副书记谢海蓉任组长，成员由区纪委、区委组织部、区委督查室、区政府办、区财政局和区农林局等部门组成。三是成立区扶贫办，由区编办向市编办申请成立区扶贫办，明确为副科级机构。区委组织部负责在全区范围内选调工作人员充实区扶贫办力量。各乡街(片区)要相应成立扶贫办，并明确扶贫专干。四是由区委副书记谢海蓉牵头，区委常委、区委办主任郑建芳，区委常委、常务副区长曾梦龙，副区长汪衡湘参加，立即组织专门班子，全面开展脱贫攻坚突出问题“大排查、大诊断、大整改”。五是由区纪委监察局牵头，对松木片区青石村脱贫数据失真问题进行调查，严肃追责。同时举一反三，避免再次出现类似问题。六是由区委组织部牵头，区扶贫办及相关联村单位配合，按照市里要求尽快组建驻村帮扶工作队，派驻到各村开展帮扶工作，区委组织部要加强管理，区扶贫办负责业务指导。七是 4 月 25 日左右召开全区脱贫攻坚工作再动员会，进行再动员、再部署、再落实。

二、关于环保突出问题整改有关事项。会议听取了区环境保护工作情况汇报，认真研究了市政府交办的区环保突出问题，提出了整改要求，确保在规定时间内逐个整改到位。会议强调，一要深化认识。当前全区面临的环保形势非常严峻，中央、省、市对环保工作的重视度前所未有，工作要求前所未有，追责之严前所未有。全区各级各部门一定要认清形势，特别重视，认真抓好环保突出问题的整治，确保中央环保督察顺利过关。二要压实责任。要按照“党政同责、一岗双责”“谁联点、谁负责，谁分管、谁负责”的原则，落实领导责任；按照区环保工作责任规定，落实部门和乡街(片区)责任；按照“谁污染、谁治理，谁破坏、谁恢复”的原则，落实企业责任。三要迅速整改。要坚持问题导向，细化问题清单，把握时间节点，形成合力抓好整改，同时要举一反三，认真排查，发现问题，立即整改；要坚持一周一调度一通报，切实推动环保突出问题整改到位。四要强化保障。要加大财政投入，安排专项环保工作经费，集中用于环保突出问题专项整改工作；要充实工作力量，各乡街要迅速调配人员充实安监环保站，确保人员到位；要保障环保工作用车，确保环保工作顺利开展。五要严格督查。成立区环保突出问题督查巡查组，由区委常委、常务副区长曾梦龙任组长，成员由区政府办、区委督查室、区安监局、区环保分局等部门组成，对乡街(片区)和部门的履职情况进行严格督查，对履职不到位的，依法依规启动问责程序，严格执纪，绝不姑息。会议同意，4月25日左右召开全区环保突出问题整治推进会。（李　超）

**【区委2017年第8次(四届17次)常委会议】** 2017年4月28日，区委书记唐浩然主持召开区委常委会议。

一、传达学习市委常委会关于环保工作会议精神、省委杜家毫书记在中央第六环境保护督察组督察湖南省工作动员会上的讲话精神和市委书记周农在全市环保督察工作动员会上的讲话精神。会议强调，一要提高政治站位。中央环保督察是党中央、国务院关于推进生态文明建设和环境保护工作的一项重大制度安排，也是对落实习近平总书记关于生态环境保护决策部署情况的全面督察。督察规格之高、问题发现之准、追责力度之大前所未有。全区各级各部门一定要从讲政治、讲大局的高度，切实把思想和行动统一到中央环保督察组的工作要求上来，统一到省委、省政府和市委、市政府关于配合做好环保督察的决策部署上来，主动接受督察、坚决配合督察、全力支持督察。二要抓好问题整改。要以问题为导向，对排查和中央、省、市交办的各类环保问题，要按照责任清单要求整改到位。县级领导要带头负责，相关部门和乡街要主动作为，切实深入到问题一线督导、督察，现场办公，解决问题。能立即解决的，要立行立改、逐条落实；不能立即解决的，要列出清单、制定方案、明确责任、限时整改。对存在问题的企业，该停产整治的一律停产整治，该取缔关停的一律取缔关停。三要加强督查落实。从现在起，区委、区政府主要领导将采取不定时间、不打招呼的方式到各乡(街道)和企业进行暗访。区环保督察组也要每天进行巡察督察，发现问题现场督办，重要情况要及时向区委、区政府报告。同时要督促各部门和乡街完善好台账资料，特别对2013年以来关于环保工作的会议纪要等相关资料要进行重点整理和汇总，以备检查。对任务没有完成的，相关领导和人员取消“五一”休假。四要加大宣传力度。全区各级各部门要认真做好舆论宣传引导，全面深入宣传中央环保督察的重要意义、工作内容和工作方法，切实营造配合、拥护、支持中央环保督察的浓厚氛围。各领导干部、部门和乡街工作人员，以及企业负责人要熟背环保知识，真正做到入脑入心。区环保督察工作领导小组办公室要定期编制工作简报，重点宣传督察动员部署、自查自纠、边督察边整改的典型案例。五要严格追责问责。区委、区政府将以“零容忍”的态度，对环保工作中存在的问题严肃追责问责。对中央督察组移交的问题，要做到一条也不含糊、一件也不耽误，及时依法依规严肃处理到位。对在这次督察工作中因责任不落实、作风不扎实、履职不到位，严重影响石鼓形象，拖全区后腿的部门和个人，一律问责，绝不姑息。

二、关于“五一”期间工作安排有关事项。会议传达学习了市委办、市政府办《关于做好2017年“五一”期间有关工作的通知》，并以区委办、区政府办名义迅速发文传达通知精神。会议要求，一是全区各级各部门要高度重视节日期间值班工作，认真做好值班安排。严格落实岗位责任制，领导同志要在岗带班。二是各领导干部、乡街和部门工作人员特别是一把手，原则上在衡阳休假，在工作一线休假。特殊情况的，要及时向区委、区政府主要领导报告。三是要确保节日期间通讯联络畅通，遇有紧急情况或重大事件，要立即请示报告，并及时采取有效措施处理。四是要加强对重点领域安全防范措施，消除隐患。各部门要提前制定预案，做好应急准备。五是由信访局牵头，维稳办参加，制定“五一”至中央环保督察期间的信访维稳方案，抓好矛盾排查化解工作，确保社会稳定。六是全区各级各部门要把配合环保督察工作作为一项重要政治任务和头等大事来抓，

以最大的决心、最强的力度、深入推进问题整改。 （李 超）

**【区委2017年第9次（四届18次）常委会议】** 2017年5月3日晚上，区委书记唐浩然主持召开区委常委会议。

一、传达学习上级环保督察工作会议精神。传达学习了中央环保督察组督察湖南工作动员会上吴新雄、刘华、杜家毫等3位同志的讲话精神，以及5月3日下午全市环保督察工作座谈会议精神。会议认真总结了环保突出问题整改工作情况，客观分析了当前仍然存在的问题，并对下阶段工作提出了具体要求。会议要求，一是切实落实责任。全区各级各部门要严格落实环保“党政同责、一岗双责”和“管行业必须管环保、管业务必须管环保、管生产经营必须管环保”的工作原则，认真履行好职责，共同抓好环保工作。二是加强排查整改。对照市里通报的四类问题，各相关单位要采取有效措施，切实抓好整改。特别是中央环保督察组交办的问题，要做到立行立改。同时，要举一反三，全面排查其它问题，能够立即整改到位的，立即整改到位；不能立即整改到位的，要制定整改方案，明确专班，列出时间表，限时整改到位。三是强化督察督办。区委、区政府主要领导以不定时间、不打招呼的方式进行督察暗访，发现问题，现场督办。区环保督察组也要加大督察力度，建立常态化督察机制，切实督促各类问题特别是中央环保督察组交办的问题整改到位。对整改不力，没在规定时间内整改到位的，严肃追究相关部门、企业和个人的责任。

二、传达学习市委县级巡察工作现场推进会议精神。会议传达学习了市委县级巡察工作现场推进会议精神，并对区委巡察工作进行了认真研究。会议指出，开展巡察工作，是压实“两个责任”、推进全面从严治党向基层延伸的重要抓手。石鼓区作为四个先行先试的县市区之一，做到了“三个到位”，即思想认识到位、力量配备到位和保障措施到位。会议强调，要努力创造巡察工作石鼓特色。巡察机构建立健全巡察制度，严格管理巡察干部，依法依规开展巡察工作，同时要处理好与被巡察单位的关系，开创巡察工作新局面。要充分发挥巡察工作利剑作用。牢固树立“应当发现的问题没有发现是失职，发现问题不如实报告是渎职”的理念，认真履行巡察监督职责，解决突出问题，发挥利剑作用，为建设“三个石鼓”提供坚强保障。要加强巡察工作与党建工作相结合。根据市委办印发的《从严监督管理党员干部的十项措施》，由区纪委和区委组织部牵头，并结合石鼓实际，尽快出台石鼓区的实施细则，切实严格管理和监督党员干部。会议明确，一是公务用车，区委巡察办由区公车管理中心统一派遣，优先予以保障。二是办公用房，待区委巡察组批复后，根据需要再增加办公用房。三是办公经费，请区财政按需予以保障。四是人员保障，巡察组抽调人员原则上与原单位脱钩，由区委巡察办统一管理。

三、关于信访维稳工作有关事项。会议传达学习了全市信访维稳工作专题部署会议精神。并对区信访维稳工作进行了安排部署。会议指出，当前是信访维稳特护期，全区上下都要高度重视，进一步提高政治意识和责任意识，带着感情和责任做好信访维稳工作，确保进京赴省零非访。会议强调，要重心下沉，县级领导要率先垂范，乡街和村（社区）要发挥主力军作用，主动约访、下访。要化解积案，开展信访“积案清零百日攻坚”行动，确保6月底前依法依规处理到位。要加强值班，实行24小时值班制和信息一日一报制，做好重点人员的稳定工作，同时加强与机场、高铁站、火车站、汽车站等单位衔接，发现问题，果断处置，重大问题及时报告区委、区政府主要领导和市委、市政府相关领导。要严格问责，对因责任落实不力，导致发生进京赴省非访和群访事件，区委、区政府将严格按照有关规定，从严追责，严肃处理。会议明确，一是同意5月4日召开全区信访维稳专项工作部署会议。二是同意区委副书记谢海蓉担任区信访工作联席会议第一召集人，联席会议办公室设区信访局。三是同意成立区信访“积案清零百日攻坚”行动领导小组，成员名单参照市里规格组成，按照程序迅速发文。同意成立区信访维稳特护期工作领导小组，由区委常委、政法委书记赵伟任组长,副区长、公安分局局长朱建社任副组长,成员由区委办、区委政法委、区信访局、区政府办、区人社局、区公安分局等部门组成。同意成立区信访维稳督查督办组,成员由区纪委、区委办、区委组织部、区政府办等部门组成。四是人员保障,请区委组织部抓紧摸底,争取5月底配齐配强区信访局和区维稳办人员力量。五是同意范云龙和李会能继续在原岗位负责到特护期结束。刘芯君继续兼顾处理涉军群体问题。六是特护期后,由区委副书记谢海蓉牵头,按照"属地管理、谁分管谁负责和统筹兼顾"的原则,重新理顺和明确包案领导。 (李 超)

**【区委2017年第10次(四届19次)常委会议】** 2017年6月15日下午,区委书记唐浩然主持召开区委2017年第10次(四届19次)常委会议。会议决定事项:

一、关于区委常委班子成员分工有关事项。

二、关于区委常委会2017年工作要点有关事项。

三、关于基层党建工作有关事项。会议审议并原则同意《关于推进"两学一做"学习教育常态化制度化的实施方案》《石鼓区2017年"两学一做"学习教育工作要点》《区委常委班子落实"两学一做"学习教育常态化制度化的十项措施》《石鼓区2017年基层党建工作重点任务》《区委书记2016年度抓基层党建工作述职评议后续整改工作方案》和《石鼓区委主要领导2016年度抓基层党建工作述职评议后续整改落实清单》,并要求按照会议意见进一步修改完善,按程序发文。会议明确,一是同意"七一"之前召开全区推进"两学一做"学习教育常态化制度化动员部署会暨上半年党建工作讲评会议,"两学一做"学习教育常态化制度化工作经费,区财政要按需予以保障。二是关于提高党务工作者待遇。普通党员提拔重用需听取支部书记意见,每年"七一"表彰一批优秀党务工作者。三是关于提高社区专职工作者待遇。区人社局要用足政策文件,提高社区专职工作者工资待遇;区委组织部要迅速启动从社区专职工作者中择优公开招聘事业单位工作人员。四是关于社区党建网格化管理。区委组织部和区委政法委要加强对接并研究方案,配强社区网格管理员队伍。五是关于农村综合服务平台建设。请谢海蓉副书记加强与来雁公司对接,尽快落实江霞村、五一村、建设村的项目选址;区财政要按照去年区委常委会议定的标准尽快拨付项目建设经费。六是关于"两新"组织党建工作。同意配齐区非公有制经济组织综合党工委和社会组织综合党工委专职副书记,并保障工作经费。

四、传达学习市委常委班子2016年度民主生活会情况通报。会议强调,一要认真学。要原原本本、认认真真学习通报精神,学深学透。二要勤自省。要把自己摆进去,认真查找自身存在的不足,做到自省自警。三要抓紧改。要严格对照"六大差距",做到立行立改。

五、传达学习了市委政协工作会议精神。会议传达学习了市委政协工作会议精神。会议明确,同意由区编办向市编办申报政协委员联络室升格为副科级单位,归口区政协办公室管理。会议强调,一要更加重视政协工作。要加强对政协工作的领导,把政协工作摆在重要位置。二要全力支持政协履职。加大政协提案办理力度,定期听取政协工作汇报,研究解决实际问题。三要大力加强政协建设。区政协要团结各方力量,加强调查研究,积极建言献策,为区委区政府决策提供参考;要向相关部门派驻民主监督小组,更有效地开展民主监督工作;要创新方式,创造更多的政协石鼓特色。

六、传达学习中纪委关于六起金融机构领导干部违反中央八项规定精神问题的通报。会议强调,一要落实责任。全区各级党组织要牢固树立"四种意识",把落实中央八项规定精神作为严肃政治任务,抓紧抓实。二要严守底线。要做到引以为戒、警钟长鸣,守住底线,严格管好自己、亲属和身边工作人员。三是强化监管。纪检监察机关要加大监督检查力度,紧紧揪住"四风"问题不放,发现一起、查处一起、绝不姑息。

七、传达学习中办关于《政法机关党组织向党委请示报告重大事项规定》(以下简称《规定》)文件精神。会议强调,全区政法机关要认真组织学习《规定》精神,坚持请示报告制度，严格请示报告程序，并实行全程纪实。对迟报、漏报、瞒报重大事项的相关责任人，视情节轻重，依照有关规定给予相应处分。八、传达学习习近平总书记关于反邪教工作重要批示和省委常委会议精神。会议明确，一是同意由区编办向市编办申报成立区防范处理邪教办公室，在市编办未批复成立之前，由区委政法委负责该项工作。二是同意2017年下半年召开全区反邪教工作会议。三是同意成立区反邪教协会，请区委组织部和区民政局支持配合。

（李　超）

**【区委2017年第11次（四届20次）常委会议】** 2017年6月27日晚上，区委书记唐浩然主持召开区委常委会议。会议决定：

一、关于干部处理有关事项。会议听取了区纪委关于曾某某违纪行为处理意见汇报。会议决定，根据《中国共产党纪律处分条例》第八十五条第一款、第一百二十七条第二款和《行政机关公务员处分条例》第二十三条之规定，给予曾某某开除党籍、行政开除处分。

二、关于党建工作有关事项。会议审议并原则同意《关于表彰2016年度先进基层党组织、优秀村（社区）党组织书记、优秀党务工作者和优秀共产党员的决定》，并按程序发文。会议明确，一是同意召开"七一"表彰大会，奖励经费由区财政予以保障，以后每年都将表彰一次。二是同意开展"七一"走访慰问困难党员，慰问经费从党费中列支。三是同意推荐香樟苑生态农业发展科技有限公司总经理梁光寰为全市脱贫攻坚先进典型之"十佳致富带富党员"表彰对象推荐人选，并按照程序上报市委组织部。四是区委组织部要精心组织好省市党代表进社区"三联一帮"活动。会议强调，"七一"表彰先进名单要充分征求综治、卫计等部门意见，并在区内和有关媒体上公示。区委宣传部要与区委组织部深入对接，精选先进典型，分期分批在主流媒体上宣传，掀起全区党员干部学先进、赶先进、争先进的热潮。

三、关于统战工作有关事项。会议审议并原则同意《关于加强新的社会阶层人士统战工作的实施意见》《中共石鼓区委2017年政党协商计划》《关于进一步健全中共石鼓区委常委与党外代表人士联谊交友制度》《关于贯彻落实〈中共湖南省委办公厅关于进一步做好聘请民主党派成员无党派人士担任特约人员工作的意见〉的实施意见》和《2017年石鼓区特约人员聘请工作实施方案》，并要求按照会议意见进一步修改完善，按程序发文。会议明确，一是同意今年8月份召开区委统战工作领导小组会议，请区委统战部重新明确领导小组成员名单。二是同意成立区党外知识分子联谊会，区党外知识分子工作办公室机构编制请区编委会研究解决。三是统战工作经费按年初预算安排，不足再另行增加。

四、传达学习全市"三超两乱"调度会议精神。会议传达学习了全市"三超两乱"调度会议精神，要求在9月20日前全面完成整改消化工作任务。

五、关于补选区人大代表工作有关事项。会议同意提名谢海蓉同志为区四届人大代表候选人，并按有关组织和法律程序进行办理。

六、关于破格提拔干部认定有关事项。会议同意重新认定刘奇平同志正科任职时间；同意重新认定李翔等2名同志副科任职时间。

七、关于干部工作有关事项。会议审议并同意郭伟等16人提拔为正科实职干部；同意彭海雁等11人提拔为副科实职干部；同意戈锋等24人调任任职；同意万倩雯等43人正科交流任职；同意夏子棋等31人副科交流任职；同意李亚晖等7人届期满重新提名；同意邹俊等2人到区挂职。（李　超）

**【区委2017年第12次（四届21次）常委会议】** 2017年7月12日上午，区委书记唐浩然主持召开区委2017年第12次（四届21次）常委会议。会议决定事项：

一、关于贯彻落实《从严监督管理党员干部的十项措施》实施办法事项。会议审议并原则同意《关于贯彻落实〈从严监督管理党员干部的十项措施〉的实施办法》，并进一步广泛征求意见修改完善，按程序发文。会议强调，一要领导带头。县级领导干部要坚持率先垂范，主动接受监督，并督促所联系乡街和分管部门贯彻落实好该实施办法。二要明确责任。每一项措施都要明确牵头部门和落实部门,每一个部门都要明确责任人,负责抓好实施办法的贯彻落实。三要运用成果。实施办法的贯彻落实情况要纳入全区年底考核,其结果要与干部提拔使用、部门绩效考核和党风廉政建设考核挂钩。

二、关于市检察院干部到区挂职事项。会议原则同意市人民检察院办公室副主任、检察员肖振兴同志任区人民检察院党组成员、检察委员会委员,并提名任区人民检察院副检察长(挂职两年)。

三、传达学习习近平总书记关于向廖俊波同志学习指示精神和杜家毫书记在"两学一做"支部活动讲话精神。会议指出,全区广大党员干部要认真学习领会习近平总书记重要指示精神,大力学习弘扬廖俊波同志对党忠诚、信念坚定的政治品质;心系群众、为民造福的公仆情怀;担当尽责、忘我工作的敬业精神;廉洁奉公、无私奉献的道德情操。会议强调,区委常委会成员要认真学习领会杜家毫书记的讲话精神,从自身做起,率先垂范,积极参加所在支部、联系乡街、村(社区)和分管部门的"两学一做"学习教育系列活动。会议要求,区委宣传部要把学习廖俊波同志与推进"两学一做"学习教育常态化制度化紧密结合起来,并深入挖掘身边的先进典型,采取多种方式广泛宣传,提升正能量,激发全区党员干部干事创业的积极性、主动性和创造性。

四、会议传达学习了中共湖南省委办公厅关于认真贯彻落实《政法机关党组织向党委请示报告重大事项规定》的通知,要求区委政法委组织全区政法系统进一步传达学习,并严格按照规定抓好落实。

五、传达学习周农书记"七一"讲话精神。会议强调,一要认真学。全区各级党组织要把学习周农书记"七一"讲话精神作为当前的一项重大政治任务,认真抓好落实。二要对照改。全区党员干部要对照周农书记提出的7个方面问题,深入查摆自身存在的问题,认真加以整改。三要结合做。要把学习周农书记的讲话精神与推进石鼓各项工作紧密结合起来,以时不我待、只争朝夕的干劲,大胆闯、大胆试,切实打造石鼓先行先试的先进经验。 (李　超)

**【区委2017年第13次(四届22次)常委会议】** 2017年7月14日下午,区委书记唐浩然主持召开区委常委会议。会议决定事项:

一、传达学习中办厅关于甘肃祁连山国家级自然保护区生态环境问题督查处理情况及其教训的通报精神。会议强调,全区各级各部门要引以为戒,切实把思想和行动统一到中央、省委和市委决策部署上来,做到守土有责、守土尽责,抓紧抓实抓好生态环境保护各项工作。

二、会议传达学习了全市创建全国文明城市工作推进会议精神,审议并原则同意《关于调整石鼓区创建全国文明城市工作领导小组机构设置及组成人员的通知》,要求按照会议意见进一步修改完善,并按程序发文。会议明确,一是同意区新闻办和区网管办各增加1个事业编制,请区编委及时研究支持。二是明确由一名副县级领导担任区创建办专职副主任,请区委组织部和区委宣传部共同商议,提出建议人选。三是关于文明创建经费,请财政予以保障。四是同意下周召开全区创建全国文明城市工作推进会,请区委副书记谢海蓉加强指导,区创建办抓好落实。会议强调,一要务必高度重视,统一思想认识。中央文明委测评组即将来衡,2017年的测评成绩将直接关系到衡阳能否成功创建全国文明城市。当前时间紧、任务重,全区各级各部门要高度统一思想认识,切实增强创建全国文明城市工作的责任感、紧迫感和使命感,坚决打好争创全国文明城市工作攻坚战。二要务必加大宣传,营造浓厚氛围。要通过石鼓党政门户网、石鼓手机报等媒体,大力宣传创建全国文明城市的目的、意义和文明创建中涌现出来的先进典型。要利用电子显示屏、宣传牌、宣传栏等阵地,营造"抬眼可见、举足即观"的创建氛围,努力提高市民知晓率和满意度。同时开展"文明伴我行"、"两有两为"市民素质提升工程,寓教育于文艺之中,潜移默化地影响市民、教育群众、提升素质。三要务必强化责任,层层传导压力。创建全国文明城市人人有责,党政一把手是第一责任人。要做到主要领导亲自抓,分管领导具体抓,各部门各司其职、各负其责,协同配合、齐抓共管,形成创建全国文明城市工作的强大合力。各专业组、各部门要针对各自承担的创建任务,制定具体的工作计划、工作措施,实行责任到岗、责任到人。各乡街要进一步传导压力,把责任再细化分解,确保不留空白、不留盲点。四要务必加强调度,全面统筹推进。区委、区政府至少每两个月听取一次创建工作汇报,督查调度一次创建工作。各专业组组长、各部门主要负责人至少每一个月听取一次创建工作汇报,督查调度一次创建工作。通过调度,全面统筹推进八大整治工作,即大力整治城管秩序;大力整治治安秩序;大力整治交通秩序;大力整治市场秩序;大力整治公共场所秩序;大力整治窗口行业秩序;大力整治校园周边秩序;大力整治城区村镇。

三、传达学习省保密委关于全省2016年度违反保密法律法规案件查处情况的通报精神。会议强调,一要高度重视。全区各级各部门要引以为戒,高度重视保密工作,克服麻痹思想,时刻绷紧安全保密这根弦。二要加强宣传。区保密局要加强保密宣传教育,通过邀请专家讲课等培训形式,增强全区党员干部的保密意识。三要开展自查。各部门要开展保密自查自评,及时发现隐患,采取改进措施,切实筑牢保密防线。四要确保长效。区保密委将专题研究保密工作,确保保密工作规范化、制度化、长效化。

四、传达学习省市关于防汛抗灾救灾工作的通知精神。会议强调,全区各级各部门要继续保持高度警觉,进一步严格落实防汛抗灾工作责任制,一手抓抗灾救灾,一手抓经济社会发展,全力将灾害损失降到最低程度,为实现全年经济社会发展目标筑牢基础。会议要求,区防汛办要迅速将区防汛救灾受损情况及时上报市防汛办,争取上级政策和资金支持。区委办要及时将区学习贯彻上级防汛救灾文件精神情况报送上级部门。

(李　超)

**【区委2017年第14次(四届23次)常委会议】** 2017年8月1日下午,区委书记唐浩然主持召开区委常委会议。

一、传达学习了中央全面深化改革领导小组第三十七次会议精神。会议强调,全区各级各部门要深刻把握全面深化改革的重大意义,切实把思想和行动统一到中央改革决策部署上来,敢于担当、善谋实干、实事求是、锐意进取,扎实推进各项改革落到实处、见到实效。

二、传达学习习总书记在省部级主要领导干部专题研讨班开班式上讲话精神。会议强调,一是领导带头学。领导干部特别是县级领导干部要先学一步、深学一层,带动全区党员干部的学习。二是组织集中学。要把习近平总书记的重要讲话精神纳入区委中心组理论学习内容,邀请专家授课。三是多样形式学。要结合学习型党组织建设,采用主题报告会、座谈讨论、主题征文等形式,组织党员干部开展学习。

三、传达学习全省脱贫攻坚巡查整改工作会议精神。会议强调,全区各级各部门特别是扶贫战线的党员干部,一定要进一步强化"四个意识",提高政治站位和政治自觉,认真贯彻上级推进脱贫攻坚的决策部署,统筹抓好各项工作落实。

四、传达学习全市上半年经济形势分析暨重点项目调度会议精神,通报了全区上半年经济运行和重点项目建设情况。会议指出,2017年上半年,全区上下团结一心、真抓实干,取得了较好成绩。下半年,要进一步抢抓机遇、集中精力、强化责任、加快节奏,扎实推进各项工作,确保年初既定目标任务完成。会议明确,尽快召开全区上半年经济形势分析暨重点项目调度会议。

五、传达学习全市信访维稳专项工作会议精神。审议并原则同意《关于调整信访维稳工作领导小组的通知》,并要求按照会议意见进一步修改完善,按程序发文。会议认为,信访工作关系群众疾苦,维稳工作关系大局稳定。全区各级各部门要充分认识做好信访维稳工作的极端重要性,进一步提高政治站位,增强政治责任感,切实做好信访维稳工作,确保社会大局和谐稳定。会议强调,一要落实领导责任。要坚持"属地管理、分级负责,谁主管、谁负责"的原则,落实好领导信访责任。二要积极化解矛盾。各包案领导要亲力亲为,主动接访、约访、下访，与乡街和责任部门共同做好矛盾的化解工作。三要严厉追责问责。要加强督查督办，对工作责任落实不力、问题处理不力，引发上访事件的部门和个人，一律严厉追责问责。会议同意，8月2日召开全区信访维稳工作专项会议。

六、传达学习全省“雪亮工程”建设推进会议精神。会议强调，一要提高政治站位。“雪亮工程”建设是中央和省委、省政府交办的重要任务，区委、区政府要把它作为一项中心工作来谋划布局。二要加快推进力度。2017年年底前要建成区级综治中心，乡街、社区综治中心要完成80%。

七、传达学习中央第六环保督察组督察湖南省情况反馈会议精神，听取了全区环保工作情况汇报。会议认为，全区环保工作总体推进有序，特别是配合中央环保督察以来，全区各级各部门尽职尽责，全力以赴推进问题整改，取得明显成效。会议强调，一要进一步巩固环保督察成效。要坚定不移巩固整改成效，进一步强化领导责任，严明属地管理责任，压实部门监管责任，落实企业主体责任，坚持规范化、常态化、长效化管理，对照问题清单，进一步持续深入整改。二要进一步强化宣传教育。要加强对相关部门和环保专干的培训力度，提高他们的履职能力。要加强全民宣传教育，结合创建全国文明城市工作，推进环保知识“进机关、进企业、进社区、进家庭”，提高全民环保意识。三要进一步抓好专项治理。要抓好水、气、土污染防治，持续减少污染物排放。同时加大监管执法，区纪委、区委督查室、区政府督查室要继续加强督查，发现问题，立即整改，若整改不到位，将严肃追责。

八、传达学习了全市科技创新会议精神，听取了我区参加衡阳市全面深化改革“双十佳”评选活动情况汇报。会议强调，一要明确目标。石鼓区“双十佳”评选要在全市现实“保一争二”目标。二要认真推荐。推荐的创新人物要突出政治性、引领性和代表性；推荐的创新项目要突出创新性、时效性和示范性。推荐名单提交区委深改领导小组会议研究。三要营造氛围。区委宣传部要加大宣传力度，深入挖掘先进典型，切实营造浓厚的改革氛围。

九、关于纪检监察工作。会议听取了纪检监察工作情况汇报。会议明确，一是关于“互联网+监督”工作。同意成立石鼓区“互联网+监督”工作协调领导小组，成员名单参照市里规格组成，按程序发文。区委、区政府要迅速启动，加快推进“互联网+监督”平台建设，确保在9月底前完成各项工作任务。二是关于区纪委派驻机构改革工作。同意成立石鼓区派驻机构改革工作领导小组，成员名单参照市里规格组成，按程序发文。石鼓区要先行先试，区纪委、区委组织部要迅速起草工作方案，提交区委深改领导小组会议研究，确保在9月底前完成派驻机构改革工作，创造石鼓经验。三是关于廉洁文化建设工作。同意成立石鼓区廉洁文化建设领导小组，由区委书记唐浩然任组长，区委副书记、区长刘浪，区委副书记谢海蓉，区委常委、区委办主任郑建芳，区委常委、宣传部长周文源，区委常委、纪委书记龚建民任副组长，相关单位负责人为成员。要借鉴其他县市区经验，重点打造4个廉政文化示范点，经费由财政予以保障。

十、关于基层党建工作。会议听取了基层党建工作情况汇报。会议强调，一要进一步提高认识。全区各级党组织要以本次市委基层党建工作半年督查为契机，进一步强化“抓好党建就是最大政绩”的意识，做实党建工作。受检查单位要对党建工作进行“回头看”，认真整改到位；没有受检查单位也要开展自查自纠，发现问题及时整改。二要进一步压实责任。全区各级党委（党组）书记要率先垂范，带头履行“第一责任人”责任，制定责任清单、任务清单、整改清单，把每一项任务分解落实到位。三要进一步夯实基础。要突出村（社区）党组织建设和社区网格化建设，继续推进社区“两化两体系”建设和农村综合服务平台建设，更好发挥村（社区）阵地作用。同时严格落实好“三会一课”制度，积极完善好基础台账资料。四要进一步务实创新。以党建工作引领全区各项工作，进一步创新理念和方式方法，各党支部要依据自身特色和实际，在日常工作中创造性地开展党建活动，提升基层党建工作水平。

十一、关于安全生产工作。会议听取了全区上半年安全生产工作情况汇报。会议强调，一要全面排查隐患。扎实开展覆盖各行业各领域的安全生产大检查，全面彻底排查安全生产隐患。二要积极推进整改。针对当前存在的安全隐患，要列出整改清单，明确责任部门和责任人，限时整改到位。三要全面压实责任。按照“党政同责、一岗双责、失职追责”的要求，严格落实党政领导责任、属地管理责任、部门监管责任和企业主体责任。四要加强安全培训。要组织安监系统人员开展业务培训，提升监管能力，同时加强对企业负责人安全生产培训，提升企业安全管理水平。

十二、关于旅游扶贫工作。会议听取了旅游扶贫工作情况汇报，审议并原则同意《石鼓区2017年旅游扶贫工作计划》和《石鼓区乡村旅游业发展扶持奖励办法》，并要求按照会议意见进一步修改完善，按程序发文。会议明确，同意成立石鼓区旅游扶贫工作领导小组，由区委常委、常务副区长曾梦龙任组长，区委常委、统战部长朱鸿波，区政府副区长吴颖任副组长，相关部门负责人为成员。

十三、关于领导干部及机关单位联点工作。会议审议并原则同意《关于进一步调整领导干部及机关单位联点工作的通知》，并要求按照会议意见进一步修改完善，按程序发文。

十四、关于增补区政协委员事项。会议审议并原则同意《石鼓区第四届政协常委、委员调整人选名单》，并按有关组织和法律程序进行办理。

（李　超）

**【区委2017年第15次(四届24次)常委会议】** 2017年8月25日上午，区委书记唐浩然主持召开区委常委会议。会议决定事项：

一、传达学习《中国共产党党内功勋荣誉表彰条例》和《国家功勋荣誉表彰条例》精神。

二、传达学习《中国共产党巡视工作条例》和《关于市县党委建立巡察制度的意见》精神。会议强调，全区各级党组织要把学习宣传贯彻《中国共产党巡视工作条例》作为当前和今后一段时期的一项重要政治任务，组织党员干部认真学习，深刻领会，掌握内容。区委巡察办近期要邀请专家在区委理论中心组进行专题授课，使大家更深入理解、掌握内涵；要对照《中国共产党巡视工作条例》和《关于市县党委建立巡察制度的意见》，查找自身存在的不足，认真加以整改；要结合我区实际，抓紧制定石鼓区巡察工作意见，提交区委巡察领导小组会议和区委常委会议研究。

三、传达学习杜家毫、王少峰在市州领导班子建设工作座谈会上的讲话精神。会议强调，全区各级党组织要进一步提高政治站位，树牢“四个意识”，深刻领会和落实好讲话精神。要树立正确的政绩观，身体力行践行好五大发展理念。要大力培养优秀年轻干部，努力营造风清气正的政治生态、干事创业的发展环境。

四、传达学习杜家毫同志在省安监局调研座谈时的讲话精神。会议强调，全区各级各部门要高度重视安全生产工作，深化思想认识，时刻绷紧安全生产这根弦。要全面深入开展安全生产大检查，进行纵向到底、横向到边地排查隐患，采取有效措施，切实加以整改。要针对可能发生的安全生产事故，制定科学合理、切实可行的应急预案。

五、传达学习《关于大力实施创新引领开放崛起战略的若干意见》精神。会议强调，全区各级各部门要深入学习《中共湖南省委关于大力实施创新引领开放崛起战略的若干意见》精神，全力推进“创新引领开放崛起”战略，打造湘南地区最具活力的商贸文化中心。

六、传达学习了中共湖南省委《关于4起党员领导干部跑官买官典型案件查处情况的通报》和中共衡阳市纪委通报精神。会议要求，全区各级党组织和党员干部要深刻认识到跑官买官的严重危害性，坚决不搞小山头、小圈子、小团伙。要深刻汲取案件教训，切实引以为戒，自觉严守政治纪律和政治规矩，真正做到知敬畏、明底线、受警醒。

七、关于党的十九大安保维稳工作。会议传达学习了省、市公安机关党的十九大安保维稳工作动员会议精神，听取了全区反恐工作情况汇报。会议强调，全区各级各部门切实增强党的十九大安保维稳工作的紧迫感和责任感，从严从实从细抓好保稳定、护安全、促和谐各项工作落实。要深入开展大排查、大研判、大整治、大管控、大演练工作，确保全区“四个不发生”“六个严防”目标顺利实现。会议明确，一是同意成立全区党的十九大安保维稳工作领导小组，成员名单参照市里规格组成。二是由区委政法委牵头，区公安分局负责，尽快筹备召开全区党的十九大安保维稳工作动员大会。三是同意区委、区政府、各乡街、学校、医院等人员密集型场所，有条件的可安装门禁系统。四是同意区财政解决反恐经费30万元。五是全力保障“一标三实”信息采集工作。出台关于在全区开展“三实”信息采集维护长效机制工作文件，按程序发文；各乡街、村（社区）的“一标三实”信息采集维护工作，纳入各乡街、职能部门年度绩效考核和综治考核；“一标三实”工作经费财政予以保障到位。

八、会议审议并原则同意《中共石鼓区委加强常委会自身建设的意见》和《中共石鼓区委全会工作规则（试行）》，并要求按照会议意见进一步修改完善，提交区委全委会议审议通过后，按程序发文。

九、关于区纪委派驻机构改革工作。会议听取了区纪委派驻机构改革工作情况汇报，审议并原则同意《关于加强区纪委派驻机构建设的意见》，要求按照会议意见进一步修改完善，按程序发文；审议并原则同意《区纪委派驻机构纪检组长竞争上岗工作方案》和《区纪委派驻机构改革纪检组长调整配备实施方案》。会议指出，派驻机构改革是加强党内监督，深化纪律体制改革的重要内容，也是全面从严治党的内在要求。要迅速启动区纪委派驻机构改革工作，走在全市前列，创造石鼓经验。会议强调，一是坚持公开公平公正原则，选优配强派驻机构纪检组长。二是由机关事务管理中心牵头，在机关大院调配12间办公用房，作为派驻纪检组办公场所。

十、关于全面小康和绩效考核工作。会议听取了全面小康和绩效考核工作情况汇报，审议并原则同意《关于表彰2016年度全面建成小康社会推进工作先进单位和先进个人的决定》和《关于2016年度绩效考核结果的通报》，要求按照会议意见进一步修改完善，按程序发文。会议明确，一是同意以区委、区政府名义将市属驻区部门考核结果向市直主管部门致函通报。二是同意由区财政局、人社局根据考核结果，执行个人绩效考核奖金发放和确定2016年度单位与个人评优评先比例，奖励资金财政予以保障。三是市对区奖金由区财政统筹。

十一、审议并原则同意《石鼓区2017年度法治政府建设工作要点》，要求按照会议意见进一步修改完善，按程序发文。

十二、关于2017年事业单位招聘工作。会议听取了2017年事业单位招聘工作情况汇报，审议并原则同意《2017年石鼓区事业单位公开招聘拟招录工作人员名单》，按程序办理入编聘用手续，入编时间从8月1日起。

十三、审议并原则同意《关于办好党政门户网站促进信息公开工作的意见》，要求按照会议意见进一步修改完善，按程序发文。会议强调，全区各级各部门要进一步重视和支持党政门户网站建设和信息公开工作。信息公开要做到定位准、职责明、内容精、发布快。要理顺党政门户网与新闻网的关系，科学规范办好党政门户网站。

十四、关于消化超职数配备干部工作。会议原则同意提名免去徐琼同志区人民检察院副检察长职务，并按有关组织和法律程序进行办理。

十五、关于补选区人大代表工作。会议审议并原则同意《石鼓区第四届人大代表推荐人选（增补）名单》，并按有关组织和法律程序进行办理。（李　超）

**【区委2017年第16次（四届25次）常委会议】** 2017年9月6日下午，区委书记唐浩然主持召开区委常委会议。决定事项：

一、传达学习周农在全市县处级领导班子思想政治建设座谈会上讲话精神。

二，听取了全区科级单位领导班子运行状况汇报。会议强调，一要抓实教育培训，提升领导干部干事创业的能力。建立健全干部培训、考核和激励机制，重点抓好“一把手”教育工程。二要激发干事创业的活力，坚持从严管理与正向激励相结合。出台干部容错纠错机制、全区科级非领导职务管理办法等文件。三要坚持谈心谈话制度，加强沟通交流和关心关怀。各级领导班子成员要带头示范，加强与同级班子、与下级的沟通交流；及时上门进行家访，关心干部的工作生活状况。

三、审议并原则同意《石鼓区科级非领导职务管理办法》，按程序向市委组织部报备。

四、关于干部工作。会议审议并原则同意刘建国等6人任区纪委派驻纪检组长；同意免去邹育容等11人纪检（纪委）组长（书记）职务。

五、传达学习周农关于脱贫攻坚工作批示精神。

六、传达学习省委办《关于做好信访工作迎接党的十九大胜利召开的通知》和市委办《关于衡东县"7·11"残疾人进京非访事件责任追究情况的通报》精神。会议强调，要高度重视信访工作，加大矛盾化解力度，严格开展督查，抓好督促整改。

七、传达学习市委办《关于进一步规范和落实党内报告工作制度的意见》精神。会议强调，全区各党委（党组）要平时定期向区委报告工作，做到一事一报告，特别是研究涉及全局的重大事项或作出重大决定及时请示报告，执行中央、省委、市委和区委重要决定的情况专题报告，遇有突发性重大问题和工作中重大问题及时迅速请示报告。

八、关于区委四届四次全会筹备工作。会议听取区委四届四次全会筹备工作情况汇报，审议并原则同意《区委四届四次全体（扩大）会议方案》，要求按照会议意见进一步修改完善。会议明确，区委四届四次全会要听取党建和党风廉政建设方面工作，审议《中共石鼓区委全会工作规则（试行）》和《中共石鼓区委加强常委会自身建设的意见》。

九、关于区总工会换届选举筹备工作。会议听取了区总工会换届选举筹备工作情况汇报，审议并原则同意《关于召开石鼓区工会第二次代表大会筹备工作方案》和《关于做好石鼓区工会第二次代表大会代表选举和"两委"委员推荐工作的通知》，要求按照会议意见进一步修改完善。

十、会议听取了关于在全区开展"三整治一培训"活动情况汇报，审议并原则同意《石鼓区"三整治一培训"活动总体方案》，要求按照会议意见进一步修改完善，按程序发文。会议强调，从现在开始，在全区范围内集中开展为期一个月的"三整治一培训"活动，即开展"吃空饷"问题整治、临聘及借调人员问题整治、财务专项整治和党建、党纪党规、财政法规等相关知识集中培训。

十一、关于对台工作。会议听取了对台工作情况汇报。会议明确，一是成立石鼓区对台工作领导小组，成员参照市里规格组成。二是区台办工作经费从区委统战部经费中列支，今后对台工作经费纳入财政预算。会议强调，一要迅速摸清台情。全面掌握我区台胞台属、台资企业和涉台婚姻的基本情况，建立健全资料数据库。二要开展涉台宣传。组织开展台海形势报告进机关、进学校、进社区，邀请专家就台海形势在区委理论中心组授课，扩展干部的视野。三要加强自身建设。配强配齐区台办力量，加强对上衔接、对外交流，推动工作上台阶、上水平。

十二、审议并原则同意《关于调整议事协调机构组成人员名单的通知》和《关于调整部分项目建设非常设机构的通知》，要求按照会议意见进一步修改完善，按程序发文。（李　超）

**【区委2017年第17次（四届26次）常委会议】** 2017年9月12日上午，区委书记唐浩然主持召开，专题研究党的十九大安保维稳工作。会议传达学习了习近平总书记关于信访工作的重要指示和孟建柱、杨晶在第八次全国信访工作会议上的讲话精神，中央、省、市关于做好十九大安保维稳工作的重要指示和会议精神；听取了全区十九大安保维稳工作和上级交办的信访积案办理情况汇报；审议并原则同意《石鼓区党的十九大安保维稳工作总体方案》，要求按照会议意见进一步修改完善，按程序发文。会议明确，9月13日上午召开全区党的十九大安保维稳工作动员部署大会。会议由区委政法委牵头，区委办、区政府办、区公安分局共同配合组好会务工作。会议强调，当前的安保维稳工作，要做到"三个必须"：一是形势严峻，必须高度重视。要认真分析形势，坚持领导带头,以高度的政治自觉和行动自觉切实履职。二是任务艰巨,必须真抓实干。全面排查矛盾纠纷和安全隐患,严格落实干部接访制度,全力攻坚信访积案。三是责任重大,必须狠抓落实。全区各级各部门要各尽其责,“看好自己的门,守好自己的人”,落实党政领导值班制,及时报送各类信访信息,提前做好各类应急预案和对策。

(李　超)

**【区委2017年第18次(四届27次)常委会议】** 2017年9月14日下午,区委书记唐浩然主持召开,专题听取市委调研组关于石鼓区换届后领导班子运行调研情况通报。会议认为,换届后石鼓区“四大家”班子团结协调、风清气正、干事创业、运行良好。接来下,要进一步加强思想政治建设、干部队伍建设、全面从严治党和干事创业引导。会议指出,全区上下要把市委书记周农和市委组织部部长陈竞的重要讲话精神,作为全区各级领导班子建设的根本方针和重要指南,全面贯彻落实到位;要把这次领导班子思想政治建设情况反馈意见,作为全区“四大家”班子的“体检报告”,本着“虚心接受、照单全收、认真反思、严格对照、努力改正”的态度,认真仔细、扎实有效、全面彻底抓好整改落实工作。会议强调,一要进一步加强理论学习,增强抓思想政治建设的自觉性和主动性。要制定思想政治建设年度计划,健全理论学习各项制度,搭建理论学习平台,开展调查研究与专题研讨活动。二要进一步强化制度建设,建立健全长效机制。要建立责任落实机制、工作创新机制和管理考核机制。三要进一步强化能力建设,增强干部服务群众能力和专业化水平。要注重教育培训,注重实践锻炼,注重开拓创新,注重总结提高。四要进一步激发干事活力,坚持从严管理与正向激励相结合。要树立鲜明导向,为干部“松绑”,大力培养选拔年轻干部。五要进一步健全监督网络,贯彻从严治党举措。要构建立体式网络监督体系,完善新任领导干部日常监督管理制度,健全完善干部监督工作责任制。

(李　超)

**【区委2017年第19次(四届28次)常委会议】** 2017年10月19日下午,区委书记唐浩然主持召开。会议决定事项如下:

一、传达学习党的十九大报告精神。会议指出,党的十九大,是在全面建成小康社会决胜阶段、中国特色社会主义进入新时代的关键时期召开的一次十分重要的大会。我们一定要从战略和全局的高度,以高度的政治责任感和使命感,切实把学习宣传贯彻落实党的十九大精神,作为当前和今后一段时期的首要政治任务,来抓好落实。会议强调,要深刻领会十九大报告的精神实质,认真研读、深刻领会大会报告思想内涵和精神实质。要迅速掀起学习党的十九大精神的热潮,加强组织领导,把党的十九大精神作为理论武装工作的重点任务,作出专题部署,制定周密计划,认真组织实施,抓实学习培训,集中开展宣传宣讲,做好理论阐释,让全区广大党员干部群众及时知晓、及时研读。要凝心聚力抓好党的十九大精神的贯彻落实,把学习贯彻落实党的十九大精神,与扎实做好当前工作结合起来,对照年初的部署要求,倒排进度,查漏补缺,全力冲刺,确保目标任务全面完成,以优异的成绩向中央、省委、市委和全区人民交上一份满意的答卷。

二、传达学习上级有关纪检巡察工作会议及文件精神。会议强调,要完善石鼓区委巡察工作制度,配齐配强巡察力量。要综合运用监督执纪“四种形态”,强化巡视成果运用,严肃巡视反馈,狠抓整改落实。要收集整理典型案例,积极筹备全区典型案例通报暨警示教育大会。

三、传达学习中办《关于进一步加强信访法治化建设的意见》和省委办《关于当前我省意识形态领域形势的通报》精神。会议指出,要深刻认识加强信访法治化建设的重大意义,切实把信访工作作为密切联系和服务群众的重要工作做实做好,坚持以法治思维和法治方式解决矛盾和问题,全面提升信访工作法治化水平。会议强调,要深刻认识意识形态工作的极端重要性,进一步增强责任感和使命感,落实党管意识形态原则,切实把责任扛在肩上、把任务落到实处。

四、传达学习上级有关党群工

作会议及文件精神。会议审议并同意推荐唐浩然等13人为省十三届人大代表资源摸底人选；推荐杨文峰为省十二届政协委员资源摸底人选。会议强调，要配齐配强群团组织领导班子，充分发挥群团组织服务中心工作的作用。要优化干部队伍结构，大胆提拔优秀年轻干部。要严肃换届纪律，确保省人大代表、省政协委员推荐提名工作风清气正。

五、传达学习了省安委会《关于深入推进安全生产大检查强化事故防控的紧急通知》、全省安全生产大检查工作“回头看”会议、以及杨光荣到衡阳督查安全生产工作指示精神。会议强调，全区各有关部门要进一步责任上肩，扎实开展安全生产大检查‘回头看’，查风险、除隐患、防事故，以决战决胜的态度，坚决打赢党的十九大期间安全生产保卫战。

六、关于基层党建工作。会议传达学习了省委《关于加强全省国有企业党的建设工作的意见》精神；听取了全区补缴党费下拨使用情况，以及迎接省市年度党建检查和书记抓基层党建述职考评情况汇报。会议审议并原则同意《关于停止执行杨龙金等4名同志的中共石鼓区第四次代表大会代表职务的决定》和《关于同意终止刘伍生等2人中共石鼓区第四次代表大会代表资格的决定》，并按程序办理。会议强调，区委组织部要严格党费使用范围，切实加强资金监管，坚决杜绝违纪行为；要加强国企党建工作，指导区城建投尽快成立党支部，并纳入党建考核。各乡街、部门党组（党委）书记要切实履行好主体责任，以党建工作引领各项工作，认真对标、查漏补缺、完善资料，做好迎检准备；区委巡察组要巡察各部门党组（党委）书记履行主体责任情况，并督促整改到位；社区网格要配强党支部力量，充分发挥党建作用。

七、关于2016年度绩效考核奖和项目津补贴发放工作。会议听取了2016年度绩效考核奖、年终一次性奖金和综治年度考核奖发放工作，以及区党政机关工作人员参与重点项目建设领取施工现场津贴情况汇报。会议审议并原则同意《石鼓区党政机关工作人员参与重点项目建设领取施工现场津贴的实施办法》，并根据会议意见进一步修改完善。

八、关于2016年度全区科及科以下工作人员考核工作。会议听取了2016年度全区科及科以下工作人员考核工作汇报，审议并原则同意区人社局提出的2016年度全区机关事业单位科及科以下工作人员考核结果和奖励标准，奖励经费由区财政据实保障。

九、关于机关事业单位养老保险改革工作。会议听取了机关事业单位养老保险改革工作情况汇报，审议并原则同意《石鼓区机关事业单位养老保险改革实施意见》，并根据会议意见进一步修改完善，按程序发文。会议强调，机关事业单位养老保险制度改革，关系广大机关事业单位工作人员的切身利益，涉及面广、政策性强，全区各级各部门要切实加强领导，精心组织实施，确保改革工作落实到位。

十、关于角山乡撤乡设镇工作。会议听取了角山乡撤乡设镇情况汇报，原则同意角山乡撤乡设镇，并按程序抓紧申报。（李　超）

**【区委2017年第20次（四届29次）常委会议】** 2017年10月29日下午，区委书记唐浩然主持召开，专题学习党的十九大精神。会议传达了党的十九大、十九届一中全会，省委、市委传达学习党的十九大精神会议精神。会议指出，全区上下要把学习宣传贯彻党的十九大精神，作为当前和今后一个时期的首要政治任务，精心组织、迅速行动，深入抓好贯彻落实，迅速掀起学习宣传贯彻党的十九大精神热潮。会议强调，学习宣传贯彻党的十九大精神，要坚持领导带头，把学习贯彻十九大精神作为政治必修课，全面、深入、系统地学，认真思考、仔细谋划，为全区各级党组织和全体党员，作出示范，当好榜样。要坚持统筹谋划，全面推进学习宣传贯彻工作。要坚持全面覆盖，精心部署，广泛深入开展主题宣传宣讲活动，营造学习贯彻党的十九大精神的浓厚氛围，掀起学习贯彻党的十九大精神的宣传热潮。要坚持结合实际，大力弘扬理论联系实际的学风，把党的十九大报告提出的基本方略、目标任务，贯彻落实到最基层。要坚持抓好当前，集中精力狠抓经济运行调度、项目建设、脱贫攻坚、重点民生实事等各项工作,确保全年各项目标任务取得好成绩。同时,按照党十九大的新要求,及早谋划明年乃至更长一个时期的发展,牢牢把握工作的主动权。会议要求,全区上下要把着力点聚焦到习近平新时代中国特色社会主义思想是党必须长期坚持的指导思想上,聚焦到五年来党和国家事业取得历史性成就和发生历史性变革上,聚焦到作出中国特色社会主义进入了新时代、我国社会主要矛盾已经转化为人民日益增长的美好生活需要和不平衡不充分的发展之间的矛盾等重大论断的深远影响上,聚焦到贯彻落实党的十九大的重大决策部署上,聚焦到习近平总书记是全党拥护、人民爱戴、当之无愧的党的领袖上,进一步提高对维护习近平总书记核心地位重要性的认识,牢固树立"四个意识",切实把维护核心作为最大的政治,始终在思想上高度依赖核心、政治上坚决维护核心、组织上自觉服从核心、行动上始终紧跟核心,坚定向习近平总书记看齐,对党绝对忠诚,坚决在政治立场、政治方向、政治原则、政治道路上同以习近平同志为核心的党中央保持高度一致,坚决维护党中央权威和集中统一领导。

（李　超）

**【区委 2017 年第 21 次(四届 30 次)常委会议】** 2017 年 11 月 9 日下午,区委书记唐浩然主持召开。会议决定事项:

一、关于党的十九大学习宣传工作。会议听取了关于党的十九大学习宣传工作情况汇报,审议并原则同意《关于认真学习宣传贯彻党的十九大精神的通知》和《关于党的十九大精神学习宣传方案》,并根据会议意见进一步修改完善,按程序发文。会议指出,学习宣传贯彻党的十九大精神,是当前和今后一个时期全区的首要政治任务,全区各级各部门要深刻认识党的十九大的重大意义,切实增强学习宣传贯彻大会精神的自觉性和坚定性,迅速在全区上下兴起学习宣传贯彻的热潮。会议强调,一要突出领导带头。区委常委会成员要带头学习,原原本本、原汁原味的逐字逐句研读,做到学懂、弄通、做实;带头撰写高质量的理论文章;带头抓好所在党组(党委)的理论中心组学习;带头深入分管部门、联点乡街和村(社区)宣讲党的十九大精神。通过引领示范作用,带动全区广大党员干部群众学在深处、干在实处。二要精心组织安排。全区各级各部门要按照区委统一部署,加强组织领导,制定学习计划,创新宣传方式,让党的十九大精神家喻户晓、深入人心。区委宣传部要加强指导,充分利用载体营造浓厚的宣传氛围,同时深入挖掘、培育和选树一批学习宣传典型。区委组织部要尽早谋划开展"不忘初心、牢记使命"主题教育。区委督查室要加强督查,及时将各部门和乡街学习宣传贯彻情况报告区委。三要联系工作实际。全区各级各部门要把学习宣传贯彻党的十九大精神,与扎实做好当前工作结合起来,对照年初的部署要求,倒排进度,查漏补缺,全力冲刺,确保目标任务全面完成。要坚持以人民为中心的发展思想,持续用劲抓好精准扶贫、安全生产等工作,促进民生持续改善,让石鼓人民有获得感、幸福感和安全感。要及早谋划明年工作,科学合理确定发展目标、重点任务和工作举措,以实实在在的行动贯彻落实好党的十九大精神。

二、关于文明单位评选和管理工作。会议听取了关于石鼓区文明单位评选和管理工作的情况汇报,审议并原则同意《石鼓区文明单位评选和管理办法(试行)》,并根据会议意见进一步修改完善,按程序发文;原则同意转发市文明委《关于印发〈衡阳市关于开展星级文明社区创建活动的方案〉的通知》,按程序转发;以及原则同意石鼓区申报 2017 年市级文明单位、文明社区名单,按程序上报。

三、关于纪检监察工作。会议传达学习了省纪委《严禁违规插手干预公共资源交易活动"九不准"规定》、市委办《关于领导干部干预和插手重大事项留痕备案的若干规定(试行)》、市纪委《关于开展落实全面从严治党主体责任和严肃党内政治生活专项监督检查的通知》等文件精神,审议并原则同意《关于迎接市纪委落实全面从严治党主体责任和严肃党内政治生活专项监督检查的方案》,并根据会议意见进一步修改完善,按程序发文。会议强调,全区各级党员干部要认真学习省市文件精神,自觉遵守和执行文件规定,确保各项规定落到实处。对违法规定者,要做到"零容忍",有纪必执,有违必查,绝不姑息。会议要求,迎接市纪委检查时间紧、任务重。一要提高认识。全区各级党组(党委)要提高政治站位,强化组织领导,全力做好迎接市纪委检查各项准备工作。二要压实责任。区委落实全面从严治党主体责任方面,由区纪委和区委办负责;区委严肃党内政治生活方面,由区委组织部牵头,区委办协助;区人大和区政协党组也要全力配合;各部门和乡街要完善资料,加强宣传,动员党员群众支持配合好迎检工作。三要加强督查。各单位要认真开展自查自纠,发现问题,及时整改。区纪委、区委督查室要组织督查队伍,督促指导各部门和乡街做好迎检工作,确保市纪委检查效果良好。

四、关于调整在任村干部基本报酬标准工作。会议听取了调整在任村干部基本报酬标准情况汇报。会议明确,一是由各乡街在现有村级人员经费中,按照在任村干部基本报酬新标准(村党组织书记2911元/月,村民委员会主任2620元/月,其他核定职数的村干部2038元/月)发放7月至12份月工资。二是工资分为固定补贴和绩效奖金。固定补贴占基本报酬的70%,以财政惠农补贴"一卡通"形式,按月足额发放到人;绩效奖金占基本报酬的30%,由乡街依据各村年度目标管理考核情况据实一次性发放。三是2018年按照在任村干部基本报酬新标准重新测算村级运转经费,并纳入年初预算。

五、关于区残联换届工作。会议听取了关于召开石鼓区残疾人联合会第五次代表大会的情况汇报,审议并原则同意会议的日程、经费和人事等方面的安排方案。会议强调,一要深化认识。召开残疾人代表大会是残联的组织制度,对于密切残联与残疾人的联系,激发代表参与残疾人事业的积极性和主动性,提高残联的服务和创新能力,具有重要意义。二要精心组织。区残联要周密安排,区委组织部要加强指导,各相关部门要协同配合,共同做好会议组织、交通安全、会议资料等各项工作,确保大会圆满成功。三要关心支持。全区各级各部门要全力支持残疾人工作,用心尽力为残疾人办实事、做好事、解难事,推进区残疾人事业又好又快发展。 (李　超)

**【区委2017年第22次(四届31次)常委会议】** 2017年11月19日下午,区委书记唐浩然主持召开,专题研究监察体制改革试点工作。会议听取了区纪委关于监察体制改革试点工作,区人大关于四届人大三次、区政协关于政协四届三次会议筹备工作情况汇报。会议指出,深化监察体制改革试点工作是党的十九大作出的重大决策部署,是推动全面从严治党向纵深发展、基层延伸的重要举措。全区各级各部门要统一思想认识,提高政治站位,严格依法有序推进,确保我区圆满完成监察体制改革试点工作任务。会议强调,要加强组织领导,迅速成立石鼓区深化监察体制改革试点工作小组,成员名单参照市里规格组成,并上报市工作小组办公室。要迅速启动工作,明确各部门任务和职责分工,并积极与上级衔接,尽快制定区改革试点方案和监察委班子人事安排初步方案。要积极稳妥推进,监察体制改革不是简单的合并划转,而是要实现机构、职能、人员的全面融合。区纪委、区委组织部、区委政法委、区检察院要对涉改人员逐一开展谈心谈话,深入细致地做好思想政治工作,确保改革期间思想不乱、人员不散、工作不断。会议明确,一是改革期间,区检察院涉改的三个部门人事冻结,待试点方案出台后,由区财政局牵头,进行财产清查,并登记备案。区监察委成立后,区检察院原有的执法办案区及相关装备设施予以保留,由两家单位共同使用。二是区监察委成立之前,区检察院所办案件按老办法办理,转隶来的反贪、反渎机构应当将案件线索一并移交到区监察委。三是同意将区民兵训练大楼2层提供给区监察委过渡使用,区政府要认真谋划,力争更好办公场所。四是同意区四届人大三次、区政协四届三次会议分别于2018年1月9日和1月8日召开。五是区监察委成立和区"两会"召开所需经费,区财政要据实予以保障。

(李　超)

**【区委2017年第23次(四届32次)常委会议】** 2017年12月4日下午,区委书记唐浩然主持召开,会议决定事项：

一、传达学习省委办《关于加强机关单位互联网网站信息发布管理的通知》精神。会议强调，全区各级各部门特别是区委办、区政府办、区委宣传部、区保密局、区电子政务办等部门要立即开展自查自纠，认真整改。区委督查室、区政府督查室要加强督查，并形成报告上报区委。对违反规定、造成泄密的部门和个人，将依法依纪严肃处理，追究责任。

二、传达学习省委办《湖南省党委（党组）网络意识形态工作责任制考核办法》精神。会议强调，一要增强意识。作为党委（党组）成员，要深刻认识网络意识形态工作的重要性，切实增强政治意识、大局意识、核心意识、看齐意识，不折不扣落实好意识形态工作责任制。二要管控重点。要加强对网络意识形态阵地的管理，重点管好具有新闻舆论和社会动员功能的新媒体。三要加强引导。要做大做强网上正面思想舆论，加强网上宣传思想文化阵地建设，唱响主旋律，提振精气神。四要明确责任。党委（党组）领导班子对本部门、乡街网络意识形态工作负主体责任，党委（党组）书记是第一责任人，一旦出了问题，将严肃追责。

三、传达学习了省纪委《关于8起国家公职人员违规参与涉矿等经营性活动典型案件的通报》、市纪委《关于全市5起国家公职人员违规参与涉矿等经营性活动和涉金融活动典型案件的通报》精神；听取了全区开展清理国家公职人员违规参与涉矿等经营性活动专项整治工作情况汇报。会议强调，全区各级公职人员要从典型案件中汲取深刻教训，切实引以为戒，做到令行禁止。要做到领导带头，如实填写个人及本单位的自查报告。区纪委要启动抽查科级干部自查报告，一旦发现问题，将严肃追责，并在全区通报。

四、传达学习中办《打黑除恶工作机制规定》精神。会议强调，一要加强领导。规范和调整全区打黑除恶工作协调小组成员，建立健全打黑除恶工作机制，迅速开展工作。二要严厉打击。既要打黑除恶，也要打击黑恶势力"保护伞"，确保石鼓区社会大局和谐稳定。三要强化保障。全区打黑除恶工作经费，财政要保障到位。

五、关于监察体制改革试点工作。会议听取了全区监察体制改革试点工作情况汇报，审议并原则同意《石鼓区深化国家监察体制改革试点工作实施细则》，要求按程序发文，并上报省、市改革试点工作小组办公室。会议强调，一要把握改革方向。各有关部门要牢固树立"四个意识"，讲政治顾大局，把思想和行动统一到党中央决策部署上来，高标准高质量完成好监察体制改革试点工作。二要强化分工协作。区委是主体责任，区纪委具体组织实施；区人大常委会按时产生区监察委员会，选举和任命监察委员会组成人员；区检察院配合做好职能和人员划转工作；区委政法委、区委组织部、区编办、区财政局、区机关事务管理中心等部门各司其职、各尽其责，共同做好监察体制改革试点工作。三要加强思想工作。区纪委、区委组织部、区检察院负责同志要高度重视转录人员的思想动态，逐人开展谈心谈话，增强转录人员的认同感和归属感，促进思想、理念、情感、人员、工作的全面融合。

六、关于十九大安保维稳总结讲评工作。会议听取了全区党的十九大安保维稳总结讲评工作情况汇报，审议并原则同意《党的十九大安保维稳工作表彰方案》，根据会议意见进一步修改完善，按程序发文，并在全区党的十九大安保维稳工作总结讲评会上通报表扬。会议指出，党的十九大特护期间，全区上下讲政治、讲纪律、讲大局，勇于担当、积极作为、全力以赴，全面落实区委、区政府部署要求，实现了"零进京、零非访、零登记"，圆满实现了"五个不发生""四个严防""两个确保"目标。会议明确，一是同意12月6日上午召开全区党的十九大安保维稳工作总结讲评会议。二是同意对每个乡街各拨付5万元工作经费，用于弥补各乡街工作经费不足。（李　超）

**【区委2017年第24次（四届33次）常委会议】** 2017年12月13日上午，区委书记唐浩然主持召开区委2017年第24次（四届33次）常委会议。会议研究干部工作。会议同意徐琼作为区政协副主席拟任人选，请按有关程序办理。（李　超）

**【区委2017年第25次(四届34次)常委会议】** 2017年12月15日上午,区委书记唐浩然主持。会议决定事项:

一、传达学习了《中共中央政治局贯彻落实中央八项规定的实施细则》、中办《习近平总书记关于进一步纠正“四风”、加强作风建设重要批示的通知》、省委办《关于学习贯彻习近平总书记重要批示精神集中精力做好岁末年初各项工作的通知》、市委办《深入学习贯彻习近平总书记关于进一步纠正“四风”、加强作风建设重要批示精神的通知》精神。会议指出,习近平总书记的重要批示,一针见血、切中时弊、内涵丰富,要求明确。全区各级党组织和全体党员干部要深刻认识批示精神的重大意义,牢固树立“四个意识”,自觉向中央、省委和市委看齐,切实增强政治自觉、思想自觉、行动自觉。会议强调,要结合即将开展的“不忘初心、牢记使命”主题教育,认真对照习近平总书记重要批示要求,对照《中共中央政治局贯彻落实中央八项规定的实施细则》精神,深入查找“四风”突出问题特别是形式主义、官僚主义新表现,摆现象、找差距、剖根源、严整改。会议要求,要坚持从领导干部做起,以上率下、层层带动,严控会议数量、规范考核评比、加强调查研究、改进宣传报道、提升政务服务水平等。纪检监察部门要加强监督执纪问责,确保作风建设取得实实在在成效。

二、关于区委四届五次全会筹备工作。会议传达学习了省委《关于深入学习贯彻党的十九大精神加快建设富饶美丽幸福新湖南的意见》、市委《关于深入学习贯彻党的十九大精神加快建设“五个新衡阳”的意见》精神。会议听取了区委四届五次全会筹备工作情况汇报,审议并原则同意《中共石鼓区委关于深入学习贯彻党的十九大精神加快建设“湘南地区最具活力的商贸文化中心”的意见》和《中共石鼓区委四届五次全体会议方案》,并根据会议意见进一步修改完善,提交区委四届五次全会审议。

三、关于圣诞节期间安全保卫工作。审议并原则同意《石鼓区圣诞节期间安全保卫工作方案》,并根据会议意见进一步修改完善,按程序发文。会议强调,一要高度重视。做好圣诞节期间安全保卫工作是当前全区最重要、最紧迫的工作。全区上下要把此项工作作为一项重要的政治任务来抓,积极主动,服从安排,不折不扣地完成各项工作,确保道路交通安全畅通,确保不发生影响衡阳形象的群体性、政治性事件,确保不发生重大安全事故,确保圣诞节期间全区的安全稳定。二要明确重点。要开展宣传舆论大引导,特别是加强对辖区学校、坐落单位和沿街商铺等宣传,引导市民文明、理性过节,同时禁止党员干部参与;要开展安全隐患大排查,对重点防控区域内的娱乐场所、宾馆酒店等进行大排查、大整改;要开展市容市貌大整治,严禁商家占道经营、门店外摆,严禁销售喷彩、氢气球、孔明灯等违禁物品。三要压实责任。成立石鼓区圣诞节期间安保工作指挥部,指挥调度全区安保工作,各重点路段实行路段长负责制,各部门按照职责分工,各司其职、各尽其责。区纪委监察局、区委督查室、区政府督查室要加强督查,重点督查各部门工作落实、各路段人员到岗情况,一旦出现问题,将依照规定严格追责。四要强化保障。县级领导要以上率下,带头到各路段指挥巡逻;各乡街、区直各部门要全力支持参与现场安全保卫工作;机关民兵要分赴路段现场巡逻。反光衣、对讲机、执勤袖标等安保设备要足量保障到位。安保经费财政要按需予以保障到位。

四、关于城管体制改革工作。会议听取了区城市管理执法体制改革工作情况汇报,审议并原则同意《石鼓区城市管理执法体制改革实施方案(试行)》,按程序发文。

五、关于规范社区专职工作者工资待遇工作。会议听取了关于规范社区专职工作者工资待遇工作情况汇报,审议并原则同意《石鼓区规范社区专职工作者工资待遇方案》,并尽快落实到位。

六、关于干部工作。会议审议并同意提名龚建民为区监察委员会主任候选人,曾广彪、李友良为区监察委员会副主任候选人,姚礼来等4人为区监察委员会委员候选人;同意李谦任团区委书记,唐驰任团区委副书记;同意蒋建华退出领导班子岗位,王素纯等7人退出领导班子岗位,解决主任科员职务。

(李　超)

**【区委 2017 年第 26 次(四届 35 次)常委会议】** 2017 年 12 月 28 日下午,区委书记唐浩然主持召开。会议研究以下工作:

一、会议传达学习了全市基层党建述职评议会议精神,认为石鼓区委对基层党建工作看得重、抓得紧,指导有力,保障比较到位,投入经费较多,基层干部干事创业积极性高。同时要求石鼓区委要进一步落实村级治理长效机制,进一步严格党的组织制度,进一步强化党员教育管理。会议要求,一是针对全区基层党建工作存在的问题,要列出问题清单,制定整改方案,全力推进问题整改到位。二是全区各级党委(党组)要举一反三,全面自查自纠,发现问题,立即整改到位。三是深入开展“支部建设年”活动,以支部建设带动基层党组织建设的整体提升。

二、传达学习了省市脱贫攻坚迎国检会议精神,要求全区各级各部门充分认识“国检”工作的重要性,切实增强紧迫感和责任感,精心准备好迎接脱贫攻坚国检工作。会议要求,一要勤于走访。县级领导要率先垂范,所有帮扶干部要深入走访扶贫帮扶对象,积极开展“六个一”活动。二要精心指导。区委、区政府分管领导要加强工作调度,区扶贫办加强业务指导,各乡街要全面自查自纠,发现问题,立即整改,确保迎检不出任何问题。三要强化管理。区委组织部要加强对驻村帮扶工作队的管理,进一步强化驻村任务和驻村纪律,并严格考勤,做到人在村上、心在扶上、帮在根上。四要严格督查。区委督查室、区政府督查室要针对问题清单,逐项开展督查,对还没有整改到位的,立即启动问责。

三、关于党外知识分子联谊工作。会议听取了区党外知识分子联谊会情况汇报。会议明确,一是同意召开区党外知识联谊会成立大会。二是会务费和 2018 年党外知识联谊活动经费财政要保障到位。

四、关于区委经济工作会议筹备工作。会议传达学习了中央、省委和市委经济工作会议精神,审议并原则同意《区委 2018 年经济工作报告》,并要求按照会议意见进一步修改完善;同意《2017 年度全区综合治理、人口计生、安全生产工作考核情况的通报》,并按程序发文,在区委经济工作会议上进行表彰;同意《区委经济工作会议方案》。会议强调,全区各级各部门要深入学习贯彻中央、省委和市委经济工作会议精神,认真谋划好 2018 年经济工作重点,推动石鼓经济实现更高质量发展。

五、审议区“两会”工作报告。会议审议并原则同意《区政府工作报告》《区人大工作报告》《区政协工作报告》和《2017 年国民经济和社会发展计划执行情况及 2018 年国民经济和社会发展计划(草案)报告》,并根据会议意见进一步修改完善,按程序提请区人大常委会审议。会议认为,2017 年以来,区人大和区政协积极围绕区委中心工作,认真组织开展课题调研、民主协商和部门评议等活动,为区委、区政府决策提供了很好的参考意见。会议要求,2018 年,区人大和区政协要继续发扬优良传统,积极开展调研献策活动;要创新参政议政方式方法,提高议政建言质量;要提升人大代表和政协委员履职能力,充分利用自身优势,参与支持石鼓发展。

六、关于 2018 年财政预算编制工作。会议听取了 2018 年财政预算编制工作情况汇报,审议并原则同意《石鼓区 2017 年区本级预算执行情况与 2018 年区本级预算(草案)》,按程序提请区人大常委会审议。

七、审议并原则同意《区纪委机关、区监委机关内设机构和人员编制方案(试行)》,要求区编委会尽快审议并按程序发文,报市监察体制改革试点工作小组备案。

八、关于干部工作。会议通报了衡委干〔2017〕100 号文件关于同意提名龚建民为衡阳市石鼓区监察委员会主任候选人,徐琼为衡阳市石鼓区政协副主席候选人;衡组干〔2017〕64 号文件关于同意提名曾广彪、李友良为石鼓区监察委副主任人选;衡纪组函〔2017〕21 号文件关于同意提名姚礼来、唐贞、蒋贝、刘奇平为石鼓区监察委员会委员人选。会议审议并同意区检察院陈粤强、蔡丹岳、李灿转任至区监察委员会;同意推荐何一流、曾利荣、阳衡湘为区四届人大常务委员会委员候选人。

(李 超)

## 纪检监察工作

**【概况】** 2017年，石鼓区纪委监察局在衡阳市2017年度党风廉政建设考核中，区委履行主体责任和纪委履行监督责任均获先进，为全区经济社会发展提供了有力纪律保障。2017年，区纪委监察局深入推进纪检监察体制改革，改革之前机关设有6个内设机构，分别是办公室、党风政风监督室、信访室、第一纪检监察室、第二纪检监察室、审理室，下设1个二级机构：财务监察所。有编制25名，设领导班子成员8名。区纪委常委7名，其中：书记1名，副书记2名（其中1名兼区监察局局长），常委4名；区监察局党外副局长1名。4月，牵头成立区委巡察办。9月，成立6个派驻纪检组，分别是区纪委驻区委办公室纪检组、区纪委驻人大机关纪检组、区纪委驻政府办纪检组、区纪委驻区政协办纪检组、区纪委驻区委政法委纪检组、区纪委驻区财政局纪检组，设有编制24个。根据石鼓区监察体制改革试点工作方案，12月，区检察院转隶14名干部到区监委。（邱俏梅）

**【“两个责任”落实】** 2017年，区委带头落实管党治党政治责任，召开区委常委会议25次，研究党风廉政建设工作达18次32个议题，区委主要负责人对重大案件和重大问题亲自部署、亲自过问、亲自督办。“四大家”领导认真履行“一岗双责”，带动全区各级领导干部上廉政党课340多堂次，举行宣传宣讲活动130多场次，覆盖全区所有基层党组织。全区各级党组织全面落实市委谈心谈话、家访、体检、请示报告等10项措施，区级领导开展谈心谈话420多人次，科级以上领导干部家访实现全覆盖。区纪委严格履行监督责任，10月，组织开展“吃空饷”及临聘、抽调借调人员问题专项治理工作，旨在解决机关干部长期不上班“吃空饷”、临聘人员过多及抽调借调人员不规范问题。全年，开展批评教育247人次，廉政审查974人次，提出暂缓或否定的建议16人次，问责管党治党不力的党组织3个、党员领导干部17名。（邱俏梅）

**【纪律审查】** 2017年，全区始终保持惩治腐败高压态势，查办案件数量再创历史新高。3月，加强村支两委换届风气监督。牵头成立8个区级风气监督组，由区纪委常委任组长，从各乡街、区直机关单位纪检组织抽调精干力量30余名，紧盯村（社区）“两委”换届选举工作各个主要环节、重要节点，确保换届工作风清气正。4月，从严查处和平村“两委”换届拉票助选案，15天内查清违法违纪事实，处分处理31人，并在全区45个村（社区）开展警示教育，确保了全区村（社区）换届风清气正。5月，对交办的突出环境问题和中央环保督察组交办的问题，迅速介入，主动作为。35人工作不力被问责，其中给予党纪处分5人次，给予行政处分10人，给予组织处理19人次，另有1人存在其他违纪问题被并案调查。6月，按照区委的统一安排，对黄沙湾街道松梅村进行集中整顿。立案审查9人，向司法机关移送线索8起15人。全年全区纪检监察组织共处置信访举报158件，立案85件，结案85件，给予党政纪处分82人，其中乡科级干部9人，移送司法6人，立案数、处分数均为去年的2.3倍。综合运用“四种形态”，处理党员干部381人次，第一、二种形态占比85.6%，第三种形态占比10.7%，第四种形态占比3.7%。

（邱俏梅）

**【巡察办成立】** 2017年，石鼓区率先在城区成立区委巡察工作领导小组办公室（简称巡察办），4月21日，石鼓区委巡察工作领导小组办公室揭牌仪式在区政务中心举行，衡阳市委巡察办主任龙祝元、石鼓区委书记唐浩然为中共石鼓区委巡察办揭牌。按照一届任期全覆盖目标，推动巡察工作全覆盖。

（邱俏梅）

**【派驻纪检组】** 2017年9月，石鼓区纪委派驻纪检组挂牌成立。9月7日，召开石鼓区纪委派驻机构全覆盖工作会，6个区纪委派驻纪检组揭牌成立，实现对45家区一级党和国家机关派驻全覆盖。市纪委副书记卜茂平到会指导，区委书记唐浩然参加会议并讲话。区委常委、组织部部长叶强宣读区委对涉改干部的任免决定。区委常委、区纪委书记龚建民对派驻监督工作进行安排部署。公开选调20名干部充实到6个派驻纪检组，实行人财物集中管理模式，在全市率先实现纪检派驻全覆盖，创造了石鼓经验。（邱俏梅）

【监察体制改革】 根据党中央关于深化国家监察体制改革的决策部署，石鼓区委于2017年11月成立区深化监察体制改革试点工作小组，制定深化国家监察体制改革试点工作实施细则。2017年12月1日，印发《石鼓区深化国家监察体制改革试点工作实施细则》。2017年12月，制定机构设置和人员转隶方案，启动有关程序，开展业务衔接，做好监察委员会产生的前期各项工作。2017年12月底完成区检察院反贪污贿赂、反渎职侵权、预防职务犯罪等部门的转隶工作。监察委员会的职能是维护宪法和法律法规权威，依法监察公职人员行使公权力情况，调查职务违法和职务犯罪，开展廉政建设和反腐败工作。监察委员会履行监督、调查、处置职责，对所有行使公权力公职人员实现监察全覆盖。

（邱俏梅）

【廉政宣传教育】 2017年，区纪委突出教育在先，建立廉政文化建设联席会议制度，开展廉政文化"六进六创"活动。1月23日，区纪委工会举办以"廉洁进家庭，幸福你我他"为主题的家庭助廉活动，教育引导会员及家属廉洁修身、廉洁齐家，同时展示会员家庭风采，丰富会员文化生活。在全市率先开展十佳"廉内助"评选活动。集中开展党员干部警示教育7批次，编发警示教育读本2.2万余册，拍摄微电影《问责风暴唤醒责任意识》，营造了浓厚的廉政氛围。7月，组织全区新提拔交流重用的干部到雁北监狱开展廉政警示教育，在雁北监狱建立"石鼓区廉政警示教育基地"。（邱俏梅）

【队伍建设】 2017年，区纪委常委会强化"四个意识"，严格执行请示报告制度，坚决贯彻市纪委和区委决策部署。扎实开展"素质提升年"活动，抓好十九大精神的学习宣传工作，在全区纪检监察系统掀起学习十九大精神热潮，举办4期纪检系统业务培训，选派业务骨干36人次协助省、市纪委办理专案。加强基层谈话室建设，实现了乡（街）纪（工）委标准谈话室全覆盖。12月，召开"弘扬'红船精神'，当好忠诚卫士"座谈会暨征文表彰会，与会人员交流探讨如何弘扬"红船精神"。筹备区监察委成立相关事宜，对涉改人员逐一谈心谈话和考察。严格执行监督执纪工作规则和"十不准"禁令，全年办案安全实现"零事故"。自觉接受各方监督，坚持刀刃向内，7名纪检监察干部因履职不力被约谈，处分纪检监察干部2人。（邱俏梅）

## 巡察工作

【概况】 石鼓区委巡察办成立于2017年，是中共石鼓区委巡察工作领导小组日常办事机构。主要职责是：负责传达贯彻中央、省委、市委、区委、区委巡察工作领导小组的决策和部署，向市委巡察办、区委巡察工作领导小组报告巡察工作情况；负责统筹、管理、协调区委巡察组开展工作；承担区委各项巡察工作的综合协调、调查研究、督察督办、情况通报、制度建设、服务保障；负责对巡察发现的普遍性、规律性问题进行综合、分析和研究，形成专题报告，为区委决策服务。有综合室、督察室和联络室三个内设机构，在岗工作人员6人。在职干部中女干部3人，本科以上学历6人。（周　鑫　仇　虬）

【巡察部署】 2017年，石鼓区率先在全市城区建立巡察机构。6次召开区委常委会，学习关于中央、省、市关于巡视巡察工作的指示精神；召开区委"五人小组"会，听取巡察工作情况汇报，提出处理意见和整改要求；3次召开巡察工作领导小组会，研究和解决问题。

（周　鑫　仇　虬）

【巡察监督】 2017年，石鼓区突出政治巡察，在政治高度上突出党的领导，在政治要求上抓住党的建设，在政治定位上聚焦全面从严治党；突出监督重点，牢牢抓住事关中央大政方针的问题，事关领导班子和领导干部队伍建设的重大问题，事关影响社会稳定、经济发展的全面战略问题。2017年，区委共进行两轮巡察，对5个单位党组织开展巡察，涉及1个街道和4个区直单位：首轮巡察黄沙湾街道、区水利局、区住建局；第二轮巡察按照市委巡察办的统一部署，参加全市交叉巡察，由珠晖区委巡察组对石鼓区农林局、人社局进行巡察。2017年共发现问题71条，追回款项130余万元，出台、完善制度60余项，移交问题线索10个，区内通报1人，组织处理1人，立案10人。（周鑫仇虬）

【成果运用】 2017年，石鼓区突出巡察实效，巡察整改既立足治标，落实当下改的举措，也着眼治本，形成长久立的机制，拓宽巡察工作的广度和深度。首轮巡察发现，被巡察单位存在“两个责任”落实不到位，作风建设抓得不严，财经制度执行不规范等共性问题，立即在全区范围内开展“三整治一培训”活动。（周鑫仇虬）

## 党办工作

【政策研究】 2017年，重点对基层党建、招商引资、征地拆迁、现代服务业、乡村旅游等热点、难点问题开展调研。全年在省市刊物发表文章15篇，完成综合材料140余篇。下发《继续开展“深入基层、调研献策”活动方案》的通知，加大调研力度，强化调研实效，各单位共报送调研报告30余篇，有4篇在市里获奖，总量城区第一，被评为全市调查研究月优秀单位。完善了市、区、乡（街）、村（社区）四级信息报送网络，建立健全了材料和信息报送定向约稿、季度通报二项制度，材料和信息质量明显提升。全年向省、市上报信息320余篇，省、市单条采用95篇。（贺海军）

【保密工作】 2017年，开展保密检查2次，检查单位80余家、电脑110台、密级文件300份。利用多种形式开展保密宣传教育，共800余人接受保密教育。1月，配合区人武部、区城建投制定关于人武部基础设施建设方案，提出保密要求并开展保密宣传教育。3月，指导区电子政务办做好党政门户网站有关保密工作，并提出相关保密要求。3月24日下午，在全区公文写作暨建议提案办理专题培训班上对保密工作作了明确要求。12月，邀请市保密局技术骨干来石鼓区宣讲保密知识，组织观看保密宣传教育片，传达和学习省委办、省政府办下发的关于加强机关单位互联网站信息发布管理的通知，全区办公室系统共80余人参加学习。规范密级文件印制流程，每一个密级文件印制下发，定密依据充分，流程清楚，责任明确。每个密件，定密都由区保密局把关、送交市指定的具有资质的印刷厂规范印制，按编号对应分发到相关单位。明确要求各单位将产生的废弃资料文件、电子用品等送交市销毁中心统一销毁，涉密资料销毁一件件、一份份登记在册。全年销毁普通文件5批次、11车。6—7月，石鼓区保密局配合查处国家局、省局交办、市保密局主办的涉嫌泄密案件。（周朝晖）

【史志工作】 2017年，石鼓区委、区政府重视史志工作，把史志工作和党史联络经费纳入区财政预算，足额保障。6月，湖南省党史联络组湘南片组组长苏建民一行到石鼓区调研党史及党史联络工作，分管党史工作的区委常委、区委办主任郑建芳亲自调度，督办调研座谈的每个环节，区委副书记谢海蓉主持会议，区委书记唐浩然出席会议。8月，新调入1名年轻干部充实到史志办，增强史志工作力量。区史志办聚焦主业，抓紧抓好资料收集和史志编纂。注重地情资料的日常收集和应用。年内，收集了近两年来的《石鼓手机报》电子版、《石鼓江山报》、石鼓党政门户网发布的石鼓新闻、工作动态、全区对上对外的宣传报道文章、微视频、微故事以及能反映石鼓区政治、经济、社会发展的图片并归类整理。充分发挥地方志资源在服务全区经济社会发展中的积极作用，深度挖掘历史文化内涵，配合相关部门做好“莲文化”“书院文化”“湘军文化”等文章，为草桥文化风情街提供历史支撑。完成省委党史研究室、市委党史研究室、省志委、市志办下达的课题调研、组稿和稿评工作。上报的党史研究课题《石鼓区商贸服务业“四重境”》入选《湖南改革开放实录》2017年卷。完成《湖南党委工作纪事》《中共衡阳市委执政纪事》《湖南年鉴》和《衡阳年鉴》组稿工作。与区重点办、区住建局、区政府办通力合作，完成《衡阳城市建设回忆录》石鼓区的撰稿工作。按照市委党史研究室指示，认真研读《衡阳国有工业印记》（征求意见稿）之企业家、专家、劳动模范选录和《中国共产党衡阳市常宁历史》（评审稿）之文化大革命的开展等样稿，从体例的运用、史料的真实性及文字修辞等角度，提出客观公正的稿评意见。做好史志编纂工作。重点是编好三本书：《永恒的丰碑》《石鼓乡街简志》和《石鼓年鉴（2017）》。区委党史联络组和区史志办以“纪念建党96周年，喜迎党的十九大”为契机共同编撰了党史读本《永恒的丰碑》，该书将境内党史人物、党史事迹和革命遗址进行认真梳理汇编，共印制300册，由区委办下发专题通知，要求全区各乡（街道）党（工）委、区直各单位党组织结合“两学一做”学习教育组织学习。在编纂《湖南乡镇简志》衡阳分卷·石鼓篇的基础上，进一步补充史料，编纂《石鼓乡街简志》。12月底，《石鼓乡街简志》由团结出版社公开出版发行，定价48元/册，首次印刷1010册。该志书共12万字，收录图片102张，上限为各乡街成立之时，少数上溯到中华人民共和国成立之前或更久远时期，下限为2014年12月，其中领导名录和图片资料收录到2016年底，全区9个乡街独立成志。根据国务院办公厅颁发的《全国地方志事业发展规划纲要（2015—2020）》要求，史志办积极筹划第二轮区志的编修工作，7月在区委、区政府的关心和重视下，启动了《石鼓年鉴（2017）》的编纂工作。已向方志出版社申请公开出版发行。区史志办充分利用党史和地方志资源，拓展史志宣传渠道，灵活多样地开展史志宣传教育，铸魂补钙。全年向区图书馆、区直机关各部门、市属驻区各单位赠阅《衡阳地方史资料》《年鉴编纂指南》120多套，向区委、区政府领导赠阅《衡阳市志》（1978—2008）共8套、《城北区志》和《中国共产党衡阳市石鼓区历史》5套，《衡阳旧志名宦录》《衡阳古代清官名吏选记》各10册。把《中国共产党衡阳市石鼓区历史》《中国共产党衡阳市石鼓区历史·大事年表》及《中国共产党衡阳市城北区组织史资料》寄送到中央党史图书馆和湖南省党史馆收藏，弥补了石鼓区党史资料在中央和湖南省的馆藏空白。加强与省内外史志同行的交流学习，与江苏、湖北、河南及省内的醴陵、常德、岳阳、望城、永州等史志办（党史研究室）交换史志书籍30余册，借鉴外单位好的经验，也以此宣传和推介石鼓。结合精准扶贫工作，组织党史联络组老同志到黄沙湾街道松木村贫困户家中，用贴近农户的语言和喜闻乐见的形式，宣讲中央精准扶贫政策以及党的十九大精神，使党史工作既通天线又接了地气。全市“三红”党史宣教联络工作现场会后，区史志办迅速召开室务会传达会议精神。区委党史联络组和区史志办全体工作人员认真学习省委党史研究室领导及市委常委、市委秘书长张贺文的讲话精神，并立足石鼓区情，就如何贯彻落实本次会议精神，创新石鼓区党史宣教联络工作，推出有份量、富有石鼓特色的党史“三红”工作举措，展开了广泛讨论，达成共识。订阅党史月刊《湘潮》248份，免费赠送给区委、区人大、区政府、区政协领导班子成员，区直单位、乡（街道）、系统党（工）委，村（社区）和非公基层党组织学习。区史志办被评为全市地方志工作先进单位，全市党史工作目标管理优秀单位。

（左　丹）

**【档案工作】** 石鼓区档案局（馆）现在职在编共8人，其中局长1名，副局长1名，科员6名，均为全额拨款事业编制。区委、区政府一直很重视档案工作，不仅把档案工作纳入了区委、区政府的工作规划，还制定了一些档案工作方面的规定和措施。2015年，石鼓区委办、区政府办联合印发《关于进一步加强新时期档案工作的意见》《石鼓区重点建设项目档案管理办法》，2017年，下发了《石鼓区档案馆面向社会广泛征集珍贵档案的通知》《关于做好档案资料接收进馆工作的通知》，对石鼓区新时期档案工作做出了全面部署和安排。3月10日，区政府2017年第2次常务会议专题听取档案局《数字化档案馆建设情况汇报》，会议研究决定，将数字化档案馆建设经费纳入区财政预算，分3年安排。开展区档案馆晋升省二级档案馆和指导区法院开展晋升省一级档案室的工作，请市档案局业务科室领导来石鼓区现场指导各项基础业务建设工作。组织区法院到湖南省地质测绘院学习档案规范化整理。抓好《精准扶贫档案管理办法》的贯彻落实,区档案局派出业务能力强的副局长到乡、村讲课,指导各扶贫单位为扶贫对象建档立卡和收集整理扶贫档案。抓好档案法制宣传。以《中华人民共和国档案法》颁布30周年为契机,开展形式多样的宣传活动。印制纪念《中华人民共和国档案法》颁布30周年知识问答资料300份,分发给区直机关单位和乡街、社区。6月9日是全国第十个国际档案日,为纪念这一主题日,区档案局选送优质节目参加市档案局6月8日在市广电中心举行的"衡阳记忆、兰台颂歌——档案与文明同行"大型文艺汇演活动,并获三等奖。9月,对区财政局等28个单位开展档案移交和档案安全的执法检查,对没有按时移交和规范化整理等违法行为及时下发《档案执法检查通知书》,责令限期整改。发挥衡阳市党政门户网、石鼓区党政门户网、石鼓手机报、微信公众号、QQ群等的引导宣传作用,增强了全区档案工作的社会影响度。全年撰写理论研究文章和征文4篇,报送档案利用典型事例4个,在市档案信息网发表稿件12篇,石鼓区党政门户网发表稿件3篇,石鼓手机报发表信息3篇。组织全区400余名干部职工参加"宝葫芦杯"档案法律法规知识有奖竞赛活动。超额完成《档案时空》《中国档案报》和《中国档案》等报刊杂志的征订任务。派员参加省、市档案局举办的业务培训班,请市局业务科室领导现场指导档案规范性整理工作,组织区档案局工作人员到市档案局参观、学习档案鉴定和档案业务规范整理工作。全年举办了1期档案业务培训班,邀请相关专家授课,培训档案员150人。通过培训、学习,提高了全区档案工作人员的理论水平和业务素质。为更好地对老百姓提供更加快捷的查阅服务,发挥档案服务民生、服务社会的作用。区档案馆安排专人负责查阅档案资料。全年接待查阅人员300人次,查阅档案467卷,复印资料1385张。开展档案寄存服务,区档案馆寄存了医保中心业务档案和残联等单位的档案127盒(卷)。开展档案资料的编研工作,征集编研了衡阳古城及城北区、石鼓区区域图册,并协助区史志办编写了《永恒的丰碑》《石鼓乡街简志》等资料。强化馆藏资源建设。接收了五一街道等5个单位的文书档案333盒(卷),撤并单位档案112盒(卷),民生档案756盒(卷),重点项目档案125盒(卷)。为四大家主要领导建立了档案,区档案局业务人员积极争取四大家领导的支持,收集整理了相关的照片和文件资料。全年为四大家领导整理照片档案7盒,归档文件材料10盒。档案数字化建设项目进展顺利。结合外地县(市、区)数字档案馆成功经验和石鼓区实际,《数字档案馆建设指南》和《信息安全等级保护》要求,制订区档案局数字档案馆及档案数字化建设方案预算,并通过财评,严格按照招投标程序办理。开展档案鉴定工作,档案安全是档案工作的头等大事,为保证档案数字化安全,区档案局成立了档案鉴定领导小组,坚持档案"不鉴定不能扫描"和"秘级以上文件暂时不扫描"的原则,请保密局长严格把关和指导,确保在档案数字化过程中不漏档、不泄密。全年完成了档案机房以及档案平台系统的建设。机房与硬件集成已完成验收,馆藏档案信息资源管理系统处于试运行状态。录入文件级目录3.8万条,并对已鉴定完的部分永久档案进行了全文扫描,截至12月底,已完成馆藏档案数字化扫描50万页。区档案局获2017年度全市档案系统先进集体;撰写的《家庭建档促进社会文明》在市档案局组织的征文比赛中获三等奖。 (李燕妮)

**【督查工作】** 2017年,区委督查室制订了《2017年督查工作要点》《2017年区委督查工作计划表》,以2017年度区委经济工作会议为主线,围绕上级党委和区委重大决策部署、领导重要讲话和批示、交办事项,开展40余次专项督查活动,下发督查专报45期,为推动区委、区政府的决策落实发挥了积极作用。同时,向上级党委部门和区委领导上报工作落实情况报告30余篇,为各级领导科学决策或完善决策提供依据。办理领导指示、交办件50余件,办结率为100%。其中,市委书记周农批示件4件、区委书记唐浩然批示件35件。区委书记唐浩然高度重视区委督查工作,多次听取工作情况汇报,亲自安排部署2017年督查重点工作,并就脱贫攻坚、防汛抗灾、十九大安保维稳等中心工作多次作出重要批示。年初,区委督查室联合区政府督查室开展5次禽流感防控现场督查,督促问题整改到位,有效地遏制疫情扩散态势。5月,石鼓区成立由区委督查室牵头的联合环保督查组,对中央、省、市交办的来雁新城等重点项目、合江套等重点区域、蒸水和雁栖湖等重点水域,以及学校、养殖场、砖厂、汽车服务店、烧烤夜市等重点行业排查整治情况开展督查,有力推动了工作落实,区环保工作得到中央第六环保综合督查组的充分肯定。6月,特大洪锋过境期间,区委督查室实行全天24小时,分3班轮班督查,督促责任落实无空档,险情及时处置到位,没有造成重大财产损失和发生人员伤亡事件。在迎接中央文明委测评期间,区委督查室连续1个月时间每天对全区7个乡街和区直各责任单位的问题整改情况进行现场督查,确保问题整改到位。十九大安保维稳攻坚阶段,全天候、全覆盖开展督查,坚持当日督查、当日通报情况,为区领导及时了解工作动态,作出正确决策提供依据,其间重点开展的“五包一”信访专项督查,提出了较好的工作建议。　（吕　宾）

**【机关事务】**　2017年,根据石编发〔2017〕26号文件精神,区委区政府接待处于2017年6月30日更名为区机关事务管理中心。更名后,机关规格、隶属关系及领导职数不变。区机关事务管理中心始终坚持贯彻落实中央“八项规定”和省委“九项规定”以及《党政机关厉行节约反对浪费条例》《党政机关国内公务接待管理规定》《湖南省党政机关国内公务接待管理办法》等文件精神,厉行勤俭节约,严控“三公”经费支出。全年公务接待80余起,接待经费支出30余万元,同比去年下降约57%。履行监督管理工作,强化各项管理,认真履行各项职能,充分发挥后勤服务保障作用。物业方面。加强了对物业工作的监督和管理,严格按照物业服务公司相关规章制度和服务要求对物业公司的各项服务工作进行规范化、科学化、经常化的考核管理,确保了机关环境卫生干净整洁、水电畅通。园林方面。完成了机关大院园林绿化养护招投标工作,9月1日,新的中标公司湖南鸿铭建设园林有限公司正式进驻石鼓区接管机关园林养护工作。安保方面。不断强化对保安工作的监督检查力度,加强对出入机关大院车辆和人员的管理,协助信访部门做好上访人员信访维稳工作,有效维护了机关大院的正常工作秩序。食堂方面。加强食堂日常管理工作,严把食材进货关、加工关,并完成了一年一度对供货商的考察和供货合同的签订工作。机关维修方面。针对机关大院路面及办公楼破损的地方组织进行3次零星维修;对区政府一楼原展厅进行改造;完成区委楼和政府楼自来水加压改造工程及区政府楼地下车库维修改造工程。严格执行公车管理相关管理制度,对公务车辆的使用、维修、油料等进行规范管理,确保了机关各部门正常公务用车的需要,并做到了全年安全行车无事故。　（傅俊钢）

**【深化改革】**　2017年5月22—30日,分5期印发了改革简报,集中宣传石鼓区各级党政主要负责人亲力亲为抓改革典型经验。5月25日,区委书记、区委全面深化改革领导小组组长唐浩然主持召开区委全面深化改革领导小组第六次会议。会议传达学习了中央深改组第三十三、三十四、三十五次会议精神,市委深改组2017年第一次会议精神,审议并原则通过了《中共石鼓区委全面深化改革领导小组2017年工作要点》《2017年改革工作要点责任分解》《关于调整区委全面深化改革领导小组及各专项小组成员的建议名单》,研究了公安警务机制改革工作。7月17—26日,在全区范围内组织收看电视专题片《将改革进行到底》。8月14日,唐浩然主持召开区委全面深化改革领导小组第八次会议。会议传达学习了市委深改组第十五次会议精神,审议并原则通过了《区纪委派驻机构改革工作推进方案》《关于进一步加快全区“互联网+监督”平台建设工作的方案》《石鼓区关于干事创业容错纠错减责免责的实施办法(试行)》,研究了参评市全面深化改革“双十佳”申报工作。11月6日下午,在市委、市政府主办的“改革先锋·创新衡阳”——衡阳市改革创新“双十佳”评选汇报会上，区长刘浪被评为“十佳改革创新人物”。11月13日，印发《石鼓区2017年全面深化改革工作督察方案》。15日至20日，区委改革办、区委督查室、区政府督查室分别对区委组织部、区发改科技局等36个区直责任单位与7个乡（街道）的全面深化改革工作落实情况开展督察。督察结果以2017年第6期改革简报的形式印发。12月14日，唐浩然主持召开区委全面深化改革领导小组第九次会议。会议传达学习了十九届中央全面深化改革领导小组第一次会议和省委全面深化改革领导小组第三十次会议精神，审议并原则通过了《石鼓区城市管理执法体制改革方案（试行）》。2017年，全区9大类24项重点改革任务，全部按时间节点推进。基本完成农村土地承包经营权确权登记，产业融合发展步伐加快。行政执法三项制度改革走在前列，石鼓区被确定为全国重大行政执法审核试点单位。警务机制改革成效显著，社区视频监控系统获得省市重点推介。率先实施城市管理执法体制改革，城市管理体系进一步理顺。党的建设、生态文明、经济体制、监察体制、财政管理等重点领域改革统筹推进，国库集中支付、法律顾问制度、巡察监督、派驻监督实现党政单位全覆盖。“两集中、两整合、两到位”和“互联网+政务服务”改革深入推进，率先出台干事创业容错纠错办法。

（欧坤华）

**【应急值班】** 2017年，牢固树立“两种”理念，确保值班工作有序开展。树立“值班工作无小事”的理念。各位值班工作人员时刻保持良好的工作状态，按照“快速反应，及时汇报，迅速落实”的原则，团结、求实、创新、勤奋、廉洁、高效的做好政务值班工作。树立“准确、及时上情下达、下情上报”的理念。做好政务电话接听工作，保证区委、区委办公室与市委、区内各级各部门工作联系的畅通；做好与市委值班室、区内各级各部门的政务值班的衔接工作，确保信息及时收集和上报。注重“六大”方面，确保各项工作推进。值班备勤常抓不懈。严格执行24小时值班制，值班日志登记详细，值班电话7×24小时畅通，突发事件及时上报领导，依据领导处理指示跟相关职能部门对接处理，节假日及敏感期执行领导带班制，全天候指导值班工作，确保了工作不断档、不遗漏。全年（含节假日与周末）共安排值班112天，按照值班流程要求通过规范的报送方式向市委总值班室报送涉军群体上访、西湖奥特莱斯群体事件、角山乡交通事故等突发情况信息9篇。文电通知规范有序。创新文电通知电子档案留存，全年完成各类通知1.27万人次，收发各类文件185件，传办主要领导各类批示、指示12件次，均未出现疏漏和差错，完成值班通知记录286次，做到件件有记录、样样有回音。会务服务精益求精。以“严”字把关，从“细”字入手，倡导细中求精的办会原则，全年共参与各类全区性大会、专题会议、常委会等重要会议会务服务176次，其中区委常委会26次，并做好各种会议名单收集、座位安排，均做到无一错漏，完成了会前通知、会中衔接、会后整理等工作，得到了领导的肯定。信访引导耐心细致。对上访群众热情接待，按照劝、引、稳的信访接待方针耐心做好政策解释和说服工作，稳控好思想波动大的上访对象并积极引导上访群众通过正常渠道反映问题。全年共接访来访群众96次数、285人次，展现良好的“窗口”服务形象。宣传工作推进。充分利用“石鼓手机报”和各类媒体平台，多渠道、多手段、多形式对内外宣传区委办新举措、新成绩、新经验和新面貌，全年共在石鼓手机报和省、市媒体平台上发表信息、文章共35篇，提升宣传效果。作风建设一如既往。根据区委办的统一安排，上下班实行指纹打卡，并一月一通报，年底结总账，确保职责到位，纪律严明。推进月度总结计划制度，对当月工作作出总结，对下月工作作出计划，及时掌控工作进度，查找存在的问题和不足，提升工作执行力。

（李　超）

## 组织工作

**【概况】** 2017年，党组织建设方面，完成全区46个村（社区）“两委"换届工作。选派村"第一书记"12名。为"两新"党组织选派86名党建指导员，安排每个"两新"党组织党建工作专项经费3000元。村级运转经费，未合并村每个按16万元/年，合并村每个按21万元/年拨付，社区运转经费提高至40万元/年，社区惠民项目资金10万元/年，离任村主干困难补助150元/月，基本消除集体经济"空白村"。落实党员发展新细则要求。处置不合格党员3名，全面推行无职党员设岗定责和积分星级管理，在农村党员中开展"共产党员户"挂牌活动。开展支部"五化"建设活动，积极创建支部"五化"示范点。全面落实民主集中制、"三会一课""双述双评"、民主评议党员等党内制度。15名乡、街道、系统党(工)委书记向区委就履行基层党建工作责任述职，全区近7000名党员参加民主评议。石鼓区在2017年度(连续3年)全市城区党建工作考核中排名第一。

(段志坚)

**【"两学一做"学习教育常态化制度化】** 2017年，区委组织部担负起全区"两学一做"学习教育常态化制度化的协调、统筹和落实工作。区委常委会以身作则，示范带动全区各级党组织开展学习讨论、坚持边学边改。全区各级党员领导干部、党组织负责人讲党课人均1次以上。全年共排查出流动党员120名、失联党员42名。推动基层党支部"三会一课"、组织生活会等党的组织生活制度有效落实，党内政治生活的质量和水平不断提高。

(段志坚)

**【党员教育培训】** 2017年，继续实施远程教育"十进延伸工程"，继续推广远教站点"四加六代"模式。结合村"两委"换届选举工作，选优配强各村(社区)远教站点管理员，并抓好远教站点管理员操作、党员创新创业的贫困村党员"抓党建促脱贫攻坚"业务培训。贯彻落实省委组织部、市委组织部对"一网一云"推广工作的安排部署，扎实抓好测试推广工作，完成激活党员人数4825人，占比65.3%；位列全市第一；全区"红星云"学用积分排名在全市名列前茅，众多党员学用积分已突破2000分。抓好"农民大学生培养计划"有关工作的落实，完成了16名"农民大学生"招生计划任务，选送陈国生、李友兰等3人参加市委组织部、市电大举办的"三个十佳"农民大学生评选表彰活动，并分别被评选为"十佳农民大学生村官""十佳农民大学生创业能手"；组织全区农民大学生参加"万民农民大学生助力脱贫攻坚"志愿服务活动。拍摄制作了微视频《能人书记—朱宏华》，保质保量完成"最美扶贫人"微视频拍摄制作任务。

(段志坚)

**【党代表联络】** 2017年，建立并完善了省、市、区、乡四级党代表信息库。督促指导角山乡召开了乡党代会年会。区委书记、区长分别带领省、市党代表小组到相关社区开展了"三联一帮"活动。做好市党代表履职积分管理工作，8名市党代表按要求填报了《衡阳市党代表履职积分管理手册》。各级党代表积极参加精准扶贫工作，每人至少联系帮扶了1户贫困户，累计帮扶贫困户190余户，帮助解决困难或问题500余个。举办了市、区党代表中生产和工作一线代表培训班，对67名党代表进行了集中培训。对区、乡党代表职务变动、违纪违法等情况进行了摸底排查和及时处理。

(段志坚)

**【驻村帮扶工作】** 2017年，区委组织部联合区扶贫办印发了《关于派驻驻村帮扶工作队的通知》，依据干部驻点工作联点安排派驻驻村帮扶工作队，联村的相关区直机关单位组建12支驻村帮扶工作队，统一派驻到2个原建档立卡贫困村即角山乡和平村、利民村及黄沙湾街道青石村、角山乡三星村等10个非贫困村。每个驻村帮扶工作队设队长1名、队员2~3人，队长从派出单位副科级以上(含副科级)的党员干部中选派，并担任驻点村党组织第一书记。(段志坚)

**【区直机关党建】** 2017年，落实两个主体责任，抓好区直机关党支部双述双评工作，落实整改措施；抓好区直机关党务干部、党员、入党积极分子的教育培训、"三会一课"；做好党员发展工作，全年发展新党员11人，转正6人；开展"七一"庆祝活动，搭建学习交流平台，促进机关党建工作均衡协调发展；摸底、走访慰问困难党员；抓好机关党员统计工作;配合做好区直机关各支部党费收缴工作。督促机关各支部开展“精准扶贫”和“主题党日活动”;收集整理活动资料台账,配合做好作风督查。牵头抓好文明创建志愿服务工作,组织全区文体活动。（段志坚　周翼莉）

**【干部选拔任用】** 2017 年,始终坚持树立良好的用人导向,在干部提拔使用上把握好“四个原则”:坚持德才兼备、注重实绩原则;坚持单位认可、群众满意原则;坚持加强基层、重视一线原则;坚持着眼长远、调优结构原则。全年共调整配备干部6批、238人次,其中提拔重用28人次。推荐提名的6名省人大代表和省政协委员人选,社会反响很好。积极开展年轻后备干部专题调研,推选出“1+5”(1个县处级干部、5个正科级干部)名优秀年轻后备干部,开展上下双向挂职锻炼干部,共择优接收和选派5名年轻干部。（段志坚）

**2017 年石鼓区党员基本情况表**

| 项目 | | | 总数 | 预备党员 | 女 | 少数民族 | 台湾省籍 | 年龄 30岁及以下 | 31至35岁 | 36至40岁 | 41至45岁 | 46至50岁 | 51至55岁 | 56至60岁 | 61至65岁 | 66至70岁 | 71岁及以上 |
|---|---|---|---|---|---|---|---|---|---|---|---|---|---|---|---|---|---|
| 甲 | | | A | B | C | D | E | F | G | H | I | J | K | L | M | N | O |
| 总计 | | 1 | 7458 | 79 | 2492 | 43 | | 931 | 577 | 456 | 524 | 564 | 687 | 582 | 960 | 845 | 1332 |
| 一、在岗职工 | | 2 | 2349 | 56 | 857 | 18 | | 548 | 382 | 325 | 357 | 331 | 307 | 99 | | | |
| 公有制单位 | 合计 | 3 | 1798 | 46 | 714 | 18 | | 422 | 291 | 272 | 285 | 236 | 204 | 88 | | | |
| | 党政机关工作人员 | 4 | 920 | 20 | 289 | 11 | | 158 | 142 | 135 | 158 | 129 | 139 | 59 | | | |
| | 事业单位管理人员 | 5 | 378 | 10 | 113 | 3 | | 138 | 71 | 61 | 56 | 25 | 19 | 8 | | | |
| | 事业单位专业技术人员 | 6 | 446 | 15 | 297 | 4 | | 120 | 72 | 68 | 63 | 65 | 38 | 20 | | | |
| | 企业管理人员 | 7 | | | | | | | | | | | | | | | |
| | 企业专业技术人员 | 8 | | | | | | | | | | | | | | | |
| | 工勤技能人员 | 9 | 54 | 1 | 15 | | | 6 | 6 | 8 | 8 | 17 | 8 | 1 | | | |
| | 农民工 | 10 | 5 | | 1 | | | 1 | 1 | 1 | | 2 | | | | | |
| 非公有制单位 | 合计 | 11 | 551 | 10 | 143 | | | 126 | 91 | 53 | 72 | 95 | 103 | 11 | | | |
| | 企业管理人员 | 12 | 84 | 8 | 24 | | | 12 | 23 | 6 | 11 | 21 | 7 | 4 | | | |
| | 企业专业技术人员 | 13 | 63 | | 28 | | | 21 | 17 | 5 | 6 | 9 | 3 | 2 | | | |
| | 民办非企业单位管理人员 | 14 | 25 | | 4 | | | 3 | 7 | 5 | 6 | 2 | 1 | 1 | | | |
| | 民办非企业专业技术人员 | 15 | 250 | | 33 | | | 51 | 26 | 23 | 29 | 48 | 73 | | | | |
| | 工勤技能人员 | 16 | 129 | 2 | 54 | | | 39 | 18 | 14 | 20 | 15 | 19 | 4 | | | |
| | 农民工 | 17 | 1 | | | | | | | | | | 1 | | | | |
| 二、农牧渔民 | | 18 | 1322 | 16 | 252 | | | 205 | 103 | 81 | 122 | 139 | 179 | 88 | 185 | 122 | 98 |
| | 外出务工经商人员 | 19 | 98 | | 17 | | | 34 | 4 | 8 | 15 | 12 | 21 | 4 | | | |
| 三、军人、武警 | | 20 | | | | | | | | | | | | | | | |
| 四、学生 | | 21 | | | | | | | | | | | | | | | |
| 五、离退休人员 | | 22 | 3172 | 1 | 1096 | 21 | | | | | | 31 | 116 | 330 | 758 | 714 | 1223 |
| 六、其他 | | 23 | 615 | 6 | 287 | 4 | | 178 | 92 | 50 | 45 | 63 | 85 | 65 | 17 | 9 | 11 |

补充资料:1. 能够按时按标准交纳党费的党员7298名,经批准少交党费的党员44名,免交党费的党员74名。
2. 生活不能自理、丧失劳动能力的党员17名。
3. 企事业、民办非企业单位党员中担任高级专业技术职务的1111名,其中女性5名;担任中级专业技术职务的40名,其中女性20名;担任初级专业技术职务的4名,其中女性2名。

**【干部监督管理】** 2017 年,严格执行干部选任预审、备案、部门联审等制度,严格执行“凡提四必”,严格落实提醒函询诫勉操作办法,严格抓好报告个人有关事项、举报查核等工作。坚决抵制不正之风,切实防止"带病提拔"。消化超职数配备干部4人,全面完成超职数干部消化工作。全面完成干部谈心谈话、定期健康检查、领导干部上门家访等7项制度措施的建设。全区各级领导干部开展谈心谈话829余次,区直机关事业单位公职人员健康检查实现全覆盖。做好了551份干部"三龄二历一身份"的信息确认及档案材料归档工作,全面完成298名科级干部因私出国(境)证照专项清理,进一步延伸从严治党触角。 (段志坚)

**【干部教育培训】** 2017年,配合市委组织部,抓好县处级干部党的十八届六中全会、十九大精神集中轮训班;开展全区395名干部参加网络在线学习,参学率和通过率双百;组织正科实职以上领导干部142人分两批赴浙江大学培训;选派金融、城建、人防等分管区领导参加省市相关专业培训班。选派36名年轻干部参加城区中青班及全市科干班培训。 (段志坚)

**【离退休干部服务管理】** 2017年,全区落实离退休干部"两项待遇",加强离休干部"三个机制"运转,确保离休干部离休费按时足额发放、医药费及时报销。离退休干部祝寿、慰问、阅文、学习、参加重大会议、就近参观等活动常态化,全年为老干部生日祝寿5人次,看望生病住院离退休干部42人次,走访慰问57人次,为离休干部办理医药费69人次。成立区委离退休干部工委,老干局长任工委书记,副局长任专职副书记,离退休干部工委指导全区离退休党建工作。按要求落实1000元/人/年的组织活动经费,600~800元每月党组织负责人工作补贴。关工委、老体协、老科协、老书协等涉老协会运转正常,组织调研、会议、活动等26次。接待离退休干部来信来访21人次,解决实际问题2个,没有发生老干部上访事件。 (段志坚)

## 宣传工作

**【概况】** 区委宣传部是区委主管全区意识形态方面工作的综合职能部门。设办公室、理论教育宣传组2个组(室),新闻办、网管办二级机构2个,对外挂牌机构文明办1个,行政编制4名(含区委常委编制1名)。领导职数为2名,其中部长1名,副部长1名。2017年,区委宣传部有人员14人,其中在职在编11人,退休4人。2017年,全区理教党教工作实现了四个纳入,理论学习教育是石鼓区有史以来参学人数、内容最多的一年。率先开展"好声音讲坛——讲话精神进基层"百姓微宣讲系列活动,并作为"石鼓模式"在全区推广;开展十九大立体宣传,组建领导团、宣讲团、专家团、文艺团、巧嘴团,"五团"齐下,深入基层深入一线,宣讲党的十九大精神,成立了湖南省首个"新时代讲习所",推进十九大精神在基层遍地开花。注重文化"走出去"和"引进来"的双向互动,在广州市青少年儿童活动中心举办了美术馆馆长方国平老师的水墨情怀画展,系石鼓区文化艺术家首次走出湖南办画展,倾力打造了《石鼓贤声》等一批原创作品,廖卫华原创歌曲《大雁飞翔》获得湖南省"五个一"工程奖,湘缘艺术团核心价值观原创广场舞获得全省金奖,选送的选手参加湖南省第16届"三湘蒲公英"大赛,获五金三银的好成绩等等。切实落实"三馆一站"免费开放工作。注重典型榜样的培育和宣传,一批石鼓好人不断涌现,形成了"石鼓好人"品牌效应。整合全区各微信平台资源,开办"和谐石鼓"微信、运营"掌上衡阳·石鼓频道"客户端,打造"微媒矩阵",构建"两网两微一报"的大宣传工作格局,加强网上正面宣传引导,实现了正面宣传与对外宣传、线上与线下、区内与区外、"原创"与"二次推送"宣传的良性互动,扩大了石鼓区新闻媒体的传播力、公信力和影响力。在省级以上媒体发稿同比增长442%,2篇作品获衡阳市新闻奖,全年新闻发稿、网宣发稿数量、质量均居四城区第一,网络有害信息举报工作排名全市第一,加强了区内外媒体的通联,加强了部门之间的沟通,对外宣传的权威发声地位更明显,"借船出海"的成效更显著。构建了上下贯通、左右联动的创建工作组织领导体系。社区视频监控系统获得省市重点推介,率先实施城区管理执法体制改革,完成5条城区主次干道的提质改造工程,19个社区"颜值大升级",农贸市场改造扎实推进,城镇建成区绿化覆盖率达 40.69%，农村环卫市场化全面覆盖，通道绿化提质 32 公里，森林覆盖率达 28.14%，角山乡三星村获评全国文明村，青山街道牛角巷社区获评全国"书香社区"，创建的"三率"持续提升。（李文恋）

【理论教育】 2017 年，印发《2017 年区委中心组理论学习安排意见》，健全评学、述学、考学等 10 项制度，全年安排 10 个专题 15 次 30 天的学习，参学率在 90% 以上。在全区广泛开展"不忘初心、牢记使命"主题教育实践活动，党组织书记和区委中心组成员讲党课活动蓬勃开展。学习宣传中共十九大精神以来，石鼓区邀请省市级专家解读中共十九大精神 5 次，区一级开展各类座谈讨论、学习交流、征文评比、文艺宣讲等系列活动 20 次以上。组织理论宣讲员共 12 支队伍在各乡街、系统宣讲中共十八届六中全会、十九大精神，开展讲话精神、中共十九大精神进基层百姓微宣讲等理论宣讲活动，积极推进十九大精神进农村、进社区、进企业、进校园、进市场、进广场、进网络，广泛开展中共十九大精神天天讲活动，为群众解决生活上难题 1200 个，深受百姓喜爱和好评。推出了 100 余篇高质量、有影响的理论调研成果。与各乡（街道）、部门主要负责人均签订党委意识形态工作责任书，制定出台《石鼓区党委（党组）意识形态工作责任制实施细则》，将落实党委（党组）意识形态工作责任制情况纳入各乡街（片区）党（工）委书记、区直相关单位主要负责人述职内容，与党建等工作一同部署、一同考核，落实"一岗双责"，严格问责追责力度，让督查、考核常态化、制度化。建立健全意识形态情况定期分析研判机制、舆情信息监控机制和新闻宣传的应急机制。坚持每月定期分析研判意识形态工作，每季度听取一次情况汇报，每半年下发一次情况通报，举办区委中心组集中学习会，听取相关单位、部门负责人意识形态工作汇报 5 次，年度开展意识形态集中宣讲活动 20 场次受众 4000 余人。建立健全意识形态情况定期分析研判机制、舆情信息监控机制和新闻宣传的应急机制，将意识形态工作的主导权、主动权牢牢掌握在手中。（李文恋）

【新闻宣传】 2017 年，在人民网、光明网、中国新闻网等国家级网站上发稿 67 篇，在湖南日报、湖南卫视、湖南经视等省级以上"龙头"媒体等发稿 40 余篇，在红网、华声在线以及新湖南、时刻新闻客户端发稿 760 余篇，省级以上媒体发稿数量同比增长 442%；在衡阳日报、衡阳晚报、衡阳新闻网、衡阳电视台、掌上衡阳客户端、新衡阳客户端等市级以上媒体发稿 2000 余篇，其中日报、晚报头版头条发稿 3 条，头版发稿 30 余条，专版 24 个，县市区头条 20 余条，市级媒体发稿数量同比增长 25%。在石鼓手机报、石鼓新闻网、石鼓党政门户网发稿累计 3000 余篇（条）。实行外宣情况周联络、月报送、季通报、年考核制度，出台了一系列外宣网宣和规范信息发布的管理办法或实施意见。提前谋划、未雨绸缪，健全突发敏感事件舆情报告、应付、处置机制和新闻舆情工作者联席会议制度，建立舆情管控不力约谈机制，规范突发事件信息发布、事件处置和舆情监控，全年辖区内无突发事件。特别是对中共十九大精神进行了铺天盖地的宣传，围绕香港回归 20 周年、全面抗战爆发 80 周年、建军 90 周年等重要时间节点开展新闻宣传活动，上报"身边雷锋·衡阳好人"典型素材 25 条，举办 2017 年通讯员培训班暨外宣工作表彰大会，结合宣传的特点和工作实际，对接市区要求，梳理、规范、新修、细化了 24 个相关规章制度，全区所有乡街和 40 个重点部门均明确了新闻发言人，举行食品安全新闻发布会 1 场，配合衡阳电视台制作《极目蒸湘》《打造湘南地区最具活力的商贸文化中心》等外宣品，策划"角山牛·犇天下"全牛宴、君玲粽子文化节、"欢乐潇湘·幸福石鼓"大型群众文化外宣活动。（李文恋）

【网络舆情】 2017 年，成立区委网络安全和信息化领导小组，11 月，区委常委会专题学习省委有关网络意识形态考核办法的文件（湘办[2017]58 号），专题听取和研究网络意识形态工作，对舆情信息，实行一事一报制，未留一例对市委市政府、区委区政府严重不利的网络舆情信息。开展各类网上有害信息直报工作，举报"政治类有害信息”4302条，举报“不忘初心”86条，举报“守土有责”1127条，举报攻击党和政府主要领导和路线方针的有害信息2089条，举报“村级换届”“环保有关”等各类专项工作舆情150余条。在全市第二、三季度开展的有害信息举报工作评比中，排名全市第一，全年辖区内没有出现党委网络意识形态工作责任制不落实的情况。认真落实24小时值班制度，明确专人值班，并从各乡街、各部门的通讯员队伍中选出30名人员担任网络舆情员，实行属地管理，携手合作，共同监控，第一时间搜索有关衡阳石鼓方面的信息，第一时间处置网上负面舆论，形成网络信息管理合力。按照上级指令完成舆情引导任务，截止目前，完成上千条。举办“网络安全宣传进广场”活动和公共场所无线上网安全管控系统建设，开展联合执法行动。

（李文恋）

**【文明创建】** 2017年，出台了培育和践行社会主义核心价值观实施方案、将培育和践行社会主义核心价值观融入法治建设的实施意见等文件，组织“国学讲座”、“讲文明、树新风”和文明创建知识竞赛等大型活动10余场，全区开展文明创建活动300余场次，在区机关大院、辖区内办企事业单位、驻区部队、窗口单位、办事大厅、乡（街道）等辖区内的主要机关和重要场所做到了社会主义核心价值观宣传全覆盖，辖区内各中小学师生对社会主义核心价值观熟记于心，100%背诵；广泛发动沿街商业门店、酒店、银行开展社会主义核心价值观社会宣传，确保主要公共场所、交通路口有社会主义核心价值观等8大主题10个方面的公益广告宣传牌，形成“抬眼可见、举足即观”的浓厚氛围，在石鼓广场打造社会主义核心价值观主题公园，市民对创建的知晓率、支持率、满意率显著提升。上报好人好事线索6000余条，推选好人好事典型16个，其中五家巷小学傅涛老师的好人事迹在衡阳日报报道。承办全市道德模范巡讲活动，通过活动带动、典型推动，强化了核心价值观和文明礼仪教育，营造了良好的社会风尚。把“文明家庭”“文明单位”“文明校园”创评活动作为精神文明建设的重要载体，其中创建国家级文明村1个，创建省级文明单位1个、市级文明单位5个、市级文明校园4个、区级文明家庭15户。创建省级文明村镇1个、市级文明单位5个、市级文明校园4个、区级文明家庭15户。辖区范围内所有干部职工都关注或订阅“文明衡阳”微博和“文明雁城”“文明湖南”微信订阅号，全年在衡阳文明网等市级以上（含市级）文明网上稿累计100篇以上。向中央文明办《精神文明建设工作简报》《未成年人思想道德建设工作简报》《湖南精神文明建设工作简报》投稿共计20余篇。成立由组织部牵头的志愿服务领导小组，共完成6个志愿服务组织的登记注册工作，选树一批优秀志愿者，多形式多样式常态化开展“学雷锋”志愿服务活动100余场次；组织开展“精准助学，关爱青少年”志愿服务项目，为全区各乡、街道的贫困儿童送去助学金共计2万元；加强对家庭困难的优秀学子的帮扶救助，鼓励社区积极开展关爱留守儿童志愿服务，举办首届志愿服务项目比赛，深入村、社区，开展志愿巡逻、邻里关爱、助老服务、禁毒普法、关爱留守儿童等志愿活动，服务对象4000多人次。全区各校围绕未成年人思想道德建设开展形式多样的主题活动，评选2016—2017学年度普通中小学三好学生、优秀学生干部和德育标兵。评选出77名区级三好学生，97名区级德育标兵，5名区级优秀学生干部，并对获奖的学生在全区进行表彰。全区中小学开展形式多样的安全教育、志愿服务、“我们的节日·清明”祭英烈和网上祭英烈活动、清明文化主题班会、清明经典诵读比赛等主题活动。开展“学习雷锋精神·争做美德少年”活动，评选出117名美德少年。6月上旬至7月上旬，集中开展中华经典诵读活动。在7个乡街30个社区均设立社区家长学校、未成年人专用活动场所，且做到了“五有”——有场所、有队伍、有设施、有活动、有台帐。

（李文恋）

**【“3·5”学雷锋志愿服务活动启动仪式暨保护母亲河主题活动】** 2017年3月3日，石鼓区“3·5”学雷锋志愿服务活动启动仪式暨保护母亲河主题活动在演武坪社区曾国藩文化广场正式启动，来自华程医院、正骨医院、爱尔眼科、金鹰报、衡阳农商行、荷池路小学等8家单位80余名志愿者参加，并在“保护母亲河”横幅上签字承诺。随后，由社区人员和学生组成的志愿分队前往石鼓广场河畔，一路向南沿河畔行进，捡拾河岸及沿江风光带上生活垃圾，用自身行动宣传保护母亲河行动，倡导广大居民爱护生态环境守护共同的家园。活动现场还开展了义务理发、眼睛健康免费检测、免费配送老花镜、免费测量血压、金融诈骗信息咨询等多项志愿服务活动。区直机关各部门，各乡、街道和社区还开展了不同形式的志愿服务活动弘扬雷锋精神。（李文恋）

【新闻信息工作座谈会】 2017年3月16日，石鼓区召开新闻信息工作座谈会，专题听取区四大家办公室和新闻信息等相关部门的意见建议。区委常委、宣传部部长周文源要求，要精准定位，办好新闻网、党政门户网、手机报、“和谐石鼓”微信公众号等媒体，打造“微媒矩阵”，加快传统媒体和新兴媒体的融合发展，实现内容上的大一统，职责上的分工明确，信息上的资源共享，全方位、多角度宣传好石鼓经验，传播好石鼓声音。要精心组织，四大家办公室、各乡街（片区）和区直相关部门要及时供稿，编辑人员在稿件采集、撰写、审核和发布上要严谨、规范、及时。要精益求精，宣传工作人员要提升素养和工作能力，各平台要做好版块更新、版面设置工作，做到形式活泼、顺应时代、内容丰富、各具特色。区委常委、常务副区长曾梦龙强调，新闻信息工作具有很强的政策性、时效性，做好新形势下的新闻信息工作，必须打好阵地战组合拳，建好4大新闻阵地，提高新闻工作的质量，突出新闻工作的重点，优化新闻宣传的机制，加大新闻宣传的力度，强化新闻工作的保障。（李文恋）

【“我们的节日—清明节”活动】 2017年清明之际，石鼓区各级各部门以及中小学校纷纷开展“我们的节日—清明节”活动，以各种方式祭奠英烈、缅怀先辈，学习党史国史和英模事迹，传承优秀民族文化和红色基因，弘扬时代文明新风。青山街道各社区组织党员干部来到岳屏公园瞻仰抗战英雄纪念碑，缅怀先烈事迹，并向烈士敬献花圈；松木中学组织师生代表120余人前往爱国主义教育基地烈士陵园，向烈士纪念碑敬献花圈；都司街小学组织学生代表们来到衡阳抗战纪念城景区烈士纪念碑祭扫革命烈士，向纪念碑敬献花篮，各级各部门还开展了“网上祭英烈”活动，组织干部职工和未成年人在中国文明网、央视网专页上向革命先烈鞠躬献花、签名寄语，用不同的方式缅怀革命先烈的光辉业绩，学习弘扬他们坚贞的民族气节、高尚的道德品质和伟大的献身精神。（李文恋）

【“好声音讲坛——讲话精神进基层”百姓微宣讲比赛】 2017年4月25日，由区委、区政府主办，区委宣传部承办的“好声音讲坛——讲话精神进基层”百姓微宣讲比赛举行，来自全区各党组织推荐的8位优秀选手用生动的语言和互动化的宣讲，为现场的观众形象地阐释了习近平总书记系列重要讲话和中共十八届六中全会，省、市、区十一次党代会精神。经过激烈角逐，来自教文体系统的杨丽君获得一等奖。本次活动通过把习近平重要讲话精神，省、市、区党代会精神中的“新理念、新思想、新战略”分解成一张张卡片式的“小菜单”，按观众需求定制一道道受欢迎的“口味菜”，选手们以普通百姓的名义、用朴素的语言讲述了“小故事”，说好了“大道理”，生动讲述了治国理政的“大主题”。（李文恋）

【《中华人民共和国网络安全法》宣传进广场】 2017年6月1日，《中华人民共和国网络安全法》（以下简称《网络安全法》）正式施行，这是中国第一部关于网络安全的基础性法律，也是中国网络空间法治化建设的重要里程碑。为了让广大网友和公民全面了解《网络安全法》的具体内容，掌握化解网络风险的法律武器，合理、合法地维护个人网权益，区网信办、区公安公局在石鼓广场举行了系列宣传活动，共发放宣传资料3000余份，展出宣传版报15块，悬挂宣传标语5幅，解答群众咨询400余人次。为加大《网络安全法》宣传普及力度，石鼓区还将开展《网络安全法》进机关、进校园、进社区、进企业、进农村活动，并运用横幅、电子显示屏等多种形式营造宣传氛围，在全社会树立“网络安全为人民，网络安全靠人民”的意识，构筑绿色、生态、健康、安全的网络环境。（李文恋）

**【文明礼仪知识竞赛总决赛】** 2017年6月28日，石鼓区“讲文明、树新风”文明礼仪知识竞赛总决赛在区机关会议中心热烈举行，来自各乡、街道、教育、卫计系统、区直部门共12支代表通过火热比拼，最终，人民街道代表队夺冠。活动分必答题、共答题、选答题、抢答题、对抗题、风险题等多个环节。从5月份开始，经过宣传发动、层层组织，复赛挑选后，从8个乡街片、区直工委、区教育系统、区卫计系统共推选12支参赛代表队参加全区总决赛。（李文恋）

**【欢乐潇湘·幸福衡阳“超级爸妈”全城公益巡回到石鼓区演出】** 2017年7月15日，欢乐潇湘·幸福衡阳“超级爸妈”全城公益巡回演出在石鼓广场火热启幕。现场，吸引上千居民驻足观看。此次活动由区文明办、共青团石鼓区委主办，市备战青年志愿者协会、市益德社工服务中心、湖南淳一文化传播有限公司承办，衡阳市工人文化宫以及衡阳电视台公共频道协办。此次活动也是欢乐潇湘·幸福衡阳“超级爸妈”全城公益巡回演出的第一站。（李文恋）

**【省红网杨国炜一行到石鼓区指导新媒体建设工作】** 2017年7月17日，湖南红网新媒体集团副总编辑杨国炜、市网信办主任王永华一行到石鼓区指导网宣和新媒体建设工作，并就如何运用新媒体开展网宣工作，传播好石鼓声音进行了深入交流。区委书记唐浩然，区委副书记、区长刘浪，区委常委、宣传部部长周文源等参加会议。在听取近年来石鼓区在网宣工作及新媒体建设方面的工作汇报后，杨国炜高度肯定了石鼓区网宣工作所取得的成绩，认为整体发展战略、方向清晰，充分发挥了新媒体作用。他表示，当前红网正着力推动全媒体融合发展，多角度全面提升新闻宣传水平，希望区委、区政府能大力支持，联合将石鼓网宣做强做大。唐浩然强调，在新媒体迅速发展的时代，党的宣传工作要紧跟时代步伐和节拍，多关注基层一线，挖掘先进典型，传播社会正能量，营造良好的宣传氛围。同时他要求，广大新闻工作者要不断加强学习、提升自己的业务能力。刘浪指出，当今的宣传工作一定要重视新媒体平台的建设，要服务好当地政府，服务好当地百姓，要加大重大活动和亮点工作的宣传力，打造一批石鼓特色品牌。同时也表示会不遗余地支持红网的相关工作。（李文恋）

**【深入学习贯彻习近平治国理政宣讲报告会】** 2017年7月20日，石鼓区举行“深入学习贯彻习近平总书记治国理政新理念新思想新战略”宣讲报告会，省委党校副校长吴传毅为石鼓区150余名领导干部作了一场精彩的宣讲。吴传毅从“一条主线”中国特色社会主义伟大事业，“一个中心”始终坚持以人民为中心，“一个目标”推进国家治理体系和治理能力现代化，“一个动力”全面深化改革，和四大保障“政治、法制、思想、环境”全面解读了习近平治国理政的核心思想，并从8个方面重点阐述了习近平治国理政的具体内涵，为干部们深入、完整、系统地领会“三新”精髓，推进石鼓经济社会发展提供了一把“金钥匙”。区委书记唐浩然在主持报告会时表示，在工作中要准确理解和全面把握习近平总书记治国理政新理念新思想新战略，凝聚全区人民的智慧和力量，加快实现石鼓崛起梦、小康梦。（李文恋）

**【衡阳市道德模范巡讲石鼓专场隆重举行】** 2017年7月21日，衡阳市道德模范巡讲石鼓专场隆重举行。受邀前来宣讲的4位道德模范刘玲琍、邹玉翔、魏文彦、李伟娥，先后用质朴的语言、详实的事例和真挚的感情为参会人员讲述了一桩桩感人的事迹。区委常委、宣传部部长周文源参加。（李文恋）

**【“欢乐潇湘·幸福石鼓”群众文艺汇演精彩上演】** 2017年7月26日，2017年“欢乐潇湘·幸福石鼓”暨“喜迎十九大—共建新石鼓”群众文艺汇演在区机关会议中心精彩上演，让现场千余观众惊呼享受了一场精彩纷呈的视听艺术盛宴。黄沙湾街道选送的舞蹈《摆摆摆合拢宴》、五一街道选送的舞蹈《雨打芭蕉》获一等奖。此次活动由区委、区政府主办,区委宣传部、区教文体局承办。 (李文恋)

**【市创建办督导组到石鼓区督查文明创建工作】** 2017年7月28日,市委组织部副部长、市老干局局长蒋云新带领市创建办督导组一行到石鼓区对全国文明城市创建工作进行检查督导。督导组一行先后深入到石鼓区城区主次干道、农贸市场、人民街道、潇湘街道等地,对城区的市容环境、道路交通、农贸市场、公益广告宣传牌以及社会主义核心价值观宣传氛围等方面进行实地详细督查。在随后召开的座谈会上,区委常委、宣传部部长周文源汇报了石鼓区上半年文明创建工作情况及市创建全国文明城市推进会落实情况。市督导组充分肯定全区文明创建工作所取得的成绩,同时也指出了工作中的差距与不足。督导组要求,下一步,要继续围绕创建工作各项指标要求,切实整改存在的问题,加大整改力度,强化问责问效。要科学调度、精细管理、严格督查车辆乱停乱放、占道经营、公益广告毁损等不文明行为和现象。必须行动要快,天天抓,时时抓,不搞突击战,力度要大,确保文明创建成效快;必须督导要勤,经常督查,反复督查,以问题为导向,重行动和落实,确保整改结果到位;必须问责要严,压实责任,真抓严管、把问责条例这把利剑用起来,争取2017年全国文明城市创建成功。区委副书记谢海蓉表示,将根据市督寻组反馈的意见认真总结,落实整改,创新工作措施,把文明创建工作常态化,不断巩固和提升文明创建成果,全力助推全国文明城市创建工作顺利完成。 (李文恋)

**【创建全国文明城市工作调度会】** 2017年8月4日,石鼓区召开创建全国文明城市工作调度会。区委书记唐浩然要求,务必要高度重视文明创建工作,迅速行动,确保文明测评工作不出任何问题。区委副书记、区长刘浪主持会议。会上,区委副书记谢海蓉通报了全区文明创建工作情况,并对下阶段文明创建工作进行了安排部署。会议指出,当前创建全国文明城市进入紧要关头,全国文明城市不仅是一块牌子、一项荣誉,各级各部门要有高度的责任感和紧迫感认。要突出问题导向,咬紧目标任务,抓住薄弱环节,对标考核要求,以超常的实干精神、超常的实干作风,使石鼓区文明创建工作近期有一个彻底的改变和崭新的形象。唐浩然表示,各级各部门虽已经开始行动,但从市、区督查反馈情况,以及我们实际的情况来看,还是存在很多问题。责任部门存在"三不明":思想认识不明,测评标准不明,职责任务不明;宣传教育存在"三不力":宣传氛围营造不力,志愿服务劝导不力,市民教育措施不力;城市管理存在"三不强",交通整治力度不强,城管执法力度不强,环卫保洁力度不强;基础设施存在"三不全":城市基础设施不全,消防设施配备不全,文化设施不全。唐浩然强调,务必迅速行动。各个组长要亲自调度,深入一线,靠前指挥,带头查找薄弱环节,巩固强项、补齐短板,确保本组所有工作不出问题。各个单位要切实履职,讲政治顾大局,围绕创建目标,齐抓共管,协同配合,高度重视督查反馈情况的整改工作。各级责任要严格压实,区创建办要加强统筹协调,加强综合调度,加强现场督查,组织精干人员,查进度、抓交办、解决具体问题,通报各专业组的工作进度和交办情况;责任追究组要立即行动起来,落实好事前监管、事后追责。刘浪在主持会议时要求,各责任部门要尽快传达部署相关工作,着力浓厚工作氛围,抓紧贯彻落实,对照测评指标,进一步抓好整改落实。要加强宣传引导,广泛发动群众,提高市民参与度,减少不文明行为。

(李文恋)

**【原创广场舞大赛暨"全民健身日"启动仪式举行】** 2017年8月7日,由区委、区政府主办,区委宣传部、区教育文化体育局承办的石鼓区2017年社会主义核心价值观原创广场舞大赛暨"全民健身日"启动仪式在莲湖广场进行。来自各乡、街的8支代表队共260余人用欢快的舞姿,唱响了一曲文明之歌、和谐之歌、民主之歌,赢得了现场千余群众阵阵喝彩声和欢呼声。最终,青山街道的《民主之歌》获一等奖,五一街道的《诚信之歌》、潇湘街道的《和谐之歌》、黄沙湾街道的《富强之歌》获得二等奖，人民街道的《法治之歌》、合江街道的《友善之歌》、角山乡的《公正之歌》、黄沙湾街道的《敬业之歌》获得三等奖。区委常委、宣传部部长周文源，副区长谢宏等领导参加活动。（李文恋）

**【区委中心组（扩大）举行理论专题学习会】** 2017年8月17日，区委中心组（扩大）举行理论专题学习会，省委宣讲团成员、省委讲师团副主任、教授邓清柯和省卫计委基层指导处副处长李志芳应邀作辅导讲座，区委书记唐浩然主持学习会。邓清柯以《我们党是高度重视理论建设和理论指导的党——学习习近平总书记"7·26"重要讲话》为题，从思想力量的彰显、时代背景的分析、理论定位的概括、双重主题的贯穿、完整体系的构建等5个方面，对习近平总书记的重要讲话精神作了全面宣讲。特别是对习近平总书记治国理政新理念新思想新战略"完整体系的构建"，着力从精神支柱、战略布局、理念创新、制度基础、环境优化、逻辑前提、价值取向、责任担当、务实作风、看家法宝等10个方面进行了重点阐述，言语间洋溢着家国味、文化味、人情味。李志芳以《生育政策和当前计划生育工作》为题，从中央为什么要调整生育政策、怎样看待新调整的生育政策、如何把握新政策导向等方面对当前中国计划生育政策进行了精辟的阐述，对当前湖南省计划生育工作形势进行了深刻的分析，又结合全省计划生育基本情况和考核方式方法的改革详尽阐述了如何抓住计划生育工作重点、如何开展好计划生育工作。区委学习中心组全体成员，各乡街、区直部门、党委部门主要负责人参加了学习会。（李文恋）

**【蒋云新率队到石鼓区督查文明创建工作】** 2017年8月17日，市委组织部副部长、老干局局长、市创建办副主任蒋云新一行到石鼓区督查和指导文明创建工作，区委副书记谢海蓉，区委常委、宣传部部长周文源，区委常委、纪委书记龚建民参加。当天，督查组深入石鼓区人民街道湘北社区，通过看现场、查资料、听汇报的方式，深入了解该社区文明创建各项工作开展情况。随后，督查组与石鼓区相关单位就工作中存在的问题进行研究讨论，并提出整改意见建议。蒋云新指出，下阶段要进一步加大督查力度，对照标准，紧盯问题，狠抓整改，把文明创建各项工作落细落实。（李文恋）

**【区委中心组理论专题学习会】** 2017年8月31日，石鼓区举行区委中心组理论专题学习会，邀请市社科联主席王柏新对新修改的《中国共产党巡视工作条例》进行了深入解读，区委书记唐浩然主持会议并讲话。王柏新解析了《中国共产党巡视工作条例》的修订背景及修订原则，并逐一对照解读新修订的条例，阐释《中国共产党巡视工作条例》的深刻内涵和精髓。唐浩然强调，全区广大党员干部，要认真学习，深刻领会做好巡视巡察工作的重大意义，把思想行动统一到中央要求上来。要进一步强化党内监督，进一步全面从严治党，扎实开展巡察工作，切实发挥巡视工作在全面从严治党中的利剑作用。区委学习中心组全体成员，各乡街、区直部门、党委部门主要负责人参加了学习会。（李文恋）

**【文明城市创建工作调度会】** 2017年9月11日，石鼓区召开文明城市创建工作调度会，对全区文明创建工作进行再安排再部署。区委书记唐浩然强调，衡阳市创建全国文明城市到了大考出成绩的关键时期，全区上下要以决战决胜的信念、全力冲刺的状态和扎实细致的作风，做到万无一失，打好迎检总测评这场攻坚战。区委副书记、区长刘浪主持会议。区委副书记谢海蓉传达了全市文明城市创建调度会主要精神，并对当前全区创城迎检工作进行了具体安排部署。唐浩然强调，要紧盯目标，强化认识，各专业工作组牵头单位、责任单位要认识到创建成功的必要性、创建迎检的紧迫性、创建形式的严峻性，行动上扎实推进。要对标补差，重点突破，严格对照测评标准要求，切实增强大局意识和责任意识，突出工作质量和进度，对照标准补差距，确保创建工作无空档、无漏洞、无缝隙；对照问题求突破，以关键问题为突破口，全面推进任务落实。要统筹兼顾，狠抓落实，落实台账资料的准备工作，落实督查自查工作，坚持发现问题“不遮丑”、督促整改“不护短”，做到即知即改。要强化责任，严格问责，落实主体责任，各乡街及下辖社区的党政主要负责人和网格责任人对辖区内创建工作负总责，落实联点责任，将全区的创建任务落实到县级领导、联点部门、责任乡街，实行责任包干，做到任务到人、责任上肩。要强化问责机制，对工作不力、行动迟缓、给全市测评造成重大影响，一律严格启动追责问责机制。刘浪要求，要迅速传达会议精神，层层召开推进会，掀起全区新一轮文明城市创建工作的热潮。要加大宣传引导力度，提高广大市民对创建工作的知晓率、参与率和满意率，大力度、高频度、多角度宣传创建工作，努力营造浓厚的创建氛围。要迅速落实督查整改机制，对照测评标准开展自查，以问题为导向，一项一项找差距、抓整改，启动问责机制，确保创建各项任务落到实处。区级联点领导，乡街主要负责人，联点部门负责人，社区（村）书记，辖区内测评点单位负责人参加会议。（李文恋）

**【“喜迎十九大—志愿石鼓行”大型全民志愿服务活动】** 2017年9月14日，由区委主办，区委组织部、团区委承办的“喜迎十九大—志愿石鼓行”大型全民志愿服务活动在石鼓广场隆重举行。区委书记唐浩然，区委常委、组织部部长叶强，区委常委、宣传部部长周文源出席活动，来自全区各乡（街道）、部门的志愿者代表共计300多人参加此次活动。唐浩然代表区委、区政府向全区广大志愿组织和志愿者朋友表示衷心的感谢和崇高的敬意。他指出，志愿服务事业是一项与时俱进、造福民众的伟大事业，是精神文明建设的战略任务，也是创建全国文明城市的重要内容。希望广大志愿者大力开展志愿服务活动，广泛发动社会各界人士，重点助推文明城市创建。在启动仪式上，志愿者代表宣读了志愿服务倡议书，号召广大市民争当文明风尚引领者、文明行为践行者和文明志愿传承者。区领导们以普通志愿者身份参加了城区各个路口、菜市场、学校、社区等人口密集处的文明宣传、劝导等志愿服务活动。（李文恋）

**【“向国旗敬礼”主题活动】**
2017年9月22日，区文明办以欢度国庆佳节、喜迎党的十九大为主题，以深化“做一个有道德的人”主题活动为着力点，安排部署“向国旗敬礼”主题活动。要求辖区内各中小学在9月27日至10月10日间，举行一次庄严规范的升国旗仪式，充分利用国旗下讲话宣传新中国成立以来取得的伟大成就，营造浓厚宣传氛围；组织全体学生在中国文明网、央视网开设的“向国旗敬礼”网上寄语专栏，面向国旗敬礼并签名、寄语。同时区直有关单位要充分利用改革开放的伟大成就、爱国主义教育基地、国家公祭仪式、红色旅游等各类资源，广泛开展庄严感、仪式感强的网下教育实践活动。（李文恋）

**【《水灵灵》夺得湖南省第七届全民广场舞大赛总决赛季军】**
2017年9月26日，“2017欢乐潇湘·群舞飞扬”湖南省第七届全民广场舞大赛总决赛在宁乡举行，来自全省14个市（州）的15支“城市舞王”参与角逐。区文化馆广场舞队代表衡阳参赛，现场表演原创节目民族舞《水灵灵》获大赛季军。

（李文恋）

**【区委中心组（扩大）集中学习】**
2017年10月12日，区委书记唐浩然主持区委中心组（扩大）集中学习。市委讲师团副主任洪明星，市台办主任李瑞荣应邀分别做“砥砺奋进的五年”“台海形势”主题报告。区委副书记、区长刘浪参加。洪明星从中共十八大以来党和国家事业取得的历史性成就和变革，国家经济社会的重大变化，党中央治国理政的宝贵经验等方面进行了详细解读和深入剖析。生动的案例和翔实的数据支撑，全景展示了“砥砺奋进五年”的发展成就。李瑞荣围绕台湾问题概况、两岸关系历程、两岸经贸关系及对台工作思考3个方面，向与会人员概述讲解了台海基本情况、行政区划简况、民间交流往来等，全面阐述了中央对台工作方针政策，重点学习宣传了习近平总书记对台工作重要思想，同时详细介绍了近年来衡阳对台工作的成果、经验和启示以及今后工作努力方向。唐浩然指出，报告会为中共十九大的胜利召开奠定了坚实的思想基础，准确理解和全面把握中共十八大以来取得的伟大成就和宝贵经验,以及正确认识台海形势和把握中央对台方针政策,有助于进一步凝聚全区人民的智慧和力量,对石鼓区打造“湘南地区最具活力的商贸文化中心”的生动实践具有重大的现实指导意义。区委学习中心组全体成员,乡、街道、区直部门党政主要负责人参加学习。

（李文恋）

**【全区党的十九大精神理论宣讲骨干培训班】** 2017年10月31日,石鼓区举办全区党的十九大精神理论宣讲骨干培训班,区委常委、宣传部部长周文源参加会议并讲话。培训对十九大报告提出的习近平新时代中国特色社会主义思想进行了详细、全面的解读,结合石鼓实际,就如何学习好、宣传好、贯彻好、落实好党十九大精神提出了很好的意见和建议。培训结束后,周文源对全区如何做好十九大理论宣传、新闻宣传、社会宣传、文艺宣传以及舆论引导工作作出安排部署。区纪委、区委组织部、区委宣传部以及各乡、街道以及各单位各部门抽调的理论骨干参加培训。

（李文恋）

**【2017年度新闻舆论工作培训暨外宣工作表彰会】** 2017年11月3日,石鼓区2017年度新闻舆论工作培训暨外宣工作表彰会圆满落幕。培训邀请了市网信办、衡阳日报社等专家和资深媒体人授课,重点讲解了新媒体下的新闻采写、编辑技巧,新闻报道的挖掘和推送,新闻策划传播,网络舆情引导和网络评论技巧等内容。来自各乡街、部门、驻区单位的130余名从事并热爱新闻舆情工作的同志参加培训。开班仪式上,区委书记唐浩然表示,希望全体新闻舆情工作者能继续讲好石鼓历史悠久的人文故事、青山绿水的生态故事、日新月异的城市故事、跨越发展的改革故事、充满活力的创业故事。以中共十九大精神为统揽,牢记职责使命,弘扬主旋律、凝聚正能量,不断开创全区宣传工作的新局面,为打造湘南地区最具活力的商贸文化中心,提供坚强的思想保障。培训会上还对84位各级新闻媒体记者、各行各业通讯员、文艺创作者进行了表彰。市委副秘书长、市委宣传部副部长吕正平出席会议并讲话。市委网信办主任王永华、市新闻办主任王卫全出席会议。区委副书记谢海蓉主持开班仪式。区委常委、宣传部部长周文源宣读4—9月对外宣传工作通报。

（李文恋）

**【党的十九大代表甘军华宣讲十九大精神】** 2017年11月10日,党的十九大代表甘军华受邀来到石鼓区,给区委中心组(扩大)的党员干部们送来“原汁原味”的十九大精神。区委书记唐浩然主持学习会。甘军华是坐落在石鼓区辖区内的湖南天雁机械有限责任公司热锻分厂镀铬班班长,作为石鼓区唯一的十九大党代表,回忆起参加十九大盛会的所见所闻和所思所感,甘军华“倍感荣耀与自豪,也倍感责任重大”。整个宣讲过程,甘军华用朴实的讲述,接地气的话语详细介绍了党的十九大大会盛况,生动地解读了十九大精神。区委学习中心组全体在家成员,乡、街道、区直部门主要负责人参加学习。

（李文恋）

**【“幸福花开—十九大精神润衡州”系列活动走进石鼓社区】** 2017年11月14日,市委宣传部主办的“幸福花开—十九大精神润衡州”系列活动走进石鼓社区。演出节目丰富多彩,有歌舞、小品、快板、渔鼓、花鼓戏、知识抢答等等,热情的开场舞《梦想起航》点燃舞台,赢得场下观众的欢呼声。紧接着,三句半《喜迎十九大·共圆中国梦》将气氛进一步推热,收获了不少观众的欢心。小品《二胎》更是使得全场群情激昂,喝彩声不绝于耳。省委十九大精神宣讲团成员、省纪委副书记李宗文,市委常委、宣传部部长刘丽华,市纪委、市委宣传部相关领导,区领导唐浩然、周文源、龚建民现场观看演出。

（李文恋）

**【市委宣讲团的十九大精神宣讲报告会】** 2017年11月27日,市委宣讲团的十九大精神宣讲报告会在石鼓区举行,市委宣讲团成员、市社科联主席、党组书记王柏新作宣讲报告。宣讲会上,王柏新以《新时代、新征程》为题,围绕党的十九大意义,十九大报告的内容和精神、习近平新时代中国特色社会主义思想、中国共产党的初心和使命、我国社会主要矛盾的变化等内容，从进入新时代、把握新时代、辉煌新时代3个方面，理论联系实际，条分缕析、深入浅出，对党的十九大提出的新思想、新论断、新要求、新任务作了生动解读和权威阐释。王柏新深入人民街道湘北社区，围绕基层干部群众关注的十九大热点话题展开座谈互动，用通俗易懂的语言就相关问题进行一一解答和宣讲。区委学习中心组全体在家成员，乡、街道领导班子全体成员，区直部门副科级以上干部参加。区委常委、区委办主任郑建芳参加座谈会。（李文恋）

**【“幸福花开—十九大精神润衡州”系列活动走进雁栖湖社区】** 2017年11月28日，由衡阳市委宣传部主办的“幸福花开——十九大精神润衡州”系列活动走进黄沙湾街道雁栖湖社区。演出由7个风格各异的节目组成，通过歌舞、渔鼓、快板等多种衡阳人民喜闻乐见的艺术形式，从不同角度推动党的十九大精神走进基层。会场的两侧立满了精心制作的十九大精神宣传栏，从十八大以来砥砺奋进的5年历程，再到习总书记在十九大报告中提出的新思想、新论断、新提法、新举措，宣传内容丰富、形式多样。免费义诊、便民信息等现场展台处前来咨询、就诊的群众排成了长龙。市委宣传部常务副部长王郦君，区委书记唐浩然，区委常委、区委办主任郑建芳等领导现场观看节目。（李文恋）

**【“幸福花开—十九大精神润衡州”专题文艺演出暨“12·5”国际志愿者日主题实践活动启动】** 2017年12月5日，石鼓区“幸福花开—十九大精神润衡州”专题文艺演出暨“12·5”国际志愿者日主题实践活动启动仪式在莲湖广场举行。演出由区委、区政府主办，区委宣传部、区教文体局承办，区文化馆执行，8个精彩节目巧妙地把惠民政策、民族特色、传统文化等内容融入了表演。整场演出既深入宣传了党的十九大精神，弘扬了传统文化，又丰富活跃了市民文化生活。来自团区委、区妇联、区卫计局等多家单位的10多支志愿服务队伍还在现场摆台设点，开展义诊、文明劝导、政策法规咨询、志愿服务项目招募等志愿服务活动，形式多样的志愿服务活动吸引了众多市民驻足。市委宣传部副部长谭崇恩、区委书记唐浩然、区委常委、宣传部部长周文源等现场观看演出。（李文恋）

**【“五团齐下”让党的十九大精神落地生根】** 2017年12月8日，中共十九大会议结束后，石鼓区在抓好党政机关、事业单位宣传学习贯彻十九大精神的同时，着重针对基层的学习宣传工作综合施策、多措并举、创新载体，形成了“五团齐下”迅速推进十九大精神“深入基层深入群众”的生动局面。组织“领导团”，率先垂范讲。开展传达学习座谈讲座活动5场次，带动各级领导干部举行宣传宣讲活动130多场次，覆盖全区46个村（社区）、57个企业、15所学校党组织。组织“专家团”，解疑释惑剖。“专家团”主动深入基层单位开展讲座27场次，受邀参加辅导报告、竞赛讲评、宣传指导等活动80多场次。组织“文艺团”，举办活动宣。累计举办大小文艺活动82场次，现场发放宣传资料1.6万多份，受教群众2.1万多人次。组织“退休团”，开设课堂传。累计辅导专题思想品德课70多堂。组织“巧嘴团”，随时随地聊。（李文恋）

**【“船山故里—国学飘香—石鼓书院大讲坛—国学讲座”开讲】** 2017年12月15日，由市委宣传部主办，区委、区政府承办的“船山故里·国学飘香—石鼓书院大讲坛·国学讲座”第119讲在市广电中心演播大厅举行。留日学者、专栏作家、南华大学副教授刘洁受邀以《中华文化之美》为题，深刻阐述了中华文化的丰富内涵与独特魅力。区委书记唐浩然致辞，区委副书记、区长刘浪参加学习。唐浩然在致辞中表示，衡阳拥有悠久的历史和丰富的文化，千年石鼓书院便是衡阳传统文化的品牌和象征，党的十九大报告中也提出要坚定文化自信，推动社会主义文化繁荣兴盛。因此，领导干部更应当自觉担负起传承优秀传统文化，弘扬中华精神的历史责任。刘洁从“盘古开天地”的神话传说引入，主要围绕汉代的天圆地方、北魏的云冈石窟、宋代的“清明上河图”3大方面，放眼中国传统文化内涵和西方美学价值，生动地讲述了中华文化的独特之美和博大精深，同时结合自己的体验和大家一同分享美的信仰和喜悦。区委学习中心组全体在家成员，各乡、街道，区直部门相关人员参加学习。（李文恋）

## 统一战线

**【概况】** 2017年，全区统一战线坚持以学习贯彻党的十九大精神为主线，认真贯彻落实中央、省委、市委和区委统一战线重大决策部署，扎实推进统一战线各领域工作，较好地完成了年初制定的“135”工作目标。（黄　辉）

**【政治引领工作】** 强化政治引导。2017年，引导各民主党派、无党派、工商联学习党的十九大、全国两会、省市区党代会等会议精神，引导广大统一战线成员与中国共产党思想上同心同德、目标上同心同向、行动上同心同行。强化思想教育。围绕提升统战成员的政治把握能力和政策理论素养，开展各类学习讲座、专题辅导、主题活动。在市委党校举办了全区统一战线学习贯彻中共十九大精神暨封闭式业务培训班，在统战系统单位开展学习座谈、专题辅导10余次。强化凝心聚力。在民主党派和无党派人士中开展“不忘合作初心，继续携手前进”专题教育、在非公经济人士中开展理想信念主题教育等，坚定了统一战线广大成员与中国共产党团结奋斗的信心。

（黄　辉）

**【大统战工作格局构建】** 强化党的领导。2017年，区委常委会专题研究统战工作4次，成立了区委统一战线工作领导小组、区委对台工作领导小组，出台了《关于进一步健全中共石鼓区委常委与党外代表人士联谊交友制度的通知》《关于加强新的社会阶层人士统战工作的实施意见》《关于进一步做好聘请民主党派成员和无党派人士担任特约人员工作的意见》等7个有关统战工作文件。强化目标管理考核。将统一战线工作纳入各乡（街）、区直有关单位绩效评估内容，协商制定民主党派目标管理考核办法。加强组织体系建设。建立组织部与统战部的联席会议制度和党外干部选拔任用“六个共同”工作运行机制、增设了区台办和党外知识分子办公室、构建了区、乡（街）、村（社区）三级宗教工作网络。民进、民革、农工民主党派区工委和党外知识分子联谊会在4月、7月、12月相继成立。开展资源摸底调查。基本掌握了统战对象资源总量、层次、结构、分布等情况，实现有效的动态管理。

（黄　辉）

**【对台工作】** 2017年4月，石鼓区成立了台湾工作办公室，设有事业编制4人，已配备到位2人。9月6日，区委召开了第16次常委会听取了台办工作汇报，会议同意成立对台工作领导小组，由区委书记担任组长，区委副书记、区委常委、统战部部长、分管招商的副区长担任副组长，各相关部门负责人为成员，形成了“党委主要领导负责、党政领导齐抓共管、台办协调推进、有关部门联动配合、社会各界广泛参与”的对台工作新格局。通过组织观看视频、研读报告、聆听宣讲、参加培训、座谈交流等形式认真组织学习中共十九大会议精神，深刻领会习近平总书记关于对台工作新理念、新思想、新战略，准确把握中央对台方针政策，武装头脑、统领工作。开展涉台教育。通过举办台海形势报告会、对台业务工作培训，深入开展涉台教育进机关、进社区。10月12日，在区委中心组（扩大）集中学习会上，邀请了市台办主任李瑞荣作台海形势专题报告，区委学习中心组全体成员及全区100余名正科级干部聆听了报告会。10月31日，在全区统战业务培训班上，开设了台湾问题专题讲座，70余名社区基层统战工作人员参加培训。8月，在全区范围内开展台情资源调查摸底工作。通过上门走访、发放表格等形式，全面摸清掌握了全区台胞台属基本情况，并建立完善信息数据库。通过此次调查，更加全面准确掌握了我区台胞、台属、涉台婚姻的基本情况。全面走访台胞台属。11月，区台办主任亲自带队对石鼓区的台胞、台属进行走访慰问，在走访过程中，了解他们的工作、生活及台湾亲人情况，听取他们的意见和建议，并将正面宣传作为工作的重点内容，向台胞台属详细及时传达和讲解中央对台工作的方针政策，特别是十九大对台方略，并邀请台胞常回家乡考察、旅游，促进石台两地交往交流。积极参与两岸交流活动。9月，参加了台湾中华中小企业经营领袖协会考察团来衡阳市参访考察的交流活动，以宣传资料的形式向台商介绍石鼓区的招商引资项目。10月，参加了市台办组织的“两岸一家亲，欢喜回娘家”活动，结识了多位大陆新娘并加强联络联谊。积极引导台属以“就业扶贫、技术扶贫、资金扶贫”等方式参与精准扶贫活动。通过聘用贫困户到台属企业，以就业方式带动贫困户脱贫；通过技术扶贫，协助台属帮助贫困户脱贫致富；采取资金扶贫对没有劳动能力的贫困家庭给予资金帮助，其中台属香樟苑生态农业发展科技有限公司总经理梁光寰在“万企帮万村”活动中，共技术扶贫投入26.62万元，资金扶贫投入21.35万元，助学帮困3.6万元。高度重视涉台维稳工作，确保涉台大局稳定。为迎接党的十九大胜利召开，石鼓区认真做好涉台矛盾纠纷梳理排查工作，妥善处理信访及突发事件，正确处理台胞台属信访件，对他们反映的问题高度重视，能解决的问题当场解决，不能解决的做好明确答复并主动与相关职能部门联系。2017年，区共接待台胞、台属来访4人次。（戴金枝）

**【参政议政】** 2017年，抓好党外人士的政治安排工作，实施非公经济代表人士综合评价工作，有力的支持民主党派无党派人士参政议政。建立了区委常委与民主党派无党派人士联谊交友制度。在21个部门单位中实施特约人员聘请工作，由党外人士开展民主监督工作。全年民主党派、无党派人士以直通车形式上报建言献策达16篇。自2016年换届以来，党外代表人士向区人大、区政协提交提案122条，建议55件，促进了党委、政府决策的科学化、民主化。（黄　辉）

**【社会服务】** 2017年，脱贫攻坚成效显著。石鼓区“民企联村”精准扶贫行动工作中，非公企业以产业联村、项目带村、智力扶村、捐赠帮村等方法，增加农民收入，推进脱贫致富，仅香樟苑就注入帮扶资金近400万元。工作品牌逐步打造。潇湘街道长青社区、角山乡香樟苑被评为市级同心社区、同心项目，区美术馆被授予市统战文化基地。全区民族团结宣传教育、城市民族管理工作有序推进。服务社会作用凸显。“大爱暖石鼓”爱心助学活动募集12.45万元助学金，捐助了56名贫困学子，“金秋助学”行动已坚持11年，累计募集资金70余万元，捐助困难学生350余人。在防汛抗灾工作中，200多名民主党派和无党派人士、5家非公企业积极响应号召，参与行动，捐助物资价值近35万元。（黄　辉）

**【民族宗教领域】** 2017年，宗教和谐稳定工作。3月底，统战部部长朱鸿波对全区宗教场所进行了调研，全方位全覆盖的了解、掌握和收集宗教情况，并开展相关工作。5月，开始协调天主教仁爱之家养老院相关手续办理问题，对不稳定因素雨花斋的活动进行了高度关注等。民族和谐稳定工作。强化少数民族人口服务管理。及时了解动态，准确收集和掌握不稳定因素。区委统战部配合区政府协调处理黄沙湾街道涉及有少数民族人员的土地承包纠纷问题。开展民族团结进步示范社区创建。继潇湘街道演武坪社区获得省民族团结示范社区，全年积极打造西湖一村民族团结示范社区的创建工作。（黄　辉）

## 机构编制

**【概况】** 2017年，石鼓区机构编制管理工作认真贯彻落实中共十八届历次中央全会和中共十九大精神，积极适应机构编制工作发展新形势新要求，按照年初制定的工作计划，稳步推进“放管服”改革，配合完成纪检派驻改革；加强事业单位登记监管与服务，健全事业单位法人证书使用制度，提升事业单位管理服务水平；创新工作方式方法，强化机构编制日常管理，努力服务经济社会发展大局，为加快经济发展方式转变提供体制机制保障。（曹思明）

**【“放管服”改革】** 2017年10月，按照全市统一部署，区行政审批制度改革领导小组办公室（简称审改办）对行政许可标准化、公共服务事项清理规范、行政许可中介服务事项清理规范工作进行了统一安排部署和业务指导。通过"单位梳理——编办初审——再反馈再确认——法制办审核"等流程,共梳理明确公共服务事项90项,在原来61项行政许可事项的基础上取消行政许可事项32项,合并4项,新增1项,最终保留行政许可事项26项,同时全面清理了行政审批中介服务事项,梳理后的《石鼓区人民政府公共服务事项目录》《石鼓区人民政府行政许可事项调整目录》在党政门户网予以发布,并同步录入"互联网+政务服务一体化平台",形成了石鼓区政务服务事项目录清单(116项),实现了政务服务事项管理标准化。组织各部门根据政务服务事项目录清单填写实施清单,简化办理流程,明确办理时限,制作流程图,推进行政许可事项管理、流程、服务、受理场所建设与管理、监督检查评价规范。对政府部门权力清单制度进行动态调整,规范政府职能部门的权责目录,共取消32项,合并4项,新增4项,梳理发布新的权力清单628项,厘清政府部门之间、政府与社会之间的职权分界,推进各部门机构、职能、权限、程序、责任法定化,方便群众办事和社会监督。（曹思明）

**【纪检派驻改革】** 2017年,为深入贯彻落实中央、省委和市委关于纪律检查体制改革有关要求,区编办紧密配合纪检监察部门,积极做好纪检派驻机构体制改革工作。根据改革精神,梳理了区纪委纪检派出派驻机构、人员编制及核定的领导职数等基本情况,做好改革基础工作。8月15日,根据《石鼓区纪委派驻机构改革工作推进方案》要求,草拟了《关于石鼓区派驻纪检组机构设置和编制配备的意见和建议》,拟设立6个派驻纪检组,向全区45家党和国家机关实行综合派驻。核定每个派驻纪检组编制4名,共计24名,其中每个组组长1名(副科级)。通过编制调剂、划转盘活现有编制资源,采取竞争上岗的方式选优配强派驻组工作人员。9月,揭牌成立6个派驻纪检组,实现对45家区一级党和国家机关派驻全覆盖,配合纪检部门顺利完成了纪检派驻改革。

（曹思明）

**【事业单位登记制度改革和机关、群团统一社会信用代码赋码发证工作】** 2017年,健全事业单位法人证书使用制度,加强与相关部门的协调配合,完善了证书使用制度,把事业单位登记、年度报告公示工作同机构编制管理等工作结合起来;不断完善服务方式,切实提高办事效率,通过采取预约服务、重点督促等方式方法,提高登记管理工作效率。安排专人负责机关、群团统一社会信用代码赋码和网上名称管理工作。机关群团单位赋码发证工作年底已全部完成。

（曹思明）

**【机构编制日常管理】** 2017年,区编办严格落实省、市控编减编有关精神,把好"人事编制管理关",执行市编办"用编双控"制度,坚持新进人员"凡进必考",有效杜绝了违规进人、超编制及职数配备干部等现象;行使编制稽查审核职能,加强编制台账审核管理,除利用省机构编制管理平台对在编人员进行管理外,对机关及事业单位的人员编制台账定期进行年度审验核对,并将核编结果与工资福利待遇调整、财政经费预算等挂钩。

（曹思明）

**【行政许可标准化工作部署】** 2017年,行政许可标准化工作部署为贯彻落实省、市审改办关于推进行政许可标准化工作有关要求,石鼓区审改办牵头组织区质监分局、区政务服务中心,于10月20日上午率先召开行政许可标准化工作暨业务培训会议,22个政府工作部门和相关单位近50人参加会议,区委常委、常务副区长曾梦龙出席会议并讲话。会议传达了上级有关会议精神,下发了《石鼓区关于推进行政许可标准化实施方案》等文件,对行政许可标准化、公共服务事项清理规范、行政审批中介服务事项清理规范工作进行了统一安排部署,明确了工作目标、主要任务、实施步骤和有关要求,并以会代训对全区22个政府工作部门及相关单位进行了业务指导。会议要求各部门各单位严格按照《行政许可标准化指引(2016年版)》要求,压实责任,大胆探索,加强上下联系沟通,以动员会为契机,按照标准化要求,确保于年底前顺利完成行政许可标准化工作所有规定动作,提升全区行政许可标准化规范化水平。（曹思明）

# 石鼓区人民代表大会

## 综　述

【概况】　2017年，石鼓区有各级人民代表大会2个，即石鼓区人民代表大会和角山乡人民代表大会。截至12月31日，石鼓区有各级人大代表共250名，其中驻区第十二届全国人大代表2名，省十二届人大代表5名，市十五届人大代表30名，区四届人大代表158名，乡十五届人大代表55人。区四届人大常委会有组成人员26人，其中主任1人，副主任5人，委员20人。第四届区人民代表大会设立财政经济委员会和法制委员会2个专门委员会，区人大常委会设办公室、内务司法工作委员会、教育科学文化卫生工作委员会、城乡建设环境资源保护与农业农村工作委员会、选举任免联络工作委员会、预算工作委员会、法制工作委员会、研究室、信访办公室。下设人民街道人大工作委员会、青山街道人大工作委员会、潇湘街道人大工作委员会、五一街道人大工作委员会、合江街道人大工作委员会、黄沙湾街道人大工作委员会、角山乡人大主席团。区人大常委会坚持以习近平新时代中国特色社会主义思想为指导，始终坚持党的领导、人民当家作主和依法治国的有机统一，紧紧围绕中心，服务大局，忠诚履责，依法行权，突出重点，攻克难点，打造亮点。全年共召开常委会会议6次，开展执法检查和视察调研31次，听取“一府两院”专项工作报告31项，作出决议、决定16项，任免国家机关工作人员35人（次），督促办理代表建议166件，开展专项述职、专题报告及满意度测评2次。

（朱福华　彭传忠）

【党委决策落实】　2017年，常委会坚持围绕中心，服务大局，切实将党的领导贯穿到人大依法履职的全过程、各方面，及时将党委决策部署落到实处、见到实效。依法决定重大事项。常委会围绕区委决策部署，坚持实行民主集中制，不断完善议事决策机制，依法将党委意图转变为全区人民共同意愿，实现了科学决策、民主决策。先后听取和审查2016年国民经济和社会发展计划执行、财政预算执行、财政决算、审计工作及审计整改情况报告以及2017年计划、预算情况报告，及时批准了相关报告并作出决议，督促区政府继续扩大有效投资，加快经济转型升级，努力稳定经济增长。听取和审议区人民政府关于角山乡撤乡设镇的报告，依法作出同意我区申报角山乡撤乡设镇事宜的决议，为加快角山特色小城镇建设，促进区域经济科学持续发展提供了法律支持。规范人事任免。常委会始终坚持党管干部与依法任免干部的有机统一，准确把握组织意图，严格人事任免程序，确保了党组织推荐人选通过法定程序成为国家机关工作人员。共任免国家机关工作人员35人次，其中任免人大常委会机关委室和街道人大工委负责人8人次，任免区政府组成部门负责人19人次，任免法官、检察官8人次。根据省市文件精神，经区委提名，首次由区人大常委会任命街道人大工委主任。对拟任职人员严格执行任前了解、法律知识考试、人选情况介绍、任职表态、任前询问、会议审议、投票表决、颁发任命书以及向宪法宣誓等9项程序。

（朱福华　彭传忠）

【经济发展助推】　2017年，推动经济稳健增长。常委会组织对区政府2016年度政府购买服务项目资金使用情况进行调研，专题听取了关于政府购买服务项目执行情况及阶段性项目资金使用情况报告和财政预备费使用情况的报告，督促区政府切实强化项目资金预算管理和监督，建立健全项目管理绩效评价机制，切实发挥资金效益，确保重点项目健康有序推进。围绕发展乡村旅游课题，组织驻区省市人大代表深入云飞农业、青月山庄等特色农业项目调研视察，建议区政府想方设法突破规划、土地、资金、交通、产业发展等瓶颈制约，强化工作保障措施，努力打造“衡阳市近郊旅游休闲新高地”。参与和推进中心工作。常委会班子成员牵头协调推进农业板块项目建设，组织6个农业项目参加全市农业重点项目推进会，推荐香樟苑作为示范参展单位，赢得全市好评。常委会主要领导带领招商小分队赴沿海地区招商，并促使项目落地。推动明翰路两厢提质改造、来雁新城草桥风情文化街征拆、雁栖湖公园建设及黑臭水体治理等重点项目建设。常委会班子成员经常深入基层一线，精心指导联点村、社区扎实做好基层党建、文明创建、精准扶贫、抗洪抢险、环保督查整改、走访慰问困难群众和信访维稳等中心工作，取得了较好成效。参与全国“两会”、十九大、圣诞节平安夜等重大安保维稳行动，常委会班子成员带领机关干部包案稳控并化解29个信访突出问题，为确保社会和谐稳定发挥了积极作用。 （朱福华　彭传忠）

【民生民利维护】 2017年，开展“四行”活动，助推民生工程。开展“环保世纪行”“三湘农产品质量安全行”“三湘农民健康行”“民族团结进步行动”（以下简称“四行”）活动，督促环保、卫计、教育、农林、水利、城管等职能部门实施污染防治、病媒生物防制及农村无害化厕所改造、安全饮水等民生工程，整治了一批环保突出问题，提升了农产品质量，推进了2个健康村创建。重点督办教育精准扶贫等5件事关群众切身利益的代表建议，推动区政府完成4.6千米衡角公路提质改造，将222名建档立卡贫困生全部纳入资助对象，完成人民路九角巷3号等死角盲点区域的堆物清理等，督促区政府办成了一大批民生实事。组织调研视察，回应民生诉求。常委会专题调研环保工作，首次听取和审议关于2016年环境保护状况和环境保护目标完成情况报告，督促区政府加快污染治理项目建设，逐步提升人居环境质量。组织代表调研视察禁毒工作、公安系统基层基础建设，围绕群众“看病难、看病贵”问题，组织人大代表深入基层医疗卫生单位调研，督促区政府切实加大财政投入，解决历史遗留问题，引进专门人才，落实惠民医疗政策，全面提升基层医疗卫生服务水平。

（朱福华　彭传忠）

【依法治区】 2017年，加大执法检查力度。常委会集中领导力量和工作力量，由常委会主任和3名副主任带队，组织开展《中华人民共和国水法》执法检查，专题听取区政府贯彻实施《中华人民共和国水法》情况汇报，并深入水利重点工程项目实地调研，建议区政府进一步规范依法行政行为，加强对水资源的管理和利用。积极配合省市人大开展《中华人民共和国反家庭暴力法》《湖南省实施〈城乡规划法〉办法》《湖南省农村扶贫开发条例》执法检查或专题调研，督促相关法律法规在石鼓区得到全面贯彻实施。开展《中华人民共和国民办教育促进法》执法检查“回头看”，组织人大代表现场督查审议意见交办问题整改落实情况，督促区政府进一步加大扶持力度，优化民办教育发展环境，促进民办教育健康发展。创新司法监督方式。坚持“一人一档”的原则，建立“两院”执法信息平台，将“两院”司法工作人员的基本信息、办案数量、案件质量、单位评价、社会反映等5项信息录入信息档案，作为评议“两院”工作和职务任免的参考依据。首次由常委会向执法司法机关统一委派30名人大代表担任执法监督员，并举办执法监督员培训班，加强对区公安分局、区人民检察院、区人民法院、区司法局的执法监督，努力让人民群众在每一个司法案件中都能感受到公平正义。抓实合法性审查、立法调研和信访工作。推进规范性文件备案审查工作，累计备案审查规范性文件24件，促进了政府工作部门依法行政，维护了法制统一。推荐潇湘街道作为市级立法基层联系点，配合市人大做好城市市容和环境卫生管理等立法调研工作。全年常委会领导成员和机关信访机构共接待群众来信来访40余批次70人次,重要信访事项17件次,均及时按程序交办、督办,办结率、回复率、满意率均达100%。

(朱福华　彭传忠)

【代表作用】　2017年,常委会坚持创新机制,规范管理,优化服务,强化保障,激发了代表履职热情,发挥了代表主体作用,树立了代表的良好形象。多措并举提升代表履职能力。常委会及各乡街人大工委通过分层级多渠道选送代表参加市级培训、邀请上级机关领导和法律专家授课等方式,举办代表履职培训班和法律知识培训班,组织代表认真学习《中华人民共和国宪法》《中华人民共和国全国人民代表大会和地方各级人民代表大会代表法》《中华人民共和国地方各级人民代表大会和地方各级人民政府组织法》《中华人民共和国各级人民代表大会常务委员会监督法》《中华人民共和国预算法》等法律法规,提升了代表参政议政、建言献策的能力和水平。高效优质督办代表意见建议。常委会督促各承办单位严格按照"三见面"(即办前见面、办中见面、办后见面)和"三回复"(即承办单位收到交办建议时,及时回复代表;办理时,及时回复沟通;建议办理后,及时回复,反馈情况)的要求进行办理。对代表提出的166件建议,经梳理分类归纳为147件,全部转交"一府两院"及有关部门办理。代表建议办理的回复率、办结率均为100%,代表对建议办理基本满意或满意率达100%。对5件代表建议,常委会班子成员一对一联系跟踪,牵头进行重点督办。开展了优秀代表建议和代表建议办理先进单位评选活动,共评选出优秀代表建议12件,代表建议办理先进单位7个,进一步激励代表提出更多高质量建议,充分调动了建议办理工作积极性。不断完善代表联系群众机制。组织全区138名人大代表和人大工作者采取"企业家代表联村、领导干部代表包户、专技人员代表解难、农民代表结对、人大工作者帮困"的方式,深入开展人大代表服务脱贫攻坚"五个一"行动,为脱贫攻坚出实招、献实力,累计提供爱心资助、扶贫帮困金额达200余万元。区人大代表梁杰在君玲食品建立扶贫基地,通过吸纳贫困人口就业、点对点帮扶和助学,带动190余户贫困户脱贫致富。石鼓区被评为全市人大代表扶贫基地建设优胜单位,梁杰被评为先进个人。开展"6·25为民服务日"集中宣传及服务选民志愿活动,通过医疗服务、政策咨询、法律援助等形式,为群众答疑解惑、排忧解难,累计提供各类为民服务6000余人次。加强区乡两级10个代表联系群众工作站(室)建设,率先建成首个市人大代表工作室——桂杨代表工作室,搭建了代表与群众的"连心桥"。全年代表通过联系群众工作站(室)接待群众161人次,收集意见建议98条,解决问题77个。

(朱福华　彭传忠)

【自身建设】　2017年,常委会坚决落实全面从严治党责任,注重加强机关能力建设,扎实改进工作作风,积极塑造有正气、有活力、有作为的人大机关形象。持续加强思想建设。认真学习宣传贯彻中共十九大精神,将全区各级人大代表和人大工作者的思想和行动统一到中共十九大精神上来,自觉用习近平新时代中国特色社会主义思想武装头脑、指导实践。在全区人大系统大力开展以"学系列讲话,争当理想信念的表率;学党章党规,争当遵规守纪的表率;学宪法法律,争当为民履职的表率"为内容的"三学三争"主题实践活动,有力推进"两学一做"学习教育常态化制度化,确保人大工作正确的政治方向。组队参加全市人大系统学党章党规知识竞赛总决赛,在十二个县市区中获第一名。不断强化制度保障。常委会根据新形势、新任务、新要求,不断健全人大组织制度和工作制度,为推进区乡人大工作制度化、规范化、法制化建设提供了基本遵循。修订完善《乡街人大工作目标管理考核办法》,完善了常委会组成人员联系代表、代表联系选民机制,激发了代表履职热情。黄沙湾街道人大工委探索由选民给代表颁发代表证的做法,给人大代表队伍带来了新气象。制定了《关于预算审查前听取人大代表和社会各界意见建议办法》，建立《区人大常委会立法工作基层联系点制度》，出台《关于统一委派人大代表担任执法监督员的实施意见》，修订完善了《规范性文件备案审查办法》《规范性文件备案审查工作程序规定》。建立《区人大及其常委会各委室与区直单位工作联系制度》，实现人大常委会各工委与区直部门的无缝对接。组织区乡(街)人大干部和常委会组成人员到中国政法大学学习培训，选派人大干部到浙江大学参加区委举办的综合素质能力培训，提升了人大干部综合素质能力。通过选调、公开招考等形式，常委会机关新增财会、文秘、法律专业工作人员5名，人大机关干部年龄、专业结构进一步优化。开展理论研究和宣传工作。全年累计撰写理论研究和新闻宣传稿件130余篇，被省市级以上刊物、网站刊发30余篇，编发《石鼓代表视窗》6期。区人大机关领导和干部撰写的《用十九大精神推进人大工作新发展》《关于增强人大代表工作站活动实效的调查与思考》分别被《衡阳日报》《人民之友》刊发。市人大代表、石鼓社区党总支书记潘枝芳《把百姓的每桩小事都当作大事》的感人事迹，通过市人大常委会专刊“代表履职手记”和市级主流媒体广为宣传，成为全区各级人大代表学习的榜样。

（朱福华　彭传忠）

## 重要会议和活动

**【“三学三争”动员会暨党风廉政建设工作会】** 2017年3月31日召开，区人大全体机关干部和乡街人大负责人、联络员参会。区人大常委会党组书记、主任高鸿升，区委常委、区纪委书记龚建民出席会议并讲话，区人大常委会党组副书记、副主任陈国春主持会议，区人大常委会党组成员、副主任宁华梁、彭爱民、刘卫国参加会议。会议印发区人大常委会《关于开展“三学三争”主题实践活动的意见》《关于落实党风廉政建设和反腐败工作责任分工的实施办法》，各委室负责人向区人大常委会党组递交了2017年度党风廉政建设和反腐败工作任务责任书。

（朱福华　彭传忠）

**【《人民之友》杂志社调研石鼓区人大常委会工作】** 2017年4月6日，省人大常委会《人民之友》杂志社主编田必耀一行深入石鼓区调研基层人大工作，对石鼓区人大工作给予高度评价。调研组一行深入区人大机关、黄沙湾街道，看现场、听汇报、召开座谈会，全面了解区人大工作基本情况和区人大及其常委会在机关自身建设、履职行权、依法监督、保障代表履职、工作创新等方面的工作情况。特别是对黄沙湾街道人大工委组织选民代表向区人大代表颁发代表证这一工作创新，进行了详细了解，与部分区人大代表进行了探讨。区人大常委会党组书记、主任高鸿升，党组副书记、副主任陈国春，党组成员、副主任彭爱民等陪同调研并参加座谈会。

（朱福华　彭传忠）

**【区四届人大常委会第三次会议】** 2017年4月12日，由高鸿升主持召开。会议通过了2项决定，听取和审议了1个专项报告。会议审议通过了区四届人大二次会议列席人员名单、主席台就座人员名单和《关于召开衡阳市石鼓区第四届人民代表大会第二次会议的决定》《关于设立衡阳市石鼓区第四届人民代表大会常委委员会代表资格审查委员会的决定》及代表资格审查委员会主任委员、委员名单，决定区四届人大二次会议于4月18日至20日在区机关会议中心举行，会期三天。会议听取和审议《关于衡阳市石鼓区第四届人民代表大会代表异动和补选情况的报告》，确认出席石鼓区第四届人民代表大会代表为160名。会议审议了区四届人大二次会议议程、日程及主席团和秘书长名单、主席团常务主席名单、主席团执行主席分组名单等相关议题草案，审议了区人大常委会工作报告和计划、财政报告草案。会议审议通过《石鼓区人大常委会2017年工作要点》《石鼓区第四届人大常委会组成人员联系人大代表方案》。

（朱福华　彭传忠）

**【区四届人大二次会议】** 2017年

4月18日至20日，在区会议中心隆重举行。大会开幕式应到代表160名，实到代表152名。会议听取和审查区人民政府、区人大常委会、区人民法院、区人民检察院工作报告，审查和批准区2016年国民经济和社会发展计划执行情况及2017年计划草案的报告，审查和批准区2016年财政预算执行情况和2017年财政预算草案的报告，表决通过了关于政府、计划、财政、人大常委会、法院、检察院六个工作报告的决议。与会代表围绕区域经济社会发展献计献策，共提出建议54件。（朱福华 彭传忠）

**【首个人大代表扶贫工作基地】** 2017年6月5日，石鼓区首个人大代表扶贫工作基地在衡阳市君玲传统食品科技发展有限责任公司成立并挂牌，标志着石鼓区人大代表参与脱贫攻坚工作迈向新的高度。区人大常委会党组书记、主任高鸿升为基地授牌，区人大常委会副主任冯春娥、彭爱民参加。

（朱福华 彭传忠）

**【"脱贫攻坚'五个一'行动"动员会】** 2017年6月7日上午，全区"人大代表为民履职脱贫攻坚'五个一'行动"动员会召开，动员132名人大代表和6名人大工作者采取企业家代表联村、领导干部代表包户、专业技术人员代表解难、农民代表结对、人大工作者帮困的方式，为脱贫攻坚出实招、献实力。区人大常委会党组书记、主任高鸿升出席会议并讲话，党组副书记、副主任陈国春作动员部署讲话。区领导冯春娥、宁华梁、彭爱民、刘卫国参加。（朱福华 彭传忠）

**【"环保世纪行"启动】** 2017年6月8日，石鼓区举行2016年"环保世纪行"工作总结表彰暨2017年启动大会，会议总结了2016年石鼓区"环保世纪行"工作，表彰了一批先进个人和单位，区水利局、环卫局做典型发言。区人大常委会主任高鸿升出席会议并讲话。（朱福华 彭传忠）

**【"6·25为民服务日"活动启动】** 2017年6月23日上午，石鼓区人大常委会在石鼓广场举行"6·25为民服务日"集中宣传及服务选民志愿仪式，10余支服务队伍分别搭设医疗服务、政策咨询、法律援助、人大代表接待等群众服务点，为市民群众答疑解惑、排忧解难。当天发放宣传资料1000余份，政策解读300余人次，免费义诊700余人次，展示宣传板报10余块。市人大常委会原副主任苏营，区领导刘浪、谢海蓉、高鸿升、龚建明、陈国春、冯春娥、宁华梁、彭爱民、刘卫国参加。

（朱福华 彭传忠）

**【区四届人大常委会第四次会议】** 2017年6月23日下午，高鸿升主持召开区四届人大常委会第四次会议。会议通过1项决定，听取和审议1个专项报告，通过了人事任免6人次。会议通过《关于接受接受杨龙金辞去市十五届人大代表职务的决定》，补选唐浩然为市十五届人大代表；首次听取和审议区人民政府《关于2016年环境状况和环境保护目标完成情况的报告》；会议任命赵奇、刘奇平、刘海燕、陈呈、李灿为区人民检察院检察委员会委员。会议审议通过《关于统一委派人大代表担任执法监督员的实施意见》。

（朱福华 彭传忠）

**【全市人大系统"学党章党规，争当遵规守纪的表率"知识竞赛总决赛】** 2017年7月11日，石鼓区组队参加全市人大系统"学党章党规，争当遵规守纪的表率"知识竞赛总决赛，取得第一名。

（朱福华 彭传忠）

**【"三湘农产品质量安全行"启动】** 2017年7月13日，石鼓区"三湘农产品质量安全行"2016年总结表彰会暨2017年动员会召开。区人大常委会主任高鸿升出席会议并讲话，要求各级各部门要提高认识，认真履职，有效地开展工作，确保全区农产品质量安全。区人大常委会副主任刘卫国、副区长汪衡湘参加。（朱福华 彭传忠）

**【区四届人大常委会第五次会议】** 2017年7月31日上午，高鸿升主持召开区第四届人大常委会第五次会议。区委副书记、区长刘浪应邀列席会议并讲话。会议通过1项决定，通过人事任免28人次。会议通过《关于接受谢炜等辞去石鼓区第四届人民代表大会代表职务的决定》,决定接受谢炜等10名代表辞去区第四届人民代表职务的请求。会议决定任命2名区人大常委会工委主任、4名街道人大工作委员会主任、19名区政府组成部门负责人,任命1名区人民检察院副检察长、检察委员会委员。会议组织决定任命的25名国家工作人员向宪法宣誓就职。刘浪强调,通过人大任命的同志要坚持学习,与时俱进;要围绕中心,履职尽责;要践行宗旨,为民服务;要坚守底线,勤政廉洁。区人大常委会副主任陈国春、冯春娥、宁华梁、彭爱民出席会议。区领导曾梦龙、谢宏,区人民法院院长谷敏、区人民检察院检察长宋顺武等列席会议。

(朱福华　彭传忠)

**【区四届人大常委会第六次会议】** 2017年8月25日,高鸿升主持召开区四届人大常委会第六次会议。会议听取和审议2个专项报告,通过1项决议,通过人事任免1人次。会议听取和审议区人民政府《关于2016年财政预算执行情况和其他财政收支情况的审计工作报告》《关于2016年财政决算(草案)的报告》,通过《关于批准石鼓区2016年度财政决算的决议》。会议审议通过了区人大常委会《规范性文件备案审查办法》和《规范性文件备案审查工作程序规定》。

(朱福华　彭传忠)

**【驻区省、市人大代表专题调研】** 2017年10月13日,石鼓区人大常委会组织驻区省、市人大代表专题调研乡村旅游工作,为石鼓区乡村旅游发展"把脉献计"。衡阳市人大常委会副主任邹致和、市人大常委会原副主任苏营及联工委负责人,区人大常委会党组书记、主任高鸿升,区委副书记、区长刘浪,区人大常委会党组副书记、副主任陈国春,区人大常委会党组成员、副主任彭爱民,驻区省、市代表50余人参加此次调研。

(朱福华　彭传忠)

**【区四届人大常委会第七次会议】** 2017年10月26日上午,高鸿升主持召开区四届人大常委会第七次会议。会议听取和审议了3个专项报告,表决通过1项决议案。会议听取和审议区人民政府《关于角山乡撤乡设镇的情况报告》《关于政府购买服务项目执行情况及阶段性项目资金使用情况的报告》,表决通过《关于角山乡撤乡设镇的决议》,同意区人民政府按法定程序向有关部门申报角山乡撤乡设镇事宜;会议听取和审议《关于衡阳市石鼓区四届人民代表大会代表异动、补选情况的报告》,确认区第四届人民代表大会的代表数为160名。区人大副主任陈国春、冯春娥、宁华梁、彭爱民、刘卫国等出席会议,副区长聂文化,区人民法院院长谷敏、区人民检察院检察长宋顺武等列席会议。

(朱福华　彭传忠)

**【传达学习党的十九大精神】** 2017年10月31日,区人大常委会召开党组(扩大)会议暨传达学习党的十九大精神会议。区人大常委会党组书记、主任高鸿升传达学习了市委、市人大常委会、区委相关会议精神。区领导陈国春、宁华梁、彭爱民、刘卫国参加会议并作表态发言。　(朱福华　彭传忠)

**【国、省、市三级人大代表视察】** 2017年11月22日,衡阳市人大常委会副主任段志刚率国、省、市三级人大代表,深入石鼓区视察农业产业项目发展情况,现场视察了云飞农业、香樟苑,并召开座谈会,听取我区农业产业项目发展情况汇报。区人大常委会党组书记、主任高鸿升陪同视察并主持座谈会。区领导郑建芳、曾梦龙、彭爱民、汪衡湘参加。　(朱福华　彭传忠)

**【30名执法监督员首次任命】** 2017年11月8日,石鼓区人大常委会召开向司法机关统一委派执法监督员动员大会。共委派30名人大代表,分别对区公安分局、区人民法院、区人民检察院、区司法局等4个单位的依法办案情况进行执法监督。区委副书记谢海蓉,区人大常委会主任高鸿升,人大常委会副主任陈国春、宁华梁,副区长、公安分局局长朱建社、人民法院院长谷敏、人民检察院检察长宋顺武出席会议。

(朱福华　彭传忠)

**【区四届人大常委会第八次会议】** 2017年12月29日,高鸿升主持召开区第四届人大常委会第八次会议。会议听取和审议"一府两院"

及相关部门专项报告9个，区人大常委会相关专门委员会和委室专项报告5个，通过3项决定、1项决议。会议通过《关于接受李友良辞去石鼓区第四届人民代表大会代表职务的决定》《关于召开衡阳市石鼓区第四届人民代表大会第三次会议的决定》《关于表彰2017年度乡街人大目标管理考核优秀单位、优秀代表建议及承办先进单位的决定》，决定区四届人大三次会议于2018年1月9日至12日在区机关会议中心举行，会期3天。会议听取和审议《关于衡阳市石鼓区第四届人民代表大会代表异动和补选情况的报告》，确认出席石鼓区第四届人民代表大会代表为158名。会议审议了区四届人大三次会议议程、日程及主席团和秘书长名单、主席团常务主席名单、主席团执行主席分组名单等相关议题草案，通过了列席人员名单、主席台就座人员名单；会议还审议了区人大常委会工作报告和计划、财政报告草案。会议听取和审议了区人民政府《关于2016年度区本级财政预算执行和其他财政收支情况审计发现问题整改情况的报告》及区财政、人社、住建、园林4个单位审计发现问题整改情况报告，并对4个单位整改情况进行满意度测评；会议分别听取和审议了区人民政府、区人民法院《关于区四届人大一次二次会议代表建议批评意见办理情况的报告》；会议听取和审议了区人民政府《关于石鼓区2017年财政预算收支调整方案（草案）的报告》《石鼓区贯彻执行〈中华人民共和国水法〉情况报告》，通过《关于批准石鼓区2017年财政预算收支调整方案的决议》。会议印发了《关于表彰2017年度“三学三争”先进单位、先进个人及优秀学习体会、优秀调研报告的通报》。会议听取了5名市人大代表述职并进行满意度测评。区人大常委会副主任陈国春、冯春娥主持会议相关议程，区人大常委会副主任刘卫国出席会议，区委常委、常务副区长曾梦龙，副区长汪衡湘，区人民法院院长谷敏、区人民检察院检察长宋顺武列席会议。（朱福华　彭传忠）

# 石鼓区人民政府

## 综　　述

**【概况】** 2017年,石鼓区政府团结带领全区人民,坚持稳中求进工作总基调,真抓实干,攻坚克难,砥砺前行,圆满完成了全年经济社会发展主要目标任务,获评全省安全生产、人口和计划生育、综合治理先进单位,成为全市唯一“大满贯”得主。决胜小康,综合实力稳步提升。经济总量逐步增大。全年实现地区生产总值159.10亿元,增长9%;财政总收入23.84亿元,增长7.75%;固定资产投资155.87亿元,增长9.8%;社会消费品零售总额121.11亿元,增长10.8%;城乡居民人均可支配收入分别达3.38万元、1.91万元。经济质量得到提升。三次产业结构调整为3.0∶17.9∶79.1,第三产业比重同比提高1.7个百分点,实现增加值125.86亿元,增长10.1%。税占比达97%,位居全省县(市、区)前列。全面小康大步迈进。二产、三产增加值占GDP比重等32项指标实现程度达到100%,总体实现程度达92%,同比提高2个百分点。厚植基础,项目建设顺利实施。重点项目大力推进。开展“项目推进年”活动,实施重点项目105个,完成投资111.2亿元。市重点考核项目30个,开复工率100%,完成投资62.4亿元,为考核任务的138.6%。来雁新城完成投资15.2亿元,征地拆迁顺利推进,解决了一批长期想解决而未解决的拆迁难题。华耀城完成投资12.8亿元,M5、M6交易广场正式营业,B2地块酒店及办公楼主体已完工。雁栖湖公园项目建设推进。招商引资有序开展。先后参加“港洽周”“央企入湘对接会”“2017衡州经济发展论坛”等活动,成功签约项目5个、总引资30.3亿元。重点推出以省级现代服务业示范集聚区、角山乡村旅游等为依托的产业招商项目37个,总投资142亿元。项目包装初见成效。重点策划包装项目32个,深度开发项目10个,纳入市招商引资项目13个,力推角山特色小镇、医养结合基地等PPP项目6个,项目库不断充实。加速转型,产业结构优化升级。现代服务业优势放大。新引进总部企业和电商20余家。中建衡阳中心、崇盛国际中心等城市综合体的辐射力和影响力扩大,房地产、汽车、休闲娱乐等消费迅速拓展,商贸、物流、餐饮及中介服务等行业日趋活跃。华耀城入驻商户1100余家。中亿汽贸城入驻汽车销售及配件供应商500余家。中心城区传统商贸转型升级加快推进,提升成效逐步凸显。蒸水以北商贸氛围更加浓厚。现代农业特色彰显。农业产业化进展加快,云飞农业、奕辉莲藕、富农科技等项目来势较好。山水莲花流转土地113.33公顷,打造近郊规模最大的莲花基地。香樟苑、乐富蔬菜成功创建省级农业特色产业园。新型工业平稳发展。规模以上工业企业达38家,总产值达44.43亿元,天雁机械转型升级迈出新步伐。聚焦创建,城乡环境持续改善。城市建设全面提质。中心城区雨污分流全面完成,中山北路提质改造基本完成,常胜路、环城北路等4条城市主次干道两厢提质改造全面完成,长丰大道延伸、二环西路建成通车,惜香路、凤凰路西延、望城路西延加快实施,东西联动、南北互通、内外畅通的交通格局基本形成。完成28个社区“两化两体系”、29个社区“三清三建”工作。城市管理有效加强。以创建全国文明城市为总揽,常态化开展市容市貌专项整治行动，占道经营、流动摊点、违规户外广告、违章停放非机动车等乱象得到有效整治。强力开展控违拆违“清零”行动，拆除违法建筑5.18万平方米。联合治理超限超载，渣土运输严加管控。中心城区“雪亮工程”全面完成，新增社会治安视频监控摄像头850个。电动车上牌管理成效较好。殡葬改革连续3年排名全市第一。社区消防工作经验得到全面推广。美丽乡村建设加快。乡村旅游环线加快推进，6.9公里路基初步成型。率先在全市推行农村公共区域环卫市场化，农村环境综合整治成效明显。横江湿地公园建设稳步实施。建成村级综合服务平台7个。香樟苑获评全省五星级乡村旅游点。角山乡纳入全省美丽乡村整乡推进计划。旭东村获评全省“两型社会”示范村。三星村获评全国文明村。共享成果，民生福祉不断增进。民生实事全面落实。8项重点民生实事任务全部完成。新增城镇就业3640人，新增农村劳动力转移就业1388人，城镇登记失业率3.94%，城镇零就业家庭保持动态清零。长青社区获评省级双创示范社区。率先在全市完成第一批旱厕改造11座、公共厕所4座。建档立卡贫困户已脱贫1369户、3758人，稳定脱贫470户、1370人。社会保障不断健全。大王庙、影视中心等6个安置房项目全面完工，安置房配套设施建设得到加快。完成棚户区改造1297户、农村危房改造15户，分配公租房364套。新建城乡各类养老设施15个，新增养老床位316个，青山街道“时间银行”互助养老新模式被央视报道。企业退休人员养老金实现“十三连调”。农村低保标准和扶贫标准实现“两线合一”。全民参保登记持续推进。人才引进和招聘工作。村(社区)运转经费保障到位，率先在全市规范社区(村)工作人员待遇。社会事业协调发展。完成华耀城一小主体工程和前进小学、松木明德学校一期等化解“大班额”项目，新增学位3600个。完成校园维修改造项目36个。率先在全市完成中小学校安全饮水工程。大护国寺和杨梅桥完成修缮。群众文化活动日益丰富，“欢乐潇湘·幸福石鼓”“广场旬旬演·社区周周乐”等文艺活动全面开展，都司街小学入选全国中小学中华优秀文化艺术传承学校，下横街小学获评全国“阳光排舞进校园”集体第一名，牛角巷社区获全国“书香社区”，区文化馆选送的原创歌曲《大雁飞翔》获省“五个一工程”奖。医药卫生体制改革深入推进，基本药物零差率销售全面落实，居民电子健康档案建档率86%，家庭医生签约率30.1%。中医正骨医院易地重建有序推进，区疾控中心建成并投入使用。人口和计划生育工作扎实有效，青山街道获评全省流动人口基本公共卫生计生服务均等化示范街道，合江街道获评全省卫生计生依法办事示范窗口。第三次全国农业普查全面完成。乡街简志编纂、地名普查圆满完成，慈善公益影响扩大。质量监督、食品药品监管得到加强，市场运行平稳有序。抗洪救灾取得全面胜利，五一街道获评全市抗洪救灾先进集体。工会、共青团、妇联、残联、科协、红十字会、民族、宗教、老龄、档案等各项工作齐头并进。筑牢底线，社会大局安定平稳。严格生态保护。配合中央环保督察工作取得阶段性成效，中央环保督察交办的30.2件信访件全部办结，搬离关停养殖场33家、关停非法页岩砖厂5家、改造餐饮油烟净化装置70家，雁栖湖及周边环境综合治理成效明显。“河长制”稳步实施，河湖管理保护取得新成效。湘江流域保护和治理第二个“三年行动计划”强力推进。全年空气优良天数比例达83%，同比增加20余天，提升幅度排名城区第一。抓牢安全生产。率先在全市出台监管责任清单、组建乡街安环站、推行重大隐患治理“一单四制”，安全生产形势持续平稳，实现了“零”死亡，事故发生起数同比下降66.7%，经济损失同比下降45.4%。化解信访积案。信访问题源头治理和“信访积案清零百日攻坚”行动扎实开展。继续落实领导接访工作机制，妥善处理涉军矛盾、企业改制、房地产开发等信访问题514起，化解信访积案28个。强化综治维稳。社会治安综合治理稳步推进，完成“一带一路”高峰论坛、党的十九大等安保维稳任务，全年未发生重大刑事治安案件和重大群体性事件。禁毒工作在全省作经验推介，人民路小学获评省级禁毒教育示范基地。防范和处置非法集资工作扎实有效，守住了不发生区域性金融风险的底线。自身建设加强。依法治区深入推进。自觉接受区人大及其常委会的法律监督、工作监督和区政协的民主监督以及社会各界的监督，充分吸纳各民主党派、工商联和无党派人士意见、建议，办理人大代表建议143件，政协委员提案130件，沟通率、办复率、满意或基本满意率均达100%，获评全市政协提案办理先进单位。完成村（社区）两委换届选举工作，和平村、松梅村整顿有力，社会风气明显好转。城乡居民依法自治率达100%。学法普法工作有序实施。率先在全市推行党政机关法律顾问制度，成立全市首家法制审核室。行政效能明显提升。“两集中、两整合、两公开”改革继续深化，审批时限大幅缩短。“互联网+监督”平台建设不断完善。“互联网+政务服务”深入开展，项目建设全程代办服务进一步优化。行政许可标准化建设积极推进，机构编制管理得到有效规范。信息公开力度加大，“12345”政府服务热线办理较好。区国税局化解房地产遗留问题经验得到国家税务总局的充分肯定。区公安分局人口与出入境管理大队获评全省人民满意公务员集体。重点改革步伐坚定。税源调查深入开展，协税护税机制得到加强。财政预算管理改革创新实施，财政预算的科学性和约束性切实加强。率先在全市实施城市管理执法体制改革，有效破除城市管理与行政执法“两张皮”现象。警务机制改革经验在全省推广。农村土地确权登记颁证、农村集体资产清产核资基本完成。行政执法“三项制度”改革试点、机关事业单位养老保险、商事制度等改革深入实施，项目推进、投融资平台、环卫市场化等改革顺利开展。作风建设持续深化。深入学习十九大精神，用十九大精神指导工作，凝聚力量。全面从严治党深入推进，区政府系统实现派驻纪检机构全覆盖。稳增长促改革调结构惠民生防风险政策措施落实情况跟踪审计、2015—2016年度财政决算审计及问题整改全面落实。“四个专项检查”纵深推进，政府采购、招投标、财政专项资金、公用经费等监管加强。国防动员和后备力量建设质量提高。优抚安置落实到位，民兵预备役建设得到加强，区武装部民兵训练用房交付使用。国防教育和人民防空工作切实加强，国防动员年度任务全面完成，军民融合发展呈现新局面。

（胡雪峰）

## 重要会议

**【石鼓区召开2017年区政府第一次全体会议暨廉政工作会议】** 2017年5月3日，石鼓区召开2017年区政府第一次全体会议暨廉政工作会议。区委副书记、区长刘浪要求，思想上同心、行动上同步、落实上同力，以誓争一流的标准、改革创新的勇气、真抓实干的作风，奋力谱写石鼓更好更快发展的精彩篇章。会议由区委常委、常务副区长曾梦龙主持。区领导陈国春、谢宏、朱建社、聂文化、吴颖、王砺、李长刚等出席会议。此次会议是新一届区政府召开的第一次全体会议。刘浪表示，本届区政府肩负着全面建成小康社会、全力打造湘南地区最具活力的商贸文化新区的神圣使命。面对复杂宏观经济形势和经济下行压力，一季度来，各项工作保持了平稳较快发展，主要经济指标实现了“开门红”，但在肯定成绩的同时，要坚持一分为二、客观总结，要找准问题、补齐短板，加快经济社会健康可持续发展。刘浪强调，全区各级各部门要坚持解放思想，提振“精气神”。要严守规矩，牢记公权不能私用，在法律约束下作决策，在制度笼子里办事情，主动接受人大法律监督、政协民主监督和社会各界监督，在监督下履职尽责、开展工作；要改革创新，创造性地解决难题、狠抓工作落实，区级要抓总，部门要放权，乡街要主动担当，村（社区）要创新发展，一级对一级负责；要敢于担当，弘扬“只要有利于发展，应该做的事，顶着压力也要干；必须负的责，迎着风险也要担”的精神，坚持“只要为公不为私、为民不为己，区委、区政府都会挑担子、负责任”的原则，树立“优先重用敢于担当、善于作为的干部”导向；要真抓实干，在其位，谋其政，做到守土有责、守土尽责。要坚持优质高效，扎实办理建议提案。刘浪要求，各承办单位要以最大的热情、最大的力度，赢得区人大、区政协的认可和支持，维系和发展好代表、委员参政议政的热情，最大程度凝聚发展合力，确保7月底前完成办理工作，并实现沟通率100%、办复率100%，代表、委员满意率100%。要把办理工作纳入区政府序列目标管理绩效考核的重要内容，全程跟踪督办，及时通报情况，提升办理成效。要坚持挺纪在前，抓好政府廉政建设。刘浪要求，要深入贯彻落实国务院、省政府、市政府廉政工作会议精神，严格落实全面从严治党政治责任，认真履行“一岗双责”，推动区政府系统党风廉政建设工作深入开展；区政府领导班子成员要带头作表率，严格执行廉洁从政各项规定，抓好职责范围内和分管部门的党风廉政建设，做到“两手都要抓、两手都要硬”；各单位主要负责人要切实履行好党风廉政建设第一责任人职责，对廉政工作负总责，看好自家的门，管好自家的人。刘浪强调，要围绕时间过半、任务过半目标，坚持稳中求进，学会“十指弹钢琴”，扎实抓好10项工作：一是配合做好中央环保督察工作；二是加快推进重点项目；三是加强经济运行调度；四是加大争资跑项力度；五是全面推进社区“三清三建”；六是加紧实施农贸市场标准化提质改造；七是强力推进控违拆违；八是全面落实“河长制”；九是坚决维护社会稳定；十是统筹推进扶贫攻坚、综治民调、计划生育、村(社区)“两委”换届选举等各项工作。会上，各乡街和部门向刘浪递交了2017年责任状，刘浪交办了2017年人大建议和政协提案办理任务，副区长谢宏宣读了2016年政府系统办理人大建议、政协提案工作先进单位表彰决定，区人大常委会副主任陈国春、区政协副主席李长刚分别作了讲话，区政府办通报了《政府工作报告》落实和责任分解情况。

(胡雪峰)

**【区政府2017年第1次(四届2次)常务会议】** 2017年1月23日下午，区委副书记、区长刘浪在区政府常务会议室主持召开。会议决定事项：

一、关于安全生产工作，会议强调：一要牢固树立“安全第一”的思想。安全生产事关发展稳定，要高度重视安全生产，始终把安全生产摆在第一位。全区各级各部门要组织干部职工原原本本地学习《中共中央国务院关于推进安全生产领域改革发展的意见》和国、省、市安全生产工作会议的新意见，始终绷紧安全生产这根弦不放松，部署业务工作必须强调安全，抓工作要始终不忘安全。二要全面强化安全监管。要扎实落实安全监管各项措施，持续开展安全生产“大排查、大管控、大整治”三大行动。三要严格落实“一票否决”制。要明晰安全生产责任，层层压实责任，严格执行责任追究制度。四要认真抓好当前工作。要重点抓好“禽流感”防控、交通运输特别是春运、乡村道路、农用车非法载客、烟花爆竹、水上渡口码头、食品卫生、森林防火和建筑施工领域开复工等安全工作。会议明确：同意调整石鼓区安全生产委员会成员，参照市级相关文件要求调整，区委办、区政府办审核后提请区委常委会审定。原则同意区安委办代拟的《石鼓区安全生产监督管理职责规定》，区安委办根据会议意见进一步修改完善，提请区委常委会审定后，按程序以区委办、区政府办名义发文。支持区安监局增加编制和工作人员，提交区编委会统筹解决。各乡、街道(片区)安全生产工作经费单列，纳入区财政预算，每个安监站每年不低于5万元。区公车管理服务中心要根据工作需要优先保障安全生产执法用车。

二、审议《石鼓区举报涉嫌非法集资线索奖励暂行办法(审议稿)》。同意区金融办代拟的《石鼓区举报涉嫌非法集资线索奖励暂行办法(审议稿)》，区金融办根据会议意见进一步修改完善，经区法制办、区财政局审核后，按程序发文。区财政局要设置专门科目，把全年各类奖金统一列入财政预算，该项目的奖金从中列支。

三、关于调整机关单位公务员规范津贴补贴及参照市本级执行2016年度绩效考核奖和奖励工资。同意调整机关单位公务员规范津贴补贴，按时上报方案。1. 实施范围。区直党的机关、人大机关、行政机关、政协机关、审判机关、检察机关、民主党派机关以及经批准参照《中华人民共和国公务员法》管理的单位在职工作人员、离退休人员，不含发放绩效工资的事业编制人员。2. 实施时间。在职、离休人员从2016年7月起实施，退休人员从2014年9月起实施。3. 增长幅度。原则上按在职人员平均3600元/人/年的增长幅度实施。离休人员生活性补贴标准按同职级在职人员津贴补贴标准的90%比例确定。退休人员待遇调整后标准按调整前同职级在职人员津贴补贴标准的74%与调整后同职级在职人员津贴补贴增加额的60.4%之和确定。4. 资金保障。调整公务员规范津贴补贴补发2016年7月至2016年12月所需资金纳入2017年度财政预算；退休人员2014年9月至2016年6月待遇提高部分，由养老保险经办机构一次性补发到位。5. 其他事项。统筹考虑义务教育学校、基层医疗卫生事业单位以及其他事业单位工作人员的待遇水平，待市本级出台具体办法后再根据我区实际情况另行制定。同意预发2016年度绩效考核奖和奖励工资。1. 发放范围。区属行政事业单位在职及离退休人员。2. 发放标准。①绩效考核奖：对区属行政事业单位在职人员暂按6000元/人的标准发放；对区属行政事业单位离休人员按6000元/人、退休人员按5000元/人的标准发放。②奖励工资：执行公务员工资政策的预算单位在职人员按本人2016年12月份应发工资标准（基本工资及津补贴）发放2016年度一个月奖励工资；执行事业单位工资政策的预算单位在职人员增发一个月的绩效工资（不含基本工资），由各单位自行制定具体办法发放到个人，发放总额不超过本单位2016年月平均绩效工资水平；对区属行政事业单位离退休人员按本人当年12月份应发离退休费标准（基本离退休费及生活补贴）发放一个月生活补助。绩效考核奖和奖励工资由区属各行政事业单位预发给干部职工，待2016年度目标管理绩效考核结果确定后，再由单位根据绩效考核结果按照“多退少补”的原则自行调整发放标准。3. 资金筹集。区财政保障全额行政事业单位的经费。4. 其他事项。本次预发的绩效考核奖和奖励工资由区财政安排到各单位，各单位要在春节前发放到位。（胡雪峰）

**【区政府2017年第2次（四届3次）常务会议】** 2017年3月10日下午，区委副书记、区长刘浪在区政府常务会议室主持召开。会议决定事项：

一、关于环保工作。（一）充分肯定工作成绩。近年来，在区委、区政府的高度重视和各级各部门的共同努力下，全区环境状况逐年好转，关闭、搬迁和处理了一大批污染企业，环保工作成效明显。（二）扎实做好今年工作。1. 认识要到位。环保工作是最大、最基本的民生工作，直接关系群众的生命健康，各级看得越来越重，上级追责越来越严，工作压力越来越大，是党委、政府的一项重要工作，也是各级各部门齐抓共管的工作。要牢固树立“宁愿发展慢一点，也绝不能牺牲环境”的理念，绝不能以牺牲环境为代价来发展经济。2. 宣传要到位。要切实做好环保的宣传、教育和发动工作，营造大家都来关心环保、关注生态的浓厚氛围，保护好石鼓的山山水水。3. 排查要到位。要全力做好迎接中央环保督察工作，近期要全面排查环境安全隐患，认真梳理工作中的差距和不足。4. 执法要到位。对排查出来的环保问题，能整改的予以整改；问题严重的要从严执法，形成合力，重拳出击，该关闭的坚决关闭，该停产的坚决停产，对触犯法律的坚决依法打击。5. 服务要到位。既要加强环保生态管理和环境治理，又要加强对企业的服务；既要考虑当前，又要着眼长远，做到环境保护与经济发展统筹推进。6. 保障要到位。组织、制度、力量、经费等各项保障要到位，形成全区上下齐抓共管的工作格局。（三）会议明确以下事项。1. 同意成立石鼓区生态环境保护委员会，参照市级文件要求确定组成人员，提请区委审定。2. 同意成立石鼓区迎接中央环境保护督察协调联络工作组，由区委常委、常务副区长曾梦龙牵头负责，区环保分局要做好统筹协调工作。3. 原则同意区环保分局代拟的《石鼓区湘江保护和治理第二个“三年行动计划”（2016—2018年）实施方案》《2017年石鼓区大气污染防治专项行动方案》，根据会议意见修改完善后，按程序发文。4. 完善考核体系。一方面向市政府报告影响全区环境质量考核的不利因素，另一方面，将环保工作纳入全区目标管理绩效考核。5. 角山乡增设环保站，其他街道设置安全生产监督和环境保护工作站，区财政给每个站安排专项工作经费10万元。6. 加大资金投入，区财政预算安排环保专项经费每年不少于200万元。

二、关于成立角山乡杨岭社区居委会和金源街道村改社区居委会工作。1. 同意成立角山乡杨岭社区居委会，由区民政局按法定程序办理，区财政今年按村标准安排运转经费。2. 同意金源街道金兰村改为金兰社区居委会、新安村改为新安社区居委会、三里村改为三里社区居委会，金源街道要按程序依法组织好换届选举，开展好社区工作。

三、关于数字化档案馆建设工作。同意数字化档案馆建设，建设经费纳入区财政预算，分3年予以安排，2017年安排100万元，区档案局要专款专用，依法依规做好建设工作。

四、关于2017年部门预算编制工作和审议《石鼓区财政专项资金管理暂行办法》。1. 同意区财政局编制的2017年部门预算草案，提请区委常委会审定后，按程序提交区人大常委会批准。2. 原则同意区财政局代拟的《石鼓区财政专项资金管理暂行办法》，区财政局根据会议意见修改完善后，按程序以区政府名义发文。

（胡雪峰）

**【区政府2017年第3次（四届4次）常务会议】** 2017年4月6日下午，区委副书记、区长刘浪在区政府常务会议室主持召开。会议决定事项：

一、关于传达学习《省安委会关于深刻汲取安全事故教训切实加强安全生产工作的紧急通知》。（一）要迅速传达，层层落实。安全是最大的民生。各乡街和安委会成员单位要迅速传达学习《省安委会关于深刻汲取安全事故教训切实加强安全生产工作的紧急通知》文件精神，深刻汲取郴州市苏仙区“4？3”道路交通事故等全省几起安全生产事故教训，层层传导工作压力，落实工作措施，始终绷紧安全生产这根弦，确保全区安全生产形势持续稳定。（二）要举一反三，排查隐患。各乡街和安委会成员单位要迅速对全区生产、道路交通、渡口、消防安全等领域开展安全生产大排查，尤其要深入排查老城区的消防安全隐患，务必做到心中有数、万无一失，杜绝类似安全事故在全区发生。（三）要压实责任，强化整治。一要落实主体责任。要严格落实企业主体责任，开展好“落实企业安全生产主体责任年”活动。二要落实领导责任。严格执行“党政同责、一岗双责、失职追责”，区政府领导要始终把分管领域的安全生产工作放在心上、抓在手上，绝不能麻痹大意，做到业务工作与安全生产工作同谋划、同部署、同推进。三要落实部门监管责任。各乡街和安委会成员单位要采取可操作性的监管措施，切实落实各项监管责任，绝不能流于形式。

二、关于2017年公开招聘教师工作。（一）原则同意区教文体局代拟的《石鼓区2017年公开招聘小学、幼儿园教师方案》和招聘计划，同意成立招聘工作领导小组和继续实行农村定向教师制度。区财政保障招聘工作经费，相关部门负责人要依照法律法规，有序开展招聘工作。（二）招聘工作领导小组要周密组织，区监察局要全程参与监督，区编办、区人社局要抓紧与上级部门衔接，待上级审核方案后，再面向社会发布公告。

三、关于2017年公开招聘事业单位工作人员工作。原则同意区人社局代拟的《2017年石鼓区公开招聘事业单位工作人员方案》和招聘计划，按程序提请区委常委会研究决定。

四、审议《石鼓区2016年财政预算执行情况和2017年预算（草案）的报告（审议稿）》。原则同意区财政局代拟的《石鼓区2016年财政预算执行情况和2017年预算（草案）的报告》，进一步修改完善后，按程序提请区人大常委会审议。

五、审议《关于衡阳市石鼓区2016年国民经济和社会发展计划执行情况及2017年国民经济和社会发展计划（草案）的报告（审议稿）》。原则同意区发改局代拟的《关于衡阳市石鼓区2016年国民经济和社会发展计划执行情况及2017年国民经济和社会发展计划（草案）的报告》，进一步修改完善后，按程序提请区人大常委会审议。

六、审议《政府工作报告（审议稿）》。（一）原则同意区政府办起草的《政府工作报告（审议稿）》，起草组要集思广益，充分吸取与会人员的意见和建议，进一步修改完善，按程序提请区委常委会审定。（二）要核准数据。区政府办、区财政局、区发改局要进一步核准指标和数据，做到三个《报告》总基调、总思路、总目标口径一致。（三）要明确目标。2017年，全区总体目标是全面建成小康社会。各项指标任务要围绕这个目标，保证各项指标数据的准确性和严肃性，不使用模糊语言，在实际工作中争取更好结果。（四）要硬化措施。《报告》中关于2017年工作措施，要尽量做到务实管用，操作性强，确保各项工作能及时分解，予以交办落实。

（胡雪峰）

**【区政府2017年第4次（四届5次）常务会议】** 2017年4月28日上午，区委副书记、区长刘浪在区政府常务会议室主持召开。会议决定事项：

一、关于全面推进“河长制”工作。（一）要高度重视“河长制”。全面推进“河长制”工作，是强化水资源管理和环境保护的重要措施，是理顺河上和岸边管理体制，整合执法资源的迫切需要，也是配合中央环保督察组工作的必然要求。“河长”“湖长”“库长”为所属河流、湖泊、水库的第一责任人，负责统筹河道整治。各成员单位要对照方案，落实具体责任。（二）原则同意区水利局代拟的《关于全面推进河长制的工作方案（审议稿）》《石鼓区实施河长制行动方案（2017—2020年）（审议稿）》和《石鼓区河长制工作委员会成员单位职责（审议稿）》。区水利局要根据会议意见进行修改完善，按程序发文。（三）关于机构编制问题。由区编办提请区编委会研究，并与市编办对接；机构设置参照其他县市区做法，保障工作力量。（四）关于经费问题。经费原则按照年初预算拨付，根据实际需要，适当予以安排。（五）同意召开专题会议，待区水利局做好基础工作后，召开全区推进“河长制”工作会议。

二、关于区政府全会筹备工作。（一）原则同意区政府办代拟的《区政府2017年第一次全会暨廉政工作会议方案（草案）》和《2017年〈政府工作报告〉重点工作责任分解表》。区政府办要进一步梳理，抓紧修改完善。（二）原则同意区政府办代拟的《关于做好2017年石鼓区政府系统人大代表建议、政协提案办理工作的通知》和《关于表彰2016年度人大代表建议、政协提案办理工作先进单位的决定》。先进单位按3000元/个的标准进行奖励。（三）明确责任分解主体。原则上重点工作责任分解主体为各乡街和政府序列部门，各项目分板块明确由区政府副区长牵头负责，具体分工如下：城建板块由副区长王砺牵头负责，农业板块由副区长汪衡湘牵头负责，服务业板块由副区长吴颖牵头负责，工业板块由副区长聂文化牵头负责，民生实事板块由常务副区长曾梦龙牵头负责。

三、关于突出环境问题整治工作。（一）传达市委精神。要深刻领会4月27日衡阳市委常委会议精神，将思想和行动统一到习近平总书记的重要讲话精神上来，统一到省委、省政府关于配合做好环保督察的决定部署上来，统一到市委、市政府关于配合做好中央环保督察工作安排上来，坚决打好空气污染、污水、土壤治理战役，将各项工作一项一项抓落实。（二）高度统一思想。各乡街和部门要把配合中央环保督察当作一项重大政治任务和当前紧急任务来抓，认真对照《关于突出环境问题整改责任清单》，根据区委、区政府的部署和区生态环保委的安排，重视重视、再重视，抓紧抓紧、再抓紧，层层落实责任。（三）集中力量整改。对突出环境问题能整改到位的，要尽快整改到位；对整改难以到位的，各责任单位必须要有态度、有行动、有措施、有计划。特别是针对群众举报的环境污染问题，要突出边查边改，继续强化排查力度，主动整改到位。（四）压实工作责任。城区农贸市场整治、医院污水处理由副区长吴颖牵头负责；工业企业排污处理和整治由副区长聂文化牵头负责；农村环境综合整治、养殖场整治以及水资源保护由副区长汪衡湘牵头负责；城区垃圾处理、建筑工地、渣土管理、砖厂整治由副区长王砺牵头负责；学校垃圾和污水整治处理由副区长谢宏牵头负责；督察期间信访维稳由副区长朱建社牵头负责；安全生产、重点环保问题的查处、环保资料基础工作以及整体统筹工作由常务副区长曾梦龙牵头负责。（五）积极主动配合。一旦中央环保督察组进驻石鼓区后，一定要配合到位，全面提供资料，绝不能弄虚作假；一定要端正态度，主动接受意见，绝不能掩饰，绝不能出现因态度不端正、配合不到位而追责。（六）从严追责问责。要坚决执行“四个一律”：凡因准备工作不充分造成重大失误的一律严厉问责；因人员不在岗造成重大失误的一律严厉问责；因出现重大恶性事件造成重大失误的一律严厉问责；因整改不到位造成重大失误的一律严厉问责。同时，区环保委办公室要尽快编发环保知识小册子，便于全区领导干部掌握环保常识。各乡街（片区）要配齐环保站工作人员，有专门办公场地，有明确工作职责，两办督查室要尽快督查指导到位；要配齐村级环保信息联络员，整合安全生产、控违拆违等工作，由常务副区长曾梦龙牵头负责研究，尽快落实信息联络员待遇。

四、关于农村低保和社会保障兜底脱贫对象认定清理整顿工作。（一）原则通过由区民政局代拟的《石鼓区农村低保和社会保障兜底脱贫对象认定清理整顿工作方案》，进一步修改后，按程序发文。（二）同意成立农村低保和社会保障兜底脱贫对象认定清理整顿工作领导小组和工作小组，按要求配备到位。（三）要密切配合信息核查工作，区卫计局、区人社局、区农林局、区残联、区公安分局、区工商分局、区国土分局、区交警大队等部门要积极配合区民政局查询核对低保对象相关信息，确保不留盲区。（四）从7月1日起，所有农村低保和社会保障兜底脱贫对象暂停发放保障金，待整顿工作完成后，符合低保条件的对象，按重新核定的补助标准从7月份起补发；不符合条件的对象，从7月份起停止保障。（五）同意召开全区认定清理整顿工作推进会，由副区长汪衡湘具体统筹。

五、关于审议《石鼓区财政投资评审管理办法（审议稿）》。

（一）原则同意区财政局代拟的《石鼓区财政投资评审管理办法（审议稿）》。区财政局要进一步修改完善，按程序发文。

（二）区财评中心要按照“开前门，堵后门”的总要求，杜绝违规签证，合理设置招投标价格，规范财政评审和招投标行为，确保工程进度和质量；要着力优化服务，提高财政资金使用效率。（三）对乡街、村（社区）实施的项目，可请区财评中心财评，也可邀请第三方进行财评，区财政负责监督，并实行资金包干。各乡街要适应新方式，发挥主观能动性，在推进农村综合服务平台项目上探索试点。（四）要健全组织机构，区财政投资评审领导小组由常务副区长担任组长，政府办、监察、财政、发改、审计、住建、国土、规划等部门负责人为副组长，联系常务副区长的政府办副主任担任常务副组长。

六、关于卫计工作。（一）关于人员编制。由常务副区长曾梦龙、副区长吴颖牵头，组织编办、财政、卫计部门研究。采取三管齐下解决人员不足问题：一是招考一批；二是遴选一批；三是推动政府购买服务。（二）关于经费问题。市中医正骨医院层流手术室改建暂缓，部分基础设施完善由医院自行解决，区财政可适当给予奖励。石鼓医院消防通道问题，要立马解决到位。针对医疗机构环保治理和污水处理资金，从区卫计局年度预算调剂，如出现资金缺口，由常务副区长曾梦龙统筹解决。（三）关于阵地建设。中医正骨医院异地重建工作由副区长吴颖牵头负责。区卫计局、区规划分局、区城建投等部门要解放思想，抓紧与上级部门对接异地重建选址问题，倒排时间，倒逼工期，确保今年如期动工。

七、关于消防安全工作。（一）要重视消防安全工作。全区各级各部门要提高思想认识，认清消防形势，绷紧消防安全这根弦。消防工作最大的成绩就是不出事。消防重在防，乡街为防范重点。各乡街和社区要担起防范责任，强化事前防范，确保社会大局稳定。（二）关于经费问题。年初预算已安排消防工作经费，如确实需要，不足部分按消防最新政策执行。（三）同意推广微型消防站建设。由副区长王砺、副县级干部彭召吉牵头指导，落实到位。区城市办、区消防大队要把微型消防站建设纳入社区“三清三建”，作为社区“三清三建”的配套项目。（四）同意推广应用独立感烟报警器。鼓励和引导乡街、社区推广，率先在新建安置房小区安装独立感烟报警器。（五）关于消防宣传工作。要学习外地消防宣传“外包”经验，深入推进消防宣传工作。

八、关于禁毒工作。(一)充分肯定成绩。2016年以来,尽管禁毒压力很大,但是效果明显,组织领导有力度,禁毒宣传有特色,执法打击有成效,基础保障有进步,在省、市获得了多项荣誉,区政府对禁毒工作予以充分肯定。(二)面临严峻形势。全区禁毒工作存在现有吸毒人员庞大、病残吸毒人员管控困难、禁毒专业力量薄弱、禁毒责任落实不到位等问题。全区各级各部门要引起高度重视,形成整体联动,坚决打赢禁毒这场持久战。(三)压实工作责任。区公安分局要深入开展"禁毒风暴"专项行动,对娱乐场所、宾馆等重点场所开展地毯式排查,重拳打击贩毒和吸毒人群,保持对毒品违法犯罪高压态势。(四)体现石鼓特色。各乡街和社区要组织开展形式多样的教育活动,建立常态化的禁毒宣传工作机制,做到家喻户晓;广泛在社区开展示范创建工作,建立区、街、村(社区)三级联动机制。

九、关于反恐维稳工作。(一)要高度重视反恐维稳工作。过去的一年全区反恐工作有效推进,尤其是2016年圣诞节安保工作卓有成效。全区各级各部门要将反恐工作上升到新的高度,强化反恐队伍建设,添置反恐装备,做好反恐基础性工作,维护社会平安稳定。(二)原则同意区公安分局代拟的《关于明确反恐怖工作成员单位职责的通知》。由区政府办牵头修改完善,按程序报请区委审议,以两办名义发文。(三)同意召开全区反恐工作会议。将禁毒工作会议和反恐工作会合并一起开。

(胡雪峰)

**【区政府2017年第5次(四届6次)常务会议】** 2017年7月13日下午,区委副书记、区长刘浪在区政府常务会议室主持召开。会议决定事项:

一、关于安全生产工作。(一)充分肯定上半年安全生产工作,各行业安全生产"零"死亡,二季度考核排名全市第一,成绩来之不易,但要保持清醒头脑,任何时候不能麻痹大意和存在侥幸心理。(二)要时刻绷紧安全生产这根弦,各级各部门必须做到安全生产与业务工作同部署、同推进、同落实,要做到逢会必讲安全生产,确保安全生产理念入脑入心。(三)要全面落实安全生产责任制,按照"管行业必须管安全、管业务必须管安全、管生产经营必须管安全"要求,落实"党政同责、一岗双责、齐抓共管、失职追责"责任体系,把安全生产抓紧抓细。(四)要扎实开展安全生产专项整治,继续开展安全生产"大排查、大整治、大管控"行动,重点排查企业、道路交通、危化品、城市危房、建筑施工、校车、农村高温用电等领域安全隐患,确保社会大局和谐稳定。

二、关于环保工作。(一)充分肯定上半年特别是配合中央环保督察工作取得的成绩。收交办件实现4个100%,总办结数和办结率均高于全市平均水平,尤其是雁栖湖周边环境综合治理效果突出。(二)环保是最基本和最大的民生工作。各乡街和部门要齐抓共管,形成长效机制,不搞形式主义和"一阵风",切实做到"宁愿发展慢一点,绝不以牺牲环境为代价"。(三)要巩固中央环保督察成果,对中央环保督察发现的问题,要对照问题清单,未整改到位的要持续深入整改。要突出雁栖湖周边环境治理,确保不反弹。要取缔非法页岩砖厂,监管到位。要加强餐饮店和夜宵摊管理,中心城区街道要组织检测,凡不能达到环保要求的,该关闭的一律关闭,同时必须要进店经营,决不能占道经营,坚持限时经营。要突出渣土管理,严厉查处和打击城郊结合部乱倒渣土现象。

三、关于"互联网+监督"工作。(一)实施"互联网+监督"工作是推进廉洁政府、阳光政府的重要手段,全区各级各相关部门要高度重视,全力参与和配合。(二)同意成立区"互联网+监督"工作协调领导小组,参照上级要求,配备到位。(三)要明确工作职责,前期工作由区监察局牵头负责,区政府办、区财政局、区政务服务中心、区电子政务办等部门要主动配合。(四)同意由区监察局牵头,组织区直相关责任部门赴麻阳县考察学习。

四、关于给予曾宏辉行政开除处分事项。同意区监察局提出的《关于给予曾宏辉行政开除处分的请示》,决定给予曾宏辉行政开除处分。

五、关于重点民生实事工作。

（一）原则同意区政府办代拟的《石鼓区2017年重点民生实事项目实施方案》，进一步修改完善后，按程序发文。（二）各责任部门要从讲政治的高度来认识，真正把重点民生实事作为一件大事来抓，部门主要负责人要亲自安排、及时调度，切实提高工作主动性，强化政治敏感性。（三）区政府办要加强调度和督办，及时下发督办函，特别是上半年相对落后的责任部门要抢抓时间，迎头赶上，尽快补齐短板。（四）各责任部门要加强与上级对口部门沟通和衔接，随时掌握指标完成情况，做到心中有数，确保2017年继续争先创优。

六、关于招投标和政府采购项目进入市公共资源交易中心事项。（一）同意撤销区公共资源交易中心。（二）同意废止《石鼓区民生项目招投标管理办法》。（三）全区招投标和政府采购项目要依法依规操作，按《衡阳市公共资源交易进场目录（2017年版）》的要求进入市公共资源交易中心进行交易。

七、关于江山花苑区属房处置事项。（一）要严格执行国有资产处置和“三重一大”有关政策法规，由区财政局牵头，依法依规处置江山花苑区属房，处置计划提请区委常委会研究。（二）同意保留5套房屋作为周转房储备，剩余的27套房屋对外出售，出售定价3000元/平方米。（三）坚持先内后外的原则，优先考虑机关内部前期未参与购房的职工需求，出售价格暂定2700元/平方米，如需求多于27户，则采取抽签方式确定；如内部需求未达27户，在满足机关内部职工需求的情况下，剩余部分按3000元/平方米对外出售。（四）要坚持权责统一，出售后购房户要与现有业主享有同等权责，按时缴纳相关费用。

八、传达学习《湖南省信访工作责任制实施细则》。（一）会议传达了《湖南省信访工作责任制实施细则》，各乡街和部门要及时组织全体干部职工学习，将责任体系、信访考核、责任追究搞清弄透，确保工作落到实处。（二）全区要将信访工作纳入重要议事日程，区政府常务会议每季度至少研究一次，定期分析信访工作。全区领导干部继续把接访下访作为直接联系群众的一项重要制度，区政府领导干部每月至少一天，乡街党政领导干部每周至少一天接待群众来访。（三）全区各级各部门要继续强化积案化解、强化管控措施、强化责任追究，保持信访工作“三零”工作目标。（四）要继续强化工作保障，加强组织领导，继续推行主要领导包案制；要强化人员保障，乡街要建好信访队伍；信访经费要足额保障到位。

九、关于旅游扶贫工作。（一）原则同意区旅游民宗局代拟的《石鼓区乡村旅游业发展扶持奖励办法（试行）》和《2017年石鼓区旅游扶贫工作计划》。（二）同意成立区旅游扶贫工作领导小组，由区委常委、常务副区长曾梦龙牵头。上述（一）（二）事项提请区委常委会审定。（三）同意成立区旅游质量监督管理所，区编办按程序提请区编委会研究。

十、审议《石鼓区全民健身实施计划（2016—2020）》。（一）原则同意区教文体局代拟的《石鼓区全民健身实施计划（2016—2020年）》，修改完善后，按程序发文。（二）同意将体育健身项目纳入全区民生项目建设，财政优先安排资金，予以重点保障。（三）同意从2018年起，将全民健身器械维修经费和群众健身协会奖补资金纳入财政预算。

十一、审议《石鼓区禁养区畜禽养殖场关停或搬迁工作实施方案》和《石鼓区规范水库渔业利用加强水质保护工作实施方案》。（一）原则同意区农林局代拟的《石鼓区禁养区畜禽养殖场关停或搬迁工作实施方案》和《石鼓区规范水库渔业利用加强水库水质保护工作实施方案》，进一步修改完善后，按程序发文。（二）同意全区畜禽养殖禁养区、限养区的划定范围，不设适养区。（三）要科学规范操作，禁养区采取先关后拆或以奖代补方式推进。要规范畜禽养殖，控制养殖规模，今后全区原则上不新增规模畜禽养殖场。（四）所需资金由区财政局在年度预算内调剂解决。（胡雪峰）

**【区政府2017年第6次（四届7次）常务会议】** 2017年8月17日上午，区委副书记、区长刘浪在区政府常务会议室主持召开。会议决定事项：

一、关于全面建立党政机关法

律顾问制度工作。(一)全区各级各部门要学法知法、懂法用法、依法用权、依法办事、依法决策,通过聘请法律顾问全过程参与政府事务,确保决策更加科学、民主。(二)原则同意区法制办代拟的《关于全面建立法律顾问制度的实施方案(审议稿)》及《全区各级党政机关聘请政府法律专家库专家建议表》,进一步修改完善后,按程序发文。

二、审议《石鼓区2017年度法治政府建设工作要点》。(一)近年来,全区法治政府建设取得了显著成效,六五普法深入开展,七五普法有序衔接,党员干部和群众法律意识得到增强,法治政府建设有序推进。(二)全区各级各部门要按照"法无授权不可为,法定职责必须为"的要求,进一步加强宣传,坚持用法律武器推动工作,全面加快法治政府建设。(三)原则同意区法制办代拟的《石鼓区2017年度法治政府建设工作要点(审议稿)》,进一步修改完善后,提请区委常委会研究。

三、审议《石鼓区推行行政执法公示制度执法全过程记录制度重大执法决定法制审核制度试点工作方案(审议稿)》。(一)原则同意区法制办代拟的《石鼓区推行行政执法公示制度执法全过程记录制度重大执法决定法制审核制度试点工作实施方案(审议稿)》,进一步修改完善后,按程序发文。(二)同意成立由区委常委、常务副区长曾梦龙担任组长,区政府办副主任尹磊、区政府法制办主任孙宁为副组长,区监察局、区编办、区财政局、区发改科技局、区教文体局、区人社局、区城管执法局、区电子政务办主要负责人为成员的行政执法三项制度试点工作协调小组。

四、关于棚户区改造工作。(一)成绩要肯定。棚户区改造是党中央、国务院出台的一项重要的惠民政策,着力解决城市住房困难群体的住房问题。近年来,全区积极争取棚改项目,在推动征地拆迁、弥补资金缺口等方面发挥了较好作用。(二)问题要正视。项目实施情况底数不清,棚改专项资金来源渠道不单一;项目推进慢,部分项目无法实施,2017年采取实物安置的新开工项目推进滞后;棚改专项资金管理使用需进一步规范。(三)时间要把握。各相关部门和指挥部要按照"2017年的项目必须在10月1日前开工、2016年的项目必须在8月底开工、2015年以前的项目必须在2017年完成"的时间节点,加紧推进。(四)追责很严厉。上级对棚改专项资金看得非常重,今年底国务院、省将开展棚改资金专项检查,发现问题必然会追责。各相关部门要高度重视,把棚改专项资金及时用到刀刃上,决不能出现截留、挪用现象。下一步,要重点抓好以下三项工作:(一)澄清底子。组成由区审计局牵头,区住建局、区财政局参与的棚改专项资金审计小组,对全区棚改资金使用和管理情况开展为期一周的专项审计,必须把底子澄清、把问题摸准。(二)加快实施。各指挥部要按照时间节点,抓紧调度,做到该开工的项目一定要尽快开工、该完工的项目一定要按时完工、该分配房子的一定要抓紧分房。(三)压实责任。成立由区委常委、常务副区长曾梦龙为组长,副区长王砺为常务副组长,区住建局为牵头部门,区财政局、区审计局、区城建投、区规划分局、区国土分局和乡街为成员单位的棚改工作领导小组,切实发挥统筹和协调作用。各乡街要加快征地拆迁,在规定时间内未完成拆迁任务的,将严厉追责。关于几个具体问题:(一)由区委常委、常务副区长曾梦龙和副区长王砺牵头,邀请市直部门指导,按照就近、内部调剂的原则,将2017年猫形山、横江河和菜山塘(货币安置)等3个未启动的棚改项目调剂到位。(二)2012年的合江新村、天雁机械厂2个棚户区改造项目的实施主体,变更为来雁新城建设投资有限公司。(三)柏树嘴棚改项目要与来雁新城项目推进相结合,责任领导由负责该地块征地拆迁的领导牵头。(四)关于棚改资金管理和归集问题,待专项审计结果出来后,再专题研究。

五、关于原街道移交的经营性国有资产管理权下放工作。(一)实行国有资产管理权下放,有效管理好国有资产,进一步调动区、乡街积极性,实现国有资产保值增值。(二)街道要把国有资产经营好,所产生的收入用于弥补城市管理经费不足;要把国有资产管理好,切实抓好日常管理和维修工作。(三)坚持"收支两条线",资产收益先缴国库，再由区财政拨付到街道。（四）鼓励乡街和社区积累一批资产，并由各自经营和管理。

六、关于传达贯彻财政部50号和87号文件精神。（一）区政府班子成员要原原本本学习财政部50号和87号文件，进一步规范政府举债融资和政府采购行为。（二）由区委常委、常务副区长曾梦龙牵头，区政府办副主任尹磊具体抓，区财政局、区审计局参与，区法制办邀请法律顾问提前介入，弄清江霞砂场法律关系，尽快将江霞砂场移交给区城建投。（三）区城建投要规范投融资行为，在政策范围内积极发挥作用。

七、关于调整财政投资项目上限值核定标准工作。（一）调整财政投资项目上限值核定标准主要基于"开前门，堵后门"的目的，既要保证施工方的合理利润，又要坚决杜绝变相获利。（二）在工程结算方面，通过工程量签证，工程款超过预算的10%，且未按程序报批的，要追究相关责任人的责任。

八、关于开展"四个专项检查"工作。（一）开展"四个专项检查"是一项常态化工作。全区各级各部门要提升政治站位，高度重视，真正通过"四个专项检查"，规范政府采购、国有投资项目招投标、市区财政专项资金和行政事业单位公用经费支出等行为。（二）要注重实效，不流于形式，真正发现一些问题，指导各部门加强财务管理；要把握好尺度，落实好自查为主，抽查为辅；区"四个专项检查"工作领导小组要不定期听取各部门和指挥部的检查情况汇报。（三）原则同意区监察局代拟的《关于开展"四个专项检查"工作方案》，并按程序发文。

九、关于2017年事业单位招聘工作。（一）2017年的事业单位招聘工作程序到位、组织周密，达到了"组织很好、反响很好、效果很好"的预期目标。（二）原则同意按程序办理2017年事业单位公开招聘工作人员入编手续，入编时间从8月1日起。

十、关于健康扶贫工作。（一）同意成立由副区长吴颖担任组长，区发改局、区财政局、区人社局、区卫计局、区民政局、区残联、区扶贫办主要负责人为副组长，各区直医疗卫生单位为成员的健康扶贫工作领导小组，统筹推进工作。（二）原则同意区卫计局代拟的《石鼓区健康扶贫工作方案（审议稿）》，按程序发文。（三）区卫计局和各乡街要强化操作，抓好落实，对接好村级卫生室建设等工作。

十一、审议《关于办好党政门户网站促进信息公开工作的意见（审议稿）》。（一）原则同意区电子政务办代拟的《关于办好党政门户网站促进信息公开工作的意见（审议稿）》，提请区委常委会研究。（二）区电子政务办要突出时效性，及时更新网站内容，关闭和整顿"僵尸"网站；各相关部门要抓好国民经济、项目建设、便民服务等信息公开，力争把区党政门户网站打造成为全社会关注的知名网站。（三）区电子政务办要整合各类资源，把握政治方向，强化信息共享，进一步增强网站的趣味性，并加强电子政务办工作力量。

（胡雪峰）

**【区政府2017年第7次（四届8次）常务会议】** 2017年10月12日下午，区委副书记、区长刘浪在区政府常务会议室主持召开。会议决定事项：

一、关于依法加强食品安全监管工作。（一）要充分肯定全区食品药品监管工作。全区食品药品监管工作成绩斐然，连续5年被评为全市优秀单位。区食药分局联合区公安分局加大了食品药品违法犯罪打击力度，查办了一批典型案例，有力推进了全区的食品药品监管工作。（二）要牢固树立食品药品安全意识。食品药品监管工作事关广大人民群众的生命安全，全区各级各部门要把食品药品安全当作天大的事来看，齐抓共管、明细责任，继续突出源头严防、过程严管、风险严控，确保全区食品药品安全。（三）原则同意区食药分局代拟的《石鼓区食品安全突发事件（事故）应急预案（审议稿）》及《石鼓区规范管理食品生产加工小作坊、小餐饮和食品摊贩工作方案（审议稿）》，进一步修改完善后，按程序发文。（四）同意在各乡街安环站加挂食品安全管理办公室牌子。各乡街要明确分管领导和专人具体抓食品安全管理工作，在村、社区层级建立食品安全信息员、协管员队伍。（五）食品药品安全重在源头管控，全区食品药品监管工作要建立整体联动机制，区食药分局要充分发挥“主力军”作用，区公安分局要继续加大食品药品违法犯罪打击力度。

二、关于全区新建社会治安视频监控点工作。（一）同意平安城市治安视频监控点和社区视频监控点建设计划，由区电子政务办作为业主单位。2017年底全部完工并投入使用。建设工作由区政府副区长、区公安分局局长朱建社牵头，区政府办副主任、区禁毒办主任邹敏负责统筹协调。（二）平安城市治安视频监控点建设选址要科学，尽量向蒸水河以北区域布点，确保覆盖市级视频监控点盲区；社区视频监控点建设由蒸水河以南16个社区推广至蒸水河以北7个社区，实现全区征拆范围之外地域全覆盖。（三）平安城市治安视频监控点建设方式由区政府副区长、区公安分局局长朱建社牵头，区政府办副主任、区禁毒办主任邹敏参与，组织区电子政务办、区财政局对“自建”和“以租代建、购买服务”的两种建设方式经费进行核算后确定，选择更为合算的方式进行建设；社区视频监控点采取“以租代建、购买服务”方式完成建设任务。（四）各乡街要全力支持做好协调工作，确保社会治安视频监控点建设工作顺利推进。区电子政务办要做好“雪亮工程”、综治中心、数字化城管等平台整合工作，实现资源共享，避免重复建设。

三、关于成立区禁毒协会和做好党的十九大禁毒安保维稳工作。（一）禁毒工作要常抓不懈，始终绷紧这根弦。特别要盯紧党的十九大禁毒安保维稳工作，按照上级精神抓好抓到位，落实好“四个全面”即全面加强吸毒人员大排查大管控工作、全面加强易制毒化学品清查管控工作、全面加强涉毒重点场所和部位清查清理、全面加强十九大安保的组织领导和实施。（二）同意成立区禁毒协会。区禁毒办和区委组织部要尽快与市相关部门对接，参照市禁毒协会建设经验，提出区禁毒协会组织机构成员具体名单。经上级同意后，再予以明确。（三）区编办要调整区禁毒办编制数量，确保达到市禁毒委年度绩效考核要求。

四、关于施工现场津贴发放工作。（一）区委、区政府高度重视重点项目建设施工现场津贴发放工作，已经过多次酝酿、反复研究，旨在提高同志们参与重点项目建设指挥部工作和征地拆迁工作的积极性。（二）原则同意区财政局代拟的《石鼓区党政机关工作人员参与重点项目建设领取施工现场津贴的实施办法（审议稿）》，进一步修改完善后，提请区委常委会审议。

五、关于人事任免工作。同意区人社局代拟的《关于万倩雯等同志职务任免的通知》，按程序发文。

六、关于2016年度全区科及科以下工作人员考核工作。（一）同意区人社局提出的2016年度全区机关事业单位科及科以下工作人员年度考核结果，评选优秀人员363人，其中嘉奖人员322人，记三等功人员41人，提请区委常委会审议。（二）同意区人社局提出的奖励标准，奖励经费由区财政据实保障。

七、关于机关事业单位养老保险改革工作。（一）原则同意区人社局代拟的《石鼓区机关事业单位养老保险改革实施意见（审议稿）》，进一步修改完善后，提请区委常委会审议。（二）机关事业单位养老保险改革事关全区机关事业单位干部的切身利益，务必要高度重视、统一思想、落实到位。

八、关于综治中心建设工作。（一）原则同意区委政法委提出的综治中心建设方案。（二）区委政法委要与区电子政务办会商，整合全区网络、数据、机房等资源，整合乡（街道）村（社区）综治中心与“雪亮工程”（社区视频监控系统）的建设，避免重复建设。（三）区委常委、常务副区长曾梦龙牵头负责，区委政法委、区信访局、区机关事务管理中心参与，统筹好机关办公用房调整工作，规划好区级综治中心功能布局。要特别强化区信访局调整办公区域后的安全防护措施。区委常委、常务副区长曾梦龙牵头负责，区委政法委、区财政局、区电子政务办参与，会商区综治中心建设相关经费，要对建设经费进行审核，并提出明确意见。（四）区委常委、区委政法委书记赵伟牵头负责，统筹区综治中心建设具体工作。

九、关于角山乡撤乡设镇工作。同意角山乡撤乡设镇，按程序抓紧办理申报工作。（胡雪峰）

**【区政府 2017 年第 8 次(四届 9 次)常务会议】** 2017 年 11 月 8 日下午,区委副书记、区长刘浪在区政府常务会议室主持召开。会议决定事项:

一、关于商事制度改革工作。(一)近年来,全区商事制度改革工作走在省市前列,成绩值得充分肯定。商事制度改革是全区改革工作的重要组成部分,各级各部门要始终贯彻以人民为中心的理念,高度重视、积极参与、大力支持商事制度改革工作。(二)同意成立由副区长吴颖担任组长,区工商分局、区编办、区财政局、区电子政务办、区政务服务中心主要负责人为副组长,各相关单位分管负责人为成员的石鼓区商事制度改革领导小组,统筹推进工作。(三)2017 年的工商行政管理和商事制度改革工作经费在预算内调剂解决。2018 年,适当增加工商行政管理和商事制度改革工作经费,并纳入财政预算。

二、关于农村留守儿童和困境儿童关爱保护工作。(一)全区各级各部门要以切实保障农村留守儿童和困境儿童健康成长为出发点、落脚点,坚持"预防为主、标本兼治"工作理念,整合资源、共同发力,建立"王大体系",做到"四个强化",把农村留守儿童和困境儿童关爱保护工作做深做细做实。(二)原则同意区民政局代拟的《石鼓区关于切实加强留守儿童关爱保护工作的实施意见(审议稿)》《石鼓区农村留守儿童关爱保护工作部门联席会议制度(审议稿)》和《石鼓区关于加强困境儿童保障工作的实施意见(审议稿)》,进一步修改完善后,按程序发文。(三)同意在角山乡三星村、利民村和黄沙湾街道灵官庙村开展儿童之家建设试点工作。试点成功后,相关经费由区财政全额保障。(四)2018 年,安排农村留守儿童和困境儿童关爱保护工作专项经费,并纳入财政预算。

三、关于项目前期和项目资金监管工作。(一)加大项目谋划入库力度。全区各级各部门要主动转变观念,开拓思路,积极谋划 2018 年项目,通过"广撒网,多敛鱼",争取更多更大更好的项目在石鼓区落地生根、开花结果,带动全区经济社会又好又快发展。(二)加强项目前期联席调度。建立由区委常委、常务副区长曾梦龙牵头,副区长、各职能部门参与的项目前期工作联席会议制度,共同研究和调度项目前期工作。(三)成立项目前期服务中心。区编办按程序提请区编委会研究。区发改科技局要安排专人负责全区项目前期服务工作。关于两个具体问题:(一)区公安分局要尽快与市公安局汇报对接好,将松木、角山 2 个派出所项目列入市公安系统"十三五"建设规划,并把建设规划意见报送至市发改委。(二)区城建投要尽快启动虎形山、菜山塘 2 个棚改基础设施项目建设,以便完成上级专项资金拨付任务。

四、关于在任村干部基本报酬提标工作。(一)角山乡、3 个涉农街道(黄沙湾街道、五一街道、合江街道)在现有村级人员经费中按照在任村干部基本报酬新标准发放 2017 年 7—12 月工资(村党组织书记 2911 元/月,村民委员会主任 2620 元/月、其他核定职数的村干部 2038 元/月),不再追加相关经费。(二)2018 年,按照在任村干部基本报酬新标准重新测算村级运转经费,并纳入财政预算。

五、关于公务用车改革工作。(一)同意发放全区公务用车制度改革交通补贴,从 2016 年 11 月开始计发,11 月底前发放到位。(二)由区委常委、常务副区长曾梦龙牵头,区委办、区人大办、区政府办和区政协办参与,在 11 月底前组织召开全区公务用车制度改革政策解读会,明确各单位主要负责人为推进公务用车制度改革责任主体,负责做好本单位人员的政策解释和思想工作。(三)区公车管理中心要坚持原则、灵活处置,进一步规范全区公务用车管理,充分发挥现有公车使用效率,充分保障未参与公务用车制度改革单位以及各单位紧急事项、大型活动的公务用车。 (胡雪峰)

**【区政府 2017 年第 9 次(四届 10 次)常务会议】** 2017 年 12 月 13 日上午,区委副书记、区长刘浪在区政府常务会议室主持召开。会议决定事项:

一、关于退耕还林还湿工作。(一)加强组织领导。由副区长汪衡湘牵头,区农林局具体负责,角山乡加快实施,引进第三方力量参与，引导企业自主建设，省时省钱省力，实现可持续发展。（二）落实资金支持。安排退耕还林还湿工作专项经费200万元，待项目验收合格后，给予企业奖补。（三）加强监督管理。参与企业要严格按照湿地景观规划设计建设，力争打造乡村旅游示范片区。（四）原则同意区农林局代拟的《石鼓区退耕还林还湿工作实施方案（审议稿）》，进一步修改完善后，按程序发文。

二、关于病死畜禽无害化处理工作。（一）病死畜禽无害化处理工作，关乎食品质量安全和生态环境安全。一要源头管控。2018年，禁养区内养殖场必须全部关停或搬迁，减少畜禽基数。二要强化宣传。加强法律法规、政策和专业知识宣传，确保生产经营者和群众自觉按规定执行病死畜禽无害化处理。三要重点打击。区公安分局、区食药分局要加大食品药品安全违法行为打击力度，通报一批典型案例。（二）区农林局牵头负责，各乡街全力配合，加快病死畜禽无害化处理机制建设进度。（三）原则同意区农林局代拟的《石鼓区关于建立病死畜禽无害化处理机制的实施方案（审议稿）》，进一步修改完善后，按程序发文。（四）2018年，据实安排病死畜禽无害化处理工作专项经费，并纳入财政预算。

三、关于物业管理工作。（一）区住建局代拟的《石鼓区物业管理工作实施方案（审议稿）》可操作性不强，各相关部门可执行《衡阳市人民政府办公室关于规范衡阳市城区物业管理工作的实施意见》（衡政办发〔2016〕53号），开展物业管理相关工作。（二）同意成立由区政府副区长王砺任组长，区政府办副主任何祚刚、区住建局局长蒋夏林任副组长，各相关部门分管负责人为成员的石鼓区物业管理工作领导小组，统筹推进工作。（三）同意成立石鼓区物业管理办公室，为区住建局内设机构。区编办按程序提请区编委会研究。（四）2018年，财政预算安排物业管理工作专项经费20万元。（五）物业管理是一项综合性工作，各相关部门要齐抓共管，各负其责。2018年，重点推行中心城区物业管理试点工作。

四、关于城管执法体制改革工作。（一）城管执法体制改革要实现责权统一，激发城市管理积极性；要实现重心下移，形成城市管理合力，促进城市管理常态化、制度化、精细化、长效化、信息化。各乡街要有高度的“主人翁”意识，集中精力做好城市管理工作。各相关部门要服务服从于改革大局，全力支持改革工作。（三）原则同意区政府办代拟的《石鼓区城市管理执法体制改革实施方案（试行）（审议稿）》，进一步修改完善后，提请区深化改革领导小组和区委常委会审议。（四）同意成立各乡街城管执法大队和区城管综合执法局渣土执法大队。区编办按程序提请区编委会研究。（五）2018年，财政预算增设城管专项工作经费。（六）2017年12月31日前，城管执法体制改革涉改人员要全部到岗到位。关于3项具体工作：（一）各乡街要落实好乡街城管执法大队集合点和休息点，原则安排在社区；做好乡街城管执法大队人员承接、后勤保障等工作。（二）区城管综合执法局现有执法执勤车辆和执法设施设备要合理分配并划转至各乡街城管执法大队；要根据工作需要，统一配备城管执法人员制式服装和标志标识。（三）区城管综合执法局、区环卫局要做好全体工作人员的思想工作，确保所有涉改人员服从改革安排。

五、关于规范社区专职工作者工资待遇工作。（一）原则同意区民政局代拟的《石鼓区规范城市社区专职工作者工资待遇方案》（审议稿），进一步修改完善后，提请区委常委会审议。（二）此次规范工资待遇从2017年7月1日开始执行。2017年12月31日前，区财政统一核算，街道统一发放。

六、关于落实区四届人大一次、二次会议代表建议办理工作重点督办审议意见的情况。同意区政府办以书面形式，向区人大常委会报告区四届人大一次、二次会议代表建议办理工作重点督办审议意见的落实情况。

七、关于鑫华建筑工程公司改制工作。（一）调整鑫华建筑工程公司改制领导小组，由区委常委、常务副区长曾梦龙任组长，副区长吴颖、王砺任副组长，相关部门参与。具体工作由副区长王砺牵头，改制领导小组办公室设在区住建局，由区住建局局长蒋夏林兼任办公室主任。（二）鑫华建筑工程公司改制领导小组要组织区财政局、区审计局、区人社局重新测算鑫华建筑工程公司改制成本，细化改制方案。待改制方案完善后，再次提请区政府常务会研究。

八、关于区武装部民兵训练用房项目建设工作。（一）同意由区财政解决区武装部民兵训练用房项目建设费用。（二）由区政府办副主任尹磊牵头，组织区财政局、区审计局，尽快审核区武装部民兵训练用房项目实际建设费用，据实追加项目投资。（三）2017年12月31日前，区武装部民兵训练用房项目务必交付使用。

（胡雪峰）

**【区政府2017年第10次（四届11次）常务会议】** 2017年12月27日下午，区委副书记、区长刘浪在区政府常务会议室主持召开。会议决定事项：

一、关于全面治理拖欠农民工工资工作。（一）原则同意区人社局代拟的《关于全面治理拖欠农民工工资问题的实施方案（审议稿）》，进一步修改完善后，按程序发文。（二）同意成立由区委常务、区政府常务副区长曾梦龙任组长，区人社局局长李阳武任副组长，各相关部门分管负责人为成员的全面治理拖欠农民工工资问题领导小组，统筹推进工作。（三）以区委常委、区政府常务副区长曾梦龙为牵头领导，区人社局为牵头部门，专题部署全面治理拖欠农民工工资工作。区委宣传部要加大宣传力度，营造保障农民工工资支付的良好氛围。区公安分局要加大打击力度，确保农民工过个幸福圆满的春节。

二、关于2017年全区人口和计划生育工作考核结果。（一）原则同意区卫生计生领导小组办公室呈报的2017年全区人口和计划生育工作考核结果。乡、街考评结果和村、社区考评结果要进一步明确优秀、良好、合格三个考核等级。（二）优秀业务指导单位、计划生育协会工作优秀单位、人口和计划生育工作先进个人在2018年全区人口和计划生育工作大会上再进行表彰。

三、关于2017年全区安全生产工作考核结果。（一）原则同意区安委办呈报的2017年全区安全生产工作考核结果。2018年，安全生产工作考核范围要扩大至村、社区，考核方案要进一步修改完善。（二）安全生产工作先进个人在2018年全区安全生产工作大会上再进行表彰。

四、审议《关于衡阳市石鼓区2017年国民经济和社会发展计划执行情况及2018年国民经济和社会发展计划（草案）的报告（审议稿）》。原则同意区发改科技局代拟的《关于衡阳市石鼓区2017年国民经济和社会发展计划执行情况及2018年国民经济和社会发展计划（草案）的报告（审议稿）》，进一步修改完善后，按程序提请区委常委会审议。

五、审议《关于区四届人大一次二次会议代表建议批评意见办理情况的报告（审议稿）》。原则同意区政府办代拟的《关于区四届人大一次二次会议代表建议批评意见办理情况的报告（审议稿）》，进一步修改完善后，按程序提请区人大常委会审议。

六、审议区四届人大三次会议《政府工作报告（审议稿）》。原则同意区政府办代拟的区四届人大三次会议《政府工作报告（审议稿）》，进一步修改完善后，按程序提请区委常委会审议。

七、关于2018年财政预算编制及审议《关于石鼓区2017年财政预算执行情况和2018年财政预算（草案）的报告（审议稿）》。（一）原则同意区财政局编制的2018年财政预算，进一步修改完善后，按程序提请区委常委会审议。（二）原则同意区财政局代拟的《关于石鼓区2017年财政预算执行情况和2018年财政预算（草案）的报告（审议稿）》，进一步修改完善后，按程序提请区委常委会审议。

（胡雪峰）

## 政府办工作

**【概况】** 区政府办下设区政府经济研究中心、优化办、督查室、机要文电室、财务室、值班室、应急办、建议提案室、秘书组、行政事务室、区志办，归口管理事业单位有金融办、禁毒办、国防教育办。2017年区政府办紧紧围绕年初工作目标，以创新为动力，以服务为根本，尽心当参谋，尽职抓协调，尽力强保障，有力地促进了各项工作迈上新台阶、取得新成效。抓实了几项改革工作。城管体制改革全面理顺。压实城市管理责任，提高工作效率，区政府办牵头负责、勇于探索、积极作为、深入调研，通过召开座谈会、到兄弟城区和省市相关城区考察，反复沟通汇报，撰写了《石鼓区城市管理执法体制改革实施方案》，提出了“重心下移、责权一致、条块结合、属地‘兜底’”的原则，进一步强化了街道在城市管理中的主要作用，积极构建了齐抓共管的“大城管”格局。环卫市场化改革全面推行。按照区领导安排，区政府办组织专门力量对环卫市场化开展专题调研，到衡阳市珠晖区、株洲市石峰区进行考察学习，与部分干部群众进行座谈交流。在认真吸收环卫、各乡街负责人意见建议的基础上，进行10余次修改，形成高质量的调研报告，为领导科学决策提供参考。社区监控摄像头全面覆盖。年初，市要求区在3月15日前建立社区监控摄像头试点建设。区政府办接到该项任务，在全面调研、科学布局基础上，主动对接“数字衡阳”“平安石鼓”建设，选择人民路、长青、牛角巷3个社区，新建监控点138个，做到了“全域覆盖、全网共享、全时可用、全程可控”，3个社区治安案件大幅下降，居民的安全感明显提升，达到了“群众得实惠、社区得发展、政府得民心”的效果。社区监控摄像头有序推进、全面铺开，12月底，实现社区监控摄像头全覆盖。办好了几件民生实事，民生实事有效落实。9项重点民生实事任务全面完成，孕产妇产前免费筛查、新增养老床位等7项指标超额完成。新增城镇就业3640人，城镇登记失业率3.93%，城镇零就业家庭保持动态清零。完成农村饮水安全2200人、法律援助168人。精准扶贫成效明显。推进精准扶贫“十项举措”，对利民村贫困户实行驻村帮扶全覆盖，积极送鸡苗、鸭苗等精准扶贫项目；做好金融扶贫工作，对7名贫困户发放贷款12余万元，为贫困户脱贫致富增添了新动力。配合中央环保督察工作亮点频现。在区委、区政府的坚强领导和周密部署下，作为区配合中央环保督察工作协调联络工作组常设机构，区政府办坚持高标准、严要求，按照战时工作状态，积极配合中央环保督察工作，成效显著，中央环保督察交办的30.2件信访件全部办结，淘汰污染企业102家，关停非法砖厂8家，改造餐饮油烟净化装置70家；空气优良天数253天，空气优良天数比例83.2%，同比提升5.2个百分点，提升幅度排名城区第一。推进了几项重点工作。十九大安保维稳工作取得实效。十九大安保维稳特护期间，区政府办实行带班领导和值班人员24小时值班值守制度，每天下午将当天工作情况报至区政府主要领导。区政府督查室对各级各部门在落实“五包一”稳控措施、领导干部值班接访等方面进行督查督办，并在全区进行通报。通过通力协作、齐抓共管，坚守了“五个不发生”的底线，确保了社会大局和谐稳定，涌现出了邹敏、陆瑜萍等3名先进个人。稳增长促改革调结构惠民生防风险政策措施落实情况跟踪审计全面完成。根据上级统一安排，区政府办牵头对接，全面跟踪，精准调度，圆满完成为期1个月的政策跟踪审计工作，达到预计效果。围绕精准扶贫、“三去一降一补”、简政放权等落实情况深入自查自纠。对审计组交办问题整改函，涉及的4类问题，做到“一个问题、一类方案、一套班子、一抓到底”。截至11月31日，已完成4类、13项整改任务，完成率100%。财政决算审计扎实开展。区政府办牵头做好财政决算审计迎检工作，以钉钉子精神着力解决突出问题，明确了每一项任务的牵头领导、责任单位和完成时限，并且立行立改、即知即改，扎实推进各项工作，取得了较好成效，完成审计项目13项，审计资金1600万元，强化财务管理和审计监督，确保财务决算工作质量。

（胡雪峰）

**【综合调研】** 2017年紧紧围绕区政府中心工作及领导关心的重点事项，积极主动、抢先抓早，先后就城管体制改革、环卫市场化等一批事关经济社会发展和群众切身利益的热点难点问题开展调研，完成调研报告13篇，为区政府领导决策提供参考。（胡雪峰）

**【文稿起草】** 2017年高质量完成区政府主要领导讲话稿60余篇、向上级领导及兄弟县市区汇报材料20余篇、会议主持词及致辞

50余篇，在《衡阳日报》《衡阳通讯》等刊物发表署名文章8篇，推介控违拆违、改革创新等经验材料7篇，编写新闻报道109篇。起草完成了《政府工作报告》、区政府第一次全会讲话等一系列事关石鼓发展的会议材料。（胡雪峰）

【政务信息】 2017年牢固树立“主动服务、紧贴中心、提升质量、提高时效、确保第一”观念，着重在拓展信息渠道、提升信息质量方面下真功夫，实现第一手情况、第一道研判、第一时间报送，信息服务机制进一步完善，信息辅政的前瞻性、时效性明显增强，全年累计上报信息241篇。（胡雪峰）

【督查督办】 2017年，跟踪督办区政府常务会、区长办公会和专题会议议定的事项110余项，印发《政务通报》10期，《安全生产专项督查通报》2期。出台《石鼓区进一步加强政务督查的通知》，明确乡、街分管政务督查副职和政务督查专职人员及职责，确保督查工作有效衔接。重点督查敢督善查。坚持把区委、区政府的重大决策、重点项目、重要民生等作为督查督办的重点，截至目前，开展中央环保大督察、国务院第四次大督查、全国文明创建等督查活动25次，完成重点民生实事、重大决策事项和城管、环卫等专项督查50余次。领导交办速办速结。按照“批必查、查必清、清必办、办必果”的原则和“批给谁、谁承办，谁承办、谁负责”要求，牢固树立“铁案”意识，不断提高查办工作时效和办结质量。全年，办理区政府领导批示交办事项300余件。（胡雪峰）

【办文办会】 2017年，在公文办理方面，严格公文运转、质量管理、审核把关、印制发布等程序和措施，全年收文1067件，印发政府或政府办名义红头文件117件，发文同比减少35.71%，各环节均未出现差错。在会务筹办方面，严格会议审批，力求少开会、开短会、开有质量的会，累计承办政府全会1次、区政府常务会10次、区领导召开的各类会议380次，特别是全面做好市委书记周农、市长郑建新到石鼓调研相关准备工作，各项会务工作细致具体。（胡雪峰）

【跟线服务】 2017年，根据区政府办班子成员职责分工，分别跟线服务8位正、副区长，周密细致安排领导活动，提高服务水平和档次。围绕区政府中心工作和阶段性重点工作，召开专题协调会议300余次，协助处理各类问题400多件；指导开展家装博览会、环球美食节等一系列大型活动。对各乡街和区直部门请求协调解决的问题，及时、妥善地解决。（胡雪峰）

【应急值班】 2017年，制定下发《石鼓区5·12防灾减灾安全应急演练方案》，督促相关部门完善应急预案18个，基本形成“纵向到底、横向到边、辐射到点”的应急预案体系。累计组织参与各类应急演练7次，排查化解安全隐患20余起，稳妥处置人感染H7N9禽流感突发事件1起。坚持24小时值班制度，完善信息报送管理制度，累计下发会议通知700个、文件850余份、挂号信325份，接听值班电话300余个，做到上传下达不误言、不误时、不误事。（胡雪峰）

【城市管理】 2017年，持续开展城市“六乱”大排查、大清理、大整治，全面清理占道经营1550余起、流动摊点2700余个、夜市门店500家、违规户外广告2000余处、违章停放非机动车5400余台次，拆除违法建筑3.9万平方米，清理水域5万多平方米，全方位提升了城市形象。（胡雪峰）

【信访维稳】 2017年，继续推行区领导带班接访长效机制，接待群众来访3890人次，妥善化解涉军矛盾、征地拆迁、企业改制等突出信访问题514起，化解信访积案28个，进京上访同比减少30%，全区“两节”“两会”等重大敏感时期没有出现非访、闹访现象。（胡雪峰）

【经济环境优化】 2017年坚持不断优化经济环境，坚决清除各种制约因素。“两集中、两整合、两公开”改革深入推进，累计承接省市取消、下放行政审批事项39项，审批环节精简率达45%，审批时限提速率达50%；持续开展项目建设环境专项整治行动，严厉打击强揽工程、强买强卖、非法阻工等违法犯罪行为，立案7起，刑拘6人；帮助天雁机械、大地泵业等21家企业成功申报相关专项资金，出台总部经济、楼宇经济、乡村旅游等扶持办法4个，以奖代补，助力相关企业发展壮大。（胡雪峰）

【自身建设】 面向全市遴选年轻干部2名，内部提拔重用正科级5名、副科级1名，推荐5名优秀干部到外任职，形成了人才有序流动的良性循环；印发《石鼓区人民政府办公室科级以上干部工作分工》，科学分工，既给任务、压担子，又出点子、作后盾，形成了全体干部各司其职、各尽其责、相互支持、相互补位、千斤重担大家挑的生动局面。自觉接受人大的法律监督和工作监督、政协的民主监督和社会各界监督，充分吸纳各方意见建议。主办建议提案11件，均办结完毕，沟通率、办复率、满意或基本满意率均达100%。（胡雪峰）

## 政府法治

【概况】 2017年，石鼓区坚持党的领导，强化党委对依法治区工作领导，确保依法治区正确的方向。充分发挥区委统揽全局作用，支持区人大、政府、政协和审判机关、检察机关依法履行职能。改进工作方法，善于让区委的主张通过法定程序成为法定意志。坚持不懈开展正风肃纪，依法依纪严惩腐败。坚持领导带头。领导干部别是党政主要负责人，牢固树立宪律至上、权由法定、权依法使等基本法治观念，带头遵法学法守法用法。对违法行使权力、以言代法、以权压法、徇私枉法行为零容忍。对各种危害法治、破坏法治、践踏法治的行为，敢于斗争、及时制止，发挥示范引领作用。坚持依法行政。厘清政府与市场、社会、中介组织的关系，健全完善权力清单、责任清单，严格落实重大行政决策合法性审查机制、终身责任追究机度、责任倒查机制，全面接受各方监督，着力建设职能科学、权责法定、执法严明、公平公正、廉洁高效、守法诚信的法治政府。坚持依靠群众。把普法宣传教育和依法治理有机结合，深入开展"六进"普法活动，提高全区群众整体法律素养，引导全民自觉守法、遇事找法、解决问题靠法。发动基层群众、凝聚民心民力，充分发挥人民监督的主体作用，推动形成法治建设"为了人民、保护人民、依靠人民"的良好局面。在全市县（市）区中率先实现党政机关法律顾问制度全覆盖，成立了第一家法制审核室，推动衡阳市石鼓区首例行政首长出庭应诉案件开庭审理，石鼓区被市里确立为全国三项制度改革重大行政执法决定法制审核试点单位，行政复议应诉案件之多、合法性文件审查之巨、法律专家参与服务之广为全市城区法制办之最。衡东县法制办等兄弟单位纷纷组队前来学习"石鼓法制经验"。湖南省《法制周报》《衡阳日报》、衡阳红网、今日头条等媒体均有报道。（贺海军　王斌）

【首届政府法律专家库再添"新智囊"】 2017年1月20日下午，石鼓区召开首届法律专家库增补专家颁聘暨年度优秀专家表彰会。石鼓区政府首届法律专家库再添"新智囊"，石鼓区委副书记、区长刘浪到现场为新增3名优秀法律专家颁发"聘任书"，为8名优秀专家颁发"石鼓区2016年度优秀法律专家"奖牌。（王　斌）

【党政机关法律顾问制度建立】 2017年，在全市、县（市、区）中率先实现党政机关法律顾问制度全覆盖。根据《中共衡阳市委办公室衡阳市人民政府办公室印发〈关于全面建立党政机关法律顾问制度的实施方案〉的通知》文件要求，区法制办草拟并提交区委常委会、政府常务会研究通过了《中共石鼓区委办公室石鼓区人民政府办公室印发〈关于全面建立党政机关法律顾问制度的实施方案〉的通知》，9月底，在全市、县（市、区）率先建立党政机关法律顾问制度。（王　斌）

【第一家法制审核室成立】 2017年，在全国三项制度改革试点中探索创新成立第一家法制审核室。衡阳市是全省唯一的三项制度改革试点城市，在试点工作中，石鼓区率先探索创新，成立第一家法制审核室，集中审核全区重大行政执法决定，加强了行政执法监

督，得到了省、市领导充分肯定和推介。 （王 斌）

**【行政执法“三项制度”改革试点全面铺开】** 2017年9月20日，石鼓区组织召开推行行政执法三项制度改革试点工作推进培训会，全区各执法部门所有副科实职以上领导干部和所有行政执法人员累计300余人参加了会议，会议明确12月31日前全区所有行政执法部门实施的行政许可、行政处罚、行政强制、行政征收、行政收费、行政检查六类行政执法行为，将全面推进“三项制度”。 （王 斌）

**【首例行政首长出庭应诉案件开庭审理】** 2017年9月27日，受湖南省衡阳市石鼓区委副书记、区长刘浪的委托，常务副区长曾梦龙代表石鼓区人民政府在衡阳市中级人民法院第一审判庭出庭应诉张某诉石鼓区人民政府及来雁新城投资公司一案。这是新行政诉讼法实施以来，石鼓区首例行政首长出庭应诉案件。 （王 斌）

## 信访工作

**【概况】** 石鼓区信访局，既是区委工作部门，又是区政府工作部门，列入区委机构序列，由区人民政府管理，正科级单位。局机关设办公室、信访事项复查复核督查股两个内设机构，一个全额事业管理单位（区信访接待中心）。2017年，在岗工作人员5人，借调人员1人。在职干部中女干部1人，本科以上学历5人，其中研究生学历1人。 （谭 玉）

**【接访处访和信访案件办理】** 2017年，接访劝返和调处到区上访562批次、1601人次、集访57批次、870人次；到市114批次、1035人次、集访36批次、921人次；赴省11批次、38人次、集访2批次、23人次；进京上访4批、5人次。本区经区级领导批示立案办理的信访案件293件，到期办结率95%。受理并按期回复群众来信36封，其中国家级6封，省级10封，市级20封。受理群众网上投诉174件。 （谭 玉）

**【“信访问题源头治理”专项行动】** 2017年4月起，在全区范围开展“信访问题源头治理”专项行动。通过专项行动的开展，健全信访工作机制，强化信访工作措施，压实属地责任，积极将矛盾化解在基层、处理在萌芽状态，确保实现“小事不出村（社区），大事不出乡、街道，难事不出城区”的目标。通过强化基层基础工作，全区信访维稳工作态势平稳可控。顺利完成全国、省、市“两会”“一带一路”国际合作高峰论坛、中共十九大等特护期本区进京访“零登记”工作目标。 （谭 玉）

**【信访“积案清零百日攻坚”专项行动】** 2017年，为贯彻落实中央、省、市关于信访工作的安排部署，确保信访积案真正清零，赴省进京真正零非访，经区委、区政府同意，在全区范围内开展信访“积案清零百日攻坚”专项行动。2017年，省、市信访“积案清零百日攻坚”行动交办石鼓区信访积案20件。其中涉法涉诉类和精神病人4件被甄别外，其余16件按照市信访联席办的结案标准化解了15件，积案化解工作取得较好的成绩。 （谭 玉）

**【网上信访】** 2017年，继续推进湖南省网上信访信息系统向职能部门和乡（街道）、村（社区）延伸，不断提高网上信访覆盖面和占比率，区信访局每季度组织各乡、街道在辖区的繁华地段宣传网上信访，各乡、街道按照区信访局的要求，在各自辖区开展丰富多样的宣传活动，让群众少跑路，让数据多跑路；优化完善信访信息系统功能，建设视频信访系统；在石鼓区党政门户网、区信访局网站及微信公众号上都设置了石鼓区网上信访投诉平台，多措并举，积极引导群众通过网上平台反映诉求，到年底，本区的网上信访量已达到总上访量的40%以上，形成了“信访网上投、事项网上办、结果网上评、问题网上督、形势网上判”的工作模式。 （谭 玉）

**【信访督查督办工作机制健全】** 2017年，坚持日常督办与统筹督查相结合、网上评查与实地督查相结合、专项督查与事项督查相结合，完善党委、政府统一领导、相关职能部门和媒体记者、基层代表共同参与的“大督查”工作格局。区委、区政府进行督查督办。全年区“两办”督查室、区信访局、区纪委等部门开展了5次信访工作专项督查。区信访联席办业务督办。8月18日,全区落实信访工作责任制专项会议以后,区信访局按照专项会议安排,每10天编印一份信访工作简报,将信访工作进展情况及时向包案领导、责任单位、责任人员进行通报,并对各乡街在信访工作业务上存在的问题进行督办交办;落实联点区级领导督办信访工作机制。以区委、区政府两办的名义下发了《关于进一步强化区级党政领导联系督办信访工作机制的通知》,通过联点区级领导主动带案下访,重点约访,督促、帮助责任单位落实化解责任和稳控责任,通过层层传导压力,级级压实责任,促进一大批信访积案的有效化解,全年化解信访积案28个。(谭　玉)

**【信访工作责任制落实】** 2017年,加大考核问责力度,强化对引发信访问题或者造成矛盾激化的责任倒查,强化对领导包案化解责任不落实的责任追究。严格按照中央《信访工作责任制实施办法》《湖南省信访工作责任追究办法》和《湖南省信访工作责任制实施细则》的相关规定,提出责任追究的建议,树立失责必问、问责必严的鲜明导向。在全国“两会”和“一带一路”高峰论坛特护期,区委区政府对信访责任落实不到位、稳控措施不力的3个乡街及17名责任人进行通报批评,并由区纪委、区政法委、区信访局等联合对乡街主要负责人进行约谈。中共十九大特护期间,由区纪委、区委督查室成立调查组对朱某某等人进京非访一事进行责任倒查,对信访工作责任落实不力、稳控不到位的2个街道进行通报批评,并对相关责任人进行责任追究。通过信访工作责任追究,全区形成信访工作责任不落实,一定会被追责的氛围。

(谭　玉)

**【规范信访秩序】** 2017年,对反复缠访闹访、以访谋私的上访人员,及时固定证据,加大依法处置力度。2017年,对在区金融办闹访缠访的蒸湘区户籍居民刘某行政拘留10天,对企业除名人员、户籍在青山街道上访人员王某行政拘留20天,对户籍在松木经开区的江某某行政拘留10天,树立了合理合法诉求得到妥善解决、不合理不合法诉求得不到解决、违法上访受到追究的正确导向。对于上访群众中的弱势群体,坚持实事求是的原则,加强人文关怀,帮助解决实际问题。充分运用好信访救助制度,适时适度给予资金支持。全年全区共救助18人次,使用救助资金30余万元,化解了一批信访积案。对信访重点人群特别是涉军人员,积极上门走访,适时开展送温暖活动,主动邀请参与各类主题活动及村(社区)建设,增强社会认同感和归属感。(谭　玉)

## 旅　　游

**【概况】** 石鼓区是衡阳城区的“北大门”,旅游景点众多,文化底蕴深厚。2017年,石鼓区以“打造衡阳近郊旅游休闲新高地”为目标,依托“全域皆景”的资源优势,大力培植乡村旅游新亮点,先后编制《乡村旅游发展规划》《乡村旅游发展扶持奖励办法》,鼓励加快乡村旅游产业发展,乡村旅游已从传统观光型向深度体验型转变,形成了“处处有景、四季能游”的格局。2017年,全区投入600万元旅游扶持引导资金,对符合条件的乡村旅游企业和项目进行扶持和奖励。把发展乡村旅游与打造美丽乡村相结合,投入1000余万元,实施农村房屋“穿衣戴帽”提质改造工程,实现房景交融。启动20公里乡村旅游环线公路提质改造工程,开通两条旅游公交专线,方便村民日常出行和市民到乡村休闲旅游。立足本地特色,对全域旅游项目进行整体策划、包装、推介,把石鼓区的“小线路”融入南岳的“大线路”,推进旅游产业转型升级。先后打造香樟苑、玫瑰园等休闲基地,形成了三星蔬菜基地、云飞农业等特色产业。探索运用PPP模式建设特色旅游小镇,让游客“食有农家菜、住有干净屋、游有自然景、购有土特产”,全区形成“一村一品”“创意旅游”等多元旅游新业态。2017年,石鼓区旅游者总人次数413.95万人次,旅游总收入40.47亿元，同比增长45.73%。8月，石鼓区成立了旅游质量监督管理所，定编5人。

（戴　娜）

**【组织机构】** 2017年，成立石鼓区“植优短板”领导小组旅游经济办公室。主要负责查找旅游发展中存在的突出问题，列出问题清单，制定战略规划和年度工作方案，明确目标任务，协调具体问题落实，通过有效措施全力培植优势、补齐旅游短板。（戴　娜）

**【多元资本争取】** 2017年，争取省市资金投入推荐香樟苑、玫瑰园、华林农业、云飞农业等项目申报省市旅游专项扶持引导资金。已争取省级旅游厕所奖补资金33万元，市级旅游扶持奖励资金14万元。（戴　娜）

**【基础建设】** 2017年，已建成香樟苑、玫瑰园生态停车场2个，共有车位400多个；建成香樟苑、潇湘玫瑰园等3座旅游公厕，并投入使用。（戴　娜）

**【加强旅游营销】** 2017年7月，举办了第二届梦幻灯光玫瑰节，营造了角山旅游目的地的浓厚氛围。9月，区旅游外侨民宗局参加了2017年中国湖南省（第八届）旅游产业博览会，推介石鼓区旅游及旅游商品。（戴　娜）

**【旅游市场监管】** 2017年，石鼓区旅游外侨民宗局受理投诉0宗，旅游社0宗、星级饭店0宗、其它0宗。优化旅游市场环境，提升旅游服务质量，促进旅游产业持续健康发展，按照“引导与规范结合、准入与退出结合、服务与监管结合、治标与治本结合”和“往深处抓、往实处抓”的总体要求，坚持依法监管、依法治旅，全面规范、突出重点，标本兼治、持续深入，协调配合、共同监管的原则，努力践行“游客为本，服务至诚”的旅游行业核心价值观。（戴　娜）

**【旅游安全检查】** 2017年，“安全第一，预防为主”是旅游工作的一贯原则。根据《旅行社管理条例》、旅游市场监督检查规范，石鼓区旅游外侨民宗局多次开展旅游安全生产、食品卫生、旅游政策落实、服务质量管理、证件办理情况、旅游合同、广告、价格等专项检查活动。全年全区旅游行业无旅游安全事件发生，旅游市场秩序井然有序。

（戴　娜）

**【安全生产宣传咨询日活动】** 2017年6月16日，在莲湖广场开展旅游安全生产宣传月活动。设立安全生产宣传咨询台，向群众宣传“加强安全法治、保障安全生产”的深刻内涵和安全生产法律法规及安全常识，并提供旅游安全自救常识等方面的咨询与服务。

（戴　娜）

**【扶持乡村旅游业发展奖励办法出台】** 2017年8月，份出台《石鼓区乡村旅游业发展扶持奖励办法（试行）》，设立了600万元旅游扶持奖励资金，采取“先建后补”“以奖代补”等方式，对在石鼓区注册、纳税，且对石鼓区社会经济建设有贡献的旅游企业，包括旅游景区（点）、乡村旅游经营户等，通过设立品牌创建、旅游节会、基础设施建设、旅游商品研发等4个奖项，进行扶持和奖励。出台《2017年度石鼓区旅游扶贫工作计划》，明确了规划编制、基础设施建设、乡村环境整治、特色产业培育、营销推广、人才队伍建设等工作。

（戴　娜）

**【君玲·酥薄月获旅游商品大赛铜奖】** 2017年9月19日，适逢湘西自治州60周年华诞，湖南省第八届旅游产业博览会在吉首隆重举行。君玲·酥薄月获旅游商品大赛铜奖。（戴　娜）

**【石鼓区3家单位被授予“湖南省星级乡村旅游区（点）”称号】** 2017年，根据湖南省《乡村旅游服务经营基本条件》《乡村旅游服务星级服务准则》地方标准，按照自愿申报、县（市、区）推荐、市局初评、省乡村旅游区（点）星级评定委员会专家现场检查等程序，层层检查、评定推荐和审核验收。石鼓区角山乡旭东村香樟苑获得湖南省五星级乡村旅游区（点）称号，角山村玫瑰园被授予湖南省四星级乡村旅游服务区（点）称号，松木村云飞农业及青月山庄被授予湖南省三星级乡村旅游服务区（点）称号。

（戴　娜）

## 外侨事务

【概况】 石鼓区侨务外事办公室在职1人。2017年,全区涉侨人员72人,其中人民街道涉侨人数9人、合江街道涉侨人数13人、五一街道涉侨人数1人、潇湘街道涉侨人数6人、青山街道涉侨人数18人、黄沙湾街道涉侨人数5人、角山乡涉侨人数20人。全年全区外侨港澳工作思路:认真贯彻执行国家外侨港澳工作的方针、政策、法规,依法保护归侨、侨眷的合法权益和华侨、华人在国内的合法权益;协助市主管部门做好归国华侨和其他在内地眷属的帮扶工作。以服务大局、服务经济、服务对象、服务基层为工作重点,以提升工作的创造力、队伍的凝聚力、服务的贡献力为发力点,指导协调全区外事侨务港澳工作和外事活动及礼宾工作,推动经济社会又好又快发展。维护和巩固团结稳定政治局面,扩大对外交往,促进地方全面发展。 (戴 娜)

## 民 族

【概况】 2017年,全区有土家族、苗族、瑶族等24个少数民族,1200人。做好少数民族服务管理工作。开展民族政策宣传教育和民族团结进步创建活动,营造民族团结进步的社会氛围。落实好党的民族优惠政策,依法维护少数民族合法权益,严格把握民族成分变更政策。全年,为11名少数民族群众办理民族成份更改、中考高考考生加分审核手续,满意率达100%。做好少数民族流动人员服务管理工作,探索并逐步建立对外来少数民族流动人员的服务方式和管理机制。 (戴 娜)

【元宵活动】 2017年2月10日上午,石鼓区潇湘街道计生协会与演武坪社区一同举办元宵喜乐会及先锋大舞台“周周乐”文艺汇演,并邀请华程医院为居民免费义诊服务。社区特别邀请辖区内少数民族家庭前来参加。此次活动,准备了精彩纷呈的节目以及近300条内容涉及廉政、法制、环保、健康等的灯谜供大家竞猜,猜对的居民还有精美的奖品相送。 (戴 娜)

【“民族团结一家亲”演讲比赛】 2017年8月29日上午,石鼓区青山街道西湖二村社区组织社区党员、群众、少数民族等40余人举行“民族团结一家亲”演讲比赛活动。选手们结合自己成长体悟,通过说事实、讲故事、谈感想等讲述身边的民族团结先进典型和邻里之间、民族之间互相尊重、互相学习、互相支持、互相信任、互相谅解的生动感人事迹。社区少数民族居民王思懿获一等奖、工作人员张真获二等奖、社区居民陈联磊获三等奖。 (戴 娜)

## 宗 教

【概况】 境内有佛教、天主教、基督教三大宗教团体。其中:佛教活动场地6处,基督教活动场所3处,天主教活动场所1处。2017年,全区宗教和谐的良好局面进一步巩固。开展宗教活动场所安全大检查,确保了重大节日和敏感时期区宗教领域的和谐稳定。依法妥善处置宗教领域非法活动和敏感事件,抵御境外宗教渗透。8月,市旅游外侨民宗局宗教科、区国保大队、区旅游外侨民宗局对耀江花园文鼎苑14栋203室藏传佛教非法集会进行联合执法。此次执法过程中,对所有参会人员进行身份登记,收缴集会宣传资料,并对其进行政策宣传。要求立即取消活动,撤离现场,以后宗教传教活动、集会必须在正规宗教活动场所内举行,必须上报宗教主管部门;探索建立社区宗教事务治理体系,推进宗教工作的网络化、信息化。推进外侨民族宗教事务法治化水平。深入开展和谐宗教活动场所创建活动;组织开展好宗教政策法规学习宣传月活动,推动宪法和法律法规进进宗教活动场所普及到广大信教群众;积极开展文明寺观教堂创建工作,并做好民族宗教进社区活动。

【梅田古庙】 位于合江街道五一村6组,梅田古庙始建于元朝年间,因该庙大王殿内供有菩萨梅田大王而得名。梅田古庙总占地面积700平方米,佛殿4座,其占地面积260平方米。其中大王殿100平方米,药师殿30平方米,地藏殿30平方米,观音殿(1999年修建的）100平方米。梅田当初建庙，是汉人因为在农历八月十五日夜同时动手，杀了分散在汉人中间的所谓甲主，即鞑子，有汉人心存畏惧，便建庙以求安抚所杀鞑子的亡魂。梅田古庙屡次毁于战火。清康熙十七年（1678）三月初一，吴三桂筑坛于衡州府，即迴雁峰前的馒头岭上，举行称帝加冕典礼，称"大周昭武皇帝"，以十方塘大护国寺为中央枢纽，梅田古庙及盛隆、大头、上白竹、下白竹、杨诗等十二座小庙为支撑点，构筑了防御工事，派兵镇守，与清兵进行作战。1944年衡阳保卫战，守城部队曾利用梅田古庙作为军事支撑点，伏击攻城日军，持续的战斗对古庙造成了破坏性的后果，先前所存的大王殿、三圣殿、观音殿等三进式庙宇，只残留大王殿。大王殿后又毁于文革时期，好在有人将大王殿的神像偷偷保存下来，这为梅田庙的来历提供了佐证。梅田古庙经过4次局部修缮，但不改变古庙原本的面貌，保持其完整性。生长于明代的两颗古樟树至今仍傲然屹立在古庙内。近几十年来，先后有法禄、智圆、梦林、杨氏、陈大仕等大师主持佛教工作。1994年起，常住僧释圣峰法师主持古庙佛教事务。2003年5月3日，梅田古庙在衡阳市民族宗教局登记注册。2004年12月5日，古庙开展恢复宗教活动十周年暨升挂正式登记的"宗教活动场所"铜牌庆典活动，500多人前来参加。梅田古庙一直以来乐善好施。2008年汶川大地震，梅田古庙主持圣峰率两名佛门弟子为四川同胞捐款3000元。曾为衡南县遭遇水灾的灾民捐款1400元。经过数百年的发展，梅田古庙香火不断，佛教设施逐步完善。庙内有菩萨13座、钟楼2个、雕刻香案1个、香台4座、佛龛3座、幡幢4幅、拜凳8条、拜桌10张、法器全套、经书数柜。大王殿内有菩萨梅田大王、送子观音、护法大将张飞、关公等，观音殿内有观音菩萨、护象善财龙女、文殊师利、大行普贤、弥勒佛、王母娘娘、韦陀等，药师殿有药师佛1尊，地藏殿里有地藏王1尊。古庙逐渐成为当地宗教文化信仰的核心之地，每年以枣子坪为中心，附近的民众在农历八月十五这天聚集到梅田古庙，庆祝或说纪念那个杀鞑子的历史。也为祝愿国泰民安、风调雨顺、五谷丰登，各族人民能够过上好日子，进行祈祷，恭请神灵保佑。久而久之，形成了梅田庙会。2013年12月，梅田庙会被评定为"衡阳市非物质文化遗产"。（戴　娜）

**【盘古庙】** 坐落在角山乡三星村，占地面积约1800平方米，建筑面积2400平方米。据庙内碑石记载，盘古庙始建于清代乾隆年间，缘于当地一位何姓德刚老者的一尊盘古大帝遗像，于是发心，修建庙堂三间，正中供奉盘古圣象，另塑有文丞武将扶持，两边厢房做书塾，当时信众云集，香火兴盛一时，求雨得雨祈福获福，远近之人焚香是有求皆应。1918年，因寺庙年代久远，破坏严重，由当地信人何天冲、何莹清、何茂臣发起多方信众乐捐，重修盘古庙，并建有左右厢房。至1999年，由信众何德友、何耀发倡仪并引领本乡村民信众支持响应，盘古庙进行重建，规格及设施较之前更完善。2004年，盘古庙迎来了第一位佛门弟子严净法师，法师的到来使盘古庙从此融入了佛教文化，庙堂管理也开始按照佛门仪规进行，并重新塑造观音像、地藏像、经声佛号，也由此得到了各级部门领导的肯定，在2010年，报请市区主管部门同意，批准成为正式登记的宗教活动场所。因缘际会，菩萨感召，盘古庙得到了当地何氏家族及有缘人的鼎力支持，赢来了历史性的翻篇。于2011年在原址旁购置了千余平方土地，把原老殿加高扩大，并在新购置土地上修建了大雄宝殿、斋堂、住房、客堂等配套设施，并修建了围墙。新寺院的修建以明清风格和寺院古典相结合，出自于名匠之手的新寺院庄严雄伟。这次重建寺院共耗资五百万元，并于2014年报请市区主管部门，重新迎请法师释明德及二位弟子入住并主持管理寺院。新寺院暮鼓晨钟，经声佛号不间断，管理更是如规如法，烧香拜佛者络绎不绝，当地村民也非常支持，得到了广大信从的好评。（戴　娜）

**【上白竹庙】** 坐落在友谊村，创建于清初康熙十六年，三百多年来，上白竹庙一直是当地父老乡亲、香客及信士烧香、祭祀、祈福之地。"天造上白竹东仰珠晖西临护国，地设下扁岭南瞻雁峰北靠衡岳"。

这一对联讴歌上白竹庙气度恢弘。据传说，此地段系衡州府北郊暮境乡扁担岭，古时就有漫山遍野、郁郁葱葱的竹林，寒露时节飞来无数只白鹭，停留在此片竹林中，由于长期栖息在竹林生活，绿色竹林变成一片白色。清初年发大水，常在河边捕鱼的村民黄开朋和父亲看到一节很粗大的木头被洪水冲到岸边，挡住了行船的道口，就用竹篙撑开，不久又浮到原处，接二连三几次都是这样，父子俩觉得奇怪，干脆就将此物抬上岸了，清洗干净，居然现出一尊菩萨。事后人们觉得这是神灵的化身，上天的恩赐。在清初康熙十六，将这尊菩萨摆放在合江套李家巷，交建立寺庙，名曰“庵寺塘”。几年之后再一次发洪水，将此庙冲垮，毁于一旦，大王菩萨也被洪水冲走了，不知去向。话说白鹤仙师化变一根丈余白色竹子，顺洪水从广西流入湘江，经双牌漂流到扁担岭河段时，被老渔夫发现并带回家。当晚，老渔夫梦中听到说话声：“为了镇住洪水，必须在岸上建造上、中、下三座王庙，取名为上白竹庙”。第二天天刚亮，老渔夫发现这根白竹不见了，就到处逢人说这事。于是，建庙一事得到了当地乡亲村民的重视和支持。而之前曾被洪水冲走失踪的大王菩萨竟被一放牛娃在扁担岭一泥潭里发现，人们将埋在泥里的大王菩萨清洗干净，将菩萨安坐在原处，并升高加固，重新建造庙堂。负责建庙的有：邓万益、何良祐、朱家鸿、肖友卿等人带头捐款、捐物、出力、出谋划策。新庙气势雄伟，于清朝乾隆乙未年建成。庙有齐堂、寮房、围墙、山门等。每当诸佛菩萨圣诞日，香烟梵音袅绕，香客不绝，一派清静神圣之胜地。20世纪80年代初，在国家改革开放初期，国家大力弘扬宗教信仰自由，该庙进行重新选址建造，1997年建成，2002年观音宝殿建成。上白竹庙观音宝殿内供奉的有：“西方三圣”“千手千眼观音菩萨”“消灾延寿乐师佛”“地藏王菩萨”，大王殿中供奉的有：“上白竹大王”“财神菩萨”“龍神”“土地”。撰诗对曰：白莲放豪光普渡众生开觉路，竹枝洒甘露净化人间尽吉祥。上白竹庙香首：何传献、胡承健、邓光华，常住：黄后芬。

（戴　娜）

**【大护国寺】** 坐落在黄沙湾街道松梅村十方塘小组，始建于梁武帝时期，元朝期间被战火毁坏，后又屡次被战火焚毁，到清朝顺治年间开始重修，历时34年，康熙四年才得以竣工。明朝吴三桂想在衡阳称帝，操练三万精兵驻扎于此，当时寺庙常住僧人达一百多人，建有大雄宝殿、观音殿、忠义殿、山门、藏经楼、斋堂、寮房等面积多达40000多平方米。山门两边各有一棵大樟树，直径大约3米左右。大护国寺以前不接受当地信众烧香的，只接受朝廷官员参拜，是为南岳七十二峰——明月峰，“文化大革命”时期除了山门留存，其他都被毁了。1998年，佛门弟子慧空法师常住于此，大雄宝殿、斋堂、住房等修葺面积达1000余平方米，并修复了一部份佛像。2015年慧空法师圆寂，由其徒弟释道极法师主持，并重新修缮，2017年进行再次修缮。

（戴　娜）

**【关帝庙】** 坐落于角山乡前进村晏家湾小组，初建于清朝末年，有600平方米，前后经过四次整修，寺院曾在文化大革命时改为学校，2004年第五次进行重修，由唐昌衡、杨如汉、晏建团为首，把学校迁出，又重新建关帝庙。由于资金困难，随缘捐款，关帝庙基本恢复。2014年，由唐昌衡请来惟善法师主持此庙，通过党和宗教各级领导关心和支持，正式登记为关帝庙，在惟善法师到来后，又扩建约500平方米左右。

（戴　娜）

**【基督教会聚会点】** 石鼓区有3处基督教会聚会点，分别是位于蒸阳北路钱局巷人民聚会点、建设新村70栋305室五一聚会点、江雁机械厂医院内合江聚会点。

（戴　娜）

**【天主教堂】** 天主教活动场所1处，位于衡阳市石鼓区草后街181号，占地面积2861平方米，是湘南天主教中心，已有300多年历史，担负培养湖南、湖北教职人员。境内天主教始于清顺治十八年（1661），时葡萄牙籍耶稣会传教士聂若望来衡阳后，在教友的赞助下，筹资兴建衡阳市黄沙湾第一家天主教堂。后清廷下令禁止传教，天主教一度在衡阳中断了活动。清咸丰十年（1860），随着《北京条约》的签订，意大利籍传教士方来远重修黄沙湾教堂，恢复在衡阳境内的传教活动。同治至光绪年间，衡阳先后发生两起大规模的反“洋教”事件，史称“衡州教案”。一次是同治元年(1862)5月，衡阳人民烧毁黄沙湾教堂、修院及附近的11家教徒房屋；另一次是光绪二十六年(1900)7月，衡阳人民不甘外国传教士的凌辱，拆毁了黄沙湾天主堂，打死3名外国传教士，烧毁育婴堂及附近教徒房屋。由于清朝政府的腐败无能，下令杀害4名无辜群众，撤销衡永道隆文、衡州知府裕庆职务，赔银37万两，停止衡州府文武考试5年。嗣后，天主教在衡阳一度进入鼎盛时期。除开展教务活动外，还举办一些社会事业。1938年3月，在草后街创办仁爱医院，院长为意大利籍传教士董惠民，只有一个匈牙利籍医师孙若，病床70余张。1944年日军犯衡，医院停办。抗战胜利后，1946年上半年改主教公署开办医院，规模扩大了，设备较前充实，病床增至140余张，设内、外科和妇产科。1950年后医院改为职工自办。1951年2月，衡阳市人民政府接管了仁爱医院，改为市传染病医院。11月16日更称市立第三医院。1963年10月，复称“衡阳市传染病医院”。1943年夏，在黄茶岭天主堂开始筹建仁爱中学，第二年春招生开学，因日军犯衡，学期未结束，即迁往贵州筑市和四川遂宁。日本投降后，1946年2月回衡复课。1947年迁黄沙湾慈幼堂新址。1948年教会又拨田租2400市石作学校基金，呈准办高中，仁爱中学即成为一所完全中学。1950年后由衡阳市人民政府接管，更名为“衡阳市第四中学”。中华人民共和国成立后，一批外国传教士先后离衡回国。1954年元月底，衡阳市天主教举行第一届代表会议，成立了“衡阳市天主教爱国会”。1958年10月，神职人员、修生和修女及爱国会工作人员全部进入社会主义学院学习和劳动。1963年天主教与基督教利用黄沙湾教堂房屋合办了“社会福利自立畜牧场”。“文革”期间畜牧场并入东方红渔场，教区各堂口先后被占用或拆毁，宗教活动停止，爱国会也被迫停止工作。1978年中共十一届三中全会后拨乱反正，宗教信仰自由政策重得落实。黄沙湾天主教堂重新开始举办各类宗教活动，并发展教徒约200人。1993年，衡阳教会开始对草后街天主教总堂进行重建，于1994年12月30日举行隆重的圣堂庆典。新堂面积1760平方米，可容纳教徒600多人。1995年6月，衡阳教会在草后街天主教堂举行晋铎典礼，青年修生屈蔼林被祝圣为司铎。衡阳天主教会培养的人才精英辈出，先后有担任台湾总主教的罗光，在台湾创办静宜女子大学的郭藩神父，现任湖南省主教、省政协常委的屈蔼林，享誉海内外翻译权威中文圣经的雷永明神父。草后街天主教为衡阳市最大的天主教堂，信徒约有1.5万名，一直被视为湖南天主教的中心，占据着举足轻重的主导地位。曾令超神父在天主教堂担任主教。（戴　娜）

## 政务服务

**【概况】** 2017年，区政务服务中心围绕“便民、高效、廉洁、规范”的服务宗旨，进一步深化行政审批制度改革，优化流程，提升审批效能，认真扎实开展政务服务各项工作。区政务服务办事大厅进驻9个单位即农林局、发改局、安监局、住建局、民政局、残联、卫计局、教文体局、人社局。设置办事窗口8个，进驻单位自行配置相应工作人员17名。行政审批事项26项。

（罗双双）

**【行政审批“两集中、两到位”】** 2017年，根据“权责法定”原则，继续深化行政审批“两集中、两到位”工作，完成了行政审批职能向一个股室集中，行政审批股向政务大厅集中。各单位做到将行政审批权向办事窗口授权到位、办理到位，做到应进必进，真正做到“一个窗口受理，一个窗口办结的一条龙服务”。杜绝了办事群众多头跑，来回跑的现象。（罗双双）

**【审批流程优化】** 2017年，要求各部门按照“时间短、效率高、服务优”的原则进一步简化审批环节、优化审批程序。区各相关单位对行政审批事项进一步压缩审批时限，所有审批事项承诺审批时限在法定时限的基础上整体压缩不少于60%，对已经压缩了审批时限的审批事项要进一步压缩办结时限，提高一审一核（即办件）的占比，实现审批时限最短化的目标。

（罗双双）

【服务功能强化】 2017年，政务服务中心根据工作实际，重新修订和完善了大厅的工作制度、服务标准、岗位职责等各项制度，强化规范运行。按照《石鼓区政务中心窗口中工作人员管理办法》文件精神，政务服务中心认真制定了“一规范”“六制度”，即《政务服务中心工作人员服务规范》《一次性告知制度》《首问责任制》《限时办结制度》《投诉制度》《考勤制度》《政务服务中心管理制度》。在日常管理中，严格考勤，指纹打卡，不定期巡查，并详细登记，进行监督管理，日常考核与年终考核相结合。杜绝了上班迟到、早退及上班玩游戏、聊天、炒股等现象。确保大厅集中办理行政审批及服务事项业务的规范有序。进一步体现了政务中心为民服务的形象，展现窗口工作人员良好的精神面貌。

（罗双双）

【乡（街道）便民服务中心】 2017年，推进乡（街道）便民服务中心规范化建设，为进一步加强服务型、效能型的（乡、街道）政府建设，进一步加强乡（街道）便民服务中心和村级代办点建设，按照“进一道门、办所有事”的要求，建设规范乡（街道）便民服务中心，按照应进必进的原则，将所属站所的工作职能和服务事项全部纳入乡（街道）便民服务中心，做到机构设置、场地建设、设施设备、服务项目、运行方式、办事制度、人员管理“七统一”。及时公开城乡居（村）民关心的事项，切实为老百姓提供便捷周到服务。（罗双双）

【“互联网+政务服务”模式】 2017年，开展“互联网+政务服务”工作，完善网上办事大厅，全面梳理和编制政务服务事项，举办行政许可标准化业务培训班，实现事项标准化管理，优化办事服务流程，按要求实现资源共享；推进电子证照应用，全面公开服务信息。

（罗双双　耿　丹）

## 电子政务

【概况】 石鼓区电子政务管理办公室（以下简称区电子政务办）为石鼓区人民政府直属事业单位，内设综合股、网站管理股、应用推进股、网络技术股、“12345”热线办。2017年，石鼓区“12345”热线工作、电子政务工作、网上行政审批工作均被评为衡阳市先进。

（耿　丹）

【信息主动公开工作】 2017年，向市级党政门户网报送各类政府动态信息累计464条。区级平台主动公开信息累计1.85万条，其中头条新闻485条、部门动态900条、乡街动态1416条、省市要闻3698条、央网推荐1915条。全年对上级和区本级主动公开数量在全市排名第一，信息公开工作在全市评为先进单位。（耿　丹）

【网上行政审批】 2017年，全区纳入网上行政审批事项的部门17个。区电子政务办一方面督促各办事部门100%进系统办件；另一方面，督促各部门提高办件数量。全年系统总接件9615件，正常办结9615件，办结率100%。石鼓区网上行政审批事项办件数量在全市排名第一。（耿　丹）

【“12345”热线及网站信箱工作】 2017年，区“12345”政府服务热线及网站信箱工作得到了各部门大力支持，全年共受理市“12345”政府服务热线转来的工单3271件，已办结3222件，群众满意率达98.5%；处理市、区两级门户网站“书记区长信箱”栏目信件169件，其中市里转办11件。2017年，区“12345”热线工作在全市排名第一。

（耿　丹）

【“雪亮工程”社区治安监控项目】 “雪亮工程”是衡阳市民心工程，全区总体目标是：建成统一建设、统一平台、统一立杆、统一管线、统一标识、统一形象的分级指挥系统。该项目是石鼓区实时监控“全覆盖，无死角”，提高社区综合治理水平，构建和谐石鼓、全面建设小康社会的重要基础。2017年，“雪亮工程”已完成中心城区蒸水河以南16个社区，石鼓区“雪亮工程”建设经验在全市获得推广，共建成视频监控摄像头850个。（耿　丹）

**【“互联网+监督”区级平台】** 2017年8月，区电子政务办完成对本区21个单位64条线路网络架设，完成所有操作人员共108个账号的创建和权限设置工作；同月，组织全区22个单位、94人开展了“互联网+监督”区级平台业务培训会。9月中旬，完成区级政务中心及全区7个乡(街道)的便民查询机安装与调试。自平台运行以来，区电子政务办共处理各单位线路故障100余起，向省、市反映突出问题34次，保障平台的平稳运行。10月，完成“互联网+监督”平台宣传手册的制作，区党政门户网及微信公众号上发布“互联网+监督”宣传信息100余条。各单位积极推广，共计关注人数3000余人，“互联网+监督”工作在全市获表彰。

(耿　丹)

**【扶贫工作】** 2017年，为贯彻落实中共十九大重要精神和全面从严治党要求，区电子政务办成立扶贫领导小组，定期召开“脱贫攻坚见行动”专题会议，专题研讨扶贫计划，凸显扶贫亮点，根据贫困户外出打工的实际情况，定于每月首个星期日为“扶贫联络日”，逐一到每位贫困户家中，了解疾苦，解决切身问题，推进贫困户脱贫进度；10—12月，开展注册“中国扶贫网”活动，帮助贫困户在网上注册，并发布需求解决实际困难；结对帮扶“六个一”活动，党员干部和贫困户面对面，拉家常，心连心，让贫困户感受到政府的温暖，扶贫攻坚达到实效。

(耿　丹)

**【专题党风廉政建设全体会议】** 区电子政务办积极整合监督力量，积极探索构建一体化监督体系。建立定期议廉、专题议廉、工作述廉、考核评廉等工作机制，着力构建“议、述、考、评、纠”五位一体党风廉政建设责任体系。2017年，召开党组专题党风廉政建设会议4次，组织专题议廉述廉会2次，党组把党风廉政建设工作情况作为党员干部年底评先选优的重要评价内容，实行“一票否决制”。

(耿　丹)

# 政协石鼓区委员会

## 综　述

**【概况】**　中国人民政治协商会议衡阳市石鼓区委员会（以下简称区政协）至2017年，已历四届（政协石鼓区第四届委员会于2016年11月换届），共有政协委员154名，较2016年增加1名（变更情况：撤销委员资格1名，辞职1名，病故1名，因工作原因调整8名，增补4名）；区政协第四届常务委员会由29名常委组成；区政协四届主席会组成人员5名，其中主席1名，副主席4名（兼职2名）；机构设置同区政协第三届委员会，乡、街道政协联络工委设置不变。2017年，中共石鼓区政协委员会党组组成人员4名，其中书记1名，副书记1名，党组成员2名。区政协坚持以习近平新时代中国特色社会主义思想为指导，深入学习贯彻落实中共十九大精神，围绕中心、服务大局，突出团结民主两大主题，扎实履行政协各项职能。全年召开党组会议5次，政协全会一次，主席会5次，政协常委会议7次。组织委员开展专题调研课题3个，形成调研报告3篇。四届区政协二次会议期间收集提案79件，审查立案66件。上报至市政协社情民意信息60篇，其中采用18篇。组织对区安监局进行民主评议，对区农林局、区城管执法局提案办理情况进行专项评议；向区公安分局、区人民检察院、区人民法院等10个执法和窗口单位派驻民主监督小组开展民主监督工作。在省、市媒体发表理论研究文章2篇，其中《政协民主监督要体现“精、气、神”》获市政协系统优秀理论征文活动三等奖。与省、市、县兄弟政协交流学习考察调研5批次。完成区政协四届委员会确定的各项工作任务。　（聂小平）

**【政治协商】**　2017年，区政协坚持突出政协特点，体现民主特征，通过全体会议总体协商、常委会议专题协商、主席会议重点协商、专委会对口协商等形式，开展多层次、全方位的协商民主活动。区政协四届二次全会期间，与会委员听取和协商区政府工作报告、区人民法院和人民检察院工作报告及区国民经济和社会发展执行计划报告、财政预决算报告，就各项报告中的重大事项、重要部署进行的协商讨论，提出意见建议。会上，部分委员就推进石鼓新城路网建设、创建全国文明城市长效机制、发展都市休闲农业、规范国家工作人员称呼和非党报党刊发行等课题进行了议政发言，受到了区委、区政府主要领导的肯定和关注，不少意见建议被采纳吸收。在区政协四届四次常委会上，委员们围绕“加快发展乡村旅游”主题开展全区首次专题协商议政，会上向区政府提交了《关于加快发展石鼓区乡村旅游的建议案》。协商角山乡撤乡设镇重大事项。　（聂小平）

**【民主监督】**　2017年，创新民主监督员委派方式，实行统一委派，推动了民主监督工作由被动向主动转变，委员管理由自发向规范转变，把委员的个人监督上升为政协的组织监督。5月4日，区政协召开统一委派民主监督员工作动员大会，会上向公安石鼓分局等10个单位派驻了10个民主监督小组。各民主监督小组通过参与受派单位重大活动、列席有关会议、跟踪重大项目等，围绕老百姓关注的焦点、热点问题扎实开展监督工作。注重抓好民主评议工作“重头戏”。对区安监局工作开展了民主评议，对区农林局、区城管综合执法局的提案办理工作进行了民主评议。助推部门改进工作、提升效能。

（聂小平）

**【参政议政】** 2017年，通过现场视察、召开座谈会、问卷调查、听取汇报等方式，组织区政协委员就“优化非公经济发展法治环境、乡村旅游发展、村级服务平台建设”开展专项调研，配合市政协教科文卫体委开展“学前教育保障能力建设”调研，就石鼓区农贸市场建设开展专题视察，均形成专题调研报告报送区委区政府供决策参考。通过社情民意电子邮箱、各类会议、委员工作室、政协提案、专题调研报告及特约信息等方式收集社情民意信息100余条，向市政协报送社情民意信息60余篇。（聂小平）

**【服务中心】** 区政协机关和广大政协委员主动融入区发展大局，全面完成了区委交办的各项工作任务。参与中心。区政协主席王仲晓牵头负责区重点项目六大板块之一的社会民生板块，其他副主席、委室主任也都具体负责或参与了来雁新城、怀邵衡铁路、横江湿地公园等重点项目建设，积极协调解决项目建设中存在的问题，主动推进工作，促进了项目早开工、快建设，做到了日常工作与重点项目工作两不误，为项目建设顺利实施、推动石鼓经济发展，发挥了“助推器”作用。扶贫济困。4月27日，召开区政协精神扶贫部署会议。会议传达了全区脱贫攻坚工作推进会会议精神。通报了区政协联点帮扶单位黄沙湾街道（松木片区）朝阳村17户贫困户对接帮扶名单。会议明确由区政协副主席李长刚为组长，办公室具体牵头，委员联络室颜明负责协调衔接、具体落实。区政协主席王仲晓要求大家要高度重视、压实责任、加强协调、加强领导，务必按照区委要求执行到位。结合省市政协开展的“三个一”扶贫行动，组织机关干部和政协委员在开展“扶贫攻坚、委员在行动”活动，149名政协委员分别对全区78户建档立卡贫困户进行结对帮扶，向结对贫困户捐助帮扶资金1.6万元，帮助136名贫困户就业，向贫困学子送去校服1600余套。在组织实施“助学行动”“医疗健康行”“雨露计划”，为贫困户进行免费健康体检及技能培训，为全面建成小康石鼓贡献力量。在6月全市特大洪涝自然灾害期间，向全区政协委员发出《防洪救灾委员在行动》倡议书，机关全体党员干部奔赴抗洪一线，检查指导救灾工作，慰问受灾群众，全体委员积极响应，踊跃支持和志愿参与，涌现了梁光寰、李思佑等一批先进典型，树立了政协委员亲民、爱民、为民的良好社会形象。提案办理。完善提案督办机制，坚持以台账管理促进规范办理，出台《政协提案办理工作考核细则》，提案办理工作纳入到区年度目标管理绩效考核。在四届二次全会上，表彰提案办理先进部门，2016年度优秀提案。文明创建。9月14日，区政协副主席李长刚主持召开区政协文明创建工作部署会，会议传达9月13日区迎全国文明城市创建工作检查紧急会议精神，对参与社会志愿服务工作进行安排部署。全体机关干部参加的文明交通劝导、卫生保洁、平安夜义务巡逻等多次志愿者活动。（聂小平）

**【自身建设】** 2017年，围绕建设“学习型、服务型、创新型”政协机关的目标，加强机关自身建设，提升工作水平和工作效率。推行周一例会学习制度。建立衡阳市首个以社区命名的船山路社区委员工作室，夯实履职能力，拓展履职平台。5个委员工作室共收集、整理群众意见建议100多条，向群众讲解政策、解答疑问、提供咨询200多场次，赴基层社区调研、送服务30多批次，取得了良好的社会效应。8月17日，区政办邀请市政协研究室王洪明为邓寒鸣等25名聘请的社情信息员、各乡（街道）联络工委主任和联络员、区政协机关全体干部职工社情民意信息工作进行培训。刘少文在会上作了经验交流发言。区政协主席王仲晓参加会议并讲话。秘书长曾鸿主持会议。

（聂小平）

## 重要工作

【区政协统一委派民主监督员】2017年5月4日，区政协副主席李长刚主持召开区政协统一委派民主监督员动员大会。这次动员大会共向公安石鼓分局、区人民法院、区人民检察院等10个单位和部门派驻10个民主监督小组38名区政协委员。区委副书记谢海蓉参加会议并讲话，区政协主席王仲晓作动员报告。8月23日，李长刚主持召开区政协2017年度民主监督工作调度会。会议听取各民主监督小组组长和被监督单位、部门相关责任人前期工作开展情况汇报。区政协主席王仲晓在会上总结了前段工作成绩，指出存在的问题，并就下一步工作开展提出要求。（聂小平）

## 各专委会工作

【提案和委员联络委概况】2017年，在区政协四届二次会议期间，共收到提案79件，其中城管城建21件、社会综合20件、科教文卫体14件、经济建设17件、农业农村7件；审查立案66件，不立案和作委员来信及社情民意处理13件。四届一次、二次两次会议的提案立案152件，合并一次性交办，其中交政府系统主办132件、区委系统20件。组织了由提案委牵头、商党政两办和政协相关委室参加，对全区所有承办单位进行了全面督办，实行量化考核计分。年内所有提案已全部办结，满意率（含基本满意）达100%。牵头负责区村级服务平台建设调研工作开展的组织协调及调研报告起草等工作。

（聂小平）

【民主评议提案办理工作】2017年5月24日，区政协副主席李长刚主持召开民主评议提案办理部署会。本次民主评议提案办理工作共分两个小组，评议单位为区农林局、区城管执法局，分别由区政协常委梁光寰、刘少文担任民主评议小组组长。两个评议组分别于8月9日和8月15日以现场视察、查看资料、见面座谈的方式对两个单位进行初评。9月11日召开四届区政协第五次常委会，由全体常委进行评议打分，其中农林局95.2分、城管执法局97分。通过提案办理民主评议加强对被评议单位的民主监督，推动提案办理工作。（聂小平）

【区村级服务平台建设调研】2017年6月27日，四届区政协第四次主席会通过《石鼓区村级服务平台建设调研方案》，正式启动调研。调研组成员深入到相关部门单位收集相关资料、了解项目概貌。7月26日，区政协副主席李长刚主持召开区政协村级服务平台建设调研座谈会。座谈会前，调研组成员先后察看了进步村、杨岭社区、青石村、灵官庙等四个村（社区）服务平台建设现场。座谈会上，区委组织部、区城建投、区财政局、规划石鼓分局、涉农乡街相关责任人汇报了相关情况和存在问题及建议。区政协主席王仲晓，区委常委、组织部部长叶强，区委常委、常务副区长曾梦龙参加会议并讲话。8月16日，四届区政协第六次主席会审议通过《区村级服务平台建设调研报告》。会后，报告成果交区委区政府有关部门参考，履行参政议政职责。（聂小平）

【中共界别界别联谊会议】2017年9月14日召开，会议对界别活动内容作了安排，并确定谷琼峰为界别联络员。（聂小平）

【财政经济委概况】根据年度工作要点安排，结合工作职责要求，2017年度，财政经济委牵头抓好“加快发展石鼓乡村旅游”调研工作，组织完成民主评议区安监局工作。应邀参加“区政府2017年国民经济和社会发展计划报告和财政预算工作报告等专项报告的预算工作协商，以及财源建设工作、税源调查工作、虎形山棚改贷款资金情况”等工作。走访扶贫企业，实地考察区域部分企业，了解企业困难，鼓励企业做优做强做大。（聂小平）

【发展石鼓乡村旅游调研】本次调研历时6个月，从2017年3月开始收集资料、准备活动方案，5月4日召开动员会正式安排部署。6月，调研组先后赴长沙市长沙县、常德市汉寿县和衡阳市珠晖区、蒸湘区学习考察当地乡村旅游发展的先进经验和做法，深入角山乡、黄沙湾街道了解区内乡村旅游发展现状、存在的主要问题，着重就如何加快推进石鼓旅游与农业现代化相结合的乡村旅游建设，丰富石鼓区乡村旅游资源，推进石鼓区经济社会又好又快发展等，召开专题座谈会4次，汇聚众智，寻求共识，共谋良策，形成《关于石鼓区发展乡村旅游的调研报告（草案）》。草案经10余次修改，于7月正式定稿。此基础上形成《关于加快发展我区乡村旅游的建议案（草案）》，《建议草案》于8月3日在四届区政协第四次常委会暨“乡村旅游发展”专题协商议政会议上通过并递交区政府办理。

（聂小平）

**【民主评议区安监局工作】** 2017年8月10日，召开动员大会正式启动。其间，政协民主评议工作领导小组成员于8月初至9月对区安监局近两年执行政策、履行职能、队伍建设、行业作风等方面情况，采取“集中评议、听取汇报、查看台账、调查走访、现场提问、问卷测评”等方式，先后召开座谈会8次、实地察看调研单位7个、走访各类人员40余人，发放相关调查问卷38份（套），征求方方面面的意见，公正客观地指出存在的问题，有针对性地提出工作建议。并分别于9月11日、10月24日召开两次区政协常委会议进行民主评议和工作总结。（聂小平）

**【专题协商】** 2017年，参加“区政府2017年国民经济和社会发展计划报告和财政预算工作报告等专项报告的预算工作协商，以及财源建设工作、税源调查工作、虎形山棚改贷款资金情况”等工作的意见征求座谈，进行了8次座谈协商。（聂小平）

**【企业壮大发展定向帮扶】** 2017年4月，陪同分管领导实地深入民营企业亿海钢化玻璃公司，宣传政府政策，了解企业在用地、用工、用电、贷款等方面存在实际困难，鼓励企业做优做强做大。

（聂小平）

**【走访考察】** 开展灵活多样的调研、考察和各种交流活动，走访联系了部分对口的单位和部门、经济界别部分委员，进一步调动委员的积极性，提高履职实效，并组织深入奔立尔集团、天雁公司、骏杰化工、农商行等委员所在单位进行考察调研。（聂小平）

**【人口资源环境和法制委概况】** 2017年度，区政协人口资源环境和法制委主要围绕配合省、市政协开展“优化非公经济法治环境”“民主评议国土资源局”等各项工作，认真履行职能，发挥专委会特色和委员作用，较好完成年度目标任务。（聂小平）

**【优化非公经济发展法治环境】** 2017年，根据省、市政协社会和法制委的统一部署，为掌握我区非公经济发展现状，剖析制约非公经济发展的法治环境原因，探寻优化非公经济发展法治环境的对策。3—4月，牵头成立专题调研组，通过问卷调查、分类型走访企业、分别召开非公企业代表、行政执法机关、公检法系统座谈会等方式，对区非公经济发展的法治环境进行了专题调研，形成《降“三高”、解“三难”促非公经济健康发展》的调研报告。

（聂小平）

**【接待湘潭县政协调研】** 2017年8月4日，牵头接待并陪同湘潭县政协调研石鼓两厢提质改造工作。（聂小平）

**【民主评议国土资源局】** 2017年，配合市政协开展对国土资源局的民主评议，为委员实地调研征地拆迁和安置房建设项目点做好协调和后勤服务工作，为市政协民主评议提供第一手调研资料。（聂小平）

**【教科文卫体委（学习文史委）概况】** 2017年，根据区政协2017年度工作部署及市政协教科文卫体委和学习文史委工作计划，主要围绕“学前教育保障能力建设”调研、“知青史料征集”开展工作。配合完成区政协年度重要调研视察、提案督办、民主监督、精准扶贫及“三个一”扶贫行动、文明创建等工作，协调开展教科文卫界别活动。

（聂小平）

【学前教育保障能力建设调研】是由市政协教科文卫委牵头，各县、市、区政协配合的调研项目。2017年5月8日，市政协教科文卫委组织调研组采取看现场、听汇报，召开座谈会等形式，到石鼓进行“学前教育保障能力建设”调研视察。区政协教科文卫体委协同参加异地调研，走访云南省腾冲和芒市两地6所幼儿园，收集各方资料、做好笔记、座谈纪要，吸取外地先进经验，并按要求撰写调研报告。（聂小平）

【提案督办】 2017年，区政协四届二次会议期间，撰写《关于彻底整治荷池路“脏、乱、差”的建议》《关于加大我区文明创建的宣传力度的建议》提案。并就两个提案多次与潇湘街道和区创建办沟通协商，就如何搞好荷池路的卫生、马路市场的取缔、车辆的乱停乱放等问题进行现场堪察和座谈，经努力，各种问题得到改善和有效解决。按政协“一案双督”机制要求，7月，在区提案委的牵头下，自始至终参加对区政府职能部门办理政协提案情况进行为期一周的检查，对各单位办理提案过程中存在的问题及时指出，并对办理好的单位进行肯定，通过督办，提案的办理质量大大提高，各单位对政协提案也越来越重视。（聂小平）

【联系界别工作】 2017年10月25日，区政协教文体界别组在区教文体局会议室开展界别活动，讨论确定界别组2017年度集体提案的主题。会议由区政协教科文卫体委主任伍世梅主持。会议组织委员们认真学习《政协石鼓区委员会界别活动实施办法（试行）》。会上，界别组召集人李朝晖明确界别组的工作目标，对各位委员进行具体任务分工，选出了界别活动联络员，要求力争打造一支风趣幽默、积极谏言的精英团队。会议积极探讨一些切实存在、急需解决的社会实际问题，协商下一次调研活动的具体主题及集体提案和社情民意的撰写内容。10月18日，区政协台侨民宗界别在角山香樟苑召开会议，学习讨论了《政协界别活动实施方案》及拟定界别活动开展的次数、主题。大家一致认为活动要有特色，要紧贴政协的任务，围绕石鼓区委区政府中心工作。（聂小平）

【“三个一”扶贫行动】 2017年，贯彻落实区政协《关于委员“三个一”扶贫行动工作方案》，动员委员结对帮扶贫困家庭，帮助一个贫困家庭的孩子完成学业，帮助一个贫困家庭选准脱贫路子、增加收入。通过沟通协调，争取到民建石鼓工委会员的爱心捐助，资助人民街道蒸阳社区和人民路社区5个考入重点大学而家庭比较困难的学生每人2000元。（聂小平）

【知青史料征集】 2017年，全力配合市政协学习文史委开展“知青”史料的征集、编辑工作，制订了“知青”征集工作方案。4月17日，参加工作会议和在常宁举行的《“知青”史料征集》调度座谈会，就2016年的工作、“知青”工作开展情况进行发言。到区档案局查知青档案，先后到角山乡、松木片区找老同志、村组的老干部座谈，对石鼓区“知青”进行摸底。7月11日和8月14日，分别在角山乡和人民街道召开知青座谈会，发动知青积极撰写“亲见、亲历、亲闻”三亲史料。共征集资料7.4万字左右，图片46张。（聂小平）

## 重要会议

【政协石鼓区第四届委员会第二次会议】 2017年4月18—19日在区机关会议中心举行。会议听取并同意王仲晓代表区政协第四届委员会常务委员会所作的工作报告。会上，苏文波等19名政协委员分别代表乡街政协联络工委或界别作了（现场或书面）谏政发言。会议期间，与会人员列席了石鼓区第四届人民代表大会第二次会议，听取并讨论了区长刘浪所作的《政府工作报告》及其他报告。会议审议通过《区政协常委会工作报告决议（草案）》《政治决议（草案）》。（聂小平）

【四届区政协第二次常委会议】2017年4月11日，区政协主席王仲晓主持召开。会议协商通过《区2016年财政预算执行情况和2017年财政预算（草案）》《区2016年国民经济和社会发展计划执行情况及2017年国民经济和社会发展计划计划（草案）》；同意撤销曾宏辉、陈乐平2名人员区政协第四届委员会委员资格；审议通过区政协提案审查委员会为提案和委员联络工作委员会及区政协四届二次会议议程、日程、列席人员名单和区政协四届二次会议上的《常委会工作报告》。

（聂小平）

【四届区政协第三次常委会议】

2017年4月19日，区政协主席王仲晓主持召开。会议听取了区"两会"期间各乡街讨论组讨论《区四届政协常委会工作报告》《区政协工作报告》及《政治决议（草案）》《区政协常委会工作报告的决议（草案）》情况。会议审议通过区政协四届二次会议提案情况的报告及《政治决议（草案）》《区政协常委会工作报告的决议（草案）》。（聂小平）

【四届区政协第四次常委会议】

2017年8月3日，区政协在区政府336会议室组织召开四届第四次常委会暨"乡村旅游发展"专题协商议政会议。区委书记唐浩然，区委副书记、区长刘浪参加会议并讲话。会上，区政协副主席李长刚作《关于加快我区乡村旅游建议案（草案）》说明，仇协强等6名区政协常委和委员就"加快石鼓乡村旅游发展"进行议政发言。会议审议通过《加快发展我区乡村旅游建议案（草案）》，并向区政府交办了《建议案》。（聂小平）

【四届区政协第五次常委会议】

2017年9月11日，区政协主席王仲晓主持召开。本次会议共3项议题：民主评议区安监局工作；民主评议区农林局、区城管执法局提案办理工作；增补委员。区委常委、区政府常务副区长曾梦龙，副区长王砺参加会议并讲话。会议听取了区安监局局长朱永忠民主评议情况汇报以及区政协副主席李在定民主评议工作报告，民主评议工作组成员谢力平、仇协强作了发言。与会25名区政协常委对民主评议区安监局工作进行了现场测评，满意24票，占96%，基本满意1票，占4%。会议听取了区政协提案和委员联络委主任雷玉保代表区提案办理工作小组的民主评议提案办理开展情况汇报以及区农林局、区城管执法局相关负责人对本单位提案办理情况的报告。与会25名区政协常委对两个单位提案办理情况进行现场打分，其中区农林局92.5分、区城管执法局97分。会议同意增补区委统战部副部长李谦为区四届政协委员。（聂小平）

【四届区政协第六次常委会议】

2017年10月24日，区政协主席王仲晓主持召开。本次会议共有两项议题：民主评议区安监局整改工作；审议角山乡撤乡设镇。区政府副区长聂文化参加会议并讲话。会议听取了区安监局局长朱永忠关于区安监局整改落实情况汇报和区政协副主席、民主评议小组常务副组长李长刚对区安监局工作民主评议整改落实情况的评估报告。会上，民主评议小组成员表决通过区安监局整改落实工作。26名常委（含电话投票1名）对区安监局整改落实工作进行现场投票测评，其中满意票25票、基本满意1票。会议听取并审议通过区民政局关于角山乡撤乡设镇情况报告。（聂小平）

【四届区政协第七次常委会议】

2017年11月9日，区政协召开四届第七次常委会议，集中学习中共十九大会议精神。会上中共石鼓区政协委员会党组书记、区政协主席王仲晓作中共十九大精神专题辅导报告。区政协机关全体工作人员及各乡（街道）政协联络工委主任、联络员参加会议。

（聂小平）

【四届区政协第八次常委会议】

2017年12月25日，区政协主席王仲晓主持召开。会议就区政协四届三次会议关于政协云签到应用等相关操作进行了培训。会议同意增补徐琼为区政协四届委员会委员。审议通过区政协四届三次会议《会议日程和会期》《会议议程（草案）》《会议执行主席和主持人名单（草案）》《会议秘书长和副秘书长名单》《会议列席人员名单》《乡街分组名单》《界别分组名单》《会议开幕式主席台就座人员名单》《会议程序》等事项。审议了《区政协四届第三次会议常委会工作报告》《提案工作报告》。协商了《区人民检察院工作报告》《区人民法院工作报告》和《关于石鼓区2017年国家经济和社会发展计划执行情况与2018年计划（草案）的报告》《关于石鼓区2017年财政预算执行情况与2018年财政预算（草案）的报告》。（聂小平）

【四届区政协第一次主席会】 2017年2月23日，区政协主席王仲晓主持召开。会议听取区财政局2017年部门预算编制工作情况，区委常委、区政府常务副区长曾梦龙参加并讲话。会议审议2017年区政协工作要点和领导成员分工安排、各委室对口联系工作调整等事项。（聂小平）

【四届区政协第二次主席会】 2017年3月7日，区政协主席王仲晓主持召开。会议讨论研究了四届区政协第二次会议筹备事宜。审议了关于区乡村旅游专题调研的活动方案和优化非公经济发展法治环境调研方案。（聂小平）

【四届区政协第三次主席会】 2017年4月10日，区政协主席王仲晓主持召开。会议研究并同意撤销2名四届区政协委员职务事项。会议原则通过四届区政协二次会议上的常委会工作报告和四届二次会议的日程、会期、讨论组的划分、会议议程（草案）、会议日程（草案）、列席人员名单，以及区政协2016年度表彰决定等事项。调度四届二次会议筹备工作情况。（聂小平）

【四届区政协第四次主席会】 2017年6月27日，区政协主席王仲晓主持召开。会上，区委组织部部长叶强通报政协工作人员、基层政协干部的调整情况。会议审议《区政协“机关党旗红，委员在行动”活动，进一步助推扶贫攻坚工作的实施方案》《区村级服务平台建设调研方案》《区政协民主评议区安监局工作方案》。（聂小平）

【四届区政协第五次主席会】 2017年8月1日，区政协主席王仲晓主持召开。会议协商了《降“三高”、解“三难”，促非公经济发展——优化非公经济发展法治环境调研报告》。区政协全体机关干部集中学习了习近平总书记7·26讲话精神。（聂小平）

【四届区政协第六次主席会】 2017年8月16日，区政协主席王仲晓主持召开。会议研究了领导干部家访事宜。审议了区政协农贸市场视察方案、界别活动的实施办法及区村级服务平台调研报告。（聂小平）

【四届区政协第七次主席会】 2017年12月20日，区政协主席王仲晓主持召开。会议审议同意增补徐琼为四届区政协委员。审议通过四届区政协三次会议日程和会期、议程（草案）、执行主席和主持人名单（草案）、列席人员名单（草案）、乡（街道）分组名单、界别分组名单、开幕式主席台就座人员名单（草案）、选举会议主席台就座人员名单（草案）、闭幕式主席台就座人员名单（草案）、会议程序、常委会工作报告和提案工作报告等事项。（聂小平）

【中共石鼓区政协委员会党组会议】 2017年1月26日，区政协党组书记王仲晓组织召开2016年度专题民主生活会。会上，王仲晓通报了专题民主生活会准备情况，并代表区政协党组作班子对照检查发言，以及个人对照检查发言，带头自我批评，主动接受其他党组成员的批评。其他党组成员分别进行个人对照检查、批评和自我批评。区委组织部、区纪委、区直工委相关领导到会指导并讲话，王仲晓代表区政协党组作表态发言。6月17日，区政协党组书记王仲晓主持召开党组（扩大）会议。会议学习传达了市委书记周农在市政协工作会议上的讲话精神。王仲晓强调，贯彻落实周农讲话精神，就要做到“担当担责，在加强领导上定好向；看高看重，在支持履职上下真功；真心真情，在创造条件下出实招。”会议还传达贯彻了区委书记唐浩然在区委常委会上关于对政协工作开展的相关要求，研究“七一”期间党员主题活动开展工作。10月19日，区政协召开党组（扩大）会议，组织党组全体成员及机关党员干部集中学习中共十九大报告。党组书记王仲晓、副书记李长刚授课。与会党员干部就学习中共十九大精神进行心得交流。会议强调，区各级政协组织、机关干部和全体政协委员要把学习宣传贯彻中共十九大精神作为当前最紧迫最重要最关键的任务，以十九大精神为指导，谋划好今后政协工作。11月3日，区政协党组书记王仲晓主持召开党组（扩大）会议暨学习党的十九大精神会议。会上，机关全体党员干部重温入党誓词，系统学习了十九大报告、新党章修改内容、中纪委工作报告等内容。与会党员干部就学习宣传贯彻党的十九大精神作表态发言。审议通过《中共石鼓区政协委员会党组学习宣传党的十九大精神工作方案》。（聂小平）

# 民主党派·工商联

## 民革衡阳市石鼓区工委

**【概况】** 中国国民党革命委员会衡阳市石鼓区工作委员会（简称民革衡阳市石鼓区工委）于2017年7月正式成立，包括石鼓一支部、石鼓二支部、二中支部、南华附一支部。各支部狠抓组织建设，积极参政议政，开展各类公益服务活动，党员立足本职，爱岗敬业，在各行各业塑造了民革良好的社会形象。共有区政协委员6名，区人大代表1名，市政协委员2名，为构建五个新衡阳建言献策，社情民意刊登1件，统战信息发布3篇。区人大代表参加食品、医药、卫生调研各1次，提出批评建议稿2篇；区政协委员上交提案共8篇，市政协委员上交提案5篇，其中《关于落实好社区工作“权随责走，费随事转”的建议》获衡阳市2017年优秀提案。定期开展关爱抗战老兵活动，组织全体党员参加清明节南岳忠烈祠公祭，诗歌诵读、纪念抗战全面爆发80周年与老兵一同观看爱国电影活动等；在党员中开展本职工作争先创优评比活动，6人被评为本单位年度先进工作者。（许　鸿）

**【民革衡阳市石鼓区工委成立大会】** 2017年7月19日上午，民革衡阳市石鼓区工委成立大会在石鼓区政协一楼会议室召开。市政协副主席、民革衡阳市委主委谢肃，民革衡阳市委专职副主委郭露露，石鼓区委常委、统战部部长朱鸿波等参加会议。市人防指挥信息中心综合科科长许鸿担任民革石鼓区工委主委。

（许　鸿）

## 民盟衡阳市石鼓区工委

**【概况】** 2017年，民盟衡阳市石鼓区工委有民盟成员200多人，下属民盟南华大学附一医院支部、民盟湖南环境生物职业技术学院支部、民盟衡阳市石鼓支部、民盟衡阳市龙泉支部、民盟湖南天雁机械有限责任公司支部、民盟牧联支部、民盟衡阳市创新创业支部、民盟衡阳市田家炳实验中学支部、民盟衡阳市逸夫中学支部、民盟衡阳市石鼓区合江中学支部、民盟衡阳市五一支部共11个支部。在民盟衡阳市委和中共石鼓区委的坚强领导下，在区委统战部的精心指导下，民盟石鼓工委以习近平总书记系列重要讲话为指引，深入贯彻中国共产党第十九次全国代表大会精神，积极为“三个石鼓”建设而努力奋斗，各个支部为所在单位、行业努力工作，做出了积极贡献。

（刘少文）

**【思想建设】** 2017年，工委坚持以思想建设为基础，抓住重要的时间节点，紧跟中国共产党前进的步伐，通过报告会、座谈会、听取讲座、参观考察等形式，及时组织学习中国共产党十九大精神以及民盟十二大精神，带领全体盟员不断加强自身建设。通过学习，广大盟员进一步坚定了走中国特色社会主义发展道路的政治信念，巩固了多党合作的思想政治基础，使民盟工作更加切实有效地围绕中心、服务大局。工委坚持以社会主义核心价值观为统领，积极提升民盟组织和广大盟员对统一战线工作的认知认同，为进一步夯实石鼓民盟思想政治基础提供有力精神支撑。工委围绕“坚持和发展中国特色社会主义教育实践活动”，不断加强民盟传统教育。组织盟员学习盟内先贤的高尚品格，进一步走近民盟先贤，体会他们的人格魅力，着力宣传民盟前辈的先进事迹，营造向前辈学习的良好氛围。

（刘少文）

【组织建设】　2017年，工委始终坚持“人才强盟”战略，把发现、汇聚、培养、推荐、使用人才作为组织工作的首要任务，不断优化盟员结构，提高盟员整体素质，确保民盟可持续发展。有序推动组织发展。工委创新工作思路，强化工作措施，推动了石鼓民盟的组织发展工作。截至年底，工委共有成员200余人。在数量稳步增长的同时，高层次人士发展取得新成绩，盟员结构调整取得新进展，积极发展其他各类优秀青年人才，在经济界和法律界发展了一批青年才俊等，有效地保证民盟组织的可持续发展。开展活力基层建设。工委根据民盟衡阳市委的相关部署，推进工委换届以及基层组织建设工作。强化基层组织之间的学习交流互动，通过典型人物、典型事迹示范作用，在民盟组织中兴起比学赶超的发展氛围，促进了工委基层建设水平的总体提升。工委以及工委多个支部被上级组织予以表彰。建功立业彰显风采。工委主委刘少文在本职工作上成绩突出被区政府嘉奖。还有多名成员在单位、部门、行业获奖。

（刘少文）

【参政议政】　2017年，工委围绕改革发展大局和全区中心工作，充分调动全体盟员的积极性，发挥优势，深入调研，反映实情，认真履行参政党职能，为经济社会科学发展献计出力。提案、建议发言质量提升。工委注重发挥基层组织、骨干盟员和新盟员三个层面的积极作用，引导盟员紧紧围绕党政工作重点、改革发展难点、百姓关注热点、易被忽视冷点，积极开展调查研究。注重以政协提案为抓手，不断提高建议质量。在区政协2017年全会上，工委的政协委员邓寒鸣在大会发言获好评。其他委员积极撰写建议、提案。区各相关部门认为来自民盟的代表、委员的建议、提案的针对性、指导性和操作性较强，表示将加强研究，采纳建议。调查研究成效显著。工委积极组织调研骨干参加有关部门围绕党政中心工作，就现代农业、工业转型、交通规划、公共服务、城市管理、政府融资以及城镇化建设等课题组织调研，有关调研得到了上级组织的高度认可。石鼓工委被盟市委表彰为参政议政工作先进单位。信息工作成绩突出。社情民意渠道和言路的畅通，能提出符合实际需要的良策善举，既是不断提高参政党自身建设水平的需要，也是对民主党派参政议政能力和水平的一种检验。全年工委组织上报30余篇社情民意信息。盟员唐波的《建议监察委员会监察官选任资格设置同步进行》被中央统战部采用，唐波被评为民盟中央2017年度反映社情民意信息工作先进个人，刘少文被市、区两级政协评为优秀社情民意信息员。

（刘少文）

【社会服务】　2017年，为适应新形势、新要求，工委充分调动各基层组织和全区盟员的积极性，推动社会服务工作开展。工委积极探索社会服务的新模式。鉴于在社区开展社会服务的连续性、长期性和参与性，工委根据服务对象的实际需要，制定菜单式服务项目，方便社区“按需点单”，提高社区服务的针对性。服务实效不断增强。工委紧紧抓住优势服务项目，积极拓展服务范围，努力提升社会服务工作成效。积极开展送法下乡和关爱留守儿童等活动。

（刘少文）

【制度建设】　2017年，工委积极顺应新形势和新任务的要求，紧紧围绕建设“学习型、服务型、创新型”组织的总体目标，创新工作思路，努力提升工作效率和服务水平。制度建设有力推进，积极推动组织建设走向规范化和精细化。制度执行效率有力提升。定期召开办公会议，细化每项工作的实施步骤，保证组织工作规范、有序地进行。服务水平逐步提升。工委认真贯彻落实中共中央八项规定及省委十项规定精神，引导民盟成员不断增强“为大局服务、为基层服务、为盟员服务”意识，在组织内形成务实高效、团结和谐的良好氛围，彰显石鼓

民盟的精神风貌。（刘少文）

## 民建衡阳市石鼓区工委

**【概况】** 中国民主建国会（简称民建）是主要由经济界人士组成的、具有政治联盟特点的、致力于建设中国特色社会主义事业的政党。2017年，石鼓区民建会员192人，在石鼓区建立了5个支部，分别是石鼓一、二、三、四以及南华大学附一支部。市区两级人大、政协共产生市人大代表1人、市政协常委1人、市政协委员6人；区人大常委1人、区人大代表5人、区政协常委2人、区政协委员8人。石鼓二支部获民建市委会2017年度宣传工作先进集体称号，石鼓二支部、南华附一支部获民建市委会2017年度社会服务工作先进集体称号，廖春虹、陈伟军、汤倩、甘振涛被民建市委会评为2017年度反映社情民意优秀个人，尹科、廖春虹、汤倩被民建市委会评为2017年度宣传工作优秀个人称号。（燕彦伶）

**【组织建设】** 2017年，稳固领导班子队伍建设。卢行为石鼓区第二届工委主委，朱治霖、邹忠贤为工委副主委，罗轶达、刘湘海、朱治霖、廖春虹、尹科为石鼓一、二、三、四、南华附一支部主委。新一届工委领导班子继续抓好组织队伍建设，进一步增强领导集体的凝聚力、战斗力、号召力。保证会员队伍稳步发展。2017年度石鼓工委组织工作依然保持优质平稳发展，严格按照民建会章要求及衡阳民建组织发展特点，坚持高标准、严要求，慎重吸收发展对象并做好审核工作，注重质量与数量相结合，以质为先，确保新会员发展能优化民建会员文化、行业、年龄等结构，提升组织发展活力。全年石鼓工委共发展新会员8人。（燕彦伶）

**【思想建设】** 2017年，落实全市"两学一助"学习教育会议精神，广泛发动，扎实准备，认真贯彻《民建衡阳市委"两学一助"学习教育工作方案》，学习市委会制作的《"两学一助"学习教育集中学习资料汇编手册》及《习近平总书记系列重要讲话读本》，积极引导会员加强学习教育的同时，更要做到学以致用，要在"助"字上下功夫，要做到知行合一、以知促行。开展中共十九大精神学习交流会，工委及各支部把学习贯彻中共十九大精神作为首要政治任务，认真学习贯彻中共十九届二中、三中全会和全国"两会"精神，以习近平新时代中国特色社会主义思想武装头脑，指导实践，推动工作。贯彻落实中共中央致民建十一大贺词精神，以座谈会、组织培训等形式，切实搞好换届后的政治交接，增强对中国共产党和中国特色社会主义的政治认同，巩固多党合作的思想政治基础。（燕彦伶）

**【参政议政】** 2017年，配合区委统战部做好调研工作，开展多次大型调研活动。5月，配合市委党校及区委统战部开展了"促进政府部门法治建设进程"调研工作；9月，完成了区委统战部关于《党外代表人士队伍建设情况的思考与建议》的调研报告。参加市委统战部、市委会组织的"井冈山骨干会员培训"。选拔了5位骨干会员于8月10日至15日参加井冈山"红色之旅"。（燕彦伶）

**【社会服务】** 2017年，开展"大爱暖衡州"系列活动。为关爱帮助弱势寒门学子圆梦校园，充分发挥统一战线党外代表人士服务社会的功能。民建石鼓工委组织全体会员于7月4—14日开展了"大爱暖衡州"公益捐赠活动，第一时间向会员发出"爱心捐款倡议书"，共筹集捐赠款项2.16万元。工委各支部将筹得款项存入融达慈善基金会账户。8月21日上午，石鼓工委与石鼓区政协联手举行捐赠仪式。通过深入调查走访，确定5位被资助对象。工委为5位学子每人送上2000元的捐赠款。（燕彦伶）

**【张家界考察学习】** 2017年10月13—15日，民建石鼓工委组织会员前往张家界考察学习，并邀请民建衡阳市委会和石鼓区政协、石鼓区委统战部代表参与这次考察学习活动。（燕彦伶）

## 民进衡阳市石鼓区工委

**【概况】** 2017年4月28日，中国民主促进会衡阳市石鼓区工作委员会（简称民进衡阳市民进石鼓区工委）成立大会在石鼓区政府政协会议室举行，市委统战部纪检书记周其钢，党派科科长李胜峰，石鼓区委常委、统战部部长朱鸿波，常务副部长李谦，石鼓区委组织部副部长李妍茳，湖南环境生物学院宣统部部长朱剑昌等出席，民进会市委主委班子、各区工委主委、各城区支部主委及石鼓区所辖支部会员等参加会议。会议任命陈炜伟为区工委主委，桂阳、管顺国为区工委副主委，李俊先、王劲、向一平、陈永红为区工委委员，更名五一路支部为区直支部，任命王劲为支部主委。6月29日，民进石鼓区工委主委陈炜伟参加中国民主促进会湖南省第八次代表大会。7月25—26日，衡阳市第十五届人大第二次会议在市政府会议中心召开，市人大代表廖晟（常委）、冯丽筠、桂阳出席，会市委主委、市统计局局长陈森列席会议。会议选举郑建新为衡阳市人民政府市长。8月11—12日，广州白云区民进基层委员会来衡开展会务交流，与奔立尔支部举行座谈交流会，会市委班子主要成员、城区区工委主委、机关干部及部分支部主委参加交流和座谈。9月1日上午，民进会市委科长王磊带队，民进石鼓区工委主委陈炜伟等一行5人，驱车来到祁东县过水坪镇逢源村调研脱贫攻坚、精准扶贫。9月5日，民进石鼓区工委班子成员在衡州小学参加由市委统战部举办的“大爱暖衡州”衡阳市统一战线资助千名寒门学子圆梦校园大型公益行动，奔立尔支部公益助学，为祁东县过水坪镇逢源村老福小学捐赠奔立尔爱心校服108套。9月12日，民进会市委专职副主委廖晟一行走访慰问石鼓区角山乡明德小学唐超、演武坪小学陈红两位贫困学生及其家长并送上“大爱暖衡州”助学金，石鼓区工委主委陈炜伟等班子成员参加慰问走访。10月23—28日，石鼓区工委主委陈炜伟赴长沙参加民进省委举办的2017民进全省骨干会员培训班。10月24日，会市委在统战大楼举行“衡阳民进深入学习宣传贯彻中共十九大精神”会议暨骨干会员新会员培训班，主委班子成员、市委委员、各区工委、总支、支部班子成员、会内省、市、县（区）人大代表、政协委员、特约人员、信息员、机关干部、骨干会员及新会员等参加学习。11月1—4日，专职副主委廖晟、石鼓区工委主委陈炜伟赴北京参加会中央在五洲大酒店举办的“民进中央脱贫攻坚民主监督工作研训班”培训学习。12月9日副主委桂阳作为人大代表走进社区，对贫困户进行走访及物资和现金慰问。

（杨帆芳）

## 农工党衡阳市石鼓区工委

**【概况】** 农工党衡阳市石鼓区工委于2017年12月29日成立，农工石鼓区工委辖4个支部，分别为：机关支部、南华大学附属第一医院支部、市第三人民医院支部、市中医正骨医院支部，共有农工党员115名，分布在医卫、政府部门等领域。

（全昌艳）

**【农工党衡阳市石鼓区基层工作委员会成立大会】** 2017年12月29日下午，农工党衡阳市石鼓区基层工作委员会成立大会在石鼓区政协会议室召开。市政协副主席、农工党衡阳市委主委许云生，中共衡阳市石鼓区委常委、统战部部长朱鸿波，农工党衡阳市委兼职副主委、南华大学附属第二医院胃肠外科主任谢文彪等应邀参加并讲话。全昌艳、贺卫国、胡志强、李春尧、周鹏担任首届工委班子成员。潇湘街道办事处副主任全昌艳担任农工石鼓区工委主委。

（全昌艳）

## 致公党衡阳市石鼓区工委

**【概况】** 2017年，致公党衡阳市石鼓区工委辖石鼓一、二、三支部、南华支部、外国语学校支部共5个支部，有党员70名，分布在医卫、学校、文化艺术、司法、政府部门等领域，中高级职称的42人。区工委围绕“十三五”规划实施和市委市政府、区委区政府的中心工作，秉承“致力为公，参政议政”的政治理念，本着“立足本职，服务社会”的工作宗旨，注重发挥特长，凸现致公特色，积极开展“两学一助”“重走长征路”等工委和支部活动，党员们齐心协力，积极参政议政，全面推进自身建设，充分发挥侨海特色和优势，凝心聚力。

（王素纯）

【思想建设】　2017年，致公党石鼓区工委认真贯彻致公党市委的工作部署，工委及各支部多次组织党员深入学习中共十八大、十九大会议精神、习近平总书记系列重要讲话精神和致公党十四届六中全会和致公党湖南省委五届六次全会精神，开展“两学一助”活动。各位党员还积极参加各自工作单位和部门的政治学习。李智、凌佩、阳承君等参加了衡阳市骨干党员和新党员培训，广大党员听取了致公党省委主委向佐谊就怎样做合格的党员和党的干部主讲的《学习党的章程，增强四种意思》的专题讲座。通过学习，各位党员进一步了解了统一战线、致公党章程知识，大家很受启发和触动，坚定了不忘初心，在党言党、在党爱党、在党忧党、在党护党、在党为党，为党尽心尽力，尽职尽责，主动履行义务的信心，政治上坚决与党中央保持一致，增强了党员的政治意识，提高了理论修养，开拓了眼界，增强了作为致公党党员的光荣感和责任感。区工委还积极利用微信、QQ等平台畅通党员交流沟通渠道，发布工作通知、开展专题讨论，发动党员通过“湖南致公”微信群，及时了解致公党实时动态，推动思想建设。

（王素纯）

【组织建设】　2017年，改选领导班子，提高党员凝聚力。5月，按照区统战部和致公党市委要求，经民主推荐和致公党市委考察，并与石鼓区委统战部沟通协商，工委成功进行了换届工作，选举卢建春担任石鼓区工委主委，王素纯、吕和平、陈沉、唐衡虎、龙革英5人担任副主委。致公党石鼓区工委班子成员有明确分工和职责，通过完善岗位责任制、班子年度考核和民主生活会等制度，保证党员的知情权、参与权、监督权，提高党员的参与度，自觉接受党员的监督，建设一个相互支持、相互理解、相互信赖、具有较强凝聚力和向心力领导班子。壮大队伍，提升党员质量。区工委立足侨海特色，深挖侨海资源，严把党员入口关，把年轻有为、积极肯干、热爱祖国、拥护共产党领导、热心致公党事业的青年才俊吸收到组织中来，发展石鼓区卫计局干部凌佩、阳承君2名新党员。（王素纯）

【社会服务】　2017年，石鼓区工委及5个支部组织党员进行了20余次活动。12月2日，南华支部在南湖公园海外漫生活馆组织党员开展了“不忘合作初心，继续携手前行”的十九大知识抢答赛。9月13—15日，为积极开展“两学一助”学习教育活动，活跃石鼓区工委各支部活动，与其他市县致公党进行学习交流。致公党石鼓区工委特组织广大党员并邀请市委及其他区工委和区委统战部领导参加主题为“缅怀先辈伟业，传承致公精神，交流工作经验，建设三个新石鼓”的“重走长征路”活动。参观了抗日战争取得转折性胜利、标志着日本侵华战争结束、日本无条件投降的史称“中国人民抗战胜利受降纪念馆”以及贵州镇远抗日战争时期国民政府军政部第二日本俘虏收容所“和平村旧址”。了解了革命历史，感受革命生活，见证抗日时期的历史事件，传承致公精神。10月28日，南华支部组织老党员过重阳节。12月15日，南华支部党员刘洁老师在市广电影视中心石鼓大讲坛举行《船山故里·国学飘香——石鼓书院大讲坛国学讲座”第119讲活动》，讲述中华文化之美。12月，号召各支部党员积极参加致公党市委组织的致助金捐助活动，党员们共计捐款2900元。积极开展侨海活动，南华支部的陈碾受邀去美国做访问学者，通过各类活动的开展，增强了党员的向心力和凝聚力。

（王素纯）

【参政议政】　2017年，石鼓区工委党员积极参政议政，撰写社情民意和政协提案，全年向致公党衡阳市委、市政协、区政协提交提案15多件、人大建议2件、社情民意2篇，其中，一支部王素纯写的《关于加强我区农贸市场规范化建设与管理的建议》，区长刘浪批示作为重点提案办理并被评为区政协优秀提案，马蕊红撰写的《关于规范“民间借贷”行为，促进金融健康发展的提案》在区政协会议上书面发言。匡彬文被评为市政协“四有委员”，王素纯被评为区政协优秀委员和社情民意优秀工作者。（王素纯）

## 九三学社衡阳市石鼓区工委

**【概况】** 2017年，九三学社衡阳市石鼓区工委辖石鼓支社、南华大学附属第一医院支社、湖南环境生物职业技术学院二支社、书画支社、农业支社，有社员108名，分布在医卫、高校、文化艺术、政府部门等领域，副高及以上职称40人。（刘名辉）

**【思想建设】** 2017年，九三学社衡阳市石鼓区工委认真贯彻九三市委的工作部署，组织社员先后4次参加学习中共十九大、全国“两会”和社中央相关会议等精神，坚持正确思想导向，提高广大社员思想水平和素质。积极参与“两学一助”学习教育。区工委高度重视，认真组织社员参加社市委的各类相关学习。选派骨干社员参加社市委专题培训，下发了《习近平总书记系列重要讲话读本》等学习资料，积极引导社员立足本职，发挥参政党职能，助力新衡阳、新石鼓发展。此外，区工委还积极利用微信、QQ等媒介平台畅通社员交流沟通渠道，发布工作通知、组织专题讨论，开展日常学习实践活动及民主生活会，订阅《民主与科学》等期刊让大家自学，推动支社思想建设。组织社员参加了8月中旬在江西干部学院由九三学社衡阳市委与民革衡阳市委、民建衡阳市委联合举办为期一周的“2017年度党派骨干成员培训班”。（刘名辉）

**【组织建设】** 配好班子。2017年，九三学社石鼓区工委按照民主集中制原则，建立集体领导与分工负责相结合的制度，明确区工委班子成员的分工和职责，通过完善岗位责任制、班子年度考核和民主生活会等制度，保证社员的知情权、参与权、选举权和监督权，提高社员对社内事务的参与度，自觉接受社员的监督，建设一个相互支持、相互理解、社员信赖、具有较强凝聚力的基层领导班子。队伍稳步发展。区工委组织工作，注重人员素质，优质平稳发展，并坚持高标准培训，对符合发展条件的人选，严格按组织程序考察审批，区工委全年发展新社员2名。（刘名辉）

**【参政议政】** 2017年，九三学社衡阳市石鼓区工委利用“两会”平台积极参与政治协商。在区政协全会上，社员委员积极撰写提案10余件，紧紧围绕中共石鼓区委和区政府工作重点、石鼓群众关心的热点，结合九三学社及社员自身的特点，建言献策。发挥工委社员的专业特长。区工委紧紧围绕社市委调研课题的开展，积极参与学社内的调研，向社中央和社省委上报调研文章。区工委积极配合社市委，持续开展市政协九三界别游咏委员工作室的建设，积极与青山街道卫生服务中心联系，定期开展委员工作室接待日、社区医疗咨询服务等活动，搜集民生热点信息，积极反映社情民意。（刘名辉）

**【社会服务】** 2017年，九三学社衡阳市石鼓区工委根据社市委统一部署，开展了系列服务活动。组织慰问活动：到80岁以上的老社员家送关怀送温暖，发给慰问金；并组织老社员代表欢度重阳佳节。参加植树活动：在社市委的统一部署下，区工委于3月份积极组织各支社参加在南岳机场举行的植树活动。组织扶贫活动：南华大学附属第一医院支社定期送医送药下乡。衡阳市九三学社委员工作室在石鼓挂牌。在石鼓区首届民主党派绩效考核中获得佳绩。九三学社石鼓区工委各支社秉承志愿服务社会的优良传统，践行社会主义核心价值观，树立九三学社的良好形象。（刘名辉）

## 石鼓区工商业联合会

**【概况】** 2017年，石鼓区工商业联合会（简称区工商联）机关有在编职工4人，其中行政编制1人、全额事业编制3人。工商联（总商会）第四届领导班子，其中主席1人、党组书记1人，专职副书记1人，副主席（含兼职副主席）5人、副会长4人、秘书长1人、常委17人、执委27人，截至年末登记注册会员共396名。

（李　萍）

**【思想建设】** 2017年，深入开展以“守法诚信、坚定信心”为主题的理想信念教育实践活动，通过组织工商联执常委和非公经济人士学习贯彻中共十八届六中全会、中共十九大会议精神和中共中央国务院《关于营造企业家健康成长环境弘扬优秀企业家精神更好发挥企业家作用的意见》以及传达学习全联十二大会议精神，组织执常委收看《将改革进行到底》专题片和中共十九大会议开幕式，引导非公经济代表人士适用新形势、新常态，增强“四个自信”，筑牢社会主义核心价值观。会员中涌现一批政治坚定、诚信经营、敬业爱岗的新时代非公经济人士先进典型，如香樟苑生态农业有限公司梁光寰被评为市十佳脱贫带富优秀党员，万居市场总经理曹刚修被评为市双带双促先进个人，君玲食品梁杰被评为全市扶贫基地建设先进个人。

（李　萍）

**【培训学习】** 2017年，先后组织会员参加了在浙江大学举办的“非公企业高层经营管理人员培训班”，在人民大学举办的第四期“企业管理研修班”，在万恒茶文化广场举办的“模式为王、再攀高峰、实业强市”的企业家高峰论坛；组织部分非公企业赴云南昆明、腾冲考察学习交流等，通过培训学习，提高企业家管理水平，提升企业家驾驭市场的能力，推动企业转型升级。（李　萍）

**【光彩事业】** 2017年，组织开展“献爱心、送温暖”活动、“精准扶贫、爱心助学”活动和“民企联村”精准扶贫行动，引导广大会员企业致富思源，回报社会，积极参与精准扶贫，勇于承担社会责任，投身社会公益事业，为和谐社会作贡献。元月初，组织执委企业万居市场为区福利院、养老院17户孤寡老人送去春节慰问物资共计1.02万元；6月，为响应“全国第27个助残日活动”，配合市联在万居市场举办“送残疾人一个温馨的家”活动，为20户残疾人家庭配送价值30万余元的家具和电器；7月，在抗洪救灾中，积极引导5家会员企业和商会向坚守在抗洪抢险一线的武警官兵、相关单位工作人员和受灾群众送去慰问物资及救济款124.5万元。8月，引导23家执常委单位捐款12.45万元，资助来自石鼓区9个村33个组的建档立卡贫困户家庭的56名贫困生和5名困难环卫工人子女就学。在“民企联村”精准扶贫行动中，发动村企对接，已有香樟苑、君玲食品、奕辉莲藕、泰和农牧等非公企业与贫困村签订帮扶协议，吸纳帮扶村闲散劳动力，提供就业岗位达700多个。其中香樟苑、君玲食品同建档立卡贫困户签订了115份帮扶协议，在端午节、中秋节前夕给帮扶对象送去慰问物资共计3.2万元。全年区工商联会员在各级各类社会公益事业捐款捐物共204.7万余元。

（李　萍）

**【会员服务】** 2017年，区工商联始终把为会员服务放在日常工作的首位，千方百计搭建服务平台，帮助会员企业解疑释惑，排忧解难，对会员反映的问题，尽力做到“事事有结果，件件有回复”。强化维权服务，对会员企业的诉求区工商联做到热情接待，及时处理。3月，区工商联接到万居市场“关于协调支持万居市场稳定发展的情况汇报”后，多次向区政府分管领导和相关职能部门、黄沙湾街道反映，经过多次协调得到相关部门大力支持，使这一问题得到基本解决。4月，家居协会向区工商联反映近年来《衡阳日报》社广告部利用日报宣传多次组织广大市民到厂家进行直购家具，造成本地经销商经营受损，区工商联通过组织会员中的人大代表以建议意见形式反映到市人大，又通过民主监督员反映到市相关部门，最后得到解决。先后协调华源市场车辆乱停乱放影响经营问题，化解龙泉商场业主与经营户之间矛盾，协调翰家贸易被工商部门罚款等问题20余起。拓展对外联络，先后组织部分执委到缅甸、珠海、昆明参加世界华商大会和异地衡阳商会活动，参观考察衡阳籍老乡在外企业发展情况，充分利用各种走出去的机会，为会员企业做强做大寻找合作和发展空间。并将石鼓区招商引资政策、项目进行推介，同已建立的外地友好商会加强联系，增进区域间经济交往、交流，为双方民营企业开展合作项目，实现互利共赢打下基础。搭建招工服务，为缓解会员企业用工难、招工难，尤其是招聘高层管理人员、高素质技术开发人员难的问题。5月，先后组织10家会员企业免费参加由市工商联与市人才市场组织的“民营企业招聘周”活动；5月12日—18日与区人力资源和社会保障局、区人才劳动力市场在莲湖广场举办了“促进转移就业、助力脱贫攻坚”为主题的民营企业招聘服务周活动，有203家企业参与，提供就业岗位1500个，达成就业意向1000余人次，缓解企业招工难的问题。为搭建政企沟通平台，构建新型“亲、清”政商关系，举办了“2017年新春团拜会暨第四届第三次执委会”，邀请区四大家主要领导及分管联系工商联工作的领导同全体执委联欢；12月，调整石鼓区党政领导与非公经济人士交朋友制度，搭建了16位党政领导与32家非公有制企业建立联系。深化银企合作。为破解融资难题，积极为非公企业发展搭建融资平台，在原有同工商银行、光大银行、民生银行、华融湘江银行等合作基础上，与长沙银行衡阳分行开展了“石鼓区工商联（总商会）银企洽谈会”。

（李　萍）

【调查研究】　2017年4月，配合省、市工商联开展了“万企帮万村精准扶贫行动，民营企业享受优惠政策落实情况”和“访民企、解难题、办实事、强信心”调研活动，先后走访非公企业、农业产业企业55家，发放调查问卷106份，召开民营企业家座谈会3场，上报《石鼓区民营企业“万企帮万村”享受优惠政策落实情况》统计表，形成“推动非公经济发展，打造湘南地区最具活力的商贸文化中心”调研报告，促成2017年各级政府对石鼓区5家农业产业扶贫企业共600多万元资金支持，其中会员企业香樟苑432.82万元，君玲食品120万元。调查报告得到区委、区政府高度重视，区委书记唐浩然作了批示，为区委、区政府决策提供有价值参考依据。（李　萍）

【建言献策】　2017年，引导会员中的市、区人大代表、政协委员、民主监督员就市区经济发展中的一些亟待重视和解决的热点、难点问题以及走访调研企业时反映的问题，认真撰写提案、建议意见和社情民意。“两会”前夕，引导会员中的人大代表和政协委员提交提案、建议意见11件。其中梁光寰《关于角山乡村旅游发展的提案》得到唐浩然的批示交办；伍建华《关于加快石鼓区居家养老服务建设的提案》、陈亚元《关于失地农民再就业培训的建议》及何朝晖《关于进一步优化行政审批流程提高办事效率的建议》等提案、建议意见得到相关部门重视。5月，先后组织20家会员企业参加市、区政协“优化非公经济法制环境的调研”座谈会和省检察院来衡督查服务经济发展情况等座谈会，积极为市、区经济发展献良策、建诤言。

（李　萍）

【“打通法律服务非公企业的最后一公里”座谈会】　2017年7月，与区人民检察院在会员企业湖南奔立尔工贸实业有限公司举办“打通法律服务非公企业的最后一公里”座谈会，并挂牌成立石鼓区首家驻非公有制企业检查联络室，共同营造非公企业发展的良好环境。举办“打通法律服务非公企业的最后一公里”座谈会。

（李　萍）

【组织建设】　2017年，优化领导班子，实行执常委动态管理，完善执常委数据库，进一步建立健全监督和退出机制。3月，全面走访执常委企业，根据工作实际和参与工商联活动情况，实行吐故纳新，辞退副主席1名，执委4名；10月份组织执常委填写《非公有制人士信息登记表》，完善会员信息并统计上报会员发展和组织建设情况。优化非公党建。加大非公党组织和党的工作覆盖的同时，不断优化组织建设，发挥党建在非公有制企业中的核心作用，已组建非公企业党组织49个，设立党委的企业4家。在工商联配备了非公党工委专职副书记1名，开展中共十九大精神进企业、廉政建设进企业等活动，邀请区委书记到企业上党课。增强商会凝聚力。通过在执委单位金色家族、常委单位香樟苑、车立方、锦尚国际家居举办的每季度常委沙龙活动和不定期组织参加执常委单位的年会、答谢会及行业（商）协会交流会等活动来加强交往。全年，先后组织召开4次执常委会，组织开展经济服务和常委沙龙活动8次。坚持服务全区中心工作，在创建全国文明城市活动中，克服人少事多的困难，坚决落实包社区、包路段、交通劝导志愿服务活动；坚持机关干部每周一深入联点社区、会员企业，为会员服务，指导社区开展工作，为企业和会员服务，帮助会员企业、联点社区解决、协调工作中遇到的困难和矛盾，有效提升工商联的社会形象。

（李　萍）

# 社会团体

## 石鼓区总工会

【概况】 2017年，有在册职工6个，其中行政编制4人，全额事业编制2人。区总工会围绕“贴近中心促发展，贴近职工办实事，贴近基层搞服务”，重点解决职工群众最现实的利益问题和最困难的实际问题，构建工会服务职工工作体系。全年新建工会组织81家，发展会员2680人。区总工会在市总工会年度考核中被评为优秀单位。（冯菁辰）

【工资集体协商】 2017年，区总工会倡导“重签订、守协议”。全面完成工资集体协商目标任务。签订工资集体协商96家，续签120家。（冯菁辰）

【职工权益保障】 2017年初“两节”期间，全区196名困难职工得到帮扶，实名制发放资金15万元，其中身体患有重大疾病者41人，计3.97万元；对家庭生活困难职工155人给予生活救助帮扶，计11.03万元。下社区帮扶困难职工居民26人次，现金2700元，物资800元。开展“夏送清凉”活动，为在劳动一线的区环卫局、区园林局等单位职工264人，送去毛巾、绿豆、莲子等消暑物品，价值1.7万余元。开展“金秋助学”活动，帮扶69位困难家庭职工子女，共计21万元。（冯菁辰）

【职工医疗互助】 2017年是第四期职工医疗互助活动年，同步推进职工住院互助活动和特殊疾病保障项目。全年，职工医疗互助3553人，互助集资25.5万元，截至12月25日，报账已达200人次，计19.11万元。（冯菁辰）

【“五一”劳模表彰大会】 2017年4月26日，区委、区政府召开庆“五一”劳模座谈会。会上，各级劳模代表发出倡议，呼吁广大劳动者、职工争做推动跨越赶超的引领者、合法生产经营的主力军、提升综合素质的带头人、促进社会和谐的领头雁，为打造“湘南地区最具活力的商贸文化中心”做贡献。石鼓区环卫局垃圾运输班获市“工人先锋号”称号；石鼓区机关食堂陈耀辉获衡阳市五一劳动奖章。（冯菁辰）

【换届选举】 2017年，经中共石鼓区委批准，9月20日，石鼓区工会进行了换届选举。大会按照《中华人民共和国工会法》《中国工会章程》规定，经民主程序，采取无记名投票方式选举产生了石鼓区第二届工会主席宁华梁、常务副主席邓琳、兼职副主席周严屏和区总工会第二届委员会委员、区总工会第二届经费审查委员会委员、区总工会第二届女职工委员会委员和出席市总工会第十九次代表大会代表。（冯菁辰）

## 共青团石鼓区委

【概况】 全区有团组织25个，其中区直机关3个，乡街7个，非公团组织10个，学校团组织5个。全区有683名团员。团区委班子成员2名，李谦任团委书记，唐驰任团委副书记。2017年，团区委贯彻落实中央、省委、市委党的群团工作会议精神，在积极构建“四维”工作格局上下功夫，对照考核内容有关要求，集中精力和力量推进各项重点工作，成功推报全国“青年之声”建设典型1人，“湖南省五四红旗团委”1个，“湖南省最美基层共青团干部”1人，“衡阳市五四优秀共青团员”1人，“衡阳市优秀共青团干部”2人，衡阳市“脱贫攻坚先进集体”1个。通过宣传榜样事例，引导全区广大团员青年向先进学习，不断传递青春正能量。

（唐　驰）

【青少年综合服务平台】　2017年，建立于青山街道西湖一村社区的大型青少年综合服务平台初期建设已经完成，后期将着力于将新媒体网络平台、青年之声、青年之家等多工作平台融合一体化工作；常态化开展农村青年就业创业培训统计上报工作，做到就业创业统计每月一上报；组织6名青年参加团市委举办的衡阳市青年电商培训班，取得良好反响；积极推动大学生就业创业工作，推报参加第四届“创青春”湖南省青年创新创业大赛公司2家，其中，幸福九号家居养老项目获市“十佳”创业项目。

（唐　驰）

【文明创建志愿服务】　2017年6月，举办“文明石鼓，志愿先行”“华程杯”石鼓区首届志愿服务项目比赛，本次比赛是在石鼓区文明城市创建工作领导小组指导下，在县市区中首个开展的志愿服务项目比赛，是石鼓区志愿服务项目化、规范化、专业化的标志性成果。9月，在区委组织部的指导下，举办“喜迎十九大，志愿石鼓行”大型志愿服务活动。迎接全国文明城市测评期间，积极组织志愿者开展志愿服务，并对辖区内的部分社区进行志愿服务工作督查，给出整改清单并进行通报。（唐　驰）

【青少年健康成长关注】　2017年，通过积极整合社会资源，不断改善青少年民生。联合辖区内各乡、街道、片区及中小学开展希望工程“一元捐”活动，累计捐款金额达1.6万余元。通过“华程杯”志愿服务项目比赛开展“精准助学，关爱青少年”志愿服务项目及与区纪委联合举行“喜迎十九大，温暖进农家”，为20余名贫困学子发放助学金共2万元。12月，与今华TA3团队、市二中联手，组织百余名学子进行“爱心手拉手”活动，主旨在于促进青少年心理健康成长，让青年学生建立良好的社交观念。启动团干部直接联系青年工作，唱响“到青年中去”的工作主题，各乡、片区、街道团干积极绑定共青团中央推行的“青年之友”平台，落实“1+100”团干部直接联系青年工作。（唐　驰）

【青年新媒体工作】　2017年，充分利用官方公众微信号及官方微博这一新媒体阵地，做到定期推发，及时发声，正确引导青年舆论导向。推进“青年之声”的落地工作，安排专人负责平台建设的组织协调、日常运营等工作，“青年之声·石鼓”平台建设取得实效。在抓好内部宣传的同时，注重对外宣传工作。近40篇信息文稿被团市委采用，在省、市级主流媒体上刊发8篇报道，对石鼓区举办志愿服务活动进行积极宣传，提升全区共青团工作的形象。

（唐　驰）

【基层团建】　2017年，全面推进从严治团工作实施，严格按照团市委印发的《在全市推进从严治团工作实施方案》的通知抓好落实。推进从严治团工作，积极组织基层团干部和团员在团员青年管理教育网上学习相关网络课程。认真开展“一学一做”主题教育团课及专题组织生活会，及时跟进基层团支部和团干部队伍建设，拨付乡、街道基层团组织建设经费4万元，确保了基层团组织有效运转。根据共青团改革部署，落实从严治团要求，12月，团省委发出《关于开展全省“智慧团建”系统组织树建立阶段工作的通知》，这标志着湖南省开始全面推广开展“智慧团建”工作，团区委积极响应团中央、团省委、团市委的号召，“智慧团建”相关工作已完成管理员注册步骤及第六级团组织录入。（唐　驰）

## 石鼓区妇女联合会

【纪念“三八”国际劳动妇女节107周年系列活动】　2017年3月3日，石鼓区妇女联合会举办纪念“三八”国际劳动妇女节

107周年“好家风、好家训、廉洁文化进家庭暨巾帼文明示范岗、巾帼建功标兵、文明家庭、三八红旗手”表彰活动，活动中还开展了歌剧、民族舞蹈等文艺会演。共表彰15户文明家庭，8个“巾帼文明示范岗”、12名“三八红旗手”、4名“巾帼建功标兵”。（吴慕君）

**【基层妇联组织改革】** 2017年，按照“会改联”的要求，稳步推进基层妇联组织改革工作。全区46个村（社区）完成妇联组织改革工作，乡（街道）新增兼职副主席21人，执委175人，村（社区）新增兼职副主席92人，执委690人。（吴慕君）

**【关爱儿童】** 2017年六一期间，石鼓区妇联组织辖区内500余名儿童及家长在红旗影剧院举办安全教育暨亲子阅读、捐赠图书文艺会演大型活动，为区机关幼儿园捐赠图书300余本。聚焦农村留守、困境儿童，开展“精准扶贫·温暖牵手”行动，为全区5名建档立卡贫困家庭的儿童，每人捐资1000元和价值180元的六一礼物。（吴慕君）

**【巾帼脱贫】** 2017年3月29日，石鼓区妇联在角山乡政府会议室举行全国妇联“贫困母亲两癌救助”中央专项彩票公益金发放仪式（衡阳市石鼓区），为6名“两癌”贫困母亲分别争取救助金1万元，共计6万元。（吴慕君）

**【农村适龄妇女“两癌”免费检查】** 2017年，石鼓区妇联联合衡阳华程医院实施农村适龄妇女“两癌”免费检查项目，为全区34～64岁农村妇女开展“两癌”免费检查民生实事活动，参检人数1800余人。对“两癌”情况进行详细摸底，及时上报全国妇联“两癌信息数据采集系统”。（吴慕君）

**【文明新风】** 2017年，石鼓区妇联与区纪委、区委组织部联合开展“廉内助”评选活动。经单位推荐、微信投票、组织考察等环节，授予刘静等11人“廉内助”称号，筑牢家庭反腐倡廉的防线。（吴慕君）

**【省妇联调研】** 2017年8月22日，省妇联党组书记、主席姜欣一行到衡阳市石鼓区，就妇女就业创业、基层妇联改革工作进行专题调研。实地查看了辣妹子家政服务公司办公场所、实训场地，了解公司的发展运营及带动妇女就业情况，现场观摩了保姆、育婴师等培训课程。在蒸阳社区调研基层妇联组织建设、妇女之家作用发挥与妇女创新创业工作等情况，现场参观了“女子学堂”“妇女之家”“四点半课堂”等多个功能室。（吴慕君）

**【新一轮两个规划宣讲】** 立足区妇女儿童实际，政府颁布实施《妇女发展规划（2016—2020年）》和《儿童发展规划（2016—2020年）》。2017年11月，邀请市妇联副主席聂玉萍到石鼓区进行妇女儿童发展规划宣讲，参会人员达200余人。（吴慕君）

## 石鼓区科学技术协会

**【概况】** 2017年，区科协辖乡（街道）7个科协组织，有科普专职人员3人，其中农村科普人员230人。全年注册科普志愿者26人。非场馆类科普基地3个，科普展览区面积1.6万平方米，当年参观人数5000人。社区科普专用活动室29个，农村科普活动场地19个，科普画廊8个，全年科普专项经费8万元。有国家级科普示范社区（建设新村社区/演武坪社区）2个，有省级科普示范社区5个、市级科普示范社区5个、区级科普示范社区8个，有省级科普示范学校1个，有市级科普示范学校1个、区级科普示范学校2个，有省级农村专业技术协会2个、省级农村科普示范基地2个、省级科普带头人2个、市级科普示范基地3个。全年发展协会社员120人，印发科普图书1.2万册，张贴科普挂图500张。全年实施年度目标考核，切实履行工作职责，并经常深入科普示范基地，农技协会等组织指导工作，协调关系，有效保证工作正常开展。（陈志勇）

**【国家级基层科普行动计划建设】** 2017年，区科协为全面落实《全民科学素质行动计划纲要》，充分调动基层科普组织的积极性，实施湖南省“基层科普行动计划”，经申报推荐评选和公示，9月，石鼓区黄沙湾街道雁栖湖社区被命名为“国家级基层科普行动计划”支持项目。9月12日，省科协、省财政厅对雁栖湖社区进行奖补，奖补资金10万元。

（陈志勇）

**【周邦辉获市级农村科普带头人称号】** 2017年，石鼓区科协为了充分调动基层科普示范带头人的示范带动作用，经申报推荐评选和公示，12月，石鼓区角山乡前进村周邦辉被命名为“衡阳市农村科普带头人”。市科协、市财政局决定对科普带头人周邦辉进行奖补，奖补资金3万元。（陈志勇）

**【青少年科技创新活动】** 2017年，4月28—30日，石鼓区科协组织青少年代表队参加湖南省第38届青少年科技创新比赛，成绩显著，其中获工程类一等奖1项，三等奖4项；社会科学类三等奖1项；科幻画类二等奖1项，三等奖1项；人民路小学刘奕呈的《超级光洁霸》获省赛金奖。9月6日，参加全市第31届青少年科技创新比赛，获工程类一等奖2项，二等奖2项，三等奖8项，论文类一等奖2项，二等奖7项，三等奖10项。（陈志勇）

**【省级基层科普行动计划示范社区创建】** 2017年，区科协为全面落实《全民科学素质行动计划纲要》，充分调动基层科普组织的积极性，全面推进科普行动计划，促进科普信息化落地应用和科普文化进万家活动，按照省级科普行动计划有关要求，经申报推荐评选和公示，10月，青山街道牛角巷社区被命名为“湖南省基层科普行动计划示范社区”。10月23日，省科协、省财政厅对牛角巷社区进行奖补，奖补资金10万元。（陈志勇）

**【市科协第十次代表大会代表选举产生】** 2017年7月19—22日，市科协第十次代表大会在市政协礼堂举行。区科协为了选举产生好本次大会代表，经申报、选举和公示，产生9名正式代表：石鼓区科协主席旷春桃，石鼓区教文体局主任督学、副局长魏宏志，建设新村社区支部书记龙君，建设新村小学工会主席胡亚辉，都司街小学教师朱小伟，中医正骨医院骨科主任王纪武，华桂农业综合开发有限公司总经理许孝华，富农科技合作社技术员封昱宏，角山乡养猪大户宋建新。并成立石鼓区代表团，在市科协十次代表大会召开期间，听取和审议市科协工作报告，提出代表建议案11条，选举产生市科协第十届领导机构。（陈志勇）

**【全国科普日活动】** 2017年9月14日，石鼓区全国“科普日”活动在角山乡举办，此次活动以农村种养实用技术培训形式举办。邀请了衡阳市蔬菜研究所原所长、享受国务院特殊津贴专家旷碧峰和石鼓区农林局畜禽防疫站负责人吴治华主讲。

（陈志勇）

## 石鼓区残疾人联合会

**【概况】** 2017年，区残联以加强残疾人社会保障和服务体系为目标，以抓好“残疾人民生工程”为重点，以基层组织建设为抓手，以提升残疾人生活水平为主线，不断创新工作思路，完善工作措施，积极推进残疾人事业与经济社会和谐发展。广大残疾人朋友自强自息，奋力拼搏，在文艺宣传、创业创新、脱贫攻坚等方面取得了一定成绩，赢得了社会赞誉，全区残疾人事业保持了良好的发展势头，各项工作取得了新的成绩，获全市“百千万贫困家庭无障碍助残工程”一等奖。全区残疾人基本状况和需求信息数据动态更新系统不断完善，对全区办证的4596个残疾人开展了为期3个月的入户调查，全面掌握了残疾人需求情况。基层残疾人事业不断夯实。全区7个乡（街道）成立了残联，所有的村（社区）全部建立了残协。全区有助残志愿者248名，开展志愿服务活动20人次。在区残联的统筹下，建立组织网络，实现无缝对接。特困残疾人救助体系不断增强。

（杨玉兰）

【实施民生实事项目建设】 2017年，符合城乡最低生活保障政策、救助政策的贫困残疾人及其家庭实现应保尽保、应救尽救、应助尽助。重度残疾人参加城乡养老保险优待政策全面落实。对重度残疾人的生活补贴和护理补贴费及时足额发放到位，发放资金217万余元。（杨玉兰）

【残疾人居家环境无障碍改造】 2017年，开展贫困残疾人居家环境无障碍改造35户，投入资金约30万元。在石鼓社区建立无障碍社区，投入资金30万余元。（杨玉兰）

【残疾人鉴定】 2017年，免费为残疾人进行初次鉴定和重度残疾人上门鉴定服务。原来由残疾人承担的30元鉴定费，由区残联承担，每年为残疾人减负2万余元，并为瘫痪重度残疾人和有暴力倾向的精神残疾人上门鉴定，全年上门鉴定40余人。（杨玉兰）

【残疾人机动车燃油补贴和护理补贴】 2017年，为186名贫困肢体残疾人发放残疾人机动燃油车补贴4.8万余元；为1735名重度残疾人发放护理补贴102万余元，为困难残疾人发放生活补贴115万余元，改善残疾人生活状况。（杨玉兰）

【社会救助】 2017年，全区1749名残疾人进入最低生活保障，救济生活困难残疾人203人，发放慰问资金10万余元。（杨玉兰）

【实施安居工程】 2017年，区残联协助区住建部门优先将172名残疾人纳入公租房分配范围。（杨玉兰）

【落实社会保障】 2017年，实现残疾人医疗保险全覆盖，全区为4012名0~70岁残疾人购买意外伤害保险，投入资金8万元。服务残疾人能力不断提升。（杨玉兰）

【康复服务】 2017年，投入康复经费80余万元，为120名残疾人进行康复服务，其中肢体残疾人装配假肢8例，白内障复明22例，成人助听器4例，脑瘫儿童16例，自闭症儿童13例，智障儿童17例，聋儿训练2例，救助精神残疾人12例。（杨玉兰）

【托养服务】 2017年，规范和依托慧家残疾人托养中心为300名残疾人实施居家托养服务，投入托养经费45万余元；建立石鼓区向阳社会服务工作站，采取心理疏导、康复训练、工疗娱疗等方式解决残疾人家庭后顾之忧。（杨玉兰）

【教育服务】 2017年，为25名残疾人大学生和残疾人家庭子女大学生发放助学资金6万余元。强化文体服务，石鼓区聆音言语康复学校在省第四届聋儿康复大赛中获优秀奖；选拔8名残疾运动员进入省、市运动员预备库，为省九届残疾人运动会做好充分准备。（杨玉兰）

【残疾人培训和就业创业】 2017年，参加省、市残联举办的各种培训班，有效提升残疾人工作者综合素质。成功申报石鼓区香樟苑农业生态科技有限公司为“省残疾人扶贫示范基地”，为42名残疾人提供帮扶。12月21日，全省残联系统现场会，香樟苑作为全省残疾人扶贫示范基地现场观摩点。全区有120人次参加了市、区两级残联举办的各类培训班。组织50名残疾人参加衡阳市举办的残疾人就业招聘会，现场签约或签订意向书34人，全年为16名残疾人实现就业。为香樟苑扶持小额贴息贷款189万元，贴息资金13.23万元，福星水位控制器扶持小额贴息贷款50万元，贴息3.5万元，为企业发展解决了资金瓶颈问题；扶持残疾人自主创业12名，扶持资金18.4万元，带动创业就业残疾人100多人。区残联积极开展困难残疾人帮扶，在角山乡旭东村实施“连千村帮万户”扶贫工程，帮扶了旭东村10户残疾人家庭，培训、生产扶贫、辅助器具配置等扶持资金3万余元。（杨玉兰）

【聆音聋儿言语康复中心】 该中心成立于2007年7月，中心位于衡阳市石鼓区人民路王家巷，是一个以“爱心改变命运”的听力障碍儿童康复训练机构，以老师为指导、以孩子为主体、以家长为主导的全面康复模式的残疾人服务机构。中心有孩子50名，陪护家长50名，其中重点帮扶家庭15户。自2012年9月，成立家长学校，专门组织开展残疾儿童家长工作，如康复理论培训、康复技能培训、心理辅导课程、职业培训课程、文艺培训课程和困难家庭慰问等，初步形成了“学校+孩子+家庭+社会”的残疾人回归主流的良性循环模式。（杨玉兰）

**【石鼓区残疾人联合会第五次代表大会换届选举工作】** 2017年12月26日，根据《中国残疾人联合会章程》的规定和市残联〔2017〕59号文件精神以及区委、区政府统一安排部署，区残联圆满完成了石鼓区残疾人联合会第五次代表大会换届选举工作，会上选举了新一届残联领导机构，为全区残疾人事业持续、健康、快速发展提供了重要的组织保证。

（杨玉兰）

## 石鼓区红十字会

**【概况】** 2017年，石鼓区红十字会进一步理顺管理体制，实现有人员编制、有领导机构、有账户经费、有专职人员、有办公场所的“五有”建制目标，在区委、政府领导下独立自主开展工作。机关人员力量不断增强，进一步完善基层工作队伍，在各乡（街道）调整了红十字工作的分管领导，积极发展红十字会志愿者。建立健全机关各项工作制度，人员全部接受上级组织的业务培训，平时不断加强业务学习，增强对事业的认识，切实发挥自己的作用，对困难群众有真情，在平凡的岗位上自觉参与人道服务和各项慈善事业。根据《石鼓区自然灾害救助应急预案》制定区红十字会灾害应急配套预案，建立快速高效的灾害救援反应机制，加强与民政部门联系，时刻关注可能发生的灾情。开展全区卫生系统第二届应急救护技能比武，通过广泛参与和宣传，提升全区卫生系统应急救护专业水平。规范应急救护培训，提高群众自救互救能力。充分发挥各基层医疗单位在救护培训中的重要作用，将应急救助培训纳入公共卫生培训内容，做到同安排、同部署、同实施。深入学校、社区和基层医疗机构，开展对学生、社区居民、医务人员的救护培训工作，全年培训2场次以上，群众性普及培训200人次。通过多种形式大力宣传“人道、博爱、奉献”的红十字精神，形成全社会积极参与红十字事业的浓烈氛围。结合重要纪念日开展宣传。在年度的世界红十字日、世界急救日、世界艾滋病日等开展集中宣传活动，围绕红十字会的宗旨和任务，传播国际人道主义，宣讲红十字精神。组织专项宣传活动。“红十字博爱周”期间组织医疗基层卫生医疗单位开展义诊活动，接受市民健康疾病咨询，免费为市民测量血压、测血糖、检查心脏等，给市民送上实实在在的温暖，发放宣传资料3000余份。（罗　艳）

## 石鼓区计划生育协会

**【群众自治】** 2017年，加强和规范计生基层群众自治工作，建立了“两委负总责，协会做骨干，家庭为中心，群众当主人”的工作机制，调整了计生协会领导班子，配齐各级计生协会会长、副会长、秘书长。扩大计生宣传。全区组织文艺宣传队17支，开展文艺演出100多场次。结合元旦、春节、“5·29”会员日及“7·11”人口日等重大节日，开展宣传活动40余场次、医疗义诊20余场次、文艺会演20余场次、学习座谈10余场次、发放宣传资料4万份。在各类媒体发表有关计划生育协会工作稿件30多篇，省级以上媒体11篇，其中省协会网站4篇。5月，全区正式部署开展计划生育基层群众自治试点工作。协会工作人员深入各乡、街道督查计划生育基层群众自治工作。根据各乡（街道）申报的情况，选取了人民路社区、雁栖湖社区、松木村等9个单位作为计划生育基层群众自治示范点。截至年底，全区计划生育基层群众自治协议签约率达100%。区计生协会通报了全区计划生育村（居）民自治工作评估排类情况，表彰了以向阳社区、青山街社区为代表的7个自治优秀村（社区）。石鼓区被评为全省计划生育基层群众自治示范县（市、区）。黄沙湾街道、潇湘街道被评为全省计划生育基层群众自治示范乡（镇、街道）。（何雅欣）

**【生育关怀】** 2017年，区计划生育协会提出和打造“四大爱心”行动，助推计划生育管理服务转型升级。为13人开展助孕相关工作；甘霖社会服务中心为17个失独人员开展了爱心心理疏导27次；区计生协会向石鼓区角山中学、合江中学、市逸夫中学划拨1.5万元爱心助学款，其中，角山中学开展“关爱女孩”活动，关爱品学兼优的困难女学生30人，合江中学关爱品学兼优的困难学生22人，逸夫中学已落实计生困难学生助学18人；在人口密集的乡卫生院、社区卫生服务中心、大型市场、广场等地安放8台免费药品自助发放机，为辖区529户居民提供了上门送药服务。对农村两女结扎户，按每户每年1200元的标准，将奖励资金直接发放到对象存折。全区累计发放奖励金185万元。3月17日，举办全区计生保险工作培训会。与保险公司就保险工作进行3次衔接，对乡、街道保险工作进行2次督办。全年全区已实现保费30.63万元，有效增强了群众抵御风险的能力。各级计生协会对全区范围内580余户困难户、失独家庭、流动人口困难户进行走访慰问，合计发放慰问品、慰问金21万余元。（何雅欣）

# 法　　治

## 政法委及综治

【概况】　2017年，石鼓区委政法委设书记1名、副书记3名，内设维稳办、国安办、政工室、办公室、执法监督室、宣传室，有工作人员18人。2017年，全区政法各部门以迎接、保卫、学习、宣传、贯彻中共十九大为主线，坚持围绕中心、服务大局，一手抓当前、一手谋长远，全面推动平安石鼓、法治石鼓和过硬队伍建设阔步前进，为服务改革发展稳定大局做出了重要贡献，政法各项工作取得了新的明显成效，多次受到省、市有关部门的高度肯定。3月31日，全市综治工作现场会在石鼓区召开，“平安石鼓”建设经验得到了与会人员的高度肯定，并作为代表之一作典型发言。2017年，石鼓区被评为全省综治工作先进县（市、区）、全市社会治安综合治理先进县（市、区）。（赵　笑）

【社会稳定维护】　2017年，始终坚持守土尽责，自觉肩负起维护国家安全和社会稳定的政治责任，坚持源头维稳、系统维稳、依法维稳，主动防范化解，及时协同处置，确保石鼓社会大局基本稳定，深入推进防范处理邪教工作，持续确保了“三个零”指标管理工作目标。狠抓特护期安保维稳工作，启动战时安保工作机制，严格落实值班备勤，确保了“一带一路”峰会、中共十九大等重要敏感时期以及各个节日期间的安全稳定。坚持前端治理与末端处理相结合，深入推进社会稳定风险评估，扎实开展“大排查、大接访、大化解”和信访积案清零行动，及时化解各类矛盾纠纷396起，成功化解信访积案28个。严格落实领导包案和干部接访，有效解决了“医闹”、涉军领域、房地产开发领域、非法集资等一批信访维稳难题。（赵　笑）

【“平安石鼓”创建】　2017年，始终坚持让群众放心，组织开展了全方位、多领域、多层次的“平安石鼓”创建活动。政法部门始终保持严打高压态势，严厉惩治各类违法犯罪行为。区公安机关统筹开展了百日会战、集中追逃和“三打击一整治”等专项行动，区人民检察院快批快捕，区人民法院快审快判，依法严厉打击各类刑事犯罪、暴力恐怖犯罪和危害公共安全犯罪。进一步健全社会治安重点地区和行业排查整治工作机制，加强了对治安混乱地区和场所的打击整治。推进“三实”信息采集工作，严格落实流动人口、出租房屋的管理措施，加强对吸毒人员、刑释人员、“邪教”人员和其他重点人员的管理帮教工作。各乡（街道）认真落实平安创建任务，坚持常态化宣传发动和义务巡逻，充分发动社会各界和广大群众共同参与平安创建。都司街小学评为全省十大“平安学校”。全区上下形成了“打得赢、防得住、管得了”的良好局面。（赵　笑）

【禁毒工作】　2017年6月底，区禁毒办升格为正科级事业单位，编制5人。区财政足额保障禁毒经费140万元、社区戒毒社区康复工作经费60万元。在人民路小学建成了“禁毒教育从娃娃抓起”省级禁毒教育示范基地；在长青社区建立了社区戒毒（康复）中心，在全省禁毒工作现场推进会上，作为唯一现场连线的社区进

行经验推介。（胡雪峰）

【社会综合治理】 2017年，全区各级各部门严格落实综治工作“党政同责”和“一岗双责”责任制，形成了“一把手”亲自抓、分管领导具体抓、其他领导共同抓的责任捆绑体系。统筹推进社会治理创新，综合创新工作被市委、市政府用现场会的形式在全市推广。区政府投入2200余万元，强力推进综治中心、网格化、“雪亮工程”建设，完成了区本级及中心城区街道综治中心标准化建设。深入推进警务机制改革，打造了具有石鼓特色的现代警务机制。不断创新矛盾纠纷化解方式，建立党政牵头、部门协同、联动化解机制。率先在全市推行党政机关法律顾问制度，聘请法律专家参与重大事项决策和重要文件出台，提升了依法治区水平。6月，全区政法综治工作接受了省委常委、政法委书记黄关春的检阅，得到肯定。（赵　笑）

【经济发展护航】 2017年，全区政法机关坚持主动作为，全力保障和服务经济社会发展。公安机关成立“重点工程110”，推行网上办理服务，让数据多跑腿、让群众少跑路。区人民法院注重依法平等保护非公经济合法权益，积极防控金融风险，妥善审理涉企案件，审结民商事案件954件。区人民检察院深入开展优化经济发展环境专项侦查监督活动，依法打击破坏投资环境、破坏金融监管秩序犯罪，成立了首家驻非公有制企业检察联络室。区司法局深入开展“万家中小微企业免费法律体检”活动，主动为企业服务，帮助解决发展中存在的法律问题。（赵　笑）

【基层基础建设】 2017年，坚持“抓基层就是抓长远、抓基础就是抓稳定”的工作理念，有效整合资源，强化乡街综治维稳中心、派出所、司法所等基础设施建设，筑牢了社会治理和维稳处突的第一道防线。市委理顺并规范了区委政法委内设机构设置和职能，充实了人员力量。区人民法院、区人民检察院聚焦主业，深入推进以审判为中心的司法体制改革，完成了员额法官检察官遴选工作，检察院的“两反”转隶顺利如期完成。全区所有乡（街道）、村（社区）公共法律服务工作站已全部建成并投入使用。（赵　笑）

【政法队伍建设】 2017年，坚持正风肃纪，把队伍建设作为做好政法工作的前提和根本，加大教育管理力度，改进工作作风，提升执法公信力。不断加强执法监督，支持派驻纪检组依法履职，有效开展对政法部门的全天候监督，深化“纠四风、治陋习”等专项整治，严肃查处违规违纪违法行为。2017年，全区政法各部门敢于担当、勇于争先，队伍建设和绩效考核在全市排名都有较大进步，没有发生重大违法违纪和司法腐败案（事）件，群众对政法队伍建设评价同比提高3.52分。区委政法委在全区党风廉政建设考核中获评第一名，区公安分局实现全市公安机关绩效评估“七连冠”。区人民法院秦林等6人被最高人民法院授予荣誉天平奖，区人民检察院颜韬等2人被最高人民检察院评为全国检察机关侦查能手。（赵　笑）

## 公　安

【概况】 石鼓公安分局内设警令办、政工室、纪委（监察室）3个综合部门，国保、刑侦、治安、禁毒、经侦、巡逻、法制、人境、网安9个大队；下设青山、人民、潇湘、五一、合江、黄沙湾、松木、角山、金源、来雁10个派出所。2017年，分局紧紧围绕省公安厅“两加强两提升”“五标准五工程”警务战略和市公安局“双十项”实事总体部署，深入践行石鼓公安“四个意识”，着力打造“主动警务”“网格警务”“智慧警务”“铁骑警务”，获评全省“扫黄打非”办案有功集体、全市公安机关绩效评估先进单位、市级园林式单位，以城区分局绩效考核第一的成绩实现了创先争优“七连胜”。在全区绩效考核中综合治理、安全生产、计划生育、党建工作、项目建设实现了全区唯一的“大满贯”先进单位。（杨德细）

【反恐维稳】 2017年，坚持“六个严防”，深化“四大举措”，连续打赢了国、省、市“两会”“一带一路”高峰论坛、香港回归20周年庆祝活动、建军90周年纪念活动、中共十九大特护期、“平安夜”安保等系列重大安保维稳硬仗。成功举行了危化品运输应急处置救援演练、全区高层建筑暨城市综合体消防应急救援演练，有力管控鸿豪城地下车库纠纷等负面舆情78次（起），及时将市电信公司合同尾款兑付纠纷等30余起重点矛盾纠纷化解在可控状态，妥善处置“旺角星辰”楼盘纠纷等群体性事件82起。策应推进了松梅村换届选举及“7·06”专案查办，终结了“平安夜”占道狂欢，反恐平台信息采集工作得到省公安厅通报表扬。

（杨德细）

【侦查破案】 2017年，开展“卫士之光”百日竞赛、“迎接十九大，忠诚保平安”百日攻坚、“禁毒风暴”“冬春攻势”等集中打击整治行动。破获案件450起，破案率32.97%，刑事拘留264人，逮捕135人，取保候审132人，监视居住57人，移送起诉314人。保持了全市打击毒品犯罪及破部督目标案件的领先态势，被市公安局评为“卫士之光”百日竞赛活动先进单位。

（杨德细）

【治安防控】 2017年，持续开展社会治安整治“平安3号”到“平安8号”行动，狠抓消防安全“电气火灾综合治理”、缉枪治爆、泄露公民个人信息问题专项治理，扎实开展电动车集中登记上牌、机动车修理业治安管理信息录入。完善街面动中备勤机制，全面推进派出所综合警务室建设，落实附一医院警务室建设和综合治理工作，新增社会治安视频监控点629个。全年查处行政案件799起，查处违法人员1108人，抓获吸毒人员568人，强制隔离戒毒230人。

（杨德细）

【改革创新】 2017年，在全市率先建立“一中心四功能区”改革样本，拓展升级合成作战中心、治安防控中心、情报研判中心、执法监管中心、便民服务中心、新闻舆情中心共“六大中心”建设，扎实推进“三维三实”、公共无线WIFI全省试点工作。分局改革工作接受了省委常委、政法委书记黄关春的视察督导，被确定为全省警务机制改革示范创建点。成功承办了全市公安机关警务机制改革现场会，副市长胡志文充分肯定和推介为“石鼓经验”。

（杨德细）

【大要案件】 2017年1月13日，治安大队依法查处一起拒不支付农民工工资案件，刑事拘留1人，涉及金额30万余元。1月16日，青山派出所破获一起假冒律师收取中间费用的诈骗案件，抓获犯罪嫌疑人陈某某。2月27日，潇湘派出所依法对辖区宾馆进行“实名制”检查，成功查处一起容留他人吸食毒品案，抓获吸毒人员6人，刑事拘留2人。3月1日，黄沙湾派出所快速破获一起以“试驾”名义窃取摩托赛车案件，抓获犯罪嫌疑人2人。3月6日，刑侦大队综合运用刑事技术、分析研判、布控蹲守等措施，成功破获一起重大入室盗窃案，抓获犯罪嫌疑人张某某，涉案价值3万余元。3月11日，青山派出所持续蹲点守控，抓获现行徒步抢夺嫌疑人刘某，破获系列抢夺案件4起。3月22日，刑侦大队破获一起借用他人小车抢劫女性随身贵重财物案件，抓获犯罪嫌疑人周某、陈某。4月19日，石鼓分局持续侦查，成功将涉嫌盗窃小车车牌的郑某抓获归案，破获系列案件23起。5月15日，石鼓公安分局成功实施了“2017-406”省督目标贩毒案件的集中抓捕行动，抓获主要涉案人员5人，缴获毒品麻古42包，重25千克，毒品交易货值达200多万元，同时缴获毒资6万余元，作案小车2台。7月4日，禁毒大队成功将两年前一个重大贩毒团伙的漏网嫌疑人收入法网，带破贩毒案件1起，抓获吸毒人员4人，缴获毒品冰毒、麻古60余克。8月14日凌晨，石鼓分局五一派出所在夜间巡逻中查获一起非法持有枪支案件，抓获犯罪嫌疑人邓某，缴获手枪3支、子弹43发。经进一步侦查，该局专案组在“平安夜”前夕缴获仿制枪支12把，改制军用子弹20发，毒品20余克。该案层报为部督“2017·12·22”网络贩枪、贩毒、容留他人吸毒案。9月8日，刑侦大队通过缜密侦查取证，成功破获一起涉及未成年人的强奸、介绍卖淫案，抓获犯罪嫌疑人3人。10月19日，金源派出所成功破获一起监守自盗案件，结伙作案的4名作案嫌疑人被一举抓获。11月8日，石鼓分局成功破获一起重大高危人员贩毒案件，抓获犯罪嫌疑人蒋某、彭某，缴获毒品海洛因406克。11月14日，刑侦大队破获一起寻衅滋事案件，抓获犯罪嫌疑人杨某、王某、谢某、阳某。12月7日，青山派出所捣毁一个重大电游赌博窝点，抓获涉赌人员18人，依法刑事拘留1人、行政拘留13人、批评教育4人。

（杨德细）

## 检　察

【**概况**】　2017年，石鼓区人民检察院有政法专项编制57人，在职干警51人。内设反贪局、反渎局、侦监科、公诉科、控申科、民行科、预防科、监所科、法警大队、案件管理科、检务督察科、纪检组、监察室、政工科、办公室15个内设机构。有院领导班子成员7名、专职检委会委员1人。员额制检察官19人，检察官助理13人，司法警察7人，书记员4人，司法行政人员8人。石鼓区人民检察院强化法律监督、服务保障民生，维护社会和谐、促进公平正义，坚持争先创优、强化队伍建设，各项检察工作取得显著成效。

（郭　佳）

【**发挥检察职能，服务发展大局**】　2017年，坚持把检察工作放在全区工作大局中来谋划、推进。按照高检院《关于充分发挥检察职能依法惩治“村霸”和宗族恶势力犯罪积极维护农村和谐稳定的意见》，大力惩治乡村恶势力犯罪，服务和保障村（社区）“两委”换届选举工作。服务和保障重点项目建设，为工程招投标提供查询服务564次，依法惩处工程建设中聚众斗殴、寻衅滋事、强迫交易等涉嫌犯罪15人。深入开展查办发生在群众身边、损害群众切身利益的职务犯罪专项行动，共立案查处民生领域职务犯罪3件、3人。部署开展优化经济发展环境专项侦查监督活动，大力整治环境污染和破坏生态环境行为。7月，首家驻非公有制企业检察联络室在湖南奔立尔工贸实业有限公司挂牌，检察联络室促进企业依法管理、依法经营、依法维权，打通了检察机关联系非公企业的最后一公里。10月，挂牌成立石鼓区人民检察院驻石鼓区环境保护分局监察室。

（郭　佳）

【**惩治刑事犯罪**】　2017年，共批准逮捕各类刑事犯罪案件106件、136人，提起公诉186件、254人。突出打击黑恶势力、“两抢一盗”、涉枪涉爆等严重影响人民群众安全感的犯罪，共批准逮捕故意伤害、抢劫、抢夺、盗窃、毒品犯罪等犯罪嫌疑人88人，起诉134人。依法追诉重大网络贩枪系列案的犯罪嫌疑人王某某、刘某某、何某某，均被判处十年以上有期徒刑。配合开展“禁毒风暴”“扫黄打非”等专项工作，提前介入由公安部、省公安厅督办的何某某和邹某某2起重特大毒品案件，共批捕起诉8人、缴获毒品约35千克。办理的衡阳“8·02”网络传播淫秽色情信息牟利案，系全国“扫黄打非”十大案件之一。

（郭　佳）

【**尊重和保障人权**】　2017年，严把案件审查逮捕、审查起诉关，对不构成犯罪的依法不捕8人，不起诉7人；对证据不足的，依法不捕22人，不起诉17人。认真落实宽严相济的刑事政策，努力化解社会矛盾，对双方达成刑事和解的轻微刑事案件，依法不捕6人，不起诉12人。切实维护涉罪未成年人合法权益，帮助失足未成年人回归社会，依法不捕2人，附条件不起诉2人。全年没有出现错案和无罪案件，案件质量、执法状况考评在全市名列前茅。

（郭　佳）

【**参与综合治理工作**】　2017年，完善信访案件化解工作，探索建立律师参与化解信访矛盾、代理申诉案件机制，共受理各类控告、举报、申诉信访案件22件。积极开展带案下访、巡访、联合接访和检察长接访等活动，在重大节日和敏感时期，尤其中共十九大期间，制定详细的应急处置预案，排查涉法涉诉信访隐患，确保了全年无涉检赴省进京上访，无安全责任事故。积极开展检校共建机制，举办以“防治校园欺凌、预防未成年人犯罪”为主旨的法治进校园巡讲活动2次，在田家炳中学、星元小学成立了法治教育基地，并派驻了2名法治副校长。（郭　佳）

【刑事诉讼监督】　2017年，加强刑事侦查活动监督，对应当立案而不立案的，监督侦查机关立案7件11人，对不应当立案而立案的，监督侦查机关撤案11件15人；纠正漏捕12人，纠正漏诉11人，纠正漏罪5人，监督纠正侦查活动违法情形41件。加强对刑事审判活动的监督，注重对庭审、裁判结果的监督，监督纠正审判活动违法情形2件，提起抗诉1件。（郭　佳）

【民事行政检察监督】　2017年，加强对民事行政诉讼活动的监督，办理生效裁判监督案件1件、审判监督案件4件、执行监督案件4件。加强对行政执法机关监督，办理督促行政机关履职案件13件，对具有行政过错的相关责任人员，建议处分2人，已处分2人。按照习近平总书记“检察官是公共利益的代表”的指示，全面开展检察机关提起公益诉讼活动，共立案2件。对衡阳市人防办不依法履行职责致使国家利益受到重大损失事件，正式立案查处，这是石鼓区办理的首起公益诉讼案件。（郭　佳）

【刑罚执行检察监督】　2017年，完善在押人员权利告知制度，强化对牢头狱霸、刑讯逼供、虐待在押人员的监督，共纠正执行违法2件，提出检察建议43件。积极开展羁押必要性审查工作，对不宜继续羁押的11人，建议变更强制措施，被采纳变更9人。办理的董超、罗斌信案被评为全国羁押必要性审查精品案件。加强对社区矫正监督，部署开展判处实刑罪犯未执行刑罚专项监督活动，监督纠正社区矫正不规范情形23件。联合区人民法院、公安、司法等部门，开展“收押难”“送监难”问题专项调研，并向相关部门提出检察建议，促使该问题得到有效解决。（郭　佳）

【查办和预防职务犯罪】　2017年，在监察体制改革情况下，坚持做到思想不乱、力度不减，全年立案侦查职务犯罪案件16件17人，同比上升325%，提起公诉13人，其中，处级干部2人，科级干部5人。查办贪污贿赂、侵权渎职案件工作居全市前茅，被省人民检察院简报推介了工作经验。立案查处了衡南县原县委常委、常务副县长王某某滥用职权、受贿系列案；衡阳市国资委弘湘国有资产管理集团有限公司原副总经理唐某受贿、贪污系列案；区农林局原局长曾某某受贿、挪用公款、滥用职权案等大要案件。加强职务犯罪源头治理，坚持“惩防一体”方针，开展预防调查、犯罪分析、预防警示教育。职务犯罪预防工作连续7年进入全市先进行列。（郭　佳）

【拥护监察体制改革试点】　2017年，多次召开党组会、院务会、全体干警大会，学习党中央关于监察体制改革试点的决定，与干警进行“面对面”谈心活动，加强政治教育和思想引导，要求全体干警必须以最坚定的政治立场、高度统一的思想认识投身监察体制改革。全院干警思想稳定，工作安心，没有人闹思想情绪，没有影响办案工作，部分转隶干警直到转隶前夕仍在办案一线。严格按照监察体制改革试点工作总体要求、时间节点和关键环节抓好工作落实。认真做好未办结案件的办理工作，对全年立案的职务犯罪案件力争全部侦查终结；对全部案件线索进行登记清理依法移送。12月，反贪污贿赂局、反渎职侵权局、预防职务犯罪科三部门整体转隶14人到区监察委员会。人员、编制、装备的划转、移送顺利完成。（郭　佳）

【司法责任制落实】　2017年，司法体制改革情况下，全面落实司法责任制，按照“谁办案谁负责、谁决定谁负责”，建立以员额检察官为中心的办案组织，减少办案审批层级，落实办案终身负责制。完成员额检察官、司法辅助人员、司法行政人员3类人员的分类定岗，检察人员职业保障加快落实。全年全院产生员额制检察官19人，助理检察官13人，司法行政人员8人，司法警察7人，其他4人。（郭　佳）

【主要荣誉】　2017年，刘奇平、颜韬被评为全国检察机关侦查能手。区人民检察院继续获评湖南省文明单位称号、并被评为湖南省检察文化活动先进单位，拍摄的微电影《最后一公里》在湖南省法治微电影有奖征集展播活动中被评为二等奖。被衡阳市人民政府评为‘园林式单位”，获全市检察机关执法状况考评第一名，全市检察机关年度工作考核先进集体。宋顺武、李灿共20人获省级表彰。（郭　佳）

## 法　院

【概况】　2017年，石鼓区人民法院内设13个部门，有中央政法专项编制63名，在职干警61人，聘用人员27人，其中员额法官23人，司法辅助人员25人，司法行政人员7人，司法警察6人。石鼓区人民法院围绕“为大局服务、为人民司法”的工作主题，忠实履行审判职责，扎实推进司法改革，狠抓队伍建设，为打造“湘南地区最具活力的商贸文化中心”提供强有力的司法保障。全年新收各类案件2229件，结案1872件。（王若愚　贺水郴）

【刑事审判】　2017年，全年受理刑事案件174件，审结256件。从严惩处抢劫、抢夺、买卖枪支、故意伤害、盗窃等犯罪案件102件，判处罪犯108人。依法打击毒品犯罪，审结涉毒案件28件，判处罪犯32人。加大涉众型经济犯罪审判力度，审结集资诈骗、非法吸收公众存款、组织领导传销等犯罪案件12件，判处罪犯36人。净化网络文化环境，审结公安部督办的“8·02”网络传播淫秽色情信息牟利案。高举反腐利剑，审结湖南省发展和改革委员会原副处长程某受贿等职务犯罪案件3件。

（王若愚　贺水郴）

【民商审判】　2017年，受理民商事案件1069件，审结1057件（含旧存269件），结案标的额3.6亿元。服务供给侧结构性改革，化解供给过剩，审结中小企业融资纠纷、商品房预售纠纷、房地产开发等案件59件。审结租赁、承揽、买卖合同纠纷等案件365件。落实“人身安全保护令”制度，发布人身保护令5份，保障家庭暴力受害人的人身安全。依法维护人民群众人身权，审结人身损害、交通事故、工伤事故等案件32件。积极搭建沟通平台，组织医患双方协商，缓解医患矛盾，调解医患纠纷27件。

（王若愚　贺水郴）

【行政审判】　2017年，受理行政诉讼案件11件，审结11件；助力全区在重大行政执法审核、城市管理执法体制等方面的改革试点。加大计生非诉行政案件审查与执行，助阵石鼓区计划生育工作争先创优。落实行政首长出庭应诉制度，行政机关负责人出庭应诉人次和增幅均位全市前列。

（王若愚　贺水郴）

【执行工作】　2017年，区人民法院受理各类执行案件614件，执结标的额2.41亿元。扩大司法拍卖渠道，入驻阿里巴巴拍卖平台，先行先试网络司法拍卖。全年累计网拍48次，成交额2007.22万元，节省当事人佣金69.52万元，成交率、溢价率远超于传统拍卖。推出假日追踪、夜间蹲守等举措，让失信被执行人无处躲藏。实施司法拘留4人、罚款14人、搜查42次，将480名被执行人列入失信人员名单库。建成上下级法院并网运行的执行指挥中心，实现远程指挥实时化、执行全程可视化。深入推进信息共享共用，与公安、银行、工商、国土等部门联动查控，全年查控各类财产信息6361条，查封房屋83套，冻结存款1.44亿元，实现查询财产快捷化，防止转移财产有效化，惩处逃避执行精准化。

（王若愚　贺水郴）

【司法为民】　2017年，主动融入信息化时代，开通数字化便民服务终端，新增网上查询、网上立案、电子签章、电子档案、微信送达等功能，形成“互联网+诉讼服务”的便民体系。答疑解惑，回应群众关切，接待群众来信469件，来访986人次。推进纠纷多元化解，建立律师参与化解涉法涉诉信访案件机制，圆满完成中共十九大、“一带一路”高峰论坛等特别防护期安保维稳工作，多名干警在维稳工作中表现突出，受到区委表彰。保护港澳台同胞和归侨侨眷合法权益，办理涉港澳台文书送达169次，调查取证168人次。开展巡回办案，以案说法，在案件地审结案件25件，就地化解纠纷12起，方便群众诉讼，增强群众法律意识。加大司法救助，依法缓、减、免诉讼费87万元，司法救助12人次，救助金额达18万元，有力地维护弱势群体合法权益。

（王若愚　贺水郴）

**【司法改革】**　2017年，区人民法院完成法官、司法辅助人员、司法行政人员序列管理，院（庭）长引领示范，带头办案370余件。积极配合上级机关人财物统一管理改革，为省级法院统筹法官员额、调配司法资源创造有利条件。全面运行数字法院管理系统，实行审判流程管理。民商事审判庭法官人均结案80件，民商事案件平均结案周期同比缩短10天。出台《关于落实司法责任制的相关规定》《调整民商案件审批权限和程序的规定》等配套文件，将审判权下放到合议庭和员额法官，实现“让审理者裁判，由裁判者负责”。开展入额法官遴选工作，严格选任标准和程序，完成首批23名员额法官入额遴选工作，让优秀法官回归办案本位，充实一线审判力量。制定权力清单，明确审判权、审判管理权、审判监督权的范围，规范院（庭）长与主审法官的案件审批权限。6月，省委常委、政法委书记黄关春到区人民法院进行调研，对区人民法院司法改革所做的工作给予了充分肯定。

（王若愚　贺水郴）

**【廉政建设】**　2017年，制定《党风廉政建设责任分解表》，签订责任状。开展形式多样的廉政教育，组织干警学习新的党规、典型案例，班子成员带头讲廉政党课，不定期召开部门会议，监督党风廉政建设工作进展情况。主动适应纪检体制改革，自觉接受纪检派驻监督，强化执纪问责，做到监督全覆盖、无死角。开展谈心谈话和家访活动，了解干警的思想动态，加大人文关怀，密切干群关系，加强干警家教家风建设。区人民法院干警周建国的配偶被区委评为“廉内助”，区人民法院未发生干警违法违纪情况。

（王若愚　贺水郴）

**【队伍建设】**　2017年，区人民法院深入推进“两学一做”学习教育制度化常态化，学习贯彻中共十九大精神，把全院干警的思想统一到维护习近平总书记为核心的党中央权威和集中统一领导上来。坚持重大事项向党委报告制度，服务区委中心工作，积极参加松梅村专项整治，深入联点社区结对帮扶，参加文明城市创建和志愿者服务活动。开展“三会一课”，重温入党誓词，牢记共产党人的初心。突出业务能力，注重岗位培训，举办法官讲坛，组织业务竞赛，邀请教授授课，定期开展经验交流、庭审观摩、理论研讨等活动，评选优秀办案部门和办案能手，组织干警参加各类培训106人次，形成了学理论、钻业务、练技能、强素质的浓厚学习氛围。争取党委政府支持，公开招录干警2名，招聘司法辅助人员11名，缓解法院办案人员的不足。加强宣传调研，全年在国家级省级媒体刊物发表文章40余篇，干警何小彦撰写的《子女强制认领的制度反思与理论重构》论文，获得全国第四届少年审判论坛一等奖；干警蒋志成被评为全省法院先进个人。

（王若愚　贺水郴）

**【接受监督】**　2017年，自觉接受人大监督，主动向区人大常委会报告重点工作和重大部署，诚恳接受人大委派执法监督员，为执法监督员开展监督工作提供便利。落实区人大常委会《关于“两院”司法工作人员执法信息管理暂行办法》的决议，建立办案人员执法档案，做到一人一档。全面加强与代表的沟通联系，邀请人大代表庭审观摩、见证执行等司法活动。积极配合市人大组织的国、省、市、区、乡五级代表对区人民法院的视察、调研工作，并虚心听取意见建议。认真办理代表建议3件，回复率、沟通率、满意率均实现100%，被区人大常委会评为“代表建议承办先进单位”。诚恳接受区政协、区委统战部民主监督员的派驻，积极配合民主监督组开展工作。邀请政协委员参加法院活动，通报工作及队伍建设情况，通过走访、座谈等方式听取意见和建议。积极办理政协委员提案1件，办理结果得到委员十分满意评价。依法接受检察机关法律监督，认真办理检察建议，并及时予以回复，共同维护司法公正。拓宽群众监督渠道，利用院长接访日、举报信箱、网络信息平台等形式听民声、察民意。高度重视公共媒介、社会舆论监督，及时回应社会关切。强化司法民主，规范人民陪审员工作。全年区人民法院审理的案件中，人民陪审员参审率达99%。（王若愚　贺水郴）

## 司　法

**【概况】**　石鼓区司法局为区人民政府工作部门。内设办公室、政工室、政策法规股、基层司法工作办公室、律师管理股，下属社区矫正中心、法律援助中心和7个乡、街道司法所，辖2个律师事务所（莫彬彬律师事务所、楚章律师事务所）、3个基层法律服务所。全局有政法专项编制20名（含司法所），2017年，在编在岗18人（含事业编制1人）；二级机构社区矫正中心共有事业编制2名，在编在岗2人；区法律援助中心共有事业编制7名，在编在岗2人。石鼓区司法局始终坚持围绕中心、服务大局，全力做好维护社会大局稳定、服务经济社会发展、推进法治石鼓建设工作，圆满完成了各项工作任务，司法行政工作取得较好成效。全区普法工作和全市司法行政系统技能比武竞赛分别被评为全市先进单位。李权在全省“三调联动解纠纷，防控风险促发展”专项调解活动中被评为先进个人，李权、倪向阳被评为衡阳市“六五”普法依法治理先进工作者，刘智玲被市司法局评为2017年度创先争优先进个人，蒋艳被市司法局评为2017年度业务大比武先进个人。

（李而为）

**【普法宣传教育】**　2017年，推动“谁执法谁普法”责任制落实。9月份，区司法局联合区委督查室成立督察组对全区“谁执法谁普法”责任单位开展工作督查考评。组织开展国家工作人员学法考法。全区2017年度国家工作人员学法考法于7月下旬正式启动，8月中旬，各单位陆续开展网上学法积分，参学率100%。全区应考2677人，通过2662人，考试合格率达99.44%。开展多层次、多形式的法治宣传活动。在“12·4”国家宪法日、“3·15”消费者权益日、“4·15”国家安全日、“6·26”禁毒日等各类法治主题宣传日，区司法局开展了各类宣传活动共20余场，采用送法下乡、上户宣传、广场宣传、宣讲课堂、法治电影进校园等多种形式，深入机关、企事业单位、学校、社区、乡村，面向不同对象有针对性地进行法律知识宣传，内容涵盖宪法、禁毒法、反家暴法、公证法、消费者权益保护法、民间借贷、法律援助条例等实用性较强的法律法规，覆盖面广，并结合全区村（社区）换届选举工作，深入推进农村“法律明白人”培养工程。累积赠送法律书籍1000余册，印发普法资料10万余份，悬挂横幅30余条，使用电子显示屏约300块，上门走访6000余户，接受群众咨询近2万余人次。角山乡角山村获评第三批全市民主法治示范村，已建成具有一定规模、法治元素丰富的朝阳法治文化广场、角山法治文化长廊和潇湘街道桑园社区法治文化长廊。建立和落实媒体公益普法制度，切实履行媒体公益普法责任，在石鼓区党政门户网上开设了公益普法专栏。

（李而为）

**【法律服务】**　2017年，深化法律援助便民服务，大力推进公共法律服务工作站、点建设。自区公共法律服务中心建成运行以来，区法律援助案件大幅攀升，全年全区共办理法律援助案件168起。其中，刑事案件32起，为受援群众挽回经济损失共计500万余元。全区所有乡（街道）公共法律服务站、村（社区）公共法律服务工作点全部建成，通过“扶贫攻坚”“农村法治宣传月”等活动，加强对法律援助的宣传力度，提高法援工作在老百姓中的知晓率，让法律援助真正成为便民惠民的“民生工程”，最大限度满足普通群众特别是困难群众对法律援助的需求，更好的维护人民群众的合法权益。加强律师队伍建设。上半年，完成了2016年度律师事务所年度检查考核和律师事务所负责人考核工作；8月底，开展了全区律师工作专项检查，切实加强律师工作管理，促进律师队伍诚信建设。运用“如法网”律师管理平台实现信息化管理，督促指导律师事务所做好信息完善工作。扎实推进“万名律师乡村（社区）行”“一带一路”战略法律服务专项活动、“万家中小微企业免费法律体检”活动，严格按照省厅、市局的安排部署，组织全区律师深入全区每个村（社区），建立工作联系点，担任法律顾问，开展基层律师法律服务工作，使群众的法律问题及时得到解决，疑难困惑不出村（社区）。提升基层法律服务水平。加强法律服务行业作风建设，适时开展集中教育整顿活动，加强诚信教育，肃清行业作风，讲究职业道德，严守执业纪律，使基层法律服务所的管理更加规范。继续推行法律服务所人员联系乡、街道试点工作，法律服务人员深入乡、街道协同司法所开展纠纷调解、法治宣传、法律援助工作，担任乡、街道法律顾问，不断推进全区法治建设进程。（李而为）

**【人民调解】** 2017年，全区累计化解各类矛盾纠纷510件。根据石鼓区医疗机构多的特点，司法局不断完善巩固医患纠纷调解委员会工作机制，加强对其业务指导，全年牵头调处医患纠纷117起。另外积极探索推进征地拆迁、婚姻家庭、物业管理等新领域人民调解组织建设，实现有调解员、有牌子、有印章、有标识、有调解场所、有经费保障、有基本办公设备、有咨询专家库、有制度流程“九有”目标。推动人民调解员队伍职业化、规范化建设。联合区财政局制定《石鼓区人民调解“以奖代补”实施办法》，明确奖励标准，将奖励经费纳入区财政预算，并建立与经济社会发展相适应的动态增长机制。重点落实好人民调解案件“以奖代补”制度，年初发放2016年度“以奖代补”奖励经费8.3万元。

（李而为）

**【社区矫正】** 2017年，推进社区矫正改革，确保经费和人员保障。落实了社区矫正和刑满释放人员衔接经费；政府购买社区矫正服务着力推进，与甘霖社会服务中心签订了购买服务合同。采取公益劳动和集中学习相结合、人防和技防（全区所有社区服刑人员均纳入手机定位监管）双管控的方式，确保社区服刑人员严管理。严格落实在矫人员报告、外出请销假等制度，组织社矫对象开展行为规范训练，督促社区服刑人员遵规守矩；坚持每2个月召开1次社区矫正安全监管分析会，听取司法所工作汇报，掌握动态，发现问题，消除隐患。开展“防脱管”“五个一”安帮及“情暖高墙·关爱孩子”联合帮扶等专项活动。规范执法行为，走访重点帮教对象，防止脱管漏管和重新违法犯罪。截至年底，全区累计接收社区矫正人员289人，解除矫正216人，在册73人，服刑人员基本信息核实率达到100%，无脱管漏管、重新犯罪现象。推进安置帮教工作，预防重新违法犯罪。通过刑释解教人员安置帮教工作信息管理系统，及时做好对服刑在矫人员基本信息的录入、核实、反馈，以及刑释解教的衔接工作，建立健全了辖区刑释解教人员的信息库。区社区矫正中心在敏感时段和重大节假日对在册的刑释解教人员进行了全面排查，重点查清“三假”（假姓名、假住址、假身份）“三无”（无亲可投、无家可归、无业可就）和人户分离的刑释解教人员，彻底查清底数，掌握去向，采取措施，杜绝重新违法犯罪。

（李而为）

# 军　　事

## 人民武装

【概况】　2017年，石鼓区人武部围绕政治建军、改革强军、依法治军的目标要求，牢牢把握“5+1”职能定位，按照“强化首位、推进中心、深度融合、保持稳定、谋求创新”的工作思路，凝神聚气，狠抓落实，圆满完成各项阶段性任务，实现了全面建设平稳发展。被衡阳市警备区评为安全工作先进单位。（赵　刚）

【思想政治建设】　思想政治扎实有效。2017年，石鼓区人武部紧密结合改革强军任务和干部职工及民兵预备役人员思想实际，着眼固牢根本、凝神聚气，有针对性开展思想教育工作，为圆满完成各项任务提供强有力的思想保证。严格落实党委中心组理论学习制度，通过集中辅导、个人自学、交流讨论、撰写心得体会等形式，深入学习习主席十九大报告、重要讲话、党章党规及上级精神，提升了“一班人”的理论素养、思维层次和决策能力。扎实推进“两学一做”学习教育常态化制度化，以“三会一课”为抓手，严格落实党组织各项生活制度，强化了党员干部“党”的意识和纪律意识。深入肃清郭徐流毒影响，扎实开展“三对照三查纠”活动，严格落实党风廉政建设各项规定，深入纠正身边“微腐败”问题，确保了党员干部清清白白为官、干干净净做事。认真开展“维护核心，听党指挥”主题教育和现役干部转改文职人员教育，广泛开展谈心交心活动，强化大局意识和政治意识，圆满完成2名干部转业任务。

（赵　刚）

【党建工作】　党委坚强有力。2017年，石鼓区人武部通过党委专题民主生活会，认真查找剖析党委班子和干部队伍建设存在薄弱环节，针对存在的问题，我们认真学习领会习主席重要讲话和上级指示精神，按照“五部”职能、“四铁”机关的要求，不断加强思想、政治、组织和作风建设。认真组织学习了《中国共产党章程》《中国共产党纪律处分条例》《中国共产党廉洁自律准则》等党规党纪，从严肃党内生活制度入手，使党员干部始终处于组织监督管理之中，时时处处纠治作风建设方面存在的问题，确保党要管党、党管干部工作的有效落实。始终认清新规、新政、新常态发展要求，组织党员干部认真学习党纪法规和上级的指示精神，不断更新一班人的思想观念，摒弃旧俗陋习，强化依法履职、廉洁办事意识。开展执纪情况监督检查，着力抓住重要领域、重要环节、重要时段的党风廉政工作，建立完善党委集体理财、物资采购、公务用车、对外接待等规定措施，坚决执行上级指示要求，不乱发福利、不私用公车、不超标准接待、不接受地方请吃、不收受新兵家长财物、不违规报销钱款，真正做到堂堂正正做人，清清白白为官。（赵　刚）

【战备训练】　战备工作质量不断提升。2017年，石鼓区人武部始终坚持聚焦强军目标和有效履行使命任务，强力推进以应急备战为核心的战备训练落实。认真修订完善战备方案计划，结合元旦、春节、“两会”、国庆等重大节日和重要敏感期，有针对性组织战备演练，提升战备工作质量水平。以提升能力为核心，大力开展辖区军事、社会要素和作战问题研究和“考比拉”活动。7月初，两名部领导参加警备区整组备案研究作业考核取得优秀好成绩，受到衡阳市警备区首长高度评价。坚持落实“三个一小时”训练，即每周一、三、五一小时早操队列训练，每天一小时业务训练，每天下午最后一小时体能训练，打牢干部军事素质基础，半年和年终参加衡阳市警备区组织的军事训练考核干部成绩均为优良。结合民兵整组备案、民兵训练和征兵工作等时机对辖区25名专武干部及时进行业务培训，大力提升专武干部的军事素养和指挥能力。按照年度民兵训练计划，分3期组织以防恐防暴、基础素质、维稳处突、机械车辆抢修与维护、森林防火、支援保障等科目训练，通过严密组织、科学施训，提高全区民兵应急作战和应对突发事件的能力。（赵 刚）

**【安全管理】** 保持全面安全稳定。2017年，石鼓区人武部始终围绕守底线、保稳定的思路，坚持依法从严治军。结合“百日安全”活动，牢固树立底线思维，把安全稳定工作作为重中之重抓紧抓实。组织大家学习安全事故通报和上级指示要求及各项管理规定，不断强化所属人员纪律意识和安全意识，始终绷紧安全工作这根弦。严格落实每月一次安全教育和安全检查，每季度一次安全形势分析和重大活动安全评估等制度，牢牢把握了安全工作主动权；以“人车枪弹密，水火电钱网，酒油黄赌毒，涉外涉地方”等17个要素重点，持续开展隐患排查整治，确保了部队安全稳定无事故。同时，认真落实了涉军维稳工作“零报告”制度，建立了涉军信访人员台账，对辖区涉军上访的重点人员落实了“三包一”制度。（赵 刚）

**【国防教育】** 2017年，石鼓区人武部坚持主动作为，全力推动国防教育进机关、进党校、进企业、进乡街、进院校、进社区“六进”活动。5月，召开全区全民国防教育会，表彰一批国防教育先进单位和个人。征兵期间，人武部领导带机关干部深入街道、院校、企业一线，利用宣传展板向基层领导、干部、群众、学生进行国防知识宣讲；9月，利用学生军训时机，部领导亲自到院校进行国防教育授课；第17个全民国防教育日在2所院校和乡街利用国防宣传挂图给学生和群众进行国防知识宣讲；利用“石鼓国防教育”公众微信号，让全区广大人民群众互动参与国防和后备力量建设论坛，倾听人民群众心声，加强正面舆论引导；积极开展国防宣传报道，全年省级以上媒体上稿30余篇。通过积极主动抓全民国防教育，强化了全区“大安全”“大国防”和“一盘棋”等国防观念。（赵 刚）

**【兵役工作】** 2017年，石鼓区人武部围绕军委国防动员部提出的征兵报名率、上站率、合格率、择优率、退兵率等“五率”要求，扎实搞好兵役工作。扎实开展兵役登记。从1月开始，充分利用春节期间在外务工青年和学生放假回家高峰期，与公安、计生及乡（街道）等部门，成立联合工作组，走村入户进行调查摸底和思想发动，对18至35周岁的青年进行兵役登记。突出宣传重点。6月上旬，利用6天时间，安排军地领导和院校老师分头在2所高校和2所高中应征咨询点，现场解答征兵政策，帮助大学生算好政治账、经济账、前途账；制作国防知识宣传展板，悬挂宣传横幅，将征兵宣传资料发送到每一个寝室每一个班级；在大学生中组织开展以“当兵为什么、当兵干什么、当兵有什么”为主题班务会，有效调动大学生参军入伍的积极性。严格征兵程序。坚持一把尺子量到底，先后2次专门为2所大学学生，进行预征体检和政治考核，畅通从“校门”到“营门”高速直通车；严把兵员质量，采取政府主导、职能部门负责，坚持集体定兵，圆满完成了年度征兵工作。（赵 刚）

**【党管武装】** 党管武装氛围浓厚。2017年，石鼓区人武部按照“思想上合心、抓建上合力、力量上合用、履职上合法”的指导思想，坚持党管武装根本制度，发扬党管武装工作优良传统，通过经常走访、定期汇报和参建参治等形式，积极融入地方经济和社会建设，努力实现武装工作和促进地方社会经济建设“双赢”目标。全年武装工作预算经费从2016年201.6万元增加到280万元。12月，召开区委议军会暨乡街党（工）委书记党管武装述职大会，各乡（街道）党（工）委书记进行述职，重点研究解决4个具体问题。广泛开展“双带双促”活动，树立了3名衡阳市退役军人先进典型，表彰了10名先进个人。开展“一进二访”工作，主动与联点单位、基层社区、企业和包“积案”对象对接，深入一线扶贫帮困、安全督查、掌握实情。人武部多次召开专题党委会，认真学习各级精准扶贫的指示要求，研究制定结对帮扶具体措施计划，定期到帮扶对象家中走访慰问，掌握贫困户家庭实际情况，针对每户不同情况开展“一户一策”帮扶活动。为确保扶贫工作更有成效，5月底，人武部召开民兵骨干结对帮扶困难群众专题动员部署会，发动全区1000余名民兵参与脱贫攻坚，采取“一对一”“一帮一”形式，开展“雷锋式”扶贫帮困活动，为每名民兵骨干发放《民兵骨干参与脱贫攻坚结对帮扶日志》。协调配合区政府办和区城建投，投资近1000万元，完成民兵射击训练场和民兵训练用房2个项目建设。

（赵　刚）

## 人民防空

**【概况】** 区人民防空办公室（以下简称区人防办）内设“一室三股”，即办公室、法制工程股、指通股、财务股，下设1个二级机构，即人防管理站。有干部职工8人，其中党员7人。2017年，按照“战时应战、平时服务、应急支援”的职能要求，强化目标管理，扎实开展工作，取得了良好成绩，全面完成了各项目标任务，被评为衡阳市人防先进单位。（蒋　华　钱甜甜）

**【工程建设】** 2017年，区人防办加强工程维护管理，建立健全人防工程维护管理制度。年初，与城区各街道办事处和各人防工事单位层层签订人防工程维护管理责任书，并对辖区人防工事进行跟踪管理，定期不定期进行走访巡查。4至5月，开展人防工程夏季消防及汛期安全大检查，以人防平战结合工程为重点，强化安全措施。8月，联合区消防大队对全区各单位早期人防工程、结建式人防工程进行拉网式检查，及时发现问题，消除安全隐患，确保人防工程的战时防护功能和平时的使用安全。10月，组织力量重点对早期人防工程进行全方位的普查、建档和检测工作，规范工程管理，确保人防工程的战备效益和经济效益。制定人防安全生产监管方案，建立健全各项安全生产规章制度。

（蒋　华　钱甜甜）

**【指挥通信】** 2017年6月，结合《人民防空训练规定》《人民防空训练与考核大纲》要求，组织区人防办机关干部和人防应急队伍开展夏季野外军事拉练活动。9月，配合市人防指挥信息保障中心在松木经济开发区完成了2017年警报器的新装任务，并率先在全市完成人防警报器升级改造。将全区17台警报器设施控制终端更新、更换，遥控终端改频，实现人防专用频道。全区17台警报设施始终保持在良好使用状态，在省“11·1”防空警报试鸣日活动中，全区警报鸣响率和覆盖率达100%。组织指通股全体人员参加省人防办“指挥通信大讲堂”共10次的集中辅导授课，进一步提升指挥通信保障能力。12月中旬，区人防办参加全市赴县机动指挥通信系统对接训练，达到以训促练的目的。

（蒋　华　钱甜甜）

**【宣传教育】** 2017年，区人防办开展人防宣传教育“进机关、进学校、进企业、进社区、进媒体”活动。年初，按照人防宣传“五进”要求，在市人防办的指导帮助下，率先在演武坪小学建设人防知识教育墙，开衡阳市之先河。5月，创新人防宣传形式，编印区人民防空宣传教育基地画册，充分展示区人防教育基地的丰硕成果。6月13日，市人防办党组书记、主任刘检元带领市人防办调研组到石鼓区调研人防宣传教育工作和人防宣传基地建设。区领导刘浪、聂文化陪同调研。调研组先后深入区演武坪小学、区人防宣传基地、角山乡香樟苑等地，实地察看区人防规划及建设情况，全面了解区人防宣传发展情况。6月30日，联合潇湘街道桑园社区在石鼓广场以庆祝“香港回归20周年”文艺演出为契机，举行人防专题宣传活动，发放人防宣传手册500余册。11月，利用大型电子显示屏全天滚动播放中共十九大宣传图片，营造学习十九大精神的浓厚氛围。12月15日，和区教文体局按照湖南省人民防空办公室、湖南省教育厅《关于做好〈现代防空防灾〉配发工作的通知》精神，向城区各中学全体学生无偿配发人防知识读本《现代防空防灾》4060本，确保全区中学生国防知识教育课程正常开展。全年在红网、华声在线、掌上衡阳、湖南人防、湖南国防教育网等媒体上发表稿件82篇，收到良好的宣传效果，得到市人防办和区委宣传部的好评。结合“5·12”“11·1”应急宣传活动，在人民路小学、合江中学开展了应急疏散宣传和疏散演练活动，衡阳电视台、掌上衡阳等媒体进行了相关报道。

（蒋　华　钱甜甜）

**【依法行政】**　2017年，区人防办坚持以《中华人民共和国人民防空法》、省政府第270号令和湘价费〔2014〕60号文件等为依据，大力推进行政执法工作，规范行政行为。配合市人防办参与行政执法工作，先后对市化工溶机厂、市电厂和市化工厂等早期人防工事破坏损毁案进行调查取证工作，依法对破坏人防工事损毁案件进行处理。

（蒋　华　钱甜甜）

## 公安消防

**【消防责任落实】**　2017年，区消防大队配合区政府完成2016年政府消防工作考核；实体化运转消安委制度，定期召开消安委联席会议，将消防工作纳入全区综合目标管理绩效考评和综治考评；宣传贯彻国务院《消防安全责任制实施办法》，推动消防安全责任落实。区委书记唐浩然、区长刘浪、副区长朱建社等领导带队开展消防安全检查，联合安监、工商、民政、住建、城管等职能部门进行综合执法，全面净化消防安全环境。（柳　健）

**【综合应急救援】**　2017年，区消防大队全年接警出动244次，出动车辆405辆，出动警力2348人，抢救被困人员19人，疏散被困人员392人，抢救财产价值37.1万元。成功处置了“6·3力泓新材料科技”火灾、“12·2捷瑞化工”火灾等重大火灾事故，有效保障了群众的生命财产安全。（柳　健）

**【火灾隐患整治】**　2017年，区消防大队深入开展了“高层建筑综合治理”“电气火灾综合治理”“夏季消防大检查”“3·15”消防产品等行动，圆满完成“两节两会”“十九大”等消防安全保卫工作。全年共检查单位2536家次，发现火灾隐患5270处，督促整改5243处，临时查封80家，责令“三停”28家，拘留6人。

（柳　健）

**【消防宣传教育】**　2017年，推进政府消防宣传“外包”服务工作，开展“全民消防我代言”“社区消防宣传大使”、消防宣传“七进”（进社区、进学校、进企业、进农村、进家庭、进机关、进网站）、“119”宣传月等活动，通过消防宣传车进社区、微型消防站建设、企业消防培训、消防站对外开放、对重点单位开展疏散演练等形式，广泛宣传消防安全常识。依托“石鼓消防”官方微信和移动短信平台，及时发布火情动态和消防安全常识，增强人民群众的消防意识。（柳　健）

**【基础设施建设】**　2017年，积极推动乡街、社区、消防安全重点单位微型消防站和电动车充电桩建设，全年已建成100余家微型消防站和29个充电桩；完成了24个社区的“三清三建”消防验收工作；在老旧住宅、安置房推广安装了独立式感烟探测报警器等消防设施；完成东方红消防站建设工作，新购个人防护装备200余套。定期对微型消防站队员和专职消防队员进行业务指导和培训，提高火灾救援专业力量的协同作战能力。（柳　健）

**【消防发展环境优化】** 2017年，根据衡阳市消防支队《衡阳市城乡消防专业规划》和《市政消火栓管理办法》精神，将消防纳入城乡规划建设，加强市政消防火栓的管理维护，推动完成了石鼓区1个乡7个街道的消防规划。

（柳 健）

# 经济管理与监督

## 发展和改革

**【概况】** 2017年，全区实现地区生产总值159亿元，增长9%；财政总收入23.84亿元，增长7.8%；固定资产投资总额155.87亿元，增长9.8%；规模以上工业总产值12.96亿元，比上年增长8.3%；社会消费品零售总额完成121.11亿元，增长10.8%；全面小康总体实现程度达92%。（祝丽玉）

**【宏观经济管理】** 宏观经济调控。2017年，全区GDP159.1亿元，增长9%。固定资产投资155.87亿元，增长9.8%。第三产业增加值125.86亿元，增长10.1%。落实公车改革后续事项。按要求将保留公车喷绘完成，按要求将车补发放到位，对取消公车进行了拍卖。包装策划项目超过30个，深度开发项目超过10个。做好争资跑项工作，全年为菜山塘棚改小区配套基础设施项目争取了1250万元中央预算内资金。编制了《关于石鼓区2016年国民经济和社会发展计划执行情况与2017年国民经济和社会发展计划草案的报告》，并通过了区人大会议审议。（张　丹）

**【社会事业】** 2017年，全区民生支出10.31亿元，占财政总支出的72.14%，同比提高36个百分点。8件重点民生实事任务，有6项指标进度超过100%。法律援助完成168人，新增社会治安视频监控摄像头完成120个，率先在全市完成中小学校安全饮水工程。棚户区改造1297套。发放租赁住房补贴546万元、分配公租房364套。新建城乡各类养老设施15个。城乡居民养老保险基础养老金最低标准由每月80元提高到85元；基本社会养老保险、基本医疗保险参保率分别达98.4%、100%；城乡低保、特困户等困难群体应保尽保，社会救助、社会福利不断完善。新增农村劳动力转移就业1388人，新增城镇就业3640人，城镇登记失业率3.94%，零就业家庭实现动态清零，就业形势保持稳定。医疗卫生体制改革深入推进，基本药物零差率销售全面实施，居民健康档案达86%，家庭医生签约率达30.1%。五一路小学、华耀城一小、松木明德学校等化解大班额项目加快推进，新增学位近3600个。完成校园维改项目36个。全区建档立卡贫困户已脱贫1369户、3758人，稳定脱贫470户、1370人。（祝丽玉）

**【园区经济】** 石鼓科技创业园坐落于新安南路以东、衡大高速以北、松枫路以南区域。园区建设按照政府主导、公司化操作、资本化运作的模式进行，是石鼓区委、区政府依托辖区资源、拉长延伸产业链而创建的集机械加工和承接沿海产业转移的综合科技工业园，先后获得“湖南省中小企业创业基地”“衡阳市创业孵化基地”等荣誉称号。石鼓区科技创业园项目总投资1.5亿元，规划用地面积33.33公顷，已开发建设7公顷，建有标准厂房及配套设施3万余平方米，盘活了闲置土地近5亩及空闲3年的电子厂房剩余部分8800平方米，引进企业8家，分别是鸿业特变、三祥特变、亿海玻璃、中耐实业、华宜光电、大成洗涤有限公司、晨丰生物有限公司、衡阳瑞秾森农业发展有限公司，其中规模以上工业企业4家，衡阳大成洗涤用品有限公司、衡阳晨丰生物科技有限公司相继发展，两家企业共投资约1亿元，大成洗涤正在建设二期工程，晨丰生物正在进行试生产。（刘子朝）

## 审 计

**【概况】** 区审计局有办公室、审计查征室、固定资产投资审计室和经济责任审计室4个内设机构，在岗工作人员10人，临聘人员2人，退休干部4人。在职干部中女干部5人，本科以上学历10人，其中在职研究生3人；高、中级职称6人。2017年，完成审计项目72个，查处违纪违规金额87万元，管理不规范金额1200万元，核减工程造价1788万元，提交工作报告和信息75篇，被批示采用75篇。区审计局被评为区党风廉政建设先进单位、全区综合治理先进单位，被市审计局评为目标管理考核优秀单位，实施的对石鼓区2015年度同级财政预算执行情况审计被评为2017年度全市优秀审计项目，上报5篇计算机审计成果被湖南省审计厅评审获得省审计成果1项优秀奖、审计工具3项优秀奖、1项应用奖，获市2017年度计算机审计成果征集活动"优秀组织单位"，在审计署计算机考试案例评审中获三等奖，是全省唯一成功申报2017年度湖南省审计协会研究课题的县（区）级审计机关，继续保持衡阳市三星级文明单位称号。（陈荣利）

**【财政预算执行审计】** 2017年，区审计局以推动落实国家重大政策措施和重要决策部署、推进深化财税改革、规范资金分配管理、盘活财政资金存量、优化财政资金增量、调整财政支出结构、维护群众利益、加强廉政作风建设为目标，重点关注预算执行编制情况，审查财政资金使用绩效情况，地方税收的征收管理、计划完成以及税收政策执行情况，按规定、按程序向媒体公告预算执行审计结果，接受全社会监督。8月，向区人大常委会汇报了2016年度财政预算执行和其他财政收支审计工作。（陈荣利）

**【经济责任审计】** 2017年，区审计局以促进部门单位领导干部守法、守纪、守规、尽责为目标，重点关注执行党和国家、区委区政府重大政策方针和决策部署、重大经济决策、目标责任制完成、自然资源资产及生态环境保护、重大建设项目实施、脱贫扶贫管理、遵守有关法律法规、履行有关党风廉政建设第一责任人以及本人遵守有关廉洁从政规定情况。根据区委组织部委托，对区信访局、区水利局、区发改局、区司法局、区商贸局、区人民检察院、区疾控中心7个单位负责人进行经济责任审计。（陈荣利）

**【固定资产投资审计】** 2017年，区审计局以促进建设单位加强工程项目管理，努力节约政府投资为目标，重点审查工程项目履行基本建设程序、执行立项批复、资金使用、内部管理、建设成本等情况，反映工程核算中是否存在弄虚作假、虚报工程造价情况，审查项目法人责任制、招投标制、合同制和工程监理制的落实情况。揭示重大违纪违法问题，提出建议，促进提高投资效益。主要开展背街小巷基础设施维护改造、"三清三建"和农村"穿衣戴帽"工程结算审计，完成审计项目61个，送审6454万元，核减工程造价1788万元。同时与财务收支审计相结合，完成对区住建局棚户区改造和来雁新城项目指挥部审计，查处违纪违规金额77万元。（陈荣利）

**【行业审计】** 2017年3月，配合市审计局完成省以下财政资金信息化管理情况专项调查。为推动财政审计全覆盖，做好调查取证工作，推动财政部门提高信息化管理水平。6月，完成全市国土审计，审查是否存在违反土地出让合同条款开发土地行为、违规减免、欠缴、缓缴以及先征后返土地出让金等问题，提出纠正问题、完善制度和加强管理等方面的建议。10月，完成稳增长促改革调结构惠民生防风险政策措施落实情况跟踪审计，关注精准扶贫、"三去一降一补"、简政放权等重大政策部署落实情况，严肃查处弄虚作假、隐瞒实情、有令不行、有禁不止及重大履职不到位等问题。（陈荣利）

【其他工作】 2017年，区审计局对群众反映强烈的松木片区松梅村（原友爱村）进行财务审计，重点关注公用经费支出中有无违反廉政纪律规定的情况，对发现的违纪违规问题进行严肃查处，并将问题线索移送到区纪委和相关部门。抽调人员参加市、区交叉巡察，2017年开展的第一轮、第二轮巡察工作，开展重大节假日的交叉检查工作，参加全区“雁过拔毛”式腐败问题和“纠四风、治陋习”专项整治工作。与区纪委组成联合检查组，开展“四个专项检查”和重点项目收支情况专项检查，对违反财经纪律和中央八项规定的行为及时查处纠正，支持纪检组织转职能、转方式、转作风，依纪依法履职，对规范全区财政财务收支和重点工程项目财务收支发挥了积极作用。加强对基层单位和人员的业务指导，按照区纪委要求对派驻纪检组人员讲解财政法律法规知识和实践经验；对社区、村级党政负责人讲授财政知识，加强对村一级集体资金审计和监管，全面推进村务公开，把从严治党推向最基层，将党风廉政建设抓到“神经末梢”。（陈荣利）

## 统　计

【概况】 2017年，石鼓区统计局坚持稳中求进工作总基调，贯彻新发展理念，以供给侧结构性改革为主线，推动结构优化和质量提升，本区经济稳中向好、好于预期，经济活力、动力和潜力不断释放，稳定性、协调性和可持续性明显增强，实现了平稳健康发展，主要经济指标创历史佳绩。全年全区生产总值（GDP）实现159.1亿元，增速9%，全市第一；一般公共预算收入23.84亿元，增速7.8%，全市第一；规模以上工业增加值增速6.5%，4城区第一；固定资产投资完成155.87亿元，增速9.8%，4城区第一；社会消费品零售总额121.11亿元，增速10.8%，4城区第二；城镇居民人均可支配收入总量33751元，增速9.2%，4城区排名第二；农村居民人均可支配收入总量19143元，增速9.6%，全市排名第一。石鼓区三次产业结构进一步优化，调整为3.0∶17.9∶79.1，较上年第一产业增加值下降0.2个百分点，第二产业增加值下降1.5个百分点，第三产业增加值上升1.7个百分点。（刘俊雄）

【第三次农业普查入户登记暨巡视启动仪式】 2017年1月1日，石鼓区举行第三次农业普查入户登记暨巡视启动仪式，标志着石鼓区农业普查进入实质性阶段。启动仪式后，全区100多名普查员、指导员按照分组，挨家挨户收集登记信息，详细询问农户的基本情况。当天上午，三星村农户何革生成为石鼓区第一个入户登记的农户。此次农业普查的内容涉及农业从业者基本情况，农业用地利用与流转情况，农业生产与结构状况，新型农业主体与农业规模化、产业化发展情况，新农村建设情况，农村人居环境与农民生活方式变化情况等6个方面，普查标准时点为2016年12月31日，时期资料为2016年度资料。普查有利于查清全区农业、农村、农民基本情况，掌握农业生产新情况，反映农村发展新面貌和农民生活新变化，找准农业农村发展的差距和短板，对科学制定“三农”政策、建设“活力石鼓、特色石鼓、文明石鼓”、确保提前全面建成小康石鼓具有重要意义。石鼓区此次农业普查共涉及5个乡街（含片区）、16个村委会及部分居委会、12991户农户以及农林牧渔业生产经营单位及服务业单位。区成立了由区委副书记、区长任组长，17个部门领导担任成员的第三次全国农业普查领导小组，并组建了4个指导组，5个涉农乡（街道）16个村均递交了责任状，并安排了相应工作经费，购置了PDA电子采集设备。（刘俊雄）

【第四次全国经济普查前期准备】 经济普查是全面掌握全区第二产业、第三产业的发展规模、结构和效益等情况，建立健全基本单位名录库及其数据库系统的重大措施。根据《国务院关于开展第四次全国经济普查的通知》精神，2017年，石鼓区认真贯彻落实国家、省、市工作要求，组织调动全区力量，实行部门联动，发挥乡街、工商、税务、财政、发改等职能作用，充分利用现代信息技术，搞好宣传，坚持依法普查，确保普查各项任务圆满完成。

（刘俊雄）

【周期性调查】 从2017年年初以来，区统计局开展妇女儿童、小康、城乡住户调查、成本费用、火炬计划、为民办实事等多项调查统计工作。按期完成牵头负责的成本费用调查、规上工业景气调查、规下服务业、规下工业调查、人口抽样调查、非公有制人才调查统计、妇儿“两纲”数据监测等常规周期性调查。圆满完成新增的“四上”企业调查。

（刘俊雄）

【统计执法】 2017年，加大统计法的宣传力度，提高数据质量，坚持经常性的统计法制宣传，特别是对统计调查对象的统计法制宣传，营造一个全社会都来学法、懂法、用法的法制环境，促使统计调查对象自觉接受调查，及时、如实提供统计调查数据，制止虚报、瞒报、拒报、迟报统计数据的违法行为。5—7月，开展统计工作自查自纠活动，由区统计局牵头，联合发改、商务等部门，深入7个乡（街道）144家企业进行走访、调研、自查自纠工作，发现问题15个，已解决14个，形成调研文章2篇，帮助企业实现直报达39家。7月中旬，按省、市工作要求，为进一步落实湖南省统计局‘一套表”调查单位全面核查工作，摸清全区“一套表”调查单位现状，提高全区“一套表”数据质量，清查工作由名录库专业牵头，由各专业负责全面清查，加强部门间的协作，7月28日，区统计局前往区工商分局调取辖区内规上工业、限上商贸、限上服务业共326家企业的基本信息进行对比清查。8月中旬，石鼓区统计局联合工商、税务部门对辖区内重点企业进行信息比对工作，重点清查企业是否正常经营、营业收入、纳税情况等，通过两周扎实有效的工作，完成名录库内400余家企业信息比对工作，进一步提高了统计数据质量，发现一批潜在的“四上企业”，为下半年新增打下坚实基础。

（刘俊雄）

【联网直报数据监测中心】 2017年，为适应统计改革和发展需要，根据国务院统一部署和省政府安排，区委、区政府将区统计局机关208室作为统计联网直报监测指挥中心，省统计局配套视频会议设备已到位，并投入使用，已可进行统计数据监测、联网直报监控、联网直报催报、现场视频会议、统计信息发布、人员集中培训。 （刘俊雄）

【投资改革】 2017年，根据湖南省2017年固定资产投资统计试点改革填报制度，石鼓区共47家企业参与了试点改革报表的填报，其中，5000万元以上城镇投资企业18家，房地产企业29家；涉及的项目共93个，其中，5000万元以上城镇投资项目50个，房地产项目43个。 （刘俊雄）

【新增“四上”】 2017年，石鼓区“四上”企业新增工作取得了良好的成绩。全年新增单位77家。其中工业4家，商贸业24家，服务业49家。石鼓区严格“四上”企业审批流程，做好“四上”企业的新增、退出管理，密切与专业的联系，定期和不定期的进行核对，确保名录库和专业库指标一致。 （刘俊雄）

【“四上”大清查】 2017年5月，按上级文件要求，石鼓区开始进行大清查工作。清查对象为2017年联网直报平台上所有归属国家管理的“一套表”调查单位。截至8月，全区共自查单位424家，其中工业36家、建筑业19家、批发零售业145家、住宿餐饮业18家、房地产业44家、服务业145家、投资业17家。清查了空壳、虚假、不达标、打捆上报等不符合条件的“一套表”调查单位，全年共退出单位53家，纠正“一套表”调查单位的错误信息，并全面建立建档立卡工作，提高了全区“一套表”调查单位的真实性和准确性。

（刘俊雄）

【名录库维护】 基本单位名录库是统计工作的基础，切实做好名录库单位的维护更新管理，是完善各项统计工作的重要保障。

2017年，名录库旧系统法人单位维护共3344家，产业单位维护598家。石鼓区切实把基本单位名录库维护管理工作延伸扩展到乡镇（街道）人员，开展业务培训学习、下发权限，给7个乡镇（街道）人员建立用户名，并在系统中进行维护更新处理。区统计局进行指导核实。（刘俊雄）

**【样本轮换工作】** 样本轮换是防止住户调查样本老化、保证样本代表性的必然需要，是确保住户调查数据质量的重要举措。2017年，按照住户调查制度设计要求，区统计局开展了住户调查样本轮换工作。本次住户调查样本轮换包括住户收支与生活状况调查、农民工监测调查、农户固定资产投资调查等项目，范围是承担上述调查的所有市县；轮换对象是所有调查小区和住户样本，既包括分省住户调查样本，也包括分市县住户调查样本。2—3月，根据国家统计局整理下发抽样框资料，对抽样框资料进行更新和补充。4—6月，按照国家统计局统一抽选分省住户调查的村级单位样本，确定抽选分市县住户调查扩充的村级单位样本。7—9月，区统计局召开住户调查样本轮换工作布置暨培训会议。做好部署和业务培训等各项准备工作。组织开展现场抽样各项工作，包括：落实抽中村级单位、确定样本调查小区、编制住宅名录表、开展摸底调查、抽选住户样本等。10—11月，对抽中的人民街道湘北社区、潇湘街道石鼓社区、黄沙湾街道雁栖湖社区、辖神渡社区及角山乡旭东村进入调查的住户样本进行开户调查并指导记账。（刘俊雄）

## 工商行政管理

**【概况】** 2017年，石鼓工商分局在市工商局和石鼓区委、区政府的坚强领导下，围绕中心，服务大局，瞄准“建一流队伍，干一流工作，创一流业绩”的目标，把“强基础，重监管，优服务”作为三个着力点，在服务发展、市场监管、消费维权和队伍建设上撸起袖子加油干，超额完成了全年工作任务，为建设“三个石鼓”做出了积极贡献。“六五”普法依法治理工作被衡阳市委、市政府评为先进单位；目标管理绩效考核被石鼓区政府评为先进单位；在市工商局年终绩效考核中有4个单项工作被评为先进单位。（黄明高）

**【深化改革】** 深化改革促发展，市场主体成倍增长。持续深化商事制度改革，实施企业登记“五证合一”“多证合一”“一照一码”，个体工商户“两证整合”改革；企业实名制登记、全程电子化登记改革，诞生了第一张电子营业执照；推行“双告知”“双随机一公开”制度；实施市场主体“简易注销程序”等改革措施。强化窗口建设，开展“八零”式服务，使注册登记更加便利化，有效提升了服务质量和效率，有效促进了市场主体井喷式发展。全年新增企业601户、个体工商户4398户，同比分别增长100.33%、134.56%。截至年底，全区共有市场主体18396户，其中企业4231户（含市局登记的企业2310户）、农民专业合作社60户、个体工商户1.40万户。（黄明高）

**【市场监管】** 2017年，围绕建立公平公正的市场秩序，不断强化市场监管力度。强化打击传销工作力度，全年捣毁传销窝点5个，遣返传销人员85人。立案查处武某某介绍他人参与网络传销案1起，罚没20.8万元，有力震慑了传销嚣张气焰。强化查处无照经营（简称查无）工作力度，全区开展查无专项整治行动6次，发放宣传资料3000份，下达整改通知书123份，立案查处23起，罚没金额5万元，取缔无照经营户21户，抄告相关部门36户，引导办照210户。强化年报工作力度。在宣传、督查和服务3个方面着力，印发年报宣传单1.2万份、年报海报2000份；向辖区企业发送年报短信息5万余条；发送催办年报函600件；拨打电话3000余户次，实现了企业年报由不主动到主动，由不自觉到自觉的大转变，企业、个体、农专年报公示率分别为90.52%、91.12%和90.91%。强化日常监管力度，按抽查制度比例抽查已年报企业36户、个体286户、农专2户。向130户发生股权变更的企业发送了书面函，责令限期公示，对未年报企业列入异常名录159户，两批次吊销2015年、2016年两年未年报的僵尸企业115户。组织抽检燃气灶、板材、不锈钢等产品55组，抽检农机和农用水泵10个批次。强化专项整治行动力度，组织开展“地条钢”、环保“三非”经营、虚假广告、“会议营销”、电线电缆、校园周边、安全生产、红盾护农、扫黄打非、烟草等专项整治行动14次。全年出动执法人员220余人次，出动执法车辆63台次，立案查处各类违法经济案件181件，下达责令改正通知书256份。

（黄明高）

**【品牌建设】** 2017年，培育衡阳市知名企业，通过探索“互联网+商标品牌”新路子，指导帮助辖区企业做好商标注册工作，帮助3家企业成功申报衡阳市知名商标，全区共有中国驰名商标1件，省著名商标10件，衡阳市知名商标3件。开展“守合同重信用”企业评定活动，全区有2家企业被评为省级“守合同重信用”企业、7家企业评为市级“守合同重信用”企业。培育发展一般经纪人2人，农村经纪人6人。引导和帮助7家企业办理动产抵押贷款1.03亿元。（黄明高）

**【消费维权】** 2017年，石鼓工商分局把保护消费者合法权益作为保障和改善民生的重要抓手，增强维权能力，提高社会管理水平。借助“3·15”国际消费者权益日开展大型宣传活动，加大“12315”政务热线“五进”工作力度，新建维权服务站5个，总数达到43个。张贴“12315”温馨提示，实现了大型消费场所维权服务站全覆盖。全年受理消费投诉举报568起，为消费者挽回经济损失325万元，受理”12345”政务服务热线投诉63起，办结率达到100%。（黄明高）

**【综合治理】** 2017年，协助相关部门做好人感染H7N9禽流感防控工作，确保防控措施落实到位。办理人大代表、政协委员建议提案7件，满意率达到100%。抓安全生产工作，全年开展安全生产专项整治6次，通过“三查、三看”，落实“一单四制”。组织对烟花爆竹、地条钢、加油站、液化气送气店、环保、电线电缆、废品收购店、汽车改装厂、化工企业等开展了安全生产大排查、大整治、大管控，发现有28家经营企业不同程度存在安全生产隐患。其中对5家瓶装液化气送气点、6家电气焊（割）类、5家废品收购类、3家公众聚集场所不符合安全生产要求的，分别下达《责令整改通知书》，并抄告区政府相关部门。抓创建，对无照户开展“地毯式”查漏补缺，补办营业执照233户；为临街门店LED显示屏添加文明宣传用语380条，纠错5条；在大型消费场所张贴“12315”标识1350余张；印发文明创建宣传资料5000余份，出宣传板报8块，开展志愿者活动7次，举办道德讲堂文明培训教育8次。（黄明高）

**【领导调研】** 2017年6月21日上午，区长刘浪在分管副区长吴颖陪同下调研石鼓工商分局。刘浪一行7人参观了莲湖工商所，了解工商所基本情况，向工作人员询问了个体工商户年报情况及办理“两证合一”情况；察看了局办事大厅及“12315”窗口；听取了局长罗剑波的工作汇报。10月24日上午，湖南省工商局副巡视员王志辉率省工商局企监处、省食药局法规处负责人、湖南数字认证服务中心工程师在市工商局副局长王清陪同下，到分局检查验收石鼓区涉企信息统一归集公示平台用应情况。对分局和全区涉企信息统一归集公示平台用应工作给予充分肯定。（黄明高）

## 食品药品监督管理

**【概况】** 2017年，区委、区政府高度重视食品安全工作，按照“地方政府负总责、监管部门各负其责”的要求，“一把手”亲自抓，坚持把食品安全工作摆在重要位置。区食药监局获2017年度全市食品安全工作优秀单位、2017年度全市食品药品稽查执法工作先进单位。（梁海华）

【完善监管体系】 2017年，区政府及区食安委多次召开专题会议，研究部署食品安全重点工作，及时印发《石鼓区食品安全重点工作安排》，明确重点工作职责分工。强化责任体系。年初，在全区食品安全工作会议上，区食安委成员单位、乡（街道）、部门与区食安委签订了《食品安全责任书》，进一步明确了工作职责。健全监管体系，在2017年区政府常务会议上进一步完善了区、乡（街道）、村（社区）三级食品监管网络，各乡（街道）设立食品安全管理办公室，村、社区层级建立食品安全信息员、协管员队伍，形成上下共抓的监管机制。健全应急体系。以区政府名义印发《石鼓区食品安全事故应急预案》，健全食品安全监管应急队伍，并组织相关成员单位进行食品应急处置能力培训，为事故隐患预警及应急响应等提供保障。

（梁海华）

【宣传教育】 2017年，采取灵活多样的宣传方式，深入开展“3·15”国际消费者权益日、“3·31”食品药品投诉举报主题宣传日、食品安全宣传周等宣传活动。通过悬挂横幅、摆放展板、设立咨询台、发放宣传资料等方式，广泛宣传食品监管的方针政策及法律法规。发放宣传资料4000余份，接待群众咨询300余人次。组织食药监管执法人员、食品药品从业人员、乡村厨师开展食品安全知识培训，开展培训10余场次，培训人员1000余人次，提高广大群众食品药品安全意识和风险防范能力。（梁海华）

【专项整治】 2017年，坚持“四个最严”，全面推进突出问题大整治、风险隐患大排查、质量安全大抽检、违法案件大稽查，保持了严而又严、紧而又紧监管常态。开展春秋季校园及周边食品安全专项整治、中小学校校园及周边“食品安全护苗行动”、肉及肉制品专项整治、网络食品安全“清网行动”、农村食品安全无证经营专项整治、保健食品“护老行动”等各类专项整治行动12起，出动执法人员3387人次，检查相关单位1854家，下达责令改正通知书362份，取缔非法黑作坊9家，查扣“白板肉”900余千克，查扣贵州茅台、雁峰1958、交心50年、赖茅30年等各类名酒81件，立案52起，罚没达32万余元。（梁海华）

【抽样检测】 2017年，以问题导向为统领，加大抽样检测力度，及时发现食品安全隐患。严格落实上级食品安全工作部署，按照抽检计划，针对消费者投诉较集中的食品组织开展抽样检测工作，并对农兽药残留、重金属、亚硝酸盐、二氧化硫、孔雀绿石等重点品种进行了检测，全年开展食品抽样80余批次，快速检测食用农产品240批次，抽检合格率达到99.8%，对抽检不合格产品，及时采取下架、封存、召回、销毁等措施，确保所有不合格（问题）食品的后处理率达到100%。问题严重的，追究生产经营企业法定代表人的责任和质量责任人的直接责任，从源头上杜绝食品安全隐患，确保食品质量安全。

（梁海华）

【全国文明城市和省卫生城市创建】 2017年，将创建全国文明城市和省卫生城市复审工作与日常监管工作相结合。结合食品药品监督管理职能职责，按照全局动员、统一安排、责任到人、落实经常的原则，把创建国家文明城市和省卫生城市复审工作纳入常态化管理，推进各项工作任务落实。重点在全区各大小农贸市场和农村地区开展食品经营整治活动，督促食品从业人员办理健康证和食品经营许可证，宣传相关法律法规，强调食品安全的重要性，推进市场食品安全制度化，确保“双创”顺利通过。

（梁海华）

## 质量技术监督

【概况】 2017年，区质监局贯彻落实“抓质量、保安全、促发展、强质检”工作方针。紧扣落实企业安全责任主体这一中心，结合石鼓区域经济社会实际情况，在质量提升、特种设备安全监管、标准化、行政执法等方面努力工作，改进方法，有益探索，提升水平，形成党政同责、一岗双责、

齐抓共管、失职追责的安全监管局面。辖区内全年未发生区域性产品质量安全事故和特种设备安全事故。（肖　灿）

【产品质量监督】　2017年，石鼓区共注册企业数（生产、商贸型）387家，其中松木经开区44家（已正常生产），按市质量技术监督局计划安排部署，全区重点工业产品质量监督抽查完成6大类产品监督抽查任务，产品范围涵盖建材、服装、眼镜、纸制品、化工产品、车用汽油等，抽检65批次，不合格3批次，产品合格率95.4%，超过全市合格率0.4个百分点。不合格产品生产企业已全部整改到位，不合格产品后处置率达100%。（肖　灿）

【行政许可标准化】　2017年，完成企业自我声明公开标准信息企业数17家，标准169项。质监局石鼓分局与石鼓区编办共同举办了培训班，推进了行政许可标准化。（肖　灿）

【特种设备监管】　2017年，据监管动态网显示，石鼓区共有229家电梯使用单位，在用电梯990余台，电梯维保单位29个，全部建档，对每个维保单位进行一次以上的巡查或约谈。制定了电梯应急预案，组建了电梯应急救援队伍并定期演练。南华大学附一医院成为湖南省特种设备落实主体责任示范创建单位。质监局石鼓分局全面开展特种设备安全隐患排查治理，制定特种设备隐患排查方案，全年共检查企业68家，发现隐患154起，当场纠正43起，责令改正111起，发出特种设备安全监察指令书41份，取缔气体充装厂1家。（肖　灿）

【质量强区建设】　2017年，石鼓区政府高度重视和大力支持质量强区建设，区长亲自批示加强质量工作，主管副区长多次到现场督办电线电缆专项整治工作以及安排部署召开质量强区领导小组工作会议。质监局石鼓分局在认证认可、计量、生产许可证管理、“12345”政府服务热线投诉处理等方面都按有关要求开展工作，履行了职责。（肖　灿）

【企业安全责任主体落实】　2017年，辖区内有1个化工园区，是衡阳市盐卤化工精细加工的集聚区，而建滔（衡阳）实业有限公司是园区化工企业龙头老大，特种设备数量庞大，达500余台（套），且危害性、危险性都排在衡阳市首位。特种设备超期运行、带病工作、人员缺证配置不到位、安全技术档案不全等一系列问题存在多年，特种设备安全问题突出，被纳入了市安委重点隐患督办名单。上下联动，与专业检测单位深度融合，提供一站式服务。特别邀请省特检院专家深入基层，并请第三方安全评估机构对衡阳建滔化工有限公司的隐患治理综合评估。为监管部门、企业高层提供参谋决策依据。解决企业等待、拖拉等习惯，一次性将问题解决到位。同时，立足长效，依法治理。从人员培训、考核、持证上岗、建立岗位责任制等方面着手，帮助企业建立一套完整的特种设备作业人员管理体系，做到长期有效的监管到位。

（肖　灿）

## 安全生产管理

【概况】　2017年，全区牢固树立安全发展理念，弘扬“生命至上、安全第一”的思想，牢牢守住安全生产底线。扎实开展落实企业安全生产主体责任年活动、安全生产重大隐患“一单四制”专项行动。全年发生安全生产事故2起，未发生人员死亡事故，实现安全生产“零”死亡；事故发生起数同比下降66.7%；经济损失同比下降45.4%。石鼓区被评为全省安全生产优秀单位，安全生产目标管理考核排全市第一。

（朱　勇）

【责任体系建设】　2017年，区委、区政府高度重视安全生产工作，区委常委会、区政府常务会先后13次专题研究安全生产，区委、区政府先后5次集中学习安全生产会议精神和文件，7次召开全区大会部署安全生产工作，15次召开安全生产联席会，研究、部署、推动安全生产工作。新一届区委、区政府严格落实安全生产工作分工，严格落实领导带队检查安全生产工作制度，区级领导定期排查安全隐患，督促基础工作落到实处。春节前后、“一带一路”高峰论坛和防汛期间等重点时段，党政班子成员带头深入重点企业、重点部位开展明察暗访，查台账、查责任、查隐患，力保社会大局平稳。尤其在中共十九大召开期间，党政主要负责人就安全生产工作集中约谈乡（街道）党政主要负责人，交办了问题清单，部署安全生产工作。3月7日，在全市率先制定和出台《石鼓区安全生产监督管理职责规定》，进一步明确区委、区政府全体班子成员、区直部门和乡（街道）党政主要负责人以及村（社区）的监管职责，做到职责有规定、履责有清单、问责有依据，形成全面责任体系。（朱　勇）

**【安全生产监督和环境保护工作站成立】**　2017年，成立乡街安全生产监督和环境保护工作站（简称安环站），每个乡街安环站安排专项工作经费10万元，年初纳入财政预算。为乡街安环站招考安全生产、环境保护类专业人员6名，全部到岗。（朱　勇）

**【隐患治理“一单四制”】**　2017年6月，接到省政府办公厅关于建立“一单四制”（重大安全生产事故隐患清单、交办制、台账制、销号制、通报制）推动重大事故隐患治理的通知后，区安委会迅速召开专题会议，研究安全生产重大事故隐患治理“一单四制”工作，早谋划、早部署，着手研究全区具体落实意见，明确将区直部门和乡街贯彻落实“一单四制”的情况纳入安全生产工作年度考核内容，传导责任和压力。7月，区安办制定实施方案，积极推动重大事故隐患治理；8月，邀请市安监局专家进行专题培训，原文解读文件精神。各负有安全生产监管职责的部门积极建立隐患台账，落实重大隐患治理“一单四制”。推进“一单四制”工作以来，全区排查隐患350余条，其中重大隐患3处，已全部治理到位。区安委办和区委、区政府督查室开展多次专项督查，党政主要负责同志还集中约谈了7个乡街的党政正职，真正做到治理任务不落实不放过、隐患不消除不销号，做到预控到位、防患未然。（朱　勇）

**【专项整治】**　从2017年7月开始，强化安全生产大检查工作，通过督导督查和“回头看”推动大检查工作落到实处。共排查企业1900家次，下达执法文书400余份，责令停产停业整顿50家，处罚90余万元。全区排查各类隐患1860项，已完成整改1850项，整改率99.5%。烟花爆生产企业彻底退出，零售经营户由50多家减少至7家，全部按照规划移至高速公路以北。危化生产企业进园入市圆满完成。全力开展“打非治违”，对非煤矿山、烟花爆竹、危险化学品、工贸行业、道路和水上交通、特种设备、建筑施工、校园校车、农电安全、人员密集场所、旅游、电力等行业开展专项整治，关停7家非法页岩砖厂、4家危化企业、一批非法石材加工厂，查封消防重点单位27家，三停7家。（朱　勇）

**【企业安全生产主体责任年】**　2017年，深入开展“落实企业安全生产主体责任年”活动，督促企业把牢安全红线，落实企业主体责任。安全教育全覆盖。先后组织全区36家高危重点企业负责人进行企业安全管理培训，114家企业组织安全管理人员、中层干部、班组长学习安全法律法规和开展全员安全教育148场次、7600余人参加。安全制度严执行。按照“五到位”要求，组织重点企业查找制度缺陷，及时完善《应急救援管理制度》《危险作业安全管理制度》《外包工程安全管理规定》等安全管理制度89项，筑牢安全管理基础。安全投入不间断。8月，区安监局对企业安全生产费用提取开展了专项检查，全区重点企业均能按照《企业安全生产费用提取和使用管理办法》保证安全投入，基本实现安全与效益同频共振。自查自纠重实效。自工作开展以来，全区危化品、非煤矿山、规模以上工贸企业全面开展隐患自查自改，共33家企业自查自改隐患168处，企业隐患治理能力明显提高。（朱　勇）

**【安全生产行政许可】**　2017年，区安监局办理危险化学品经营许可7件、烟花爆竹经营许可6件、第三类易制毒化学品经营备案6件。每件行政许可都能做到即时受理、及时审查、依法决定、按时送达，尽可能的缩短许可时间，所有许可案件均在许可期限内办结。

（朱　勇）

【宣传与培训】　2017年，持续开展安全生产宣传教育活动，印发安全生产承诺书17万余份，引导市民强化安全生产意识。6月，开展以“全面落实企业安全生产主体责任”为主题的“安全生产月”宣传活动，悬挂横幅600余条，滚动播放标语30万余次，宣传橱窗、板报800余处，推送微信6万余条。11月9日，启动“119”消防宣传月活动，通过VR虚拟体验、现场演示、展板宣传，吸引2000余名群众积极参与。4月，区安监局组织安环站人员开展应急监管培训，提高应急监管执法能力。5月，组织工贸企业、高危企业主要负责人、安全管理人员、班组长进行职业卫生知识培训，提高企业职业健康管理水平。

（朱　勇）

## 国有资产管理

【概况】　2017年，全区经营性国有资产共185宗，出租出借面积2.69万平方米。全年可创造收益616.96万元，比上年增长13%。平均每平方米月租金比上年增长17.83%，达到19.11元/平方米·月，全区经营性国有资产收益显著提高。依法公平公开处置公务车辆。根据公务用车制度改革规定，全区参与公车改革的行政及参公事业单位有公务车辆125台（含区地税局2台）。全区按政策保留的一般公务用车35台，保留执法用车25台。全区处置公务车台65台。其中：公开拍卖45台，公开拍卖公车成交价108.77万元，溢价14.63%。深化社区两化两体系建设。全年完成投资916万元，对全区13个社区、1个街道办事处的办公用房和办公设施完成升级达标改造。其中：投资372万元，为潇湘街道办事处购置办公用房1063.05平方米。执行《关于进一步加强城市社区工作的意见》关于新建住宅小区开发建设单位应按规划总建筑面积的5‰比例配建社区办公与服务用房的规定，衡阳菱电房地产开发有限公司无偿提供的珠江帝景山庄社区办公与服务用房1070平方米已经交付使用。与衡阳华耀置业有限公司已签订协议，将无偿提供华耀城配套住宅项目一期社区办公与服务用房1006平方米。为青山街道卫生服务中心免费提供社区医疗服务用房289.49平方米。贯彻落实湖南省民政厅、省发改委等部门《关于引导扶持社会力量投资举办养老服务机构的若干意见》及《衡阳市人民政府关于加快发展养老服务业的实施意见》等文件精神，促进社区养老服务、社区便民服务业的规范发展，满足居民家庭的基本需求，为社区养老服务免费提供用房4处，建筑面积453平方米。

（胡小平）

# 财政・税务・金融

## 财　　政

【概况】　2017年，石鼓区充分发挥财政职能作用，不断深化财政管理改革，保障重点领域资金投入，加强财政资金统筹和监管，不断提高资金使用效益，全区经济社会协调发展。全年全区一般公共预算总收入完成23.84亿元，为年度预算的100.69%，比上年增收1.71亿万元，增长7.75%。完成地方一般公共预算收入3.09亿元，加上上级转移支付及补助5.24亿元，上年结转1878万元，预算稳定调节基金等1194万元，债务转贷收入5200万元，减去一般公共预算支出8.86亿元、上解支出2144万元、结转下年支出615万元，实现了收支平衡，略有结余，当年结余230万元，已经安排到预算稳定调节基金。区本级政府性基金收入完成6.08亿元，支出完成6.08亿元，区本级社会保险基金预算收入完成9997万元，支出完成9718万元，当年收支结余279万元。

（朱　璐）

【财源培植】　2017年，充分发挥财政资金的引导作用，加大财源建设资金支持力度，做强商贸服务业，加快发展旅游业，培育文化产业。完善总部经济和楼宇经济的财政奖励政策，吸引更多的总部经济和楼宇经济扎根石鼓区。财税部门综合运用政策、资金手段，助推全区大局的重点项目建设，拨付扶持企业发展等各类专项资金支持企业成长壮大，国税、地税部门认真落实各项税收优惠及扶持政策，切实为企业松绑减负，支持新型工业、招商引资、民营经济、就业创业，财税支持经济发展的手段和能力不断提高。

（朱　璐）

【组织收入】　2017年，全区一般公共预算总收入突破23亿元大关，跃居全市第一。一般公共预算总收入税占比为97%，较2016年提高2.4个百分点；区级一般公共预算收入税占比为85.82%，较2016年提高11.26个百分点，收入质量名列全省前茅。根据全年收入形势分析，年初制定科学的收入计划，及时将收入任务分解到各征收部门，强化征收责任；加强与税务部门的实时沟通，制定严格的考核办法，奖惩兑现，效果明显。每个月的收入入库进度位居全市第一；认真落实税收法律、法规，加大纳税评估力度，公平税负；开展税源大调查，摸清税源底子，夯实税源基础；建立在建工程项目动态税源管理台账，及时掌握项目进展情况，防止在建项目税收“跑冒滴漏”；加大对欠税行为的打击力度，营造良好的税收环境；加强非税收入管理，严格区分行政事业费收入与政府性基金，防止混淆入库；积极落实上级税收优惠和鼓励政策，支持中小企业的发展。

（朱　璐）

【财政支出】　2017年，石鼓区民生支出达到10.31亿元，占财政总支出的72.14%，同比增长2.75亿元，增长36.38%。全年发放低保金3904万元，惠及1.2万余人，其中，农村低保每人每月从220元提高到260元。严格按要求提标城乡居民养老保险金，区级基础养老金配套51.8万元，同比增长55.09%。提高医疗保险保障水平，财政补助由420元提高到450元，覆盖9.56万人。支持退役安置、残疾人事业、困难群体接济救助，提高优抚对象抚恤及生活补助标准、义务兵优待金标准。支持居家养老服务、非营利养老服务机构，推进养老照料中心建设等。累计发放租赁住房补贴546万元。投入1705万元，创建“五美乡村”建设，完成荒山造林100公顷，通道绿化增量提质32千米，村庄绿化示范点2个，新造经济果木林3.33公顷。投入水利建设资金572万元，完成堤防维修7千米、山平塘维修14口，银杯水库干渠二期工程正在实施中。继续投入4000万元完成29个社区的“三清三建”工作。投入600多万元完成对19个社区的基础设施和18条主次干道人行道板的维修改造。投入800万元完成衡角公路油化，角山旅游环线进入施工阶段。投入900万元，全面完成中心城区“雪亮工程”，新增社会治安视频监控摄像头850个。全年拨付档案数字化建设经费100万元，文物修缮经费100万元，文化馆装修购置设备66万元。教育投入持续增加，教育投入3100万元，积极化解“大班额”，推进华耀城一小、前进小学、松木明德学校二期和金源小学的建设。完成足球进校园、薄弱学校改造、设施设备添置、合格学校建设4个方面的维修改造任务36个。完成5个学校的教育信息化建设。医疗卫生投入1750万元，支持医药卫生体制改革，完成区疾控中心、区妇幼计生服务中心改造，市正骨医院易地搬迁项目有序推进。基本公共卫生服务经费人均补助标准从45元提高到50元。全年投入专项扶贫资金611万元，推进乡村旅游扶贫开发工作，对“玫瑰园”“香樟苑”等旅游项目给予资金支持，促进村级乡村旅游企业健康发展，提高附近贫困户收入。做好“中国社会扶贫网”全省上线推广工作，构建社会扶贫信息服务网络，广泛动员社会各方面力量参与扶贫开发。全面完成了社会保障兜底对象认定工作，对符合条件的贫困人口实行兜底保障，为全区2645名贫困户购买了扶贫特惠保。（朱　璐）

**【农业综合开发】** 石鼓区农业综合开发办公室属区财政局直属管理的正科级全额拨款事业单位，其主要职责是：承担全区财政性农业综合开发资金安排及管理，开展项目前期准备和申报工作，按计划组织项目实施，检查项目和资金的执行情况，组织项目竣工验收，开展农业综合开发政策宣传，承办区人民政府、区财政局交办的其他事项。2017年，石鼓区农业综合开发办公室根据立项，及时组织实施了由衡阳市香樟苑生态农业发展科技有限公司负责的《衡阳市380头肉牛养殖基地扩建项目》，及时组织实施了由衡阳市石鼓区花果山有机蔬菜种植专业合作社负责的《衡阳市200亩蔬菜种植基地扩建项目》，并对由衡阳市石鼓区圆梦农场实施完成的《衡阳市市直5万羽肉鸽养殖基地改建项目》和衡阳市华桂农业综合开发有限公司实施完成的《衡阳市石鼓区100万袋秀珍菇种植基地扩建项目》，及时组织专班开展项目竣工验收工作，并切实做好项目主体到市办报账的相关配合工作。（沈建辉）

**【财政改革】** 2017年，强化预算编制改革，提高预算执行效率。严格划分基本支出和项目支出，将原来列入项目支出的部分个人工资福利等支出和单位运转经费全部移到基本支出，压缩部分项目支出，制定科学合理的公用经费定额标准，重点保障人员经费和运转经费。科学区分部门项目预算和全区性项目预算，制定完善的项目资金管理办法，规范项目预算资金审批、拨付流程，提高项目资金的使用效率。推进“互联网+监督”。制定本级民生资金项目公开目录，主动推进村级财务软件系统升级改造和公开数据对接。深化国库集中支付改革，扩大公务卡结算范围。简化国库集中支付手续，提高无纸化办公程度，最大限度地保证预算单位在办公室完成国库集中支付业务。严格公务卡使用情况考核，减少授权支付中现金支付量，防范财务风险。规范国库集中支付中政府采购业务的付款流程，确保政府采购应采尽采。首次将政府采购纳入集中支付，实行备案制。明确规定政府采购金额，指导采购人依法依规进行政府采购。明确政府采购与招投标的界限，防止采购方随意选择，杜绝政府采购漏洞。全年共完成挂网采购项目65项，成交金额8339万元。创新财政评审中心与社会资源合作模式。通过公开招标建立造价咨询库，完善全区财政评审管理办法及财评工作机制。全年共审计项目222个，审计金额4.71亿元，审定金额3.41亿元，审减率达27.75%。（朱　璐）

## 国家税务

【概况】　区国税局位于衡阳市石鼓区明翰路29号，全局干部职工137人，其中：在职90人，退休47人。内设15个科室，负责征管石鼓区和松木经济开发区范围的个体、私营经济及有限责任公司的增值税、消费税、企业所得税和存款利息个人所得税的税收征收管理工作。所辖纳税户共7163户，其中个体工商户4247户、企业2916户（一般纳税人企业1054户，小规模纳税人企业1862户）。区国税局被衡阳市国家税务局评为2017年度绩效管理先进单位，被石鼓区委、区政府评为2017年度社会综合治理先进单位、目标管理绩效考核优秀单位。（谢涵宇）

【组织税收】　2017年，区国税局科学合理地统筹和调度，深挖税收潜力，积极培源增收，保量优质地完成全年收入任务，全年累计入库税款19.62亿元，增幅29.70%，收入总量、收入增量均为全市第一。（谢涵宇）

【征收管理】　2017年，区国税局优化国地联合征管体制。建立局领导对接定方向、部门对接明责任、人员对接抓落实的立体式深度联合征管模式。全年组织召开四次国地税联席会议，推进协税护税、行政处罚和政策执行“三统一”，实施办税服务、税收执法、信用评定、风险应对“四联合”。严密防范和打击虚开虚抵涉税违法行为。以加强日常征管为切入点，组织征管部门对新办户、“两头在外”纳税人以及中介代办的新办户进行重点监控和管理，通过对筛选出的26户高风险等级纳税人进行风险排查，发现8户存在虚开嫌疑，涉嫌虚开销售金额约4147万元，税款约688万元，及时移送稽查并将其开具发票作失控处理；发现6户存在虚抵嫌疑，转出虚抵税款639万元，堵塞征管漏洞。规范纳税评估流程。集中精力突破选案、分析瓶颈，积极应对省、市局下发7批次风险预警任务。全年全局共移交税务稽查1户，评估24户，核查81户，大企业税务审计2户，评估入库税款3646万余元。（谢涵宇）

【“营改增”】　2017年，区国税局做好“营改增”后续工作。全年新增“营改增”纳税人637户，包括一般纳税人35户，小规模纳税人602户；“营改增”四大行业收入3.25亿元，其中，建筑业8950万元；房地产业1.72亿元；金融业5155万元；生活服务业1144万元。（谢涵宇）

【依法治税】　2017年，区国税局落实各项税收优惠政策，切实发挥税收在稳增长、调结构、促改革、惠民生方面的职能作用。全力落实小微企业税收优惠政策，2.91万户次小微企业免征增值税1221.9万元，1166户次小微企业减免企业所得税599.31万元；办理资源综合利用企业增值税优惠96户次，即征即退增值税1429.8万元；落实生产型出口企业退（免）税政策，免抵税额合计992.87万元，退税额184.65万元。（谢涵宇）

【纳税服务】　2017年，区国税局坚持以人为本，深入开展“便民办税春风行动”，推出预约办税、限时办结、容缺办理等一系列便民措施，提升纳税人的获得感、满意度和遵从度；积极推行以网上办税为主、自助办税和其他社会办税为辅、实体办税服务厅兜底的办税模式，减少办税等候时间；深入推进“一窗一人双系统”国地税业务通办模式，真正实现“进一家门、办两家事”；认真开展纳税信用等级评定，组织区局2016年度纳税信用等级的复评和补评工作，并及时公示；办好纳税人学堂，按需授课，先后开展了企业所得税、6项减税措施、电子税务局等5期培训班，全年共计培训2400余人次，基本实现辖区纳税人培训全覆盖；开展“问需求优服务促改革”活动，使纳税人的真正诉求落到实处；联合地税开展第26届税收宣传月“名人说税”活动，全国人大代表欧阳赏莲现身说税。（谢涵宇）

【队伍建设】 2017年，坚持人才强税战略，根据工作和干部需要，合理安排培训内容，全年区局共举办干部培训班16期，培训干部960余人次，不断提升干部队伍业务水平和实务操作能力；积极组织干部职工参与2017年度“岗位大练兵、业务大比武”竞赛活动，2人代表市局参加省局比武，获得团体三等奖，1人获得省局业务骨干称号。（谢涵宇）

## 地方税务

【概况】 石鼓区地方税务局于1994年组建运行，2017年，内设职能机构9个，辖行政单位6个，负责石鼓区和松木经济开发区内所有行政事业单位、企业、个体工商户的地方税收征管，主体税源由房地产业、建筑安装业、卫生和社会工作业等行业组成，主体税种有企业所得税、个人所得税、城镇土地使用税、土地增值税等。年末，有干部职工97人，其中在职80人，退休17人，中共党员68人。（王妍欣）

【组织收入】 2017年，面对经济形势复杂、税制改革冲击、主体税种缺失等多重考验，石鼓区地方税务局上下齐心协力，通过欠税清缴、风险管理、税务稽查、国地合作、综合治税等系列组合拳，圆满完成了全年收入目标任务。全年组织入库各项收入6.43亿元，其中市政府考核口径6.31亿元，完成年初奋斗目标6.13亿元的102.92%，超收1790万元，完成年初考核目标5.95亿元的106.03%，超收3590万元；同比增收8480万元，增长15.53%。（王妍欣）

【强化征管】 2017年，区地税局积极应对税收征管体制改革，转变征管方式。以“重点税源重点管、行业税源专业管、一般税源属地管、个体税收综治管、风险管理突出管”为原则，把房地产、建筑安装行业集中到一个分局进行专业管理；把2016年纳税额在50万元以上的其他企业和全部行政事业单位集中到1个科进行重点管理；剩余的纳税人按地域划分为3个部门分别管理，强化勤征细管。强化信息管税。对内，依托“金税三期”系统，联合区国税局定期开展数据清理，建立了“信息中心牵头汇总、税源管理部门核实确认、征管和科技发展科政策把关、办税服务中心前台录入”的完整流程，数据清理工作始终名列全市地税系统前茅。对外，依托信息共享平台，多途径获取涉税信息，全方位化解税收风险。严控税收风险。深入开展执法督察，由监察审计室牵头专项督办纳税人3户，清缴欠税260余万元；全面检查了349户注销登记户的资料归集、清税办理等情况。深入落实税务总局执法大督察，核实和整改问题2000余条。全面梳理税收执法环节，汇编成《税收风险防控手册》人手一册。制发《关于进一步明确注销及股权变更有关问题的通知》和《注销登记及股权变更办税指南》，进一步规范了高风险事项。深化国地合作。召开联席会议5次，分别就实名办税、个体定税、联合办税、征管考核、数据清理等工作达成共识、一致推进，取得明显成效。实行联合办税，打造了两个联合办税服务厅，开启“一窗通办、双厅运行”的办税新模式。实行“先税后票”，国地双方税费同步征收，严防征管漏洞。实行联合培训，对内，开展办税大厅双厅全员全岗练兵活动；对外，联合举办了4期纳税人学堂，培训纳税人达2000余人次。实行联合纳税信用等级评定，同步评定纳税人1210户。

（王妍欣）

【依法治税】 2017年，区地税局依法治税成绩显著。税费政策执行有力。强化所得税征管，重点抓好企业所得税汇算清缴，组织了2次专项培训，共完成申报396户，同比增长24.92%，汇算清缴面达100%，差错率为零；个人所得税入库1.62亿元，居全市13个县（市、区）局第一，占城区5局个人所得税总量30.31%，获全市地税系统个人所得税管理竞赛三等奖；其中，年所得12万元以上申报1814人次，补缴税款132.22万元，申报人数及补缴税款均位居全市第一；行政事业单位个人所得税实现“扩面、增量、提质”，石鼓区112家行政事业单位，包括“四大家”和“公、检、法”及“国、地、财”在内，均实现全员全量明细扣缴申报，省、市局领导多次到局调研此项工作，听取经验汇报，推广先进做法。狠抓房土两税清查，房产税入库2082万元，增收213万元，增长11.39%；城镇土地使用税入库6803万元，增收1543万元，增长29.33%，总量、增量及增幅均位居城区五局第一。强化土地增值税管理，建立管理台账，制定清算考核方案，入库1.02亿元，增收3827万元，增长59.97%，高于城区平均增幅29个百分点，获全市地税系统土地增值税管理竞赛二等奖及全市地税系统土地增值税优秀案例竞赛三等奖。确保税费同征，特别是残疾人就业保障金入库386万元，增收165万元，增长74.68%，总量、增量及增幅在城区5局中均稳居第二；行政事业单位残保金调研文章获全市地税系统优秀调研文章评比二等奖，其“五专”措施还被市地税局作为优秀经验向省地税局推介。“三项制度”落实有力。搭建了信息公开渠道，及时更新依法应公开事项；突出行政执法全过程记录，15台执法记录仪、1个数据采集站和标准化税务约谈室均投入使用，从事执法活动时均按要求进行全影音记录；成立了法制审核委员会和重大税务案件审理委员会，对16户企业的重大执法决定进行了集体审理。在市地税局组织的试点工作推进会上，作为3个先进单位之一作经验发言，工作亮点在《湖南地税》杂志上登载，并获全市地税系统“三项制度”改革试点工作二等奖。综合治税不断完善。完善了“政府主导、地税主抓、国地合作、部门配合、社会共治”的综合管税格局，增强了税收征管合力。如个体定税由区政府统一调度、乡镇（街道）配合、国地税联合核定，个体定税率位居全市第一。税收宣传月启动仪式等多项税收宣传活动均由区政府主办、国税、地税、财政联合承办。区委书记和区长调度重点项目税收入库，区政府常务副区长和财政局局长、政府办负责人出席欠税企业法人约谈会。（王妍欣）

**【优化服务】** 2017年，区地税局与区国税局联手打造了两个外观设计、内部布置、服务模式统一的联合办税服务厅，在全市率先开启“一窗通办、双厅运行”1+1>2的办税新模式，双厅所有窗口均实现国地税业务一窗通办，有效分流了办税人群，创造了更快的办税速度。首问责任制、一次性告知、延时服务、预约服务、领导值班制等得到进一步落实。举办网厅二期培训班，着力“让数据多跑路，让百姓少跑腿”，同时，对未经“金三”流转的执法事项和内部审批、非“金三”产生的表证单书进行了全面清理，杜绝系统外循环，减轻纳税人办税负担。在2017年纳税人满意度调查中，排名全市第五、城区第二。联合区国税局高规格举办税收宣传月启动仪式，邀请区政府领导、全国人大代表和200余户纳税人参与，衡阳电视台、衡阳日报社等多家主流媒体跟踪报道。开展了“税企心连心，服务零距离”纳税服务日主题活动，绘制了以“诚信税收，文明雁城”为主题的税收宣传画和宣传标语，开通了微信公众号、税企服务QQ群和微信群等，增强了与纳税人的互动。通过“问需求、优服务、促改革”专项活动，走访企业1385户、个体1431户。税收减免惠民给力。全年减免小型微利企业税收91.56万元，惠及纳税人78户，受惠面达100%；核准城镇土地使用税困难减免8户，减免税款162万元；核准房产税困难减免5户，减免税款37万元，帮助企业解决困难，持续释放改革红利，推动地方经济转型升级。

（王妍欣）

## 金　　融

**【概况】** 2017年，在石鼓区设有网点并开展业务的银行机构7家（下设一级支行21个），小额贷款公司3家，全区已形成多层次机构并存、功能互补的金融市场体系。年末，全区金融机构表内存款391.8亿元，贷款218.2亿元，贷存比55.76%。守住不发生系统性、区域性金融风险的底线，自2014年非法集资高发期到2017年，全区非法集资立案案件从15起下降到1起，涉案金额2.7亿元降为0.084亿元，抓获46人，刑拘39人，移送起诉35人，已追回集资款250余万元，其余集资款正在积极追查中；无严重后果的群体性上访事件；协助处置包括盘锦华山在内的涉嫌非法集资案件9起，其中受理223笔“盘锦华山涉非案”受害集资户退款事宜，总计退款83.759万元。 （胡雪峰）

【金融风险防范与处置】
2017年，石鼓区坚持强大的宣传攻势，营造打击非法集资的浓厚氛围。充分利用“3·15”消费者权益日和非法集资宣传月活动之际，积极联合区工商分局、华融湘江银行等开展打击非法集资户外宣传，组建全省首支志愿者服务队，推送防范非法集资视频，印发宣传资料5万余份，制作宣传展板50余块，现场为1.2万人次解惑答疑，帮助市民看清和识别各种非法集资的“外衣”，提升市民防范意识。社区工作人员、志愿者深入社区、商户、楼栋、住户等一线发放宣传资料，在人口密集处摆放宣传板报，设置宣讲台，租用户外LED显示屏长时间、多频率播放宣传标语和视频，做到宣传全覆盖。区、乡（街道）干部将打非宣传融入脱贫攻坚、干部联点走访，取得良好效果。强化对金融机构、担保公司、各类典当行等重点领域的宣传，建立乡（街道）定期联系和宣传制度，随时关注和掌握工作动态；强化对中老年人重点人群的服务，开展多次防范金融风险知识咨询服务。全区老年群众参与非法集资现象大幅减少。加大排查，建立非法集资定期检测排查机制，做到预防在前、处置在前。联合公安、工商、国税、地税等部门开展经常性排查，建立“每月走访，每季检查”的排查机制，摸准摸实风险状况，做到问题早发现、早介入、早处理。全年共排查企业110家，化解风险点236个。排查各类涉及地方金融活动公司57家，其中投融资中介公司6家，小额贷款公司3家，投资公司11家，互联网金融、投资信息咨询等公司32家；发现问题线索39条，并分类处置到位。制定和出台了《石鼓区互联网金融风险专项整治工作实施方案》，对辖区内互联网金融机构开展专项集中摸排。走访调研辖区6家投融资中介公司，掌握了各中介公司运行情况，并建立管理档案及台账，明确工作重点和工作方向。强化对非法集资进行打击，确保不留盲区。全年共发现涉嫌非法集资、涉嫌虚假宣传的线索10起，通过甄别和调查，市打非办、市地方金融市场专项整治队分别下发督办函5件，通过实地走访调查、现场取证、高管约谈、责令整改、限期整改等措施，成功果断处置了金融风险。全年立案1起，涉案金额84万元，涉及受害人101人。完成受害集资户退款手续办理工作221起。区金融办始终把信访维稳作为工作的重心来抓，及时化解矛盾，维护金融大局稳定。接待群众举报“涉非”案件9起，如：五一街道“老年乐”公司通过“消费返现”的形式涉嫌的非法集资活动；人民街道“德益康”公司通过“消费返现”形式，高价出售产品，疑似非法集资活动；青山街道“启武实业”公司以购买产品分红的形式涉嫌的非法集资活动等；协调处置衡阳市蒸水生态农业专业合作社非法吸收公众存款涉众型案件（涉案金额1600万元、涉案人员380人）；衡阳华侨民间资本投融资中介服务有限公司涉嫌“违规融资”“非法集资”事宜；湖南坤海新能源集团有限公司衡阳分公司以“消费卡合同书”的形式面向社会公众收取预消费储值款涉嫌非法集资案件；湖南云台山茶旅集团文化有限公司衡阳分公司消费预付卡涉嫌非法集资事件的清退工作；协调区公安经侦大队对首龙鱼牧涉嫌违规经营活动的调查；协调处置233笔“盘锦华山”受害户退款工作。按照“属地管理、分级负责，谁主管、谁负责，依法、及时、就地解决问题与疏导教育相结合”的原则，完成市金融办、市维稳办交办的16起（按照上访对象详细户籍地地址，潇湘街道5起，合江街道5起，青山街道2起，人民街道2起，五一街道2起）“五包一”金融打非领域（即“一名责任领导、一名联村干部、一名综治干部、一名政法干警、一名村（社区）干部”）信访案件。总计交办的16起非法集资信访案，比较稳定。其中1起，经确认是他人冒用身份，本人未参与；成功化解1起，所在的集资单位已支付受害集资户利息；剩余14起，通过“五包一”工作机制，专人盯守，与受害集资户每天联系，见面见思想、宣讲政策，做好稳控疏导工作，并及时做好信息报送工作。接待“刘女士非正常上访案件”“广西朗田蛇毒‘涉非’案”集访（50人）。通过耐心政策讲解和劝导，均得到了妥善处置。区金融办获评全区十九大安保维稳先进单位。

（胡雪峰）

【金融扶贫】 2017年，不断强化组织、制度和资金“三个保障”，认真落实“五个一批”“六个精准”要求，扎实推进脱贫攻坚工作，较好完成了2017年度金融脱贫各项任务。其中，完成4个涉农项目（利民村的莲花产业、和平村的猕猴桃产业、角山村的玫瑰花产业、三星村的蔬菜产业和旭东村的牧草产业）产业投资820万元，完成比例81%；完成扶贫小额信贷139户，放贷总额479.8万元，完成率132.07%；完成总计保费60万元、1288户贫困户、3515个建档立卡贫困户人口数的特惠保扶贫服务，超额完成目标任务数；组织金融机构（交通银行、工商银行）完成和平村、利民村2个特困地区金融扶贫服务站的建设，提高了当地村民享有金融服务便利及获得感；组织各职能部门按照各自职能，严把金融扶贫贷款风险防控，对可能出现的风险，及时采取措施加以防范，确保了金融扶贫资金规范安全运行，全年全区未发生小额信贷坏账及系统风险。

（胡雪峰）

【金融发展】 2017年，超额完成辖区内企业到市金融信用中心注册数任务。通过广泛动员乡（街道）和社区金融工作人员力量，以及跟踪督查督办等措施，超额完成市交办联系辖区内企业到衡阳市金融信用服务中心注册数833户，完成比例为100%以上。加快了金融信用数据库的建设，加强了金融监管水平。主动对接辖区内金融机构并建立初步工作联系。为贯彻落实常委副市长章彰关于“在经济下行、产业转型的关键时期，更好服务企业融资需求，助力实体经济发展”的工作要求，石鼓区积极主动对接辖区内金融机构38家，其中，银行21家、保险6家、证券2家、小贷公司3家、投融资中介公司6家。从出服务、出政策、出监督等方面着手，探讨政银企合作机制，推动金融服务实体经济步伐。创建良好的金融信用环境。出台《石鼓区举报涉嫌非法集资线索奖励暂行办法》《关于进一步做好清收衡阳农商行涉政不良贷款工作实施方案》等文件，协助化解辖区内涉政不良贷款金额151.1万元。建立完善金融失信黑名单公示制度、中小微企业和农户信用评价制度等在内的金融信用体系，促进全区金融经济发展。

（胡雪峰）

【小贷监管与服务】 2017年，加大对辖区内小额贷款公司的现场监管力度，坚持每月走访一次，每季度查阅公司台账资料一次，通过走访、查阅，及时掌握小贷公司经营情况，帮助解决小额贷款公司在经营过程中遇到的一些难题。强化动态的专业化财务监管，将每月小贷公司报送的相关财务报表进行分析，并上报到湖南省小贷公司监管平台。加强对小贷公司的日常经营监管，通过配合市金融办在全市开展的小贷公司交叉检查中发现的问题，督促督查整改落实情况，规范了小贷公司的经营行为。增强对小贷公司金融服务，完成了辖区内华耀城申请筹建华助小贷公司的资格初步审查工作、两家小贷公司评级工作、弘华小贷的高管变更审查工作，指导弘华小贷公司成功申报16.24万元的风险补偿资金，指导鑫融小贷公司成功申报20.13万元的风险补偿资金及10万元的融资创新考评专项资金。

（胡雪峰）

【保险】 2017年，区内有保险

机构6家，其中财险4家，分别是平安、大地、太平洋和中华财险；寿险公司2家即农银人寿和国寿。 （胡雪峰）

**【银行】** 2017年，中国工商银行衡阳分行在全市共设立一级支行18个，二级支行30个，其中，在石鼓区设立了一级支行两个，分别是：城中支行、城北支行；二级支行四个，分别是：瓦子坪支行、附一支行、合江套支行、潇湘支行。建设银行衡阳市分行是湖南省分行下辖二级分行，共有31个支行、42个营业网点，其中在石鼓区营业网点共4个，分别是石鼓支行、解放路支行、五一路支行、潇湘街支行。农业银行衡阳分行下辖13个支行（含市分行营业部），其中农村支行7个，城区支行6个；营业网点95个，其中位于石鼓区的营业网点9个，分别是衡州支行营业部、雁北支行、雁中支行、蒸阳支行、中山路支行、供销分理处、常胜西路分理处、红湘分理处、衡南雁北分理处。 （胡雪峰）

# 工业

## 综述

**【概况】** 2017年，石鼓区工业四大产业集群区初步实现，形成了以松木化工工业园为龙头，新澧化工、骏杰化工为核心的精细盐化工产业区，以中大能源为核心的新能源、新材料产业区，以天雁机械、正洋汽配为核心的汽车配件产业区，以金一帆药械、共创医疗为核心的医用器械产业区。全区工业规模以上工业增加值增长6.5%，新增规模工业企业2家，年末规模以上工业企业达37家。其中，规模以上工业总产值达12.96亿元（平台数据），轻工业实现总产值1.27亿元，增长1.6%；重工业实现总产值11.69亿元，增长9.1%。按注册类型分，国有企业实现总产值6.17亿元，增长9.36%；股份制企业实现总产值12.59亿元，增长9.0%。中力建材、华翔建材等均实现了50%以上的增长，龙都建材、江雁顺驰等3家企业也实现了30%以上的增长。在对全区规下企业进行摸底后，挑选了衡阳市恒锋机械制造有限公司、衡阳市石鼓建鑫化工厂、衡阳市丰华发动机配件有限公司、衡阳市力豪环保科技有限公司4家规模以下企业进行重点培育，促其进入规模企业笼子。石鼓区规模以上工业企业达到38家，总产值达44.43亿元，天雁机械转型升级迈出新步伐。工业经济实力持续增强。石鼓区主要产业为汽车零部件、新能源，其中汽车零部件产值占全区工业经济总量1/4以上。

（宁小平）

**【区科技创业园移交问题专题调研】** 石鼓科技创业园成立于2008年，是石鼓区为主动承接沿海产业转移、打造中小企业创业平台自主建设的一个工业创业园区，规划用地33.33公顷（500亩），已建成1万平方米标准厂房及配套设施，已有多家沿海产业转移企业进驻投产。8月30日下午，石鼓区委书记唐浩然，区委副书记、区长刘浪一行深入松木经济开发区（以下简称经开区），就区科技创业园移交等事宜进行专题调研。唐浩然、刘浪一行首先来到区科技创业园，对园区基本情况、产业发展等情况进行深入了解。在随后的座谈会上，区领导与经开区管委会负责人进行了深入友好交谈，与会领导、相关部门及经开区分别结合各自实际，就区科技创业园移交问题提出了很好的意见和建议。唐浩然指出，石鼓区的社会经济发展离不开经开区的大力支持，与经开区是密切的家人关系。就区科技创业园移交问题，他强调，双方要统一思想，达成共识，加快推进，区委、区政府将迅速冻结区科技创业园的资产，清产核资，做好移交前期相关工作，同时也将大力支持移交后续工作的开展。唐浩然希望经开区能一如既往支持石鼓经济社会发展，双方团结合作、互相支持，共推发展大局。刘浪对经开区多年来对石鼓经济社会发展的助推表示感谢，他指出，经开区与石鼓区本是一家，你中有我，我中有你。区委、区政府始终把金源街道当成自己街道，把经开区当成辖区内重要坐落单位，希望双方在科技创业园移交上吸收别处成功经验，求同存异，创新工作方法，实现双方共赢。此次协商移交问题，是配合落实市委、市政府将松木经开区打造成充满活力的北部工业新城的重要决策。

## 工业企业选介

**【湖南天雁机械股份有限公司】** 湖南天雁机械股份有限公司主要从事废气涡轮增压器、发动机进排气门、高铁冷却风机等发动机零部件的研发、生产和销售，是国家认定高新技术企业、国家火炬计划重点高新技术企业、中国内燃机零部件行业排头兵企业、中国汽车零部件增压器龙头企业，位居中国增压器民族品牌首位。公司始建于1950年8月，已有60余年历史，20世纪80年代初进入汽车零部件制造领域，经过30余年发展，有总资产近10亿元，员工1600余人，各类设备近3000台（套），总占地面积约60万余平方米，并造了多个国内第一：第一个生产特种车辆涡轮增压器和冷却风机、第一个成功研制斯太尔重型货车涡轮增压器和高性能气门、第一个自主研制乘用车带旁通阀涡轮增压器、第一个研制可变喷嘴涡轮增压器、第一个设计制造大功率柴油机和动车组冷却风机、第一个拥有“国家认定企业技术中心”的增压器企业、第一家国内增压器上市企业。公司实现商用车、乘用车与柴油机、汽油机并举，产品谱系全面拓展，已授权各类专利156项，其中发明专利10项。为全国内燃机标准化技术委员会涡轮增压器工作组组长单位、全国第四批知识产权试点企业、湖南省博士后科研流动站协作研发中心、湖南省知识产权优势企业培育工程示范企业，主持和编制起草中国增压器行业标准，承担多项国家重点支持项目，产品销往欧洲、东南亚、南美等国家和地区。公司拥有“江雁”牌中国驰名商标，涡轮增压器、斯太尔气门两产品连续被评为湖南省名牌产品，是中国汽车零部件百强企业，先后被玉柴、锡柴、潍柴、大柴等10余家发动机知名企业授予核心供应商、优秀供应商等称号，是全国模范劳动关系和谐企业、全国设备管理先进单位、全国先进基层党组织、全国模范职工之家、全国厂务公开先进单位、全国学习型组织先进单位、国务院中央企业先进基层党组织，湖南省质量信用AAA级企业。

（宁小平　吴　琼）

**【衡阳市天然气有限责任公司】** 衡阳市天然气有限责任公司是中油金鸿天然气输送有限公司下属的全资子公司，是衡阳市独家经营管道燃气的专业公司。衡阳市燃气事业始于市煤气工程。该工程于1993年开工，后因投资大、工艺落后，于1997年全面停工。1999年1月，公司前身衡阳市燃气公司成立，1年后建成液化气混气工程，同年向衡阳城区供气。2002年公司改制重组，由金果公司整体承债式兼并燃气公司，成立衡阳市天然气公司，注册资金1亿元。2006年1月，经过股权变更，金果公司股份退出，中油新兴能源入主衡阳天然气。2017年，公司拥有固定资产5.5亿元，已有居民用户28万余户，管网2000千米，年利税过1亿元，连续6年成为衡阳市重点纳税大户。公司有员工300余人，其中中高级专业技术人员65人、大专以上学历190人，设有行政办公室、人力资源部、计划财务部、生产技术部、安全部、客户服务中心、生产运行部6个部室及分支机构，成为集城市燃气管网设计、管网工程建设、管道天然气及吨位液化气销售和压缩天然气（CNG）汽车加气业务于一体的专业公司。

（宁小平　吴　琼）

**【衡阳韵翔电机有限公司】** 原衡阳市电机厂，始建于1960年，位于石鼓区桑园路166号。专业生产隔爆型发电机及隔爆型发电机调节器，广泛适用于防爆柴油机车、防爆胶轮运输车、防爆装载车、防爆叉车、油气罐车、防爆汽车、爆破器材运输车、其他矿业装卸设备及矿业运输设备等，可直接对蓄电池充电，用于对发动机进行启动，也可为照明、仪表等提供电源。隔爆型发电机采用永磁机构，与调节器分离设计，避免发电机、调节器集中发热而容易烧毁，产品体积小，温升底，寿命长。自2011年起，生产的产品连续多年列入市科技进步重点项目，获得科技部国家中小企业创新基金支助，产品评为“衡阳市名牌产品”，2013年获省著名商标、省高新技术企业称号。成为国家煤碳科学研究总院各防爆机车重点配套单位、东风汽车股份有限公司特种车部三一重工防爆设备、通用电气防爆产品的重要合作单位。（宁小平　吴　琼）

**【大地泵业有限责任公司·衡阳市湘南电机厂】**　（原衡阳潜水泵总厂）是原国家机电部潜水电泵定点生产企业，也是中国潜水泵开发、生产之重要基地。企业创立于1958年，投资1.1亿元，占地5万多平方米，自投产以来，已为社会诸多领域提供各类潜水泵上千万台。由享受国务院特殊津贴的著名水泵专家率120名工程师，在CAD工作站中，运用三维模型和专业软件，不断开发出特色新品，通过提供完整的矿山排水、现代农业灌溉、水景工程、城市污水处理等领域的解决方案，在众多潜水泵应用中取得了成功。获得国家专利24项，科技成果奖35项。生产的大地牌系列潜水泵2001年、2004年和2008年连续三届被评为湖南省名牌产品，并多次获湖南省产品质量奖；2006年、2009年连续两次获湖南省著名商标称号。（宁小平　吴　琼）

**【湖南鸿业变压器有限公司】**　成立于1988年6月（原名衡阳特种变压器厂）。注册资本2000万元，是专业生产电炉变压器、整流变压器、电力变压器的重点企业。公司2001年被认定为“高新技术企业”“湖南质量信用A级企业”，电炉变压器被认定为“衡阳市名牌产品”，公司注册商标被认定为“湖南省著名商标”。先后申请通过了“特种变压器油箱”“多回路直流冶炼变压器”“特种变压器低压防渗漏端子”“完全可拆油水冷却器”等诸多国家专利。“超低损耗电炉变压器”通过了专家权威鉴定。公司产品电压等级10~110千伏，最大容量单台可生产到12万千伏安。主要产品：电炉变压器（硅锰炉、硅铁炉、铬铁炉、镍铁炉、电弧炉等）、电石变压器、整流变压器、电力变压器、预装式变电站、油水冷热交换器，并有大批110千伏级直降矿热炉变压器在线运行，性能良好。产品温升低、噪声低、过载能力强。其中，空载损耗、负载损耗，空载电流与参数均低于行业标准，是行业公认的高过载能力，低损耗产品。

（宁小平　吴　琼）

**【衡阳海微电子科技有限公司】**　成立于2010年11月。注册资本1000万元，经营范围为多媒体数字电视机及机顶盒、电脑及电脑配件、游戏及网络软体产品、LED大屏幕等显示产品的研发、制造、销售并提供相关工程的配套施工。公司自主研发的“多媒体网络电视机”即“多网络多媒体数字电视一体接收机”是配备了多媒体标准界面和网络引导器，并且可以通过各种网络进行有条件接收的数字电视接收一体机，其中多媒体标准界面、网络引导器和电视机管理引导网站都为海微自己研发的专利产品和技术。可以同时收看数字广播电视，可监控网络电视、三G移动双向视频网络、游戏网络操作等多网络电视接收终端机。具有成本低、操作方便、适应功能強和进行网络管理有条件接收播放等特点，是未来多信源数字电视有条件接收和运营的一种新的商业模式。

（宁小平　吴　琼）

**【奔立尔教育产业集团】**　奔立尔集团旗下有：广东奔立尔服饰实业有限公司、广州市奔立尔餐饮管理有限公司、广州市博德教育咨询有限公司、泉州市电速文体用品有限公司，于2014年3月成功注册“湖南奔立尔工贸实业有限公司”，注资2009万元。位于衡阳市石鼓区五一路207号，主要经营学生装、体育用品、办公自动化设备、电子产品、仪器仪表、网络产品、信息科技产品、电教设备、安防产品销售，校园文化建设，员工培训，商务咨询服务。占地面积1万平方米，其中建筑面积6000平方米；解决300人就业岗位问题，是服务于教育后勤装备及教育产业综合性公司。

（宁小平　吴　琼）

**【衡阳市辉丽电机配件有限公司】**　位于石鼓区合江街道，厂区占地面积0.67公顷，生产场地4500平方米，2004年12月正式投产。已完成投资1000多万元，每月产值超过200万元，可实现年产值

2000多万元，利税达100万元。公司拥有一支高素质机电技术研究队伍，员工中大专以上学历人员比例高达40%，其中专业技术人员占职工人员20%以上。公司不断改革创新，相继配置了先进检测设备，建立了完备的产品试验室、技术研究室，可以根据用户的更高要求开发生产各种系列的尖端专业产品。主要产品有定转子、矽钢片、交流减速电机、制动电机、变频调速电机、力矩电机、机床通用机械电动等10大系列，百余种规格。

（宁小平　吴　琼）

**【湖南共创生物功能材料有限责任公司】** 是由共创实业集团有限公司、中南大学粉末冶金工程研究中心和南华大学附属第二医院共同发起成立的高科技企业，主要从事医用骨质生物功能材料的研究、生产和销售。厂址位于石鼓区望城路103号共创高科技工业园区内，公司主要产品为生物陶瓷人工骨和医用高分子夹板等其他骨科用材料。公司年产值2450万元，利税282万元，实现利润122万元。

（宁小平　吴　琼）

**【衡阳市龙都新型节能建材有限公司】** 2011年注册，总投资5000万元，公司地址在衡阳市石鼓区望城路牛吃岭，占地4公顷，主要生产设备为世界品牌贝赛尔，美国贝赛尔机械湖南办事处设在本公司。主要生产的产品有：砼多孔，各种型号的砼普通砌块、轻集料砌块，多排孔陶粒混泥土自保温砌块。产品质量经国家、省、市建材检测中心检测全部合格。聘请湖南大学等高校的墙材专家、教授为公司的产品进行研发，根据节能、环保的要求，共同研发了“多排孔陶粒自保温砌块”，并获得了国家专利（专利证书号第1160158号，专利号：200820052978.2）。产品具有节约工程造价、提高保温效果、施工操作方便、使用安全可靠的优点。（宁小平　吴　琼）

**【衡阳市育新印刷厂】** 位于进步巷39号，于1981年注册成立，注册资本为133万元，主要经营出版物、包装装潢、其他印刷品印刷；代理印刷品广告；杂件印刷。与多家衡阳鬃毛加工、制刷及清扫工具厂黄页零售商和代理商建立了长期稳定的合作关系。

（宁小平　吴　琼）

**【衡阳金一帆科技实业有限公司】** 成立于1986年8月，在同行业中率先通过了ISO 9001国际质量管理体系认证及医疗器械生产许可证，已获得国家批准的“十二项国家专利”，2011年度获得了“高新技术型企业”认证，2014年又获得了4项实用新型专利和一项发明专利，公司建立了从设计、制造、检验一直到售后服务的一整套质量保证体系。主要生产脉动真空灭菌器、快速冷却灭菌器、圆型卧式压力蒸汽灭菌器、矩型卧式压力蒸汽灭菌器、低温灭菌设备、医用全自动清洗机、低温医用干燥柜及提取浓缩、干燥、结晶、反应、配料、注射用水储罐等制药、食品的化工机械设备等，产品销往全国各地及非洲国家。（宁小平　吴　琼）

**【衡阳市南北特食品有限公司】** 是一家久负盛名的“老字号”烘焙食品企业，已具80多年的历史。其前身为衡阳市南北特食品厂，属国营企业，经企业改制后组建为衡阳市南北特食品有限公司。企业坐落在中山北路进步巷11号，占地面积1600多平方米，建筑面积4000多平方米。有员工200人，专业职称技术人员16人，糕点技师10人，中级技工66人。固定资产460万元。企业生产技术力量雄厚，拥有完备的现代食品卫生质量检测中心和空调恒温化的食品生产车间。主要生产的有“石鼓牌”系列产品：酥薄月、生油月、园黄蛋糕、鱼皮花生、桃酥、交切糖、花生糕、麻枣、麻元、雪片糕、灯芯糕、八宝饭、老婆饼等130多个品种。其中有20多个产品获得省、市优质产品称号。其中久负盛名的拳头产品“石鼓牌”酥薄月于1981年获国家优质产品银质奖，1988年经国家复评，继续授予银质奖，同年获首届中国食品博览会金牌，1995年被评为全国食品行业的中国名牌产品，2002年再次获中国名牌商品荣誉。2004年至2015年连续获得“湖南名饼”“金牌月饼”称号，被树为行业标杆产品。

"石鼓牌"豆角酥、鱼皮花生、麻园、生油月分别获得"金牌糕点"和最佳创新月饼奖。2011年"石鼓牌"酥薄月入选中华糕饼文化遗产,"石鼓牌"商标获评湖南省著名商标。2013年"石鼓牌"酥薄月制作技艺入选衡阳市非物质文化遗产名录,2014年获湖南省"名优特"产品称号,湖南省质量信任AAA级企业。2016年获评"湖南老字号"。

(宁小平 吴 琼)

**【湖南共创医疗设备有限公司】** 是集开发、制造、销售为一体,具有较大规模的医疗器械专业厂家。厂区位于石鼓区望城路103号(共创科技工业园),园区占地面积5.17万平方米,建筑面积1.82万平方米。公司注册资金1000万元,有一、二类压力容器设计及制造许可证、医疗器械生产企业许可证和8种医疗器械产品注册证。灭菌器"船山"牌商标为湖南省著名商标,精细化工机械、制药机械"雁翔"牌商标享有美誉。公司是湖南省医疗器械行业协会常务理事单位、湖南省医药行业协会理事单位、衡阳市特种设备管理协会理事单位、湖南省A级质量信用单位、中国"知名品牌"企业。产品辐射全国,远销东南亚、拉美、非洲等国家和地区。2013年完成销售收入3000余万元,2014年完成销售收入4000余万元。建立了完善的售后服务体系,公司总部设有售后服务中心和产品配件库,全国大部分地区设有授权售后服务部;设有全国免费热线电话。

(宁小平 吴 琼)

**【衡阳市华南汽车配件制造有限公司】** 坐落于望城路78号,占地面积2万多平方米,注册资金500万元。有职工100余人,拥有各种机械设备100余台,年生产能力达2000万元以上。公司前身为始建于1959年的衡阳市第二汽车配件厂,系湖南省汽车制造配件专业生产定点供应商。2004年11月因改制而成,当时的注册资金50万元。公司主要经营范围:各种汽车、农用车、拖拉机、工程机械铸造、锻造双金属产品配件及总成的生产、加工、销售。生产各种国产轻、中、重型汽车制动鼓、飞托盘、飞轮总成、方向机总成等汽车配件和西德、日本、独联体、英国等国进口各种车型制动鼓,产品畅销全国,广东、深圳、珠海等160多个经销单位。其中日立电梯电机(广州)有限公司是公司的大客户。生产的锻造产品是衡阳风顺车桥有限公司的主要配套产品。

(宁小平 吴 琼)

**【衡阳共创建筑机械制造有限公司】** 坐落在石鼓区望城路87号,占地面积2.96万平方米,建筑面积1.28万平方米,其中生产车间面积8000平方米;公司注册资金800万元,实有资产1180万元,拥有各类设备53台,其中冷冲压设备(含切割设备)8台,焊接设备12台,机械设备22台,成型设备3台。有员工108人,拥有各类专业人员26人,高级职称4人,中级职称12人,其中具有电气工程师职称4人,机械工程师7人;具备起重机械安装资质安装工8人,特种设备检验员2人。公司生产的SSD60/60、SSD80/80型施工升降机经国家建筑城建机械质量监督检验中心型式试验,完全符合GB/T10054-2005(原GB/T10052~10056-1996)标准要求,型式试验合格;具备《特种设备制造许可证(B级)》资质;"ISO 9001:2000质量管理体系认证";取得了"建设施工安全防护用品和机械电器设备/年度登记备案证书";产品以质量稳定、价格合理、适用性强赢得了"产品信得过单位"信誉。公司产品"施工升降机""混凝土搅拌机"获"衡阳市名牌产品"称号。 (宁小平 吴 琼)

**【衡阳市凤凰化学工业厂】** 成立于2002年,注册资金30万元,位于石鼓区松木塘。主要经营氧化锌、硫酸锌及颗粒、钛白粉颗粒、颗粒氧化镁、洛克沙生、砷、三氧化二砷、五氧化二砷、砷酸、砷酸镁、砷酸二氢钾、三氯化二砷、CCA、木材防腐剂、铜砷合金、铅砷合金。制造设备精良,工艺装备先进,检测手段齐全。凭借雄厚的技术、装备、管理优势为龙头,以健全灵活的经营机制理念为依托,为玻璃制品、橡胶制品、油漆涂料、陶瓷等工业生产和科研服务。

（宁小平　吴　琼）

**【衡阳市亿海钢化玻璃有限公司】** 创建于2009年4月，总投资800万元，公司坐落于石鼓区松木塘科技工业园，厂房面积近4000平方米，是一家玻璃原片批发、玻璃安装工程及玻璃深加工的综合性民营企业。公司拥有国内先进的钢化玻璃深加工的生产设备，一条保特全自动切割机生产线，日切割量超千平方米，高力威双边磨边机，直线磨边机，自动钻孔机以及国内最先进的5000×2440纯平无斑平弯钢生产线，两条半自动中空生产线，公司主导产品有平、弯钢化玻璃、热弯玻璃、夹胶玻璃、中空玻璃（包括LOW-E中空）及艺术玻璃等。全年加工能力可达50万平方米，其产品广泛用于建筑幕墙、建筑工程等。（宁小平　吴　琼）

**【湖南华翔建材有限公司】** 成立于2012年10月，注册资金1000万元，项目投入总金额4000万元，属石鼓区招商引资企业，从事生产销售、运输、泵送各类规格建筑用商品混凝土，公司位于石鼓区合江街道江霞村一组，占地面积约1.47公顷，建有900余平方米的办公楼，300余平方米的附属楼，是衡阳市混凝土协会会员单位。公司拥有职员工120人（含搅拌车司机），下设实验室、生产部、财务部、经营部、综合部等，建有三一重工HZS180生产线2条、其生产工艺流程先进，全电脑控制，建有标准化实验室，配备有资料室、标养室、试配室、力学室、分析室、水泥室、高温室、天平室、样品室等，各种实验设备配备齐全，并通过市住建局和质监站专家验收。年产混凝土量可达40万立方米，能生产C10-C60、抗渗等级S6-S10的各级混凝土。公司配有搅拌车辆31台、天泵1台、车载泵2台。（宁小平　吴　琼）

**【衡阳南玻特种钢玻璃有限公司】** 成立于2012年3月，坐落于黄沙湾街道朝阳村。是在衡阳中大高科起重器制造有限公司原有的土地和厂房基础上投资3000万元，对原供电设施和给排水系统、进出口道路等进行全面改造，改建原有厂房面积2000平方米、并新建约2000平方米标准化钢构厂房、2500平方米简易钢构厂房。公司引进深圳南玻集团的技术，新购全套钢化玻璃自动生产线一条及相关检验、实验设备，以满足衡阳人民在建筑、居家上对特种钢化玻璃的需要。特种钢化玻璃项目原料是废玻璃，生产用水采用循环水，对周边环境无任何污染，属环保节能项目，符合国家产业发展政策。

（宁小平　吴　琼）

**【衡阳市晨丰生物科技有限公司】** 成立于2016年5月，坐落在石鼓区科技创业园。占地约1.33公顷，厂房建筑面积2600平方米，办公及附属建筑面积1400平方米。主营精甘油生产，注册资本500万元。建设30000T/A精甘油系列产品生产线2条。该项目已于2017年8月列入衡阳市重点项目。项目建成后，预计年收入1.8亿元，实现利税3000万元，新增就业岗位40余人。该项目解决了甘油生产大量废水排放的环保难题，领先国内甘油生产工艺技术现有水平，在生产精甘油的基础上研究开发聚合甘油脂高端产品，聚合甘油脂是天然属性的食品添加剂产品。

（宁小平　吴　琼）

**【衡阳市中力轻型建材有限公司】** 是一家专业生产烧结页岩保温砌块的新型建材企业，位于石鼓区角山乡，公司占地面积180亩，首期投资5000万元，计划总投资1亿元。公司从事新型墙体材料的开发和生产技术的推广，以解决衡阳地区主体墙材无保温、隔热、防渗漏的墙体产品现状为己任，引进全套国际先进的全自动烧结页岩保温砌块生产线，拥有湘南地区较大的自动焙烧程控宽截面隧道窑，年生产量为1.8亿块（折标）烧结页岩保温砌块。公司采用欧洲进口的先进设备及先进工艺，保证产品产量及质量，生产的烧结页岩保温砌块以页岩为生产原料，采用高温烧结，余热烘干，生产过程无污染，具有高强度、孔洞率大、自重轻、保温防水性能好、节约砂浆、施工速度快、建筑节能等优点，可广泛用于各种建筑结构体系，产品经过980°高温烧结而成，稳定性好，并能与建筑物同寿命，杜绝开裂、空鼓及脱落现象，大大降低后续的维修成本及安全隐患。

（宁小平　吴　琼）

**【衡阳市瑞林木业包装有限公司】** 是一家专业从事国内、出口木制包装自主设计、研发、生产和销售为一体的实体性企业，是湖南省出入境动植物检验检疫局核发许可证的出口商品木制包装定点生产企业。可为出口商品企业提供木质托盘、包装箱报检服务，并出具海关通关用出境货物运输包装性能检验结果单。公司创建于2009年5月，坐落于松木工业园，厂房占地面积约1万平方米，注册资金103万元，企业总资产达500多万元。有员工50余人，其中具有中高级职称技术人员10人，年生产规模1000多万元。公司拥有热风循环烤房、全封闭熏蒸房等专业设施和锯料、截料、开料、压刨、钉制、打包、等专用机械20多台（套）。拥有温控仪、水份检测仪、熏蒸药物浓度测量仪、测漏仪、物理性能检测室等检测设备。

（宁小平　吴　琼）

**【衡阳小帮厨油脂有限公司】** 坐落于石鼓区双桥北路9号（蒸水桥头），公司占地面积8000平方米，储油罐5000余吨，仓库3000平方米，拥有完善的仓储设备和先进的食用油生产线、分装线，“小帮厨”系列食用油中、小包装、纸包装、散装食用油得到用户认同，市场反响良好，先后获得“湖南省著名商标”“衡阳市农业产业化龙头企业”“衡阳市诚信经营放心油供应企业”“湖南省高校后勤物资准入企业”“衡阳市2010年农博会金奖”“2010年度至2011年度3·15质量安全诚信承诺品牌”等称号。

（宁小平　吴　琼）

**【衡阳市丽源机械有限公司】** 坐落于石鼓区合江街道友爱村，占地2公顷，有标准化厂房3000平方米，主要从事运输机械、矿山机械、汽车配件等金属铸件的加工与销售。公司于2010年1月开始兴建，2010年9月竣工投产。拥有中频感应炉、卧室悬臂离心机、退火炉、镗床、车床等多种大中型铸造、热处理和机械加工设备。公司技术力量雄厚，生产工艺先进，质量保证体系完整，化验和检测设备齐全，是国内生产泥浆泵缸套半成品、成品的厂家之一。生产的泥浆泵双金属缸套，采用独特的合金材料，科学的热处理工艺和精益求精的机械加工技术，缸套硬度高，耐磨性和抗腐蚀性优良，是高精度与高耐磨性和抗腐蚀性完美统一，产品遍布全国二十多个省市，并远销东南亚。2010年9月通过了ISO 9001：2000质量体系认证。

（宁小平　吴　琼）

**【湖南金创钢结构工程公司】** 坐落于石鼓区老望城路旁。公司建有严密健全的质量体系，产品研发、设计制造、工艺流程、质量检验、售后服务等置于质量保证体系的控制之下。公司有中、高级工程人员20人，专业技术人员85人。主营业务：钢结构施工，制造，安装及销售；行车制造及销售；起重设备制图设计；重型机械设备销售等。公司于2010年例入衡阳市重大工业项目。

（宁小平　吴　琼）

**【衡阳市振洋机械有限公司】** 位于石鼓区望城路75号，占地面积1.67公顷，注册资本680万元，固定资产6000万元，有生产工人185人，其中专业技术人员18人，高级职称6人。公司主要从事汽车油泵零部件和工程机械零部件生产以及用户来图来样需求的其他机械上各种锻件产品加工。拥有先进水平的CK786/1全功能数控加工中心及数控多功能车床、ZK2101B双轴数控深孔钻床等高精度加工及检测设备和先进工艺技术的模锻生产线，已通过ISO 9000质量保证体系认证，是亚新科欧Ⅲ燃油喷嘴配件的主要生产厂家，也是三一重工、山河智能、洛阳一拖等大型企业的长期合作伙伴，产品远销全国10多个省市。

（宁小平　吴　琼）

# 农业和农村经济

## 综　述

【概况】　2017年，石鼓区充分发挥资源优势，以转变农业发展方式为主线，加快农旅融合发展，通过产业扶贫带动百姓致富，促进了农业产业化驶入了发展“快车道”。加快农业供给侧改革步伐，促进一二三产业融合发展。全区的农业企业根据自身特色，逐步走上了特色化的发展道路。打造集农耕体验、农业休闲、户外运动、野外露营等功能于一体农旅融合、创新发展的田园生态示范园等。加大政策扶持和资金投入，促进农业高效发展。区委、区政府支持和引导都市农业、规模农业、休闲农业、品牌农业发展，并设立800万元农业产业发展引导资金，通过以奖代拨、以奖代补等方式，推动农业产业发展。加快转变经济发展方式，农业产业发展逐步形成了“政府引导、农民主体、社会参与”的新格局。全区中小型农产品加工企业加工品种不断增加，科技含量不断提升，形成了粮油、畜产品、特产品等农业龙头企业。通过龙头企业的带动作用，农业产业化的产业集聚效应明显。全区农业产业结构进一步调整优化，农产品生产实现了区域化、专业化、规模化生产，加快了优势产业向优势产区集聚。按“一乡一业、一村一品”规划，推进土地合理流转，依托公司+基地+农户发展模式，组建经济合作社，加大技术培训，鼓励农民发展规模种养业，扶持兴办专业养殖场，生产规模不断扩大，促进了农民增收致富。农产品加工业领域实现了由过去的少数特色产业，到地方特色产业的转变。石鼓区突破传统种植农业的局限，树立“农业+一切、一切+农业”的理念，创新发展动力和发展空间，推进农旅融合发展，培育生态旅游、休闲旅游、健康旅游、养生旅游等新兴业态，助力农业产业转型升级，推进一二三产业融合发展，“一村一品”的休闲农业、观光农业正在逐步形成，打造农业经济增长新极点。区内有休闲农业及观光农业企业达23余家。集群整体效应，打造全市近郊旅游休闲高地。通过乡村旅游环线等基础设施建设，把散落在项目村的特色农业基地组成团、串成线、连成片，形成整体效应，打造精品线路、精品项目。致力做好农业产业扶贫“文章”，积极推进农村土地流转，全力打造特色农业和乡村旅游业，积极发挥农业龙头企业扶贫攻坚作用，“一村一品”的富民产业格局正在逐步形成。通过以土地流转、就地务工等形式来增加贫困人口收入。不断加快产业结构调整步伐，积极探索“合作社（公司）+基地+农户”的多元化农业企业经营模式，实现农户企业互利共赢的发展局面。全区有泰和农牧、五星养鱼、富农科技等多家农村合作社组织和结构。建立贫困户利益联结机制，突出改善贫困地区基础设施条件、改善贫困人口生产生活条件、促进贫困人口增收脱贫等因素，大力实施农村基础设施建设、农业产业发展、农民技能培训等项目，形成项目建设与贫困户增收脱贫的利益联结机制。把美丽乡村建设与产业发展、农民增收和民生改善紧密结合起来，按照科学规划布局美、村容整洁环境美、创业增收生活美、乡风文明身心美的目标要求，内外兼修，全面建设宜居、宜业、宜游的美丽乡村，提高城乡居民生活品质，促进生态文明和提升群众幸福感。乡村启动公共区域环卫市场化运作，农村垃圾、污水得到有效治理，农村环境卫生有了显著改善。农村房屋“穿衣戴帽”工程，让石鼓区角山乡、黄沙湾街道焕发新“容颜”。全年全区实现农林牧渔业总产值 4.7 亿元，同比增长 3.8%。全年粮食总产量 2.28 万吨，同比下降 0.9%，其中夏粮产量 0.7 万吨；秋粮产量 1.58 万吨。种植商品蔬菜面积完成 743.33 公顷；病虫草鼠害综合防治 146.67 公顷；测土配方施肥完成 140 公顷；争取农业产业化专项资金 860 万元；全年出栏肉猪 8760 头；出栏牛 203 头；出笼家禽 92 万羽；禽蛋产量 2660 万吨，同比增长 21.5%；水产品产量 2520 万吨，同比增长 2.3%。全年新增现代农业园区面积 173.3 公顷，同比增长 15.0%。年末全区新增农业企业 4 家，有各类农业企业 27 家，其中市级以上龙头农业加工企业 8 家。建成农产品基地 12 个，建成蔬菜基地 480 公顷，建成无公害种植面积 33.3 公顷。全年新增农民专业合作社 4 个，有农民专业合作社 48 个，农民专业合作社成员 2177 人。

（彭双强）

**【扶贫攻坚】** 2017 年，石鼓区围绕脱贫攻坚具体部署，按照“输血”和“造血”相结合的基本原则，采取有效措施大力推进各项工作，取得较好成绩。区委、区政府高度重视扶贫工作，不断完善扶贫工作机制。成立了高规格、多层次的扶贫开发工作领导小组，既成立了由区委书记任组长、区长任第一副组长的全区脱贫攻坚工作领导小组，下设办公室于扶贫办，负责指导全区的扶贫工作，又成立了行业扶贫责任单位主要负责人为组长的各行业脱贫攻坚工作领导小组，负责各行业扶贫，重点工作扶贫的日常工作开展。形成了部门、乡、街道，村多级联动，各负其责，层层抓落实的工作机制。加强了扶贫机构建设。为加强扶贫工作，成立了区扶贫办，明确农林局局长兼任扶贫办主任，并选配一名专职副主任专抓扶贫工作。根据市委、市政府《关于进一步抓实脱贫攻坚全面提升“三率一度”工作水平的实施意见》，按照“大稳定、小调整”的原则，把帮扶责任落实到了具体单位、具体人员，实现了帮扶工作全覆盖。选派政治素质高、工作能力强的人员担任党组织第一书记，选优配强村（管理处）领导班子，强化基层组织建设。对于 2 个省级贫困村及 12 个贫困人口在 100 人以上的非贫困村，派出驻村帮扶工作队并由区委组织部负责对工作队的管理和考核，使帮扶责任落实得到进一步强化。2017 年上线的“中国社会扶贫网”是全国社会扶贫资源集聚的唯一官方平台，是扶贫对象与社会爱心企业、爱心人士之间的沟通对接有效渠道。石鼓区委、区政府高度重视“中国社会扶贫网”线推广工作，充分利用“互联网+精准扶贫”，做好社会扶贫工作。自 2017 年全省召开“中国社会扶贫网”湖南省上线培训会后，石鼓区委、区政府立即行动，根据实际情况，成立“中国社会扶贫网”上线工作领导小组，由区政府副区长汪衡湘任组长，扶贫办主任华喜容任副组长，区扶贫办专职副主任董晓萍兼任办公室主任。领导小组召开石鼓区“中国社会扶贫网”上线推进会，传达市办会议精神，推动此项工作快速启动。截至 2018 年 3 月 6 日，石鼓区建档立卡贫困户在“中国社会扶贫网”累计注册 963 户，注册率为 99%，发布贫困需求 661 条，成功对接 308 条，贫困需求对接成功率为 47%，基本上实现了“中国社会扶贫网”石鼓区上线推广全覆盖。贫困户、爱心人士以及村级管理员注册等各项指标完成了市扶贫办的任务。

（彭双强）

**【经营管理】** 2017 年 7 月，全区完成确权登记颁证任务的全面检查验收、数据检测汇交和成果资料归档整理等工作；11 月，完成信息平台上线试运行工作。此次确权调查面积 1586.67 公顷，共计 1 个乡 11 个行政村 176 个村民小组 5089 户承包农户，已委托报省确权办印制土地承包证书，年底发证。已全面开展农村集体资产清产核资。全区 16 个行政村已全部完成清理、登记、核实、公示工作，清查资金总计 9897.59 万元。加快培育新型农业经营主体。截至12月底，全区共有合作社48家，家庭农场24家。12月20日，举行农村土地承包经营权确权登记颁证首发仪式暨工作转段会议。（彭双强）

【项目建设】 角山乡素有城市“后花园”之称，角山乡依山傍水，蒸水河、杉旭河穿乡而过，有着历史悠久的米业文化，三星蔬菜基地成为衡阳市民的“菜篮子”，蔬菜产量占全市三分之一，获评全省蔬菜生产示范基地。云飞农业地处107国道旁，充分利用交通便利条件，依托衡阳环境生物学院资源，立足本地市场，锁定4大目标，重点发展家庭、自驾、乡村、户外、商务市场，以农业种植、水果采摘、户外亲子游乐、帐篷露营、农业科普教育为基础，打造集农耕体验、农业休闲、户外运动、野外露营等功能于一体农旅融合、创新发展的田园生态示范园等。2017年，石鼓区的农业企业根据自身特色，逐步走上特色化的发展道路。乐富蔬菜产业园从传统的蔬菜种植基地向蔬菜集配送中心转型，完善了蔬菜供销产业链；华桂食用菌种植基地探索出大棚内部钢丝架增容技术，对传统的菌菇种植模式进行改良，原本只能平地堆放的菌包，利用增容技术可以将菌包堆至2米高，大大节省了空间和人力；香樟苑生态园利用特色中药牛养殖，开拓休闲农业的市场，2016年年底，举办了全牛宴暨年货节，并于2017年5月试营业；君玲传统食品的全自动生产设备较之前手工加工节约了一半劳动力，但是效率却比之前提高了近一倍，加大投入具有乡情乡味传统食品特色的新产品开发，拓展产品深加工产业链，其生产的水磨元宵被评为衡阳市非物质文化遗产。加快转变经济发展方式，农业产业发展逐步形成了“政府引导、农民主体、社会参与”的新格局。全区中小型农产品加工企业加工品种不断增加，科技含量不断提升，形成了粮油、畜产品、特产品等农业龙头企业。通过龙头企业的带动作用，农业产业化的产业集聚效应明显。全区农业产业结构进一步调整优化，农产品生产实现了区域化、专业化、规模化生产，加快了优势产业向优势产区集聚。依托“三星蔬菜基地”，按“一乡一业、一村一品”规划，推进土地合理流转，依托公司+基地+农户发展模式，组建经济合作社，加大技术培训，鼓励农民发展规模种养业，扶持兴办专业养殖场，生产规模不断扩大，促进了农民增收致富。同时，农业产业化的加工增值能力大幅提升。石鼓区农产品加工业领域实现了由过去的少数特色产业，到地方特色产业的转变。在加工产业上，通过兴建现代农业产业园区及配套设施、电子智能化生产车间、食品数控全自动生产线，蔬菜、果品采后商品处理化率有所提升，实现了加工、冷藏、包装一条龙。（彭双强）

【产业扶贫】 2017年，为认真贯彻落实省、市脱贫攻坚会议精神，充分发挥农业产业在扶贫攻坚中的基础性作用，根据中央、省、市有关“五个一批”、精准扶贫的相关指示精神，区农林局按照省农业厅“万名农业科技人员进万村开展技术扶贫行动”和“开展农业产业扶贫技术大培训”的通知要求，认真研究农业科技扶贫攻坚新机制，不断强化农业技术扶贫“五个一全覆盖”工作，努力促进脱贫富民现代农业产业的培育。成立了产业扶贫领导小组。充分发挥乡镇农技推广服务中心的纽带作用，为每个贫困村选派了1名乡镇农技人员作为联络员，积极配合驻村农技人员的工作，努力构建优势互补、资源共享的技术扶贫新格局。加强目标责任管理，将工作任务细化到各个环节，落实到每个人头，2个贫困村均落实1名驻村农技人员。驻村农技人员与区农林局签订目标责任书，确保各项措施落到实处。为进一步加强技术扶贫工作，对2个贫困村驻村农技人员进行了调整充实和优化，并整合区级农业专业技术人员8名，成立产业扶贫综合技术服务团。服务团按片区组建了2个小组，有效弥补了1村1名农技人员专业单一的问题，强化了产业扶贫技术支撑。自扶贫攻坚行动启动以来，驻村农技人员按照平均每月不低于5天的要求，深入贫困村田间地块，通过进村入户、走访贫困户，了解贫困现状和贫困原因，并按照宜农则农、宜牧则牧、宜渔则渔、因地制宜的原则，协助贫困村编制扶贫规划，为有产业发展潜力的贫困户提出可操作的脱贫技术方案。全年全区整合涉农项目4个，用于产业扶贫总投资1010万元。项目分别是：村级公益事业基础设施财政奖补项目40万元、村级产业扶贫资金150万元、农业项目引导资金800万元、基层农技推广体系改革与建设项目20万元。围绕“五个一”扶贫行动和农业产业扶贫技术大培训相关要求，加强对驻村农技人员、乡镇联络员、贫困村第一书记及村主要负责人农业产业扶贫技术培训及工作交流活动。全区共举办相关培训18次，培训821人次，培训的内容主要以扶贫政策、本区特色农业种养技术，农业产业技术扶贫相关业务。驻村农技人员通过现场示范、巡回观摩、田间学校等方式，开展技术培训6次，培训贫困户和村民180人（次），技术指导常态化，有效确保帮扶村建档立卡贫困户全年接受集中技术培训指导3次，关键农时季节开展集中技术培训指导5次的要求。全区强化科技示范户和新型经营主体培育，在2个贫困村培养科技示范户50户，培育新型职业农民20人，培育新型经营主体7个。截至年底，2个贫困村种植猕猴桃30.5公顷、莲藕49.3公顷、果蔬140.7公顷、粮油243.5公顷；发展生态养猪1244头、养羊419只、养牛386头、养禽1.33万只。新型经营主体带动贫困村主导产业发展取得显著成效。和平村泰和农牧、武顺农牧、君玲传统食品、利民村奕辉莲藕基地已建成并运营；和平村猕猴桃基地已初成规模，按照应种尽种、一村一品的发展思路，通过招商引资，引进山水莲花项目落户利民村，已流转土地100公顷，投资5000万元并于年底开工。经统计，全区共有1801名贫困人口通过小额信贷、资金入股、劳动就业、产业合作、代种代养等方式与新型经营主体建立持续稳定增收的利益关系，占全区建档立卡贫困总数的70.2%。

（彭双强）

## 农　业

【概况】　2017年，全区完成再生稻推广面积23.33公顷，较上年增加2.5倍，实现头季稻亩产750千克，再生季150千克，平均亩产效益较一季稻增加500元；全区蔬菜播种面积743.33公顷；冬种油菜400公顷；豆类及旱粮及绿肥面积133.33公顷，生产面积保持稳定；葡萄、冬枣、猕猴桃等水果新品种和无公害水果栽培得到大面积推广。（彭双强）

【特色工作】　2017年，全区农业融合特色元素。依托区内有限的耕地资源，借助城乡结合部的地理优势，在角山乡、黄沙湾街道大力发展绿色蔬菜、特色水果、禽兽养殖、苗木花卉、农产品加工、乡村观光旅游和休闲体验等特色农业。按照“一乡一业、一村一品”的发展规划，区大力扶持农业企业发展，拥有省级龙头企业1家，市级龙头企业8家。其中香樟苑生态园利用特色中药牛养殖打造休闲农业园，5月营业以来游客络绎不绝；君玲食品全自动生产设备将生产效率提高了1倍；乐富蔬菜完成从传统的蔬菜种植基地向蔬菜集配送中心转型；以及潇湘和创的灯光玫瑰节、君玲食品粽子节、清月山庄休闲民宿、云飞农业的葡萄与青草地等农业建设项目成效喜人。充分利用石鼓区独特的生态环境、人文历史、乡土文化和区位优势，围绕“一心、一环、三区”的发展思路，做活乡村旅游“文章”。区内有休闲农业及观光农业企业达23余家，香樟苑、衡阳云飞农业示范园、三星蔬菜基地、潇湘和创玫瑰园、青月山庄、山水莲花等成为石鼓区全域旅游的闪亮名片。

（彭双强）

## 林　业

【概况】　2017年，全区森林防火工作思想认识到位，工作责任落实到位，防范措施周密细致，取得了全年无森林火灾、零伤亡的好成绩。全区松材线虫病除治工作取得较大成绩，2017年度任务完成率100%。春季枯死树清理工作共计砍伐枯死树164株；秋冬季除治工作共计砍伐枯死树

371株。所有伐倒木材及1厘米以上枝桠材全部就地烧毁，伐蔸全部采用磷化铝药膜覆盖土压薰蒸处理。全年，石鼓区进行林地管理审核审批8起占用林地手续，总面积达到77.53公顷。

（彭双强）

**【义务植树活动】** 2017年，石鼓区大力实施道路沿线绿化增量提质、人工造林、乡村造林行动计划，集中连片建设义务植树基地，开展以“村庄绿化”为主题的植树活动，不断改善农村生产生活条件，真正让农村增绿变美。3月10日，组织开展义务植树活动，是日上午，角山乡和平村羊乃桥组至蔡家冲组的村道上，400余名干部、群众、志愿者在区委副书记、区长刘浪带领下，参与植树活动，共栽种樟树、栾树、红心桃等3000余株，绿化村道2.4千米，绿化面积4公顷。

（彭双强）

## 畜牧水产业

**【概况】** 2017年，全区生猪出栏8760头，期末存栏3.2万头。家禽出笼80万羽，期末存笼45万羽。牛出栏160头，存栏300头；累计起水成品鱼2520吨。加大对规模养殖场粪污治理力度，全年投入30万元，完成对3个规模养殖场的粪污治理实施建设。

**【质量安全监管】** 2017年，石鼓区召开重大动物疫病防控及H7N9防控会议，开展春、秋季集中免疫工作；每月开展“瘦肉精”检测排查，对水产养殖户进行违禁药品及投入品督查，持续保持畜禽水产品质量安全监管的高压态势。开展动物检疫电子出入证，做到动物追踪溯源，防止伪证假证，监管动物调运流通。

（彭双强）

## 农业企业选介

**【衡阳市乐富蔬菜有限公司】** 于2009年注册成立，基地坐落于石鼓区角山乡三星村，有职工170多名，高级农艺师1名，农业技术人员15名，是一家从事“有机、绿色”农产品开发、生产、销售、配送为一体的农业综合公司，也是最早来到三星蔬菜基地的农业经济实体之一，以生产“反季节”“早熟”“延期”的无公害放心蔬菜为主，种植丝瓜、黄瓜、辣椒、茄子、西红柿、芹菜、大蒜、莴笋、兰头、叶子菜等30多种新品种传统蔬菜，是衡阳城区“菜篮子”工程的重要保障企业。公司产业规模大，优势特色突出。2013年公司基地通过了无公害蔬菜的产地认定和产品认证，并严格按照《湖南省无公害蔬菜生产操作规程》生产，基地推行先进栽培技术，采用良种、良法、科学防控病虫害，并建立了严格的管理制度，确保蔬菜质量安全。每星期由农产品质量检验检测站定期抽检，重点监测基地蔬菜农药残留量和土壤重金属含量，每份样品均检测100%合格。为加大科技服务水平，提高蔬菜产品品质，公司组织技术骨干，多次引进实用先进新技术，开通蔬菜植保医院、开展绿色蔬菜的栽培技术专题讲座、培训基地职工及种植户进行天敌生物防治，极大减少农药使用频率。农药节约39%，成本节约15%。基地示范效果良好，已产生了极好的经济效益、社会效益、生态效益，示范带动作用不断扩大，周边的乡村大量农户加入到蔬菜产业行列，已带动农户360多户，解决周边农民就业150人。2017年的工作重点放在巩固8个销售网点和3个大学食堂蔬菜配送点的市场份额，新建蔬菜集配送中心，完善蔬菜基地产供销链条。

（彭双强）

**【君玲传统食品科技发展有限责任公司】** 1998年，君玲食品成立，最初以传统特色食品元宵、糍粑等加工为主。2003年，正式成立为君玲食品加工厂，并在省工商局注册“君玲商标”逐步形成元宵、粽子、月饼等传统食品加工生产、销售为一体的企业。2005年以后，逐步形成元宵、粽子、月饼、鱼丸子等有本地传统食品特色的产品系列，集产品开发、生产、销售于一体。2008年，君玲食品对厂房软硬件设施全心改造，斥资引进了国内最先进的高压灭菌锅，解决了产品保鲜问题，大大提高了保质期。2009 年，先后代表参加了“2009 年石鼓品牌宣传月”“09 衡阳首届企业与消费者面对面营销峰会”等系列活动。2010 年，主办“君玲食品中秋月饼见面订货会”，与消费者零距离接触与货真价实的展示。2011 年，公司主办了“君玲粽子文化节”，为弘扬粽艺文化，设立了君玲“粽子达人”民间粽艺比赛，举行了丰富的文化节目。2012 年，公司扩大规模经营，在石鼓区角山乡五星村购地近 1.33 公顷，规划新建厂房 2600 多平方米，办公宿舍区 1800 多平方米。企业已成为衡阳市大型食品生产配送中心。2013 年，工厂基础设施全部建成，新建厂房内增加了食品加工生产设备大型锅炉、杀菌锅等，生产厂房顺利通过湖南省技术监督局评审，取得食品行业的 QS 认证，同时公司重新注册 600 多万人民币，并正式更名为：君玲传统食品科技发展有限责任公司。（彭双强）

**【衡阳香樟苑生态农业发展科技有限公司】** 于 2013 年 5 月成立，位于石鼓区角山乡旭东村，注册资金 1000 万元。是一个以有机种植、生态养殖为核心、以乡村旅游为主题、以田园体验、休闲度假、农业科普示范为功能的生态农业企业。2015 年 3 月，获得衡阳市农业产业化龙头企业称号，通过近两年的努力，完成并投入使用的有：本草牛养殖场、生态羊养殖场、生态土鸡养殖场、生态鱼养殖场和通过页岩石改良成的 300 亩特色果园。2015 年，实现销售收入 2535 万元。公司与湖南农业大学、衡阳市畜牧水产局、耒阳市畜牧水产局等专家共同研制开发了中草药二次药喂养肉牛技术，形成“中草药二次药、秸秆稻草发酵—养殖—制沼—种植—加工—餐饮—休闲”的农业循环经济体系。通过将中草药二次药、秸秆等发酵制成饲料养殖牛和羊，养殖产生的粪便养殖蚯蚓和生产沼气。将沼渣、蚯蚓粪便、山鸡粪便及果蔬废弃物腐熟杀菌生产有机肥，用于自身的有机果蔬种植，实现 100%无废化养殖种植循环经济体系。公司本草牛存栏 360 头、生态羊存栏 400 头、生产生态鱼 6 万尾、鸡 3.5 万只，原荒山、页岩山等改良种植的翠冠梨、蜜柚、美国贵妃红桃、无花果等已挂果收获；2015 年出栏本草牛 560 头、生态羊 210 头、生态鲜鱼 35 吨、鸡 2 万羽、果蔬 40 吨。2015 年公司为周边村民提供就业岗位 82 个、季节性临时用工岗位 211 个，带动农户 303 户。2014 年，公司被列为衡阳市重点工程项目，2015 年 3 月被批准为“衡阳市农业产业化龙头企业”。2015 年 9 月，经评审为“衡阳市级肉牛养殖示范场”。2015 年 12 月，被衡阳市工商联评为衡阳市优秀企业。2016 年 9 月，经湖南省畜牧厅评审批准为“湖南省级畜牧养殖示范场”。（彭双强）

**【潇湘和创农业实业有限公司】** 是一家以食用药用玫瑰花种植、推广、产品深加工生产为主的农业产业化民营企业。公司在山东玫瑰花研究所、湖南农大、湖南环境生物学院的专家指导下，公司主导产品有玫瑰花茶、玫瑰花酱、玫瑰花蜜、玫瑰精华液、玫瑰酒等玫瑰系列产品。公司玫瑰花示范基地种植面积达 66.66 公顷，公司+农户+合作社种植面积达 666.67 公顷总产值 4085.8 万元，带动农户 300 户，解决再就业 200 多人，人均增收 1200 元。2013 年，公司投入 157 万元，建设占地 6800 平方米恒温育苗大棚，育苗 10 万株，打深井 8 口，修路 1500 米，新修沟渠 5700 米。新增玫瑰花精深加工生产线一条，厂房建设 900 平方米。2017 年，潇湘合创玫瑰园进行战略转型，打造小、精、美特色文化产业园，以旅游业为核心，同步发展第二、三产业，带动周边农户共同致富。6 月，举办第二届大型玫瑰花旅游节。（彭双强）

**【湖南华林生态农业发展有限责任公司】** 成立于 2016 年 7 月，位于石鼓区黄沙湾街道青石村，注册资本 1000 万元人民币，主营业务为农产品开发与购销，生态农业休闲服务等。2016 年 10 月，开工建设青月山庄农业科技创新基地，项目规划占地 33.33 公顷，按功能分为特色生态养殖场、无公害蔬菜种植基地、原生态果园种植区等；配套建设集科研、教学、技术交流于一体的农民种植、养殖技术培训基地，包括四季花园、沙滩运动场、养老会所在内的休闲养生区，总建筑面积约1000余平方米。已加固扩容山塘水库2座，扩大水库容量为5余万立方米；新修道路5千米，道路硬化4千米；引进竹鼠种鼠100对，黑豚500对；建设标准养鸡场及配套管理用房，已产出土鸡5000余只；平整地面6000余平方米。投入资金达1200余万元，园区建设初具规模。项目定位：根据自身特点因地制宜，利用山水林的优势，坚持以农为本，以农业带动相关产业共同发展，将经济发展与生态保护相协调，走可持续发展的道路，按照统一规划，分期实施、滚动发展的原则，以发展现代高效生态农业和观光业为主，适当发展餐饮与民宿。

（彭双强）

**【领军现代农业发展有限公司——天使乐儿童农庄】** 坐落于石鼓区角山乡三星村，占地面积23.33公顷，项目总投资约5600万元，项目建设周期2017—2019年，主要建设有：商务区、户外婚庆区、露营区、水上娱乐区、果林区、农耕文化体验区、湿地亲子区、户外儿童游乐区、特色餐饮区、特色水产养殖区、特色蔬菜种植区。本项目在原蔬菜基地的基础上，延用蔬菜生产、特色水产养殖等传统农业项目，依托现有资源，结合当地实际，合理利用开发，打造衡阳市首家精品儿童农庄。为周边村民提供更多就业岗位，帮助脱贫致富，实现农庄内生产，农庄内消费，形成内部循环经济，带动农庄的持续发展。

（彭双强）

**【衡阳市山水莲花木屋度假村有限公司】** 衡阳衡阳市山水莲花木屋度假村有限公司成立于2015年11月30日，经营范围：旅游度假休闲服务，住宿，餐饮服务，茶座服务，预包装及散装食品的销售。总就业人员86人。公司打造的山水莲花农业示范园项目位于石鼓区角山乡银杯村，租赁流转村民林地及水面36.67公顷，进行生态农业和休闲设施开发，主要包括果园6.67公顷、种植大棚6.67公顷、水稻蔬菜花园6.67公顷，水上娱乐区6.67公顷（含水上游乐设施）、林间休闲区3.33公顷（含休闲木屋等休闲设施）、林间游乐区6.67公顷（含相关服务设施），建设内容不含永久性建筑。项目总投资为6000万元。其中一期（2016—2017）：完善游客综合服务区和其他分区中的基础建设工作，以及餐饮和住宿配套设施修建，同时完成农业种植区以及其他分区中的所有农业种植和水产养殖工作。二期（2018—2020）：着手建设水上游乐设施项目，以及休闲度假区中的白鹭花园后半部分项目。

（彭双强）

**【衡阳新丰生态农业有限公司】** 成立于2016年3月，公司坐落于石鼓区角山乡利民村，占地面积100公顷。公司千亩莲花项目立足于衡阳休闲旅游市场，发展家庭、自驾、乡村、户外、商务5大专项市场。以莲花及湿地花卉种植、水产养殖为基础，引入生态环境为支撑，打造集生态休闲、种植、水上运动、游乐体验及乡村度假等功能于一体的农旅融合创新发展的山水田园综合体。租赁流转村民林地及水面113.33公顷，进行生态农业和休闲设施开发，主要包括农业种植区、荷花种植区、湿地花卉种植区、水产养殖区、精品苗木区、休闲度假区。

（彭双强）

**【湖南志邦生态农业发展有限公司】** 成立于2016年2月，公司经营范围：农业开发；谷物、蔬菜、水果种植；园林景观工程设计；农业观光休闲服务；餐饮娱乐服务；文艺演出；舞台表演艺术指导服务。该项目位于衡阳市石鼓区黄沙湾街道朝阳村立新小组，总规划面积33.33公顷。湖南志邦生态农业发展有限公司分农业和餐饮休闲两个部门，农业部有蔬菜种植基地，鱼虾养殖基地、果树以及苗木基地。餐饮休闲总营业面积5000多平方米是衡阳首个森林体验式餐厅。湖南志邦生态农业发展有限公司的经营理念是打造种植和养殖的生态农产品，为衡阳市民提供生态食材到餐桌最近的距离。走进志邦，处处体现出原生态的就餐环境，就如同走进唯美的森林公园。项目总投资为8000万元，前期致力于完善农产品美食体验区、水产养殖、蔬菜种殖、开荒建设和道路平整等问题，已基本完成。

（彭双强）

【衡阳市云飞农业科技示范园】示范园地处黄沙湾街道松木村，以农耕文化为核心，开展农业观光、农业教育、农业休闲、科普教育、农耕文明、亲子园等一系列项目。租赁流转土地51.93公顷，其中葡萄园13.33公顷、其他水果13.33公顷、现代科技大棚1.93公顷、富硒水稻3.33公顷、花卉苗圃26.67公顷，建设配套基础设施和休闲设施。2017年，致力于建设游客综合服务区，停车坪、旅游厕所、光伏照明，道路平整和硬化，生态农业餐厅，木屋休闲区，月季花园区，亲子乐园体验区。其中衡阳云飞农业示范园亲子体验项目有：园区采摘，园区种植体验，现代家禽和观赏鱼的参观体验，苗圃种植示范，农业知识科普，健康养生休闲，高科技农业示范科普等项目。打造以农业种植、水果采摘、户外亲子游乐场、帐篷露营场地、生态科技大棚餐厅、水产养殖为基础，引入生态环境为支撑，以生态休闲木屋为品牌，打造集生态种植、农业休闲、游乐体验，乡村度假等功能于一体的田园生态休闲示范园。

（彭双强）

# 商贸服务业

## 综　述

**【概况】**　2017年，全区紧紧抓住衡阳市获批国家现代服务业综合改革试点城市、石鼓区获评湖南省首批服务业示范集聚区等重大机遇，现代服务业发展迅速，第三产业增加值占GDP比重逐年增加，已成为区域的经济重点产业、支柱产业。从区位看，石鼓区素有衡阳“北大门”之称，是中心城区对接外围干线的交通枢纽，交通便利，物流发达。从传统看，石鼓区历来就是众商家云集、商贸发达之地，有“青草桥头酒百家”之美誉。全区商贸服务业人气旺盛，市场氛围浓厚，是衡阳市人流、物流、资金流、信息流密集度最高的城区。从政策看，享有“国家现代服务业综合改革试点城市”的政策，在资金扶持、项目引进、体制创新等方面有较多优势。华耀城、中亿汽贸城、崇盛国际中心、中油新兴能源华南总部等现代服务业项目正加快推进，中建衡阳中心、西湖中央广场等已经建成。8.9平方千米的来雁新城建设已经启动，正在着力打造现代商贸核心区、文化风情展示区、旅游休闲引领区、城市开发示范区。其中，华耀城项目总投资达120亿元，是衡阳市当前最大的现代服务业项目，也是全省在建最大的现代服务业项目；中亿汽贸城将打造成辐射湘南、赣西、粤北的综合性现代商用汽车物流园，预计年营业额过10亿元。崇盛国际中心将全方位整体提升衡阳市民的消费品位和档次。石鼓区服务业业态丰富，各具特色。既有华源建材大市场、中湘五金机电大市场、居然之家为代表的专业市场，也有以华耀城、中亿汽贸城、崇盛国际中心为代表的商贸服务业。既有以招商银行、交通银行、农银人寿、华润德投资等为代表的金融保险业，也有以石鼓书院、青草桥头、来雁塔等为代表的旅游服务业。以市影剧艺术中心、特色乡村旅游等项目为代表的文化服务业正在大力推进。现代商贸服务业优势放大。新引进总部企业和电商20余家。现代服务业示范集聚区营业收入突破100亿元大关。中建衡阳中心、崇尚国际中心等城市综合体的辐射力和影响力扩大，房地产、汽车、休闲娱乐等消费迅速拓展，商贸、物流、餐饮及中介服务等行业日趋活跃。华耀城五金建材市场和糖酒副食市场入驻商户1100余家。中亿汽贸城入驻汽车销售及配件供应商500余家。中心城区传统商贸转型升级加快推进，提升成效逐步凸显。蒸水以北商贸氛围更加浓厚。新增“四上”企业81家，新办个体工商户开业登记4059户，同比增长116.48%；新办私营企业545家，同比增长81.67%。全区新开工投资2000万元产业项目17个；新竣工投资2000万元产业项目12个。全年进出口总额6915万美元，其中出口6590万美元，进口325万美元。进出口额同比负增长28.1%，列四城区第二。全年实际利用外商直接投资5006万美元，增长12%，列四城区第二。实际利用内资到位资金22.5亿元，增长12.5%。全区实现社会消费品零售总额121.11亿元，同比增10.8%，增速居12个县（市、区）第二。外经工作对外承包工程和劳务合作营业额任务数为869万美元。1—12月，完成营业额992.3万美元，完成年度任务的114.2%。

（尹石群　刘　鹏）

**【招商引资工作】**　2017年，全区招商引资工作有序开展。4月，区主要领导带领招商小分队参加

"港洽周"活动，在活动集中签约仪式上签约引进了万豪虎形山庄度假酒店、欧亚家私城两个项目，引资4.2亿元。招商小分队拜访了顺丰速递、中国农产品交易有限公司等意向投资客商和广东省衡阳商会，推介石鼓优势。6月，区主要领导带领招商小分队赴北京参加"央企入湘对接会"，成功对接中铁十九局、中交隧道局等央企及在京知名企业。截至年底，已有中州广交航运局、中核工业五建公司、北京泛华集团、深城商业管理有限公司、同方股份有限公司、中铁十九局、中交隧道局等企业来石鼓区投资考察，推进了特色小镇、海洋馆、迪趣欢乐谷、医养基地等项目。9月，在"2017衡州经济发展论坛"活动上，成功签约东耀物流园、品牌汽车街区、角山休闲旅游等3个项目，计划总投资26.1亿元。此外，开展闲置土地、大型门面、储备土地的摸底工作，整合和挖掘招商资源，做好项目分析论证，重点推出以省级现代服务业示范集聚区、角山乡村旅游、怀邵衡铁路及横江湿地公园为依托的优势明显、吸引力强的产业招商项目37个，总投资142亿元。项目包装初见成效。2017年，重点策划包装项目32个，深度开发项目10个，纳入市招商引资项目13个，力推角山特色小镇、医养结合基地等PPP项目6个，充实招商项目库。推动"2016衡州经济发展论坛"活动上签约的潇湘玫瑰产业园、云飞生态科技园、洗了么电商中心3个项目履约，3个项目共引资5.5亿元，2017年均已竣工投产。（*尹石群　刘　鹏*）

**【酒店业发展】**　2017年，调研石鼓区酒店业发展情况，对接虎形山万豪酒店、华耀城希尔顿酒店、珠江帝景商务酒店等项目，起草《石鼓区酒店业扶持办法》，并广泛征求意见。

（*尹石群　刘　鹏*）

**【总部经济、楼宇经济】**　2017年，加强《关于加快扶持楼宇经济发展的实施意见》《石鼓区促进总部经济发展实施办法》宣传力度，引进企业入驻中建衡阳中心、美达新天地、华耀城、中亿汽贸城等项目或企业总部在石鼓区注册。（*尹石群　刘　鹏*）

**【大型专业市场】**　2017年，石鼓区有华耀城、中亿汽贸城、中湘五金机电、华源大市场、万居市场、五一大市场6大专业市场，合计工商注册经济主体2957户，其中公司法人544户，个体工商户其他类型2413户。年交易额130亿元，增长约13%。解决就业2万余人。6个大市场中，华耀城为2017年新投入运营市场，投入运营以来累计交易额约5亿元。中亿汽贸城年内新引进汽车品牌20余家，交易额增长50%以上。

（*尹石群　刘　鹏*）

**【电商企业发展】**　2017年，部署安排区内电子商务企业摸底工作，完善区内电子商务企业资料库，建立石鼓区电子商务企业微信群。推进电商进农村，完成新建利民村电商服务站，开设示范电商扶贫网店（微店）5家，分别是王夫子农副平台—香樟苑、梁振华的店、衡阳市南北特食品、君玲食品微商城、钟兴旺的店。

（*尹石群　刘　鹏*）

**【农贸市场建设和管理】**　2017年，推进农贸市场"转改建"。按照衡阳市商粮局统一安排，结合区情实际有序推进农贸市场标准化改造。采用区财政先负责全部设计费用的方式，完成全区待改造的13个农贸市场的提质改造平面方案设计。根据市级最新标准完成了第一批6个农贸市场（共计1.23万平方米）的效果图、施工图设计。根据市级实施方案，结合石鼓区实际，完成起草了《石鼓区农贸市场标准化改造实施方案》，并征求各方意见，区政府常务会议进行专题研究，待进一步修改完善后将正式发布实施。已成立石鼓区农贸市场提质改造领导小组，由区长担任组长，主管商务工作的副区长任副组长，各相关职能部门及乡、街道（片区）主要负责人为成员。按照街道为主，加强指导的工作原则，推动全区农贸市场经营权转让工作。后宰门、建设新村、潇湘街等6个农贸市场已基本达成转让意向，为改造后实行统一管理奠定基础。朝阳农贸市场已完成商业网点审批、项目立项等

前期工作，计划建设面积4000平方米。 （尹石群　刘　鹏）

## 重点企业选介

**【衡阳市华源实业集团有限公司】** 是一家集房地产开发、物业管理、物流、广告策划、餐饮、汽车销售、维修于一体的集团公司，下辖华源房地产开发有限公司、华源物业管理有限公司、衡阳华源汽车销售服务有限公司等多家子公司。公司成立于1999年，注册资金5000万元，有员工238人。法人代表李伟生。华源房地产开发有限公司具有二级开发资质，累计开发建设面积30余万平方米，完成开发投资8.8亿元，主要开发建设项目有华源综合楼、华源装饰材料专业市场、“桂花苑”住宅小区、华源建材超市等。华源装饰材料专业市场是湖南雁城大市场的首期工程，是衡阳市“十五”计划的重点工程，也是衡阳市按照经济规律办事，“政府决策、市场运作”的一个成功典范。市场位于蒸水桥头，东临107国道，西接西外环线，与京珠、衡昆高速公路及322国道相连，交通便捷，地理位置优越。市场可辐射湘南地区，当时总投资6亿多元，占地18.66公顷，总建筑面积20万平方米。市场布局科学，环境优美，设施完备，道路通畅，主干道宽19米，支道宽12米。整个市场分市场区、仓储区、多功能服务区和一个现代化的装饰材料交易中心——华源建材超市，是一个现代化的室内商业运行体系，在湘南地区首创“绿色建材市场”，首推“诚信市场、先行赔付”的服务承诺，首建“售后服务质量跟踪管理模式”。市场有门面2580间，仓库3万平方米，加工车间5000平方米，多功能服务区3000平方米。经营业主800余户，就业人员1万余人，其中下岗职工约2700人。市场有省级、地区总代理商110余家，汇集了铝材、陶瓷、木地板、防盗门、不锈钢等众多的全国知名品牌饰材18大类，品种上万个。市场管理实行一条龙服务，设立了公安、工商、税务、物业等全套的服务管理机构，配备了电视监控系统、自动呼叫对讲系统、专用消防车辆等一系列的硬件配套设备设施。市场先后获“中国诚信市场”“湖南省就业和社会保障先进民营企业”“湖南省再就业先进企业”“衡阳市十大明星企业”等荣誉，连续被评为“衡阳市（50强）民营企业”，多次被评为“湖南省优秀物业管理企业”等称号。

（尹石群　刘　鹏）

**【衡阳五一大市场】** 是由国企湖南省界牌陶瓷总厂衡阳瓷厂和自然人李峰共同合资开发。衡阳瓷厂以土地8.32公顷入股，占股份的35%，李峰以货币入股，占股份的65%，注册资金4800万元。五一大市场建成开业于2001年10月，2008年5月占地面积1万平方米的“厨房酒店用品市场”开业。该市场是湘南地区最大的糖酒副食，农副产品、厨房酒店用品综合批发市场，也是衡阳市重点工程建设项目。市场建筑面积4.5万平方米，拥有二层商铺651间，4.95万平方米。其中：房屋自有产权453间，3.82万平方米；出售给经营户的商铺198间，1.12万平方米；办公楼一栋，1719.84平方米；配套仓库4栋，1.03万平方米；市场内道路六纵十横，设有1个1200平方米和1个2400平方米的绿化广场。还设有停车场3个，占地约2万多平方米。满足市场需求的配电房及供水设施。提供搬运装卸，安全保卫，清洁卫生，物业维修等专业物业管理。市场有500多家商户，每年市场商品成交额超50亿元。蒙牛、五粮液、剑南春、华康、娃哈哈等众多国家一线品牌70多家在市场落户。目前市场经营的商品为副食品、干果、日用品、调味品、滋补品、饮料、酒类、炒货，食用化工，农副产品、酒店用品、厨房用品、灯具陶瓷等15大类。经营商户来自湖南各地及福建、广东、安徽、湖北、浙江等省市区。衡阳市及周边县市各大超市、专卖场的副食品类货源95%以上、商贸部“千乡万村”工程的副食品类货源98%以上均来源于五一大市场。五一大市场曾获“湖南省守信用企业”“衡阳市文明单位”“衡阳市文明市场”“衡阳市石鼓区优秀民营企业”“市副食品类龙头市场”“无假货市场”等多项称号。

（尹石群　刘　鹏）

【衡阳西湖置业股份有限公司】是原西湖旅游服务管理处（含西湖实业集团有限公司）改制后，采用经营者员工持股的方式，由员工集股发起设立的一家现代股份制企业。下辖有西湖饭店（重建为西湖中央广场）、西湖公园、西湖山庄有限公司、西湖旅行社有限公司、西湖房地产开发有限公司，西湖园林工程有限公司，西湖装饰工程有限公司以及西湖水上乐园等多家分、子公司。该公司主要从事企业管理服务、投资与资产管理、房屋租赁服务、旅游服务，宾馆住宿，园林园艺，健身娱乐，公园管理、房地产开发等方面的经营。西湖中央广场是由西湖集团精心打造的地标性建筑，是衡阳市中心城区首家集购物、休闲、餐饮、文化、娱乐等多种功能于一体的大型城市商业综合体，包括西湖·奥特莱斯广场、西湖饭店、西湖商务公寓3部分。项目位于环城北路与常胜中路交汇处，总投资2.5亿元，总建筑面积7.70平方米，其中商业建筑面积1.27万平方米，公寓建筑面积2.35万平方米，酒店建筑面积2.21万平方米，地下停车场面积1.75万平方米。规划用地面积8604.2平方米。本项目负二层、负三层为地下停车场；负一层至三层为衡阳首家国际顶级品牌购物中心；四层为大型多功能宴会厅，五层以上为四星级酒店及高级精装修商务公寓。西湖中央广场提升了衡阳市的城市品位和形象，可为社会增加1300余个就业岗位，每年可为市财政争创1000余万元税收。

（尹石群　刘　鹏）

【衡阳长河实业集团】　创建于1995年5月，前身为衡阳市兴衡房地产开发有限公司。公司注册资本5080万元，目前集团总资产达8亿元。拥有四个子公司：长河房地产集团开发有限公司、长河营销顾问有限公司、长河物业管理有限公司、长河农业科技有限公司。各类专业技术管理人员46人，其中大专以上学历的占总人数的75%，中、高级专业技术职称有27人。形成了以房地产开发为主其他行业并举的综合性企业集团。是衡阳市著名的民营企业，是全省100强民营企业之一。长和广场位于石鼓区船山路与易赖街交汇处，享衡阳市最成熟的商业中心区域船山路商业圈。该项目在2007年3月开始动工，2010年年底完工。总占地面积8.78亩，总建筑面积5.37万平方米，计入容积面积4.80万平方米，其中：商场面积1.68万平方米，住宅面积3.33万平方米，不计入容积面积6961平方米。总投资8100万元，总销售额1.91亿元。项目共30层，负二层为车库，负一层的2000平方米及一至五层为商业用房，6~31层为住宅（分A、B）塔楼。

（尹石群　刘　鹏）

【衡阳苏宁云商销售有限公司】
苏宁云商持续做大做强电器连锁，苏宁创立于1990年，是中国最大的商业企业，位列中国民营企业前三强，品牌价值815.68亿元。苏宁进入海内外700多个城市，拥有员工18万人，海内外销售规模2300亿元。苏宁以商业为主业，顺势切入综合地产开发，同步带动酒店服务等行业发展，形成了商业零售、综合地产、酒店服务、投资多产业协同发展的格局。2013年公司更名为苏宁云商集团股份有限公司。2006年5月1日，衡阳苏宁首站进入解放路商圈，迎来中山北路店成功开业。2009年2月衡阳苏宁在石鼓区增开一家新店，强攻晶珠商圈。2011年12月10日，又迎来湘南第一店苏宁解放路3C+旗舰店盛大开业。（尹石群　刘　鹏）

【王一实业集团有限公司】　前身为香江百货有限公司，创立于1995年。2003年正式注册为集团公司，注册地址为石鼓区湘江北路19号。2006年，被国家工商总局批准成为无行政区划企业名称——王一实业集团有限公司。目前集团注册资本8008万元，下辖7家子公司、7家超市、1家大型物流配送中心、2个驻外办事处、1家大型房地产公司，资产总额2.8亿元，拥有员工3000余人，其中安置国企下岗职工和复转军人近1000人。王一集团是全省最早通过ISO 9001国际体系认证的民营企业之一，其下属各大商场购物环境和硬件设施在本地堪称一流，获得了良好的信誉和品牌效应，并先后获湖南省“民营企业质量信得过单位”、省“五百强私营企业”、省市“纳税大户”、省市“消费者信得过单位”、省市“优秀非公有制企业”、市“十佳民营企业”“雁城名店”等多项荣誉称号。2007年9月，营业面积1万多平方米的香江百货光辉商业广场开业，已形成以此为中心的华新开发区商业圈。2003年，集团涉足房地产行业，首个项目“香江·城市花园”为全景观园林社区，总建筑面积13万平方米，为衡阳市“十佳楼盘”。后陆续建造“水岸新城”“书香门第”等项目。同时，王一集团旗下的凯星房地产公司斥资数亿元，在珠三角建成占地近20公顷的高质量、高品位别墅群“雍泉度假山庄”。 （尹石群 刘 鹏）

**【衡阳市和信丰田汽车销售服务有限公司】** 于2005年11月正式开业，位于衡阳市石鼓区黄沙湾街道进步村107国道旁，是由一汽丰田汽车销售有限公司认可、授权经营一汽丰田和进口丰田系列汽车的特约经销店。公司占地面积8000多平方米，集整车销售、零件供应、售后服务、信息反馈为一体，拥有一汽丰田最新设计标准的700多平方米多功能汽车展示厅，可同时展示一汽丰田生产的全系列车型，并拥有一支经一汽丰田专业培训的高素质销售队伍，为用户提供丰田系列的新车导购、上牌办证、保险、汽车装潢等服务。公司拥有2000多平方米的现代化高标准维修车间和专业的汽车检测维修设备，具有经过一汽丰田培训的维修专业队伍，并有24小时全天候救援制度。2011年7月14日，庞大汽贸集团正式收购衡阳市和信丰田汽车销售服务有限公司，成为独资法人，全面接手和指导公司工作。 （尹石群 刘 鹏）

**【衡阳市西城汽车经贸有限公司】** 成立于2002年3月26日，位于衡阳市石鼓区望城路107国道旁，占地面积1.38万平方米，注册资本1000万元，固定资产1269万元，总资产4742万元；其前身是1992年成立的上海大众衡阳汽车维修站，规模很小，经过十多年的艰苦奋斗，已经发展为拥有2家4S店（一汽—大众4S店、上海大众4S店即衡阳西城德通汽车销售有限公司）、1个二手车交易市场、1家出租车服务公司、1家汽车租赁公司、1家汽车装潢公司和1家汽车超市的集团型企业。共有员工168人，安置下岗职工60多人。年营业额由1998年的0.3亿元增加到2009年的2.36亿元，年创利税500万左右，名列全市同类企业前茅。西城汽车经贸有限公司是一汽—大众汽车有限公司授权在衡阳地区建立的汽车销售服务有限公司，按照一汽—大众总公司要求投入了大量资金，建立了统一的CI形象，标准化销售4S店和奥迪品牌3S店，主要经营奥迪、迈腾、速腾、宝来、捷达、高尔夫、开迪等一系列高档家用小轿车，以及对“猎豹、奥迪、红旗”及一汽—大众小轿车的售后服务。衡阳西城德通汽车销售有限公司是西城汽贸的全资子公司，成立于2000年10月10日。注册资本700万元，固定资产772万元，总资产1787万元，共有员工63人；是上海大众汽车有限公司授权在衡阳地区建立的汽车销售服务有限公司。按照上海大众总公司的要求，投入了大量资金，建立了统一的CI形象标准化销售4S店，主要经营新领驭、POLO、朗逸、桑塔纳3000、普桑、途安等一系列高档家用小轿车销售及售后服务。 （尹石群 刘 鹏）

**【中亿汽贸城】** 坐落于石鼓区107国道以西、蒸湘北路延伸路以东、石鼓路以北、北外环以南区域内，是2010年12月27日石鼓区与北京中瑞麟集团公司在中国（衡阳）服务业改革发展高级研讨暨项目推介会上的签约项目、2011年度省、市重点工程项目、2011年城区现代服务业重大实施项目、石鼓区“十二五”规划重大项目。项目由衡阳中瑞麟置业集团有限公司负责实施，项目区域内部以通畅的方格网道路划分成车辆交易区、汽贸零配件超市区、汽车检测、办证中心及有关职能部门办事机构、汽贸展示区、汽车维护及美容区、综合服务及生活服务区、安置房建设区等

8个功能分区。中亿汽贸城项目静态投资为10亿元，占地30.39公顷，总建筑面积47.92万平方米。其目标是以衡阳市城区为中心，辐射周边200千米，满足湘中南、粤北赣西商用车市场需求，建设成为一个以商用车展示、销售、检测、办证、售后服务、金融服务等为一体的现代商用汽车物流园。

（*尹石群　刘　鹏*）

**【美达·新天地】**　位于解放路与蒸阳路交汇处，由衡阳美达房地产公司倾力打造。项目理念超前，场内设施高档，门面独立，适合自主经营创富，旨在打造一个荟萃品牌与个性的特色主体商场，引领衡阳人的休闲时尚生活。项目占地面积5400平方米，建筑面积3.5万平方米。1~5楼为商业商场、饮食娱乐、休闲健身等，1、2、3楼为苏宁电器旗舰店，4楼美达影视城、美达美食城，5楼上岛咖啡、菲利斯特健身。6~8楼为高端写字楼，总面积约8400平方米，7楼进驻的大型公司有：环球雅思衡阳分校、中桥地产营销代理公司、富安娜家纺等。8楼进驻的公司有：名爵装饰、再东英语培训学校、老杨远眼镜视力纠正等。

（*尹石群　刘　鹏*）

**【共创家世界】**　位于衡阳市蒸湘北路，是由湖南共创实业集团打造的衡阳地区规模最大、产品最齐的家庭软装修主题商城。项目总建筑面积2万平方米，年销售额超过5000万元，解决就业人口1200人。项目分两期开发，一期定位为家纺厨卫电器城，其中1楼经营家纺布艺、鲜花花艺；2楼经营厨卫电器、橱柜、太阳能；3楼经营生活小家电及艺术灯饰。二期定位为家居饰品城，1楼经营家居饰品、干花花艺、工艺礼品；2楼经营生活用品、餐厨用具、酒杯酒具；3楼经营窗帘布艺、字画刺绣等。项目配有时尚而大气的外立面、中央空调、观光电梯、自动扶梯、导购系统、智能化管理系统、休闲座椅等高档配置，打破了衡阳无专业家居生活广场的格局，填补了市场空白点，为衡阳市民提供了一个“家庭软装修”购物“五星级家居生活广场”。　（*尹石群　刘　鹏*）

# 交通运输业

【概况】 石鼓区是衡阳城区的北大门，交通区位优势明显，衡大、衡岳、衡邵、衡炎4条高速公路在区内交汇。国道107线贯穿境内。蒸阳北路延伸、蒸湘北路延伸和一环路、北二环、长丰大道建成通车，怀邵衡铁路松木片区段正在建设中。湘江和蒸水河四季通航，有千吨级码头1个、小型码头5个。距衡阳东站仅10余千米，距南岳机场20余千米。合江套湘江隧道进展顺利。城市公交线路密集，农村100%的建制村通客班车，居（村）民出行便利。乡村旅游环线加快推进，6.9千米路基初步成型。2017年，全区基本构建对外联通、对内循环、城乡融合的立体交通网。在107国道入城口部有大型物流企业，城区中心有各类货运、快递网点。

（贺　莉　旷燕芝）

【公路管理机构】 衡阳市公路管理局石鼓分局（以下简称区公路分局）为衡阳市公路管理局的派出机构，正科级全额拨款事业单位。主要负责石鼓区区域内的国、省干线公路及农村公路的建设、养护和管理工作。2017年，区公路局内设办公室、纪检监察室、人事股、财务审计股、计划统计股、养护股、工程股、法制安全股8个机构。1个下属机构：中心养护站，有在职职工48名，退休职工16名。其中，大学本科学历14人，大学专科学历27人，高级工程师2人，工程师3人。

（宋　亮）

【公路养护工作】 2017年，全区农村公路总里程350多千米，包括国道1条13.358千米，县道2条共16.879千米，乡道10条共46.255千米，村道321条共287.7千米。2017年，完成了对管养路段的全线体检摸底，特别是对农村公路的基本状况逐线进行核对，掌握第一手资料，根据路况制定切实可行的养护计划。重点突出干线公路日常养护，确保干线公路路况稳定。积极开展干线公路养护劳动竞赛，以赛促养。年初，下发了干线公路劳动竞赛方案，召开了专门会议，对全年养护工作进行了全面部署；先后制定了“雨季”干线公路劳动竞赛活动实施方案和“冬季”干线公路劳动竞赛实施方案，开展了以“清挖标准水沟、铲路肩、清灌缝”为主要内容的养护技术比武，掀起了公路养护高潮；加大公路日常巡查力度，坚持每周不少于两次路况巡查，特别是对沿线桥梁涵洞、路肩水沟、标识标牌、安全防护栏、绿化等进行重点排查，狠抓预防性养护，全年共修复安全防护栏450米，修复水沟及水沟盖板150米，清理路边垃圾420立方米，确保干线公路“畅、洁、绿、美”。

（宋　亮）

【农村公路管理责任制养护】 2017年，石鼓区建立健全农村公路养护管理承包责任制，拟定了《衡阳市石鼓区农村公路养护管理考核办法》，与辖区各乡、街道签订了目标责任状，明确了养护里程、养护工作内容、质量要求、安全生产等考核内容，做到有路必养，列养率达100%，同时加大日常路巡、督促和检查力度，基本保证了全区农村公路路况稳中有升。（宋　亮）

【桥涵养护】 2017年，实施渡改桥项目，完成永久性桥梁19座，人行桥3座，在建桥梁1座。加强桥梁养护。完成了所管养桥梁的逐座体检摸底。掌握第一手资料，对桥梁实行卡片管理，全部建档建卡，一桥一卡；制定桥梁养护管理制度。落实桥梁“三个一”责任制；加强对桥梁的日常巡查。每座桥梁都有巡查记录、有照片、有影像资料可查；制定了桥梁应急预案。提升对可能发生的应急事件的预判能力和应急处置能力，将损失降到最低。

（宋　亮　贺　莉　旷燕芝）

**【2017 安防工程（民生实事工程）建设】** 2017年，区公路分局管养的角山乡C006线、C200线、Y003三条线路共2.435千米，路面窄、线型弯多、交叉路口视线受阻、安保设施缺失，全年共计投入经费48.6万元在原有道路沿线临河临崖急弯路段修筑1160米安全护栏，增设“警告”“限速”等标志标牌，提高该路段抗灾防灾能力和安全保障水平。

（宋　亮　贺　莉　旷燕芝）

**【C009 线银水寺桥的项目入库工作】** 2017年，在桥梁正常巡查中发现C009线银水寺桥桥台及拱圈出现裂痕，经委托检测属五类危桥，区公路分局立即启动预案，及时向市公路局和区政府进行了专题汇报，申请对该桥进行封闭；同时完成了启动危桥改造入库前期工作，以及设计评审和批复，并列入省交通运输厅2018年危桥改造项目库，根据区政府的安排，区政府垫资先启动对该桥的改造建设，改造工程于10月底正式启动。

（宋　亮）

**【G107 线破板、清灌缝的施工建设】** 2017年，严格按照工程计划要求，紧抓质量不放松，坚持做到安全施工、规范施工、文明施工，修补破碎板块180块，计4000平方米。（宋　亮）

**【公路安全生产管理】** 2017年，出台《安全生产管理办法》，成立安全工作领导机构，与各部门签订安全生产目标责任状，明确安全生产责任，严格落实一岗双责、层层压实责任，促进安全生产责任的落实。每月定期召开安全生产工作例会，及时总结部署安全生产工作，把安全生产一并纳入各项工作部署安排监管的全过程，严格按照“四不两直、一单四制”的要求，以查促整、以整促管，做到消除隐患于未发阶段，防患事故于萌芽阶段，确保了安全事故四项指标全面达标。积极开展“安全生产月”活动，全年组织大型安全宣传活动2次，发放宣传材料1万余份、制作宣传栏6幅，出动宣传车62台次，通过官方网站、QQ、微信等媒介，广泛宣传平安创建，扩大干部职工以及职工家属的知晓率和参与率，通过广泛深入的宣传教育活动，大大提高了干部职工安全生产意识。完成管养路段的安全隐患排查，抓好各阶段安全专项活动的整治和检查整改。及时开展了高密度、多层次、全方位、经常性的道路安全隐患排查，针对发现的问题制订“三定”整改，全年进驻货运源头企业16次，检测车辆3.19万台，开展联合执法5次。全年发现道路安全隐患103处，并及时有效处理。省政府重点督办的涉及G107K1785+200环境生物学院出入口处，属丁字路口，视线不良，车流较大，标识不全，存在交通事故安全隐患，区公路分局及时组织对此路段进行整改，增设立柱式标识标牌、设置减速标线7组、安装交通警示灯、信号指示灯，有效遏制交通安全事故的发生。切实加强节假日特别是中共十九大特护期安全维稳工作。细化安全工作任务和目标，强化隐患排查和治理，严格落实值班制度，确保人员在位、公路安全畅通。

（宋　亮　贺　莉　旷燕芝）

**【公路防汛应急抢险演练】** 2017年，制定出台了公路突发事件应急预案，积极开展公路防灾应急演练，通过演练提高全体职工的防灾意识以及应对汛情的应急反应和抗灾救灾能力，及时修复CS12沿河堤水毁道路，最大限度的减轻了暴雨水灾造成的损失，确保了公路基础设施安全度汛。

（宋　亮）

**【水上交通管理】** 2017年，在全区范围内进一步开展水上交通安全宣传教育，动员街道、社区一起通过社区居民点、工地、企业发放宣传资料，宣传水上交通安全相关知识，提升自身水上交通安全意识。有效解决柴埠门渡口撤渡后续问题。撤渡后，还有一些后续问题需要解决，比如人员及资产的处置。请评估公司对企业资产进行评估，按照劳动法对人员进行补偿。明确梁家河渡口由松木经开区的金源街道进行管理，石鼓区对其进行督查。加强水上交通安全隐患排查。6月，组织街道及社区对渡口渡船、货运码头进行全面排查，对排查出来的安全隐患及时整改。汛期对五四码头发出停止航行的通知，消除汛期安全隐患。加强水上交通安全督查，督促工作人员严格遵守六不发航制度，严禁超限超载航行，确保水上交通安全。

（宋　亮　贺　莉　旷燕芝）

**【春运工作】**　2017年1月12日，全市召开春运工作会后，石鼓区于次日召开全区春运工作调度会，第一时间对春运工作进行再动员、再部署，成立了以区委副书记、区长刘浪为组长的春运工作领导小组，负责指挥、调度、协调全区春运工作。制定下发《石鼓区2017年春运工作方案》，明确相关部门任务重点、职责划分和措施要求，各乡街均建立了日常办事机构和带班值班制度。春运期间，各单位和部门对重点路段进行了安全隐患排查。区财政投入37万元，在辖区内损毁、陡坡、临水等容易发生事故的地段安装防护栏、广角镜，增设安全标志牌、减速带，保证了全区路网运行畅通。区交警大队对全区公路进行巡逻管控和交通安全监管，及时处理交通事故，确保晶珠广场路口、人大路口、蔡伦大道与石鼓路立交桥等重点路段畅通。区委副书记、区长刘浪牵头，各副区长分别组织各职能部门和乡街开展春运安全大检查10余次。先后检查了重要交通枢纽、客运公交站点、水上码头等场所，督查现场安全管理、安全设施运行、巡查检查记录等情况，确保各项工作落到实处。组织交警、交通、城管等部门150人，及时查处、纠正超员载客、非客车载人等违法行为，检查客车超员、超载情况共计368辆（次），检查合格率100%；检查货运车辆3185辆，无超限超载现象，有效保障了广大旅客生命财产安全。对辖区内各交通枢纽的流动摊点进行重点整顿，莲湖路口、船山宾馆前面长途出租车强行揽客、乱停占道等不良现象得到整治。充分利用网络、微信等平台，向旅客介绍春运进展情况、乘车常识以及国家安全法和有关运输生产安全规定，为旅客出行提供方便。共发放宣传手册2万份，张贴宣传海报300张，悬挂横幅200条，在人大路口及晶珠广场路口等交通枢纽的电子显示屏滚动播放春运安全知识。其间，没有发生重大交通事故。　（贺　莉　旷燕芝）

# 国土·建设·环保

## 国土资源

**【概况】** 2017年，衡阳市国土资源局石鼓分局有干部职工27人。其中班子成员5人，局长1人，副局长3人，执法大队长1人。内设办公室、财务股、用地股、征地拆迁办、地籍股、地产股、地矿股、信访办、督查室9个部门。下属执法监察支队石鼓大队。下辖中心国土所、松木国土所、角山国土所3个国土资源管理所。石鼓分局切实履行保护资源、保障发展、维护权益、服务民生职责，严格保护耕地，强化执法监察职能，团结一心，真抓实干，被衡阳市国土资源局评为目标管理考核先进单位，石鼓区目标管理绩效考核优秀单位。

（肖岳如）

**【土地卫片执法监督检查工作】** 2017年，下发土地卫片图斑38个，总面积45.86公顷，其中耕地面积3.75公顷。对全部38个图斑进行了实地核查。按照上级部门的相关要求，对需整改的问题进行了分类梳理，并对违法用地全部立案查处，共立案10宗，非立案1宗，其中已查处结案7宗；剩余3宗正在查处中，原则上通过了省国土资源厅的验收。

（肖岳如）

**【用地保障工作】** 2017年，开展雁栖湖公园项目的前期工作，已启动国土测量，确定项目用地的具体范围，对项目范围内的国有土地进行摸底、统计。完成了金燕路、华耀城m8地块、北三环、万福陵园、虎形现代城等项目的财评工作。

（肖岳如）

**【耕地红线严守】** 2017年，全区划定了基本农田保护区16个，需坚守耕地保有量2600公顷、基本农田保护指标面积1286.54公顷。将基本农田保护目标逐级落实到村组、地块和农户，层层签订基本农田保护责任书，严格落实基本农田保护责任制；将耕地保有量及基本农田保护考核指标执行情况列为乡、街道主要负责人业绩考核的重要内容，对考核不合格的责令限期整改，对认真履行责任目标且成绩突出的给予表扬。根据全国基本农田永久划定工作的总要求，拟定《石鼓区永久基本农田补划工作方案及相关细则》并予以实施。永久基本农田略有调整，永久基本农田面积由原1313.87公顷调整为1373.87公顷，补划基本农田面积60公顷，调整了火车北站、青石水库、横江湿地公园、角山旅游环线、村部建设等设施项目的周边基本农田，为辖区内项目用地需求提供了保障。

（肖岳如）

**【矿山安全生产工作】** 2017年3月30日，草拟了《石鼓区依法取缔关闭非法页岩砖厂专项工作行动方案》《石鼓区成立依法取缔关闭非法页岩砖厂专项工作领导小组》。3月31日到4月26日，对区内非法页岩砖厂下达了《责令停止违法行为通知书》，要求其停产整顿。截至4月下旬，区内页岩砖厂均已停工停产整顿。非法页岩砖厂造成的环境污染和安全隐患已初步解除。分局执法大队、地质矿产股、国土资源所每天都对页砖厂进行巡查，防止其非法开工、死灰复燃，巩固整治效果。并于每天下午17时前，把工作情况报送区生态环保委办公室和区政府督查室。随着形势的发展，5月上旬，下发《石鼓区人民政府关于依法关闭取缔非法页岩砖厂的通告》。6月13日，区委、区政府召开石鼓区配合中央环境保护督察工作总结表彰大会，石鼓区国土分局地矿股被评为先进单位，阡波、曾庆文被评为先进个人。（肖岳如）

【地质灾害防治】 2017年，成立地质灾害防治工作领导小组，加强地质灾害汛期值班与防治工作，对全区地质灾害重隐患点建立台账，在崩塌、滑坡、泥石流等地质灾害隐患点向附近居民发放了防灾避险明白卡，设立了警示线及警示牌，在汛期实施重点巡查和监控，辖区内无一起大的地质灾害事故发生。（肖岳如）

【农村不动产权籍调查试点工作动员会】 2017年9月7日，石鼓区政府在角山乡召开高规格的石鼓区农村不动产权籍调查试点工作动员会。国土石鼓分局局长欧云清宣读《石鼓区农村不动产权籍调查试点工作实施方案》，区政府副区长王砺作动员报告，市国土资源局党组成员、工会主席蒋远翔出席会议并作重要讲话。国土石鼓分局积极强化与区相关单位的协调配合，上下联动、多管齐下、各司其职、协同作战。经过认真细致的工作，三星村的试点工作外业调查已基本完成。

（肖岳如）

【信访工作】 2017年，建立信访工作目标责任制度，制定《信访工作年度目标考核规定》，围绕征地拆迁、违法用地两大矛盾主线，通过主要负责人与信访人面对面沟通、实地核查情况、召开座谈会等一系列措施，做好定期矛盾排查处理工作，确保信访事件解决在基层。全年受理来信来访4件，均已化解。（肖岳如）

## 城乡规划

【概况】 市城乡规划局石鼓分局坐落在蒸湘北路50号。成立于2007年1月，为参照公务员管理的正科级事业单位。2017年，下设规划股、法规股、综合股3个股室，局长1人，副局长2人，在职干部职工15人。主要工作职责是：参与辖区内所有建设项目的放线验线、验槽、竣工验收及项目批后的跟踪管理，对未办理规划许可的项目及村民建房进行查处，负责辖区内村民建房的初审报批和安置选址定点工作。协助区政府办理各类项目（重点工程、村民集中安置点、廉租房、棚改等项目）的规划手续，配合石鼓区委、区政府及市局部署组织的各项拆违工作，做好群众的来信来访及人大代表建议、政协委员提案回复工作。对接国土、建设、综合执法局等兄弟单位联系工作相关事宜，完成领导交办的其他工作任务。（邱鹏飞）

【日常工作】 2017年，石鼓规划分局按照依法行政的工作要求、恪守有法可依、有法必依、执法必严、违法必究的工作方针，加强石鼓片区内的项目跟踪管理，着力推进疑难重点违法建设项目处理，落实违法建设清零行动政令。依据市城乡规划局制定的行政执法3项制度实施细则和流程，全面落实政执法3项制度试点工作，进一步规范执法程序，完善执法内容，充分发挥规划在城市建设的引领和调控作用。创新工作机制，提高工作效能，发挥党员的先锋模范作用，各项工作稳步推进，较好地完成了年度各项目标任务。全年立案20起，下达行政处罚决定书19份、整改并处罚14起，受理信访件42起，其中“12345”热线回复28起。

（邱鹏飞）

【联系及协调】 承办市区两级人大代表建议、政协委员提案的办理。2017年，在规定时间内按要求办理区人大代表建议7件、区政协委员提案5件，走访率100%，回复率100%，满意率100%。加强部门联系，整合政府资源，提高执法效能。联系乡、街道、村组织、国土部门对违法建设开展“防违、控违、拆违”工作。（邱鹏飞）

【信访接待】 2017年，建立投诉登记负责制，对每一起投诉案件，认真登记、及时到现场核实情况，深入调查，发现问题及时解决并将处理结果反馈给投诉人。全年接待群众来访86人次，收到举报47件，“12345”政府服务热线工单28件。（邱鹏飞）

## 城乡建设

【概况】 2017年，石鼓区住建局坚持以项目建设为抓手，全力推进城市基础设施建设。关注民生热点，全力做好背街小巷基础设施改造、公共租赁住房保障、农村危房改造等一系列与百姓生活息息相关的工作。保障性安居工程（棚户区改造和公共租赁住房）和重点民生实事（农村危房改造）三项工作在市级目标考核中均排名市城区第一位。区住建局获2017年度区政府系统人大代表建议、政协提案办理工作先进单位，区社会治安综合治理先进单位。（李秋莲）

【危房改造】 2017年，石鼓区农村危房改造任务5户，已全部完工。其中：建档立卡贫困户2户，农村分散供养特困人员2户，低保户1户。区住建局结合脱贫攻坚工作，将未纳入上级经费改造范围而又符合条件的10户农村危房自筹资金进行改造，自筹部分农村危房改造任务也已全面完工。（李秋莲）

【公租房补贴及实物配租】 2017年，区住建局制定出台了《石鼓区公共租赁住房保障管理工作规则》《石鼓区公共租赁住房管理考核办法》，进一步明晰区、街道、社区三级职责，将公共租赁住房保障工作纳入重要民生实事考核，使管理有章可循，考核有据可依。对全区所有住房保障对象分社区、街道、区住保办三级进行全面清查、登记，确保档案信息平台三级信息上下一致，准确无误，方便查阅。按季度及时足额发放住房租赁补贴。2017年，全区累计发放租赁补贴1.05万户、2.05万人、545.91万元。采取多种形式积极宣传公共租赁住房保障政策，在全区29个社区设立宣传咨询窗口，在人流密集区域设立15个定点宣传点。9月29日，石鼓区2017年第一批公共租赁住房分配抽签仪式举行，经过现场公开抽签，364户符合条件的住房困难家庭分配到公共租赁住房。全年完成1342套住房分配工作。积极落实审计整改，追缴2016年42户不符合条件租赁补贴金6.91万元；取消12户不符合公租房实物配租条件家庭分房资格。（李秋莲）

【市政基础设施维护】 2017年，为保障辖区内路平、灯亮、沟通，区住建局按照区委区政府要求组织对北壕塘、长青路、万居家具广场、百花家具广场路面进行了硬化、油化，对全区老城区背街小巷基础设施和18条主次干道人行道板进行了维修、对地处船山路至蒸阳路的3座人行天桥的铝板踏步进行了修复，全年总投资额330万余元。下半年，根据工作安排，对望城路等9个社区10个区域的“三清三建”项目进行了摸底、设计、造价和跟踪监理，2017年“三清三建”完成总投资额共1900万余元。按照深化改革要求，经过区委区政府批准同意，于9月份将市政基础设施维护管理相关职能下放至各街道。（李秋莲）

【棚户改造】 2017年，石鼓区实施杨岭村、菜山塘、猫形山、茅茶亭4个棚户区改造项目，开工1297户，基本建成安置房1179套。组织专人对各棚户区房屋建成时间、占地面积、居住人口、居民改造意愿等详细数据进行全面、细致、准确的收集和统计。结合各棚户区项目成熟度，编制了本区2018—2020年棚改项目计划。（李秋莲）

【物业管理】 2017年，积极维护社会稳定，对中亿汽贸城、蒸水一号、衡阳中建、长河广场等物业突出问题积极进行接访处理。对石鼓区辖区内物业服务企业和服务项目进行备案登记管理，截至年底，全区已备案的物业服务企业31个、物业服务项目54个。积极开展星级服务项目评定工作，全年全区有一、二、三星级物业服务项目20个，2个项目参加五星级评定。（李秋莲）

【安全生产】 2017年，重点针对人口密集的高层建筑如中建衡阳商业综合体、苏宁电器、龙泉国际、旺角星辰等物业小区开展安全隐患大排查，组织物业小区服务人员进行消防安全知识培训，进一步提高从业人员安全意识。对石鼓区范围内的12个在建项目和存在安全隐患的燃气站点进行安全生产隐患排查，对不符合行业规范要求的，要求项目单位立即进行整改，并及时向上级业务主管部门报告，确保行业生产安全。

（李秋莲）

【农村环境卫生综合整治】 2017年，落实环境整治各项工作，结合环保督查、文明创建和美丽乡村建设等工作，改观农村面貌。稳步开展农村公共区域环境卫生市场化运作。出台《石鼓区农村公共区域环境卫生市场化运作实施方案》，制定相应考核办法及考核细则，对全区农村环境卫生综合整治工作进行全面考核；区财政安排200万元环卫基础设施费用，用于购置垃圾清运车5辆、车载式垃圾收集箱200个，垃圾收集桶3900余个，电动垃圾车40辆，手推垃圾车33辆等。加大宣传力度。组织区、乡、村三级干部进村入户宣传乡风文明建设工作，印发《禁止焚烧秸秆、垃圾的公告》《石鼓区乡风文明宣传手册》等宣传资料3万余份；围绕“五美丽”标准，开展星级文明村镇评选；每季度开展清洁农户评选。

（彭双强）

【美丽乡村建设】 2017年，全区乡村旅游环线建设加快推进，6.9千米路基初步成型。率先在全市推行农村公共区域环卫市场化，农村环境综合整治成效明显。横江湿地公园建设稳步推进。建成村级综合服务平台7个。全面实施美丽乡村建设提质升级。全年全区美丽乡村建设投入资金5296余万元，其中财政投入1705万元，社会投入3335余万元，村民自筹256余万元。继续完善角山乡利民村、旭东村的基础设施建设，完成了青石村、灵官庙村、和平村、前进村等4个美丽乡村创建示范村的建设任务，将角山乡纳入省美丽乡村建设整乡推进序列。借助横江湿地公园建设之际，加快松木村的基础设施建设、路网建设和通道绿化建设，全力创建“五美乡村”。完成农村房屋“穿衣戴帽”一期工程结算工作。由区委常委、区委办主任郑建芳、副区长汪衡湘牵头，成立了驻松木村工作队，由区政协副处级干部谭毓霖为工作队队长，区人大唐云华、区委组织部张家彬、区农林局高海龙等4人为队员，负责配合松木村村“两委”进行美丽乡村建设推进工作。区工作队驻村开展工作，通过走访、实地勘察，全面掌握情况，下部将逐步实施项目建设，启动胜利小区的改造。通过重点打造、示范带动，全区广大农村的基础设施、公共服务设施、产业发展等均得到较快发展，人居环境得到改善，宜居新农村呈现了良好前景。香樟苑获评全省五星级乡村旅游点。角山乡纳入全省美丽乡村整乡推进计划。旭东村获评全省“两型社会”示范村。三星村获评全国文明村。 （彭双强）

## 城市管理和行政执法

【概况】 石鼓区城市管理行政综合执法局（以下简称区城管执法局），为区人民政府工作部门，下辖副科级参公管理事业单位区城市管理行政执法大队。2017年，根据石办发〔2017〕86号和石编发〔2017〕54号文件精神，区城管执法局内设办公室、法制室、督查考评办、数字办和综合执法大队、渣土执法大队6个部门，派驻各乡（街道）7个执法大队。共有城管人员164名，其中在编执法人员70名，招聘协管员94名。主要职能：贯彻执行国家、省、市有关城市管理的法律、法规、规章和政策，拟订本区城市管理执法工作年度计划和管理办法，并组织实施。依据市容环境卫生管理方面的法律、法规、规章规定，对违反市容环境卫生法规行为实施处罚，强制拆除不符合城市容貌标准、环境卫生标准的违法建筑物或设施。依据城市园林绿化管理方面的法律、法规、规章规定，对城市道路及沿路边的公共绿地、广场范围内未经批准砍伐、移植、修剪树木和毁坏城市绿化设施及占用绿化用地的行为实施行政处罚。依据市政管理方面的法律、法规、规章，在城市道路、广场及其他公共场所范围内，对未经批准占用、挖掘城市道路和污染、损坏城市道路等公用设施及城市道路施工后不及时清理现场行为实施行政处罚。依据环境保护管理方面法律、法规、规章规定，对在商业经营活动中使用空调器、冷却塔等可能产生环境噪声污染的设备、设施未采取有效措施使其噪声超过国家规定环境噪声标准的实施行政处罚；对在市区噪声敏感建筑物集中区域内，夜间不按规定作业时间从事建筑施工作业，产生环境噪声污染的实施行政处罚；对在湘江城区段水域向水体排放、倾倒工业废渣、生活垃圾和其他废弃物的实施行政处罚；对在城区运输装卸、贮存能够散发有毒有害气体和粉尘物质未采取密闭措施或者其他防护措施的实施行政处罚；对未采取防燃、防尘措施在城市人口集中地区存放煤炭、煤矸石、煤渣、砂石、尘土等物料的实施行政处罚；对在城市人口集中地区或其他依法需要特殊保护的区域内焚烧沥青、油毡、橡胶、皮革、垃圾及其他产生有毒有害物质的实施行政处罚；对在城市人口集中地区露天焚烧秸杆、落叶等产生烟尘污染的实施行政处罚。依据工商行政管理方面的法律、法规、规章规定，对在城市道路、广场等公共场所和无固定经营场地的有照或无照经营的商贩实施行政处罚；对自产蔬菜和农副产品未进入政府指定地点销售以及在店外经营或店外作业商贩实施行政处罚；对违反户外广告设置规定行为实施行政处罚；对破损或残缺等影响市容的广告行为实施行政处罚。依据城市规划管理方面的法律、法规、规章规定，对未经批准占用城市道路（指主干道、次干道、支路、街巷，单位内部道路和封闭管理的居住区内的道路除外）及其两侧临时建筑，或依附于该建筑物搭建的亭房、活动房、棚披，以及单幢建筑面积200平方米（含200平方米）以下的砖混结构的建筑物、构筑物的实施行政处罚。依据公安交通管理方面的法律、法规、规章规定，对擅自在城市道路、广场等公共场所摆摊设点、停放车辆、堆物作业、搭棚、盖房、进行集市贸易和其他侵占道路行为实施行政处罚。履行省、市、区人民政府依法规定的行政处罚权。区城管执法局被市城市管理行政执法局授予2017年度依法行政先进单位称号，获石鼓区政府系统政协提案办理先进单位、石鼓区安全生产先进单位、石鼓区环境保护工作先进单位。

（任中衡）

**【城管执法体制改革】** 2017年，石鼓区在全市先行先试推行城市管理行政综合执法改革，把权力下放乡（街道），把124名城市管理人员充实到基层，强化和压实乡（街道）在城市管理中的作用和责任，促进城市管理执法权责一致。通过城管执法体制改革，推动本区城市管理精细化、常态化、信息化、标准化建设，建立城市管理工作长效机制，构建齐抓共管的“大城管”格局。

（任中衡）

**【法治建设】** 2017年，以依法行政、文明执法、服务群众、和谐城管为目标，以行政执法“三项制度”改革为契机，推进城管法制建设进程，促进了城市管理行政执法工作不断进步。注重法制教育，加强干部法律法规培训学习，本年度开展执法业务培训4次，总计参加培训人员共408人次，全员通过“如法网”学法考法，干部年度普法考核合格率达100%。制定权力清单和责任清单，明晰权责，准确分清“能做什么，要做什么”，严格案件查处程序，按照立案登记、处罚意见、处罚决定、处罚结案等执法环节，完善执法文书，专人整理归档备查，提高案件的办理水平。局法制室组织对各执法中队的依法行政及法律文书业务考核12次。聘任法律顾问，推动法治实践，主动接受监督，实现执法管理制度化、规范化，提升依法行政水平。加强法治宣传，采取悬挂横幅、发放宣传资料、宣传板展、LED屏显、车辆巡讲等形式，对《湖南省城市综合管理条例》《城市管理执法办法》、“三项制度”改革、“强转树”行动等相关城市管理法律法规及法制工作进行宣传，本年度法制宣传4次，发放宣传资料1万余份，现场接受群众法律咨询1500余次。（任中衡）

**【执法管理】** 2017年，围绕中央城市工作会议提出的管理与服务两大重点，以文明创建为抓手，精细管理，文明执法，惠民为民，突出提升本区城市品质和魅力。强化路段市容管理。按照“主次干道严禁、背街小巷严控”的标准，通过开展专项整治和不定期突击整治行动打击各类流动摊担和占道经营行为，结合日常巡查与迎检措施，使城区主次干道、重点部位周边环境秩序得到有效改善。全年开展规模以上整治行动120余次，共清理占道经营行为4550起，教育劝导流动摊点7000余个，暂扣并处理各类违章经营物品2200余件，取缔乱设灯箱、立地广告2000余块，破损换新140处，规范工地围挡300处，签订“门前三包”责任书5000多份。创建全国文明城市和创省卫生城市复审阶段，区城管执法局严格按照市、区总体部署和要求，形成“包片划段、明晰权责，一层抓一层、层层抓落实”的工作机制，倾全局之力投入创建工作。有计划有步骤地开展了文明创建“百日会战”市容整治行动，加强了对辖区早夜市和农贸市场的整治和管理力度。整治非机动车乱停乱放，规范停车秩序。为破解非机动车停放难题，有效疏通人行道路，区城管执法局按照“不影响车辆通行、不影响行人出行、不占压盲道”的原则，针对非机动车停放杂乱现象，在辖区主次干道人行道设置非机动车停放点280处，施划非机动车停车线4200米，设置非机动车硬性隔离桩550米，在居民社区施划机动车位499处，累计拖移暂扣人行道上违章停放非机动车（含共享单车）5400余台。通过整治和合理规范，有效解决辖区内非机动车乱停乱放问题。合理施划非机动车停放区域，在醒目位置设置停车指示牌和禁停标志，引导车辆有序停放，在不符合机动车停放标准的人行道，完善机动车隔离桩的设置，防止人行道板等市政设施被破坏。积极开展违建“清零”工作。重点加强对“城中村”、城乡结合部等地的违法建筑进行查处，共拆除违章建筑22处，计1.09万平方米。对照工作职责与要求，积极配合区城市办、各街道社区开展乱搭乱建拆除行动，助力社区“三清三建”工作。强化夜间管理，开展夜市专项整治50次，出动执法人员650人次，规范夜市门店经营510户，暂扣经营物品870余件。通过专项整治和突击整治，夜市定点外摊担得到控制，定点夜市点严格按照“三统一、八不准”规范经营，跳蚤市场做到限时经营，整洁有序，湘江北路风光带晚上实现无缝对接管理。创新工作方法，实施科学管理，把每天早上7点到9点、中午12点到2点、晚上5点到7点确定为管理关键时段。除正常上班时间段加强日常管理外，采取“错时法”加强重点路段、重点部位管理，实行高峰控点，低峰巡查，延时、错时管理办法。辖区中山北路、解放路、步步高超市和附一医院周边、潇湘街、荷池路等重点路段和重点部位周边已实现常态化管理。（任中衡）

**【智慧城管】** 2017年，全面推进数字化、信息化抓好城市管理工作，将信息技术与城市管理有机结合，促进“大城管”模式动态化、精细化、长效化管理的实现。全年数字平台共接收工单1.48万件，办结1.38万件，作废970件，办结率100%；接“12345”热线投诉1286件，已全部办结，办结率100%，回复满意率达99.5%。城市管理中存在的占道摆摊、门店外摆、马路市场、夜市乱摆、乱吊乱挂、违法建设、违章户外广告、车辆乱停等问题得到有效治理，在充分保证城市运行中出现的问题能够及时发现、及时处理、及时解决的同时，逐步建立起沟通快捷、分工明确、责任到位、反应快速、处置及时、运转高效的城市管理长效机制。突出科技强队，充分利用对讲机、智能车载、城管通、执法记录仪等智能设备，及时处置问题，突出城市管理数字化、信息化等智慧建设，逐步提高城市精细化管理。

（任中衡）

**【“优化执法环境，助推文明创建”会商会】** 2017年8月9日，石鼓区召开“优化执法环境，助推文明创建”会商会。与会人员就当前城市管理执法遇到的困难问题进行了认真讨论发言，并提出了具体的意见和建议。会议指出，要用法治的手段推进城市综合治理，做到违法必究。要用联动的机制保证执法效果，形成工作合力。要加强督查考核和宣传引导，带动群众主动参与城市管理。要加强执法队伍、执法主体建设，提高执法人员业务素质，做到文明、规范、有序执法。区领导谢海蓉、周文源、朱建社、王砺参加。（任中衡）

## 环境卫生

【概况】 2017年，区环卫局负责全区主次干道清扫保洁、垃圾清运、洒水除尘和环卫基础设施建设和管护。全年，主次干道清扫面积330万平方米，垃圾年清运量16万多吨，洒水除尘里程70多千米，管护果皮箱600多个、垃圾中转站69座、公厕60座，有抑尘车、洗扫车、洒水车、护栏清洗车、密闭垃圾运输车等各型环卫专用车辆60余辆。社区环卫作业面向社会公开招标，由3个中标公司分片承包作业，作业人员约300人，区环卫局严格按照相关考核标准对3个公司进行考核。农村公共区域环境卫生管理实行市场化运作，区环卫局对各乡街农村环境卫生作业进行指导，区城市办组织住建、环卫、城管等职能部门对农村环境卫生每月督查测评。通过政府购买社会服务，对“牛皮癣”清理采取市场化管理，实行主次干道、社区全覆盖，全天巡查，12小时内动态清零。严格按《石鼓区环卫市场化管理作业考核办法》作业。全年全区环卫在职人员96人，退休人员162人，临聘人员900余人。环卫管理实现全域覆盖，提升了城乡环境整洁度。（朱文明）

【清洗保净作业实施】 2017年，为提升环卫清扫作业效率和质量，降低环卫工人劳动强度，充分发挥机械化作业优势，环卫局大面积采用人工清洗、洒水车、洗扫车对城市快速通道和环线采取机械化清扫和多功能冲洗设备辅助作业，重点加强对沿街石、果皮箱、保洁车周边油垢污渍清洗力度，确保路面洁净靓丽，斑马线清晰明亮。路面养护车对中心城区主干道每周两次人工清洗，同时对突发性的带泥、撒漏、污染道路现象，实行主动出击，快速清除。并利用数字城管平台对清洗作业车辆进行动态管理，确保道路清洗人员、车辆、时间和质量全面落实。采购多功能喷雾抑尘车1辆，与现有洒水车及洗扫车相结合的作业方式，对城区主次干道进行清洗保净、洒水降尘。（朱文明）

【基础设施建设】 2017年，启动公厕提质改造，完善公厕基础设施，统一标志、门头和颜色，提高公厕辨识度，年内完成15座公厕的提质改造。启动垃圾站新（改）建，改善居民群众人居环境，年内完成7座垃圾中转站新建提质改造，新建和改造后的环保密闭式垃圾中转站与密闭式垃圾运输车配套投入使用，确保垃圾收集、运输全程密闭不撒漏。（朱文明）

【社区环卫市场化合同顺延】 2017年，社区环卫市场化公司合同于6月到期，为保证社区环卫工作不脱档，合同顺延至2017年12月31日。（朱文明）

【环卫作业扩面延伸】 2017年，石鼓区新增道路清扫面积161万平方米，为维护市容环境整洁，6月15日，在暂无经费预算的情况下，区环卫局主动接管了华耀城等片区内外共161万平方米新增道路清扫与清洗保洁任务，并采取“托管”与直管相结合的办法，确保环卫作业全覆盖。（朱文明）

【渣土执法监管】 2017年，为确保全区道路干净整洁，避免因运输车辆撒漏导致二次污染，按照“治本先治源，医人需治病”的理论基础，对不符合文明施工条件的工地场所一律要求整改到位后才能开工。对渣土、砂石等运输车辆24小时全程监管，要求运输车辆净车出场并采取密闭措施或其他措施防止物料遗撒造成扬尘污染，同时，按照规定路线行驶。全年查处违规车辆68辆。对城区单位、门店施工装修一律实行围档作业，严禁渣土外露外倒。12月，石鼓区在全市率先实施城市管理执法体制改革，原区环卫局渣土执法大队人员、编制、管理等进行整体划转，设立石鼓区城管执法局渣土办。（朱文明）

【环卫综合停车场建设】 2017年，石鼓区环卫、园林、城管停车保养场项目位于红湘路以东、凤凰路以南，用地面积为2.28公顷，土地性质为国有土地储备用地。全年完成了环卫综合停车场第一期（“三通一平”、护坡围墙、土方等）和第二期（机修车间、职工食堂，墙内路面硬化、园林绿化、洗车房、等工程建设），即将启动第三期（工班房等建设）工程建设，已完成投资额2100万元。已在办理基建用水、消防用水以及天然气开梯等相关手续。（朱文明）

## 项目建设

【概况】 2017年，石鼓区全面贯彻落实市委、市政府关于“项目推进年”的安排部署和工作目标，坚持实施“打造湘南地区最具活力的商贸文化中心”发展战略，主动适应新常态，全区以项目建设为经济发展的总抓手，以优化施工环境为保障，以创先争优为动力，以提速增效为核心，各项工作取得了较好的成绩。全区第一、二批共实施新建、续建项目105个，计划投资总规模为934.8亿元，年度计划完成投资109.8亿元。市对区考核重点项目30个，总投资643.52亿元，年度计划投资55.59亿元。1—12月，全区105个项目完成年度计划投资约111.2亿元，完成年度计划的101.3%，开复工项目99个，开复工率94.29%。市对区考核重点项目完成52.4亿元，完成市考核任务数（45亿元）的138.6%；开复工30个，开复工率100%，排名四城区第一。1—12月，5000万以上非房地产项目联网直报完成投资106亿元，排名四城区第一。华耀城、中亿汽贸城、崇盛国际中心、香樟苑等10个项目已建成并投入使用，效益发挥超过预期来雁新城完成投资15.2亿元，征地拆迁加快推进，完成房屋签约413户、5.6万平方米，搬迁并拆除房屋236户、3.4万平方米，解决了一批长期想解决而未解决的拆迁难题。华耀城完成投资12.8亿元，B2地块酒店及办公楼主体已完工，M5、M6交易广场和糖酒副食市场吸纳商户近1100家。中亿汽贸城入驻汽车销售及配件供应商500余家。崇盛国际影视中心、中油金鸿华南总部相继投入使用。雁栖湖公园建设扎实推进，完成建设范围批复、征拆摸底测量、黑臭水体治理立项和河湖连通设计。全区已建安置房7417套，杨岭一期50栋、1860套已启动分房，影视中心、胡壁塘、大王庙、建新、王高岭、虎形山、谢家塘已完成或基本完成附属工程建设，即将交房分房。2017年，石鼓区获衡阳市重点项目推进年先进单位第一名。（夏群力）

【项目管理】 2017年，为切实推进项目建设管理，区委、区政府成立了“项目推进年”活动领导小组，负责统筹协调全区“项目推进年”各项工作，区委书记任领导小组组长，区长任常务副组长、区委副书记、区人大常委会主任、区政协主席、常务副区长任副组长，相关单位为成员单位。按照“市区对应、分工对口、分块管理”的原则，制定《2017年石鼓区重点工程建设责任分解表》，分6大板块管理，区委书记为总牵头领导；区长为基础设施板块牵头领导，分管城建城管的副区长为责任领导；区委副书记为来雁新城板块牵头领导；区人大常委会主任为农业板块牵头领导，分管农业的副区长为责任领导；区政协主席为社会民生板块牵头领导，分管文教的副区长为责任领导；常务副区长为服务业板块牵头领导，分管商贸的副区长为责任领导；区委常委、区委办主任为华耀城板块牵头领导。领导小组办公室设在区重点办，具体负责“项目推进年”活动实施过程中的日常工作。成立了石鼓区重点项目110机构以及重点项目领导小组，专门化解矛盾、问题交办及统筹全区项目管理及协调等相关事宜。截至12月底，全区成功处理阻工闹事14起，问题交办10余起等。（夏群力）

【项目服务】 2017年，全区组织召开全区性调度会4次，邀请市委、市政府领导视察项目及召开调度会8次，各板块调度会6次，接待、陪同市重点办、市社会民生板块办公室、城建板块办公室调研项目10次。为中油华南总部（二期）、珠江帝景酒店及房地产项目、香樟农业园、崇盛国际中心、中亿汽贸城等项目建设中存在的困难，分项目向市委、市政府打申请报告，主动衔接市职能部门，动态跟踪项目存在问题的落实情况。区专门成立了3个重点项目学习小组，分别奔赴株洲天元区、怀化鹤城区、常德鼎城区学习重点项目建设先进经验和管理服务。区委、区政府还专门组织召开了学习心得交流会，形成了专门的学习报告并报送市委、市政府。学习省、市文件，配合财政部门制定了《石鼓区党政机关工作人员参与重点项目建设领取施工现场津贴的实施办法（试行）》，规范项目施工津贴的发放，激发了干部职工参与重点项目建设的热情。主动收集入库。为了让全区所有的项目尽快纳入项目库，区重点办多次与市城建投、市住建局、来雁公司等市直部门和投融资平台公司衔接，收集入库资料，如立项批复原件、施工照片、101申请表等；主动联系社会投资项目的业主单位，协助他们办理立项、规划、环评等前期手续，动态跟踪办理进度。编纂项目建设宣传册，全年印发《2017年石鼓区“项目推进年”活动实施方案》《石鼓在行动》项目建设宣传手册。参与了全区的安全生产月咨询日活动，制作项目建设的安全生产板报，印发安全生产资料1000余份，大力宣传全区重点项目安全生产工作。9月26日，以“2017衡州经济发展论坛”为契机，成功举办了项目集中开工仪式，迅速掀起全区新一轮项目建设热潮。（夏群力）

## 水利建设

**【概况】** 2017年，石鼓区水利局坚持以防汛保安为目标，不断完善防汛抗旱体系建设；加大河湖库管理，全面推行河长制工作，全区的水利事业有了长足的进步。区防汛抗旱指挥部办公室被评为衡阳市2017年度抗洪救灾先进集体。（彭素云）

**【项目建设】** 2017年，石鼓区水利建设总投资960.59万元，其中中央及省、市财政资金458.4万元，区级财政投入347.19万元，企业自筹、群众自筹155万元。加强堤防维修。中央财政投资堤防维修资金10万元，山洪灾害资金6万元，群众自筹资金482.5万元，共完成堤防维修7千米，机埠维修2处，开展了山洪灾害防汛演练和区乡村防汛人员培训工作。实施农村饮水安全巩固提升工程。省、市下达区农村饮水安全巩固提升工程项目计划为解决贫困人口安全饮水1800人，非贫困人口安全饮水8300人。从1月筹建，5月开工，10月底主体工程完工，11月顺利通过市、区级验收，工程质量合格，效益良好。石鼓区2017年度农村安全饮水工程实际完成承接自来水项目3处，集中供水打机井项目1处和分散打捆供水项目。实际完成投资654.1万元，其中省级奖补资金210万元，区级及自筹资金444.1万元，解决农村饮水不安全人口1.2万人，其中解决贫困人口饮水安全2200人，非贫困人口饮水安全9800人，均超额完成年度计划任务。加强病险山平塘除险加固工程建设。山平塘除险加固市财政奖补资金40万元，区财政奖补40万元，完成5口山平塘维修；群众自筹资金160万元，完成10口山平塘维修，投入240万元，完成15口山平塘除险加固项目。银杯水库干渠二期改造工程市财政投入366万元，区财政投入110万元，群众自筹资金66万元，工程已在实施过程中。（彭素云）

**【防汛安保】** 2017年汛期，全区遭遇12轮强降雨袭击，湘江干流衡阳段出现12站次的超警戒水位，6月中下旬，特别是6月22日至7月4日，遭遇50年一遇特大洪峰。根据全区各乡（街道）和部门人员变动情况，全面调整和明确各级防汛责任人，并第一时间在网上公布小型水库、重要堤防及山洪地质灾害隐患区的防汛责任人，全面接受社会监督。全面开展汛前隐患排查和整改。汛前，区防办组织督查组对乡、街道度汛隐患进行全面抽查，同时举办全区防汛抗旱业务知识培训，确保不放过一处险工，不漏掉一处隐患，并要求建立台账限时整改到位。3—4月，区防办完成对4处影响安全度汛的隐患工程应急处置工作，并对各地防汛隐患整改采取经常性的检查和督查，为全区2017年安全度汛提供了有力的保障。期间，来雁新城两处开堤口度汛应急方案加强了度汛措施；旭东河六子托段、集秀水库等进行了除险加固。持续开展防汛督查。区防办联合区委、区政府督查室开展13次联合督查，并及时下发防汛督查通报。对防汛值班不到位、防汛情况不熟悉、信息上报不及时、应急处置措施不到位的责任人进行通报批评和问责。科学调度、及时预警，最大限度减轻灾害损失。3月21日至10月7日，区防办全天候24小时值守，密切监视汛情、旱情、险情和灾情，提前准确发出预警信息。区防办把及时发布汛旱灾情和工作动态，主动引导，营造良好的舆论氛围当作防汛抗旱重要工作来抓，通过微信、短信全方位形成了防汛抗旱信息宣传的立体态势，营造出了防汛抗旱工作的良好氛围。全年发送预警短信160余条。（彭素云）

**【水资源管理】** 2017年，加强对水资源地保护工作，加强对《国务院关于实行最严格水资源管理制度的意见》的宣传，设立水质监测段面，密切关注水资源监测指标，加强监管。制订了《石鼓区河道保洁工作方案》，各乡（街道）均成立了专职河道保洁队伍，签署责任状，将其纳入环境卫生考核范围。实行合同监管，制定禁止化肥养鱼准则，督促水库管理单位签署责任状，加强水质监管，禁止化肥养鱼；在辖区水库塘坝设立了禁止化肥养鱼挂牌，制作宣传牌、宣传画报，在水库及周边粘贴。（彭素云）

**【“河长制”工作】** 2017年，区“河长制”（即由党政主要负责人担任“河长”，负责组织领导相应河湖的管理和保护工作。）管理范围实现全覆盖，含7条河流（湘江、蒸水、杉旭河、旭东河、三板桥河、螺丝港河、横江铺河）、2个湖泊（雁栖湖、西湖）、6座水库（青石水库、周坳水库、建新水库、杨冲水库、井冲水库、银杯水库）。成立了区河长制工作委员会，区委书记担任第一总河长，区委副书记、区长担任总河长，各乡（街道）党（工）委书记任乡级总河长。建成了区、乡、村三级河长制体系，任命区级河长2人，乡（街道）河长13人，村（社区）河长30人，湖长2人，库长6人，并于4月27日、9月1日在《衡阳日报》进行名单公示。同时，足额保障“河长制”专项工作经费，解决人员编制，设立办公场所，配置工作设备等。全面细致摸排辖区河流、湖泊、水库，掌握第一手资料，扎实推进“一河一策”试点。合江套等重点区域重金属污染治理进展明显，湘江流域铅、汞、镉、砷、锌等重金属浓度大幅下降。全年，共开展集中行动3次，出动执法人员120人次，依法制止违法行为25次，保持了打击河道违法行为的高压态势。（彭素云）

## 移民安置工作

**【概况】** 2016年，石鼓区移民安置办从水利局分设出来，成立了一正三副的领导班子，配设5个编制，理顺了工作关系。2017年，区移民办认真贯彻中央、省、市、区经济工作、农村工作会议精神，遵循市移民开发局的指导，以帮助移民脱贫致富，维护移民社会稳定为目标，转变扶持思路，调整扶持结构，盘活移民资金，强化精准扶持和产业发展，加快移民美好家园建设，移民工作开创了新局面，在全市全省的影响力不断增强。石鼓区被衡阳市推荐为全省移民资金内审单位，移民项目建设资料规范，移民培训工作组织有力，移民政务信息报送超额完成任务，且以信息报送工作推动移民工作的规范开展，得到省、市领导的高度评价。（胡　越）

**【移民分布情况】** 石鼓区移民安置从20世纪50年代末白渔潭水库修建开始，到1999年大源渡水库修建成为止，是白渔塘、斜坡堰、山峙门、牛形山、斗山桥、柘溪、东江、柿竹、欧阳海、凉水冲、石狮堰等15个大中型水库的移民搬迁安置区。全区共有移民271户，安置原迁移民905人，现状移民1413人。移民分布较散，涉及到28个村，相对集中在黄沙湾街道松木片区和角山乡。移民人员分布在黄沙湾街道129户、884人（其中松木片区124户、747人），角山乡130户、494人，五一街道4户、8人，合江街道8户、27人。（胡　越）

**【移民基本生活情况】** 石鼓区移民主要的经济收入来源是耕地种植和剩余劳动力外出务工。2017年，移民资金绩效评价，区移民安置办从1个乡3个街道9个村抽取81户移民81人做样本户调查，2015年和2016年移民人均可支配收入分别为1.34万元和1.58万元。2016年比2015年人均增加2331元，有较大幅度的提高，但还略低于全区农民平均生活水平（石鼓区2015年和2016年农村居民人均可支配收入分别为1.53万元和1.75万元）。

（胡　越）

**【移民直补资金管理】** 2017年，移民后期扶持直补资金及时足额发放。区移民安置办严格资金发放程序，加强资金管理，实行专款专用，严禁滞留截留挪用，对直补资金发放全部核实到人，张榜公布，全部实行财政一卡通发放。2017年，及时核减不符合条件或自然减员人口11人，水库移民直补减至268户、809人。已发放前3季度直补资金36.04万元。生产安置指标科学分配。全区生产安置指标538人，大部分村组土地被征，项目无法实施。将521人的生产安置指标进行二次分配，按照程序由村、组开村民小组会通过报批，经乡街同意，报区移民办备案，并将生产安置指标分配到人的名单金额进行了公示，通过乡财一卡通发放到人，上半年发放金额15.63万元。另外17人的生产安置指标和结余66人共83人4.98万元作为项目进行了分配。（胡　越）

**【移民项目建设】** 2017年，严格按照移民项目资金管理"计划跟着规划走，项目跟着计划走，资金跟着项目走"的要求，认真落实移民后扶规划资金项目。根据省移民局明确的2017年工作重点、工作要求、资金投向及政策导向，结合实际，石鼓区因地制宜科学编报2017年项目，严格把关移民后扶项目资金的申报和审核，大力发展产业开发项目投入，引导移民脱贫致富；严格资金管理，充分发挥移民资金经济效益和社会效益；切实促进石鼓区移民户生产生活和基础设施条件得到进一步改善。通过进村走访，现场勘察，认真落实移民后扶规划资金项目，完成2017年上半年88万元的项目申报计划，完成移民产业基地提质改造任务（其中尚蔬园蔬菜基地13.33公顷），并严格按照项目计划把资金拨付到位，做到不截留、不挪用，使资金全部用在项目上。区移民安置办多次下乡核查，保证资金按时到位。（胡　越）

**【移民维权维稳工作】** 2017年，以稳定大局、服务移民群众为己任，全面落实2017年度移民稳定工作责任状，实行分级管理、分级负责原则，调整了以办主任为组长，纪检组长为副组长，相关科室人员为成员的信访、稳定工作领导小组，并与6个乡、街、片区签订了信访维稳责任状，形成高效、协调的工作运行机制。对来单位反映问题的移民群众，做到热情接待，认真听取来访人员反映的事项，并作好记录，登记入册；对各种不稳定因素认真排查，收集各种信息，便于及时、快捷为移民群众解决问题。截至年底，到区移民安置办上访的移民群众反映问题有4起，化解处理4起，化解处理率达100%。

（胡　越）

**【移民培训】** 2017年，石鼓区移民培训工作在征询移民就业转移意向的基础上，加强对全区移民培训的领导和管理，认真编制移民培训年度计划，年度预算移民培训专项资金15万元，计划开展2期实用技术和1期转移就业技能培训，培训移民180人次，加强移民培训工作，提高移民就业技能。已开展1期技能培训，培训育婴师6人；开展了1期实用技术培训，培训移民110人。10月，争得省移民局移民培训3个额外指标，在两天之内组织3名移民到省妇幼保健院参加育婴师培训，超额完成培训任务。

（胡　越）

【移民计生扶助】 2017年，区移民安置办成立了计划生育专项工作领导小组，计生工作齐抓共管，专人负责。并与区计生工作领导小组共同研究制定了对大中型库区移民计生困难户的相关优先优惠政策，做到及时报送计生综治工作信息，建立了计生奖励措施。共发放计生工作先进个人奖金3800元。为扎实、有效地掌握辖区移民计划生育对象情况，多次召开乡、涉农街道分管移民工作领导、专干和区移民安置办计生工作领导小组会议，研究部署移民计生工作，请区卫计局专人指导，系统更新录入，建立了电脑计生台账。受到区计生工作领导小组的肯定与好评。8月底，按省文件精神，发放贫困计生移民户扶助金1.6万元。（胡　越）

【移民政务信息】 2017年，及时向市移民开发局、区委宣传部上报移民资金内审、移民办扶贫攻坚、移民办学习中共十九大精神等政务信息16篇，其中《石鼓江山报》上稿6篇，湖南法宣网上登载了石鼓区发放移民贫困计生扶助金1.6万元和把路修到移民家门口2篇信息。石鼓区3位移民参加省级育婴师培训的组织和信息报送得到省移民开发局的肯定。（胡　越）

【移民安置年度重点】 2017年，区移民工作走向规范化管理，移民重点工作和各项检查最为集中。两年一轮的移民资金内审迎省检、移民资金绩效评价和全新的移民基础信息录入工作全部集中开展。开展移民资金内审迎省检工作。科学制定方案，完善规章制度。制订了《石鼓区移民安置办公室2017年度移民资金内部审计工作方案》，全面清理了2015年和2016年移民资金和项目。在充分学习和借鉴的基础上，建立健全移民资金规划、项目管理、培训工作和资金管理等工作制度，制定办法4个共140条，整理相关法律法规制度汇编3本。全面实地核查2015年、2016年移民项目资金以及项目开展情况。5月17日开始至7月10日，区、乡、村3级协同开展资金核查和项目督查工作，现场核查移民项目72个，核对项目资料70余册，核实项目资金达460万元。6月19日，邀请市移民资金内审工作专家对石鼓区迎省检工作进行现场指导。7月11日，召开乡、街道分管移民工作的领导会议，宣布自查情况，限期整改。7月下旬到8月中旬，区移民安置办抓紧督查落实问题整改。到乡经管站核查了移民资金报账财务资料，督查整改落实进度和成效。组织移民项目资料收集不完整不规范的村组限时整改，订正补齐资料，及时归档。到重点移民资金投入的项目单位查看移民资金财务账。认真迎检。8月15日至18日，省移民开发局副处长胡援济带领导内审组对石鼓区2015年、2016年移民资金开展内审工作。省内审组专家听取了汇报，查阅了财务账、项目资料、移民户直补资金发放名册、移民财务工作制度，实地考察了角山香樟苑、灵官庙村、青石村3个移民村资金项目，核查了松木村、旭东村移民分布和移民直补资金发放和项目资料台账，向所到村组群众和移民了解移民直补资金的发放和生活情况。内审专家组和省移民局领导充分肯定石鼓区项目台账资料规范。做好移民基础数据信息采集工作。按照市移民局将移民基础数据信息在7月1个月内录入移民数据软件管理系统的要求，区移民安置办组织人力物力加班加点，投入移民基础数据信息采集工作，完成了移民村信息、后扶移民人口信息、2006年至2016年后扶项目计划信息的采集和录入工作，录入核对信息3.4万余条。根据2016年预算安排及支出情况和1%的移民抽样调查，对2016年的移民资金使用情况进行了比较客观地评价，自我总结在3个方面取得了突破性的进展。实现了移民财务电算化，补做了2015年、2016年移民资金电子账。移民资金管理更为规范。移民资金由区财政局设置专账管理，建立了项目资金总账和明细账，资金流向清晰。项目管理更为规范。克服移民项目“小、多、散”的特点，逐一明确责任领导、责任人和工程监督人员，确保项目工程质量。按照“一个项目一套档案”的要求，及时将项目的立项申请报告、设计书、合同、验收表、结算单等资料全部分项目整理归档，并明确专人负责保管，确保项目经得起历史的检验。9月、11月，市移民局、市财政局对全区移民项目进行了现场稽查。（胡　越）

## 城市建设投资管理

**【概况】** 石鼓区城市建设投资有限公司于2014年6月成立，是石鼓区一家国有独资有限责任公司。公司坐落于衡阳市石鼓区虎形山安置小区内，注册资本壹亿叁仟万元人民币，主要经营范围：房地产开发与经营；土地投资及经营，承建城市各项基础设施建设和服务配套公用设施的开发建设；安置房建设、保障性住房建设、棚户区改造及承办征地、拆迁工程；运营政府授权的国有资产；房屋及厂房租赁。公司设办公室、财务部、投融资部、对外联络部、工程技术部、项目管理部、重点项目部7个部门。2017年，区城市建设投资有限公司承建的项目有19个。（罗予琦）

**【安置房项目】** 2017年，全区共12个安置房项目，总建筑面积57.89万平方米。已建项目有虎形山一期、朝阳、大王庙、胡壁塘、建新、王高岭、谢家塘、影视中心8个安置小区，其中大王庙、胡壁塘、建新、王高岭、谢家塘、影视中心均已分房到户；在建项目有小云山、杨岭二期安置小区；待建项目有虎形山1#楼、茅茶亭二期。（罗予琦）

**【区武装部民兵训练中心项目】** 区武装部民兵训练中心建设项目总投资1559万元，总用地面积为4873.01平方米，总建筑面积为3191平方米，该项目于2017年12月交付使用。（罗予琦）

**【角山特色小镇】** 角山特色小镇位于石鼓区角山乡，拟规划将角山乡建造人居典范的石鼓儒家文创小镇，项目总投资约27亿元。规划总用地面积为1070.17公顷，项目内容分为儒家文化板块、运动板块、基础配套板块及共享农业板块四大板块。其中：儒家文化板块用地面积为60.33公顷，建设内容主要包括儒家文化组团、青训营地、石鼓新天地；运动板块用地面积为40公顷，建设内容主要包括阳光欢乐广场、蹦床乐园、卡丁车营地、旱雪乐园、星辰营地、DIY积木乐园、DIY乐趣味园、田野营地、草坪营地等；基础配套板块用地面积169.84公顷，建设内容主要包括杉旭河景风光带、游客服务中心、旅游环线等；共享农业板块用地面积800公顷，建设内容主要包括农田改善、智慧农业、污水水治理工程。（罗予琦）

**【雁栖湖片区改造项目】** 项目建设主要分为三大部分，第一部分是黑臭水体治理，主要是对环岛约48.6公顷水域进行治理。第二部分是雁栖湖公园建设，主要范围指的是除去棚户区改造区域、耀江公司以及腾龙公司所征土地外的所有区域，该区域总面积约64.67公顷，其中国有土地约9.8公顷，集体土地约54.87公顷，需拆迁房屋面积约27万平方米，总户数708户，共2177人；第三部分是棚户区改造，主要位于黄沙湾街道团结管理处四、五组，该地块总面积约42.6公顷，其中国有土地约19.33公顷（含共创集团、蔬菜研究所、方圆家具厂、麒麟房地产公司及原黄沙湾街道办事处等单位），集体土地约23.27公顷，需拆迁房屋面积约12万平方米，拆迁总户数401户，共988人。（罗予琦）

**【石鼓区角山派出所项目】** 该项目总投资601万元，总建筑面积1600平方米，新建业务楼1栋（四层、框架结构）、门卫房1栋，并配套建设室外停车位16个，以及室外绿化、道路、水、电等配套工程。（罗予琦）

**【石鼓区松木派出所项目】** 项目总投资450万元，总建筑面积1550平方米，新建办公楼1栋（四层、框架结构），后勤楼1栋（二层、框架结构），室外停车位15个，以及室外绿化、道路、水、电等配套工程。（罗予琦）

**【石鼓区松木明德学校】** 该项目总投资7818万元，建筑面积5.21万平方米。主要建设内容为小学教学楼、初中部教学楼、幼

儿园教学楼、食堂、学生公寓、300米环形跑道运动场、篮球场等配套设施。 （罗予琦）

【角山乡前进小学项目】 位于石鼓区角山乡前进村，该项目总投资2214万元，建筑面积9436平方米，建设内容为教学楼、综合楼、风雨操场、运动场、停车场以及各类球场、流动广场等配套设施。

（罗予琦）

## 园林绿化

【概况】 2017年，全区绿地管护面积为10.51万平方米，其中“三清三建”社区绿化养护面积为4.33万平方米，路段绿化养护面积为6.18万平方米，全年新增绿地面积7303平方米，城区绿化覆盖率达到40.63%。区园林局获市城市管理行政执法局授予的文明城市创建工作先进单位、城区园林绿化综合考核评比第二名、石鼓区党风廉政建设优秀单位以及石鼓区政协提案办理先进单位。

（陈 琳）

【绿化建设】 2017年，在双桥南路、莲湖路、五一路、红湘北路、华源支路和部分社区补种四季桂、杜鹃等小苗56万棵，樟树、法国梧桐等乔木247棵，小灌木球75个，麦冬草1000斤，满天星、杜鹃毛球等近6千盆。在蒸阳、向阳、湘北社区改造立体绿化17处，设置移动花厢39组。春节前夕在石鼓广场摆花1万多盆；九月，为迎接园林城市检查、衡州经济论坛以及庆国庆迎中秋，在石鼓广场、蒸阳路和蒸水南堤交汇口处共摆花2万多盆。对4条路（常胜路、环城北路、和平北路、蒸水南堤）补种乔木39棵、樟树10棵、法桐24棵、无患子5棵。在“三清三建”改造社区、人民广场和雁栖湖安置小区安装喷灌设施。

（陈 琳）

【养护管理】 2017年，组织专业队伍对辖区主次干道树木进行修剪，全年共计28次，对500株法桐进行大规模截顶美化。对辖区绿地植物病虫害进行全面控制使用药水车56次，做到对蚜虫、尺蠖等病虫害的有效防治。对辖区4870棵乔木全面涂白，防寒防虫。全年共处理城管通案例172起，“12345”政务热线工单27件，完成领导交办件9件。

（陈 琳）

## 环境保护

【概况】 2017年，区环保分局内设办公室、监察监测股、污染防治与总量股、环评与生态股、固体废物与辐射管理股、法制宣传股等6个部门，设局长1名、副局长3名、纪检组长1名、工会主席1名，在职在编人员27人，退休人员6人。以全国环保综合督查为契机，以改善环境质量为目的，积极推进生态文明建设，全面深化环保工作改革，守护蓝天白云、青山绿水，努力完成环保各项任务，努力实现经济发展和环境保护的“双赢”。分局获2017年度区委、区政府目标管理绩效考核优秀单位，区环境保护工作先进单位，获衡阳市环境保护局配合中央环保督察工作先进单位，衡阳市先进基层党组织称号。 （许 佳）

【中央环保督察工作】 2017年，中央环保督察工作期间，区环保分局成立7个协调联络组，由局领导担任组长，各小组明确责任分工，工作人员在中央环保督察期间不分节假日按分组实行24小时值班制度，层层压实责任，传导压力。中央环保督察组向石鼓区交办30.2件群众来信来电件，总办结率100%，省、市交办件办结率100%，重点交办件100%，群众满意率100%，且没有对交办案件处理结果不满意的案件。在办理中央环保督察组交办的第三医院废水直排湘江的案件中，办案人员查处了该院渗漏废水严重超标，依法给予了缴纳排污费5倍的顶格处罚，并将案件移送石鼓公安分局对相关责任人实施了行政拘留，是城区环保系统首件移送公安系统的案件。除了中央、省、市、区交办的整改问题及时落实外，还开展雁栖湖黑臭水体综合整治、湘江和蒸水石鼓段专项整治、扬尘问题专项整治、合江套地区综合治理、农村环境综合整治等工作，对全区企业共下达整改通知书196份，合江套地区改制搬迁并关停淘汰污染企业102家，督促来雁新城做好被污染土壤的修复和治理工作。积极推行农村公共区域环卫市场化运作。对突出环境问题信访件整改落实和企业复工复产两项工作做到统筹推进，按照疏堵结合、优化布局、规范管理的要求，做到在保护中发展，在发展中保护，使全区环保工作更好地服从和服务于全区经济社会发展大局。

（许　佳）

**【湘江“一号重点工程”整治】** 2017年，石鼓区湘江“一号重点工程”治理类项目共7个，石鼓区新发造纸厂、宋建新养猪场、香樟苑生态农业发展科技有限公司、衡阳市城区产业结构调整项目、水口山第二冶炼厂淘汰关停整治工程、衡阳市合江套片区第二批涉重金属企业治理项目已完成，水口山二厂含砷废渣处置及周边污染场地修复工程也完成了任务。（许　佳）

**【污染防治】** 2017年，在建设项目管理上，分局为企业提供信息，当好参谋，把建设项目审批作为控制新污染源的突破口和重点，严格把关。经现场勘察，全年共否定不符合国家产业政策和环保要求的项目4个。全年审批新、扩、改建项目3个，协助市局出具环境影响评价报告表（书）初审意见8个，审查环评网上备案登记10起，项目总投资超亿元，全区建设项目环境影响评价制度和“三同时”制度的执行率均达100%。分局加强农村环境综合整治、城区油烟、噪声污染整治和医疗废弃物整治。配合中央环保督察期间查处无环评手续、无“三同时”验收手续、无排污许可证手续的企业100多家，下达紧急督办通知500余份，依法关停了8家养殖场、28家石材加工场、1个活禽市场和若干个非法小作坊。制定了《石鼓区2017年度大气污染专项行动方案的通知》，对区域内各有关单位送达了《关于限期淘汰高污染燃料锅炉（炉窑）的通知》，加快推进燃煤锅炉“煤改气”“煤改电”等清洁能源替代建设，在2017年10月前完成了高污染燃料禁燃区范围内的5家企业6台（其中拆除4台，关停1台，煤改气1台）10蒸吨及以下的燃煤锅炉整改任务。完成重点行业VOCs排放现状调查工作，下达关于开展挥发性有机物专项整治的通知，要求产生含挥发性有机物废气的生产和服务活动应当在密闭空间或者设备中进行，并按照规定安装、使用污染防治设施；所有治理单位要保证大气净化装置达标排放，并建立大气净化装置运行台账。建筑工地采取全封闭围挡墙，洒水降尘及施工现场道路地面硬化等措施，减轻城市建筑扬尘和道路扬尘污染。加快城乡结合部道路硬化进度，强化城区路面养护、保洁，逐步推广机械化等低尘作业方式和环卫专业冲洗机制，减少道路二次扬尘，重污染天气适当增加道路冲洗保洁频次。渣土、沙石等运输车辆全部采取密闭措施或其他措施防止物料遗撒造成扬尘污染，按照规定路线行驶。配合区城管执法局加大对无油烟净化设施的餐饮店的环境监管力度，依法取缔了2家夜间露天烧烤，已安装油烟净化装置并监测达标排放70余家。全面禁止秸秆焚烧，露天垃圾焚烧，加大宣传力度，引导农户加强秸秆的综合利用，减少环境污染和资源浪费。调整优化产业结构和布局，明确区域环境准入条件，严格高污染产业项目准入。全区不再新建钢铁、水泥等产能严重过剩行业的新增产能项目。其他行业的新、扩、改建项目严格实行主要污染物排放等量或减量置换。积极化解过剩行业产能，依法淘汰落后产能。3月底，关闭环保不达标造纸厂1家；5月底，前有序关停辖区内国土、规划、安全手续不齐、环保不达标、生产工艺落后、不同程度地存在安全隐患的页岩砖厂5家。完成同心路社区（原衡阳总厂）重金属污染治理项目招投标和搭建项目部工作；委托湖南华弘检测有限公司调查编制全区（含松木经开区）土壤污染源、污染地块调查报告，报告已上报市局和省厅。7月，会同区国土分局、区农业局、区水利局对区土壤污染重点行业企业及空间位置，土壤污染问题突出区域进行逐一核实，补充划定农用地土壤污染详查单元。对农用地详查点位进行核实、调查与补充；组织开展来雁新城范围内原翔达众合化工厂、原天源冶炼厂、原有机合成化工厂、原市制革厂4大污染地块地勘检测采样和调查报告编制工作，已上报省厅、市局审核。严格禁养区管理，对禁养区内确需关闭或搬迁的畜禽规模养殖场（小区），依法责令拆除或关闭共34家。提高规模畜禽养殖场（小区）配套建设废弃物处理利用设施比例，现有规模化畜禽养殖场（小区）要根据污染防治需要，配套建设粪便污水贮存、处理、利用设施。散养密集区实行畜禽粪便污水分户收集、集中处理利用。（许　佳）

**【主要污染物减排】** 2017年，国家、省政府给石鼓区下达的4项主要污染物减排任务基本完成，预计COD削减100吨、氨氮削减30吨，二氧化硫、二氧化氮排放总量控制在计划指标内；与区畜牧水产局联合，对全区的养殖户进行摸底调查，建立了一户一档的资料。对禁养区内确需关闭或搬迁的畜禽规模养殖场（小区），依法责令拆除或关闭17家，搬迁生猪2000余头，栏舍面积达8500平方米，补损资金670余万元。对4家规模化畜禽养殖场（小区）根据污染防治需要，配套建设粪便污水贮存、处理、利用设施。（许　佳）

**【环境监察】** 2017年，共立案查处环境违法案件3起，每起案件的法律适用准确性、自由裁量权使用等经逐一复核、讨论后，制作了规范处罚文书。对坐落石鼓区的衡阳市第三人民医院的不正常使用污染防治设施、水污染物超标排放的环境违法行为给予了顶格处罚，并将案件移送公安机关，对相关责任人员实施了行政拘留。（许　佳）

**【危废和辐射监管】** 2017年，督导相关企业建立健全放射源长效管理机制，完善各项规章制度和保护措施，在核技术应用场所悬挂明显的放射性标志和中文警示说明，防止核与辐射污染事故的发生，保障安全；落实放射性同位素转让、备案和放射源送储的监督管理；对辖区内所有辐射单位进行现场检查，督促各单位上报“湖南省核技术利用辐射安全检查专项行动检查表”及“辐射年度评估报告”，将资料分类归档，一厂一册；加强辐射监管人员辐射安全法律法规与专业知识的培训；督促辐射项目建设单位健全辐射安全许可证和换证平台，建立动态化管理模式，完善责任管理体系。加强化学品全过程环境管理，严格实施业内监督，落实主体责任；全面执行危险化学品转移备案、审批制度和危险废物经营许可证制度，及时更新“全国生产化学品环境情况调查系统”，杜绝辖区无证转移、违规处置现象。巩固深化危险废物规范化管理工作成效，按照环保监管执法要求，加大了现场检查力度，对危险废物重点源单位进行了季度巡查，对发现的问题立即督促整改，并跟踪督办。省、市年度监督考核时，石鼓区危险废物规范化管理合格率达95%以上。（许　佳）

**【环境投诉纠纷调处】** 2017年，全年受理“12345”政务服务平台工单105件，“12369”环保投诉平台工单15件，群众来访6件，办结率100%；环保督察期间协调处理交办件30.2件，局处理3件，其中重点交办件4件，全部交办件没有群众不满意的案件；配合城管执法局对餐饮行业整改，对辖区内没有安装油烟净化设施的70多家饭店做了油烟和噪声检测；做好环境应急处置的前期准备工作。（许　佳）

**【农村环境综合整治】** 全年协调争取角山乡和黄沙湾街道（松木片区）16个村列入全面开展农村环境综合整治整区推进工作，已全面完成整治任务，资料已上报省、市，接受省环保厅和省财政厅验收。（许　佳）

**【环保宣传教育】** 2017年，区环保分局响应市局的号召，组织全局工作人员参加了在太阳广场举行的“六·五”环境日系列活动，并协助、配合市局积极开展“绿水青山就是金山银山”为主题的环保系列宣传活动。协助配合区人大为民服务宣传活动，制作板报1块，发放环境政策宣传单若干。协助市环保局机关党委参加了潇湘街道蒸水社区举办的贯彻中共十九大会议精神和环保小常识有奖问答活动。全年完成市环保信息稿件25篇，其中综合信息2篇，局长胡敏的稿件分别被《中国环境报》《湖南环境》和《衡阳日报》等报刊杂志刊登。

（许　佳）

## 公安综合执法

**【概况】**　衡阳市综合执法警察支队石鼓大队主要职责是：贯彻执行城市管理、公共交通治安管理的方针、政策和法律、法规，制定处置危害城市管理、公共交通治安管理方面的重大工作预案；预防、控制和处置有关城市管理行政法、公共交通治安管理方面的各类群体性事件；依法保障城市管理行政执法部门做好城市管理行政执法工作，依法查处城市管理行政执法中发生的刑事案件和治安案件，调处城市管理行政执法局授权，行使对擅自在城市道路、广场等公共场所停放车辆、侵占道路行为的行政处罚；完成市公安局和市城市管理行政执法局交办的其他事项。2017年，大队有12名干警、8名辅警；设有行政静态管理中队和应急出警中队2支管理队伍。大队始终坚持立警为公，执法为民，认真履职，紧紧围绕新型城市管理工作的新特点、新要求和目标，不断探索民警队伍建设的新方法、新举措，城市管理工作持续稳定。在行政执法管理、文明创建、打击违法犯罪、处理“12345”工单、队伍建设等各项工作中，圆满完成了各项任务。

（姚　艳）

**【行政执法管理】**　2017年，以创新为主导，不断拓宽行政执法工作范畴。以创建全国文明城市为契机，对城区人行道进行统一摸底调查，对符合停车条件的路段设立停车泊位；对不符合停车条件的路段，设立钢桩和禁停标志。改革人行道静态停车管理模式，对辖区内6条主干道、9条次干道的管理创新初见成效，全年查处违规停放车辆1.8万余台，劝阻人行道车辆乱停乱放2万余次。指导和配合区行政执法局和各街道做好人行道绿化工作、人行道上停车位打桩工作和划线工作。

（姚　艳）

**【治安防控】**　2017年，开展“迎接十九大，忠诚保平安”百日攻坚、“冬春攻势”等集中打击整治行动；大队在环保督察整治行动中，成功破获杨某某私自将衡阳市石鼓区城市管理行政综合执法局对沿江北路“二哥”烧烤店检查对店内油烟排放不合格的烧烤设备器材查封的封条撕毁的暴力抗法事件；配合区执法局和各街道处置“牛皮癣”作案人员28起，全年破获案件35起。全年参与各项城市管理专项整治156起，及时妥善调处城管行政执法中的各类纠纷矛盾。

（姚　艳）

**【文明创建】**　2017年，为统筹推进经济、政治、文化、社会和生态文明建设，加快建设“活力石鼓、特色石鼓、文明石鼓”，努力打造湘南地区最具活力的商贸文化新区，完成文明创建任务。确立大队长刘平安为文明创建第一责任人，将文明创建工作列入本部门重要议事日程，建立文明创建汇报制度。整治处理僵尸车和整治车辆乱停乱放现象。坚持常态管理与集中整治并重，大力提升城市管理水平。落实责任，对大队承担的创建任务，制定具体的工作计划、工作措施，实行责任到岗、责任到人。通过专题、专栏等多种形式，大力宣传创建全国文明城市的目的、意义和基本内容。

（姚　艳）

**【“12345”工单处理】**　2017年，处理衡阳市“12345”政府服务热线工单，全年办理投诉车辆乱停乱放工单和施划停车位不合理工单3000余件，满意率达100%。

（姚　艳）

# 科技·教育·文化·体育

## 科　技

【概况】　2017年，全区共有高新技术产业企业14家，完成高新技术产业增加值13.34亿元，同比增长6.38%。其中，市科技局认定高新技术企业5家，市级以上企业技术中心2家，市级以上工程中心（实验室）1家，市级以上公共技术服务平台1家。新增高新技术企业4家：湖南中航紧固系统有限公司、衡阳理昂生物质发电有限公司、湖南先一橡塑科技有限公司和衡阳市鑫晟新能源有限公司。全年专利申请量311件，发明专利申请量71件，占比22.83%；专利授权量216件，发明专利授权量22件，有效发明专利68件，专利行政执法案件在规定时限内结案率达100%。（刘　敏）

## 教　育

【概况】　2017年，全区有义务教育阶段中小学（不含市属中学）35所，在校中小学生1.80万人，其中区属初中3所，25个教学班，在校学生1070人；城区小学11所，201个教学班，在校学生9354人；农村小学16所，110个教学班，在校学生3285人；民办小学5所，有106个教学班，在校学生3974人，在编在岗教师1084人，幼儿园47所，在园幼儿6807人，学前3年入园率达101%。2017年，石鼓区教文体局获多项荣誉：全国中小学中华优秀文化艺术传承学校组织奖、全省“六五”普法依法治理先进单位、全省少年儿童系列读书活动组织奖、衡阳市元旦环城赛跑团体总分第二名、衡阳市田径运动会团体总分第一名、县市区教育行政部门工作评估考核“先进单位”、教育督导工作“先进单位”、校车安全管理工作“优秀单位”、衡阳市文体广电新闻出版工作目标管理考核“先进单位”、文物工作“先进单位”、衡阳市基础教育跨区域结对帮扶“先进单位”等。（黎笃会）

【教育教学】　2017年，全区开展教学常规检查并召开检查工作通报会，督促学校抓实抓好常规工作各环节，促进教育教学质量稳步提升。举行优秀教师教案、学生作业、班务日志、班主任手册展览活动。组织优质学校与相对薄弱学校开展“结对帮扶”工作。教师学科课堂教学竞赛获国家级奖项2人次、省级奖项8人次，市级一等奖25人次。养成教育每月一活动主题，各校围绕活动主题开展活动；积极开展三好学生、优秀学生干部、美德少年等评比活动，为中小学生树立身边榜样；开展各种形式的安全教育活动，提高广大师生的安全意识。（黎笃会）

【师资建设】　2017年，全区开展教师招聘工作，全年新招聘教师55人。湖南省定向培养师范生招生13人，安排就业5人。名师工程建设：湖南省特级教师1人，首届享受衡阳市政府津贴专家2人，首届衡阳教学名师2人，衡阳市金牌班主任1人，衡阳市金牌教研团队1个，衡阳市骨干教师31名，衡阳市学科带头人2名，衡阳市优秀教师2名，衡阳市优秀支教教师3人，衡阳市最美乡村教师2人，石鼓区优秀校长5名，石鼓区优秀教育工作者5名，石鼓区最美乡村教师10名，石鼓区优秀教师36名。职称评定：评定初级30人，中级23人，高级30人。校长、教师交流轮岗：教导主任以上学校行政人员交流轮岗26人，交流面30%；教师交流60人，交流面12%。支教：三区支教8人，国外援教5人。教师培训：全年教师参培3725人次，其中国培、省培251人次，合格率100%。在湖南省普通话抽测中，石鼓区教师连续三年排名全省第一，石鼓区教文体局被评为“先进单位”。

（黎笃会）

【招生管理】 2017年，全区贯彻落实《中华人民共和国义务教育法》，制定《石鼓区中小学实行划片招生控制择校的规定》。执行划片招生、就近入学原则。实行乡镇、村、组三级联动责任制，加大“控辍保学”力度。严禁各学校跨区域招生，严格控制班额，依法保障外来务工人员随迁子女和特殊群体少年儿童接受义务教育权利。落实阳光编班制度，严禁各校组织招生考试，新生编班实行随机抽签制度。规范学籍管理，学校违规招收的学生，区教文体局一律不予注册，由此造成的后果由学校负责。落实阳光招生制度，加大宣传工作力度，使招生政策家喻户晓，实行招生工作责任追究制。（黎笃会）

【课题研究】 2017年，全区以实用性与实效性为导向，追求务实工作原则，引导学校、教师个人从教育教学实践中存在最突出的问题提炼出研究的内容申报课题，遵从“问题即课题”的科研研究理念，及时开题立项。合江小学的《小学生自主提问学习能力的培养与研究》、建设新村小学的《小学生家庭闲暇生活教育引导的研究》和五一路小学《运用劳动技术，培养小学生创造力的实践与研究》均申报成功。

（黎笃会）

【党建管理】 2017年，全区压紧压实主体责任。确定人民路小学党支部为党建示范点，以点带面推动全区教育系统支部五化建设。建立局领导班子成员联系区属学校工作制度，带头深入到联系点单位加强指导。推进“两新”组织的两个覆盖工作，组建巧巧幼儿园等7个联合党支部，社会组织覆盖率达到70%以上。加强党员思想教育，推进“两学一做”学习教育常态化制度化。召开推进会，下发《关于推进全区教文体系统“两学一做”学习教育常态化制度化的实施方案》《石鼓区教文体系统学习宣传贯彻十九大会议精神工作方案》等文件。多种形式开展党员教育活动。组织开展了“好声音讲坛—讲话精神进基层”百姓微宣讲、“我身边的优秀共产党员”主题演讲比赛等活动，先后邀请区委书记唐浩然，区委常委、宣传部部长周文源为教育系统300余名党员上党课。夯实基层组织基础。所属17个党支部按期进行换届，对党支部换届情况开展全面检查。全年严格按组织程序发展10名新党员。加强党员教育管理，推动党员管理信息化，按时保质完成党员信息系统信息采集、录入工作。组织党员订阅红星云，在职党员积分均超过100分。加大党建经费投入，全年区教文体局党委在阵地建设、党员教育等方面投入20余万元，各支部党建经费达到工资总额的2%。抓党建促脱贫攻坚，一对一结对帮扶。区教文体局31名党员干部与三星村贫困户结对帮扶，工作队每日驻村扶贫。实现建档立卡学生资助全覆盖。全年发放免费教科书金额2655余万元、学前教育入园补助金51.05万元、中职教育资助金额356.82万元。完成教育扶贫“一提高、两降低”目标。全年小学、初中年巩固率达99%以上，“三残”适龄残疾儿童入学率达90%以上；小学辍学率为0，初中辍学率逐年降低。积极开展学校资助和社会资助，“9·8”助学日期间，区教文体局资助100名特困学生5万元，各校发起贫困资助4.53万元，社会爱心人士捐赠资助金12.65万元。（黎笃会）

【教育工会】 2017年，出资13.8余万元为全区在职和退休教师1542人安排体检；为13位困难职工申请慰问金1万多元，为4位患重疾教师申请慈善助医款9000元，春节期间走访慰问困难教师10余人，发放慰问金万余元；对全区70岁以上退休老职工大寿和伤病住院职工慰问，慰问人数近30人，发放慰问金近2万余元。组织开展中秋佳节和重阳节各校退休理事成员座谈会和游园活动；开展全区教职工气排球比赛，发放奖金4万余元；组织参加全市教育系统教职工书画比赛，2位老师作品获市三等奖；组队参加全市教育系统羽毛球团体赛。（黎笃会）

【化解“大班额”项目】 2017年，推进华耀城一小、前进小学、松木明德学校二期建设，松木明德学校小学部1号、10号楼、前进小学综合楼已于2017年秋季交付使用；华耀城一小主体已竣工，室内外装修大部分完成。前进小学、松木明德学校后续项目由业主单位区城建投建设，采取EPC模式完成招投标，已经开始施工。（黎笃会）

【教研教改】 2017年，开展全区首届教育教学管理干部听评课教学竞赛，创市先例。全区42名副校长、教研主任、教导主任参加听课评课，评选出15名一等奖，16名二等奖。多次组织教研培训。组织参加湖南省2017“聚焦学生核心素养，深化课堂教学改革”—全国教育专家小学精品课堂教学展示暨中小学校长校务管理研讨会等30多次教研培训。开展教师学科课堂教学竞赛，获国家级奖项2人次、省级奖项8人次，市级一等奖25人次。定期举行新聘教师课堂教学比武，组织49位2016年新聘教师开展“新聘教师课堂教学比武”活动。送教下乡，均衡城乡教育发展。6月8日和11月21日，6名学科带头人为两乡中心校160余名教师进行精彩的现场授课、说课，评课。科研务实，课题研究过程管理扎实。3月，组织进行对省“十二五”教育科学规划课题中期评估工作，邀请市教科院博士陈坚对都司街、下横街、五家巷、松木中心校4所学校的课题进行评估与指导。教改教研，成果累累。在湖南省教育学会“十二五”教育科学课题研究成果评奖中，石鼓区8项课题成果获奖，获奖率100%。在衡阳市教育局组织的第十届基础教育优秀教研教改成果评比中，石鼓区送市参评的10项成果，有9项获奖，其中一等奖2项、二等奖4项、三等奖3项，位居全市榜首。科学评价，调控教学质量监测。除了常规性的开展每期一次的小学教学质量期末检测工作以外，还组织开展全区一个年级的学业水平质量抽测统考工作。（黎笃会）

【教育督导】 2017年，角山乡的莲花小学、前进小学列入合格学校建设，角山乡的杨岭小学、松木乡青石小学列入自建项目校，顺利通过合格学校评估验收。开展督学责任区工作。制订《关于开展2017年石鼓区普惠性民办幼儿园认定工作专项督导的通知》，9月20—22日，组织石鼓区责任区督学对贝贝海幼儿园等29所幼儿园进行普惠性幼儿园认定工作专项督导。8月，组织各督学进行假期违规补课专项督查，采取实地查看、电话采访等方式，实行督学责任区全覆盖。11月，开展幼儿园办学行为督导评估。12月，开展全区中小学教学常规和德育常规专项督导评估。督学和督教工作的开展。参加2017年省督学能力提升培训、省第一期督学能力提升在线培训；开展全区教育督导与评价优秀论文评选活动；向市级、省级上报督导信息15篇，其中多篇稿件在省教育督导信息网发稿。（黎笃会）

【教育经费投入】 2017年，石鼓区预算内教育经费投入1.76亿元，全年财政用于拨付在职教师工资和补贴总额为6253万元，拨付离退休费和生活补贴总额为2978万元；落实新机制资金1421万元，其中中央806万元、省级252万元、市级236万元、区级127万元；下拨义务教育贫困寄宿生生活费56.54万元，下拨学前教育贫困幼儿资助金52.6万元。（黎笃会）

【教育资助】 2017年，做好免费教科书发放工作。全区发放免费教科书4.26万人次，金额2655.05万元。足额发放学前教育入园补助金。全年全区资助幼儿园的1021名贫困孩子，发放资助金额51.6万元。补助农村义务教育贫困寄宿生生活费。发放贫困生寄宿生助学资金55.54万元，资助贫困寄宿生955人。落实中职教育资助。全区享受国家免学费人数6267人，发放免学费资金752.04万元；享受国家助学金人数2455人，发放国家助学金245.5万元。认真核查、办理生源地助学贷款工作。为区内41名家庭经济贫困学生办理了助学贷款，共贷款35.15万元。积极开展社会资助。全年全区系统教师助残捐款4.52万元，“慈善一日捐”捐款4.63万元。（黎笃会）

【民办教育】 2017年，规范民办教育办学行为。举行2017年民办教育、学前教育工作会议。民办学校、幼儿园、培训机构向教文体局局长递交了安全工作责任状和规范办学行为承诺书。开展普惠性民办幼儿园的认定工作。9月20—22日区教育督导室组织督学分2组对申报幼儿园进行专项督导。认定童星幼儿园等29所幼儿园为普惠性民办幼儿园，并下文公示。提高民办教育机构办学水平。开展清理整顿民办教育培训机构专项工作，促进民办教育健康有序发展。11月14日，在西湖小学多媒体教室召开民办教育机构2017年度办学情况和质量检查评价工作会。（黎笃会）

【社区教育】 2017年，定期举办心理讲座，拓展活动形式；定期举办档案、保密、信息写作、征兵知识、公务礼仪培训讲座，以及计生宣传文艺会演、趣味运动会、国学进校园、文明创建宣讲、汇演等系列活动，居民对社区教育的知晓度、认同度85%以上，满意率75%以上。（黎笃会）

【审计工作】 2017年，开展了校安工程维修基建项目审计、法人代表离任经济责任审计等55个项目的审计工作，审计资金总额为2940万元，其中：基建维修审计50个，审计资金1426万元。（黎笃会）

【素质教育】 2017年，全区的养成教育活动每月一主题，有“雷锋家乡学雷锋·文明衡阳伴我行”“我们的节日·清明祭英烈”等系列志愿服务活动，以及安全教育、禁毒教育等。开展了普通中小学三好学生、优秀学生干部和德育标兵、美德少年评选工作及第13届宋庆龄奖学金推荐工作。举办“让生命在阳光下绽放”生命与健康主题演讲比赛、“森林安全”环境保护教育手抄报设计评比活动。开展“少年传承中华传统美德”4项主题活动德育现场和“关爱生命，打造平安校园”石鼓区学校安全教育现场交流活动。（黎笃会）

【文明创建】 2017年，重点做好青少年校外活动中心、未成年人心理健康辅导站、5个实地考察点学校和29个社区文化站的各方面工作部署和整体推进工作等国检无扣分。举办“美德少年”评选表彰活动、心理健康教育辅导教师培训班、石鼓区教文体局“讲文明树新风”创建全国文明城市知识竞赛活动、首届法制心理情景剧比赛，参加全省中小学心理情景剧比赛获剧本一等奖。参与社区文明城市宣传工作、文明交通劝导志愿行动，在中小学校开展文明交通宣传教育活动和“小手牵大手，文明交通我先行”的征文活动、每周开展“红领巾一条街”活动；创建文明校园。近两年人民路小学、都司街小学被评为市二星级文明校园，下横街小学、演武坪小学、建设新村小学和五一路小学被评为一星级文明校园。（黎笃会）

【现代教育技术】 2017年，多次组织教师参加省市现代教学技术应用活动，其中组织全区教师积极参加“一师一优课，一课一名师”活动，全区报名教师数697人，晒课608节，上传课堂实录98节，其中获省优4节，市优5节；优课专题片制作活动获省二等奖。根据湖南省新颁布的中小学教学仪器配备标准对区音体美卫设备进行集中采购，其中触碰一体机投资134万元，录播室投资68万元，电脑投影仪投资38万元，音体美卫等教学仪器投资180余万元，广播系统投资5万元，学生课桌椅及办公用品投资38万元，共投资450余万元。区教育城域网宽带升级至1000M，同时新增图书馆一个网络点位，完成区教育城域网的全覆盖。（黎笃会）

【校舍维修改造】 2017年，制

订了《2017年石鼓区中小学维修改造计划》，预计投入1321万元，对21所学校33个项目进行维修改造，已完工30个项目。

（黎笃会）

【校园周边环境及安全】 2017年，向全区中小学、幼儿园的学生家长们发放《致学生家长的一封信》6万余份，就创建平安和谐校园环境向广大家长提出具体要求；分别在春季开学、秋季开学、中考期间和十九大特护期，开展四次学校及周边环境集中整治活动。聘任湖南战友保安公司专职保安39名，为区内每所公办学校筑好校园安全防护墙。安装防护栏、防盗门、照明设施等，加固加高校园围墙，为保安人员配备必要的执勤防护器械。全区校园实行全天候监控。同时，安排专人管理，加强对监控系统的管理与维护。投入10万余元为全区30所中小学安装“校园一键报警”系统设备；强化对全区校（园）车的安全监管，加强校车安全管理培训。在角山乡及松木片区安装校车停靠站牌80余块；对辖区各校车使用单位逐一排查，不放过任何隐患。 （黎笃会）

## 文　化

【概况】 2017年，全区争取欢乐潇湘群众文化活动资金30万元，文艺创作奖扶资金4.5万元。全年共开展“文化科技卫生三下乡”“欢乐潇湘·幸福石鼓”大型群众文艺会演活动、“幸福花开十九大精神润衡州”专场文艺演出等大型活动100余场，开展演出活动500多场次，惠及群众20万人次以上。深化区、乡、村（社区）三级公共文化服务体系建设，出台《关于推进基层综合性文化服务中心建设的实施方案》，投入200余万元完成区文化馆大楼提升、推进公共电子阅览室管理信息平台建设、乡街文化站规范化建设，切实做好“三馆一站”免费开放工作，对辖区内的公共图书馆、美术馆、文化馆和乡街综合文化站定期检查，组织开展流动培训及流动服务20余场次、大型书画展4场次，接待借阅、参观、上网群众达3万人次，每个行政村参照“六个一”基本标准进行建设，即1个文化活动广场，1个文化活动室（90平方米），1个简易戏台（长10米、宽5米、高0.8米），1个宣传栏，1套文化器材（含1套音响和部分乐器），1套体育设施器材（含1个篮球场，2个乒乓球台，1套体育健身器材）。其中，戏台建设1项，每建设1个，区里奖补1万元，8个村（管理处）已按要求建设好。始终把文化体制改革工作作为一项重要的政治任务，作为“两学一做”学习教育的一项重要内容和“一把手”工程来抓，将乡村大舞台建设首次纳入全区文化建设五年发展规划，预计建成后将惠及全区群众8万人以上。推动文化娱乐企业“小升规”转型升级，全区已经有凯歌汇量贩娱乐城、水调歌头文化娱乐管理有限公司、卡布娱乐文化管理有限公司3家文化娱乐企业成功进行转型升级，文化产业增加值占GDP比重达到年初7%目标值。

（李文恋）

【群众文化】 2017年，在石鼓广场举办“我们的节日”春节送春联文化活动；“广场旬旬演·社区周周乐”共举办活动60场；“欢乐潇湘·幸福石鼓”群众文艺会演通过乡、街道海选赛推选出优秀节目参加全区复赛；在区机关会议中心开展2017年“欢乐潇湘·幸福石鼓”暨“喜迎十九大·共建新石鼓”群众文艺汇演；核心价值观原创广场舞大赛暨“全民健身日”启动仪式在莲湖广场举行；“不忘初心·逐梦前行”第33个教师节庆祝表彰大会在区机关会议中心举行；组织、联系衡阳市衡州花鼓剧团到角山乡三星文化广场送戏下乡；“幸福花开十九大精神润衡州”专场文艺演出暨“12·5”国际志愿者日主题实践活动启动仪式在莲湖广场举行。选送的湘缘艺术团核心价值观原创广场舞获得全省金奖，代表衡阳市参加全省决赛的3只队伍均为石鼓区选送；选送的选手参加湖南省第16届“三湘蒲公英”大赛，获五金三银的好成绩，全市12个县（市、区）共获得金奖8个，5个为石鼓区选送。文化馆编排的原创广场舞《水灵灵》代表衡阳市参加湖南省委宣传部、省文明办举办的第七届全民广场舞比赛获季军；《石鼓贤声》受邀参加衡州经济论坛文艺晚会。

（黎笃会）

【文艺创作】　2017年，音乐专干廖卫华原创歌曲《大雁飞翔》获得第十三届湖南省委宣传部精神文明建设“五个一工程”奖；文化馆辅导并选送的王娣演唱原创歌曲《梦的绚丽》获湖南省新人新歌大赛银奖；原创舞蹈《石鼓贤声》获衡阳市“欢乐潇湘·幸福衡阳”群众文艺会演前三甲；廖卫华原创作品二胡曲《蝉歌》在雅韵三湘欢庆十九大“潇湘之春”2017湖南省第二届原创民族器乐作品音乐会上演出；美术专干罗嘉琪创作的美术作品《光与影》，在翰墨群芳—衡阳市第五届女子书画作品展中获优秀奖；作品《树之殇》在全省“拒邪教、扬正气”书画展中获三等奖。

（黎笃会）

【美术展览】　2017年，“梅麟奇缘”纪念彭玉麟诞辰200周年暨第五届衡阳市花鸟画展在石鼓区美术馆开展；“水墨情怀”美术馆馆长方国平广州个人画展在广州市儿童活动中心展出；“我爱我家，传承美德全国少年儿童图文创作大赛优秀作品暨石鼓区中小学生保护生态环境手抄报获奖作品”联展在石鼓美术馆开展；“喜迎十九大·欢度国庆中秋”书画、摄影作品展在美术馆举行；“人间重晚情”书法、美术展览由石鼓美术馆、石鼓区地书协会联合举办。

（黎笃会）

【“非遗”工作】　2017年，“我爱非遗”暨第八届君玲粽子文化节在连卡福广场举行；组织开展“我爱非遗”之非遗进校园暨迎接首个全国“文化和自然遗产”日活动，邀请省级剪纸传承人刘伟南到石鼓区五一路小学讲解剪纸知识、传授剪纸技艺；在演武坪小学举行“喜迎十九大文脉颂中华”非遗戏曲进校园启动仪式；石鼓区非遗知识培训班暨“非遗项目普查”启动仪式在石鼓区教文体局会议室举行，普查过程中聘请专家组评审，经严格审核将“草河药酒传统酿造技艺”“张绿林面人传统手艺”评选为区第四批非物质文化遗产保护项目，并着手申报市级“非遗”项目。

（黎笃会）

【文化改革】　2017年，文化市场监管服务平台建设进行了更新，继续对石鼓区文化娱乐经营企业的年报进行摸底、数据采集和建档工作，利用平台完成全区文化市场单位新增、及变更法人的工作，继续使用平台办理相关业务。

（黎笃会）

【文化市场监管】　2017年，推动文化娱乐市场转型升级工作，有3家娱乐场所完成了转型升级，分别是凯歌汇量贩娱乐城、卡布娱乐文化管理有限公司和水调歌头文化娱乐管理有限公司。加强文化市场监管，每月组织经营单位负责人召开一次会议，主要围绕“安全生产、文明经营、规范管理”的主题，传达上级文件精神；全年开展4次以上的安全检查和督查工作。8月举行的“文化市场安全工作联合大巡查”活动和11月举行的“首届文化娱乐场所消防安全知识讲座”取得了实效。5月到8月，积极处理“中央环保督查组2017052171号案件”，解决水调歌头KTV噪音扰民问题，得到了区级表彰。开展文化娱乐市场工作专项巡查和整顿，各经营单位基本能做到自查自纠，督查工作形成常态化。搭建桥梁促进娱乐消费发展，推进石鼓区文化娱乐行业协会建设。

（黎笃会）

【小升规工作】　2017年，全年不间断地推进“小升规”工作，设置新增文化企业表彰奖励措施。已确认为新增文化企业单位的有32家，发放奖补经费6.4万元。完成“文化产业占GDP比重”小康指标目标值7.5%。（黎笃会）

【图书管理】　2017年，图书馆馆藏量2.6万册（件），其中纸质文献1.6万册，报刊、杂志42种，电子图书9500册，电子期刊500册。设立有图书借阅室、采编室、综合报告厅、电子阅览室座席60个，计算机数量31台，宽带接入100M，选用Interlib区域图书馆集群自动化管理系统。图书馆所有馆室全部向公众免费开放。

（黎笃会）

【农家书屋】 2017年，按时对基层农家书屋进行图书补充更新，制定2017年图书补充实施计划，定期开展以“农家书屋服务村民”为核心的系列读书活动，并每年组织农家书屋管理员队伍培训学习，年底考核并评出优秀管理员予以表彰。推送“牛角巷社区”参加“全国书香社区”评选。

（黎笃会）

【校园文化】 2017年，围绕“规范管理、特色办学、文化立校、打造精品”的思路，深入推进习近平新时代中国特色社会主义思想教育，将社会主义核心价值观落实到教育全过程。继续开展校风、教风、学风建设；组织开展形式多样的校园活动，充分利用好“六一”儿童节、“七一”建党等纪念日，清明节、端午节、中秋节、重阳节等传统节日，设计开展丰富多彩的活动；开展中华优秀传统文化教育，大力培育和践行社会主义核心价值观，形成中小学生爱读书、读好书的良好氛围；注重校园建设，开展生态文明示范校和心理健康示范校的创建工作。松木中学获评“湖南省生态文明示范校”称号。

（黎笃会）

【文物保护】 2017年，形成了以区文物局为主要力量，以乡街专干为依托、义务保护员为抓手的保护队伍，每年都与文物保护员签订《衡阳市文物保护单位义务保护员责任书》，做到定期检查与日常巡查紧密结合，检查有登记，巡查有记录，确保区内文物安全。完成“一桥一庙”的修缮工作，等待市局验收。（黎笃会）

【“梅麟奇缘”纪念彭玉麟诞辰200周年画展】 2017年3月10日，由市文体广新局、区委宣传部、市文联联合主办，市花鸟画家协会、区教文体局、区文化馆、区美术馆承办的“梅麟奇缘”纪念彭玉麟诞辰200周年暨第五届衡阳市花鸟画展在区美术馆开展。全市共有121幅作品参加，选出74幅作品参展，其中61幅优秀作品结集出版作品集千余册。承办此次画展目的是为纪念衡阳著名军事家、书画家彭玉麟先生诞辰200周年，展现出中华传统文化魅力和风采，丰富广大群众的精神文化生活。（李文恋）

【水墨情怀—老顽童方国平中国画作品展】 2017年5月13日，水墨情怀—老顽童方国平中国画作品展在广州市儿童活动中心盛大开幕。当天展出的70多幅作品均出自区美术馆馆长方国平之手，题材上多以山水花鸟为主题，来自广州、衡阳、天津、香港、长春、深圳、珠海、东莞等近千名书画爱好者流连、纵情于湖湘老顽童展现的山水情趣中。此次展出由区委宣传部与广州市儿童活动中心联合主办，区教文体局、区文化馆、区美术馆共同承办。此次展览系区文化馆艺术家首次以独立的交流方式走出湖南办画展。区委常委、宣传部部长周文源参加剪彩仪式并致辞。

（李文恋）

【非遗戏曲“唱”进石鼓校园】 2017年9月27日，由市文体广电新闻出版局主办，市群众艺术馆、区教育文化体育局承办的“喜迎十九大·文脉颂中华”衡阳市非遗戏曲进校园活动启动仪式在演武坪小学举行。活动现场，衡阳衡州花鼓戏公司的演员们为大家表演了精彩的花鼓荟萃《花鼓联唱》、衡州花鼓折子戏《大打铁》，介绍了戏曲舞台上生、旦、净、丑等戏曲基本知识，展示了水袖、团扇、单刀组合、把子功等戏曲基本功。市文体广新局局长蒋勋伟表示，非物质传统文化如今面临后继无人的局面，希望通过非遗文化进校园等形式培养青少年对其的热爱和认知，帮助推进非遗文化保护。市政府副秘书长刘定安宣布“非遗戏曲进校园”活动正式启动，区委副书记、区长刘浪出席，区委常委、宣传部部长周文源致辞。（李文恋）

【二胡齐奏作品《蝉歌》】 2017年12月8日，在湖南音乐厅举行的“潇湘之春”2017湖南省第二届原创民族器乐作品音乐会上，由区文化馆的国家二级作曲家廖卫华创作的二胡齐奏作品《蝉歌》大获成功。二胡齐奏

《蝉歌》为单四部曲式，分为主题、副题、主题再现、主题变奏四个部分。主题是描写秋蝉子的歌声。副题是转调，描写农民对美好生活的赞美和期望。主题再现把秋蝉子和美好生活进行升华。主题变奏把乐曲推向高潮，在欢快中结束。（李文恋）

## 体　育

**【群体活动】** 截至2017年年底，全区公共体育设施面积为133.52万平方米，人均公共体育设施面积为5.58平方米。已有各种体育场地1013个、各类室外健身器材900多件；各区健身辅导站72个，社会体育指导员600多人，参加健身活动人次达10多万人，被评为全国群众体育工作先进单位、湖南省“全民健身日”活动先进单位、衡阳市体育产业专项调查工作先进单位、石鼓区“三湘农民健康行”先进单位。开展大型群众体育活动有：市民徒步大会、市排球赛、市游泳大赛、广场舞大赛。（黎笃会）

**【体卫艺活动】** 2017年，规范学校体卫艺工作。各校按课程要求开齐开足体育、美术、音乐、国防教育及卫生健康教育课，并利用周会课、墙报、讲座等形式开展“防近周”“5·20”爱牙日、“5·31”无烟日、“6·6”爱眼日等卫生保健教育活动，学校有规范的食品及饮用水安全制度，传染病防控工作精细到位。创建了人民路小学、黄沙湾进步小学、松木中学3所全国青少年校园足球特色学校。12月，举办中小学生校园足球联赛，参赛规模较上届有所增大，参赛队达35支，人数近400人，中学组第一次参加比赛。足球竞技水平处衡阳市前茅，成章小学雁栖湖校园男子足球代表队参加2017年“玛丽莱杯”全国青少年U12精英赛取得第六名的好成绩。8月，代表衡阳市参加湖南省夏令营活动以全胜的战绩获得第一名。11月初，石鼓区组成小学生男、女队参加衡阳市第二届校园足球联赛小学组比赛双双获得亚军。抓体育后备人才的培养与输送工作，提高体卫艺各项竞技水平。全区有跆拳道、游跳2个一区一品工程项目，有乒乓球、羽毛球、围棋、体育舞蹈、健美操、体操蹦床6个体育训练基地。举办了夏（冬）两季中小学生田径运动会、小学生围棋比赛、体育舞蹈等体育比赛，举办了小学生三独比赛、建班制合唱比赛。在衡阳市中小学生田径运动会上以316分遥遥领先的分数获得小学组团体总分第一名，成章小学石鼓校区获得市排球比赛小学组第三名；人民路小学参加在深圳举办的国家体育总局体操管理中心组织的全国啦啦操冠军赛获得公开乙组小集体花球规定动作季军。下横街小学在杭州举办的2017福摩杯舞动中国排舞联赛总决赛上获得小学生甲组小集体团体第一名、小学生甲组小集体规定曲目第一名。全国运动会上，都司街小学输送的旷明娜获得赛艇项目女子双人双桨2000米铜牌，荷池路小学输送的董斌获得三级跳远冠军。（黎笃会）

# 社会事业

## 民政工作

**【概况】** 2017年，石鼓区民政局紧紧围绕区委、区政府中心工作和民政重点工作部署，突出改革创新，狠抓工作落实，全区民政事业转型发展取得显著成效。其中全国第二次地名普查、社区建设、慈善事业、老龄事业等多项工作创造“石鼓经验”，成为全市亮点。区民政局获区党风廉政建设先进单位、2017年度人大建议办理先进单位、2017年度政协提案办理先进单位、综合治理先进单位、“一带一路”峰会期间信访维稳先进单位等多项称号。

（曾雅莉）

**【困难救助】** 2017年，全区全年发放城市低保资金4989.5万元；发放农村低保资金461.3万元。城市低保通过动态管理，退出605户、1327人；农村低保通过清理整顿，退出178户、289人。城乡低保基本做到“有进有出”，实现动态管理下的“应保尽保”和“应退尽退”。制订《石鼓区农村低保和社会保障兜底脱贫对象认定清理整顿工作方案》等文件，将农村低保和社会保障兜底脱贫对象认定清理整顿工作与脱贫攻坚突出问题整改相结合。提高了兜底脱贫对象的保障标准，真正实现了“两线合一”。全面建立特困救助供养制度，累计发放特困供养资金93.56万元，下拨乡（街道）临时救助资金230余万元。

（曾雅莉）

**【防灾救灾减灾】** 2017年，争取并及时拨付救灾资金260万元，紧急转移安置221人，救助人口4570人次，战胜了历史罕见特大洪涝灾害，帮助7户倒房重建户重建住房，竣工率、验收率、合格率均达到100%。加强以“5·12”防灾减灾日为重点的防灾减灾宣传，创建1个省级综合减灾示范社区。

（曾雅莉）

**【慈善事业】** 2017年，成立慈善会并召开第一届会员大会，筹集创始基金190万元，发展创始会员90名，成立全市首个慈善工作站—雁栖湖社区慈善工作站，设立全区首个“竣文慈善助学基金”。持续开展“慈善一日捐”活动，募集善款13余万元，相继推出“大爱石鼓”助学活动、“精准扶贫慈善在行动”“金叶卡”医疗救助活动、富亚·华邦泉饮水工程等惠民活动以及各类“慈善爱心超市”帮困活动等慈善项目，帮助困难群众630户，资助慈善帮困资金56余万元。

（曾雅莉）

**【优抚安置】** 2017年，开展双拥创建工作。开展“拥军优属、拥政爱民”活动。春节、“八一”期间走访驻区部队7个，慰问优抚对象1528人次，发放慰问金55.07万元。推进优抚工作。全年发放优抚对象各类抚恤金及义务兵家庭优待金885.24万元，报销优抚对象医疗费用57万元。有效化解涉军群体集访矛盾。成立了工作专班，完成了维稳和信访安保工作任务，确保全区涉军群体重大节日、十九大、“两会”等重点时期无进京上访的目标。主动关爱涉军困难群众，为下岗失业伤残军人及在破产、改制、特困企业退休的伤残军人发放生活补助24.24万元，确保了涉军群体的稳定。落实退伍安置政策。接收2016年秋冬季退役士兵119人，其中自主就业退役士兵

104人，发放自主就业一次性补助金70.7万元。安置了符合政府安排工作的四类指令性对象15人，完成了城镇退役士兵安置遗留问题清零工作。（曾雅莉）

【社会治理】 2017年，村级管理逐步规范，严格按照省委、市委、区委的决策部署，全区30个社区、16个村全部完成村（居）两委换届，全区有11.64万村（居）民参加换届选举，参选率达到99.2%。按省市要求全面进行村（居）务公开，基本完成社区“两化两体系”建设，社区民主管理经验在《中国社区报》刊发推介。地名普查成绩显著。圆满完成了第二次全国地名普查工作，将普查成果充分利用和转化，制作了石鼓地名文化台历，手绘地名文化故事书籍，在省、市地名普查工作验收中获得全省第二、全市第一的好成绩，并在全省第二次全国地名普查成果转化利用培训会议上作经验介绍发言。三社联动模式初步形成。全年全区新增社会组织21个，其中社会团体3个、民办非企业单位18个。加强社工人才队伍建设，积极推动职业考试，全区累计有60人考取了助理社会工作师、15人考取了社会工作师，数量位居全市前列。社会组织，社区、社工队伍主动服务社会达到1万多人次，为社会治理提供了新的人才保障。（曾雅莉）

【公共服务】 2017年，养老事业全面发展。开展养老院服务质量专项行动，组织分类培训，积极建设老年人服务设施，新增床位316张，其中潇湘街道以街道居家养老服务中心为点，演武坪、蒸水、桑园、长青等社区老年人服务中心为线，提供专业化养老服务，成功打造了“石鼓样本”。全面落实老年优待政策，投入16.8万元为1121人次购买基本养老服务补贴，达到了全覆盖，在村社区成立老年协会。社会福利事业不断完善。及时足额发放残疾人“两项补贴”，保障孤儿基本生活，对全区留守儿童、困境儿童进行了摸底排查，搭建了信息平台，建设了4个农村留守儿童之家，全区176名留守儿童全部建立了“一帮一”结对帮扶。落实殡改工作相关制度和惠民措施，及时开展清明节、中元节等时期的文明祭扫活动，城区死亡火化率达100%，殡改工作考核连续3年居全市第一。（曾雅莉）

## 卫生和计划生育

【概况】 区卫生和计划生育局设11个内设机构：办公室、人事和法规科教股、规划计财和信息股、行政审批服务股、计划生育指导股、流动人口计划生育管理服务股、计划生育家庭发展股、疾病控制与卫生计生综合监督股、医政和中医股、基层卫生妇幼保健和科学技术服务股、爱国卫生运动委员会办公室。2017年4月13日，召开全区卫生计生与健康大会，对全区卫生计生工作进行安排部署。（向海波）

【计划生育】 2017年，人口计划全面完成。截至9月，全区全员人口系统户籍总人口为22.29万人，跨省流入2531人，省内流入28703人，流出18627人。年度人口出生率11.97‰，符合政策生育率97.94%，出生人口性别比为107.14。全区农村奖励540人、计生特扶对象共计442人（其中失独家庭241人，伤残家庭197人、手术并发症4人）全部纳入规范化管理，发放奖扶资金51.84万元，特扶资金386.14万元，独生子女保健费发放对象1102人，发放金额24.86万元。5月24日，省卫生计生委流管处到石鼓区督导全省流动人口卫生计生基本公共服务均等化示范街道创建工作。8月17日，省卫计委基层指导处副处长李志芳给石鼓区委中心组授课（生育政策和当前计划生育工作）。石鼓区被评为2017年湖南省、衡阳市人口计生工作优秀单位。青山街道被评为2017年湖南省流动人口基本公共卫生计生服务均等化示范街道（乡镇）。合江街道被评为2017年衡阳市流动人口基本公共卫生计生服务均等化示范街道（乡镇）。

（向海波）

【基本公共卫生服务】 2017年，建立和完善区、乡、村三级公共卫生服务体系。做好流动人口、农村留守老人和儿童公共卫生服务工作。建立居民规范化健康档案19.36万人，电子建档率80.49%；儿童免疫规划第一类疫苗接种率98%以上，建卡率98%；高血压患者规范化管理人率86%；糖尿病患者规范化管理率79%人；老年人健康体检率93%；重性精神疾病患者纳入规范率87.94%。

（向海波）

【妇幼保健】 2017年，全区有产科医疗机构6所，开展地中海贫血筛查项目机构覆盖率达50%。辖区坐落产科医院产前筛查率126.25%，免费婚检率93.62%，孕产妇系统管理率97.58%，住院分娩率100%，剖宫产率35.64%，产妇零死亡率、5岁以下儿童死亡率4.39‰；孕产妇艾滋病筛查率177.41%，艾滋病孕期阻断率100%，所生艾滋病用药率100%；梅毒检测率177.41%，梅毒孕期阻断率100%，所生婴儿随访率100%；新生儿听力筛查率152.98%。孕产妇乙肝筛查率177.41%；新生儿出生后24小时内注射乙肝免疫球蛋白316人接种率100%；全区7岁以下儿童系统管理率95%；母婴健康素养55条知识知晓率93.7%。

（向海波）

【规划免疫】 2017年，疑似麻疹报告20例，无确诊病例报告，均为排除病例；全区医疗机构乙肝报告632例，现住址本辖区病例51例，其中15岁以下报告1例；无风疹、百日咳、流脑、乙脑、新生儿破伤风病例报告。全年共扫码接种疫苗6.61万人次，一类疫苗接种率达95%以上，其中流动儿童接种4663人次接种率85%以上。全程覆盖率与加强免疫接种率95%以上；全年共完成新生儿建卡，建证2117人，1月内新生儿建卡、建证率95%以上，0~6岁儿童免疫接种与建卡、建证、卡证符合率100%。对全区28所小学和41个幼儿园开展接种证查验工作，查验覆盖率为100%。应查验儿童5635人，实查验儿童5598人，查验率99.3%；持接种证人数5486人，接种记录完整人数3052人；应补证人数112人，实补证人数100人，补证率89.3%；应补种人数2671人，实际补种人数2627人，补种率98.4%。

（向海波）

【疾病防控】 2017年，无甲类传染病报告，乙类传染病报告10种417例，发病率177.45/10万。丙类传染病报告5种1006例。截至12月31日，新增病例39例。全年新增报告AIDS9例，HIV30例，其中男性29人，女性10人；经性传播途径者34人（其中异性25人，同性9人），经注射吸毒传播者2人。梅毒报告515例。全区发现新涂阳病人47例，复治涂阳病人7例，任务完成率140.0%，现初治涂阴患者83例，任务完成率122.1%。8月23~25日，区疾控中心接受了湖南省疾病预防控制机构等级达标现场评审。省卫计委评审专家组通过科学严谨的现场评审，石鼓区疾控中心已经达到“县级乙等”疾控机构资质标准。

（向海波）

【卫生应急】 2017年，完善突发公共卫生事件应急预案体系，3次启动H7N9禽流感卫生应急预案，做到了处置规范有序。开展卫生应急演练和人感染H7N9禽流感、手足口病等防控知识培训。加强重点传染病鼠疫、霍乱、人感染H7N9禽流感、狂犬病、手足口病等防控工作。4月14日，省H7N9防控工作督寻组到石鼓区督导H7N9防控工作。

（向海波）

【基层医药卫生体制综合改革】 2017年，推进医药卫生体制改革，全区公立医院全部实现基本药物无差率销售，药品采购全部实行“两票制”。分级诊疗制度逐步建立。与辖区内南华附一、华程医院构建医联体。扎实开展家庭医生签约服务工作，家庭医生签约服务率达30.1%，重点人群覆盖率65.99%，完成目标任务；提升了基层医疗卫生人员服务能力。全年开展各类培训30余次，参训医务人员1000余人；全科医生派送三甲医院轮训60余人。

（向海波）

【医政】 2017年，医疗机构管理加强。对全区173家医疗机构进行年度校验工作，规范医疗机构执业行为。开展“平安医院”创建工作，并在全市作典型发言。医疗纠纷有效处置，全区未发生“医闹”事件。无偿献血取得新成效，完成无偿献血1410例，超任务数80例，石鼓区被评为市无偿献血先进单位。（向海波）

【中医药发展】 2017年，积极指导基层医疗卫生机构运用中医药10项适宜技术，为广大基层居民提供简便的中医药服务，并申请了省级村卫生室中医建设资金，为基层村卫生室均添置了基本中医设施设备。（向海波）

【行政审批】 截至2017年年底，辖区内医疗机构医生1081名，护士3023名，医生、护士注册、变更、延续604件，再生育审批60件，窗口各项咨询办件216件。（向海波）

【爱国卫生】 2017年，开展创建省级卫生镇、卫生村活动，角山乡成功创建衡阳市卫生乡镇，角山乡旭东村成功创建省级卫生村。石鼓区灭鼠灭蟑工作在市4个中心城区考核中排名第一。（向海波）

## 人力资源和社会保障

【组织机构】 2017年2月6日，区医疗保险基金管理中心增加5名全额事业编制，调整后编制总量为14名；区城乡居民养老保险管理中心增加3名全额事业编制，调整后编制总量为8名；重新核定区劳动监察大队事业编制10名。将区人社局劳动监察大队经费自理形式调整为财政全额拨款形式，从2017年元月起执行。11月6日，设立石鼓区职工社会保险费统一征缴股。（王余娟）

【就业创业】 2017年，全区就业创业工作有序开展。全区新增城镇就业3640人，完成率110%，其中失业人员再就业2269人，完成率103%（含就业困难对象再就业661人，完成率110%）。7月1日起，全区失业保险标准由961元/月调整为1088元/月，月标准提高127元。新增创业主体数1231户，完成率123%；带动城乡就业1883人，完成率110%。发放创业扶持担保贷款545万元，完成率109%。新增农村劳动力转移就业1388人，完成率138%。城镇“零就业家庭”100%动态清零，动态清零295户。12月，城镇登记失业率3.94%，控制在年度目标任务4.5%以内，全区就业形势保持稳定。（王余娟）

【社会保险】 2017年1月1日起，全区城乡居民养老保险基础养老金最低标准由每人每月80元提高至85元；城乡居民养老保险征缴基金190.4万元，完成率211%；企业养老保险基金征缴1.47亿元，完成率254%；企业新增参保3391人，完成率100.4%；机关事业单位养老保险参保2328人，完成率148.3%；基本养老保险覆盖率为98.4%，完成率103%。1月，实施全区统一城乡居民医保政策。基本医疗保险覆盖率101.3%，完成率为106%。城镇职工医疗保险征缴2146万元，完成率134.1%。生育保险征缴基金70万元，完成率116.7%。失业保险征缴基金51.72万元，完成率103%。各项社会保险基金征缴及参保人数任务均提前超额完成。强化社保体系建设。逐步实施五险统征。专门成立了职工社会保险费统一征缴股，配置了办公设备和专职人员，并将业务经办操作流程制成版面上墙公布。10月初，五险统征软件已开始试行。11月，正式启动失地农民“养老贷”，符合被征地农民养老保险参保条件但无力一次性补缴养老保险费用的困难失地农民，可向中国农业银行申请贷款足额补缴养老保险费用，退休后拿养老金偿还贷款本息，此举切实有效解决了困难失地农民“老有所养”的后顾之忧。持续推进全民参保登记，已参保人员入库率100%、未参保人员登记率100%。有序推进机关事业单位养老保险制度改革。全面启动新机关事业单位保险系统征缴，全区参保的机关事业单位共计88家，参保在职人数2379人，退休人数1503人，退休人员中统发人员的工资已全部转由社保发放。

（王余娟）

**【劳动关系】** 2017年1月，开展全区清理整顿人力资源市场秩序专项行动。3月，开展全区非法页岩砖厂等小砖窑、小作坊开展劳动用工检查。7月，开展全区用人单位遵守劳动用工和社会保险法律法规情况专项检查。9月，制订《石鼓区处置拖欠农民工工资突发事件应急预案》。12月，开展全区建设领域农民工工资支付情况摸底排查活动，开展全区农民工工资支付情况专项检查，制订全区《关于全面治理拖欠农民工工资问题的实施方案》。全年接到拖欠农民工工资日常投诉71件，处理"12345"政府服务热线14件，处理信访交办件5件，立案60件，已结案58件，其中联合公安等部门处理建筑领域农民工欠薪集体投诉重大案件4起，为劳动者合计维权金额达1217万元。持续推进劳动关系三方4家工资集体协商，已建工会组织的企业工资集体协商建制率达93%，完成率103%。（王余娟）

**【人事人才】** 2017年2月，运行全国自主择业工作信息平台。11月底，初步建成流动人员人事档案管理一体化平台系统，录入人事档案近3000份。配合市人社局招录公务员7名，联合区教育局招聘教师55名，全区事业单位公开招聘50人。新招募4名大学生到基层单位的支农、支教岗位，妥善安置2名服务期满且年度考核合格的"三支一扶"大学生。妥善安置军转干部。累计安置287名部分军退人员到公益性岗位工作，妥善安置1名随军家属；组织军转干部座谈2次，送去节日慰问金23.46万元。加强机关事业单位人事管理。全年完成了教文体系统21个单位岗位设置，牵头全区机关事业单位"吃空饷"及临聘、借用借调人员问题专项治理工作。（王余娟）

# 乡街概貌

## 角山乡

【概况】 角山乡位于衡阳市城区西北部，因地处角山坪得名。东与黄沙湾街道松木片区接壤，南与蒸湘区长湖乡交界，西与衡阳县板市乡为邻，北连衡阳县潮江乡，辖区东西最大距离约6千米，南北最大距离约12千米，总面积约34.38平方千米。乡人民政府驻三星村。角山乡辖三星、旭东、前进、和平、利民、角山6个行政村，杨岭1个社区，136个村民小组，总人口2.1万，其中农业人口1.97万。角山乡紧扣“南工北旅”“融入中心城区，建设幸福角山”“发展生态乡镇、旅游乡镇、文明乡镇”的发展目标和工作重心，打造全市近郊旅游新高地。以衡邵高速南北为界，南边为城市拓展区，以崇盛国际、华耀城和影视剧艺术中心为核心大力打造现代商贸服务和物流服务中心；北面为现代生态无公害农业圈，大力发展都市农业，打造乡村旅游项目，角山玫瑰园，香樟苑项目等特色旅游规划已基本成型。 （凌康棋）

【经济】 2017年，实现工农业总产值2.34亿元，较2016年增加3000余万元；财政收入2703.6万元，较2016年增加500余万元；农民人均纯收入1.97万元，较2016年增加1000余元。农业生产上，耕地面积1299.7公顷，与2016年基本持平，其中水田面积1065.7公顷，旱土234公顷，粮食总产量13532.4吨，较2016年增加约800吨。 （凌康棋）

【重点工程与项目建设】 2017年，角山乡项目建设快速推进，华耀城完成投资12.8亿元，M5、M6交易广场正式营业，B2地块酒店及办公楼主体已完工，入驻商户1100余家。崇盛国际中心辐射力和影响力扩大，餐饮、儿童乐园等消费迅速拓展。惜香路、望城路西延、凤凰路西延征地拆迁顺利推进，项目已全面开工建设。二环西路桥梁建设已完工，正在进行附属设施施工。怀邵衡铁路已经进入试轨阶段。7千米旅游环线基本完成路基建设，衡角公路实现全线油化。杨岭安置小区分房工作全面启动，完成各组分房代表推选工作。 （凌康棋）

【乡村环境与旅游业】 2017年，角山乡山水莲花完成土地流转近133.33公顷，抢抓工期加快建设，衡阳规模最大的莲花基地基本成型，建成2个生态停车场、3个旅游公厕。入驻各类休闲、观光农业企业30余家，香樟苑、潇湘玫瑰园、三星蔬菜基地、华桂现代农业、富农科技、淳丰猕猴桃基地等企业发展势头良好。香樟苑进行二期项目建设，完成道路油化工程。潇湘玫瑰园新建了游步道、停车场等配套设施。亦辉莲藕基地新增扩建20公顷。退耕还湿已完成规划设计。香樟苑、乐富蔬菜成功创建省级农业特色产业园。启动农村公共区域环卫市场化运作，全乡环境卫生得到明显改善。关停非法砖厂6个、瓦厂1个，搬迁、关停猪场8个，无任何化工企业入驻，为乡村旅游的发展提供坚实的保障。 （凌康棋）

【道路交通设施】 2017年，境内的蔡伦大道、长丰大道、内环西路、望城路、凤凰路、惜香路及华耀城纵一和纵二等城市交通路网初步形成，辖区内交通基础设施不断改善，各村持续推进村组户贯通工程。对衡角公路及周边村组道路进行了亮化、油化，装电能路灯30余盏，太阳能路灯70盏。为群众出行提供了更多便利，农村公路养护管理连续多年在全市名列前茅。（凌康棋）

【乡村基础设施与生态文明建设】 2017年，角山乡全面推行公共区域环卫市场化运作，开展环境卫生整治。累计投入100余万元新建垃圾压缩站，购置移动垃圾斗近200个、垃圾运输车4辆和保洁斗车50余辆，聘用保洁人员40余人，为城乡同治办公室配置了巡逻专车，实行划片包干、以岗定责、统分结合、全民参与、集中管理，解决了辖区内卫生日常保洁和垃圾及时清运的问题。乡村两级主干道市场运作模式取得成功，禁止化肥养鱼，建沼气池100个。改善生态环境。对往年因火灾损毁林地53余公顷补植工作持续推进；联村建绿项目基本完成。（凌康棋）

【民生保障】 2017年，完成全乡490户、1439人脱贫工作，“特惠保”覆盖所有贫困户，贫困户小额信贷获得授信23人、雨露计划申报16人、危房改造等帮扶政策落地生根。全面落实五保对象在区乡级定点医院住院医疗费全免政策；全面落实拥军优属各项政策，优抚款和慰问金均由银行足额代发；新增农村劳动力转移就业300余人，帮扶失地农民就业270人。民生投入持续加大，累计完成扶贫领域危房改造3户，新增养老床位8张，孕产妇产前免费筛查220人，法律援助6次。（凌康棋）

【“角山牛犇天下”美食年货节】 2017年1月15日，石鼓区“角山牛犇天下”香樟苑全牛盛宴暨生态美食年货节在角山乡旭东村开幕。此次活动由角山乡人民政府主办、衡阳市香樟苑生态农业有限公司承办。20名衡阳名厨和角山名厨现场以香樟苑生态农场的中草药喂养的“犇犇蟲”牛为原材料，取其牛肉、牛骨、牛尾等部分，结合角山当地的历史民俗和饮食文化，精心创造出一道道秀色可餐的菜品。美食节活动为期10天，之后还举行捕捞节、鱼羊宴、文艺会演、民俗活动和年货展销，为广大市民和游客提供饮食、购物、观光等丰富多彩的活动，更有原生态本草牛肉和有机蔬菜等精美礼品相赠。此次活动将年俗文化与乡村旅游有效融合，用年俗勾起“乡愁“，吸引了城里人来寻“年味”，是贯彻落实“活力石鼓、文明石鼓、特色石鼓”发展理念的具体实践，是打造旅游扶贫新模式，树立一乡一品、一村一品休闲生态农业新品牌的有益尝试，是打造角山乡村旅游的首发式。（凌康棋　李文恋）

【湖南首个“新时代讲习所”成立】 2017年12月13日，华耀城党支部和华耀城新时代讲习所揭牌仪式举行，标志着湖南首个“新时代讲习所”成立。区委书记唐浩然，区委常委、区委办主任郑建芳，区委常委、组织部部长叶强，区委常委、宣传部部长周文源参加揭牌仪式。郑建芳作为该讲习所首期宣讲人，与首批120余名学员“面对面”交流十九大精神。“‘新时代讲习所’是集理论学习、惠民政策宣传、技术培训于一体的综合场所，是推进基层党建工作的一次创新探索和实践，希望角山乡能把这项工作做出特色、做出亮点。”区委书记唐浩然表示，要按照让老百姓听得懂、能领会的要求，结合群众最关心最现实的利益问题出发，宣传讲解好党和国家的政策、城市发展举措等。在角山乡本级、各村（社区）、两个非公企业党支部成立10个“新时代讲习所”，印制8000余份讲习所学习简报和宣讲手册，涵盖“一图看懂十九大报告”“党的十九大报告应知应会100题”“习近平谈治国理政”等内容，下发到辖区各个“新时代讲习所”。新时代讲习所除驻所宣讲外，还将开展系列流动宣讲活动如文艺宣讲进农家、理论宣讲进企业、送学宣讲进工地、小广播宣讲进农户、技术宣讲进田间、座谈宣讲进机关等。（凌康棋　李文恋）

## 黄沙湾街道

【概况】 2017年7月，区委、

区政府推进街道管理体制改革和用人制度改革，原黄沙湾街道办事处和原松木片区合并成新的黄沙湾街道办事处。黄沙湾街道位于石鼓区北部，东为松木经济开发区，南临蒸水河，西与角山乡接壤，北与衡阳县集兵滩镇相连。107国道穿境而过，西外环线绕西而行，是衡阳市城区北大门，交通便利，区位优势明显。辖区总面积33.85平方千米，总人口2.78万人。辖雁栖湖、辖神渡2个社区和松木、松梅、进步、团结、青石、灵官庙、朝阳7个行政村，辖区内有中国电信衡阳分公司、市国安局、市蔬菜研究所、市畜牧水产局、永兴家居市场、华源装饰材料大市场、中湘五金机电大市场等坐落单位94个。街道办事处驻望城路170号，距石鼓区人民政府4.3千米。雁栖湖社区被评为湖南省“扫黄打非”基层示范点、省志愿服务百强社团、衡阳市廉政文化先进单位，松梅村老年活动室获“湖南省示范单位”称号，松木村和松梅村获国家级无邪教组织示范单位称号，黄沙湾司法所获省级模范所称号，黄沙湾街道朝阳文艺团获省原创广场舞网络大赛优秀奖，灵官庙村被评为2017年度全市农村社区建设示范村，灵官庙村老年活动室被评为省级养老服务示范点。（廖荣斌）

【党建工作】 2017年，街道党工委下辖9个党总支（其中2个社区党总支、7个村党总支），15个网格党支部、18个村党支部、1个机关党支部、4个非公有制经济党支部、直管党员865人。街道始终以党建为主线，采取系列有效措施，力抓基层组织建设，固本强基，不断发挥基层组织核心和堡垒作用，为街道各项工作的全面顺利开展提供组织保障。7月份合并后，街道实行双向选择定岗位，创新街道干部竞争上岗机制，强化干部队伍教育管理。以文明创建为契机，街道组织开展多种形式的文明创建活动，推进各项工作有序开展。对松梅村党总支因为信访矛盾纠纷集中，处于软弱涣散状况进行系统整顿，先后召开各种会议20余次、走访党员群众400多人、收集问题线索50多起。化解重大矛盾纠纷3起，调解外嫁女土地分配纠纷11起，解除安全隐患1起，调处邻里矛盾5起。在全区率先建成灵官庙、进步、青石、松梅等4个农村综合服务平台。强化非公企业党建“两个覆盖”。设立流动党员咖啡吧，为辖区经商务工流动党员提供有效交流学习互动平台。形成特色五化建设“党建+”工作机制。探索实施以“1+6”为核心的“党建+”工作机制。主要包括党建+示范引领、党建+民生实事、党建+重点项目、党建+集体经济发展、党建+社会治理和党建+作风建设6个工作机制。成立灵官庙村党总支、雁栖湖社区党总支、志邦物业非公企业党支部3个五化建设示范点。10月初，圆满完成9个村（社区）的两委换届工作。10月18日，中共十九大开幕后，街道上下多层级、多方式学习传达十九大精神，共制作大型户外宣传板报20余处、悬挂横幅100余条、印刷资料汇编200本、宣传小册子3000份。（廖荣斌）

【经济】 2017年，完成投资1000万元以上新开工并办理工商税务登记的产业项目8个（含投资1亿元以上现代服务业项目1个），完成投资1000万元以上新竣工投产的产业项目8个（含投资1亿元以上现代服务业项目1个）。固定资产投资增速达到15%。工业总产值同比增长8%。完成楼宇经济和总部经济招商项目15个。完成辖区内农贸市场标准化改造。完成特色街包装1条，形成包装方案，逐步推动特色街建设工作。完成2次招商引资活动，引进内资项目实际到位资金3亿元。及时上报辖区内限上商贸企业数据，确保数据质量。为雅士林特色商业街、耀江花园商业街等街区招商引项，打造特色商业片区。因势利导灯饰城、窗帘城、99超市等特色购物商场聚集，逐步提质改造老城区传统商贸区。鼓励雅士林欣城、银源春天、耀江花园、华瑞园等楼盘发展楼宇经济，继续引导高端商贸项目集中落户。（廖荣斌）

【财政】 2017年，财政收入预算总计1747万元，其中经费拨款1045万元、上级专项拨款702万元。全年支出总计1747万元，其中基本支出1045万元（工资福利支出785万元，一般商品和服务支出62万元，对家庭和个人的补助198万元），项目支出702万元。全年预算收支平衡。

（廖荣斌）

**【重点项目】** 2017年，完成雅士林国有储备用地项目、北三环项目、良益路、华湘路等7个项目27.87公顷土地征地。主要是对雁栖湖项目、107国道提质改造项目、内环西路、蒸湘北路延伸、怀邵衡铁路、来雁新城、湘环路、桧木路等项目的善后和协调。其中银雁路、北三环等项目房屋拆迁工作已进入评审阶段，良益路项目进入施工阶段；团结四、五组棚户区改造的前期准备工作，华湘路项目房屋拆迁，蒸湘北路安置房建设主体工程已完工；来雁新城松梅安置点正在建设中。优化项目建设环境，协调配合公安等执纪执法部门，对强行施工、强行供料、强揽运输和机械租赁等行为给予坚决打击和惩戒。召开各种项目推进协调会议20余次，及时协调解决项目建设中出现的困难和问题。（廖荣斌）

**【美丽乡村建设】** 2017年，按照市、区美丽乡村建设要求，制订《2017年松木村美丽乡村建设工作实施方案》。围绕“一年打基础、两年见成效、三年创品牌”的工作目标，按照“党建引领、规划先行、党员示范、统筹推进”的工作思路，着手松木村远近期发展规划，依托横江湿地公园，突出建设休闲观光农业、特色高效农业、体念式传统手工业集聚区。重点抓好“二区一片两园”（两区，即横江湿地公园配套服务核心区、胜利小区；一片，即抄子塘、杉木塘特种水产养殖示范片和珍稀苗木种植示范片；两园，即嘉昶休闲观光农业示范园和云飞休闲观光农业示范园）建设。胜利小区的基础设施建设正在全面建设中。加快松木、青石、灵官庙村的土地流转，培育种、养大户，促使经营方式由家庭型向集约化、规模化转变，重点发展休闲农业示范、珍稀苗木种植、特种水产养殖、传统手工业加工展示、村民回乡创业等基地，积极发展乡村旅游。（廖荣斌）

**【民生保障】** 2017年，城镇新增就业人员376人，完成全年任务的110%；其中失业人员再就业218人，完成全年任务的109%，就业困难对象再就业52人，完成全年任务104%。新增创业主体135个、带动城乡就业人数260人；农村劳动力转移就业552人，其中安排农村贫困劳动转移就业人数24人。为辖区1160位老人办理企业单位退休人员养老保险年检。为4人办理灵活就业人员社保补贴1.30万元。办理就业失业登记证29个。新型城乡居民养老保险征缴任务47万元，完成全年任务的100%。全年购买城乡居民医疗保险人数1.67万人，征缴金额达250.65万元。街道对城市低保对象每月保障金3.45万元、农村低保对象每月保障金额9.76万元足额发放到位。春节发放两节一次性生活补贴13.87万元、发放特困供养金12.96万元；中秋节为特困供养户发放慰问物资3090元，发放孤保金2.42万元，发放高龄老年人长寿生活补贴1.38万元。为困难群众申请临时救助款5900元。全年发放慰问物资棉被131床、被套131床、电压力锅153个、米30袋、油30桶。发放慈善医疗金叶卡8张。新增养老服务床位20张，完成率125%。精准扶贫工作，农村危房改造指标任务数2户，完成4户，完成率200%；农村饮水安全巩固提升指标任务数729人，完成729人，完成率100%。新增城镇就业，指标任务数340人，完成376人，完成率110%。团结五、六组棚户区改造工作正在积极推进中。新增社会治安视频监控摄像头，指标任务数30个，完成30个，完成率100%。孕产妇产前免费筛查，指标任务数225人，完成256人，完成率113%。法律援助，指标任务数6人，完成12人，完成率200%。（廖荣斌）

**【人口与卫计工作】** 2017年，街道期末总人口2.48万人，其中常住人口1.89万人，空挂户5894人，流出人口1752人，流入人口6104人，已婚育龄妇女4670人，年符合政策生育率96.5%。建立计生网格数55个，楼栋数2747间，房间数1.29万间，已绑定人口数2.63万；现居绑定人数1.85万；从业绑定人数5654人。接收生育服务证资料336例，办结336例；办理一孩生育服务证131个；二孩生育服务证205个；享受国家“两扶一奖”171人；领取独生子女保健费152户；落实区两女结扎户120元/月奖励直到小孩满18周岁止的奖励待遇104人。街道继续坚持“三个不变”的原则，做好计生服务工作。组织2次大型的生殖健康免费检查活动，4000余人参与其中，完成避孕药具服务3000多人，为160余对对象进行孕前优生检查服务，产前免费筛查服务对象256例，完成率113%。赠送计生保险共计2.6万余元，走访慰问计生困难户、计生特扶家庭，发放慰问金2.45万余元。征收社会抚养费30余万元，申请法院强制执行2例，将1例对象纳入“失信诚信人员名单”。完成献血任务207例，超额完成5%。

（廖荣斌）

【文明创建与城市管理】

2017年，按照区文明创建方案和测评点测评要求，街道统筹安排，与辖区内坐落单位及各村（社区）签订责任状，坚持一个时期一个重点、一个阶段一个主题，实行一月一督查、一月一公示、一季一测评、一季一讲评的工作机制。持续营造“创建全国文明城市”的氛围，街道组织发放4000余份宣传资料和各类调查问卷到各村（社区）村（居）民及商家店铺。利用宣传橱窗、板报、横幅及商家LED显示屏等宣传创建精神内涵。在主干道更换或新增大型宣传板报110余块，在各楼院墙面张贴460块以创建知识为主题宣传画。清理广告40余处，清运垃圾30车，清理卫生死角垃圾50余处，搬离垃圾堆放物20处。

（廖荣斌）

【教育、科技、文化、体育】

2017年，辖区有职业学院2所，中学1所，小学8所，幼儿园10所，综合文化站1个，社区学校2个，社区文化中心2个，农家书屋11个，健身场21个，教育文化体育全街覆盖。街道综合文化站达到一级标准乡镇（街道）综合文化站。全年完成各类文体活动40多场次；开展社区教育30余场次；开展公共“电子阅览室”特色学习，在衡阳学习网注册的居民达2千余人；经常性地开展市民文明学习活动和道德讲堂；圆满完成杨梅桥修缮和大护国寺修缮工程。有文艺队伍19支，队员800余人；文化教育志愿者百余人；体育指导员30人；培训文化骨干400百余人次。为丰富群众活动，实现文化惠民，全年开展文化教育培训50余次，参加培训人数2300余人次；开展“社区周周乐”群众文化活动10次，参加人数4100余人次。特别是开展以喜迎党的十九大、建设新衡阳为主题的“欢乐潇湘·幸福石鼓”群众自创文艺活动，辖区18支文艺团队进行评比，选出2个优秀节目参加区级比赛，朝阳文艺团的《摆摆摆合拢宴》获一等奖，雁之梦艺术团的《又见雨夜花》获二等奖。8月，街道组织2支优秀文艺团队参加区社会主义核心价值观原创广场舞大赛暨“全民健身日”启动仪式。喜洋洋文艺团《敬业之歌》获三等奖，朝阳文艺团《富强之歌》获二等奖。社会主义核心价值观原创广场舞衡阳市石鼓区展演选拔赛网络线上投票，朝阳文艺团《富强之歌》进入衡阳市三强，并参加湖南省决赛获优秀奖。

（廖荣斌）

【环境保护和安全生产】

2017年，街道继续坚守环保、安全两条底线，推进中央和省环保督查交办问题的整改，中央环保督查的4个交办件全部按要求处置到位，并对相关责任人员进行了严肃追责。同时，把安全生产和环境保护工作保持常态化、高压态势严抓严管，认真开展安全生产和环境保护监管执法、隐患治理、宣传教育“三项行动”，坚持走安全绿色发展道路。抓好汽车维修行业、养殖污染、餐饮油烟、石材加工、豆制品加工、建筑施工扬尘、页岩砖厂、垃圾焚烧等10大重点行业专项环保治理和农村环境综合整治工作，做到每项专项整治都“有组织领导、有整治方案、有整治措施”。全面落实“落实企业安全生产主体责任年”活动。在主干道和醒目位置共悬挂安全宣传横幅180多条，宣传板报20多块，深入辖区30多个单位、200余个企业和居民小区入户宣传，签订了3个安全生产承诺书，即与辖区企业签订率达100%，与个体企业商户签订率达70%以上，与辖区居民签订率达30%以上。在区级以上媒体发稿30多篇，通过宣传发动，推进和宣传安环工作，完成安全生产和生态环境治理年度目标任务。全年排查安全隐患65起，关停烟花爆竹零售户5家，关停石材加工店11家，关停页岩砖厂2家、非法加油站1家。

（廖荣斌）

**【综合治理】** 2017年，街道加大矛盾调处，在维护社会稳定方面排查辖区内的矛盾纠纷及不稳定因素。排查解决矛盾纠纷60起，其中排查解决疑难纠纷12起，群体性纠纷7起，涉及人数500余人次。接待群众来信来访40起，处理信访积案23件。民调期间，街道组建专业巡逻队9个，形成常态巡逻网，即公安民警巡逻防控网、专业巡逻队防控网、走访干部巡逻防控网、义务巡逻队巡逻防控网、重点场所内保防控网。录制了高质量的温馨提示录音，滚动播放上万余次；发放民调宣传购物袋6000个。法律援助12人，完成率200%。查找治安防范和基础工作的薄弱环节，建立完善治理盗抢犯罪及阵地控制的长效机制。（廖荣斌）

**【司法行政】** 2017年，开展普法教育，提升干群法律素质。坚持依法治理，努力做好人民调解、刑释解教人员安置帮教、社区矫正工作和法律服务等工作，充分发挥司法行政的职能作用，确保维护人民群众合法权益，保障社会和谐稳定。全年排查矛盾纠纷72起，成功调处矛盾纠纷72起。黄沙湾司法所现有在册社区矫正对象14人，无不服从日常监管的典型，无重新犯罪现象。对11名刑释解教人员采取逐一签订帮教责任书和“四帮一”措施，努力预防和减少他们重新违法犯罪。全年完成法律援助案件12件，为当事人挽回经济损失140万余元。接受法律咨询60余人次。

（廖荣斌）

**【基层民主】** 2017年，按照《中华人民共和国城市居民委员会组织法》的有关规定，根据《衡阳市村（社区）党组织和村（居）民委员会换届选举工作实施方案》，街道第九届社区换届选举和第十届村委换届选举工作从3月中旬开始。做到加强领导，精心组织，积极准备，安排周到，使换届选举工作依法依规、有序地顺利进行，圆满完成7个村（进步村、团结村、朝阳村、灵官庙村、松木村、青石村、松梅村）2个社区（雁栖湖社区、辖神渡社区）村（居）委会的正式选举工作。雁栖湖、辖神渡2个社区有选民552人，推选产生居民小组长15人、居民代表107人，其中女性代表57人，参加投票选民数81人。雁栖湖社区正式选举日为5月17日，投票选举产生主任1人、委员3人、兼职委员2人；辖神渡社区正式选举日为5月17日，投票选举产生主任1人、委员6人、兼职委员2人。新一届社区居委会15名成员中，其中8人有大专以上文化，党员8人，妇女6人，连选连任5人。进步村、团结村、朝阳村、灵官庙村、松木村、青石村、松梅村7个村共有选民13230人，推选产生村民小组90个，村民代表499人，其中女性182人，中共党员188人，参加投票选民数1.30万人，委托投票选民数729人。进步村正式选举日为5月19日，投票选举产生主任1名，委员2名；团结村正式选举日为5月19日，投票选举产生主任1名，委员2名；朝阳村正式选举日为5月20日，投票选举产生主任1名，委员2名；灵官庙村正式选举日为5月20日，投票选举产生主任1名，委员2名；松木村正式选举日为5月20日，投票选举产生主任1名，委员2名；青石村正式选举日为6月30日，投票选举产生主任1名，委员2名；松梅村正式选举日为10月10日，投票选举产生主任1名，委员2名。新一届村委会21名成员中，其中12人有大专以上文化，党员19人，妇女7人。

（廖荣斌）

**【精准扶贫】** 2017年，街道有贫困人口339户、898人。分别是朝阳村27户、70人，青石村62户、188人，松梅村49户、124人，松木村42户、133人，灵官庙村36户、114人，团结村92户、194人，进步村31户、75人。推进建档立卡工作，加大对建档立卡动态管理和扶贫统计监测的工作力度。推进“雨露计划”，利用扶贫助学贷款、阳光雨露计划政策、社会捐资等方法给予扶助。抓好驻村帮扶工作，落实干部联户的结对帮扶，切实形成“千斤重担万人挑、人人肩上扛指标”的精准扶贫格局。做好“特惠保”政策落到实处，全年发放特惠保保单879份。帮助就业创业，全街道71名保洁员岗位（公益性岗位）大部分都安排给贫困家庭，近3年累计有50余名贫困人口接受技能培训。改善基础设施，2015年以来累计投资210万元为5个村安装太阳能路灯600余盏，争取资金解决农村不安全饮水人口729人，农村危房改造4户，完成率200%。街道建档立卡的贫困家庭均实现了“一超过两不愁三保障”的目标，全部达到脱贫标准。（廖荣斌）

## 合江街道

**【概况】** 截至2017年年底，街道辖区总面积8.5平方千米，总人口27553人，辖2个行政村（江霞村、五一村）和5个社区（江雁社区、合江套社区、柏树嘴社区、五里牌社区、七里井社区），有国有、集体、私营企业及事业单位35个，中学1所，小学2所。街道下设机构：党政办、财政所、重点办、经济办、卫计办、民政办、农办（扶贫办）、社保站、安环站、综治办、司法所、城管大队、经管站、河长办、武装部、控规拆违办、妇联、团委、工会。街道被评为全省计划生育基层群众自治示范乡镇街道、衡阳市乡镇街道人口和计划生育工作优秀单位、衡阳市流动人口基本公共卫生计生服务均等化示范单位，街道卫生计生办通过复查确认保留2016年湖南省卫生计生依法办事示范窗口的称号。

（刘　芳　梁　超）

**【经济】** 2017年，实现生产总值4.27亿元，同比去年增长10%；完成全社会固定资产投资1.57亿元，同比去年增长10.5%；实现社会消费品零售总额1.69亿元，同比去年增长10.6%；引进内资项目2个，投资总额达1.03亿元；完成新开工建设并办理工商税务登记投资5000万元以上的产业项目2家。实现工业产值同比增长13.63%，超预定目标5.63个百分点；新增限额以上服务业2家（其中1家通过国家终审，1家在申报中）、计划新增规模工业企业1家、新增商贸业3家（计划新增企业均在收集资料，准备申报）；新开工项目完成5个，新竣工完成8个。

（刘　芳　梁　超）

**【重点工程与项目建设】** 2017年，完成私房144户、约1.93万余平方米房屋征收任务，其中集体土地完成22栋59户、1.47万余平方米，国有土地完成85户、4582.25平方米，拆除房屋39户约1.2万余平方米，完成4万余平方米鱼塘青苗和设施的赔付。二环北路项目完成90%的工作任务。北三环合江段分两个子项目，即：匝道口项目和路桥项目。路桥项目已进入国土局评审阶段；匝道口项目完成全部土地征收，土地补偿款全部拨付到位。匝道口项目完成房屋征拆247户、3.8万平方米。

（刘　芳　梁　超）

**【人口与计划生育】** 2017年，合江街道总人口数为2.76万人，流出2729人，流入1194人。出生322人，符合政策生育97.52%，人口出生率为11.69‰，其中男孩166人，女孩156人，性别比为106.41，新婚86人，初婚率3.12‰，死亡162人，已婚育龄妇女4878人，无偿献血完成134人，为流动人口建立健康档案1045人，建档率达97.6%，计划生育统计准确率100%，群众满意率98%，综合治理到位率98%，超额完成了全年工作目标。

（刘　芳　梁　超）

**【城乡建设】** 2017年，城管中队升为城管大队。全年清理各类“牛皮癣”、张贴广告等1万余张，清理流动摊点400多处，规范经营30余处，收缴销毁各类广告招牌70多块，拆除各类破损横幅95条，调运大型铲车、垃圾运输车及其他各类车辆20余台次，清理堆物及垃圾100余吨。发现违章建筑41处，下达停止违法（自行改正）通知书41张，组织大型拆违活动3次，拆除面积达7010余平方米。

（刘　芳　梁　超）

【安全生产与环境保护】2017年，合江街道发放7000余张安全生产宣传资料，悬挂宣传标语110余条，制作安全生产宣传栏19块，与辖区各社区、村（管理处）、坐落单位共31家单位签订安全生产及消防安全责任状，开展“烟花爆竹大排查大整治行动”“节后复工复产排查”“打非治违”“安全生产大排查、大整治回头看”等专项行动。悬挂环保宣传横幅30余条，制作发放精美宣传手册2000余本，对辖区内17项环保存在的隐患和排查出的23家企业逐一落实责任。8月，街道成立“河长办”，组织河道管理宣传教育，宣传涉河法律法规，普及河道保护相关知识，组织引导村（居）民、企业和社会组织参加河道管理，打击涉河违法行为，坚持每周至少巡河1次，及时拔除防洪堤种植的蔬菜，每月捡拾河堤白色垃圾，设立宣传制度牌9块。（刘　芳　梁　超）

【人民生活与社会保障】2017年，全街新增城镇就业人数221人，完成全年任务数的110%。其中失业人员再就业143人，就业困难对象再就业53人。新增创业主体50个，创业带动城乡就业76人，为5名自主创业人员成功办理小额担保贷款50万元，办理失业登记证146本，为72名下岗职工、灵活就业人员办理养老和医疗保险退补金额30.72万元，办理就业失业登记计生查验率100%；完成城乡居民养老保险缴费6.24万元，超额完成任务，其中，办理来雁新城项目被征地农民养老保险2171人；完成退休认证5236人。全年安置24个治安巡逻全日制岗位，签订上岗协议，12个非全日制岗位，保证退伍士兵100%安置到位。安置了24个下岗失业和高校毕业生特困人员在公益性岗位工作。全年全街城市低保对象1036户、1845人，发放城市低保金669.61万元，人均月补助318元；农村低保对象70户、132人，发放农村低保金32.9万元，人均186元；发放救灾资金11万元，发放孤儿救助金2.57万元，发放廉租房补贴金80.3万元，办理门诊救助20人；街道5个社区全部完成“两化两体系”建设达标任务。

（刘　芳　梁　超）

【文明创建工作】　2017年，街道新制作并更换巨型及大型公益广告牌8块，增补更换文明宣传牌及公益广告牌700余块，竖立张贴在辖区内的主次干道、背街小巷及村、社区显要位置等，并组织开展文明创建广告牌及宣传牌的自查工作，各村、社区均张贴到位，宣传氛围浓厚，创建宣传各大主题齐全、密度达标、内容正确，所有公益广告用语规范得体、整体美观大方，无破损、陈旧、用语不规范和错误等情况；街道各部门到驻点村（社区）指导协助制作、整理文明创建资料台账，街道驻点领导每周对资料台账督查；各村（社区）成立治安巡逻、环境整治、工作宣传、交通劝导等志愿者服务队。各村民小组、社区网格支部动员党员群众加入志愿者服务队伍，增强主人翁的责任感及创建全国文明的紧迫感，牢固树立“创建全国文明城市，人人有责”的意识，营造“全民动员、全民知晓、全民参与、全民支持”的良好氛围。

（刘　芳　梁　超）

【脱贫攻坚工作】　街道有江霞、五一两个村，截至2017年年底，全街有贫困户92户、187个贫困人，其中，江霞村65户、140人，五一村27户、47人。街道与区直机关34名干部同贫困户结成了帮扶对子，负责进行扶贫帮扶。全年新增低保贫困户2户、3人，确认符合低保兜底户有4户。未脱贫户5户、9人，全街因病致贫人数为45户，因残致贫48户。建档立卡80岁以上贫困户18人。全街扶贫工作严格程序、精准吃透贫困底子，制订了3年脱贫规划和年度脱贫计划，落实精准扶贫措施，严把民主评议、入户核实、农户确认、公示公告、备案管理5个关键环节，对全街贫困人口进行多次调查、摸底、核查，做到数据清楚、情况明晰。全年共清理“四类对象”176户，在原友爱片区贫困人数上清除不符合条件贫困户393户、1069人。自然死亡减少贫困人口14人，户口迁出6户。为854名贫困户（包括原友爱片区不符合条件贫困户）购买了扶贫特惠保。特惠保保险时间为1年，从签发保险单的次日零时起至期满日24时止，最高赔付5万元，投保金额为60元/人。完成金融小额扶贫贷款51万元。通过社会扶贫网注册爱心人士200人，贫困户注册84户，发布贫困需求任务数84条，完成对接84户。

（刘　芳　梁　超）

## 五一街道

【概况】　街道面积4.42平方千米，辖6个社区（建设新村社区、草桥社区、杨家坪社区、来雁塔社区、望城路社区、畔湖路社区）和1个行政村（建设村），常住人口3.33万人，流动人口5359人。街道办事处驻建设新村54栋，辖区驻有市田家炳中学、市逸夫中学、市第三人民医院等单位，驻有五一综合批发市场等企业和2280户个体工商户。

（彭云雨）

【经济】　2017年，街道辖区内企事业单位、个体经营户共计2178家（第三次经普数据）。规模以上工业完成产值7500万元，完成税金62万元，限上商贸业完成商品销售额29亿元，同比增长17.8%，新增网上直报企业2家，网上直报服务业收入实现1800万元。辖区内五一副食品批发大市场占地面积9.53公顷，拥有门面109间，从业人员3000余人，年营业额3.8亿元。辖区共有宾馆2个，休闲娱乐场所10家，建设新村市场、建设村集贸市场有经营摊位413个。招商引资方面，引进湖南旭鑫衡商务信息咨询有限公司和湖南众泰昇商务信息咨询有限公司，投资规模达3.6亿元。

（彭云雨）

【重点项目】　2017年，启动的项目主要有草桥文化风情街、蒸水北堤风光带、新三馆项目以及少量的集体土地上房屋。街道抽调42名骨干力量组成7个拆迁小分队，并开展了征拆知识培训。全年累计签订拆迁协议314户，拆除草后街20号楼房，拆除面积1298.32平方米。集体土地上房屋拆除3栋，拆除面积1619平方米。协调来雁公司购买西豪逸景、宏利凯旋城作为安置房，安置拆迁户83户。妥善处置了原绿健茶叶公司弃土场倒土工程借道问题，3天时间完成了建设村四组25棺坟墓迁移工作，解决了合江新村棚户区改造项目76户拆迁户、湘水左岸39户拆迁户房屋拆迁多年未安置的历史遗留问题。

（彭云雨）

【城市管理】　2017年，对五一路、望城路、建设路、蒸阳北路及建设新村菜市场周边共整治占道摊点320余处，处理店外经营及门前堆物490余处。开展了户外广告专项整治行动，对城区道路两侧及重点部位的各类门店破损广告和非法户外广告开展了全面整治活动，拆除大型户外广告10余块，更换门头破损广告牌30余块。开展市容市貌专项整治活动，对街区门店经营户落实“门前三包”工作，规范其经营行为，特别是加强了对“六小店”的规范，要求进店经营，共签订“门前三包”承诺书1000余份。加大城建（城管）控违力度，草桥、望城、畔湖3个社区拆除违建2570平方米，其中草桥15处1900平方米，望城38处490平方米，畔湖路8处180平方米。

（彭云雨）

【环境保护与安全生产】　2017年，街道组织16次环境保护与安全生产大检查，重点排查整治工程机械、易燃易爆物品、消防安全“三查三清”，农电安全生产“百日大整治”中，共排查企业及公司22家，经营及生产性门店、小作坊159家，对发现的问题的12家企业、公司以及40家门店、小作坊，配合上级执法部门予以整治到位。组织力量对港口、码头、沙场、河道进行了

4次大规模清理，对5家建筑施工单位进行专人负责督促，对危房及山体滑坡处安排值守。确保环境保护和安全生产各项工作落到实处。（彭云雨）

【人民生活与社会保障】 2017年，街道纳入低保1156户、1949人，月发放低保64.05万元。全年农村低保15户，保障人口24人，月发放金额4844元。城市特困人员13户、农村特困人员1户，城市每人每月保障金额600元、农村每人每月400元，月发放金额8200元。全年免费为辖区内年满65周岁的老年人办理《老年人优待证》14个，并及时送到他们手中。做好90周岁以上高龄老年人及百岁老人的申报工作，并及时足额发放长寿生活补贴。门诊医疗救助工作稳步进行，全年审批139人，临时救助278户（546人）发放金额15.57万元。累计安置城镇新增就业人员313人，安置下岗失业人员151人，安置就业困难人员58人，实现零就业家庭就业援助动态清零。实现农村贫苦劳动转移就业10人，新办企业62个带动城乡就业162人，办理失业证127人。办理下岗职工养老保险补贴320人；离校未就业高校毕业生动态就业援助100%；新增小额担保贷款发放额50万；办理居民社保274人；完成城乡居民社保基金征缴23万元；全年分社区对居住的退休人员进行退休年检，全年完成3200人的网上建模认证工作；居民医保全面改革，农合和居民合并，实现医保征缴1.05万人，征缴基金189万元。（彭云雨）

【人口和计划生育】 2017年，全街总人口为3.87万人，已婚育龄妇女6091人，出生305人，出生人口性别比为107.48；符合政策生育率97.38%，全年新婚78对，初婚率2.36%；街道辖区内正常死亡190人，流入流动人口5567人。开展各类宣传活动15次，发放各类宣传材料6000余份，发放各类避孕药具1.45万份，接待计生政策和相关知识咨询3300余人次。全年街道投入12万元用于卫计工作的奖励扶助、宣传教育和培训。（彭云雨）

【综治维稳与平安创建】 2017年，完成“两会”“一带一路”“十九大”特护期安保维稳工作，未发生一起赴省进京上访事件。受理上级来信来访件转交办件25件，赴省3批次、3人，赴京上访4批次、4人，均稳控到位，妥善化解，无一例登记。排查矛盾纠纷78起，街道调委会和各村（社区）调委会受理和调处各类社会矛盾纠纷18起，纠纷调处率达100%，调解成功率达100%。有在册矫正对象9名，其中，缓刑8名、假释1名。全年新纳社区矫正对象5名，期满解除矫正5名，无一例社区矫正人员脱管、漏管和重新犯罪的现象发生。（彭云雨）

【人武工作】 2017年，履行武装工作职责，开展国防教育、民兵军事训练、民兵整组、兵役登记等工作，提升辖区国防后备力量建设水平。（彭云雨）

【党建工作】 2017年，顺利完成两委换届，选出总支书记7名，两委成员59名。深入开展“两学一做”常态化、制度化教育活动，切实加强对习近平新时代社会主义思想和中共十九大报告的学习。全面推进社区“三清三建”、“两化两体系”建设，启动了建设村农村综合服务平台建设，草桥社区办公用房和养老服务中心年内可开工建设。配齐配强了街道和社区（村）的党建专职工作队伍，明确了社区（村）党建工作的具体任务，坚持一周一通报，一月一调度一讲评，实现了党建工作全面提质。（彭云雨）

【社区建设与文明创建】 2017年，坚持以创建全国文明城市工作迎检工作为抓手，全面改善辖区市容市貌。宣传上，更换20余幅巨型及大型破旧文明宣传牌及公益广告牌，新安装文明创建及公益广告宣传牌1200余块，在五一路、建设路、来雁东路花坛安装大型公益广告牌100余块。整治上，规范门店外摆800余起，清理堆物150余起，拆除违章搭建80余起。摸排辖区内环保不合格门店45家，下达责令整改通知书30份，整改油烟扰民问题严重餐饮店10家，流动烧烤、夜宵摊点、河道渔船全面取缔到位，两天内完成了杨家坪砂场的搬迁。服务上，针对共享单车乱停乱放这一现象，街道率先行动，从8月10日起，由街道班子成员带队，每天轮流组织一个社区（村）10余名党员志愿者，对五一路、建设路等辖区主次干道共享单车乱停乱放现象进行整治，不间断作业有序摆放规范共享单车。（彭云雨）

## 人民街道

**【概况】** 人民街道面积0.33平方千米，辖4个社区，2017年，全街常住人口2.4万人，流动人口0.8万人。辖区共有楼栋266栋，注册企业77家，个体工商户2176家，事业单位9家，学校3家。全年完成工业总产值1.54亿元，同比增长29%，固定资产投资5.71亿元。人民路社区被评为2017年全省无邪创建示范社区、2017年衡阳市微型消防站创建试点单位、2017年度湖南省计划生育基层群众自治示范社区、衡阳市2017年消防工作先进单位；人民路社区主任王莲花被评为衡阳市2017年度“百姓学习之星”称号。（袁子晴）

**【领导调整】** 根据组织安排，原人民街道党工委副书记杨黎调离人民街道任区纪委驻政府办纪检组组长，原人民街道党工委委员、纪工委书记陈红智调离人民街道任潇湘街道党工委委员，原潇湘街道办事处副主任贺鹏调离潇湘街道任人民街道党工委委员、纪工委书记。（袁子晴）

**【党建工作】** 2017年，下辖4个社区党总支、1个机关支部、6个非公党支部、27个网格党支部。共有直管党员406名，其中离退休老党员206名、非公党员31名、机关党员34名、流动党员99名。另有驻街单位党组织18个党员133名，11家企业只有1～2名党员，6家个体工商户负责人是党员。2月15日，街道湘北社区搬入新办公用房，至此，街道4个社区均已按照“两化两体系”标准，分别购买或租赁了600～900平方米的新办公用房进行办公；挑选一批离退休党员担任网格支部书记或楼栋小组长。这些离退休党员的加入，极大地充实了街道基层党建的队伍力量。全年网格队伍共调解各类纠纷46起、参加志愿服务活动268人次，现场抓获盗窃电动车惯犯6起。“书香人民路”建立了社区居家养老服务中心，为困难党员群众提供免费早午餐，《衡阳日报》在头版先后两次进行报道；成立党员消防应急分队，获市微型消防站创建试点唯一授牌社区。“平安湘北”成功在进步巷打造了“廉政文化一条街”，向广大市民进行廉政宣传。“健康向阳”借用社会力量，建立社区残疾人日间照料中心，对辖区内的30多名残疾人进行公益照料。“红星蒸阳”开辟了“党员之家”，继续打造全市“五个日子”制度建设示范点。同时探索建立了党员关怀机制，对党员生日、生病住院进行及时关怀慰问。推进党的十九大精神学习活动，在辖区内掀起了学习高潮。针对街道党员干部、普通群众、人大代表、政协委员、非公企业开展了详尽的宣讲活动，同时加大了会议精神宣传力度，街道充分利用宣传栏、大型户外公益广告牌和LED电子显示屏等阵地，宣传党的十九大精神。（袁子晴）

**【综治维稳】** 2017年，全面贯彻落实综合治理工作责任制，辖区90多个单位与街道党工委、办事处签订了平安创建目标管理责任书，实现全民参与的工作氛围。开展“平安创建”活动。社区工作人员和社区民警上门入户发放致居民公开信和惠民手册、禁毒宣传资料等各种宣传品2万多份，制作精美抽纸、购物袋等礼品9000份送到辖区居民家中，并在辖区悬挂宣传横幅50余条，宣传标语200条、大型宣传栏8个。举办禁毒活动，街道及社区联合人民路小学、都司街小学、市十四中学开展禁毒宣传活动6场，切实增强人民群众的防毒、拒毒和禁毒意识。引导社区居民，并用心接待每一位来访咨询的居民。通过进行正确的宣传和引导，扩大社会影响力、知晓率，引导百姓合法、合理、合情地解决矛盾纠纷，全年接待法律援助来访

14例，完成法律援助案件6件。

（袁子晴）

【安全生产】 2017年，街道与各社区居委会签订了《2017年安全生产工作责任书》，明确各单位法定代表人是安全工作第一责任人，逐级建立“安全自查，隐患自除，责任自负，接受监督”的安全管理机制。组织工作人员观看《全面落实企业安全生产主体责任》安全生产警示教育片。6月16日上午，在都司街小学门口开展2017年“安全生产月”宣传咨询日宣传活动。活动期间，制作宣传展板4块、发放宣传材料1000余份，居民群众共1000多人次参与活动。6月16日下午，邀请市安监局政策法规科科长李国华来街道给全体工作人员授课。8月30日，邀请消防协会专家进行消防培训，提高街道和社区工作人员安全生产业务能力。

（袁子晴）

【环境保护】 2017年，开展环保专项整治，全面排查治理辖区各餐饮店油烟排放、噪音扰民、环境卫生脏乱差等现象，边督边改，对辖区内重点部位、废品站开展全覆盖和拉网式排查，将环境保护突出问题排查摸底表逐一落实，全年排查174家，其中人民路社区38家，湘北社区51家，向阳社区50家，蒸阳社区35家，配合城管下达整改通知书168份，对问题严重的12家进行关停查封。对居民的相关投诉，主动邀请矛盾双方一起召开协调会，提出可行性方案，妥善处置，共召开协调会30多次。

（袁子晴）

【城市管理与建设】 2017年，对辖区内各类违章建筑进行摸排，对有遗漏需拆除违章建筑拍照取证，建立详细台账，并依法进行施工拆除，共拆除违章建筑419平方米、拆除雨棚665平方米。两厢提质改造工作从9月开始施工，拆除防盗网2589平方米，拆除雨棚1911平方米，拆除空调架564个，拆除晾衣架128个，总拆除率约60%。

（袁子晴）

【民生保障】 2017年1至11月，城镇新增就业925人，新增创业主体325个，带动城乡就业595人，其中大学生创业24人，带动就业46人，零就业家庭动态就业援助100%。在居民养老保险方面，参加职工养老保险人数1.10万人，占应参保人数的97.23%，参加城镇居民养老保险189人，征缴金额7.9万元；参加各类医保人数2.66万人，占应参保人数的99.59%，其中6339人参加了城镇居民医保，征收金额58万元；督促用人单位与劳动者签订合同382份，保障了用人单位和劳动者双方的权益。居民中享受社保补贴107人，享受岗位补贴93人，享受技能鉴定补贴8人，享受见习补贴2人，享受税收优惠47人，享受小额担保贷款31人，3367名企业退休人员在家门口进行了领取养老金资格验证。街道民政办对新增的低保对象做到了100%入户核查资料信息。截止11月份新增低保对象28户、49人，金额1.61万元；取消49户、79人，金额2.68万元；异动492户，金额3.78万元；现有特困供养人员9人，保障金额6.48万元；低保户850户、1447人，保障金额达48.09万元；开展慈善救助工作。春节、八一慰问六类军人194人，发放优抚金6.82万元。慰问困难群众142户，金额5.86万元；发放棉被155床，压力锅140个、米50袋、油10桶。做好困境儿童救助保护工作，及时上报困境儿童107人，对困境儿童做到加强监护，强化责任。针对特困家庭开展临时救助51户、65人，金额2300元；申报区级大病住院医疗救助15户、15人。发放门诊医疗救助卡114张，金额11.85万元，缓解困难群众医疗负担。

（袁子晴）

【计生服务】 2017年，街道投入20万元经费在计划生育政策宣传、奖励优待、生育关怀、扶贫帮困等工作上。街道与社区居委会、辖区各坐落单位、综治部门签订计划生育责任状，明确责任。街道领导班子成员、全体机关干部和社区工作人员按照网格管理实行一岗双责，即部门工作职责和社区网格管理工作职责，对计划生育特别扶助对象实行双岗联系人制度。组织学习《衡阳市计划生育基层基础工作规范》及《衡阳市计划生育基层服务管理操作手册》。按照工作规范对阵地建设、台账资料、证件办理、机制建设、工作保障等进行了统一规范。并组织专干进行计生协会、科技、药具等业务知识培训。流动人口方面，街道卫计办通过以上户采集为主与社区服务中心街接好，及时为流动人口建立健康档案，并提供基本公共服务项目，为流动人口建立健康档册7341余份。全年征收社会抚养费6.11万元，上报独生子女父母奖励3022人；新增计划生育家庭特别扶助对象5人，全年实际发放计划生育家庭特别扶助60人、金额53.16万元；新增独生子女保健费1人，全年实际发放独生子女保健费117人、金额2.81万元。

（袁子晴）

## 青山街道

**【概况】** 2017年，青山街道下辖牛角巷社区、西湖新村社区、西湖二村社区、西湖一村社区、青山街社区、船山路社区共6个社区，辖区内东西最大距离0.825千米，南北最大距离为1.2千米，总面积为2.65平方千米。辖区总户数为1.29万户，总人口4.50万人。电话区号0734，邮政编码421001，行政区划代码430407002。街道下设16个部门，党政办，民政办，经济办，社保站，财政所，综治办，安监站，卫计办，城管办，文化站，武装部，司法所，纪工委，城管中队，团工委，妇联。街道被评为湖南省流动人口基本公共卫生计生服务均等化示范街道、衡阳市卫生计生依法办事示范窗口，街道团工委被评为湖南省红旗团委，牛角巷社区被评为2017—2021湖南省科普示范社区，街道综合文化站获2017年度衡阳市部颁一级标准乡镇综合文化站称号。

（佘红梅）

**【经济】** 2017年，社会消费品零售额完成7.67亿元，同比增速35.28%。完成规上服务业91.57亿元，同比增速32.22%，固定资产投资9.68亿元，同比增速78%。全年辖区新开工项目17个，新竣工项目16个，累计到位资金5.9亿元。衡阳市石鼓区爱唯主题酒店拟投资6000万元以上，现正在装修，长河广场粤好餐饮服务有限公司、衡阳市恒湖房地产营销策划有限公司、衡阳市石鼓区帝标家居店、古汉大道志明健康服务公司等17家除爱唯主题酒店外其他16个已经投入营业。中建衡阳中心、西湖公寓、长河广场等先后引进衡阳市安联时代商务信息咨询有限公司、衡阳宏远众人力资源有限公司、湖南慕川文化传媒有限公司、衡阳市湘印象广告装饰设计有限公司、衡阳市温蒂文化传媒有限公司等商贸、服务、文化产业共12家，新增注册资金1.23亿元，新增税收300多万，安置就业人数达100多人。在包装的项目有：爱唯主题酒店，青山KTV娱乐酒店，西湖二村步步高商业圈，西湖老干所茶点、音乐、休闲文化清吧，西湖一村连湖广场周边的大型休闲广场加立体商业中心。

（佘红梅）

**【党建】** 2017年，青山街道党工委下辖6个社区党总支、38个网格党支部、1个机关党支部、3个非公有制经济党支部，直管党员499人。街道党工委牢记抓基层党建的主责，始终把党建当作头等大事来谋划推进。全年召开32次党工委会，20次党政联席会，8次党建工作专题部署会。建立分级负责责任体系，班子成员联点指导社区党建工作。组织开展社区党组织书记“双述双评”，约谈排名靠后的负责人。党工委书记在党校学习期间正逢社区换届，结合所学知识开展专题调研，撰写《确保社区“两委”换届政治清明的几点思考》。党工委书记主动联系软弱涣散党组织，下大力气整治青山街社区党总支班子凝聚力不强的问题。每月开展党员教育督查，强化党员教育阵地建设，牛角巷社区在全区率先建立网格支部活动室。全面落实“一网一云”工作，强化自主学习。健全“三会一课”常态化制度。严格按期组织安排“三会一课”，强化“三会一课”的政治功能。街道班子成员全年到基层党组织讲党课18次。树立“大党建”理念。深入推进“两学一做”学习教育常态化制度化，依托“三会一课”“一网一云”，教育党员牢固树立“四个意识”。加强领导班子民主集中制建设，集体研究“三重一大”事项。严格落实“两个责任”和“一岗双责”。树立“大治理”理念。在党建网格引入城市管理、环境卫生治理、矛盾纠纷排查、安全生产管理等，形成社会治理“一张网”。在牛角巷社区试点推行社区视频监控平台建设，在街道、社区设立综治中心，实现数字化社会治理新模式。树立“大服务”理念。整合辖区各领域党建资源，开展义诊、家电维修、文艺宣传等党员志愿服务活动。在牛角巷社区率先建成社区充电桩，各社区设置微型消防站，建设电动车停放棚，安装晾衣架、休闲桌椅、楼道节能灯等民生服务项目。全面推行“全程代办”“错时工作法”，实行服务承诺制、服务代办制。创新党建模式。将党建工作与社区“一居一品”特色品牌有效结合，激活基层党建功能。如船山路社区打造无围墙“养老院”，其“时间银行”被中央电视台及新华社推介。西湖二村“圆梦”“微心愿”受居民点赞。创新学习方式。推出“1+4”党课模式，增加特色党课、安全党课、廉政党课、“互联网+”党课。通过‘远教+进小区”“互联网+便民服务”和“和美青山”微信公众号等开展“两学一做”专题教育。邀请区委书记唐浩然、市委党校、宣传部理教专家、区级联点领导进社区宣讲中共十九大精神。创新工作机制。在社区创新开展党建交叉指导活动，突出问题导向，重点查找“短板”，确保各社区党建工作同步提升。创新发展观念。街道党工委与辖区单位党组织、辖区非公企业党组织良性互动。在街道、社区设立“两代表一委员”工作室，充分发挥人大代表、政协委员、统战人士的资源优势，共建社情民意沟通平台。（余红梅）

**【教育、文化、体育】** 2017年，辖区内有幼儿园8所（教委幼儿园、星元幼儿园、启迪幼儿园、向日葵幼儿园、青少年宫幼儿园、西湖幼儿园、宇同幼儿园、好苑幼儿园），在园幼儿1285人，专任教师132人。小学4所（下横街小学、星元小学、西湖小学、成章小学），在校学生3100人，专任教师98人。高中1所（衡阳市二中），在校学生2388人，教师185人。大学1所（衡阳广播电视大学），在职教师55人，在校学生1.8万多人。专科技术学校1所（衡阳市建设学校），在编教职员工17人，学生495人。境内有区级文化馆1处，街道综合文化站1处，有社区综合文化服务中心6处，文化专业队伍16个，图书室7个，藏书达1.5万余册。街道综合文化站阵地建设标准，软硬件设施齐全。有图书阅览室，电子阅览室，多功能活动室，活动排练室。阅览室图书藏书种类丰富，数量达到3000余册。综合文化站免费对居民开放，为居民提供了集休闲，娱乐，阅读于一体的综合性场所。牛角巷社区获评2017年全国书香社区，该社区在全国126个社区申报的激烈竞争中，脱颖而出，成为衡阳市唯一一家全国书香社区；全市185个乡镇（街道）综合文化站评估定级，其中达到部颁一级标准的乡镇（街道）综合文化站51个，石鼓区一级站3个，青山街道综合文化站位列其中；开展社区周周乐活动11场次；6月27日，在莲湖广场隆重举办“欢乐潇湘·幸福石鼓”青山街道海选大型群众文艺晚会，2个原创节目胜出，分别获得全区决赛二等奖、三等奖；原创广场舞《民主之歌》获全区决赛一等奖，并获得全省总决赛金奖；“张绿林面人传统手艺”申报非物质文化遗产保护工作完成区级申报。辖区内有莲湖广场、青少年宫全民健身广场2处，力宝、火烈鸟等盈利性健身场所4处，衡阳市二中、下横街小学等学校体育场共4个。6个社区均安装了健身器材。境内衡阳市二中为体育传统学校。

（余红梅）

**【文明创建】** 2017年，强化立体宣传教育，创建氛围浓厚。在6个社区共制作社会主义核心价值观、文明创建等宣传喷绘1000余块，在各社区绿地花坛设置“遵德守礼”花草牌286块。充分利用辖区单位LED显示屏宣传社会主义核心价值、中国梦、好家风等文明创建内容。6月6日，开展“讲文明，树新风”创建全国文明城市知识竞赛活动，使文明创建知识深入人心，激发大家的创建热情。有序开展“我们的节日”主题宣传活动，丰富群众的生活，引导广大居民认知传统、尊重传统、弘扬传统。街道各部门、各社区每月挖掘上报“身边好人”线索660余条，将“我推荐，我评议身边好人”活动开展的有声有色，并涌现出好媳妇唐爱民、敬业奉献楷模陈元香等感人事迹。强化市容市貌整治，环境整洁卫生。城管办、城管中队联合区城管执法局及船山路社区、西湖一村社区对易赖街农贸市场的门店外摆、流动摊点、市场环境和南华附一医院的流动摊点进行大整治，实行常态化管理。每天集中出动执法人员10名，执法车两台，严厉打击摊担外摆、占道经营等行为。共清退人行道及车行道上占道经营的摊贩90余个，劝离占道机动车300余辆（次）。对心存侥幸，与执法人员打游击的流动摊贩，执法人员采取依法暂扣或收缴其货物、经营工具等措施，时刻保持高压态势。针对易赖街农贸市场、附一周边等重点部位，制定具体方案和措施进行常态化管理，确保整治效果不反弹。强化志愿服务活动，志愿服务便民。街道对志愿服务活动秉持高标准、严要求。从志愿者注册管理、队伍建设、认可机制、激励措施等方面不断规范和完善，强化志愿服务体系建设。开展文明交通志愿服务活动、文明社区志愿服务活动及敬老助残、结对帮扶、维权帮教、心理辅导、信息传递等志愿服务。开展社区便民利民、文明劝导、环保宣传、植绿护绿、法制宣传、青少年成长服务等方面的工作。围绕公民道德、文明城市创建、文明礼仪等相关知识，广泛普及文明知识和幸福理念，倡导文明新风。设立“志愿服务驿站”，在辖区提供多种贴心便民服务。　（佘红梅）

【安全生产】　2017年，共排查各类场所356处，取缔非法烟花爆竹销售点5个，现场处置消防隐患40处，其中存在安全隐患的青少年宫危险建筑与涵宇人才市场有限公司安全隐患已整改落实到位，并实时记录整改进度过程。摸底统计辖区内高层建筑情况信息，并制定责任清单，根据区督查内容制定3个季度专项督查项目，结合“打非治违”专项集中整治、环保督查回头看、烟花爆竹零售领域“打非”专项治理、安全生产示范街道复查、创建文明城市、高层建筑治理、消防治理检查、中共十九大安保维稳等工作，集中打击、整治一批表现突出的非法违法、违规违章行为，督促企业落实安全生产主体责任。全年开展联合执法行动9次，在整治活动中共检查132家（零售烟花爆竹18家、人员密集场所81家、燃气代售点3家、环保督查23家），查出隐患42起，当场整改37起，限期整改5起，现场下发整改指令并限期整改到位。全年悬挂宣传横幅60余条，制作宣传栏12块，电子屏显示标语80余条，消防通道处安装安全警示牌52块，张贴消防综合整治通知20张，下发宣传单1万余份，宣传围裙3600余条，举办各类安全培训10场次。在“安全生产月”活动中，街道及社区深入本行业领域或本地区重点企业进行对口宣讲及应急演练2场次；对本行业领域开展各类安全警示教育4场次。邀请省、市、区消防专业培训教官开班培训3次，培训182人次。与77个企业、1199个个体户和1.14万户居民签订安全生产承诺书。针对辖区电动车店、鲜花店等经营门店众多这一情况，深入开展“三查三清”工作，对城区主次干道、非法经营烟花炮竹店、商场等行业和领域为重点，查处安全隐患116处，现场整改23处，责令限期整改93处，整改到位42处。开展“安全生产月”活动，进行消防安全培训演练活动，悬挂安全生产月宣传横幅60余条，展出安全生产展板3块，发放安全生产宣传资料3000多份，印发消防安全知识宣传手册1万余份。　（佘红梅）

【人民生活与社会保障】　2017年，组织辖区100余名失业居民参加市、区举办的各种招聘会，开发就业岗位1027个，开展职业指导133次，职业介绍97次，职介成功32人。发放就业政策宣传资料3000余份。城镇新增就业人员全年任务840人，年末完成925人，完成全年任务数的110%以上；新安置失业人员再就业654人，全年任务数600人，完成全年任务数109%，其中帮助困难人员再就业172人，完成全年任务数108%；城镇登记失业率控制在4.2%以内；新增创业主体266个，完成全年任务数111%；创业带动城乡就业582人，完成全年任务数171%；创业带动城镇就业360人，完成全年任务数150%；大学生自主创业22人。为辖区内失业人员办理就业失业登记证110本，申报审核认定就业困难人员12人。排查符合新一轮创业政策的小微创业实体，为1家单位办理创业带动就业岗位补贴，合计金额1万元；开展小微创业实体走访帮扶活动，向30家小微创业实体一对一宣传创业政策，小微企业办理小额担保贷款110万元；开展创业指导，开展创业政策咨询11次，为灵活就业人员办理社会保险补贴112人次；办理2018年度城乡居民医疗保险6554人，二次追补补偿居民医疗保险1421人（其中低保扶贫337人）。全年全民参保登记3928人；373名新型农村社会养老保险续保人员进行了参保缴费，缴纳保险20.55万元；3月30日，在莲湖广场开展以“话说居民养老保险”为主题的咨询日活动，宣传城乡居民养老保险参保范围、缴费标准、领取待遇等方面的热点问题，活动发放各种宣传资料1000份，悬挂20条横幅。全年发放社会保障卡3709人，其中低保困难人员469人。低保救助：街道低保户903户、1491人，每月发放保障金50.70万元；新增31户、43人，每月发放保障金1.40万元；取消86户、121人，共计4.23万元。低保工作统一电脑管理，低保民主评议、低保公示阳光透明，保障对象资金由区财政按时足额进行发放认证。住房救助：对辖区内的困难无房户进行全面上户清查。全年享受廉租补贴有224户、414人，发放金额11.37万元。大病医疗救助：对符合申报大病医疗救助条件的困难家庭进行审核，全年共救助10户、12人，发放救助金2.19万元。全年共临时性救助186户，救助金额10.33万元。老龄工作：在街道辖区内开展“九月九”敬老月活动。节日期间对街道40名退休职工进行慰问，发放慰问金3.2万元。为辖区内年满90岁以上老年人及时申报并足额发放长寿老人生活补贴。全年享受补贴有42户、42人，发放补贴金2.05万元。慈善工作：开展“慈善一日捐”活动，捐款4150元。牛角巷社区、青山街社区慈善爱心超市，开展慈善帮困活动20次。开展“助残一日捐”活动，共募捐了3650元。优抚工作：对辖区内的军残、在乡老复员军人和特困退伍家庭开展春节和“八一”期间的走访慰问活动，慰问退伍困难家庭50人，发放慰问金1.74万元。残联工作：享受重度残疾人员生活补贴、重度残疾人护理补贴135人，发放4.10万元。街道有6名残疾人员先后参加市、区的残疾人技能培训学习。壮大社区工作者建设队伍，积极组织社区工作者开展湖南省社会工作者资格考试，46名社区人员参加考试，有10人考取初级资格。（余红梅）

**【人口和计划生育】** 2017年，街道总人口4.50万人，其中常住人口3.63万人，常住人口已婚育龄妇女6360人，流动人口8657人，其中流入人口5600人，流动人口中已婚育龄妇女2369人。全年共出生人口494人，其中常住人口出生394人，符合政策生育率为100%，流动人口出生100人，符合政策生育率为99%，出生性别比97.9，避孕节育措施落实率为100%，居民自治率达100%，流动人口健康建档率92.8%。2017年为争创省级流动人口卫生计生均等化服务示范街道，针对流动人口，开展了3次大规模的全面系统的流动人口清理清查。开展春季流动人口集中管理服务活动，清查新增流入人口287人，上报流出人口82人。5月，流动人口数据清理“百日行”专项行动，对省下发的数据全部核查完毕。核查省内流入人口代建卡未匹配个案229人，其中已督促户籍地建档102人，已离开127人；核查街道主动登记流出信息未匹配个案193人，其中已返回的有25人，现居住地有变动的38人，未变动的130人；

核查流入人口电话号码空填1507人，已离开485人，新采集电话号码1022人，流出人口电话号码空填624人，已返回65人，新采集电话号码624人，现流动人口电话号码采集率达到了100%。8月，开展流动人口底子澄清活动，清查新增流入人口220人，上报流出人口34人。活动期间，街道2017年采集上报流入人口1690人，其中已婚育龄妇女523人，上报流出人口781人。

（余红梅）

**【“平安青山”创建】** 2017年，街道综治工作坚持“一查两会三合四员五联”一线工作法，从源头上处理好问题，杜绝问题扩大化。一查：坚持社区每周一排查，街道每半月一巡查。对辖区内矛盾纠纷情况进行重点关注和动态掌握，提前介入，将矛盾化解在萌芽状态。两会：坚持治保会和调委会的双重统一。治保会重在总结工作和交流经验，研判当前信访维稳工作发展形势；调委会重在对排查出的矛盾纠纷进行主动调处。三合：在综治信访维稳工作中加强对情报信息、底数情况和力量资源上的三方整合，以街道综治维稳中心为主体，充分发挥街道、社区、基层组织的力量，达到群防群治的目的。四员：建立以社区干部为信息员、联社区干部为指导员、老干队伍为协调员、联社区领导为监督员的综治信访维稳联动管理体系。五联：主要以“五联三送三解”活动为载体向纵深推进，把综治信访维稳工作作为重点纳入到“五联三送三解”工作之中，重在解决群众的一些合理诉求和个案问题。对中建国际商场物业纠纷问题、长河广场物业纠纷、失独家庭和社区退休工作人员工资待遇问题，街道包案领导及时关注事情进展情况，积极与区相关职能部门进行对接。在区相关职能部门和街道的共同努力下，确保了中建国际商场业主、长河广场业主和失独家庭的稳定，解决社区退休工作人员的工资待遇问题。从8月1日至10月31日，街道召开信访维稳工作全体人员部署会议3次、党政联席扩大推进会7次、案情分析会40余次，出台了信访工作责任追究和奖惩办法，建立健全了台账资料，为每个信访案件建立《信访包案稳控、化解手册》，做到信访案件基本信息全面详尽，包案稳控和化解过程全程留痕。

（余红梅）

## 潇湘街道

**【概况】** 2017年，街道辖6个社区，有居民1.54万户、4.38万人，流入人口4526人，流出人口3133人，人口出生率13.9‰。街道被评为湖南省计划生育基层群众自治示范街道、衡阳市社会治安综合治理先进乡镇街道、衡阳市禁毒工作先进单位、衡阳市文明单位，长青社区被评为湖南省最充分就业社区、湖南省双创示范社区，司前社区被评为湖南省综合减灾示范社区，演武坪社区被评为湖南省文明社区，桑园社区被评为湖南省第八批民主法治示范社区。（陈春香　秦扬川）

**【经济】** 2017年，完成企业总产值12.7亿元，完成年计划的104.3%，其中：工业总产值完成8.03亿元，第三产业完成4.57亿元，其他行业完成0.51亿元。新增商业网点38个，其中：工业1个，服务业32个，餐饮住宿2个，零售贸易业3个，总人数6418人。完成招商引资项目14个，固定资产1000万元以上的项目25个，完成投资总额9.62亿元。1—12月，完成社会消费品零售总额2.4亿元，同比增长10.6%，增幅为10.49%，骨干企业完成税金为71万，确保了商业销售、税金、利润3大指标稳步增长。小康测评点3个社区，圆满完成上级要求的指标数并取得了优异成绩，其中：石鼓社区调查指导员被评为省级先进个人。截至12月，全街纳入联网直报平台的限额以上商贸企业共计18家，其中批发零售业企业14家，住宿餐饮业企业4家。完成招商引资项目14个，新增限上服务业4个。荷池路、潇湘街农贸市场提质改造正在规划部署中，本年度街道经济呈稳定上升趋势，发展势头较好。（陈春香　秦扬川）

**【城市管理】** 2017年，清理“牛皮癣”12万余张、堆物

800多处、垃圾8000余车；拆除违章违法建设67处，面积约2600平方米，拆除违章地锁53起、共128把；在违规占道经营专项整治中，取缔店外经营51户，暂扣占道经营工具130余件，没收店外广告招牌117个；规范户外广告设置，查处违章广告牌200余起，拆除面积约2300平方米。收缴拆除破旧广告灯箱站牌160余块，规范店牌店招200余个，拆除各类广告牌300多块，其中中大型户外广告30多块，发放整改通知书3.5万多份；潇湘执法中队为巩固前期“三清三建”工作成果，组织力量对全辖区开展了一次“三清三建”查漏补缺专项行动，清理堆物、碎石垃圾30多吨，拆除废旧雨棚50多个，劝离占道经营150多起。

（陈春香　秦扬川）

**【文明创建】**　2017年，街道文明创建工作以服务群众为主线，以“内强素质，外树形象”为突破口，以抓“崇德向善”的文明创建工作为载体，实现文明创建工作的科学化、制度化、常态化。街道以“绿化、亮化、净化、美化、优化”为治理目标，继续推进创建文明社区、绿色社区、无毒社区。街道投入50余万元，先后建立固定的群众文化长廊300余米、文化彩绘2600余平方米，新增宣传栏1673块、各种文明创建宣传牌4060块、开展文明创建活动190次、发放文明创建资料1.96万份，清理卫生死角637处，清除“牛皮癣”30多万处，清运垃圾堆物1129车，疏通下水道146处，硬化路面1.43万平方米，对辖区1500多家门店发放“门前三包”承诺书，规劝占道经营门店1400余处。街道组建10支志愿者服务队伍，组织开展各种志愿服务活动327次，解决困难问题247个。

（陈春香　秦扬川）

**【综治维稳与平安创建】**
2017年，街道与辖区79个坐落单位签订综治目标管理责任状，各社区设调解室，调委会主任由社区党支部书记兼任，调解员由群众从老干部、老党员中推选，全年调解104起，其中口头调解82起，书面调解22起。发挥街道、派出所、社区三级巡逻队的积极作用，积极探索建立健全职责明确、管理精细、信息共享、渠道畅通、服务有效的网络体系。网格服务包含禁毒工作排查、民调工作宣传、矛盾纠纷化解、消防安全防控、生产隐患排查等多种内容。在长青社区禁毒基地的建设上，完善了硬件和软件措施，成功融入戒毒康复同伴教育联盟模式。政府购买服务配备禁毒专干3名，成立志愿者队伍5个，年均举办创建活动20余次，参与居民1万余人次。并作为全省禁毒工作会议唯一现场联系的社区进行了工作汇报，各县市兄弟单位多次参观学习，禁毒工作成效明显。以“平安创建”为主题，以“依法治国”为主导，广泛开展形式多样的法制宣传活动，例如“12·4”日宪法宣传、国安宣传日、安全生产宣传、禁毒宣传、计生宣传等，发放资料6万余份。全年接待群众来访15例、38人次，已办结14件，办结率为93%，已签订息访息诉协议2件，此两件案例被评为区精品案例。在重点节假日、国家重大节日期间，设立“五包一”责任制度，将人员责任细化，努力做好信访稳定工作。街道被评为市禁毒先进单位、市综治先进单位、区综治先进单位、党的十九大安保维稳先进单位。（陈春香　秦扬川）

**【文化体育】**　2017年，潇湘街道综合文化站以高度的“文化自信”和“文化自觉”，扎实推进街道文化体育工作，新增文艺团队4支，以各文化服务中心为支点，全年举办11场社区周周乐大型文艺汇演，其中从11月3日至22日，集中开展了6场以宣传中共十九大精神为主题的大型社区周周乐文艺汇演，选拔的《新中国范》和《永恒的旋律》两个节目参加区“欢乐潇湘·幸福石鼓”文艺汇演，获第三名的好成绩，选送的《和谐之歌》广场舞获得全区核心价值观广场舞大赛二等奖。街道综合文化站被评为文化工作先进单位、群众体育工作先进单位、“广场旬旬演、社区周周乐”先进单位、“社区教育工作”先进单位，工作受到区教文体局、区领导及辖区居民群众肯定。

（陈春香　秦扬川）

**【卫生和计划生育】** 2017年，街道已婚育龄妇女8295人；流入人口4650人；流出人口3174人；期内出生513人，其中男孩268人，女孩245人；出生性别比为109；人口出生率为13.9‰；符合政策生育率为97.87%；全年为居民办理一孩生育证155份；二孩生育证156份；新增申报录入城镇独生子女父母奖励人员信息247人，新增独生子女死亡伤残家庭扶助对象14人，全年共发放纯居民独生子女保健费4.46万元，街道办事处工作人员、社区工作人员、纯居民独生子女困难户购买意外伤害保险420份。社区卫生服务中心新增居民健康档案1034份，同时为辖区居民提供健康普查337人次，为待孕育龄人群提供免费孕前优生健康检查273人次。开展生育关怀活动，慰问困难家庭户315人，慰问金、慰问物资约12.89万元。在全市卫生和计划生育工作年度考核中，被评为全市先进单位。

（陈春香　秦扬川）

**【武装】** 2017年，坚持党管武装，街道党工委多次深入研究武装工作，把武装工作纳入街道党工委、街道办事处的年度工作计划统一安排部署。街道设武装部，配备街道武装干部1名，武装干事1名。街道人武部被区人武部评为先进单位，街道人武部部长陈克锋被评为区人武部先进个人。

（陈春香　秦扬川）

**【社会保障】** 2017年，辖区城镇新增就业人员880人，下岗失业人员再就业550人，就业困难人员再就业165人，零就业家庭动态清零，离校未就业高校毕业生动态就业援助100%。新增创业主体202个，创业带动城乡就业人员418人，全力推动小额担保贷款工作，帮助5人申请小额担保贷款共计50万元。办理发放就业失业登记证165本。开发社区公益性就业岗位132个，其中安置了74名参战和军残等军退失业人员再就业。全年为各类企业推荐就业人员1018人，880人顺利就业。继续加大对就业困难群体的帮扶力度，为113人办理灵活就业人员社保补贴。城镇居民社会养老保险有321人征缴，缴费金额为15.9万元，得到区社保局的通报表扬。全街登记注册离退休人员6718余人，协助异地认证30余人次，上门为老弱病残人员登记注册56余人次，全力确保注册登记准确率达到100%，城镇居民基本医疗保险参保1.01万人次。

（陈春香　秦扬川）

**【民政优抚】** 2017年，街道城市低保新增18户、29人，取消183户、277人，全年发放低保金1015.62万元。对个别家庭因病突发事件造成困难的情况，重点开展临时困难救助、门诊救助等。加大殡葬改革的宣传监管力度，辖区居民死亡人员火化率达100%。对辖区内残疾人基本信息情况进行摸底，街道有残疾人919人，全年取消不符合两项补贴（护理补贴、困难生活补贴）共54人，为重度残疾人申报残疾人护理补贴28人，为生活困难残疾人申报困难生活补贴188人。对高龄老人长寿补贴发放情况进行了清理核查，90岁以上高龄老人享受长寿补贴66人。

（陈春香　秦扬川）

**【党建】** 2017年，辖区内有党员2121人，其中直管党员657人，驻区党员735人，在职党员687人，流动党员42人；共辖7个党总支（6个社区党总支，1个非公经济组织党总支），67个党支部（1个街道机关党支部，3个非公经济组织党支部，41个网格党支部，22个驻区党支部）。街道对网格中的1218名网格党员志愿者挂“共产党员户”牌，公开亮身份，党员志愿者根据自身特长主动到网格认岗领责，分别给予社区居民细致化、个性化、专业化的服务，充分发挥党员志愿者的先锋模范作用。3月24日省委组织部副部长郭树人，4月23日、8月12日省委常委、省委组织部部长王少峰先后3次到潇湘街道调研基层党建工作。党员志愿服务品牌分别有：演武坪社区巾帼志愿服务队、石鼓社区孝心志愿服务队、司前社区彩虹志愿服务队、长青社区老爸老妈志愿服务队、长青社区同伴教育戒毒联盟志愿服务队、桑园社区法制宣传志愿服务队、蒸水社区廉政宣传志愿服务队等。

（陈春香　秦扬川）

## 金源街道

【概况】　金源街道因金源路而得名，位于北纬26°56′12.82″~27°0′49.55″，东经112°34′47.″~112°38′47.91″，地处衡阳城区北部，石鼓区东北部。东临湘江与珠晖区茶山坳镇隔江相望，南与合江街道相连，西与黄沙湾街道接壤，北与衡阳县集兵镇为邻。属丘陵地带，由于亚热带风化作用的红土化过程，组成丘陵的物质主要为红色、深红色和残坡堆积的黏土、亚黏土及风化残余石块的河流相沉积物，土质肥沃。地下矿产资源主要以盐卤资源为主。地下水属潜水类型，稳定水位深度1.9~7.9米，pH值在5.3~7.8之间，主要受降水补给。街道办事处驻松枫路，距石鼓区政府约4千米。2017年3月，经石鼓区政府2017年第2次（4届3次）常务会议研究，将三里、新安、金兰3个管理处改为社区。年底，金源街道辖金源社区、新安社区、金兰社区、三里社区、新竹社区（筹）、鑫源社区（筹）共4个社区、2个社区（筹）、68个管理小组。总面积23.95平方千米。（邹汉文）

【党建工作】　2017年，街道党工委辖机关、金源、新安、金兰、新竹（总支下设二个支部）、鑫源（总支下设二个支部）、三里（总支下设二个支部）、衡阳市四建筑公司第九分公司11个党支部。年初为抓好党员“冬春训”工作，邀请市委党校老师于斌为辖区300余名党员开展党课教育，加强了辖区党员队伍建设。制定街道“两学一做”学习教育常态化、制度化工作方案及全年任务清单，统筹规划好全年党员教育工作方向。以周工作例会，微信工作群、红星云平台等方式配合抓好辖区党员“两学一做”教育常态化制度化工作。健全和落实“三会一课”、民主评议党员及“四议两公开”等制度，严格党内组织生活，确保党建工作有序、有效推进。

（邹汉文）

【社区“两委”换届选举工作】2017年，按照市委、市政府及市村（社区）“两委”换届选举工作监督指导组及经开区村（社区）“两委”换届选举工作监督指导组的要求，迅速成立各种相应组织机构，明确责任，科学筹划，制定实用性、操作性极强的实施方案，做到“一区一策”。组织工作骨干进行业务培训，熟练掌握换届政策规定、上级文件精神和纪律要求，掌握操作程序、流程。严格程序，精心组织，按照街道换届选举实施方案的安排部署和时间节点和换届选举工作程序，做到法定的程序不变通，步骤不减少，不折不扣地认真抓好换届选举工作的每一个环节，按照公开、公平、公正、民主的原则，在市、区两级换届选举工作监督指导组的指导下，依法依规按期完成了社区“两委”换届选举工作。（邹汉文）

【农业】　2017年，辖区内全年水稻种植面积261.24公顷（单季稻256.48公顷，双季稻4.76公顷），退耕还林40.11公顷。养鱼81.13公顷，蔬菜种植67.53公顷，种植水果17.53公顷。

（邹汉文）

【工业】　2017年，辖区企业实现规模工业总产值90.64亿元，同比增长26.8%；实现规上工业增加值29.93亿元，同比增长24.25%。（邹汉文）

【招商引资与项目建设】2017年，辖区企业完成固定资产投资56.2亿元；新签约项目11个；新开工项目16个，新竣工项目12个；新增规上企业11个，签约引进工业项目12个，招商引资额达114.8亿元。完成财政总收入6.99亿元，完成融资12.14亿元。辖区内实现进出口总额8亿元，同比增长14.8%。先后完成市生活污水处理厂、建滔剩余地、怀邵衡补征地、石墨烯、安全防护距离（新安、金兰、金源）片区、比亚迪一期、石墨烯补征地等项目征地拆迁工作。

（邹汉文）

【建筑业】　2017年，街道辖区内完成安置房开发投资1.3亿元，其中安置房八期，投资3.2亿元，已完成投资1.3亿元，用地面积4.84公顷，规划建筑面积14.63万平方米，12栋，共864套。该项目1#-5#等5栋为多层，8#-12#栋等5栋为小高层，6#、7#等2栋为高层。安置区九期，位于南片松木大道与龙祥路交叉口西北角，总用地约3.33公顷，总建筑面积约12.21万平方米，住宅面积8.90万平方米，建设安置房751套，总投资约2.5亿元。该项目是辖区第一个采用建筑产业化模式建设的项目。

（邹汉文）

【交通运输业】 2017年，金源街道辖区内运输业有物流公司3个，营业收入2.4亿元，同比增长8%。交通区位优势明显，境内107国道、衡大高速公路、蒸阳北路贯穿而过，有金源路、松枫路、化工路、上倪路、江霞大道、新安路等主要干道，辖区内公交线路较多，含123、158、172、138及部分县际客车。东片沿河流域含千吨级码头（松木港区）1个，有小型码头（八达）1个。

（邹汉文）

【财政与金融】 金源街道工作经费由经开区拨付，街道财政所主要负责拨付经费的资金运转及核算。2017年，街道经费支出约1650万元，包含行政运行（40万元）、专项资金和项目资金支出，同比增长53%。辖区内含农村商业银行1个，农业银行自助网点1个。

（邹汉文）

【科技、教育与文化事业】 2017年，金源街道辖区内有幼儿园1所，有学生102人，教师8人；小学3所，有学生625人，教师34人；湖南工商职业学院有在校学生7000余人，有教职工225人，其中专任教师168人，具有副高以上职称教师59人，双师型教师65人，具有硕士研究生学历教师26人。街道有文化站1处，总面积600余平方米。有农家书屋4处，藏书约1.4万余册。有健身器材23套，球类设备10余套。

（邹汉文）

【计生、卫生医疗事业】 2017年，辖区内拥有各类卫生医疗机构3个，有医疗床位23张，卫生技术人员33人，其中医师13人，护士15人。开设病床20张，其中金源卫生服务站配备有B超机，心电图机，血液分析仪，尿液分析仪，半自动生化分析仪，显微镜等设备。新建的松木经开区金源卫生服务中心项目，总投资约2500万元。项目总用地面积0.8公顷，新建门诊楼和住院楼各1栋，总建筑面积约8664平方米。截至年底，街道常住人口1.04万余人，已婚育龄妇女2167人，全年共出生182人，符合政策生育率97.8%，一孩58人，二孩117人，多孩7人，生育男孩95人，生育女孩87人。

（邹汉文）

【城乡建设】 2017年年底，金源街道辖区内城市路网建设得到夯实，完成新安路北延1.7千米混凝土路面铺设、完成云升路西延及金华路新建工程路基建设，衡大北路及友谊路路基建设正在施工。完成安置房八期、公租房四期、标准厂房四期、卫生服务中心建设，安置房七期及卫生服务中心正在进行室外配套施工，安置房九期已完成基础地下室工程及一层。完成松梅路、花叶路、松涛路、公租房一期提质。完成公租房三期、四期及标准厂房四期等绿化项目，均已投入使用；完成公租房三期、四期、安置房七期、八期有线电视安装；完成公租房一、二、三、四期，安置房七、八期天然气及一户一表安装。

（邹汉文）

【环境与安全生产】 2017年，街道以《金源街道2017年农村环境卫生整治考核方案》为依据，对环卫外包公司及各社区进行卫生环境整治工作考核，在一、四季度市农委的考核评比中，街道环境卫生保持优良成绩，园区组排名第一，居民居住环境得到显著提升。全年查出安全隐患20处，分别下达了限期整改通知，并进行跟踪检查，整改率达100%。

（邹汉文）

【人民生活与社会保障】 2017年，辖区内参加养老保险496人，同比增长57.9%，参加城乡居民医疗保险7121人，同比增长1.1%。街道有农村低保对象66户，保障人口142人，月保障金额2.9万元，月人均204元；全年共发放农村低保金34.8万元；6—7月，街道开展低保大清查，共取消低保17户、24人，新增低保对象5户、12人。全年街道共对辖区35名困难居民进行了救助，救助金额10万余元，临时救助14人，救助金额1.1万元，上报石鼓区临时救助8人，（大病救助）发放救助资金约3万元。参加被征地农民养老保险432人，参加城乡居民养老保险225人，参加城乡居民医疗保险8554人。

（邹汉文）

**【水利建设】** 2017年，辖区内有山峙门水系，有小二型水库1座，建有长5千米、高6~8米防洪堤（辖金兰、新安两个社区），有王塔堰、资家港排渍站2套排涝设施，排渍设备功率65千瓦、280千瓦，在新屋场建有出水口。

（邹汉文）

# 人　　物

【肖光明】　女，1968年出生于常宁，中共党员，副高级教师，1988年6月毕业于湖南第三师范，同年7月分配在常宁宜阳小学担任专职音乐教师，1991年调到石鼓区都司街小学，2000年调到石鼓区陕西巷小学担任教导主任，2002年调到石鼓区教研室，2014年至今担任石鼓区教文体局人事师训股股长。2017年中央音乐学院音乐教育专业在读本科生。肖光明是湖南省音乐家协会会员，湖南省教育学会中小学音乐教学研究专业委员会第二届理事会理事，湖南省小学德育专业委员会理事，衡阳市音乐家协会理事，衡阳市声乐专业委员会理事，衡阳市合唱专业委员会副会长，曾担任衡阳市多项音乐大赛评委。1998年在“衡阳市首届中小学教学十佳评选活动”中，获小学音乐学科“教学十佳”称号；2000年被衡阳市教育局评为衡阳市艺术教育先进个人；2002年被评为衡阳市优秀教师，记三等功；2007年被评为石鼓区优秀教育工作者；2009年被衡阳市文学艺术界联合会和衡阳市音乐协会授予“音乐教育家”称号；2013、2015年被评为石鼓区优秀共产党员；2017年被衡阳市人民政府确定为“衡阳首届享受市政府特殊津贴专家”。参与省级课题《小学生良好行为习惯培养的研究与实践》的研究，组织编写《小学生良好行为习惯养成教育读本》，在全区各中小学进行推广、实践。制订“低起点、小坡度、按阶段、分层次”的研究原则，从学生的生活行为习惯、学习行为习惯、劳动行为习惯、交往行为习惯、社会生活行为习惯入手，做到四个并举“静态教育与动态教育并举，引导教育与自我教育并举，知识教育与实践教育并举，学校教育、家庭教育和社会教育并举”。科学评价做到“三个结合”：单项评价与综合评价相结合、终极评价与过程评价相结合、校内评价与校外评价相结合。通过行为研究法、个案研究法、问卷调查法和观察法、经验总结法进行研究。此课题在衡阳市基础教育优秀教研教改成果评奖中获一等奖。　（黎笃会）

【廖卫华】　男，汉族，中共党员，出生于1959年7月，湖南省衡阳县人，国家二级作曲（副教授），毕业于衡阳师范学院音乐系。现任职于衡阳市石鼓区文化馆。廖卫华是中国音乐家协会会员，湖南省音乐家协会理事，湖南省音乐家协会理论创作委员会副会长，湖南省文艺评论家协会音乐评论委员会歌曲创作研究中心主任，湖南省歌剧音乐创作研究会副会长，衡阳市音乐家协会主席。享受衡阳市政府特殊津贴专家。曾当过下放知青、县文化馆文化辅导员、大学附中音乐教师、市歌舞剧团钢琴、小提琴演奏员及音乐创作员。共创作歌曲、器乐曲、电视音乐、舞蹈音乐作品650余件。其中有获中国音乐家协会《歌曲》编辑部中国民族民间歌曲创作比赛金奖歌曲：《春光红透》《衡阳好》《桃花美》《湘江北去》等；有获湖南省委宣传部“五个一工程奖”歌曲《东方有条神奇的江》《山乡的春天》《大雁飞翔》。获湖南省音乐家协会历年征歌评选金奖歌曲《又见月光光》《雁之故乡》《水灵灵》《江边人》；器乐作品，二胡齐奏《蝉歌》等。获湖南省文化厅艺术节金奖歌曲：《亲爱的叔叔，我们向你敬个礼》。获全国舞蹈“小荷风采”作曲金奖的舞蹈音乐《一把小雨伞》。获省（部）级奖论文：《论幼儿钢琴的启蒙教学》《论新时期广场音乐文化建设》等。中央电视台3频道“天天把歌唱”栏目展播的歌曲作品《东方有条神奇的江》。创作风格贴近民众，著有《廖卫华创作歌曲集》及CD专辑。先后为中央音乐学院、中国音乐学院、上海音乐学院、武汉音乐学院、星海音乐学院及全国各大高等院校输送了40多名作曲、小提琴、钢琴专业人才。个人辞条被收录于《世界华人音乐宝典》《中国当代艺术界名人录》《中国专家大辞典》。

（黎笃会）

**【黄玲】** 女，汉族，1970年2月出生，祖籍广西永福县。1989年7月毕业于湖南三师，同时分配在石鼓区五一路小学从事教育工作，1991年8月调入陕西巷小学，2002年8月调入人民路小学。28年来，一直担任小学语文教学及班主任工作。2011年6月获得衡阳师范学院汉语言文学专业函授本科文凭，2016年12月评聘为高级教师。2017年12月通过了湖南省特级教师的考核评审。黄玲老师关注每一个学生的健康成长。“从点滴抓起，从现在做起。”让学生从小养成良好的学习习惯和行为习惯，就是她的教育理念。秉承着这样的信念，她不断加强自身修养，常抓学生的养成教育不松懈。教学相长，她在教育的沃土上辛勤耕耘，收获了许多甜蜜的果实。在《湖南教育》公开发表论文两篇；在国家、省、市、区各级获奖的论文、教学反思、教学设计有40余篇；认真编写了人民路小学校本教材《经典诵读》和《中华传统美德》（信义篇）；积极参加教研教改—《因特尔未来教育与小学生研究性学习的有效整合的研究》课题，获衡阳市第八届基础教育优秀成果一等奖；在学校“青蓝工程”中的示范课、石鼓区新聘教师培训中的讲座及《乡村学校优秀班主任培训》中给国培学员的讲座等，获专家一致好评。黄老师先后被评为“衡阳市优秀少先队辅导员”“衡阳市普通中小学优秀班主任”“湖南省优秀教师”。她任教的班级，每学期都被评为“优秀班集体”，其中254班获石鼓区优秀班集体称号，282班被授予“湖南省雷锋式中队”称号。（黎笃会）

# 统 计 资 料

表 1　　2017 年 1—2 月石鼓区主要经济指标完成情况表

| 序号 | 指标名称 | 计量单位 | 绝对值 | 增幅（%） | 全市增幅（%） | 城区排位 |
|---|---|---|---|---|---|---|
| 一 | 地区生产总值（GDP）（2016 年 1—12 月） | 亿元 | 141.65 | 9.0 | 7.9 | 21 |
|  | 其中：第一产业 | 亿元 | 4.59 | 3.4 | 3.4 | 4 |
|  | 第二产业 | 亿元 | 27.48 | 2.7 | 6.4 | 4 |
|  | 第三产业 | 亿元 | 107.58 | 11.0 | 11.1 | 42 |
| 二 | 规模工业增加值 | — | — | 7.1 | 5.8 | 42 |
| 三 | 一般预算收入 | 亿元 | 5.65 | 55.4 | 16.8 | 1 |
| 四 | 固定资产投资额 | 亿元 | 18.41 | 16.7 | 15.6 | 2 |
| 五 | 社会消费品零售总额 | 亿元 | 18.81 | 12.0 | 11.8 | 2 |
| 六 | 城镇居民人均可支配收入（2016 年 1—12 月） | 元 | 30908 | 9.8 | 8.8 | 3 |

表 2　　2017 年 1—3 月石鼓区主要经济指标完成情况表

| 序号 | 指标名称 | 计量单位 | 绝对值 | 增幅（%） | 全市增幅（%） | 城区排位 |
|---|---|---|---|---|---|---|
| 一 | 地区生产总值（GDP）（1—3 月） | 亿元 | 29.02 | 8.7 | 7.0 | 1 |
|  | 其中：第一产业 | 亿元 | 1.15 | 2.1 | 2.3 | 4 |
|  | 第二产业 | 亿元 | 5.07 | 6.4 | 6.0 | 41 |
|  | 第三产业 | 亿元 | 22.79 | 9.6 | 10.6 | 2 |
| 二 | 规模工业增加值 | — | — | 6.4 | 6.5 | 2 |
| 三 | 一般预算收入 | 亿元 | 7.14 | 19.9 | 5.1 | 1 |
| 四 | 固定资产投资额 | 亿元 | 35.27 | 16.1 | 13.8 | 2 |
| 五 | 社会消费品零售总额 | 亿元 | 27.53 | 11.7 | 11.8 | 4 |
| 六 | 城镇居民人均可支配收入（1—3 月） | 元 | 8355 | 9.5 | 8.4 | 1 |

表 3　　2017 年 1—4 月石鼓区主要经济指标完成情况表

| 序号 | 指标名称 | 计量单位 | 绝对值 | 增幅（%） | 全市增幅（%） | 城区排位 |
|---|---|---|---|---|---|---|
| 一 | 地区生产总值（GDP）（1—3 月） | 亿元 | 29.02 | 8.7 | 7.0 | 1 |
| | 其中：第一产业 | 亿元 | 1.15 | 2.1 | 2.3 | 4 |
| | 第二产业 | 亿元 | 5.07 | 6.4 | 6.0 | 1 |
| | 第三产业 | 亿元 | 22.79 | 9.6 | 10.0 | 2 |
| 二 | 规模工业增加值 | — | — | 6.3 | 6.2 | 2 |
| 三 | 一般预算收入 | 亿元 | 9.68 | 17.6 | 7.2 | 1 |
| 四 | 固定资产投资额 | 亿元 | 57.29 | 8.2 | 14.1 | 1 |
| 五 | 社会消费品零售总额 | 亿元 | 36.07 | 11.5 | 11.6 | 3 |
| 六 | 城镇居民人均可支配收入（1—3 月） | 元 | 8355 | 9.5 | 8.4 | 1 |

表 4　　2017 年 1—5 月石鼓区主要经济指标完成情况表

| 序号 | 指标名称 | 计量单位 | 绝对值 | 增幅（%） | 全市增幅（%） | 城区排位 |
|---|---|---|---|---|---|---|
| 一 | 地区生产总值（GDP）（1—3 月） | 亿元 | 29.02 | 8.7 | 7.0 | 1 |
| | 其中：第一产业 | 亿元 | 1.15 | 2.1 | 2.3 | 4 |
| | 第二产业 | 亿元 | 5.07 | 6.4 | 6.0 | 1 |
| | 第三产业 | 亿元 | 22.79 | 9.6 | 10.0 | 2 |
| 二 | 规模工业增加值 | — | — | 5.4 | 6.0 | 2 |
| 三 | 一般预算收入 | 亿元 | 11.54 | 17.74 | 8.7 | 1 |
| 四 | 固定资产投资额 | 亿元 | 67.18 | 9.1 | 14.5 | 1 |
| 五 | 社会消费品零售总额 | 亿元 | 45.89 | 11.5 | 11.4 | 2 |
| 六 | 城镇居民人均可支配收入（1—3 月） | 元 | 8355 | 9.5 | 8.4 | 1 |

表 5　　2017 年 1—6 月石鼓区主要经济指标完成情况表

| 序号 | 指标名称 | 计量单位 | 绝对值 | 增幅（%） | 全市增幅（%） | 城区排位 |
|---|---|---|---|---|---|---|
| 一 | 地区生产总值（GDP）（1—6 月） | 亿元 | 66.70 | 8.6 | 7.1 | 2 |
| | 其中：第一产业 | 亿元 | 2.23 | 2.8 | 3.0 | 4 |
| | 第二产业 | 亿元 | 9.87 | 3.0 | 5.4 | 4 |
| | 第三产业 | 亿元 | 54.60 | 10.0 | 10.1 | 3 |
| 二 | 规模工业增加值 | — | — | 2.8 | 5.9 | 4 |
| 三 | 一般预算收入 | 亿元 | 13.42 | 12.0 | 2.3 | 1 |
| 四 | 固定资产投资额 | 亿元 | 76.14 | 9.8 | 14.1 | 1 |
| 五 | 社会消费品零售总额 | 亿元 | 55.37 | 10.9 | 11.2 | 4 |
| 六 | 城镇居民人均可支配收入（1—6 月） | 元 | 15919 | 9.7 | 8.6 | 1 |

表 6　　2017 年 1—7 月石鼓区主要经济指标完成情况表

| 序号 | 指标名称 | 计量单位 | 绝对值 | 增幅（%） | 全市增幅（%） | 城区排位 |
|---|---|---|---|---|---|---|
| 一 | 地区生产总值（GDP）（1—6 月） | 亿元 | 66.70 | 8.6 | 7.1 | 1 |
| | 其中：第一产业 | 亿元 | 2.23 | 2.8 | 3.0 | 4 |
| | 第二产业 | 亿元 | 9.87 | 3.0 | 5.4 | 4 |
| | 第三产业 | 亿元 | 54.60 | 10.0 | 10.1 | 3 |
| 二 | 规模工业增加值 | — | — | 3.2 | 5.9 | 2 |
| 三 | 一般预算收入 | 亿元 | 15.32 | 12.0 | 3.7 | 1 |
| 四 | 固定资产投资额 | 亿元 | 83.93 | 8.1 | 14.1 | 1 |
| 五 | 社会消费品零售总额 | 亿元 | 65.11 | 10.7 | 11.0 | 4 |
| 六 | 城镇居民人均可支配收入（1—6 月） | 元 | 15919 | 9.7 | 8.6 | 1 |

表 7　　2017 年 1—8 月石鼓区主要经济指标完成情况表

| 序号 | 指标名称 | 计量单位 | 绝对值 | 增幅（%） | 全市增幅（%） | 城区排位 |
|---|---|---|---|---|---|---|
| 一 | 地区生产总值（GDP）（1—6 月） | 亿元 | 66.70 | 8.6 | 7.1 | 1 |
| | 其中：第一产业 | 亿元 | 2.23 | 2.8 | 3.0 | 4 |
| | 第二产业 | 亿元 | 9.87 | 3.0 | 5.4 | 4 |
| | 第三产业 | 亿元 | 54.60 | 10.0 | 10.1 | 3 |
| 二 | 规模工业增加值 | — | — | 3.1 | 6.1 | 1 |
| 三 | 一般预算收入 | 亿元 | 16.66 | 12.8 | 3.6 | 1 |
| 四 | 固定资产投资额 | 亿元 | 93.57 | 5.9 | 13.9 | 3 |
| 五 | 社会消费品零售总额 | 亿元 | 75.31 | 10.9 | 10.8 | 2 |
| 六 | 城镇居民人均可支配收入（1—6 月） | 元 | 15919 | 9.7 | 8.6 | 1 |

表 8　　2017 年 1—9 月石鼓区主要经济指标完成情况表

| 序号 | 指标名称 | 计量单位 | 绝对值 | 增幅（%） | 全市增幅（%） | 城区排位 |
|---|---|---|---|---|---|---|
| 一 | 地区生产总值（GDP）（1—9 月） | 亿元 | 117.61 | 7.5 | 7.5 | 2 |
| | 其中：第一产业 | 亿元 | 4.17 | 3 | 3.2 | 4 |
| | 第二产业 | 亿元 | 19.81 | 2.5 | 6.0 | 2 |
| | 第三产业 | 亿元 | 93.62 | 8.9 | 10.9 | 4 |
| 二 | 规模工业增加值 | — | — | 2.8 | 6.3 | 1 |
| 三 | 一般预算收入 | 亿元 | 18.17 | 5.4 | 1.2 | 2 |
| 四 | 固定资产投资额 | 亿元 | 114.8 | 8.5 | 14.2 | 2 |
| 五 | 社会消费品零售总额 | 亿元 | 85.51 | 10.8 | 10.7 | 2 |
| 六 | 城镇居民人均可支配收入（1—9 月） | 元 | 24110 | 9.8 | 8.5 | 1 |

**表 9**　　**2017 年 1—10 月石鼓区主要经济指标完成情况表**

| 序号 | 指标名称 | 计量单位 | 绝对值 | 增幅（%） | 全市增幅（%） | 城区排位 |
|---|---|---|---|---|---|---|
| 一 | 地区生产总值（GDP）（1—9 月） | 亿元 | 117.61 | 7.5 | 7.5 | 2 |
| | 其中：第一产业 | 亿元 | 4.17 | 3 | 3.2 | 4 |
| | 第二产业 | 亿元 | 19.81 | 2.5 | 6.0 | 2 |
| | 第三产业 | 亿元 | 93.62 | 8.9 | 10.9 | 4 |
| 二 | 规模工业增加值 | — | — | 4.4 | 6.3 | 1 |
| 三 | 一般预算收入 | 亿元 | 20.48 | 8.4 | 3.8 | 2 |
| 四 | 固定资产投资额 | 亿元 | 128.6948 | 9.8 | 14.3 | 1 |
| 五 | 社会消费品零售总额 | 亿元 | 97.67 | 10.6 | 10.7 | 3 |
| 六 | 城镇居民人均可支配收入（1—9 月） | 元 | 24110 | 9.8 | 8.5 | 1 |

**表 10**　　**2017 年 1—11 月石鼓区主要经济指标完成情况表**

| 序号 | 指标名称 | 计量单位 | 绝对值 | 增幅（%） | 全市增幅（%） | 城区排位 |
|---|---|---|---|---|---|---|
| 一 | 地区生产总值（GDP）（1—9 月） | 亿元 | 117.61 | 7.5 | 7.5 | 2 |
| | 其中：第一产业 | 亿元 | 4.17 | 3 | 3.2 | 4 |
| | 第二产业 | 亿元 | 19.81 | 2.5 | 6.0 | 2 |
| | 第三产业 | 亿元 | 93.62 | 8.9 | 10.9 | 4 |
| 二 | 规模工业增加值 | — | — | 5.8 | 6.5 | 1 |
| 三 | 一般预算收入 | 亿元 | 21.92 | 6.6 | 0.6 | 2 |
| 四 | 固定资产投资额 | 亿元 | 143.88 | 9.8 | 14.4 | 1 |
| 五 | 社会消费品零售总额 | 亿元 | 109.21 | 10.9 | 10.7 | 2 |
| 六 | 城镇居民人均可支配收入（1—9 月） | 元 | 24110 | 9.8 | 8.5 | 1 |

**表 11**　　**2017 年 1—12 月石鼓区主要经济指标完成情况表**

| 序号 | 指标名称 | 计量单位 | 绝对值 | 增幅（%） | 全市增幅（%） | 城区排位 |
|---|---|---|---|---|---|---|
| 一 | 地区生产总值（GDP）（1—12 月） | 亿元 | 159.10 | 9.0 | 8.5 | 1 |
| | 其中：第一产业 | 亿元 | 4.72 | 3.7 | 3.5 | 2 |
| | 第二产业 | 亿元 | 28.52 | 5.1 | 6.2 | 2 |
| | 第三产业 | 亿元 | 125.86 | 10.1 | 12.5 | 4 |
| 二 | 规模工业增加值 | — | — | 6.5 | 6.8 | 1 |
| 三 | 一般预算收入 | 亿元 | 23.84 | 7.8 | -9.3 | 1 |
| 四 | 固定资产投资额 | 亿元 | 155.87 | 9.8 | 14.6 | 1 |
| 五 | 社会消费品零售总额 | 亿元 | 121.11 | 10.8 | 10.7 | 2 |
| 六 | 城镇居民人均可支配收入（1—12 月） | 元 | 33751 | 9.2 | 8.5 | 2 |
| 七 | 农村居民人均可支配收入（1—12 月） | 元 | 19143 | 9.6 | 8.0 | 1 |

表 12

**2017 年石鼓区各乡街规模以上工业产值完成情况表**

| 街道名称 | 企业个数 | 1—12 月累计产值（万元） | 2016 年同期产值（万元） | 累计增速 |
|---|---|---|---|---|
| 人民 | 2 | 2709 | 2624 | 3. 24% |
| 潇湘 | 3 | 80334 | 63823 | 25. 87% |
| 五一 | 5 | 9345 | 17356 | -46. 16% |
| 合江 | 10 | 15045 | 12469 | 20. 66% |
| 黄沙湾 | 15 | 20592 | 22719 | -9. 36% |
| 角山 | 1 | 1539 | 596 | 158. 22% |
| 合计 | 36 | 129564 | 119587 | 8. 34% |

表 13

**2017 年石鼓区各乡街限额以上商贸企业销售额完成情况表**

| 街道名称 | 住餐 | | 批零 | | 合计 | |
|---|---|---|---|---|---|---|
| | 个数 | 营业额 | 个数 | 营业额 | 个数 | 营业额 |
| 人民 | 8 | 2. 15 | 20 | 48. 12 | 28 | 50. 27 |
| 青山 | 5 | 3 | 24 | 29. 01 | 29 | 32. 01 |
| 潇湘 | 4 | 1. 94 | 14 | 16. 7 | 18 | 18. 64 |
| 五一 | 0 | | 19 | 30. 47 | 19 | 30. 47 |
| 合江 | 1 | 0. 2 | 6 | 0. 2 | 7 | 0. 4 |
| 黄沙湾 | 0 | 0 | 63 | 84. 3 | 63 | 84. 3 |
| 角山 | 1 | 0. 3 | | | 1 | 0. 3 |
| 合计 | 19 | 7. 59 | 146 | 208. 8 | 165 | 216. 39 |

表 14

**2017 年石鼓区各乡街限额以上服务业企业销售额完成情况表**

| 街道名称 | 单位个数 | 2017 年 1—12 月收入（万元） | 2016 年 1—12 月收入（万元） | 同比增速 |
|---|---|---|---|---|
| 人民街道 | 38 | 66515 | 50319 | 32. 19% |
| 青山街道 | 61 | 271708 | 244410 | 11. 17% |
| 潇湘街道 | 41 | 89239 | 57168 | 56. 10% |
| 五一街道 | 3 | 7566 | 5511 | 37. 29% |
| 合江街道 | 5 | 12173 | 6668 | 82. 56% |
| 黄沙湾街道 | 20 | 122851 | 102853 | 19. 44% |
| 角山乡 | 1 | 4584 | 5154 | -11. 06% |
| 合计 | 169 | 574636 | 472083 | 21. 72% |

表 15　**2017 年各乡街投资各板块项目个数及投资额明细表**

| 归属街道 | 5000 万以上城镇投资 | | 房地产投资 | | 5000 万以下城镇投资 | |
|---|---|---|---|---|---|---|
| | 项目个数（个） | 本年完成投资（万元） | 项目个数（个） | 本年完成投资（万元） | 项目个数（个） | 本年完成投资（万元） |
| 人民 | 0 | 0 | 13 | 3362 | 16 | 57224 |
| 青山 | 1 | 10000 | 6 | 595 | 26 | 32469 |
| 潇湘 | 0 | 0 | 5 | 4047 | 20 | 68292 |
| 五一 | 2 | 55924 | 5 | 37416 | 3 | 9751 |
| 合江 | 7 | 191650 | 2 | 0 | 7 | 22954 |
| 黄沙湾 | 16 | 261560 | 11 | 112275 | 18 | 62025 |
| 角山乡 | 29 | 538583 | 0 | 0 | 8 | 30524 |
| 合计 | 55 | 1057717 | 42 | 157695 | 98 | 343239 |

表 16　**2017 年湖南省各市州住户调查主要指标统计表**

| 地区 | 全体居民人均可支配收入 | | | 城镇居民人均可支配收入 | | | 农村居民人均可支配收入 | | |
|---|---|---|---|---|---|---|---|---|---|
| | 2017 年 | 2016 年 | 增速 | 2017 年 | 2016 年 | 增速 | 2017 年 | 2016 年 | 增速 |
| | 元 | 元 | % | 元 | 元 | % | 元 | 元 | % |
| 湖南 | 23103 | 21115 | 9.4 | 33948 | 31284 | 8.5 | 12936 | 11930 | 8.4 |
| 长沙市 | 41131 | 37792 | 8.8 | 46948 | 43294 | 8.4 | 27360 | 25448 | 7.5 |
| 株洲市 | 31234 | 28762 | 8.6 | 39787 | 36828 | 8 | 18340 | 16919 | 8.4 |
| 湘潭市 | 27471 | 25304 | 8.6 | 34167 | 31607 | 8.1 | 17885 | 16576 | 7.9 |
| 衡阳市 | 23852 | 21981 | 8.5 | 31300 | 28848 | 8.5 | 16851 | 15603 | 8 |
| 邵阳市 | 16353 | 14755 | 10.8 | 25029 | 22996 | 8.8 | 10756 | 9721 | 10.6 |
| 岳阳市 | 22761 | 20782 | 9.5 | 30009 | 27546 | 8.9 | 14265 | 13119 | 8.7 |
| 常德市 | 20548 | 18838 | 9.1 | 28735 | 26532 | 8.3 | 13847 | 12758 | 8.5 |
| 张家界市 | 15033 | 13606 | 10.5 | 22944 | 21030 | 9.1 | 8692 | 7802 | 11.4 |
| 益阳市 | 20035 | 18336 | 9.3 | 26934 | 24745 | 8.8 | 14556 | 13416 | 8.5 |
| 郴州市 | 21527 | 19756 | 9 | 30005 | 27730 | 8.2 | 13829 | 12756 | 8.4 |
| 永州市 | 18371 | 16764 | 9.6 | 26190 | 24026 | 9 | 12738 | 11683 | 9 |
| 怀化市 | 15183 | 13808 | 10 | 24498 | 22554 | 8.6 | 8831 | 7961 | 10.9 |
| 娄底市 | 16813 | 15306 | 9.8 | 25634 | 23669 | 8.3 | 10530 | 9529 | 10.5 |
| 湘西自治州 | 13949 | 12588 | 10.8 | 22738 | 20813 | 9.2 | 8273 | 7413 | 11.6 |

表 17　　**2017 年衡阳市各县区住户调查主要指标统计表**

| 地区 | 全体居民人均可支配收入 | | | 城镇居民人均可支配收入 | | | 农村居民人均可支配收入 | | |
|---|---|---|---|---|---|---|---|---|---|
| | 2017 年 | 2016 年 | 增速 | 2017 年 | 2016 年 | 增速 | 2017 年 | 2016 年 | 增速 |
| | 元 | 元 | % | 元 | 元 | % | 元 | 元 | % |
| 衡阳市 | 23852 | 21981 | 8.5 | 31300 | 28848 | 8.5 | 16851 | 15603 | 8 |
| 珠晖区 | 32673 | 29946 | 9.1 | 33104 | 30343 | 9.1 | 19092 | 17483 | 9.2 |
| 雁峰区 | 32066 | 29338 | 9.3 | 32066 | 29338 | 9.3 | 19060 | 17454 | 9.2 |
| 石鼓区 | 33751 | 30908 | 9.2 | 33751 | 30908 | 9.2 | 19143 | 17466 | 9.6 |
| 蒸湘区 | 32794 | 30002 | 9.3 | 32917 | 30116 | 9.3 | 19076 | 17437 | 9.4 |
| 南岳区 | 36502 | 33518 | 8.9 | 36828 | 33818 | 8.9 | 19053 | 17432 | 9.3 |
| 衡阳县 | 21273 | 19514 | 9 | 30674 | 28320 | 8.3 | 16190 | 14785 | 9.5 |
| 衡南县 | 23014 | 21215 | 8.5 | 30207 | 27841 | 8.5 | 19023 | 17581 | 8.2 |
| 衡山县 | 23057 | 21290 | 8.3 | 30537 | 28171 | 8.4 | 19078 | 17681 | 7.9 |
| 衡东县 | 22479 | 20760 | 8.3 | 30596 | 28226 | 8.4 | 18314 | 16989 | 7.8 |
| 祁东县 | 17378 | 16000 | 8.6 | 24556 | 22695 | 8.2 | 13005 | 11987 | 8.5 |
| 耒阳市 | 25020 | 23078 | 84 | 31946 | 29444 | 8.5 | 18841 | 17461 | 7.9 |
| 常宁市 | 22079 | 20263 | 9 | 29773 | 27491 | 8.3 | 15418 | 14080 | 9.5 |

表 18　　**2017 年各乡街新增“四上”企业明细表**　　**单位：个**

| 街道名称 | 通过明细 | | | | | 合计 |
|---|---|---|---|---|---|---|
| | 工业 | 商贸 | 服务 | 房地产 | 建筑业 | |
| 人民 | 0 | 5 | 11 | 0 | 0 | 16 |
| 青山 | 0 | 7 | 11 | 0 | 0 | 18 |
| 潇湘 | 1 | 3 | 12 | 0 | 0 | 16 |
| 五一 | 0 | 0 | 2 | 0 | 0 | 2 |
| 合江 | 2 | 2 | 5 | 0 | 0 | 9 |
| 黄沙湾 | 0 | 6 | 6 | 0 | 0 | 12 |
| 角山 | 1 | 1 | 2 | 0 | 0 | 4 |
| 合计 | 4 | 24 | 49 | 0 | 0 | 77 |

**表 19　　石鼓区全面建成小康社会统计监测结果（一类）**

| 指标名称 | 单位 | 目标值（2020 年） | 权重 | 当年 | |
|---|---|---|---|---|---|
| | | | | 数值 | 实现程度 |
| 一、经济发展 | – | – | 45 | | 89.0 |
| 1. 人均地区生产总值（按 2010 年不变价） | 元 | ≥110000 | 5 | 57990 | 52.7 |
| 2. 人均财政总收入 | 元 | ≥9000 | 3 | 12540 | 100.0 |
| 3. 税收占财政收入的比重 | % | ≥80 | 7 | 92.5 | 100.0 |
| 4. 经济结构指数 | % | = 100 | 12 | | 82.6 |
| 二、三产业增加值占 GDP 比重 | % | ≥96 | | 97.3 | 100.0 |
| 高新技术产业增加值占 GDP 比重 | % | ≥30 | | 13.6 | 45.4 |
| 文化产业增加值占 GDP 比重 | % | ≥8 | | 7.6 | 95.1 |
| 5. 贫困发生率 | % | ≤2 | 4 | 0.3 | 100.0 |
| 6. 常住人口城镇化率 | % | ≥65 | 4 | 93.6 | 100.0 |
| 7. 园区规模工业增加值占规模工业增加值比重 | % | ≥90 | 5 | 80.7 | 89.6 |
| 8. 金融机构各项贷款增长率 | % | ≥100 | 5 | 148.4 | 100.0 |
| 二、人民生活 | – | – | 19 | | 88.2 |
| 9. 居民收入水平 | 元 | | 7 | | 68.1 |
| 城镇居民人均可支配收入 | 元 | ≥50000 | | 33751 | 67.5 |
| 农村居民人均可支配收入 | 元 | ≥25000 | | 19143 | 76.6 |
| 10. 人均住房使用面积 | 平方米 | ≥32 | 2 | 55.7 | 100.0 |
| 11. 人均储蓄存款 | 元 | ≥32000 | 3 | 60672 | 100.0 |
| 12. 居民文教娱乐服务消费支出占消费总支出比重 | % | ≥18 | 3 | 18.3 | 100.0 |
| 13. 农村自来水普及率 | % | ≥85 | 2 | 85.1 | 100.0 |
| 14. 建制村通客车率 | % | ≥98 | 2 | 100.0 | 100.0 |
| 三、社会发展 | – | – | 15 | | 100.0 |
| 15. 社会保障发展水平 | % | | 4 | | 100.0 |
| 城乡医保参保率 | % | ≥95 | | 99.3 | 100.0 |
| 基本养老服务补贴覆盖率 | % | ≥70 | | 100.0 | 100.0 |
| 每千老年人口养老床位数 | 张 | ≥35 | | 36.2 | 100.0 |
| 16. 教育发展水平 | % | | 4 | | 99.8 |
| 高中阶段毛入学率 | % | ≥95 | | 94.7 | 99.7 |
| 劳动年龄人口平均受教育年限 | 年 | ≥11.5 | | 13.1 | 100.0 |
| 17. 医疗卫生水平 | % | | 4 | | 100.0 |
| 每千常住人口医疗机构床位数 | 张 | ≥3.5 | | 18.7 | 100.0 |
| 每千常住人口执业（助理）医师数 | 人 | ≥1.7 | | 5.5 | 100.0 |
| 5 岁以下儿童死亡率 | ‰ | ≤9 | | 4.4 | 100.0 |

续表

| 指标名称 | 单位 | 目标值（2020 年） | 权重 | 当年 | |
|---|---|---|---|---|---|
| | | | | 数值 | 实现程度 |
| 18. 人均拥有公共文化体育设施面积 | 平方米 | ≥3 | 3 | 8.2 | 100.0 |
| 四、民主法治 | - | - | 9 | | 100.0 |
| 19. 城乡居民依法自治 | % | | 2 | | 100.0 |
| 城镇居委会依法自治达标率 | % | ≥90 | | 100.0 | 100.0 |
| 农村村委会依法自治达标率 | % | ≥90 | | 100.0 | 100.0 |
| 20. 社会安全指数 | % | =100 | 5 | | 100.0 |
| 刑事犯罪率 | | | | 4.966 | 100.0 |
| 交通事故死亡率 | | | | 0.122 | 100.0 |
| 火灾事故死亡率 | | | | 0.000 | 100.0 |
| 亿元 GDP 生产安全事故死亡率 | | | | 0.000 | 100.0 |
| 群体性食品安全事故年报告发生数 | | | | 0 | 100.0 |
| 21. 廉政指数 | 人/万人 | ≤8 | 2 | 4.5 | 100.0 |
| 五、生态文明 | - | - | 12 | | 94.9 |
| 22. 单位 GDP 能耗 | 吨标煤/万元 | ≤0.62 | 3 | 0.738 | 84.0 |
| 23. 环境质量指数 | % | | 7 | | 98.0 |
| 城镇污水处理率 | % | ≥75 | | 93.4 | 100.0 |
| 优良以上空气质量达标率 | % | ≥83 | | 79.3 | 95.5 |
| Ⅲ类或优于Ⅲ类水质达标率 | % | ≥95 | | 94.4 | 99.4 |
| 24. 绿化水平 | % | | 2 | | 100.0 |
| 森林蓄积量增长率 | % | ≥3 | | 4.0 | 100.0 |
| 城镇建成区绿化覆盖率 | % | ≥26 | | 40.6 | 100.0 |
| 全面建成小康社会总实现程度 | - | - | 100 | | 92.2 |

# 附 录

## 区委重要文件目录

**【石委】**

《中共石鼓区委关于明确区委常委会分工的通知》（石委〔2017〕8号）

《石鼓区关于干事创业容错纠错减责免责的实施办法（试行）》（石委〔2017〕10号）

《中共石鼓区委关于加强常委会自身建设的意见》（石委〔2017〕12号）

《中共石鼓区委全会工作规则（试行）》（石委〔2017〕13号）

《石鼓区深化国家监察体制改革试点工作实施细则》（石委〔2017〕19号）

《中共石鼓区委关于深入学习贯彻党的十九大精神加快建设“湘南地区最具活力的商贸文化中心”的意见》（石委〔2017〕20号）

**【石发】**

《《区委宣传部区司法局关于在全区公民中深入开展法治宣传教育的第七个五年规划（2016—2020年）》》（石发〔2017〕1号）

《关于表彰2016年度绩效考核结果的通报》（石发〔2017〕2号）

《关于表彰2016年度石鼓区全面建成小康社会推进工作先进单位和先进个人的决定》（石发〔2017〕3号）

《关于表彰2016年度机关事业单位受奖人员的决定》（石发〔2017〕4号）

《关于做好2017年度全区目标管理绩效考核工作的意见》（石发〔2017〕5号）

**【石办发】**

《石鼓区村（社区）党组织和村（居）民委员会换届选举工作实施方案》（石办发〔2017〕7号）

《石鼓区安全生产监督管理职责规定》（石办发〔2017〕10号）

《石鼓区党委（党组）意识形态工作责任制度实施细则》（石办发〔2017〕16号）

《关于成立区委巡察工作领导小组的通知》（石办发〔2017〕24号）

《关于全面推行河长制工作方案》（石办发〔2017〕31号）

《关于推进“两学一做”学习教育常态化制度化的实施方案》（石办发〔2017〕35号）

《区委常委班子落实“两学一做”学习教育常态化制度化的十项措施》（石办发〔2017〕36号）

《关于进一步健全中共石鼓区委常委与党外代表人士联谊交友制度的通知》（石办发〔2017〕44号）

《关于印发〈乡街党政正职脱贫攻坚工作问责规定（试行）〉》（石办发〔2017〕45号）

《石鼓区乡村旅游业发展扶持奖励办法（试行）》（石办发〔2017〕50号）

《关于印发〈关于区纪委派驻机构改革工作推进方案〉的通知》（石办发〔2017〕51号）

《关于调整区信访工作联席会议及工作机构组成人员的通知》（石办发〔2017〕52号）

《关于全面建立党政机关法律顾问制度的实施方案》（石办发〔2017〕55号）

《关于加强新的社会阶层人士统战工作的实施意见》（石办发〔2017〕74号）

《关于进一步规范和落实党内

报告工作制度的意见》（石办发〔2017〕75号）

《印发〈关于党的十九大精神学习宣传方案〉的通知》（石办发〔2017〕80号）

《关于进一步落实全区机关事业单位工作人员带薪年休假工作的通知》（石办发〔2017〕83号）

《关于印发〈石鼓区城市管理执法体制改革实施方案（试行）〉的通知》（石办发〔2017〕86号）

《关于印发〈深入学习贯彻习近平总书记关于进一步纠正“四风”加强作风建设主要批示精神的通知〉》（石办发〔2017〕88号）

## 区人大重要文件目录

**【石常发】**

《2017年度乡街人大工作目标管理考核办法》（石常发〔2017〕5号）

《石鼓区人大常委会关于统一委派人大代表担任执法监督员的实施意见》（石常发〔2017〕8号）

《衡阳市石鼓区第四届人民代表大会常务委员会关于角山乡撤乡设镇的决议》（石常发〔2017〕18号）

《石鼓区人大常委会关于印发《石鼓区人大常委会关于开展市、区人大代表述职评议活动方案》的通知》（石常发〔2017〕20号）

《石鼓区人大常委会关于表彰2017年度乡街人大目标管理考核优秀单位、优秀代表建议及承办先进单位的决定》（石常发〔2017〕25号）

**【石常办通字】**

《石鼓区人大常委会办公室印发《石鼓区人大常委会关于开展“三学三争”主题实践活动的意见》的通知》（石常办通字〔2017〕1号）

《关于印发《石鼓区第四届人大常委会组成人员联系人大代表方案》的通知》（石常办通字〔2017〕6号）

《关于印发《石鼓区人大及其常委会各委室与区直单位工作联系制度》的通知》（石常办通字〔2017〕7号）

《关于印发《石鼓区人大及其常委会各委室对口联系区直单位名单》的通知》（石常办通字〔2017〕8号）

《印发《石鼓区人大常委会关于开展“人大代表为民履职脱贫攻坚‘五个一’行动”的方案》的通知》（石常办通字〔2017〕13号）

《关于印发《石鼓区人大常委会关于“两院”司法人员执法信息管理暂行办法》的通知》（石常办通字〔2017〕18号）

《关于印发《石鼓区人大常委会立法工作基层联系点制度》的通知》（石常办通字〔2017〕22号）

《关于印发《关于预算审查前听取人大代表和社会各界意见建议办法》的通知》（石常办通字〔2017〕23号）

《关于印发《石鼓区人民代表大会常务委员会规范性文件备案审查办法》《石鼓区人民代表大会常务委员会规范性文件备案审查工作程序规定》的通知》（石常办通字〔2017〕28号）

《石鼓区人大常委会办公室关于印发《石鼓区人大常委会办公室领导干部及工作人员工作分工安排》的通知》（石常办通字〔2017〕31号）

《关于统一委派区人大代表担任执法监督员的通知》（石常办通字〔2017〕35号）

# 区政府重要文件目录

| 文件编号 | 文件名 |
|---|---|
| 石政报〔2017〕1号 | 关于督促市人民防空办公室拨付虎形山公园二期项目及安置地安置建设补差资金的请示 |
| 石政报〔2017〕2号 | 关于督促市住房和城乡建设局拨付蒸阳北路延伸和南岳高速公路出口（石鼓）项目安置房建设补差资金的请示 |
| 石政报〔2017〕3号 | 关于核查湖南金山环保建材有限公司工业产业生产许可证的请示 |
| 石政报〔2017〕4号 | 关于加快办理雁栖湖成龙成章学校房屋产权手续的请示 |
| 石政报〔2017〕5号 | 关于尽快全面开通北二环与107国道蒸阳北路交汇处立交桥的请示 |
| 石政报〔2017〕6号 | 关于《衡阳市石鼓区机关单位公务员规范津贴补贴水平有关事项实施办法》的请示 |
| 石政报〔2017〕7号 | 关于市级规费投入区环卫、园林作业车辆停放和维修保养场项目建设的请示 |
| 石政报〔2017〕8号 | 关于“盛世豪廷”项目遗留问题的请示 |
| 石政报〔2017〕9号 | 关于协调市中级人民法院尽快裁决原告谭成日诉省政府和市政府土地登记一案后的请示 |
| 石政报〔2017〕10号 | 关于解决望城路西延和惜香路拆迁评审中房屋合法性认定有关问题的请示 |
| 石政报〔2017〕11号 | 关于请示划拨松木明德学校建设用地的请示 |
| 石政报〔2017〕12号 | 关于“石鼓江锦”项目相关费用结算抵扣的请示 |
| 石政报〔2017〕13号 | 关于拨付华耀广场建设奖补资金的请示 |
| 石政报〔2017〕14号 | 关于拓宽中亿汽贸城光明路出口及调整周边绿化的请示 |
| 石政报〔2017〕15号 | 关于支持办理二期君玲食品产业园项目相关手续的请示 |
| 石政报〔2017〕16号 | 关于申请“华源综合商务楼”项目用地征收实行招拍挂的请示 |
| 石政报〔2017〕17号 | 关于解决中油金鸿华南总部基地项目建设有关问题的请示 |
| 石政报〔2017〕18号 | 关于支持衡阳市衡兴气体有限公司过渡生产的请示 |
| 石政报〔2017〕19号 | 关于申请减免汕淋大厦项目相关税费的请示 |
| 石政报〔2017〕20号 | 关于申报创建湖南省平安校园建设先进区的报告 |
| 石政报〔2017〕21号 | 关于来雁新建工程申请结算的请示 |
| 石政报〔2017〕22号 | 关于青山街道商业新村22栋房屋纳入国有土地上房屋征收范围的请示 |
| 石政报〔2017〕23号 | 关于将市十四中周边危房纳入国有土地上房屋征收范围的请示 |
| 石政报〔2017〕24号 | 关于解决二环东路石鼓段项目征迁问题的请示 |
| 石政报〔2017〕25号 | 关于开展化工、冶炼企业、危险废话经营处置单位排查整治工作情况汇报 |
| 石政报〔2017〕26号 | 关于支持解决黄沙湾街道进步六组安置房项目相关遗留问题的请示 |
| 石政报〔2017〕27号 | 关于开展清理整顿电解铝行业违法违规项目事项行动的报告 |
| 石政报〔2017〕28号 | 关于请求办理草桥社区办公服务用房和居家养老服务中心用地手续的请示 |
| 石政报〔2017〕29号 | 关于石鼓区生态保护红线划定建议方案对接意见 |
| 石政报〔2017〕30号 | 关于划拨衡阳市中医正骨医院易地重建用地的请示 |

续表

| 文件编号 | 文件名 |
| --- | --- |
| 石政报〔2017〕31号 | 石鼓区人民政府关于申请参加国土资源节约集约模范区省级达标复核的请示 |
| 石政报〔2017〕32号 | 关于更改石鼓区建设项目招标方案的请示 |
| 石政报〔2017〕33号 | 关于推进北京师范大学基础教育实验学校项目尽快落地的请示 |
| 石政报〔2017〕34号 | 关于推进北京师范大学基础教育实验学校项目尽快落地的请示 |
| 石政报〔2017〕35号 | 关于解决蒸湘北路延伸段征地拆迁垫付资金的请示 |
| 石政报〔2017〕36号 | 关于申请增加我区均衡性转移支付资金的请示 |
| 石政报〔2017〕37号 | 关于拨付华源广场市场建设奖补资金的请示 |
| 石政报〔2017〕38号 | 关于办理华耀城范围内M8地配置手续的请示 |
| 石政报〔2017〕39号 | 关于申请合江街道柏树嘴棚户区改造项目用地报批手续延期的报告 |
| 石政报〔2017〕40号 | 关于拨付青山街道商业新村72栋房屋征收补偿费用的请示 |
| 石政报〔2017〕41号 | 关于加快整治石鼓区道路交通安全隐患的报告 |
| 石政报〔2017〕42号 | 关于更改“省十三运会”跆拳道项目比赛场馆的请示 |
| 石政报〔2017〕43号 | 关于华耀城项目杨岭安置小区供电设施建设有关问题的请示 |
| 石政报〔2017〕44号 | 关于处置潇湘苑承包经营引出的涉军群体“维权”事项的紧急请示 |
| 石政报〔2017〕45号 | 关于申报角山乡利民村美丽乡村建设试点项目的报告 |
| 石政报〔2017〕46号 | 关于批准实施《衡阳市石鼓区2017年秋冬季农村线虫病除治工作方案》的请示 |
| 石政报〔2017〕47号 | 关于长丰大道北延至北三环的请示 |
| 石政报〔2017〕48号 | 关于望城路西延、惜香路拆迁评审有关问题的请示 |
| 石政报〔2017〕49号 | 关于尽快拨付虎形山公园二期项目及安置地安置房建设补差资金的请示 |
| 石政报〔2017〕50号 | 关于石鼓区角山乡撤乡设镇的请示 |
| 石政报〔2017〕51号 | 撤乡设镇方案论证和社会稳定风险评估报告 |
| 石政报〔2017〕52号 | 关于申请华耀城MB地块进行财政评审的请示 |
| 石政报〔2017〕53号 | 关于审批角山乡、松木乡总体规划（2015—2030年）的请示 |
| 石政报〔2017〕54号 | 关于申请2017年“三清三建”工作验收的报告 |
| 石政报〔2017〕55号 | 石鼓区关于2017年“三清三建”工作任务变更的请示 |
| 石政报〔2017〕56号 | 关于调整国际名品商业中心项目用地性质的请示 |
| 石政报〔2017〕57号 | 关于石鼓区角山乡和平村农村土地整治项目立项的请示 |
| 石政发〔2017〕1号 | 关于进一步加强政务工作的实施方案 |
| 石政发〔2017〕2号 | 关于印发《石鼓区妇女发展规划（2016—2020年）》和《石鼓区和童发展规划（2016—2020年）》的请示 |
| 石政发〔2017〕3号 | 关于《推荐衡阳香樟苑生态农业发展科技有限公司、衡阳乐富蔬菜有限公司、衡阳市华桂农业综合开发有限公司为石鼓区农村创业创新示范园的请示》的批复 |
| 石政发〔2017〕4号 | 关于同意成立角山乡杨岭社区居民委员会的批复 |

续表

| 文件编号 | 文件名 |
| --- | --- |
| 石政发〔2017〕5号 | 关于同意金源街道金兰等三个村改为社区居民委员会的批复 |
| 石政发〔2017〕6号 | 关于同意对石鼓区新发造纸厂责令关闭的批复 |
| 石政发〔2017〕7号 | 关于同意实施2017年安全生产行政执法工作计划的批复 |
| 石政发〔2017〕8号 | 关于同意2016年度贫困村退出名单的批复 |
| 石政发〔2017〕9号 | 关于印发《石鼓区财政专项资金管理暂行办法》的通知 |
| 石政发〔2017〕10号 | 关于表彰人大代表建议政协提案办理工作先进单位的决定 |
| 石政发〔2017〕11号 | 关了发《石鼓区全民健身实施计划（2016—2020年》的通知 |
| 石政发〔2017〕12号 | 关于落实公共场所无线上网安全技术保护措施的通告 |
| 石政发〔2017〕13号 | 关于对《石鼓区2017年农村饮水安全巩固提升实施方案》的批复 |
| 石政发〔2017〕14号 | 关于对《石鼓区农村饮水安全巩固提升计划实施方案》的批复 |
| 石政发〔2017〕15号 | 关于同意建立石鼓区危险化学品安全生产监管局际联席会议制度的批复 |
| 石政发〔2017〕16号 | 关于加强困境儿童保障工作的实施意见 |